Della Storia Di Bari Dagli Antichi Tempi Sino Allo'anno 1856: Libri Tre, Volume 1...

Giulio Petroni, Bari (City)

DELLA

STORIA DI BARI

DELLA

STORIA DI BARI

DAGLI ANTICHI TEMPI SINO ALL'ANNO 1856

LIBRI TRE

DI

GIULIO PETRONI

VOL. I.

NAPOLI

STAMPERIA E CARTIERE DEL FIBRENO

Strada Trinità Maggiore N° 26

1857

AL LETTORE

Lᴇ storie peculiari delle città sono come episodii di quelle
de' Reami. La maestra della vita, che contempla dall'alto le
vicende delle umane generazioni ; l'invigorire o il disfarsi
delle civili comunanze per savii o pessimi reggimenti ; le
cause producenti potenza civiltà gloria , ovvero fiacchezza
barbarie ignominia ; le prosperità e le sventure, le virtù ed
i vizi ; e tutto nota nell'eterno volume a documento degli
avvenire : si compiace talvolta scendere di quell'altezza ,
entrare nelle città e nei borghi, raccoglierne le memorie a
lei di lontano sfuggite, o per tenuità spregiate ; e con modi
e favella più familiare venirle raccontando. Nel che accop-
piando ella in certa guisa l'individuale al generale, il domestico al pubblico, il semplice al grave, fa opera non men
bella per varietà vita e verità, la quale non cessa per avventura di tornar come dilettevole, così anche utile ; mas-

sime a coloro, che vivono in que' luoghi, ed odono a raccontare i fatti de' lor maggiori: tra i quali se splendette qualche virtù, potrebbon eglino invaghire alla lode; o se di vizi
si macchiarono, sentirne quella indignazione, che spinge al
ben fare. Che se poi avvenga ch' ella narrando que' tenui
fatti metta in chiaro gli effetti particolari di cause generali;
ovvero sveli tenui ed inosservate cause, che produssero di
grandi effetti; non è a dubitare, che coteste storie peculiari possano essere dilettevoli ed utili anche a tutta la nazione. E Bari veramente non fu, e non è città, che di sè
non possa far parlare le storie. Perciocchè senza toccar della
sua antichissima origine ed autonomia, e di essere stata metropoli d'uno Stato, che rappresentava in Italia il greco Imperio, nè d' essersi posta egregiamente nell' aringo dell' altre città marittime italiane a ricondurre nella comune patria
col commercio la civiltà; in essa grandi esempii di virtù si
sono operati, e di vizi ancor grandi; qui lunghi assedii con
fortezza e costanza sostenuti; qui interne rivolture; qui vittorie, sconfitte, distruzioni, ricchezze, miserie; qui Santuari,
Concilii, eserciti di Crociati; cittadini levati a condizion di
principi, savi ordinamenti di leggi, gare di nobiltà e di popolo, e lettere, e scienze, ed arti. Le quali tutte cose sono
bella ed acconcia materia di racconto.

Ma in gravi difficoltà veramente noi ci abbattemmo nel
raccogliere le sparte notizie, o ritrovar le smarrite; pur tutta

volta le gravi difficoltà non ammorzarono il buon volere,
che postosi al lavoro pertinacemente a termine lo recò.

Nè era cupidità di lode, che ci stimolasse, sì bene carità
del luogo natìo, che non ha più sincero amatore di noi.
Perciocchè ci doleva nell'animo a vedere ogni dì le poche memorie antiche che ci avanzano, sperperarsi dall'età
nostra struggitrice, e solamente vaga di nuove cose, e ci ri-
solvemmo a salvarle, recandole in questi libri.

Nè potevamo veramente star contenti alla storia di Bari
scritta dal nostro concittadino Antonio Beatillo della Compagnia di Gesù, e pubblicata in Napoli il 1637. Perciocchè, oltre al desiderio, che ora ci lascia quel libro intorno ai fatti
di più che due secoli, l'autore dimostrò sì poca di diligenza,
che registrovvi sovente le cose meno importanti, e delle più
onorevoli e degne di ricordanza si tacque, o trascurò i particolari. Eppure aveva egli maggior copia di documenti e di
libri ora affatto perduti; ed è anche più maraviglia il trovarlo sì magro narratore dei tempi a sè vicini: non dico di
quelli in che visse, de' quali fu per avventura prudente consiglio il tacere. Tolga Dio, che con brutta ingratitudine volessimo fare oltraggio alla memoria di un uomo per altri rispetti, massime per santità di vita, degnissimo di riverenza: ma affermiamo essere quella sua opera (se ne salvi il
dettato alquanto comportevole per quella stagione così guasta di stile) del conio di quasi tutte le altre storie pecu-

che i lettori, a cui piaccia maggior larghezza di notizie, la cerchino nell'allegata opera, ben degna d'esser letta: e solo dove noi da esso lui discordassimo, ci faremo più amplamente ad esporre le ragioni della nostra opinione.

In tutta la narrazione ci studiammo a non allargarci in considerazioni politiche o morali, salvo allorchè quasi per forza ce le strappi la ragione de' fatti: ed anche in ciò temperatamente, sì per cansare ogni nota di vanità di dottrina, sì per non iscemarti il diletto di meditarvi sopra da te stesso. Ma ben la corredammo di abbondevoli Documenti, i quali non pur saranno di sostegno alla verità de' fatti narrati, ma comporranno come un codice diplomatico della città di Bari: e questo è uno de' nostri proponimenti, salvare il resto delle antiche memorie.

Forse potrebbe parer giusto l'appuntarci d'una certa ineguaglianza nel recare i particolari di ciascun avvenimento; perciocchè talvolta il racconto scorre pieno di molte circostanze, talvolta assai scarso. Ma di tale biasimo possiamo trovare scusa, non essendo nostra colpa, se adoperando la più diligente pazienza, non c'è avvenuto talora di trovar delle cose altro che cenni.

E così confidiamo ancora che dello stile ci sarai benigno di compatimento; perciocchè abbandonato e ripreso mille volte in parecchi anni questo lavoro con animo ora stanco, ora travagliato, raramente sereno; doveva portar seco l'impronta del vario stato dell'animo nostro.

Adunque accoglilo, o lettore, in quella forma che sorti. Se vi troverai qualche utilità o diletto, n'avremo la maggior mercede, che sappiamo desiderare: se fastidio, giudica pure del libro a tuo senno, chè tacenti ne rispetteremo il giudizio; ma usa indulgenza al buon volere.

Metteremo fine a queste parole, rendendo le debite grazie a coloro che ci sono stati cortesi o di consiglio, o di libri, o di documenti. Ricevano questa pubblica manifestazione della nostra gratitudine, che qui non osa profferirne i nomi; temendo che o per loro modestia forse se ne dispiacciano i nominati, ovvero per nostra inavvertenza se ne adontino giustamente i taciuti [1].

---

[1] Di un solo però non vogliamo punto tacere, del nostro cavaliere Giovanni Calò Carducci. Il quale ci fu cortese di un suo grosso volume, in cui sono registrati ed autenticati da due notai di famiglia Cardassi, zio e nipote, entrambi cancellieri dell'Università, moltissimi diplomi. Da quel volume ne abbiamo cavati i più importanti, che alla fine d'ogni libro si troveranno notati con CC, per distinguerli dagli altri trovati nell'archivio della Basilica, che porteranno un B, ovvero in quello del Comune, a cui abbiamo apposta una sola C. Tutti gli altri documenti altrove trovati non mancheranno pure d'indicazione.

Illirici a testimonianza di esso Plinio ⸱ ne furono i primi abitatori. Perciocchè nove giovanetti (dic'egli) ed altrettante donzelle venute dagl'Illirici vi generarono tredici popoli, che tutti ebbero il nome comune di Pedicoli [2]. ⸱

A questi popoli Illirici si possono con buona ragione aggiungere anche tribù Pelasgiche originarie di Arcadia. Perciocchè dai frammenti di Ferecide [3] abbiamo, che Peucezio, dal quale credevasi dato il nome alla regione, e suo fratello Enotro passassero entrambi dall'Arcadia in Italia, e ciò diciassette generazioni prima della guerra di Troia. E del pari dalla genealogia del poeta Nicandro Pergamense, che esso Peucezio fosse pure fratello a Iapige e Dauno; e che questi tre condottieri recassero in Italia sulle loro armate una buona parte di Illirici. Or altro certamente non essendo cotesti nomi di condottieri, che personificazioni di regioni o di popoli; si può ben inferire, che Illirici ed Arcadi sieno stati i primi abitatori di questa nostra contrada. Ed avvegnachè altre memorie, o almeno rarissime, non ci restino di popoli Ellenici tramutati nella Peucezia, pure greci senza dubbio ne sono i nomi delle città, greci i vasi trovati nei sepolcri, greche le monete.

Una di queste città, e metropoli di tutta la regione, fu Bari, posta quasi nel centro del lido Peucezio detta (βαριον) *Barion* grecamente, e poi *Barium*, e ne'bassi tempi anche

---

[1] H. N. 111, 16, a 3, *Brundisio conterminus Pediculorum ager: IX adolescentes: totidemque virgines ab Illyriis tredecim populos genuere. Pediculorum oppida, Rudiae, Egnatia, Barium.*

[2] Strabone VI, pag. 282 Πευκετιοι ους Ποιδικλους καλουσυ

[3] Corcia, pag. 485, che cita Pherecyd. Fragm. IX, 85, Dionigi d'Alicarnasso, e Pausania.

Varium e *Varia* [1]. Ma chi asseveratamente può dire del tempo, ch'ella fosse proprio fondata, e del fondatore? Appoggiati ad una falsa lezione di Plinio affermarono i patrii nostri scrittori, essere stata fondata dal figliuolo di Dedalo, Iapige, venuto a questi lidi dall'isola di Creta, il quale dal suo nome chiamolla Iapigia; e poscia detta Bari da Barione, condottiero di quei giovani Illirici appellati Pedicoli, che con l'armi soggiogò la città, rinnovolla, ed ampliò grandemente. Coteste favole ripete con essi il Beatillo, ed aggiunge che « perciò tra « le monete degli antichi Baresi ve n'eran due; la prima delle « quali ha da una parte il vecchio Iapige, e dall'altra, col « nome greco de'Baresi βαρήγων, un vascello, che a vele « gonfie va per lo mare; e la seconda tien di qua molti trofei « militari col medesimo nome greco βαρήγων, e di là l'effigie « di Barione ».

Ma oltre ch'egli falla l'indicazione de'tipi, per non averli forse veduti; non sa che quella seconda moneta (senza però la cennata epigrafe) è celina, e non barese. Pur·tuttavolta considerando egli stesso, che mal s'accorda col Iapige una tale epigrafe, la quale avrebbe piuttosto dovuta essere Ιαπυγίων, se questi dal suo nome chiamò Iapigia la città; ci viene innanzi con un'altra più strana opinione, cioè che Iapige due

---

[1] Stefano Bizantino fa menzione di Bari co'nomi di βάρυς e βαρήτιον, dicendo con l'autorità di Posidippo, che βάρυς dinota *abitazione*, o *coabitazione* con quella di Eforo; al che si riferisce ancora la testimonianza di Cleone, il quale scriveva, che βαυρία significò *abitazione* presso i Messapi. Corcia t. 3°, pag. 499.

Quanto poi al cangiar di *Barium* in *Varium* si sa esser derivato dalla pronunzia greca, per cui il *B* suona come il *V* italiano; onde *Varo* s'ode ancora chiamar la città da qualcuno del volgo.

nomi le desse, l'uno dal suo proprio, e l'altro dalla nave, in cui venne da Creta; poichè Βαρίς in greco suona appunto *nave*; e che il condottiero Barione non desse il suo nome, ma il togliesse a sè dalla città conquistata [1].

Sulle medesime incerte origini computa egli con assai speditezza l'epoca della fondazione. Perciocchè ponendo la fuga di Dedalo da Candia, e per conseguente la venuta di Iapige in Italia, nella terza età del mondo, e precisamente nell'anno 3910 dalla creazione (ponendo la venuta di nostro Signore nel 5199), nè cava che Bari sia stata fondata 537 anni prima dell'edificazione di Roma, e 1289 innanzi alla Redenzione. Ed a questo stesso risultato si viene, se con Cornelio a Lapide la nascita del Redentore si ponga nel 3950. « Perciocchè, dice, essendo « questa variazione ne'primi e non negli ultimi anni del mon- « do, in quelli dico, che corsero prima di Abramo, siccome « si ha da ciò solamente che Iapige fu nell'anno della crea- « zione dell'universo doi mila ducento settanta uno, e non nel « tre mila novecento dieci; così resta pur saldo, che la ve- « nuta di lui in Puglia fu mille ducento ottantanove anni « prima della nascita del Signore, e ch'ebbe conseguentemente

---

[1] Su questi fondamenti il Bargeo, ossia Pier degli Angeli da Barga, al cui giudizio il Tasso non isdegnò sommettere la sua Gerusalemme (come attesta il Fontanini nella difesa dell'Aminta) cantò:

Litus adit victrix, claraeque allabitur Urbi,
Quam quondam (ceu prisca ferunt monimenta priorum)
Daedalides, omnemque agrum, qua Daunia tellus
Culta patet, proprio ducens e nomine nomen
Fecit Iapygiam: scri sed deinde nepotes
Dixerunt Barium........   SYRIADOS, lib. 1.

« da lui principio la città di Bari da cinquecento quarant'anni
« prima della fondazione di Roma. »

Ma ristabilita dall'Harduin la vera lezione di Plinio [1], va
in fumo il Iapige tramutato in fiume, di persona ch'egli era.
Pur tutta volta se non si può affermar con certezza del quando
e del come fosse fondata la città, non è a dubitar punto della
sua antichità remotissima: e nel difetto di più certe prove,
seguiremo ancor noi l'opinione del Corcia, cioè che gli Illirici la fondassero dapprima, e quindi gli Elleni la crescessero
di popolazione e di civiltà. Ond'è, che se cotesta immigra-
zione Illirica va tra le secondarie, dette comunemente Pelasgiche, vale a dire tra il 1600 ed il 1150 avanti la Redenzione; e l'Ellenica dal 1150 al 600; possiamo inferire, che
Bari fosse nel primo periodo fondata, e cresciuta ed incivilita
nel secondo.

Della quale opinione il più certo documento sono le sue
antiche monete [2]. Cinque ordinariamente se ne contano di diverso modulo, e tutte di bronzo; le quali hanno per tipo nel
diritto la testa di Giove barbata e laureata, ed alcune con accanto una stella; e nel rovescio una prua di nave, su cui è un
amorino in atto di scoccare un dardo, col delfino di sotto, e
la leggenda BAPIN o BAPINΩN. In alcune di esse poi manca
il delfino, l'amorino in altre. I medesimi tipi reca il citato

---

[1] L'Harduin su migliori mss. ristabilì la vera lezione del geografo
(III, 16, 4) ch'è: *Pediculorum oppida, Rudiae. Egnatia, Barium.
Amnes: Iapix a Daedali filio rege, a quo et Iapigia; Pactius, Aufidus.*
La quale prima per opera de' copisti o degli editori si leggeva: *Ba-
rion, ante Iapix a filio rege...* Così cangiato l'*ante* in *amnes* il Ia-
pige di città diventa fiume, da cui Plinio ripete il nome della Iapigia.

[2] Repertorio numismatico di Francesco de Dominicis, 1826.

Corcia: se non che, col giudizio di gravi nummologhi, varia
in questo; che la testa di Giove ha due stelle, e l'amorino
quando tiene una freccia, e quando una bilancia: ed aggiunge
queste esser più antiche, le altre meno; delle quali una con-
sistendo in un asse del peso di undici once di fabbrica bellissima coi tipi sopradetti, ed altre ancora di peso minore, sono
giudicate posteriori alla seconda guerra punica [1].

Non men malagevole è diffinire l'ampiezza dell'antica città,
che il Beatillo crede essersi distesa sino alle vicine terricciuole
di Carbonara e di Ceglie; e dal trovarsi in esse sotterra vasi bel-

---

[1] Cinque pure se ne trovano nel medagliere del ch. Cav. Avellino,
non ha guari mancato alla scienza archeologica.

1 Prora navis dextrorsum; supra puer alatus dimidius dextrorsum
utraque manu sagittam ex arcu emittit; a dexteris circum BAPINΩN;
infra delphin dextrorsum) (Caput barbatum laureatum dextrorsum
crinibus ad collum delphini retro ⚊.

2 Idem, supra puer idem dextrorsum, inscriptio BAPINΩN; infra
delphin dextrorsum) (Idem dextrorsum, retro astra eadem.

3 Idem dextrorsum, supra puer idem dextrorsum; superius BA in
area a dextris Æ fugiens) (Idem dextrorsum retro *.

4 Idem dextrorsum super BAPI, infra NΩN, a dexteris in area
Æ) (Idem, dextrorsum retro astrum idem.

5 Idem minoris formae, deficiente Æ.

La cortesia del conte Antonio Candida ci ha fatto aver contezza di
un'altra medaglia barese di piccolo modulo, da lui posseduta, e fi-
nora ad altri non nota. Essa ha la solita testa barbata e laureata sul
diritto, e sul rovescio la prua senza l'amorino con accanto un'àn-
cora e la leggenda RINI, se ben ci apponiamo. Ignoriamo poi quali
fossero i tipi della medaglia barese riportata dall'Halaymo nel Tesoro
Brittanico, e l'altra posseduta dal barone Ronchi, come afferma
Giuseppe Castaldi nell'opera intitolata: La magna Grecia brevemente
descritta, Napoli 1842, p. 54. V. tav. lett. A.

lissimi e greche monete, ed a Bari non mai, argomenta «che
« fosse sì bene il corpo della città e l'abitato della gente mi-
« gliore, dove sta ora, vicino al porto; ma il populato della
« gente più bassa con i conservatorii delle robe de'cittadini,
« e ville da sepellire i defunti fosse dove sono i detti casali »;
e quindi con greche etimologie, che ognun sa come sieno dut-
tili e fallaci, va rinforzando l'opinion sua. L'errore del nostro
storico viene dal non aver considerata Celia per città autono-
ma antica, annoverata già dai geografi ' tra le città mediter-
ranee de'Peucezi a circa due miglia dal mare; e dall'aver creduta Barese, come già innanzi dicemmo, la moneta celina,
che ha per tipi in sul diritto la testa di Giove laureata, e nel
rovescio un trofeo '. Se non che ne'tempi posteriori forse avvenne, che la nostra Celia (di cui non si ha memoria storica
dopo il 313 A. C., quando nella terza guerra Sannitica fu presa
dai Romani sotto il Dittatore Fabio ') ridotta in misero stato siesi congiunta in un corpo solo con la città di Bari: alla
quale opinione ci trae non pure un antico bassorilievo in pietra, rappresentante le due antiche monete di Bario e Celia, ed
infisso in sulla nostra porta di mare, or distrutta; ma eziandio
un antico diritto, che Bari aveva, ed ha mantenuto sino alla
fine del passato secolo nel suo Mastrogiurato, il quale nel dì
di S. Angelo, 29 di settembre, conducevasi in Ceglie col regio
stendardo della città ed una squadra armata ad aprirvi con un

' Strab. VI, p. 282; Ptol. III.

' Il Corcia reputa, sebbene non affermatamente, appartener questa moneta all'altra città omonima, Celio, nella Messapia: ma l'essersene trovate in copia nella nostra Celia, ed altre ragioni che appresso si diranno, ci fa attenere a contraria sentenza.

' Diodor. Sic. XIX, 101.

editto la fiera, e per otto giorni esercitar la ragione civile e criminale. Cotesta giurisdizione accenna indubitabilmente ad una certa sudditanza di Ceglie verso la città nostra, sia per volontario, sia per forzato congiungimento.

Che poi l'altra terricciuola Carbonara, di pochi passi di qua da Ceglie, sia stata un sobborgo Barese, non sembra da dubitar punto per un documento dell'undecimo secolo (1075), che sarà a suo luogo pubblicato; in cui un Maureliano patrizio e catapano consegna a Bisanzio Struzzo una lunga lista di case (che son da credere confiscate ai cittadini Baresi) per averne cura ed appigionarle: e gran parte di esse son poste non solo nella città e fuori, ma proprio in Carbonara. E ciò concorda con la tradizione, che la vuol surta per opera de' Baresi, quando Bari fu distrutta dal I Guglielmo: sebbene più giustamente debba dirsi, che fu ampliata da coloro, che dopo quell'estrema calamità quivi si rifuggirono.

Non è vero poi che a Bari non siensi trovati antichi sepolcri e vasi e medaglie, come dal Beatillo si afferma; benchè al suo tempo per avventura non se ne dessero occasioni. Che anzi di pregiatissimi se ne sono rinvenuti, anche di forma simili a quelli di bronzo di Pompei [1]. Bellissimi del pari quelli, che il cavaliere Hamilton paragonava al sepolcral vasellame da lui fatto cavare tra le rovine dell'antica Atene, e trovavali così simiglianti nelle forme, nelle pitture e ne' miti, da trarne indizio di fondazione attica della città [2]. Di diciannove altri vasi ci lasciò memoria particolareggiata il nostro Emmanuele Mola [3]; massime di dodici i più ammirevoli, che egli inchi-

---

[1] Saint-Non, Voyage pitt. t. II, pag. 569, citato dal Corcia.

[2] Memorie Manoscritte di Emmanuele Mola barese.

[3] Memoria di esso Mola al Cav. D. Giordano Dottula per l'am-

na a credere etruschi e non greci; senza dir di quelli trovati in un sepolcro l'anno 1752, nel cavarsi vicino del convento de'PP. Predicatori le fondamenta d'un edifizio di casa Sagarriga, dove un'affettuosa memoria d'amor coniugale copriva il cenere diletto [1]. E tutto dì non ne mancano pure nel cavarsi le fondamenta della nuova città, o borgo che dir si voglia, trovandovisi sepolcri con vasi, massime de'piccoli con figure di basso rilievo, e monete, ed armi; ed oltracciò ruderi d'antiche fabbriche, e lastricati con rotaie profonde [2].

Per le quali tutte cose ci par più probabile l'opinione del Mola; il quale dai ruderi, da lui veduti un cinquecento passi fuor della città, dov'è la cappella rurale di nostra Donna delle Grazie *a monte*, e sull'erto de'giardini arcivescovili, argomentava che fin là si estendesse il recinto della città antica. Se non

basciadore di Francia in Napoli, principe di Brettevil, 24 di luglio 1773.

[1]
CAEC. PHOEBE
VIXIT. ANNIS. XXXX
HIC. SITA. EST
FECIT. M. CAECILIVS
FELICIO. CONIVGI
DVLCISSIMAE. BENE
MERENTI INIQVA
FATA. QVAE. NOS. TAM
CITO. DISIVNXERVNT

[2] Non ha guari, un sepolcro s'è trovato con vasi e belle armature greche. I vasi furono involati dai muratori, che lo scuoprirono nel cavar le fondamenta d'una nuova casa, e stretti a restituirli, se ne ebbero i men pregiati; le armi guaste, salvo un elmo. Questo di bella forma di civetta e di finissimo lavoro, che mostra in più parti le tracce della doratura, si possiede dal conte Antonio Candida, allora Segretario generale nell'Intendenza di Bari.

che manifestò egli dappoi altra forse più fondata opinione in una memoria storica intorno al cangiamento del lido Appulo[1]; la quale è, che osservato da lui lungo il nostro lido qua e là sommerso il continente, la città siesi un tempo estesa dentro il mare dalla parte di tramontana. Perciocchè a cielo sereno e con mare tranquillo discernonsi nel fondo reliquie d'antiche fabbriche; e tali massimamente nel luogo detto *pendino*, da credere essere stata quivi un'antica fortezza a custodia della contigua città.

Ma vera che sia o l'una o l'altra di queste due opinioni, certo è che gl'indicati tipi della nave e del delfino additano Bari tra le antiche città marittime, industriosa e trafficante dai più remoti tempi.

Incerta è del pari l'estensione del suo territorio, che indubitatamente amplo esser doveva, se tale il troviamo in tempi a noi più vicini: di che si potrà far ragione, quando su documenti sicuri ne indicheremo i limiti.

Poche memorie de'fatti de'Peucezi ha serbate la storia. Un re, ma non altro che aristocratico, e confederato coi popoli vicini alla maniera delle greche istituzioni, reggevali in quegli antichissimi tempi[2]; o almeno tale era nel principio della guerra del Peloponneso[3]. Confusi forse dagli storici sotto

---

[1] Giornale letterario di Napoli per servire di continuazione all'analisi ragionata de'libri nuovi. Vol. 52. giugno 1796.

[2] *Appuli populis suis dabant regem. Laconicus erat principatus. Et rex dabatur regno, quia non erat dominus omnium de suo regno iuxta eius voluntatem, et durabat usque ad sui vitam, et non habebat haeredem, ac eo mortuo alium eligebant provinciales. Baris autem urbs fuit caput omnium civitatum Apuliae, et regia sedes, et totius regionis princeps.* Marin. Frecc. lib. I.

[3] Strab. VI, pag. 281. Cf. p. 455.

il general nome di Iapigi, nulla ci è noto insino alla CXX, 4
olimpiade (458 di Roma), quando Agatocle, quell'audace e
malvagio Siracusano, che di vasellaio s'era renduto autocrata
non pur della sua patria, ma di quasi tutta Sicilia, e formidabile a'Cartaginési, si strinse in lega coi Peucezi ed i Iapigi a
proteggerne le scorrerie nell'Adriatico [1]. Trattati di pace e fe-
derazioni conchiudevano dappoi all'arrivo di re Alessandro
d'Epiro [2], che li dimostrano tuttavia autonomi. E tali certamente eran pure, quando collegati coi Salentini e co'Taren-
tini sostennero le guerre combattute dai Romani : sotto la cui
trapotente signoria venne alla fine, nè molto dopo che furono
soggiogati gli altri popoli vicini.

Nella romana sudditanza Bari sortì ancora il maggior onore
che poteva : perciocchè ebbe condizione di municipio, reggendosi con proprie leggi, e partecipe alla cittadinanza della grande città [3]. Forte ell'era, quando Flacco ne celebrava le mura,

[1] Diod. Siculo XXI, 4.
[2] Niebuhr Hist. R. III, p. 151.
[3] Tacito Ann. lib. XVI, 7—9. Pensa il Corcia (t. 3, pag. 500)
ch'ella per la sua importanza divenisse municipio anche prima della
legge Giulia, recando a documento la seguente lapide :

Q. APINIO. Q. F. QVIR
PROCILIANO
EQVO PVBLICO. VI. VIRO
AVGVST. PATRONO. ET
IIII. VIRO. MVNICIP. BAR
PRAEFECTO FABR
OB MERITA AVGVST. DD

cavata dalle iscrizioni del Gud. pag. CXIV, n. 9.

indicandola, com'usano i poeti, dalla qualità più distinta [1], e nel suo viaggio da Roma a Brindisi su per l'Appia via, vi trovava stanza ospitale, e delicati pesci, che il rinfrancavano del pane renoso di Canosa, e dei tisici tordi di Benevento.

Tale era sotto i Cesari, allorchè, come Tacito racconta, loc. cit., il senato servo alla crudeltà ed ai sospetti di Nerone destinava nell'anno 65 dell'Era volgare la rocca di Bari a custodia dell'infelice Silano, che vi fu trucidato non per altra colpa, se non per la sua modestia e la stirpe nobilissima. « Il « senato (così il Davanzati volgarizzò lo storico latino) rimise « Lepida a Cesare: confinò Cassio in Sardegna; ove andò, e si « aspettava il suo fine. Silano, come per condurlo in Nasso, « fu posato ad Ostia: poi chiuso in Bari, terra di Puglia [2]; e « sopportava il caso indegno con prudenza. Venne il centu- « rione ad ammazzarlo, e voleva ch'ei si segasse le vene: « disse voler morire, ma non già ch'ei se ne potesse vanta- « re. Il centurione vedendolo, sebben senz'armi, poderoso « invelenito e senza paura, disse ai soldati che s'avventassero « addosso. Silano si difese, e con le pugna, quanto poteo, si « aiutò, sino a che dal centurione con istoccate d'innanzi, « quasi in battaglia, fu ammazzato ».

Null'altro sappiamo de'fatti della nostra città sotto la Repubblica e l'Imperio: e solo trovasi ella accennata da Livio, quando infestata la spiaggia da ladroni trasmarini, e dolendo-sene Tarantini e Brindisini, l'anno di Roma 571, fu commesso

---

[1] Via peior ad usque
  Bari moenia piscosi.
  Satira V, lib. I.

[2] Il testo dice: *municipio Apuliae.*

ai Consoli di guardar con dieci navi tutto il lido, dal promontorio di Minerva, oggi Campanella, insino a Bari [1].

Anche poche notizie ci restano del culto, e de' maestrati.
Dalla memoria degli Augustali, che la lapide innanzi recata
(son parole del Corcia) con una statua posero a Q. Apinio
Prociliano, sappiamo che vi fu un tempio sacro ad Augusto;
e di un altro dedicato ad Apollo, certamente più antico, si ha
memoria da titolo sepolcrale anche ad un Augustale posto da
uno de' Sacerdoti del Nume [2]. Che vi fosse stato eziandio un
tempio a Giove (come per tradizione accenna l'egregio Autore)
dov'è al presente la Basilica, non troviamo motto veruno neppure ne' più diligenti raccoglitori di notizie patrie. Ma dall'osservar che v'erano Collegi di Dendrofori, falegnami, marangoni
indicati in un altro titolo sepolcrale [3], abbiamo altro argomento

[1] Lib. XL, cap. 18.

[2]

D. M.

C. HERENNIO RVFO

AVG.

L. HERENNIVS PROBVS

APOLLINIS SACERDOS

MERENTI FRATRI. F

[3]

DIS MANIBVS. SAC

V. F. C.

L. CALPVRNIVS CALPVRNIA

NVS. PRAEFECTVS. FABR

PATR. COLL. DENDROFOR

ET TIGNARIOR. PATRONVS

COLL. ORINAT. NAVT. IIII

VIR. QVINQ. ITER. D. D. L. P.

SIBI. ET. CALPVRNIAE F.

KARISSIMAE

ET CALPVRNIO. LATINO PRI

SCILLO. EQ. PVBL

IN FR . . . . . P. XX.

IV AGR . . . . . . P. XXV

Corcia t. III. pag. 501.

di forza militare e marittima. Perciocchè cotesti Dendrofori, diversi affatto dagli antichi portatori di rami o d'alberi nelle feste di Bacco, di Silvano, e di Cibele, erano addetti, come sensatamente osserva il Fontanini [1], a provveder d'alberi necessarî per le macchine da guerra, per gli accampamenti, e per la marina. Di altri pubblici uffici, come di un Publicio edile, e quatuorviro addetto al render ragione, troviamo cenno in una mutila epigrafe rinvenuta nel cavar le fondamenta della parte nuova della città; che insieme con parecchie altre salvate, quanto è stato possibile, dalla trascuratezza de' cavatori, rechiam a piè di pagina perchè ne giudichi il lettore [2].

[1] De antiq. Hortae, colon. Etrusc. lib. II, cap. 5.

[2]
P. PVBLICIVS
P. F. C' A. AIVTOR
AED... I $\overline{\text{II}}$ I VIR. I. D
VIX. AN. XXXV. H. S
MATR. SCELESTA
FILIO FECIT
—
D. M.
CAELIDIA
NOMIA
V. AN. XXXV
PAT. FEC.
H. S. E.
—
PANTANAS...
—
D. M.
APPHIADIS
VIX. ANN. XXXXV
M. APPALE. PHOEBVS FIL. MATRI
B. M. FEC.

Due grandi strade (seguiamo sempre il Corcia t. III p. 552) attraversavano la Peucezia. L'una dentro terra, ramo della via Appia, la quale per le falde del Vulture entrando nella regione di qua da Venosa, per sessanta miglia romane, toccava Palazzo, S. Maria della Civita (presso Spinazzola), il Garagnone, Cento Pozzi (sotto Gravina), Villa di Iesce, S. Maria a

ADES
PALENVS PHOEBVS
FILI. FECER
—

D. M.
VLPIA. TY
CIHE. VIXIT
ANNIS. LXXX
FECIT. CO
IVNX. COBM
—

. . . . . .
V. A
PARIN
B. M.
—

C. LICINIO. FAVORI
VXORI. VIR. AN
LXXIII. C. II CV
... ESTVS
—

D. M.
CORNELIA
... A. XXV
...S. F...
—

Palomba (presso Matera), Viglione, Palagianella, Silvio. Più lunga l'altra ne percorreva la spiaggia per cento tre miglia antiche; la quale prese nome dalla città d'Egnazia, e restaurata poi da Traiano, *via Traiana* fu anche detta. Essa dalla foce dell'Ofanto presso Canosa toccava Ruvo, Bitonto, Bari, Torre Ripagnolo, Egnazia, e le Spelonche presso d'Ostunì: ed avvegnachè più lunga dell'altra, era più frequentata per il mag-

... LVCA

NIVS. SLX.

IIO. V. A. XV.

PATER. F.

B. M. F. . . .

H. S. E.

—

. . . .

ANTO. . . .

EVTHYCIAV. .

NXCBARINV. . . .

MAT. . .

MII F. . .

—

SYMPHOROS.

ANTIOCHI.

CAESAPEVS.

TRALLIANOS.

VIXIT. ANN. LXXXV

—

ΝΕΠΩϞΚΑΛ

ΛΙΧΡΥϞΟΥΒΥ

ΖΑΝΤΙΟϞ

ΖΗϞΑΝΤΙΕϮΗ

ΚΕ ΜΗΝΕϞ Γ ΗΜΕΙΕ

Sotto quest'epigrafe erano scolpiti varii strumenti da falegname o architetto.

gior agio de' viaggiatori, la maggior agevolezza di traffico delle città marittime, e massimamente per il porto di Bari. Oltre

D. M
C. DECCIVS
FAVSTIO
VIX. AN. LV
FILIVS. PATR
I BENE
MERENTI. F
ECIT

—

T. SEXTILIVS. FELIX
VIX. ANN. LXIV
H. S. F.
LIBERTI PATRONO
BENE MERENTI

—

M VI MATER PIENTIS. . .
MO FILIO FECIT.

—

HOC. . .
IESCIT CΩRPVS
DVMNANE FILIA
MVSCATI ET MA-
TER EIVS DVM-
NANA. Q VNC LE-
GITIS ORATE P
EIS. Q VNC SEPVLC-
RV RVPER. CO SOSVI . . ;

Togliendone qualche nesso di lettere, e qualcuna di esse a forma meno antica riducendo.

a queste due grandi strade, un altro ramo più interno ne lasciò indicato la tavola Teodosiana, che spiccandosi da Egnazia medesima, e piegando a sinistra per Conversano, Noja, e Ceglie ricongiungevasi a Bitonto.

Della via Traiana, su cui era posta la città nostra, a cenventotto miglia da Benevento, vedevasi a tempo del Pratilli una colonna milliaria impiantata sul molo a raccomandarvi le gomene de' navigli; e sovr'essa leggevasi:

CXXVIII

IMP. CAESAR

DIVI NERVAE F.

NERVA TRAIANVS

AVG. GERM. DACIC.

PONT. MAX. TR. POT.

XIII. IMP. VI. COS. V.

P. P.

VIAM A BENEVENTO

BRVNDVSIVM

PECVNIA SVA FECIT[1]

Un'altra simigliante a questa, e crudamente mutilata, scuoprivasi poi dal Mola nel vestibolo del tempio de' PP. Francescani Osservanti. Ed ultimamente anche un'altra s'è trovata nell'abbattersi il terrapieno delle mura tra 'l monistero di S. Scolastica ed il Liceo, dove si è dato cominciamento al

---

[1] Il G della prima linea era mancante, e fu sostituito da esso Pratilli, Via Appia p. 538.

nuovo porto; la quale, benchè mutila nella parte inferiore, porta la medesima leggenda, che dice così:

CXXVIII

IMP. CAESAR

DIVI. NERVAE. F

NERVA. TRAIANVS

AVG.....

Su per questa strada, come vuole la tradizione e vetusti documenti ora perduti, videro que' nostri maggiori discorrere il Principe degli Apostoli, partitosi di Corinto ed a Brindisi approdato, ne udirono le sante parole, aprirono gl' intelletti alla luce della Fede, i cuori alla carità, e rigenerati da lui medesimo nell'acqua del Battesimo, ebbero sin dalla fine del primo secolo di Cristo la lor Chiesa ed i sacri Pastori [1].

Ma ritornando alla politica condizione di Bari sotto gl'Imperatori, ella non patì mutazione veruna nelle varie divisioni degli stati italiani, fatte da Adriano e Costantino magno. Il fiacco imperio di Giustino secondo, retto dal talento di Sofia sua moglie, richiamò Narsete d'Italia, e mandovvi Longino; che vago di novità, introdusse nuovo reggimento, agevolezza all' itala ruina. Tolti via dalle province i consolari, i correttori, ed i presidi; statuì alcuni capi nelle città più cospicue, che chiamò duchi, ed assegnò giudici al render giustizia. Roma allora spoglia anch'essa di consoli e di senato (che non erano più veramente, che vanità di titoli) scese a condizion di ducato,

[1] V. Garruba nell'introduzione alla *Serie critica de' sacri Pastori baresi*. Bari 1844.

ed ebbe il suo duca mandatovi ogn'anno da Ravenna, come l'ebbe Bari, e con essa Napoli, Sorrento, Amalfi, Gaeta [1].

Non sostenendo l'onta del richiamo Narsete, nè gli acerbi scherni dell'Imperatrice Sofia; richiamò a sua vendetta i Longobardi signoreggianti in Pannonia, già prima stati aiutatori dell'Imperio a discacciarne i Goti; ed il politico sminuzzamento d'Italia ne rese facile il conquisto. Delle sorti di Bari fin da questi tempi ora ragionerà la presente storia.

---

[1] Giannone, Storia civile, lib. 3. cap. 5.

LIBRO PRIMO

—

CAPO I

DALL'ANNO 700 DELL'ERA VOLGARE ALL'852.

SOMMARIO

Condizion politica della città di Bari sotto la greca dominazione; nobili famiglie greche vi si stanziano, ed entrano in cittadinanza; commercio; giurisdizione ecclesiastica; niuna speranza di sostegno ne' greci Imperatori contro l'ambizione longobarda; infausta prova fattane da Costante; i Longobardi occupano la città (690), e la restituiscono ai Greci per interposizione di papa Gregorio II; nuova eresia di Leone Isauro affretta la ruina dell'imperiale dominazione in Italia; Bari se ne sottrae, ergendosi in ducato (730); una nave dell'armata di Leone, rotta per tempesta nell'Adriatico, vi approda, e sovr'essa due Monaci basiliani, che portano di celato (per sottrarla alle persecuzioni dell'iconoclasta) un dipinto di nostra Donna di Costantinopoli (733); il quale rimane al culto dei Baresi; le discordie de' Principi beneventani traggono a ruina Bari, di cui s'impadroniscono i Saraceni (841); la costoro potenza cresce; inutile venuta del secondo Lodovico imperatore a snidarneli (852).

Quali fossero le peculiari condizioni della città di Bari in que' secoli, che le barbare invasioni sempre incalzantisi spogliarono, insanguinarono, disertarono tutta dall'uno all'altro capo la misera Italia, per noi non si è potuto dire. In sì grandi e durevoli calamità spento ogni lume di lettere; appena bastanti gli animi a sopportarne i danni e la servitù, o niuna memo-

ria ne fu lasciata agli avvenire, o insino a noi non pervenne.
Certo ella seguì le sorti comuni; fors'anche peggiori per le
orde, che ogni anno dall'Africa riversava Genserico su questi
luoghi, e per essere stati più che gli altri teatro di guerra ai
Greci, quando da Belisario, quando da Narsete condottivi a
respingere la rabbia degli stranieri; e stranieri anch'eglino a
noi, e lontani i Greci, erano per avventura peggiori di quelli.
Ma dopochè re Autari, respinti tre volte i Franchi, fatte tre-
gue e guerre coi Greci, corsa l'Italia insino all'ultima Calabria, restaurò il regno longobardo, e 'l ducato beneventano
ebbe finalmente termini alquanto certi; parte di Puglia, di
Calabria, di Lucania, de'Bruzi, il ducato di Napoli, quello di
Gaeta, e parecchie altre città rimasero soggette al greco Imperio. Tra queste fu Bari.

Ma non pace era quella pe'nostri, non speranza al racqui-
sto dell'antica grandezza. Perciocchè se per la pietà e dolcezza
della regina Teodolinda, che ridusse alla Fede cattolica il suo
secondo consorte Agilulfo; se per la santità de'due illustri vescovi Barbato di Benevento, e Duoroso di Capua; e per la
prudenza civile e bontà di Rotari e d'altri principi del sangue
di Teodolinda già si rendesse portevole il giogo ai popoli loro
soggetti, e cominciassero a rinverdir le speranze d'un migliore
avvenire: per lo contrario o consolari, o rettori, o presidi, o
duchi, che si appellassero i greci reggitori di queste province
o città italiane, erano rotti a tanta rapacità, tracotanza ed ol-
traggi, da eccitare in esse, come ne lasciò Procopio, il desiderio de'barbari.

Cotesti reggitori avevano podestà militare e politica; e la
ragion civile e penale si rendeva da giudici, dati per essi: i
quali giudicavano indubitabilmente con leggi giustinianee, di-

ritto comune a tutti i popoli italiani soggetti al greco Imperio, sebbene il Giannone si studii a provare il contrario [1].

Pur tutta volta non sembra, che per questo dovesse rimanere gran fatto alterata l'organica costituzione della città; la
quale è da credere serbasse quella forma di municipio che pe'
suoi magistrati ed ordini faceva ritratto dalla romana republica [2]. A tutti i cittadini due magistrati annuali soprastanti,
che presedessero alle curie ed ordinassero la convocazione dei
publici consigli. Altri minori ufiziali governassero le altre
parti della publica economia, come le publiche opere, gli
edifizi, l'erario, i vettigali. Spettanti alla curia le deliberazioni; al cui onore con uguali diritti partecipavano nobiltà e
popolo, da uno scelto numero di famiglie rappresentati: comunanza d'onori e di diritti, che mostra non esservi stata differenza vera di classi, assai più tardi introdotte. Ma qual pro
da cotesti maestrati del municipio, da coteste curie ed ordini,
posto che serbati si fossero; se la licenza de'supremi reggitori
tutto sommetteva al suo talento? da essi comandato il servigio
nelle imperiali armate, da essi tassati gli strabocchevoli tributi, da essi tutto.

Soprantendenti alla riscossione dei tributi veniano eziandio
di Costantinopoli persone d'alto affare. Di costoro quali per
nuove attenenze strette coi nostri, quali per cumulate ricchezze
o allettamento di limpido cielo, quali per fuggire alle continue rivolture e tirannidi del greco Imperio, vi fermarono loro
stanza. Così sappiamo stanziata fra noi la casa Dottula, per

[1] Lib. VII, cap. 2.
[2] Così avvisa pure il Pagnoncelli nel suo libro dell'antichità de'mu-
nicipii italiani. Bergamo 1823.

un Giovanni soprastante agl'imperiali tributi ', così la Ioannaci, la Gizinosi, la Effrem, e parecchie altre. Ricchi signori o
arricchiti costoro, fattisi a fabbricar palagi, e postisi in sul
gran spendere, se dall'una parte facevan bella di tutta la greca
magnificenza la città, eran dall'altra a'cittadini un troppo manifesto ricordo della perduta grandezza, e sovente occasione
ad odii e gelosie. Fosse naturale alterezza o ricordanza di loro
origine, vollero essi distinguersi dagli altri gentiluomini, che
vi trovarono, premettendo la voce *chyuri* (χυριος), che suona
signore, a quella del lor casato; onde s'udirono a chiamare
Chyuridottula, Chyurioannaci; e per lo contrario la voce *sire*
premisero i nostri '. Ma la comunanza di ufizi ed onori tra'
nuovi venuti e gli antichi nobili mostra non essere stati di-
stinti che per solo nome.

I lor palagi, a quel che ne dicono i patrii scrittori, solevano eglino costruire in isolati, ossia divisi da pubbliche strade
intorno; murarvi chiesette di particolar culto, e rizzarvi delle
torri ben alte, per afforzarvisi dentro ad un bisogno '; se pure

---

' Beatillo riferisce la costui venuta a'tempi di Carlo Magno: ma
poichè in questi luoghi era già venuta manca allora la greca autorità,
ne atteniamo piuttosto all'avviso del nostro Volpi, che la pone circa
l'anno 672, non essendo poi ritornata Bari sotto l'Imperio, che nel-
l'anno 872. Storia de'Visconti e delle cose d'Italia. Parte 2, p. 85.

' Alcune di quelle famiglie greche il *chyuri*, abbandonato dall'altre, ritennero sempre, come fu della Chyurielia, o Chyurlia.

' Così abbiamo, che i Dottula eressero la chiesa di S. Nicolò dei
Greci nel luogo detto il *Centurione* con un convento di Basiliani,
tanto elevata, che vi si ascendeva per lunghe scale; gli Effrem quella
di S. Leone de'Giudei, che a'tempi del Beatillo si vedeva ancora in
piedi adorna di ricchi marmi sotto le torri del Duomo; i Chyurlia
quella di S. Simeone; de'Joannaci fu quella, che nelle lor case edi-

non era questa piuttosto una maniera italiana, che già vi trovarono in uso.

Forte la città di un duplice ordine di muri, e di fosso '.
Sicuro e grande asilo il porto all'imperiale naviglio, ed alle
barche di commercio. Vigoroso questo ne'luoghi di Oriente,
e pari, per autorità del Sismondi *, a quel di Napoli, Amalfi,
Gaeta; massime in Costantinopoli, Alessandria, tutta Licia, e
Siria, come ne fan fede le forze spiegate in aiuto della prima
Crociata, l'involamento del corpo di S. Nicolò, e l'antiche
nostre Consuetudini, larghe di sicurtà ed agevolezze ai contratti ed all'uso del danaro marittimo.

Dal favore de' patriarchi di Costantinopoli titolo di arcivescovo avevano i nostri sacri Pastori; i quali però non si sottrassero per questo alla dipendenza de'romani Pontefici. Chè
dando opera costoro con atteso animo a scancellare le divi-

ficò Romana Dottula alla Madre di Dio con due ordini di colonne
l'uno all'altro sovrapposto, per miracolo ottenutone, la quale fu
detta dappoi S. Maria *di Sannaci*; dove fu innalzata la chiesa a S. Giuseppe; ed in fine i Carofilli quella a S. Caterina con lo spedaletto
di S. Tommaso, che vuolsi di rimpetto al Castello. Oltre a queste la
stessa famiglia Dottula si costruì la chiesetta di S. Martino, ed
i Carducci quella dedicata a S. Giovanni, che veggiamo ancora. Di
parecchie altre chiesette si ha notizia, edificate da famiglie baresi:
tale quella a S. Clemente dalla Positano (dietro i *corsioli* di S. Agostino), a S. Luca dalla Comite, a S. Teodoro dalla Zizzi, a S. Maria
dalla Carissimo, posseduta poi dalla Bonafede, a S. Gregorio piccolo
dalla de Falconibus, dove oggi è la chiesa de'Carmelitani scalzi, o
come dicono di *S. Teresa de' maschi*. Beatil. pag. 17.

' Tale la descrive il monaco francese Bernardo nel suo viaggio a
Gerusalemme fatto nell' 865, come appresso diremo.

* Storia delle Rep. ital. lib. 1, cap. 4.

sioni della Chiesa fra i Latini ed i Greci; e tenendosi dalla
parte degl'Imperatori per contrapporli a'Longobardi aspiranti
all'universal signoria d'Italia; confermavano concordi co'Patriarchi onori e facoltà, di che costoro fregiassero i vescovi d'Occidente, eletti allora per ardenza di pietà o altezza di
dottrina dal libero voto del clero e del popolo, e dal sommo Pontefice ordinati ed unti. E città metropoli essendo Bari
per quel, che riguardava la polizia dell'Impero, così al nostro
prelato i sommi onori si concedevano. Non è già vero, che
fin da ora avessero eglino autorità di metropolita, e facoltà
di consacrare i dodici vescovi della lor provincia di Puglia [1];
perchè ciò seguì molto dappoi, e verisimilmente nel nono o
decimo secolo: ma sopra vasto paese distendevano pure la lor
giurisdizione [2].

Tale può adombrarsi lo stato politico, civile, religioso della
nostra città alla fine del settimo secolo della Redenzione, che
di mano in mano meglio chiarirà il racconto. Pieno di fieri
sospetti, di paure, di pressioni era il vivere. Formidabili nemici sempre minacciosi alla fronte le stavano i Longobardi,
cui i frequenti conquisti crescevano l'animo, e l'animo le voglie, non sofferenti che del resto d'Italia non ispogliassero i
Greci. Costoro rapaci, superbi e fiacchi solo intendevano a

---

[1] Come vuole il Beatillo, pag. 9.

[2] Vedi l'appendice 2 del Garruba, p. 935.

In sulla fine del sesto secolo essendo la chiesa di Canosa miseramente distrutta dai Longobardi sotto re Autari, e governata per poco
dal vescovo di Siponto, che anch'essa poi venuta all'ultima desolazione fu per papa Vitaliano unita a quella di Benevento; era ella ai
nostri arcivescovi fidata, i quali presero ad intitolarsi, come ancora
s'intitolano, di Bari e Canosa.

smugner dell'oro i soggetti per inviarne alla Corte imperiale,
ed arricchire sè stessi. Vano ogni richiamo, non udito
(come avviene) per lunga distanza di luoghi, o prepotenza di
reggitori, e punito con maggiori oppressure. Era in somma
servitù vera, non men detestabile di quella, che si patì poi
sotto il viceregnato spagnuolo, da cui con immenso benefizio
fu sottratto il reame dalla regnante casa Borbonica. E quale
fondamento si poteva fare sui greci Imperatori, che succedendosi sempre peggiorando, s'erano lasciati spogliare prima dai
Persiani, poi da' Maomettani di metà dell'Asia, e di tutta l'A-
frica? Un solo di essi venuto in Italia, Costante, erasi veduto
approdare su grossa armata a Taranto, far massa di quanti
ragunar potesse sudditi al greco Imperio, struggere Siponto,
Erdonia; occupare e devastar Lucera; stringere d'assedio Benevento. Pareva il guidasse ardente cupidità di racquistare il
perduto; e forse non era che rapacità, o stimolo a trovar modo, onde sopire i tetri rimorsi del fratricidio [1]. Benevento resistette per opera del duca Romoaldo, giovinetto, ma d'intendimento maturo e di cuore; finchè non vennero di Pavia gli
aiuti paterni, e con essi suo padre medesimo, re Grimoaldo.
Cangiata allora la fortuna de' Greci, l'Imperatore vergognando
ebbe a favore ridursi a Napoli non senza grave sconfitta.
Quindi ritentata la prova per il vanto di Saburro, uno dei
cesarei condottieri, e riuscitagli peggiore, trasse a Roma:
donde con la preda di quanto più prezioso potè raccogliere in
ori, argenti, bronzi, se ne ritornò sempre saccheggiando via
via per Bari, Conversano, Monopoli, a fermar sua stanza in
Siracusa. Quivi ne patirono gli spogli cinque anni, morendo

[1] Di Meo, Annali, anno 662.

di stenti la minuta gente, e fuggendosene a torme in Siria o
in Egitto; finchè i suoi medesimi si disfecero di quel flagello
e vergogna, all'uscir ch'egli faceva del bagno, dandogli d'una
urna nella cervice [1]. Più rimbaldanzivano i Longobardi; i
quali or una città or un'altra occupando, da quasi tutti i luoghi, che terra di Bari e d'Otranto ora diciamo, ne scacciarono
i Greci. Anche della città nostra scacciaronli (690), come reca
il Beatillo [2], e il Giannone [3]: ma quegli citando altri cronisti
afferma, che per opera del Pontefice Gregorio II ritornasse
alla soggezione greca; questi non ne fa motto, e registra Bari
fra le sedi più cospicue de'castaldati, ov'era il castaldo, ossia
conte preposto. Noi ci atteniamo allo storico barese, sembran-
done assai credibile, che fosse stata renduta; se si consideri la
bontà e saggezza di re Luitprando, riformatore delle leggi
longobarde; l'autorità di quel gran principe, Gregorio, che
forte s'adoprò a mantener nell'Italia le ragioni dell'Imperio;
e la testimonianza d'un altro scrittor patrio, ai due primi
ignoto, il quale fra poco ne darà materia di racconto.

Pur tutta volta la sconoscenza, la stoltezza, ed anche l'empietà della Corte imperiale affrettava la propria ruina. Leone
Isauro, lusingato da presagi ed augurii, facevasi autore d'una
nuova eresia, e dettava feroci editti contro il culto delle imagini, stoltamente persuaso di romper così la fonte dell'idola-
tria, ed al suo imperio assicurare felicità. Indarno in Oriente
gli si opponevano il patriarca S. Germano e S. Giovanni Da-
masceno, indarno il Pontefice in Occidente, che n'era minac-

---

[1] Leo, stor. d'Italia, lib. III, § 2.
[2] Lib. I, p. 12.
[3] Lib. 4, cap. 10.

ciato, perseguitato. I popoli italiani, rimanenti sotto l'Imperio, aggiuntosi all'odio antico il sentimento dell'oltraggiata
Religione, cominciarono a scoppiare da tutte parti in manife-
ste ribellioni, a ricusar di pagare le imposte della capitazione
in pena ricresciute di un terzo. Sui quali disordini vegghiando
i Longobardi a trarne partito d'ingrandimento, gli occupavano l'Esarcato di Ravenna. Di che il Pontefice straziato nell'a-
nimo richiamava intorno a sè i Romani e gli altri Italiani, e
con ardenti parole ridestando ne'loro petti la virtù antica,
cacciavane gli occupatori, e il duca Ildebrando nipote al re
vi rimaneva prigione. Poste giù l'ire, il re Luitprando si prostrò riverente innanzi alla tomba del Principe degli Apostoli,
vinto dalle ammonizioni del Pontefice, che in giusta difesa resistendo, il primo stringeva alleanza coi Longobardi contro i
Greci, non rinnegando già nome e diritto al signore legittimo.

Lione pertanto sempre sordo a tutte esortazioni prese a sì
fieramente odiarlo, da volerne la morte, ed adoperarvisi non
che con la forza, ma con l'arte e i tradimenti. A tal punto la
signoria greca non fu più innanzi patita da'Baresi: e quell'anno, ch'era il 730, scuotendone il giogo, si elessero alla guisa
de'Longobardi un duca a nome Teodoro [1] con podestà mode-
rata da parecchi autorevoli cittadini; e per affermare il lor
fresco stato dai formidabili vicini, fu savissimo consiglio, se
non il solo che rimaneva, di mettersi sotto la protezion di Romualdo duca beneventano. Ambiziosa protezione veramente,
che poteva presto risolversi in signoria anch'essa; ma il vole-

[1] Leggenda del nostro prete Gregorio, che scriveva un cencin-
quant' anni dopo di quel fatto. Chi abbia vaghezza di udir le ragioni,
che ci persuadono della veracità di quella leggenda, le troverà con
analisi critica esposte nell'*Eoniade* del nostro Garruba. Nap. 1834.

va necessità, confortavali l'esempio del Pontefice medesimo, rifermolli quindi a poco un altro avvenimento.

Il terzo dì d'aprile dell'anno 733 sorgeva dopo fiera burrasca, allorchè una nave sbattuta accennava al porto. Correva in sul lido il popolo; i più audaci moveano al soccorso; e come l'ebbero ridotta in salvo, dalla ciurma spaurita e dai soldati della nave seppesi, ch'essi erano di quella forte armata, onde Lione intendeva a sfogar l'ira contro il Pontefice, capitanata da Manete duca de'Cibirrei, ed inviata ad Eutichio esarca di Ravenna. La quale prima per venti contrari fu trattenuta nell'Adriatico, poi per fiera tempesta, parte rotta ed affondata, parte errante alla ventura [1]. Crebbe forte al racconto l'indignazione del popolo, che la mano di Dio vedevano avere suscitata quella tempesta a confondere i disegni, e punir la bestemmia dell'Imperatore, il quale diceva di voler castigarne le moltitudini ribellanti, massime il clero e Gregorio. Vi avea fra que'soldati alcuni Baresi, che fidavano alle cure dei lor parenti due uomini; i quali non indugiarono a scuoprirsi per Calogeri, Monaci Basiliani. Costoro, che travestiti recavan seco celato, per sottrarlo agli strazi, un sacro dipinto di nostra Donna, venerata a Costantinopoli nella basilica di Odego, sotto il nome di Odegitria [2]; quasi non credendo d'esser salvi, di-

_____

[1] Questa circostanza storica, cavata con tutto il racconto dalla citata leggenda, concorda egregiamente col Sigon. lib. 3, e col Muratori, anno 733.

[2] Dice essa leggenda, che l'imperatrice Eudossia, vedova di Teodosio II, dopo abbandonata la reggia, e ridottasi a Gerusalemme, aveva mandato in dono quel dipinto a Pulcheria augusta. Che costei avevalo fatto esporre nella basilica di Odego presso del mare, sulla strada detta dai Greci *odilonica* (onde S. Maria Odegitria la chia-

visavano già di proseguire il cammino per terra insino a Roma. Ma i soldati baresi a pregare, ad esortarli, a stringerli,
perchè volessero lasciar loro un dono sì prezioso; e niente
fruttando le preghiere, si posero in sul minacciare. Corrono a
darne contezza all'arcivescovo Bursa, a' pretori, al popolo; i
quali loro si strinsero con tanta ressa intorno, che finalmente
quelli a lor malgrado cedettero, sì veramente che loro se ne
confidasse almeno la custodia. Alla qual richiesta assentendo
l'arcivescovo, ordinò che due di essi (poichè l'ordine Basiliano
era già penetrato fin dal sesto secolo nelle Puglie), e due sacerdoti baresi al devoto culto intendessero. Quindi egli col popolo devotamente festante recò quella sacra Immagine nel Duomo, che solo allora il crittoportico o inferior chiesa aveva, e
quivi la collocò. L'ottavo di festeggiavasi con gran pompa,
intervenendovi cleri e vescovi delle città vicine '; e fra le
genti accorse molti essendovi di Greci, che abborrenti dall'imperiale eresia s'erano rifuggiti in Puglia, riconobbero eglino
esser desso il dipinto medesimo venerato a Costantinopoli; e
piangenti di tenerezza che la divina Vergine la sua immagine

mavano, cioè che *mostra la via*), e raccomandatala al culto di quei
religiosi. I quali per qualche tempo aveanla tenuta celata a salvarla
dallo strazio, che si faceva di tutte le immagini; ma ultimamente
atterriti fermarono di volerla ad ogni rischio mandarla a Roma. Che
due di essi travestiti col venerato dipinto custodito in una cassetta
mossero al porto, ed a grande stento ottennero di potersi mettere in
mare su quell'armata. Che non fu malagevole a que' monaci scuoprir l'animo de' soldati, in mezzo a cui si trovavano; ed a' Baresi
malvoglienti in impresa sacrilega, avevano svelato il pericoloso divisamento, e fatto vedere il dipinto.

' Stefano vescovo di Salpi, Endolfo di Trani, Gerico di Conversano, e Sconzio di Canne.

agli antichi adoratori inviasse, nella città nostra più che un migliaio si fermarono. Da quel tempo sino ai dì nostri dura la pia usanza di celebrarsene la memoria festeggiando ogni primo martedì d'aprile.

I soldati baresi intanto più non ripartiti coi greci commilitoni, si rimasero a goder della poca pace, che la patria offeriva. La quale seguitava a reggersi da sè; e morto nel 744 il primo duca Teodoro, un altro eleggevasene a nome Angelberto; nè d'altri sappiamo, tacente la leggenda. La protezione beneventana però, o la soggezion precedente avrà fatto agli storici annoverar Bari in quel tempo fra le città a' Longobardi soggette, avvegnachè niuno storico veramente abbia saputo diffinire i precisi confini di quel ducato: ma giudichi il lettore, se sia meglio da aggiustar fede ad un patrio scrittore, che udivane a raccontar dalle bocche de' maggiori [1].

Non senza qualche fondamento sarebbe da credere, che in questo periodo di franchigia dovesse la città prendere ad adottare, se non ad ordinarsi quel codice, che sotto nome di Consuetudini baresi si è tenuto per tanti secoli in pregio, come leggi consuetudinarie le più antiche nel reame, le più civili,

---

[1] Vero è, che di esser venuta poi in lor signoria, forse ne persuaderebbe una donazione di Giovanni da Bari a Montecassino nell'anno 808, la cui scrittura porta in fronte il nome e gli anni del Principe beneventano; ma cotest'onore poteva anche essergli dato per convenzione o per ragion del protettorato (*).

(*) Giovanni da Bari, figlio di Pandone e di Tasiperga, per l'anima di essi genitori, di sua moglie Rodelgisa, e de' suoi fratelli Pandone e Rodoaldo, dona a Montecassino beni immensi ne'contadi di Benevento, Canosa, Taranto, Oria ec. per il Notaio Usilperto in Bari nel mese di Marzo, anno XIII D. N. Grimualdi principis. Di Meo.

le più sagge , ed a cui anche oggidì nel Foro han mestieri di
ricorrere i giudicanti. Dal corpo delle leggi longobarde (nelle
quali la civiltà de'vinti, l'uso , ed anche i comandamenti dei
principi andavano già introducendo buona parte della romana
giurisprudenza) ella le cavò quasi tutte, ed ai suoi bisogni ac-
conciolli. Nè maravigliar dobbiamo, che da diritto straniero ,
e di temuto nemico volessero piuttosto que'nostri maggiori
trarre lor leggi , e non dal giustinianeo fonte dell'antica sapienza. Perciocchè l'odio ai Greci doveva, com'è natura degli uomini, far detestare anche le costoro istituzioni, per buone
che fossero; senza dir poi che l'insensibile introdursi della
lingua e degli usi stranieri per forza di contiguità, di lunghezza
di tempo, di fermata possanza, d'interni commerci, doveva
suggerir quel consiglio: quasichè sottraendosi alla greca soggezione, ogni vestigio distrugger ne volessero, e dar principio
ad una vita nuova con nuove istituzioni. Cotesto codice peculiare di leggi (sia pure che si voglia credere averselo fatto
a questi tempi la città, o alquanto dopo , chè poco monta) è
un altro argomento, che ella siesi per un qualche periodo
retta da sè, e non sottoposta immediatamente a'Longobardi,
di cui non leggiamo esempi nella storia, che avessero conceduto ad altre città un cotal privilegio. Ma ci convien resistere
al desiderio di qui ragionarne distesamente; poichè il testo,
che abbiamo, essendo stato rifatto a'tempi del I Angioino, e
contenendo prescrizioni antecedenti o seguenti alla ruina della
città operata da Guglielmo il malo, sembraci intempestiva la
trattazione. A suo luogo dunque si troveranno esposte ordinatamente.

Niuna mutazione dovette ricevere il reggimento della città
dalla venuta de'Franchi in Italia, chiamativi da papa Grego-

rio, a cui pressato dai Greci, e da'Longobardi già con esso lui guastati, fu forza ricorrere per salvar sè e le città italiane. I Franchi non penetrarono in questi luoghi; e ne par veramente da non ammettere la fondazione d'un monistero sotto il titolo di S. Benedetto fatta da Pipino a Bari, e la donazione di esso a Montecassino [1]. Il monistero allora non esisteva, che secondo

[1] Beatillo, p. 13. Contro la nostra opinione sta il diploma recato dall'Ughelli, e che dicesi dato da Leone III ad Eustasio abate di S. Benedetto di Conversano nell'anno 815; in cui si tocca d'un Goffredo abate di S. Benedetto di Bari: ed un *precetto* di Desiderio re dei Longobardi, publicato dal ch. Luigi Tosti nella sua storia di Monte Cassino (docum. I. del lib. 1.), estratto dal registro di Pietro Diacono, in cui anche è notato S. Benedetto di Bari; il terzo anno di suo regno, Ind. XII, ch'è forse l'anno 756. Il primo di tali documenti sentenziarono d'apocrifo l'Assemani e il Di Meo; ma il secondo? Senz'alcun aiuto, a noi non basta l'animo di giudicarne. Potrebbe intendersi di qualche monistero degli antichi Basiliani; ovvero di uno più antico di quello, che prese a murar l'abate Ieronimo nel 978 : ma quand'anche così fosse, non sarebbe stato mai fondato da Pipino. E chi non sa, che nè a costui, nè a Carlo Magno stesso venne fatto di soggiogare il ducato beneventano? Anzi caduto Desiderio, ultimo re (774), il duca Arechi, che n'aveva tolta a moglie la figliuola, trasportato dall'ambizione, e confidente nelle proprie forze e negli altri duchi tratti dalla sua, aspirò a ristorare la fortuna dei Longobardi; e facendosi ugnere a'suoi Vescovi, prese nome e corona di principe assoluto. Con forte cuore sostenne l'impeto dell'oste franca condotta da Carlo; e finalmente per via di trattati ottenne pace con un tributo, non mantenuta pure, tuttochè dati per istatichi i propri figliuoli. Alla costui morte il figliuol Grimoaldo, quello stesso, che stava in Francia per la malserbata fede, lasciato libero da Carlo sotto alcune condizioni, non cesse mai, alternando artifizi e valore, alla fierissima guerra sostenutagli molti anni dall'altro Pipino, cinto

Lupo Protospasta e l'Anonimo barese cominciò a murarsi dall'abate Ieronimo l'anno 978.

Ma le discordie de'principi beneventani travolsero in ruina i Baresi. Già da molto tempo gli Arabi, o Saraceni Africani si erano avventati a Sicilia, e postala in iscompiglio con arsioni e saccheggiamenti; e quelli di Spagna infestavano il Tirreno. Si vide di poi più d'appresso quest'altra generazione di barbari, che sbarcati a Brindisi, ed occupatala, ne depredavano i luoghi vicini: cui il principe Sicardo discacciò, non però che prima saccheggiata e bruciata quella città, molti cittadini a Sicilia schiavi non ne menassero. Ma costui, odiato per avarizia e crudeltà, fu spento da'Beneventani (839), i quali a principe si elessero Radelgiso suo tesoriere, uomo di miti costumi, che trovarono più commendazione per la scelleratezza del suo signore. Sotto lui cominciarono le cose de'Beneventani a declinare; e di tributari ch'erano agl'Imperatori di Occidente, feudatari si resero.

Radelgiso non andò a sangue ai Capuani: i quali tementi non dovesse egli lasciare impuniti i loro malfatti, e del conte Landulfo, scappatogli di mano dopo una sventata congiura contro di lui ordita; tirarono dalla lor parte Salernitani ed Amalfitani, e con molti artifizi cavato dalle prigioni di Taranto Siconolfo fratello allo spento Sicardo, e gridatolo principe di Salerno, fecero tutti con Landulfo causa comune contro Radelgiso: nè per antica nimistà furono restii ad acco-

com'era di prodi capitani e d'eserciti poderosi; e fino allo stremo di vita (806) mantenne l'assoluto principato. Non fu, che sotto un altro Grimoaldo, suo ministro, successogli per manco di prole maschile, che a liberare i suoi stati dall'impeto continuo de'Franchi, li rese finalmente tributari.

starvisi i Napoletani. Era questo un torrente, che minacciava
distruggere lo stato di Radelgiso: le cui forze affrettatamente
raccolte, ventidue mila uomini tra fanti e cavalli, non valsero
a frenarne l'impeto. Buona parte di Calabria e di Puglia era
venuta in mano all'oste nemica, che trasse balda a porre l'assedio fin sotto di Benevento. A Radelgiso incresceva il vivere,
se non sterminasse affatto i nemici; ad ogni città che gli venisse occupata, rompeva in fieri giuramenti ed imprecazioni;
e qualsivoglia estremo partito potesse crescere sue forze, a lui
pareva giusto ed onesto. Onde si attenne a disperato consiglio,
e chiamò in suo aiuto i Saraceni di Sicilia; e per averli presti
ad ogni suo bisogno, fece che il duca di Bari, Pandone, il
quale era sotto la protezione e tutela di Benevento [1], loro desse
stanza fuor della città lungo il mare, usando come ad amici,
finchè tutti si raccozzassero, ed alla volta di Benevento movessero. Forte increscerà ai nostri avere innanzi dagli occhi
cotesta gente rotta ad ogni maniera di crudeltà, guerreggiante
per indole propria, per antipatia nazionale, per impulso di
religione; e la lor presenza tornava nella memoria le nefandezze patite dai Brindisini. Pure furbissima s'infinse in guisa
da sopire ogni sospetto, mentre Calfone lor capo, o Kayto,
com'essi lo chiamavano, si pose in cuore d'impadronirsi di sì
forte città, certo che se fosse giunto a fermarvi la sede, avrebbe del tutto assicurata la signoria in queste parti. Laonde si
diede a sottilmente spiare tutti i siti men forti e men guardati
delle mura; ed avvedutosi di alcuni aquedotti o uscite segrete,

---

[1] Così la citata leggenda di Gregorio: Giannone, Grimaldi, ed altri, che reputano Bari gastaldato beneventano, dicono Pandone gastaldo.

nel più fitto buio d'una notte (era l'anno 841 [1]), in che la città malavveduta giaceva sepolta nel sonno e sicura, i Saraceni a piè nudo, ad uno, a due vi penetravano. Come si furono raccolti a bastante numero, tutti a mettere orride strida, a rompere le imposte, a saccheggiare, ad uccidere. Esterrefatti i cittadini, cui l'improviso assalto e le fitte tenebre creceano spavento, tentarono vana prova di difesa, restando quali uccisi nella mischia, quali prigioni. Ma quando il duca Pandone, venuto nelle mani degli assalitori, era dopo molti strazi affogato in mare; una moltitudine di popolo, disperando negli umani aiuti, scompigliatamente rifuggiva nel Duomo, ove secondo l'antico costume salmeggiavano a quell'ora i Sacerdoti; e tra feminili ululati e fanciullesche strida prostrati alla Vergine di Costantinopoli imploravano soccorso. In questa sopraggiunsero i Saraceni; e sia che l'augusta presenza della Religione imponesse anche a que'fieri animi, o vero prodigio li rattenesse (come reca la leggenda), ristettero; ed il Kayto, lasciati a libertà tutti i presi, dette il segno di pace. Quindi fattosi venire innanzi l'arcivescovo Giovanni, il pregò di perdono a sè ed a'suoi: lui non aver avuto in animo, affermava, di sparger sangue, nè in qualsivoglia guisa oltraggiare; solo aver voluto in forte città riunire sue forze, e lasciar liberi i cittadini, le lor donne, i figliuoli, i servi, ed ogni loro avere; ma esser malagevole temperar l'ardenza del primo impeto; confidare, che per la sua mitezza, ed il rispetto alla Religione ed a'Sacerdoti, non che Bari, ma l'altre città pure piuttosto che a'Longobardi eleggerebbero di sottomet-

[1] Di Meo pone la presa di Bari nell'anno 848; il Grimaldi l'842: noi abbiam seguito l'Erchemperto, l'ignoto Cassinese, e quasi tutti i nostri storici.

tersi a lui. Di sua mano segnava la promessa di pace e libertà, che a' tempi dell'autor del racconto, l'anno 892, tuttavia vedevasi nell'archivio del Duomo, e diceva in questa forma [1]: « In nome del Dio grande ed onnipotente. Da Calfone Kayto « degli Agareni e da tutti gli Agareni suoi si concede al Clero « ed al popolo della città di Bari, ch'è in Puglia, libertà della « Cristiana Adorazione, e sicurezza degli uomini e delle don- « ne, de' figliuoli e de' lor servi, di tutti i beni ed animali, « delle cose sacre e de' tempii; e ciò in perpetuo ».

Non fallì la saracenica fede; perciocchè sotto la lor signoria, la quale durò non men che trent'anni, niente sappiamo che fossero molestati i Baresi nè nel culto, nè nelle persone, nè nelle robe. Così le forti mura e le ricchezze se non valsero a sottrarre i nostri padri da quella tribolazione di nemici, fecero almeno, che se ne procacciassero il favore: e però molto si vuol scemare alle stragi e cattività, che l'Erchemperto e l'Anonimo salernitano vanno raccontando come allora dai Baresi patite.

Ebbe un bel chiamarli Radelgiso a suo soccorso, secondo la promessa: eglino non vollero muoversi a patto veruno, se con altra gente fatta venire di Africa non istabilissero prima fermamente la lor sede in Bari. Il perchè cominciò egli ad usar con quegli ospiti anche più amichevolmente per farseli alleati e condurli a' suoi soldi. Comandò di fatto poco dopo ad Orso

[1] *In nomine Dei magni et potentis omnia. A Calphone Kayto Hagarenorum, et ab omnibus Hagarenis suis Clero et Populo civitatis Bari, quae est in Apulia, datur libertas Christianae adorationis, et securitas virorum et mulierum, filiorum, et servorum suorum, et omnium bonorum et animalium, rerum sacrarum et templorum; et hoc in perpetuum.*

suo figliuolo di menarli all'assedio di Canne; ma cotesta prima
fazione tornò loro ben funesta. Chè avutone sentore Siconolfo,
andò con potente oste ad assaltarli; e coltili alla sprovvista,
te' toccarli una sì compiuta sconfitta, che Calfone stesso ebbe
appena da camparne riparando a Bari, e straziò tanto il cavallo che, cadutogli sotto per istracchezza, solo ed a piedi si ridusse nella città. Ma per sconfitte non poneano giù l'ardire i
Saraceni: e di corto le larghezze di Radelgiso, sino a spogliar
d'ori ed argenti la cattedrale di Benevento, fecero sì, ch'eglino il sovvenissero di tante forze da poter assalire risolutamente gli stati di Siconolfo. Questi allora seguì l'esempio dato
dal principe beneventano, e coi tesori della cattedrale di Salerno condusse Apollafar stanziante a Taranto; e n'ebbe tal
nerbo di Saraceni, da non pur respingere i Beneventani, ma
avventarsi a guastarne le terre. L'ebbrezza di Siconolfo per la
felice spedizione trasportollo a tale, da prendere al ritorno il
Saraceno fra le braccia, e così portarlo per le scale fin sopra
il suo palazzo di Salerno. Quell'amorevolezza adontò Apollafar,
che fe' giuramento di non più rimanere a' servigi di lui, prof-
ferendoli a Radelgiso: pretesto, crediamo noi, per non combattere i Saraceni baresi. Liete accoglienze n'ebbe dal Beneventano; il quale formidabile per le nuove masnade fece delle
terre salernitane un sì miserabile spettacolo, ch'è meglio tacere. E taceremo pure, a non dilungarci dal nostro subbietto,
le più fiere stragi seguite da poi, quando i Salernitani chiamarono i Saraceni della schiatta Ommiada di Cordova, nemici a
quei di Puglia; e lo spoglio di Montecassino fatto da Siconolfo; e la rotta patita da Radelgiso alle Forche Caudine; e l'assedio di Benevento [1].

[1] Muratori, anno 842 e 43.

In tal guisa struggevansi barbaramente gli uni gli altri; e n'arricchivano e ingagliardivano sempre più i Saraceni di Bari, che ora a questi, ora a quelli servendo, si cacciarono finalmente su tutte le terre di Benevento e di Salerno a portarvi l'ultima ruina. Col cuore spezzato da tante sciagure Landone conte di Capua e Basaccio abate di Montecassino si volsero a stranieri aiuti, scongiurando Lodovico II a cessar le miserie d'Italia. Di spiriti ardenti il giovine principe colse il destro di rifermar la signoria sui Longobardi avviliti (ciocchè non aveano potuto nè Carlo magno, nè Pipino); e scesovi isbalordì i Saraceni, quando il dì della vigilia di Pentecoste, 1 di giugno 848, fe' mozzare il capo á quanti n'erano in Benevento col lor comandante Massar, e ricacciò in Bari tutti gli altri. In quell'anno stesso, o nel principio dell'altro, a quetar l'Imperatore le lunghe contese di que' principi, divise in due parti il principato beneventano ; donde sorse quel di Salerno e di poi l'altro di Capua [1]: ecco frutto di sì funeste discordie.

Ma non cessando per questo i Saraceni di Bari dalle fiere scorrerie ed arsioni sulle terre Longobarde, un' altra volta Basaccio medesimo e Iacopo abate di S. Vincenzo a Volturno si presero sacro ministero di patria carità, conducendosi a Mantova, nel febbraio dell'852, a pregar Lodovico: che sentisse compassione di loro sì miseramente deserti; imitasse i gloriosi esempi del padre e dell'avo difensori della santità di que' luoghi ora guasti e profanati dai nemici della Fede; che si sarebbono sommessi anche al minimo de' suoi, cui gli piacesse a signor loro destinare. Alle costoro preghiere credesi s'aggiun-

---

[1] Ci è paruto meglio attenerci all'opinione del Muratori, che del Giannone, il quale pone questo fatto tre anni dopo.

gessero ancora le istanze del greco imperatore Basilio, agognante racquistare i suoi Stati italiani: ed ecco Lodovico alle nostre porte con animo risoluto a snidarne affatto i Saraceni; e nuovi travagli ai nostri.

Grosso esercito di Franchi era di fuori; di dentro i Saraceni sospettosi, che ad ogni piccolo movimento di cittadini adombravano. Le belliche macchine di Lodovico percuotevano incessantemente le mura, che già scrollate in qualche parte si vedevano, e molti palagi sovr'esse ruinati; il frumento iva nella città mancando, e l'aspre fatiche del vegghiare e del combattere crescevano. Non si sapeva, cui si avesse a desiderar la vittoria. Ma aperta pur finalmente una breccia, Lodovico avea risolto d'assaltar la città con la forza, parendo di potervi ben riuscire; quando si lasciò smuovere da malaccorti consiglieri a guadagnarla piuttosto per capitolazione, rappresentandogli che grandi forze erano ancora nella città, le quali non faceano sperar facile l'impresa; e che il molto tesoro in essa raccolto sarebbe ito a male, se per assalto a prenderla si risolvesse. L'indugio di una sola notte tolse di mano al giovine Imperatore il conquisto; perchè del poco tempo seppe sì ben profittare Calfone, che incontanente fatta chiudere la breccia con forte travata e macigni, alla dimane rideasi della bravura o semplicità dell'oste nemica. Se ne corrucciò Lodovico; ma vedendo disfarsi l'esercito intorno alla città e contro nemici ostinati ed audaci; ed indispettito altresì che niuno de'Capuani comparisse ad aiutarlo, come aveano promesso, solo avendogli inviato il lor vescovo Landolfo a fargli riverenza; infastidito alla fine con poco onore ritornossene in Lombardia.

CAPO II

DALL'ANNO 853 AL 900.

SOMMARIO

I Saraceni riprendono lena; sacrileghi eccessi del seudan Idifilone; i principi di Benevento e Salerno, ritornati in pace, risolvonsi ad opprimerlo, e ne restano disfatti; Adelgiso di Benevento ne compra la pace con tributo e statichi, e pure vanamente; i gastaldi di Telese e Bojano con altri ritentano riparare a loro salute, e ne son tutti sconfitti o morti; grandi apparecchi d'una nuova venuta di Lodovico II (866); sua costanza per quattro anni nell'impresa; chiede aiuto dalla Corte greca, promettendo sua figlia al Principe bizantino, e la vanità del greco capitano poco profitta; pregato d'aiuti Lodovico dai popoli di Calabria anche contro a' Saraceni, invia colà una parte dell'esercito, che rompe il saraceno Cincimo; questi, ripreso vigore, viene fin sotto Bari, ed è pienamente sconfitto; Bari alla fine arrendesi (870), salvo Idifilone e due altri; effetti della dominazione saracenica; brutta ingratitudine di Adelgiso verso l'Imperatore; alla costui morte, Bari volontariamente si sommette ai Greci (876); per rivoltura ella grida Aione di Benevento a principe barese (888); sconfitto costui dal patrizio Costantino e privo di soccorso, Bari ritorna in mano de' Greci; Simbaticio tenta involare dalla città il venerato dipinto di nostra Donna di Costantinopoli; viene a reggerla lo stradigò Melesiano.

Al partire dell'Imperatore, ripresa lena i Saraceni, più infesti mostraronsi ai Longobardi, massime sotto l'altro lor capo Idifilone succeduto alla morte del primo, il quale da parecchi storici è chiamato Seudan. Ma già è cosa certa questo essere stato titolo di dignità, che a soldano, o altro simile rispondeva. Fierissimo animo aveva costui, spregiatore d'ogni cosa più veneranda e sacra, nè per avversità che gl'incontrassero, mai l'animo abbassava. Onde avvegnachè Bari rimanesse anche sotto lui tranquilla nel cristiano culto, e sicura nelle persone e nell'avere; era compresa d'orrore a vederlo alle mense tracannar vino ne'sacri calici, e farsi profumar co'turiboli. Con fresche genti d'Africa restaurava sue forze, ed ogni anno a'danni muoveva de'principi di Benevento e di Salerno. Questi finalmente rifermata la pace tra loro [1], unico mezzo a liberarli di quella peste tiratasi da loro medesimi, e che avrebbon dovuto già molto tempo prima avvisare, si fecero a raggranellare un esercito il maggior che potessero. Pietro tutore del giovanetto principe salernitano ed il beneventano Adelgiso tolsero sopra di sè l'impresa di stringere con sì forte assedio Bari, da smorbarla di Saraceni. I quali però non li aspettarono rinchiusi tra le mura, ma con la solita audacia si fecero loro incontro. Come furono a vista, ferocemente urlando s'attaccò la battaglia; ed era tanto l'ardore d'ambe le parti, che dimentico ciascuno di sè, parea volesse o vincere o morire. Prove incredibili di virtù fecero i Longobardi, a cui la memoria de'patiti danni cresceva con le morti le forze. Non reggendo i Saraceni piegarono, e poi si volsero a fuga manifesta, come per ripararsi nella città. Grido di vittoria levarono i vincitori, che tutti ad incalzarli, a svillaneggiarli, a te-

---

[1] Il P. di Meo vuole, che questo fatto sia avvenuto nell'851, e non nel 56, come portano altri cronisti; perchè crede che Pietro di Salerno o non vide punto, o di pochi giorni l'anno 856. Il Grimaldi ponelo nell'anno 852. Ma se non fu l'856, dovett'essere certamente dopo il 52; poichè in febbraio di quell'anno (come dicemmo con autorità di Storici) gli abati di Montecassino e di S. Vincenzo a Volturno andarono a pregar Lodovico in Mantova.

ner loro sì dappresso, da toccar quasi le porte. Ma incontanente si cangia in lutto la gioia, avvedutisi della simulata fuga per trarli nelle preparate insidie. I fuggenti sono ricevuti nelle aperte fila d'una fresca schiera di Saraceni, alle cui spalle si ripongono in ordine, la quale assaltando di fronte gl'incauti Longobardi così scompigliati, com'erano, durò poca fatica a vincerli compiutamente. Gran parte ne restò uccisa sul campo, molti i feriti, sparpagliati il resto.

Più feroce Idifilone co'suoi ritornò all'antico stile: quanti uomini incontrassero fin sotto Benevento e Salerno, tanti ne uccidevano; le donne e i fanciulli menavano schiavi; il bottino d'ogni maniera di tesori empiva la città [1]. Fu tale lo scoramento de'Longobardi a veder diserte e bruciate tante città senza lasciarvi uomo vivo, ed agghiacciavali di tal paura il solo nome del Seudan Idifilone, che Adelgiso beneventano si ridusse nell'anno 862 a volerne comperare la pace col promettergli un annuo tributo, e dargli statichi per sicurtà: che anzi (cosa incredibile, se non lo attestassero concordi gli storici) il desiderio del riposo vincendo nel suo petto il paterno amore, fidò tra gli statichi nelle mani di quel mostro la propria figliuola [2]!

[1] Forse fu in qualcuna di queste scorrerie di Saraceni, che (come afferma il Di Meo) nell'anno 860 una squadra dell'imperator greco Michele colse il destro di sorprender Bari: ma o non l'occuparono i Greci, o dovettero incontanente abbandonarla: poichè nell'anno medesimo (al dir dell'ignoto Cassinese) i conti Lamberto figliuol di Guido, ed Idelberto avendo osato sollevarsi contro l'Imperatore, e questi inseguendoli a punirne la fellonìa, Idelberto rifuggì a Bari, e ben accolto dal Saraceno, lunga pezza vi dimorò.

[2] Erchemp. cap. 29; Annalista Salernitano, cap. 116.

Era invanito nella dolcezza della possanza il Seudan, il quale
(se non falla il nostro Ignoto) aveva posto come un trono nel
territorio napoletano; dove non passava giorno, che un cinquecento uomini non isgozzasse, poichè fra i palpitanti cadaveri ed il sangue gli era delizioso il desinare. Ma per il ver-
gognoso accordo del Beneventano non si ristettero già gli altri dal provveder, come che sia, alla loro salute. Maielpoto
gastaldo di Telese e Guandelperto di Boiano adoperarono le
più umili preghiere con Lamberto duca di Spoleto, e Gherardo conte de'Marsi, perchè con le loro armi dessero addosso ai
Saraceni. Piegatisi costoro, e poste in piè le loro forze comandate da essi medesimi, si unirono ai gastaldi, e traendo a se-
guirli l'inetto Adelgiso, che rompeva la fede data un anno prima [1]; risolsero d'assaltar gagliardamente i comuni nemici, in
quel che dal contado di Capua e di Napoli, cacciati dalla molta neve e dalle cresciute forze napoletane, carichi di bottino
a Bari se ne ritornavano. Salutare il consiglio, ma l'ordine
ed il modo dannosi. Perciocchè non si addensarono in un sol
corpo, nè una mente sola li resse. Disordinatamente pervennero in sul nostro contado, dechinando il sole, trafelati di
stanchezza e di sete. Il feroce Idifilone, che aveva esplorate
tutte lor mosse, e tesi aguati in ogni luogo, li ricevè con tal
bravura, da metterli presto in iscompiglio e fuga. Moltissimi
morti di ferro, molti pesti ed affogati pe'sovraccaduti corpi
senza nè brandir pure le armi; non pochi trovati in fossi, o
dietro siepi, o in grotte spenti non di spade, ma di sete e d'af-

[1] L'Ignoto Cassinese. Con l'autorità del Di Meo pogniamo questo
fatto l'anno 863, non seguendo il Muratori, che lo registra due
anni dopo.

fanno; non pochi altri menáti prigioni, de'quali forse niuno campò la vita. I due gastaldi ed il conte Gherardo perirono da valorosi.

Alla vista di tante sciagure e sangue non reggea l'animo ai Baresi, i quali altro non potendo, quando senza lor certo pericolo fosse dato tentarlo, sovvenivano almeno d'aiuto i caduti in ischiavitù; come fecero fra gli altri con due signori salernitani, Casio e Policronio, alla cui salvezza i nostri marinai si adoperarono; sebben traditi da un greco, ne camparono miracolosamente, ed a Siponto condusserli [1].

Intanto per quest'ultima vittoria non ebbe più termini la baldanza e la fierezza saracenica; chè di tutte le città longobarde, salve le principali, non vi fu quasi terra o castello, che a sacco e sangue non ponessero. Telese, Alife, Sopino, Boiano, Isernia, e castel di Venafro interamente disfatti: il monistero di S. Vincenzo a Volturno, uno de'più ricchi d'Italia, tutto spogliato de'tesori [2]; e convenne pagar per giunta tre mila scudi d'oro, perchè alle fabbriche almeno perdonassero, ed il fuoco non v'appiccassero: ed ammonito dalla ruina di S. Vincenzo, ebbe a ventura Bertario abate di Montecassino, che con altri tre mila scudi saziasse la sete d'oro degli infedeli. In somma quest'estrema Italia non era, che tutto un campo di desolazione.

Qual fosse il numero degli schiavi longobardi, raccolgalo in certa guisa il lettore dal viaggio del monaco francese Bernardo, che in compagnia di un frate beneventano di S. Innocen-

[1] La citata leggenda al cap. 23.
[2] Cronaca di esso monistero, tomo 1, parte 2. Rer. Italicar. p. 403. Cronaca di Monte Cassino, lib. 1, cap. 35.

zo, e d'un altro spagnuolo, visitato ch'ebbero il Santuario del Gargano, vennero nella città nostra, per trovare imbarco alla via d'Oriente e raccomandazioni. N'ebbero due lettere del Seudan ai principi di Alessandria e di Babilonia, nelle quali si diceva (egli racconta) del loro viaggio ed eran descritti i loro volti; *passaporto* in somma, come diremmo noi. E poichè dovettero condursi a Taranto, ov'eran pronte le navi per imbarcarsi, vi trovarono che già erano usciti del porto per alla volta d'Africa tremila schiavi; altrettanti se ne imbarcarono in lor presenza drittamente per Tripoli, ed altri tremila sulle navi, in cui furono allogati essi per andare in Alessandria. E di quelle lettere ragionando il Michaud dice [1] essere *state commendatizie dai commercianti di Bari al Sultano di Alessandria e del Cairo.* Bello argomento questo a dimostrare la potenza, cui fosse giunto allora il commercio barese ne'luoghi d'Oriente; unico, ma gran bene venuto dalla saracenica dominazione: avvegnachè il di Meo mostri di non aggiustar molta fede a tal viaggio, solo perchè nella numerazione delle miglia pare che il viaggiatore le duplichi.

---

[1] Nota giustificativa dei pellegrinaggi, num. 2.

Ecco le parole dell'Itinerario recatoci dal P. Mabillon Secol. III. Bened. P. II. p. m. 472. n. 3. *De monte autem Gargano abeuntes, per centum quinquaginta miliaria venimus ad civitatem Barrem Saracenorum, quae dudum ditioni subiacebat Beneventanorum; quae Civitas supra mare sita, duobus est a meridie latissimis muris munita, ab aquilone vero prominet mari exposita. Hic itaque petentes Principem civitatis illius, nomine Suldanum, impetravimus cum duobus Epistolis omne navigandi negotium: quarum textus Epistolarum Principi Alexandriae, nec non et Babyloniae, notitiam vultus nostri, vel itineris exponebat ec. ec.*

Non bastava dunque l'oro, non bastava il sangue; ed erano perduti senza più i Longobardi, se un prepotente aiuto non li soccorresse. Il pensiero di tutti si rivolse un'altra volta su Lodovico. L'abate di Montecassino, e quel di Volturno, i conti di Capua oppressi anche dallo zio sostenuto dai Saraceni, il principe di Benevento, e i gastaldi di tutte le città, tranne il solo Guaiferio principe salernitano guastatosi col Sire, quali andarono di persona, quali spedirono ambasciadori, che per filo narrandogli le lor miserie, e piangendo il mossero a pietà: alle quali preghiere si aggiunsero le parole del S. Padre, che a'combattenti assicurava la fruizione de'beni celesti. Ond'egli temendo eziandio, che la possanza del Seudan gl'invadesse il regno italico, fermò di scendere in sino a Bari l'anno seguente, che era l'866; ma con tal nerbo di forze da lavarsi la macchia dell' onor suo contratta nella passata guerra.

Pubblicava l'Imperatore di volersi mettere in cammino alla volta di Ravenna, e per il mese di marzo aversi a trovare in Pescara, convegno di tutto l'esercito italico. I Toscani con le genti, che lo seguirebbono di là dai monti, per la via di Roma e Pontecorvo riducendosi a Capua, lo raggiungerebbero in Lucera a'25 di quel mese. Saldo nel proponimento di scendere così forte, che valesse a schiantar ogni seme di Saraceni, aveva ordinato: che chiunque possedesse tanti beni mobili, da poter pagare la pena d'un omicidio, fosse obbligato a prender l'armi; i poveri solo che avessero dieci soldi d'oro di valsente, dovessero guardar le patrie terre ed i lidi del mare; chi avesse molti figliuoli, salvo il più inutile, dovesse gli altri far partire; due fratelli indivisi andassero entrambi; i conti e i gastaldi più d'un solo uomo per proprio servigio, e due per le loro consorti non potessero esentare, pena la perdita della dignità; e questa minacciata del pari agli abati e badesse, se tutti non inviassero i lor vassalli [1].

Spettatrice delle sue prodezze conducendo egli l'augusta consorte Angilberta, trasse a Montecassino per Sora e non per Pescara, come aveva detto. Quivi di liete accoglienze ricevuto, volle prima sperimentare gli animi de'Longobardi, che trovò dubbiosi amici, o nemici manifesti della sua possanza; onde ne punì primi con tre mesi d'assedio i Capuani per la mala fede del lor signore Landulfo: il quale esempio ammonì tutti gli altri a far viso d'amici.

Dall'altra parte non oziosi rimaneano i Saraceni; chè raccozzavano gente, munivano le città, massime le nostre forti mura, impoverivano coi saccheggi tutto il contado di Puglia. Ma come poi sopra una di queste bande devastatrici spiccò impaziente Lodovico un corpo d'armati sotto il comando del conte Corrado a sperperarle; eglino risolutamente trassero ad incontrarli, ed il primo scontro sull'Ofanto fu altro che felice per gl'imperiali, che vi lasciarono non poca gente e molti cavalli: nè valse a conforto di tal rovescio l'aver potuto per nuovi rinforzi del dì seguente inseguire i vincitori insino a Silicito [2].

Il malaugurato cominciamento fe' mettere più senno all'Imperatore, che frenando l'impeto, aspettava in Benevento miglior fortuna; e richiedeva suo fratello Lotario re della Lotaringia di un grosso rinforzo a questo bisogno della Cristianità, il quale gliene inviò con lo studio maggiore. Venuta la primavera dell'867, ed ammassato già tutto l'esercito in Lucera,

[1] Camil. Pellegrino, parte 1, tomo 2, Rer. Italicar.
[2] L'Annalista salernitano.

cinto Lodovico dai più sperimentati capitani, Lamberto duca di Spoleto, Ottone conte di Bergamo, il conte Guido Visconti, il conte Corrado, Adelgiso principe di Benevento, e da altri molti duchi e conti e prelati, mosse alla volta di Bari. Cominciò dapprima a guastare le messi, bene apponendosi, che la fame più della forza potesse sgagliardire i nemici; ed in quel che una parte dell'esercito stringeva la città, con l'altra dava opera egli stesso ad altre fazioni. Passato a Matera, ove stanziava un buon nerbo di Saraceni, la sforzò ad arrendersi, ed appiccatovi il fuoco, quasi ridussela a mucchio di pietre. Di poi ebbe in mano Venosa e Canosa, ch'erano come i lor granai, e lasciovvi forti guarnigioni. Di là trascorse sino ad Oria, ed occupatala, ritornò finalmente a Benevento per isvernarvi, e cominciare a goder della soavità della lode, di cui tutti gli eran larghi nella benigna fortuna, non avendo quasi lasciate altre città forti ai nemici, che Taranto e Bari.

I Saraceni per lo contrario cominciavano a provar eglino medesimi un po' di quel terrore, che aveano messo in altri. Parea che il lungo possesso de'conquisti, l'amor dell'agricoltura e de'traffichi non men gagliardo in loro, che quello dell'armi, ne andasse alquanto smorzando gli spiriti, e traendoli a vita più queta. Ma era fuoco, che gl'infiammava; la ferocia dell'indomabile Idifflone, il quale avvegnachè si rodesse dentro per le rotte riportate dai Saraceni calabresi, e per l'esito infelice delle sue sortite, non iscorava.

Ritornò Lodovico l'anno seguente sotto le mura di Bari con questo solo in cima a'suoi pensieri. E poichè ebbe veduto essere impossibile sforzar la città con la fame, sino a che non gli chiudesse la via del mare, donde venivanle di continuo e gente e vettovaglie; ordinò primamente, che dalle province di Schiavonia a sè soggette un'armata gli spedissero; e di poi trattò con la Corte bizantina per ottenere forti aiuti di mare: ed a più agevolmente smuoverne l'Imperatore, propose a Costantino figliuolo di lui, già nominato augusto e collega nell'imperio, una sua figliuola in isposa, inviandovi a tal bisogno Suppone arciministro di sua Corte, poi duca di Spoleto, ed Anastasio bibliotecario della romana Chiesa. Venne di fatto sopra Bari in quell'anno medesimo il patrizio Niceta spedito con gran forza di navi [1] da Basilio, e con tutto il fastoso apparato a ricevere la fidanzata imperiale.

A tal vista cadde l'animo ai Saraceni, e gran lutto occupò la città: ma tanto più s'ergeva l'animo di Lodovico, e godevane, ponendo dall'un de'lati e l'amor de'congiunti e gl'interessi suoi propri. Perocchè quello stesso re Lotario, che aveale soccorso di genti, preso di cieco amore per una donna a nome Waldrada, e volendo disfarsi della regia consorte, venne sino a Bari a trovarlo, perchè con esso lui fosse andato a pregare il Pontefice, che a sciorlo dalle contratte nozze consentisse. Pregollo indarno: e solo l'indusse a fare che l'Imperatrice almeno a Roma l'accompagnasse. Nè quando il fratello dopo molt'oro speso, e il sacrilego spergiuro fatto a conciliarsi col Papa, ritornandosene ne'suoi stati, moriva a Piacenza, orbo di legittimi figliuoli; punto egli si curò degli stati fraterni, che gli spettavano di diritto, e gli erano contesi ed usurpati; e per non ismuoversi dall'assedio, fidava al Papa il pensiero di far valere le sue ragioni.

Frattanto il capitano greco agognando la gloria, già prepa-

---

[1] Gli annali di S. Bertino dicono 200 e più navi; altri men larghi di bocca, 40.

rata da Lodovico, volle appena giunto dare un forte assalto alla città: il quale però tornatogli vano, fece alquanto dimettere di sua alterezza, contentandosi a stringerla dalla parte australe, come dalla boreale s'erano allogati gli Schiavoni. Con assedio sì stretto, che già faceva sentir penuria dentro, e con tempestar continuo delle macchine imperiali, e le morti, che dal maggior numero degli assedianti ricevevano nelle lor sortite i Saraceni, pure la città non dava segno veruno di volersi arrendere. Onde all'appressare del verno, tolti gli alloggiamenti, s'apparecchiava Lodovico a ridursi in Benevento; allorchè assalendolo alle spalle i Saraceni gli tolsero più di due mila cavalli: coi quali poscia s'avventarono sul Gargano non per anco spoglio, e dato quasi sotto gli occhi di lui il sacco a quel Santuario, quanti cherici ivi fossero e devoti, tutti menarono prigioni.

Nel medesimo tempo il greco patrizio, accortosi essere state pretesto le nozze, e lui menato in parole, corrucciato si ritirava con l'armata a Corinto. Ma prima sotto colore, che gli Schiavoni avessero spogliato i legati pontificii nel ritorno da Costantinopoli, benchè condotti sopra navi dello stesso Imperatore; Niceta dette il guasto alle terre di Schiavonia, e menò gran numero di prigioni: mentre tutte le costoro forze erano sulle navi sotto le mura di Bari (così se ne doleva Lodovico) in procinto di procacciare il ben comune, nulla temendo del danno, che lor soprastava, di dover essere così empiamente le case saccheggiate; delle quali enormezze se avessero eglino avuto sentore, non sarebbero forse corsi indarno a punirli.

Acute spine furono queste cose al cuore di Lodovico, che più rinfuocato dall'ira, tutto il terz'anno spese in fatiche indicibili, che ridussero i nemici agli estremi, mancando loro le

provigioni di dentro, i soccorsi di fuori. Tollerante del freddo
e del caldo cresceva sempre di spedienti; non risparmiava oro,
non risparmiava vite d'uomini, nè la sua propria. Cadevano este-
nuati dai travagli, dai morbi, dagli ardenti soli di Puglia; ed egli
a sostener gli altri col suo esempio, a compensarli con le larghezze, ad accenderli con le lodi. Rompeva in amari rimproveri contro Sergio II, duca di Napoli, « che con vergogna
« della Cristianità armi e vettovaglie somministrava agl'infe-
« deli, aiutavali a depredare le terre del Principe degli Apo-
« stoli, dava loro asilo nella sua città, divenuta un'altra Pa-
« lermo o Africa; dove si rifuggivano inseguiti dalle imperiali
« schiere, e celatamente d'ogni cosa provveduti ritornavano
« poi a tribolarlo ». Tre Ammiragli saraceni, venuti di Calabria in tre volte contro di lui al soccorso di Bari, l'un dopo
l'altro vinceva compiutamente [1]. I popoli di Calabria travagliati anch'eglino, ridotte a desolazione le chiese e le città,
mandavano messi a lui, perchè non li lasciasse perire, ed essi
dati gli si sarebbono, come a signore, e di tributi gratificato.
Prese Lodovico sopra di sè l'impresa per solo onore, rifiutan-
do magnanimamente tutte le profferte. Ne diè il carico ad Ottone conte di Bergamo, ed al conte Rodolfo, forse di Sanseverino, seguiti da due vescovi Oschisio, e Gariardo, esortando egli le schiere a fornir la nobile fazione: « andate in pace
« (diceva) o fedeli di Gesù Cristo, vi sia guida l'angelo suo
« sterminatore; ed io meriti di veder voi e le vostre fatiche ».
Partirono i due conti con una parte dell'esercito cresciuto in
via per adunamento di Calabri; e dato addosso a'Saraceni, in
quel che sicuri se ne stavano a raccogliere la messe per le

[1] Anonimo Salernit. Paralipom. C. 102, e 108.

valli, una grande strage ne fecero, e molti schiavi cristiani liberarono. Mordeasi le mani il capitano saraceno Cincimo, stanziante in Amantea; il quale con quante più genti potè raccogliere corse a rivendicarsene e ritorre di mano ai nemici la preda. Ma non avendo egli la mente ed il petto del saraceno barese, fu ricevuto con fermezza, e dopo non lungo combattere, rotto e fugato da Ottone, che con lievissime perdite vittoriosamente a Bari co'suoi ritornò.

Pur tuttavolta poco dappoi fu dagli esploratori riferito a Lodovico, che Cincimo medesimo movendo su lui in soccorso dei Baresi, aveva divisato assalirlo nel dì del S. Natale, credendo di averlo a trovar sprovveduto, e solo intento a devozioni e preghiere. Lo aspettava però pieno di fidanza l'Imperatore; e come fu venuto il giorno indicato, prima che il cielo imbiancasse, fece che i soldati assistessero sul campo all'incruento Sacrifizio, e della sacra Ostia confortati, tra l'esortare e il benedirli de'sacerdoti, presero l'armi, e lasciativi quanti impedire potessero qualche sortita dalla città, procederono ad incontrare il nemico. Era dunque questa guerra una imagine delle Crociate, anzi a ragione potremmo chiamarla la prima di esse; chè lo stesso spirito si vedeva ne'guerrieri, lo stesso disinteresse ed infaticabile animo nel condottiero. La storia non ci ricorda il luogo, dove seguì lo scontro, per laguna del cronista [1], ma ne racconta, che all'appressare dell'oste nemica si levò un confuso strepito di squilli, di grida, di nitriti. Ardenti tutti dal desiderio della vittoria, si volsero ad implorar l'aiuto del Cielo, accompagnando con la voce e col cuore la preghiera de'sacri ministri; e quindi avventaronsi contro gli

[1] Cronaca di Andrea Prete, t. 1.º

infedeli a corpo perduto. Grande la strage fattane, pochi i campati con la fuga.

D'allora più non si mosse dall'assedio Lodovico, parendogli cosa certa, che il principio dell'anno (870) vedrebbe l'estrema distruzione de'Saraceni baresi. Perocchè più costoro non potevano sperare soccorso di Calabria, nè d'Africa, pativano d'ogni cosa nella città, ad un forte e generale assalto non avrebbon potuto resistere. Ben s'apponeva; dato l'assalto ai 3 di febbraio, gl'imperiali entrarono nella città [1]; e risparmiando ai cittadini, non ristettero, se non per istracchezza dal passare a fil di spada in quanti mai si avvennero Saraceni. Pure ad un ultimo filo di speranza si atteneva Idifilone, e non gli fallì la salvezza. Come vide tutto perduto, si rinchiuse in una delle molte torri ben forte, e dalla sommità di essa, fecesi a chiamare ad alta voce Adelgiso principe di Benevento, entrato con l'Imperatore nella città, e mostrargli la figliuola data in ostaggio nov'anni innanzi. Quasi demone, che abbia ghermito anima innocente, anche feroce nel pregare, gridava di volersi rendere a lui con soli due de'suoi, salva la vita; ed egli ritornargli la figliuola, cui giurava avere serbata intatta. A così compassionevole vista non reggendo il padre, si prostrò abbracciando le ginocchia di Lodovico, e scongiurandolo per la vita del più detestato nemico, affin di salvare l'innocente figliuola. L'animo gentile e pietoso dell'imperatore

[1] Il Muratori, che inchinava a credere avvenuto in quest'anno 870 la presa di Bari, poi negli annali, seguendo il Pellegrino, la pone all'anno seguente. Paiono però convincenti le ragioni del P. di Meo da noi seguito, senza volerle per brevità arrecare. Col Pellegrino suddetto concorda eziandio Andrea Prete.

assentì, ed il Seudan cogli altri due Aldelbuc ed Annoso eran
menati prigioni a Benevento [1]: la quale pietà all'affanno d'un
amico sleale, che gli tolse di troncare il capo all'idra, torno-
gli poi ben funesta.

Questo il fine dell'assedio posto a Bari da Lodovico, che
durò un quattro anni, dalla primavera dell'866 sino a febbraio dell'870 [2]; e con esso finì la signoria de'Saraceni in Bari
durata intorno a trent'anni: avvegnachè mai non lasciassero
del tutto la speranza di ritornarvi; e quando vinti, quando
vincitori si mantennero ancora in Puglia ed in Calabria molti
anni. Una cotal resistenza, ed il nome stesso di Seudan o Sul-
tan, che gli Arabi non riserbavano, se non a'soli principi,
sono bastanti argomenti a convincerne dell'importanza dello
Stato da essi fondato in Bari. Oltre a questa città, avevano al-
largati i lor conquisti su tutta la provincia, ed eran penetrati
in terra d'Otranto. Forti guarnigioni aveano in Canosa, Venosa, Matera, ed altri molti luoghi; ed a volta a volta signoreggiavano su tutti i porti dell'Adriatico dal golfo di Manfredonia insino ad Otranto. Le guerre sterminatrici non permisero di dare un tranquillo assetto alle lor cose: ma certo se
ne fa orrore la ferocia e l'empio culto, dovettero dall'altra
parte saper grado ad essi que' nostri antichi, che quasi soli ne
provarono la mitezza, videro ringagliardito a dismisura il loro

---

[1] Anonimo Salernitano, paralip. c. 108.

[2] La è dunque una esagerazione quella del Tesauro nel suo *Regno
d'Italia*, del gesuita Foresi nel *Mappamondo storico*, e del nostro
Gimma medesimo nell'*Italia letterata*, che magnificarono a tale quest'assedio, da dir che durasse più di quello di Troia, e pari a quel
di Tiro, forse computando gli anni dal primo vano tentativo fatto da
Lodovico l'852.

commercio in Oriente, n'ebbero moltiplicata l'industria agricola. [1]

E qui è bello notare, che mentre i Greci, dopo uno o due assalti inutilmente dati, se ne slargavano non senza preda lasciando fatiche e danni a Lodovico; quando poi questi significò all'imperatore Basilio per suoi ambasciadori i prosperi successi, n'ebbe rimproveri di superbe parole, sì per il titolo di *romano Imperatore* preso nelle lettere, e sì per le grandi fatiche operate dai Greci all'espugnazione della città, mentre l'esercito Franco attendeva a splendidi desinari ed altre maniere di diletti. Vanità di Greci! Basilio, geloso della potenza di Lodovico, preferiva lasciare oppresse dagl'infedeli le sue province a vederle liberate da principe cristiano. Verace ed indignato rispondevagli Lodovico, senza però romperla affatto con esso lui, sperando sempre aiuti di mare a compiere il suo divisamento di non lasciar fiato saraceno in Italia [2]. Di fatto egli dava addosso a Taranto e ad altri luoghi di Calabria; e se avesse avuta una grossa armata da impedire gli sbarchi, confidava di restituire a libertà anche tutta Sicilia.

[1] Non è dubbio, che l'istessa coltura del cotone, che ora abbiamo, fu introdotta dai Saraceni, di cui rimase memoria nel volgo, che chiama *bambagia turchesca* la specie a pappo color camoscio.

[2] Reco qui a maggior chiarimento il brano della risposta, pubblicata dal Gibbon nella Storia della decadenza dell'Impero romano, cap. LVI: Noi confessiamo la grandezza de'vostri apparecchi; i vostri eserciti di fatto erano numerosi, come que'nugoli di locuste, che oscurano un giorno della state, ma dopo corto battere d'ali, e poco estesa volata, estenuate e sfiatate cadon per terra. Simili a quest'insetti, dopo un debole sforzo siete caduti; vinti per colpa di vostra infingardaggine, avete abbandonato il campo di battaglia per affrontare e spogliare i Cristiani della costa di Schiavonia, che son nostri sud-

Ma ruppe tutti questi nobili propositi la brutta ingratitudine di Adelgiso. Il quale o venuto in ira pe' modi rapaci dei Franchi sparsi per il principato beneventano, e massime per la superbia dell'Imperatrice, chè alle donne ed ai loro mariti dava del vile per lo viso, e sospettavasi che cacciar volesse in esilio lui stesso; o per segreti impulsi del geloso Basilio; o finalmente pe' consigli dello stesso Saraceno, che con sottilissime arti s'avea posto in pugno l'animo di lui a farne strumento di vendetta; certa cosa è che consigliando egli dapprima all'Imperatore di congedare parte dell'esercito, il dì 25 di agosto, mentre questi dopo il desinare riposava con l'Imperatrice, l'assalì nel palazzo, e del tesoro s'impadronì. Indarno le poche guardie franche corrono alla difesa: disarmati o nudi ne son cacciati; gli dispersi per le città non si possono per accorti provvedimenti raccozzare. All'inopinato assalto svegliatosi Lodovico, si riduce nella parte più forte del palazzo, e resiste tre

diti. Il numero de' nostri guerrieri, voi dite, era scarso; e perchè ciò? perchè stanco io d'aspettarvi, aveva licenziato il mio esercito, nè conservai che pochi scelti soldati per continuare le fazioni dell'assedio di Bari. Se alla presenza del pericolo e della morte si sono abbandonati ai diletti de' lor conviti ospitali, cotali feste hanno forse il vigore delle loro imprese scemato? È forse la vostra frugalità, che ha rovesciato le mura di Bari? Non son questi i prodi Franchi, che comunque scemati di numero dalle fatiche o dalle infermità, posero alle strette e debellarono i tre più possenti emiri de' Saraceni? Non è la rotta di questi emiri, che ha affrettato l'arrendersi della città? Bari è caduta: Lo spavento si è impadronito di Taranto; la Calabria sarà liberata: e padroni noi del mare, non sarà difficile il ritogliere la Sicilia dalle mani degl'infedeli. Mio fratello, affrettate i soccorsi marittimi, che mi dovete somministrare, rispettate i vostri confederati, e degli adulatori fidatevi meno.

giorni; ma per fuoco appiccato alle porte vien preso, e menato ignominiosamente in prigione, ove rimase in sino a' diciassette del mese seguente. Nè forse ne sarebbe sì presto campato, se non era l'interporsi del Vescovo di Benevento, e più l'avvicinarsi a Salerno di un forte corpo saraceno, cresciuto a trenta mila, sotto il comando di un Abdila, che mise in perplessità il principe; il quale per tanto non lasciollo, sì veramente che prima non avesse giurato sugli Evangelii e le sacre Reliquie di non fare in alcun tempo nè per sè nè per altri vendetta di quel fatto, nè d'entrar mai più con l'armi nello stato di Benevento [1]. Di tanta ingratitudine d'Adelgiso indignarono gli stessi Beneventani, che l'andavano con versi ignominiosi pubblicando per le strade.

Di leggieri si può comprendere, come gli estorti giuramenti avesse dovuto tener Lodovico, e punirne sì grande fellonia; sebbene d'animo generoso fosse pure tornato alle preghiere di Landone vescovo di Capua in soccorso de' Salernitani, ridotti allo stremo dai Saraceni: ma noi ce ne passiamo per ritornare a Bari.

Ella per la lega fra i due Imperatori rimase dapprima posseduta in comune [2]: ma sconciatisi tra loro, Lodovico vi pose un suo gastaldo; non così che questa rimanesse illesa dalle scorrerie saraceniche infestanti da Taranto. Intervenuta poi l'acerba morte del valoroso e liberal Lodovico (12 di agosto 875), e le contese alla successione degli Stati per mancanza di prole maschile; i Baresi sinceramente piantolo, sì dette-

---

[1] Murat. anno 871; ma il De Meo ha dimostrato essere ciò avvenuto nell'870, l'anno stesso della presa di Bari, sebbene secondo il computo greco al principio di settembre entrava già l'871.

[2] Gibbon, luo. cit.

ro a pensare come in quelle pessime condizioni di tempi far
meglio sicura la pàtria. Divisa la città , gli uni erano co'Longobardi, coi Greci gli altri; non pochi faceano parte da sè ,
avversi a questi e a quelli, ma a nulla potenti: le quali parti
prendevano forza dalla condizione, in che o i Greci o i Longobardi si trovavano. In basso erano le cose di questi ultimi:
tre volte erasi ritirato Adelgiso senza gloria e senza vantaggio
dal combattere i Saraceni di Calabria già troppo ingrossati sotto un nuovo capo, Atmanno; indarno avea mandato interces-
sori a Taranto i due saraceni Aldelbuc ed Annoso; per procacciarsi un po' di quiete dovette lasciar libero il seutan Idifilone. Epperò sebben la cupidigia e superbia de'Greci si dete-
stasse; prevalendo i lor fautori, la città fu costretta darsi spon-
tanea sotto moderate condizioni all'Imperator greco; ed inviati alcuni messi per lo stratigò, spezie di maestrato, che avea
stanza in Otranto, a nome Gregorio, il dì di Natale dell'876,
con buon presidio ve lo ammisero dentro '. Costui al solito

' Murat. ann. Lupo Protosp. ec.
Serie cronologica de'magistrati greci stati in Bari, cavata dalla tavola generale de'comandanti greci di Puglia e Calabria edita da Troiano Spinelli, duca d'Acquaro, Napoli 1762, e riscontrata sui nostri
cronisti.

STRATIGÒ

Anno 876. Gregorio.
     884. Teofilatto.
     886. Trapezzi.
     888. Costantino , aulico e patrizio.
     891. Simpaticio, imperiale protospatario.
     892. Giorgio, protospatario e sebaste.
     894. Teodoro, turmarca.

non tenne il patto giurato; ed incontanente togliendo a ricercar di coloro, che avversi eransi mostrati al bizantino Impe—

Anno 894. Barsacio, protospatario.
   900. Melisiano.
   915. Niccolò, patrizio, detto Piccingli.
   921. Urseolo, patrizio.
   935. Epifanio, protospatario.
   940. Imogalapto.
   955. Mariano, antipato e patrizio.
   966. Niceforo, e Nichiforo, maestro.
   969. Eugenio, patrizio.
   «   Abdila, patrizio.
   965. Zaccaria.
   979. Porfirio, protospata.
   982. Calochiro, o Calodustri, patrizio, detto anche Delfina.
   985. Romano, patrizio, e suo figlio.
   987. Sergio, protospatario.
   989. Giovanni, detto Ammirapolo, patrizio.
   990. Tubali.
   997. Teodoro, excubito.

CATAPANI

   999. Gregorio Trachaniota o Tracamoto.
  1006. Xifea.
  1008. Curcua, patrizio.
  1010. Basilio Mesardoniti.
  1017. Andronico Turnichio.
  1018. Basilio Bugiano.
  1028. Cristofaro.
  1029. Potone.
  1031. Michail, protospata con Ykiacon.
  1033. Costantino, protospata, detto Opo.
  1038. Michail, patrizio e duca, detto Sfrondilo.

rio, non andò guari, che sotto vari pretesti imprigionò colui, ch'era stato gastaldo, con molti altri de'più ragguardevoli e potenti cittadini, e mandolli a Costantinopoli. Vani i richiami, che non fruttarono altro, se non nuovo giuramento di Gregorio (sì facile a darne, e dati a romperli) di fare il tutto per salvar loro la vita. In tal guisa l'antica avversione ai Greci iva crescendo; e tanto più che il ritorno alla lor signoria non li assicurava punto dai Saraceni, or assedianti or combattenti in più incontri, e vincitori quasi sempre [1].

Non erano più liete delle nostre le condizioni de'Beneven-

1039. Niceforo, detto Dulchiano.

1040. Michele Dulchiano il giovane, protospatario.

1041. Exaugusto Bugiano, figlio di Basilio, surrogato da Sidoniano.

1042. Maniace, maestro e duca.

«   Argiro, il nostro cittadino.

1043. Teodoro Cano, che venne a congiungersi con Argiro (*).

1045. Eustachio Palatino, e Costantino Chagea.

1046. Giovanni Rafayl.

1049. Bayulo.

1052. Sicone, da Matera.

1054. Scinuro.

1060. Miriarca.

1061. Marulo, che si congiunge al Miriarca.

1062. Siriano e Pulchairo.

1064. Apochara.

1066. Cyriaco.

1067. Mabrica.

1069. Stefano Paterano.

(*) I notati dal nostro Argiro in poi son da dire piuttosto capitani, che altro.

[1] Erchemperto, an. 876.

tani. Adelgiso dopo ventiquattr'anni e mezzo di principato finiva sotto i pugnali de'suoi generi, nipoti, amici. Succedevagli Gaideri, suo nipote di figliuola, escludendo Radelchi, figlio al principe ucciso. Ma questi alla sua volta ne lo sbalzò poco dopo, cacciandolo prigione in Francia: donde campato, sel videro i Baresi nella città, tutto ansante di vendetta. Onorevolmente e con buone speranze inviato dallo stratigò a Costantinopoli, n'ebbe non pur liete accoglienze, ma signorie dall'imperatore Basilio, a cui pe'lontani desiderii degli Stati d'Italia tornavan grati i desiderii de'Longobardi; ed ottenne a vita il governo di Oria, di dove Gaideri una coi Greci baresi non cessava mai di tribolare i Beneventani. Seguitò di tal tenore eziandio contro Aione succeduto a Radelchi, già sbalzato di Benevento, e crebbero le tribolazioni, quando con lo stratigò Teofilatto, successore in Bari a Gregorio, e con un Marino gastaldo di S. Agata, ribellato ad Aione, gli si avventarono, e molti luoghi occuparono.

Perdonava a lui Aione per il dolore del perduto principato, ma non ai Greci; contro a cui se non poteva delle forze, volle far prova dell'arti, e vane queste non riuscirono. Conoscendo egli niente studiosi de'Greci gli animi de'Baresi, e adirati della recente infedeltà di Gregorio, pensò, che dovessero trovar facile entrata le sue lusinghevoli proposte al ribellarsi. « Si to-« gliessero (andava insinuando ai più caldi) cotesto vergogno-« so giogo, che da se s'avean posto sul collo, ricordassero « l'antica superbia della greca signoria; ricordassero la fresca « violazione de'giuramenti, la virtù loro adoperassero, che « sola poteva assicurar le robe e le vite: non molto essere il « greco presidio; lui poscia di sue forze apertamente poterli « sovvenire: di nulla poter sperare dai Greci, esserne ben

« stati ammoniti dagli esempi : imitassero Atenolfo conte di
« Capua, che a lui s'era sottomesso ». Queste ed altrettali arti
adoperate, furono come un'arida stipa aggiunta alle accese
faville, che poco dopo divamparono. In giugno dell'888, co-
gliendosi il destro dell'assenza della maggior parte delle forze
greche, che il nuovo stratigò Trapezzi avea condotte a' danni
del Beneventano, il popolo si sollevò, diede addosso al presidio, e con l'uccisione di molti s'ebbe in suo potere le torri;
quindi cacciatone fuor della città il resto, si gridò Aione principe di Benevento e di Bari.

Desideroso di mostrarsi coi fatti degno dell'incontratagli fortuna, venne Aione con buon nerbo di gente armata a mettere
stanza in Bari; nè ebbero animo d'impedirglielo i Greci sba-
lorditi dalla subita rivoltura. Che anzi come seppe, che Attanasio, oltre al travagliare i Capuani, si traeva a depredare su
quel di Benevento; si mosse incontanente con tre mila de'suoi,
e su quel napoletano Vescovo-duca fuggito precipitoso egli
fece aspra vendetta insieme con Atenolfo capuano. In questo la Corte imperiale, che al certo non se ne stava, mandovvi Costantino aulico patrizio e generale a cinger d'assedio
la città ribelle. Alla qual notizia Aione, raccolto il più spedi-
tamente che potè Pugliesi, ed addensatene le sue schiere non
senza anche un rinforzo di Mori, per la via di Siponto s'avanzò al soccorso. Com'ebbe avvisati i Greci, vi si avventa fu-
riosamente; e la battaglia si combatte con tanto valore, che in
poco d'ora il campo è coperto di greci cadaveri, ed Aione vede
già tra le sue mani la vittoria, traendo eziandio augurio felice
per una ecclissi di quel giorno da venti impetuosi, e baleni, e
folgori seguita. Ma il sopravvenire improviso di tre mila freschi
cavalli condotti da Costantino stesso scompiglia siffattamente i

vincenti, che parte ne son morti, parte prigioni, il resto con
Aione riparato in Bari. Quivi benchè egli vedesse di non aver
nè forze bastanti, nè provvisioni da sostener l'assedio, e grave
pensiero gli dessero i suoi Stati di Benevento; pure diffignea
per non isfiduciare della mala ventura i Baresi, e cominciò a
tempestar con lettere Atenolfo per aiuti. Ma costui impacciato
di bel nuovo con Attanasio, continuo martello de'Capuani,
non solo non potè in conto veruno soddisfarlo, ma in quella
vece pensò a stringersi in amicizia e lega col greco capitano.
La quale infedeltà e sconoscenza a chi col proprio pericolo
l'avea rilevato nelle più gravi bisogne, colpì sì forte gli animi
di tutti, che passò in proverbio: *Aione chiuso in Bari chiede
soccorso ad Atenolfo, e non l'ottiene*. Si rivolse egli allora al
duca di Spoleto, a Maione abate di S. Vincenzo, a'Salernitani, ai Saraceni medesimi, offrendo quant'oro potesse; ma tutto
tornò inutile. Onde veggendosi dagli amici beffato, e ridotto
già alle angustie, volse il pensiero ad accordi coi Greci, prov-
vedendo alla sua salute, niente curandosi de'danni, che ai se-
dotti da lui si apparecchiavano. Capitolato dunque con Costantino vergognosamente, essendosi dovuto dichiarar vassallo del
greco Augusto; ne uscì al novembre dello stesso anno, minacciando a coloro che in tanta necessità abbandonato l'avevano. Un governo più importevole fu il frutto, che colsero i
Baresi dall'aver assentito alle lusinghe d'Aione.

Questi portò due anni dopo nella tomba il desiderio della
vendetta, che non potè neppure lasciare ad Orso suo figliuolo,
fanciullo di due lustri. Acconcia occasione fu questa all'impla-
cabile Gaideri di stimolar l'Imperatore ad allargare la potenza nelle province italiane, occupando Benevento; e già nel
seguente anno 891 una formidabile armata a Bari approdava.

Comandavala un Simbatico, che intitolavasi imperial protospatario e stratigò di Macedonia, Tracia, Cefalonia, e Longobardia; il quale difilato andò a stringere Benevento d'assedio. Per disperata resistenza che opponessero i Beneventani, scarsi di tutte cose a petto de'Greci, e senza speranza di soccorso dal re Guido impacciato anch'egli nella guerra di Lombardia; non durarono che tre mesi (dai 13 di luglio a' 18 d'ottobre); e corrivi alle promesse di mite trattamento fatte penetrar da Simbaticio per segrete ambasciate nella città, si arresero a descrizione. Cacciatone il misero fanciullo, imperiò con assoluto imperio il protospatario, allargando ancora, sebbene non agevolmente, la signoria sulle pertinenze di quel principato; e dopo un anno gli successe il patrizio Giorgio.

Allora Simbaticio nel ritornarsene alla Corte bizantina si fermò non pochi giorni a Bari, mostrandosi largo, cortese, pio. S'adoperò presso l'Imperatore, perchè un monastero di vergini sotto la regola Basiliana si fondasse là, dov'era l'*ornitotrofio*, ossia uccelliera postavi a diletto de'greci governatori [1]. S'infinse devotissimo a nostra Signora di Costantinopoli, presentandola di ricchi doni innanzi all'arcivescovo Giovanni e a tutto il clero. Di poi si fece a pregarli, che per tre notti almeno prima di sua partita gli concedessero di venerarla: al qual pio desiderio, benchè di non tutta buona voglia, assentirono. Nell'ultima delle notti, mentre già le sue navi erano apparecchiate a sciorre dal porto, ed egli devotamente intrattenevasi nel Duomo, chiamò a sè uno de'sacerdoti ed uno dei calogeri custodi dell'altare (dormendo gli altri due), e tutto

---

[1] Dove al presente è il monistero delle Olivetane sotto il titolo di S. Giacomo.

aperse l'animo suo di volerne portar via il sacro dipinto, e col nome dell'Imperatore afforzava sue ragioni. Non valse persuasione, non oro a smuoverne Eginolfo (che tale avea nome il sacerdote barese), forte spaventandolo non che il peccato, ma il pericolo della vita per ira di popolo: più arrendevole il monaco, fosse desiderio dell'antico cielo, o sicurezza di sè sulle greche navi. E poichè già una cinquantina de' suoi nella chiesa introdotti s'accingevano a mettere in atto il pensiero, cominciò a gridare Eginolfo: onde i Greci percossolo e ligatolo, gli minacciarono fiero strazio, se non tacesse. Ma alle grida s'eran già desti gli altri due custodi; coi quali il protospatario or persuasioni or forza adoperando, faceva proseguir nell'impresa. Pur tutta volta per quanto s'adoperassero i suoi ed egli stesso, una gran parte del muro sovrastante all'altare abbatterono, ma non venne lor fatto di cavarne il dipinto. Della qual novità di caso ristette maravigliato Simbaticio; e cominciò a temere non il popolo così di quella diva Immagine devoto si traesse a vendetta: e fatte entrare nella città tante genti armate, che potessero tenerlo in soggezione, e sconsigliarlo dal tentar nulla contro la sua persona, si pose in salvo e partì [1].

Peggior uomo era quel patrizio Giorgio succedutogli. Costui, tuttochè la più parte de' principi longobardi avessero riconosciuta la greca signoria, quando gliene veniva il bello, univasi co'Saraceni per abbatterli da traditore. Dentro poi ogni maniera d'ingiurie, estorsioni, spergiuri, libidini [2]; ai richiami degli offesi nuove offese erano la renduta giustizia, e sino vili percosse sul volto; i nostri sacri Pastori, che sotto i Saraceni erano stati riveriti, o almeno tranquilli, or sotto i

_____
[1] La citata leggenda di Gregorio, testimone del fatto, § 24.
[2] L'Anon. Beneventano.

Greci vedevansi perseguitati, vaganti, oppressi; e l'arcivescovo Guitpardo sbalzato della sua sede, vedeva per la prepotenza del patrizio prima intrusovi un Andrea, di poi un Silvestro [1]. Onde fu creduta divina punizione l'essere stato egli
colpito di paralisia, che tenutolo lungamente privo di lingua,
ne smorbò del pestilente fiato la terra (894). Teodoro Turmarca ne prese le veci, fino a che il nuovo patrizio Bursacio,
venuto a successore di Giorgio, non andasse a prender possesso
di Benevento. Ma lui indugiando, fecero consiglio i Beneventani di sottrarsi all'aspro governo, e con uno stratagemma darsi
a Guido di Spoleto. Il Turmarca vi rimase chiuso, nè potendo
difendersi da sè, o esser soccorso dagli aiuti vanamente spe-
ditigli da Barsacio, s'ebbe a comperar la vita con cinque mila
ducati d'oro (agosto 895). Durò dunque la greca signoria in
Benevento tre anni e dieci mesi [2].

Caduto così in disfavore tutti e due, venne a surrogarli lo
stratigò Melisiano, che o per comandamento o per natura più
mite usò minor licenza; e fu per lui, che lo sbandito nostro
arcivescovo ritornò alla sua sede. Tali calamità chiudevano il
nono secolo dell'era Cristiana. Ogni parte d'Italia squallida e
lacerata; ambizioni e gare nell'Imperio d'Occidente, che a vicenda se le disputavano; mesta l'Apostolica Autorità di non
poterla rialzare; fiacchezza, superbia, avarizia nell'imperio di
Oriente; discordie, fazioni, congiure ne' principi beneventani,
che si risolvevano in feroci guerre intestine; e quando queste
mancavano, pronti i Saraceni a tempestarla dal Garigliano, da
Taranto, dal Gargano.

[1] Garruba, serie critica de' sacri Pastori baresi, p. 81.

[2] Il Muratori afferma essersi i Beneventani sottratti all'Imperio sotto
Giorgio; ma gli sta contro l'autorità dell'Anonimo beneventano, del-
l'Annalista di S. Sofia, e d'altri.

CAPO III.

DALL'ANNO 901 AL 972.

SOMMARIO

Nuovo tentativo de' Saraceni su Bari tornato vano (905); i Greci spediti da Costantinopoli sotto il comando di Niccolò Piccingì, uniti agl' Italiani, li sgombrano dal Garigliano; Landolfo principe beneventano si pone alla testa degl' Italiani sollevatisi contro i Greci, e questi sono sconfitti ad Ascoli (921); ritornano in iscena i Saraceni, che son repressi da esso Landolfo, il quale occupa Bari, e ne tiene la signoria per sette anni (929-935); alla fine de' quali rendesi dipendente dal greco Imperio; dissenzioni intestine della cittadinanza barese (946); l' imperatore Ottone per le ragioni di sua consorte, vedova di Lotario, è riconosciuto re d'Italia, il che dicesi traslazione d'imperio dagl'Italiani ai Tedeschi; Niceforo, che regge la Calabria, entra in Bari (966), per tener d'occhio gli andamenti del nuovo Imperatore, e si studia a crescere la possanza greca, munendosi di un naviglio costrutto in questi luoghi medesimi; egregia resistenza dell'arcivescovo Giovanni II agli editti del patriarca, prescrivente l' uso del pane fermentato invece dell'azimo; Ottone entra in Puglia, ed assedia Bari, ma se ne toglie per consiglio di Liutprando, cui manda egli in Costantinopoli a ricercar la mano della principessa Teofania per suo figliuolo; riuscito vano il trattato, Ottone ritorna ad assediar Bari; mala fede di Niceforo, e vendetta che ne prende Ottone; nuovi fatti d'armi tra Greci e Longobardi; sopravviene Ottone, e le cose de'Greci peggiorano; salito al trono d' Oriente Giovanni Zemisce in luogo dello spento Niceforo, si racconcia con Ottone, il cui figliuolo impalma finalmente la Teofania (972).

Le condizioni politiche d'Italia innanzi accennate facevan sì, che il greco Imperio, con tutte le pessime qualità, vi si reggesse tutta volta, e con incerta fortuna progredisse. I Longobardi, i cui dissidii s'avean subito tirato addosso i Saraceni

del Garigliano, non avendo modo di frenarne le orride devastazioni, si rivolgono sommessamente all'imperator Lione per
soccorso; e questi diffignendo la fresca ingiuria, perchè tor-
navangli sempre a vantaggio le protezioni, gliene promette
volenteroso, ed anzi ne decora il principe coll'onor del patri-
ziato. Bari intanto, sede degli stratigò, e quindi metropoli degli Stati greci di Puglia, non iscadeva punto. I patriarchi di
Costantinopoli avidi di allargare la lor giurisdizione si assog-
gettavano la nostra Chiesa, come avean fatto di Reggio e di
Siracusa; ed ornavano l'arcivescovo dell'onore metropolitico
su dodici Chiese suffraganee [1]. Attivo era il commercio, pieno
del greco naviglio il porto, forte il presidio, guernite le mura:
di guisa che quando nel 905 i Saraceni, sempre più audaci,
fatto venir d'Africa un altro gran numero di loro, tentarono
d'assaltar la città, trovarono osso ben duro; ed i cittadini egregiamente s'adoperarono insieme coi Greci sotto il comando di
quel mite stratigò Melisiano.

Non però i Saraceni si tennero dal commettere dovunque
in Puglia men gravi danni, o su quel di Benevento. I promessi soccorsi di Costantinopoli non venivano; perciocehè in
questo mezzo, morto l'imperatore Lione, e quindi anche il
suo fratello Alessandro, che regnò un anno solo, toccò final-

---

[1] Garruba, Serie crit. p. 935, e seguenti, dove è recata la bolla di
Giovanni XX, che il 1025 confermava nell'arcivescovo Bisanzio la
giurisdizione metropolitica sulle Chiese *Canusiae, Bari, Meduneo,
Iuvenaceo, Melphicta, Rubo, Trane, Canne, Minerbino, Aquatecta,
Montemeliori, Labellotatum, Cisternae, Bitalbe, Salpi, Cupersano,
Puliniano, simul et Catera* (Cattaro in Dalmazia), *et aliarum Civi-
tatum, atque Castrorum sibi adiacentium, vel longe, lateque sibi po-
sita, donec impleatur duodecimus Episcopus*, ec. ec.

mente a Costantino, figliuolo del primo, liberar la promessa
paterna, il quale spedì una poderosa armata al comando del
patrizio Niccolò Piccingli. Costui si fermò in Bari tanto tempo
da comporre un forte esercito coi rinforzi di Puglia e Calabria;
il quale con le genti di Benevento e Salerno valesse a veramente sterminare i Saraceni del Garigliano. Il pontefice Giovanni X v'accorse anch'egli di presenza a stringerli dall'altra
parte con Romagnuoli, Spoletini, e Camerini condotti dal marchese Alberico suo fratello. A'14 di giugno 915 cominciarono
le fazioni: quella gente bellicosa e fiera, avvegnachè si trovasse inferiore di numero, combattè pertinacemente; ma a
capo di tre mesi fu ridotta a tale stremo, che il lor duce
Irierah, veggendoli sfiniti dalla fatica e dalla fame, appiccò il
fuoco alle fortezze, ed a quanti mai avesse tesori, cacciandoli
in mezzo all'oste ad aprirsi disperatamente la via. E sì camparono ben pochi rifuggendosi nelle terre di Calabria; de'rimanenti la più parte morti sul campo, o fuggenti pe'monti e le
selve vicine, inseguiti e spenti o di stento o di ferro [1].

Gran gaudio destò in tutte le parti la felice impresa; gran
lode ne colse il Pontefice: ma l'onore di tutta la vittoria se
l'arrogavano i Greci secondo il lor costume. Pure glielo comportavano, perchè veramente gran parte fu loro. Ma quando
poco dopo Costantino imperatore ebbe tolta a sua donna Elena figliuola di Romano, e coronato augusto costui, ed asso-
ciatoselo all'imperio, lasciandogli nelle mani la somma delle
cose; fece che si sfrenasse ad ogni forsennatezza d'ambizione,
e nel lezzo delle voluttà si tuffasse; insopportabili divennero i
suoi ministri, e rinnovellossi l'odio antico. Qui nel buio dei

[1] Murat. annali, anno 916.

nostri cronisti si smarrisce la via, e se trovi qua e là qualche baleno di fatti; dove trovare i particolari? dove le cagioni? Certo è che il movimento fu quasi generale nelle province italiane. Cadeva per mano de'Calabresi il patrizio Giovanni Muzzalone; cadevano altri in Puglia; mancava però un capo, che a stringer valesse in una le volontà e le forze de' molti, e dar saldezza al movimento. I più affissarono gli occhi sopra Landolfo principe beneventano, che mostrava esser uomo da ciò, nè minore della buona fortuna. Vi si accostarono i Baresi ancora, non sappiamo con quali condizioni, non ammaestrati per anco da ciò, che patirono con Aione. Cominciarono le battaglie non sfavorevoli al principe ', di che strabiliava l'ambizioso Romano. A punire i rivoltosi, massime chi reggevali, apparecchiava egli numeroso esercito, afforzavalo coi Saraceni africani, ricerchi per lui di aiuto; davane il carico allo stratigò e prode capitano Urseolo: innanzi a cui procedette un Cosmo patrizio di Tessalonica, che con dolci insinuazioni persuase i Baresi a metter senno, e campare dal procelloso nembo. Vi si arresero eglino, ma senza romper del tutto le segrete pratiche con Landolfo. Venuto poi Urseolo, ed avvedutosi di non dover mettere tempo in mezzo; mosse ad assalir di forza Landolfo, e così scompigliarne tutte le fila. Ad Ascoli nell'aprile del 921 seguì la fiera battaglia; che parve dapprima funesta al Beneventano, caduto prigione: ma ucciso Urseolo, e sfiduciati alla sua morte i Greci, lasciarono ricuperare la libertà al principe, che ne riportò compiuta vittoria.

Mentre così con varia fortuna combattevano e Greci e Lon-

' Cronaca di Volturno, ed altre.

gobardi ; rientravano in iscena i Saraceni , procaccianti sempre nelle altrui avversità. Udivasi con terrore il nome di un Masud, saclabio de' Saraceni di Catanzaro , fautori del partito del Califo africano , e nemici a quei di Sicilia; che con fiere stragi occupava Lecce , e poi Nardò , e Brindisi, ed Oria; dove , al dir del nostro Lupo , tutte le donne furono uccise, gli uomini mandati schiavi in Africa. Da terra d'Otranto si gittavano in Puglia, provatili Siponto la prima. Repressori di tali enormezze si congiunsero insieme il principe Landolfo e Guaimairo II di Salerno , e repressele, rappiccò il primo le attenenze coi Baresi , che gliene diedero signoria. La tenne un settennio '; ed alla fine stracchi tutti dal guerreggiare, restituilla ai Greci nel 935, per non perdere ogni cosa del suo , ed egli medesimo ritornò dipendente. Il che avvenne o per opera del protospatario Epifanio sopravvenuto in quel tempo in Puglia con possente armata, o per il molto oro del greco Imperatore, che si strinse allora in accordo e parentado con re Ugo, ricercando una costui figliuola per suo nipote *.

Accordi senza fede non durano: e quindi ritornò presto la guerra a sue fiere danze tra Longobardi, Greci, Saraceni, ed Ungari per giunta ; i quali rinsanguinarono queste contrade. La memoria di tali fatti resterà sepolta , se altri documenti non troverà la storia. Solo Lupo a sbalzi ne trasporta or a Matera nel 940, campo di battaglia fra Greci e Longobardi, dove cadde lo stratigò Imogolapto; or ad Otranto nel 947 desolata dagli Ungari , ed a Conversano assediata da Platopide greco capitano; or nel 950 ad Ascoli assediata ed occupata

' Lupo Protospata.
* Luitprando nella relazione della sua ambasceria a Niceforo Foca.

dai Greci; or nel 955 ne riconduce finalmente a Bari, che riceve il nuovo general greco e patrizio Mariano. E noi vi ci fermiamo volentieri stanchi dal vagare di fuori; e per cenno lasciatone dal medesimo cronista non ricorderemo, che un'altra memoria di duolo, sangue cittadino sparso nel dicembre del 946. Del qual fatto recherò le cagioni già addotte dal Beatillo, che le raccolse dalla tradizione [1]. « Costumavasi, egli « dice, nella città di Bari, come ancor oggi si usa, che nei « giorni de' nuovi sponsalizii, il parente più stretto della sposa « la conducea per la mano alla Chiesa con molta comitiva di « varia gente, e quivi, con la benedizione del Sacerdote, la « consegnava allo sposo, che di là con la stessa frequenza la « menava a sua casa. E come i popolani rispettavano molto, « conforme alla decenza ed al debito, la nobiltà, e riceveano « a favore, che i gentiluomini onorassero i sposalizii delle loro « figliuole, sì come al principio l'invitavano solamente a farle « compagnia nell'andare e ritornar dalla Chiesa, così dopo « s'introdusse, che i parenti delle spose facessero, in luogo « loro, menar a mano le figlie da questo e da quell'altro gen-« tiluomo lor conoscente. Del che avvistisi i stratigò, e gli « altri officiali della città, procurarono che ancor essi fossero « invitati talora a far in luogo de' gentiluomini alle spose no-« velle questa sorte di onore. E perchè per un pezzo fu ciò « loro concesso, quando poi quei del popolo, per causa d'in-« convenienti più volte occorsi, vollero levar via questa usan-« za, gli officiali ed i nobili fecero loro gagliardissima resi-« stenza, dicendo ch'era ciò d'obbligo, e che per conseguenza « se ne voleano violentemente mantenere in possesso. Non

---

[1] Storia di Bari, pag. 34.

« piacque ciò a'popolani, e per questo i primi di essi veggen-
« dosi così aggravati, nè avendo a chi ricorrere per giustizia,
« si unirono segretamente nella lor Chiesa, nominata allora la
« Madonna del popolo, e stabilirono, che nel primo sponsali-
« zio da farsi, tenessero in detta Chiesa buon numero di gente
« armata, la quale, se dagli avversarii fosse lor fatta violenza,
« uscisse arditamente di là, e ne facesse macello. Poco di poi
« succedè il caso, nel quale perchè i nobili con gli officiali
« vollero per forza condur la sposa alla Chiesa, comparvero
« subito quelli armati, e se ne uccisero tanti dall'una e l'altra
« parte, che più famiglie, massime de'nobili, che furono al-
« l'improviso assaltati, ne rimasero estinti. Questi dunque fu-
« rono gli omicidi, che accadettero in Bari, e furon causa,
« che si levasse del tutto quella pessima usanza, e che il po-
« polo barese, per la risoluzione fatta nella Chiesa accennata
« le mutasse l'antico nome, chiamandola, come ancor oggi si
« appella, S. Maria del buon consiglio ». Quasi altro consiglio che di pace e d'amore potesse la beata Vergine ispirare.
La veracità del qual fatto noi non guarentiamo; ma certo non
per questo nostra Donna, che quivi si venera, tolse il nome
del buon Consiglio.

Nuove apprensioni andava destando nella Corte bizantina la
translazione dell'imperio dagl'Italiani ai Tedeschi. Preso di
amore l'imperator Ottone per la virtù e bellezza di Adelaide,
moglie che fu di Lotario, e disposatala, entrò nelle ragioni di
lei sul regno italico. La tirannide di Berengario e Adalberto,
padre e figliuolo, per cui gl'Italiani, massime il pontefice Giovanni XII, imploravano il braccio di Ottone, fece valer quelle
ragioni; e di breve in Milano fu egli solennemente riconosciuto
re d'Italia, cingendolo della corona di ferro nella chiesa di

S. Ambrogio l'arcivescovo Valperto. I principi Longobardi,
non più come Arechi e Grimoaldo, che tanta resistenza opposero a Carlo Magno e Pipino, gli si resero ligi e feudatari, e
studiosi mostraronsi di sua grazia. Ciò parve cattivo preludio;
ed i Greci baresi ragunando nella città il maggior numero di
forze, e munendo tutti gli altri luoghi che avevano in Puglia
e Calabria, si ponevano in guardia. Ma l'imperatore Niceforo
Foca, poco confidando nel greco governatore, non oso ad impedire i Saraceni dal bruciare un gran numero di legni da
traffico ricovrati nel nostro porto medesimo [1], che era probabilmente lo stratigò Mariano; sceglieva uomini più sperimentati per prudenza e valore, i quali stessero tutt'occhi ad osservare i movimenti di Ottone e de'Longobardi. Il nuovo stratigò venuto a Bari [2] con titolo di maestro, ed a nome Niceforo anch'egli come l'Imperatore, era uom non volgare. Pensò
di apparecchiarsi, non contento all'imperiale naviglio, una
forza marittima di *chelandie*, navi leggiere, fabbricate in questi luoghi medesimi [5]. Le foreste di Calabria erano bene da
ciò; e di spertissimi marini aver poteva tanto di là, quanto di
tutta Puglia. Divisava in tal guisa di poter tenere lontani da
tutte le coste italiane i Saraceni, se mai si dovesse venire a
guerra aperta coi Tedeschi. Ma i Rossanesi, avuti allora per
uomini i più ardenti di tutta Calabria, spensero sì bel pensiero, che sarebbe stato forse inizio di nuova potenza. Perciocc-
chè non sappiamo, se per l'odio antico, o per le nuove gravezze e fatiche necessarie a mettere in atto quel proponimento; mentre già le prime navi erano fabbricate, e presso a va-

[1] Annali di Grimaldi, anno 966.
[2] Lupo Protospata, an. 966.
[5] Di Meo, che cita la vita di S. Nilo al lib. 9.

rarsi, vi si scagliarono sopra alla sprovvista, le bruciarono, ed i prefetti uccisero. Fremendo il greco maestro, e tanto più che al costoro esempio in tutti i luoghi furono rotti i suoi disegni, s'avventò con l'esercito sopra Rossano, ed avrebbela disertata tutta, se un uomo di santa vita non ne avesse placata l'ira, che solo sul capo dell'autor del misfatto, un tal Gregorio Malcino, si disfogò. Che se dall'una parte s'insisteva negli apparecchi di guerra, non si cessava in pari tempo dagli accordi; e sino in Ravenna, dove trovavasi Ottone, spediva la Corte bizantina ambasciatori con diversi presenti a chiedere pace ed amicizia con lui [1], ma vanamente.

Fra tanti pensieri di Stato n'entrò pure uno di Religione nella mente dell'imperatore Niceforo: ed avvegnachè fosse già notissimo per antichi esempi, come punto non inchinassero i popoli italiani a qual si voglia editto dalla Chiesa latina li allontanasse; pure volendo egli far greci questi Stati anche nei riti religiosi, comandò a Polieuto patriarca di strettamente prescrivere a tutti i vescovi di Calabria e di Puglia il dismetter l'uso degli azimi ne' divini Sacrifizi, e adoperar nell'avvenire il pane fermentato; allettandoli, per vie meglio riuscirvi, con concessioni di più larga autorità, e d'onori [2]. E qui rifulse la pietà e lo zelo del nostro arcivescovo Giovanni II; il quale non solamente con fermo petto si oppose agli editti ed alle minacce del patriarca; ma con messi, esortazioni, ed esempi sostenne la vacillante costanza di alcuni altri sacri Pastori.

L'imperatore Ottone intanto svelatamente mostrando il suo pensiero d'occupare gli Stati greci d'Italia, entrò forte in Pu-

[1] Muratori, anno 967.
[2] Baronio, anno 966, e Di Meo 968.

glia nel marzo del 968, e difilato trasse sopra Bari[1]; ma se ne
slargò: e sia che per proprio consiglio il facesse, ovvero al
consiglio del vescovo di Cremona Luitprando, suo intrinseco,
l'animo piegasse; perchè prima di sperimentar la sorte dell'armi contro Niceforo, tentasse, se con un parentado gli venisse
fatto di ottener quello, a cui con dubbia e crudel guerra s'ac-
cingeva; spedì il vescovo medesimo a Costantinopoli per trattar cotesta pratica[2]. Costui uom chiaro per molta dottrina ed
eloquenza doveva procacciar, che Niceforo fosse contento a
dare in isposa la principessa Teofania al figliuol di lui Ottone II, già nominato re d'Italia; ed assegnarle in dote gli Stati,
che di Puglia e Calabria gli rimanevano. La Teofania era figliuola all'imperatore Argiro, con esecrabile parricidio dal-
l'Imperatrice avvelenato, per mettersi nel talamo Niceforo.
Ma indarno spese l'eloquenza e l'accorgimento Luitprando;
perciocchè il greco Imperatore, forte sdegnato di Ottone, non
dissimulò con esso lui lo sdegno, mantenuto vivo da un tal
Bisanzio barese, ch'era in corte[3], e soffiava di continuo nel
fuoco con Romoaldo fratello ai principi beneventani; ed a cui
s'aggiungevano le lusinghe di Adalberto e Corrado, figliuoli
allo spodestato re Berengario, i quali a lui ricorsi per ricuperare gli Stati paterni, gli faceano credere di aver già in Puglia a lor posta sette mila corazzieri da rinforzare i Greci nella
spedizione d'Italia. Acremente dolevasi Niceforo, che Ottone
usurpasse titolo d'imperatore; i suoi servi (così chiamava i
principi beneventani) avesse ricevuto in protezione, mentre di

---

[1] Lupo Protospata, anno 968.
[2] Giannone, Storia ec. lib. 8, capo 1.
[3] Di Meo, anno 968.

ritornar sotto di sè istantemente il richiedevano; ferro e fuoco nella principale città de'suoi Stati italiani (Bari) già portasse. Queste e simili altre doglianze con minacce il greco Impera-ratore mescolava.

A cui Luitprando: « Dell' italico reame, e non del greco « imperio esser quella città ; tale mostrarla la nazione, tale « gli abitanti, la lingua tale. Sotto lor podestà averla tenuta « i Longobardi, e Lodovico imperatore dalle mani de'Saraceni « liberata. Sette anni essere stata sottoposta a Landolfo prin-« cipe di Benevento e di Capua ; nè dalla dominazione di lui, « o de' suoi successori sarebbe uscita , se per molto danaro il « greco Imperatore non avesse comperata la pace da re Ugo, « con una cui figliuola maritò il nipote. Se convenisse ad Ot-« tone il nome d'usurpatore, esser d'uopo fregiarne i più « gran principi : l' Italia e i Romani averlo incoronato per li-« berarsi dalla tirannide di Berengario e Adalberto, e de'cor-« tegiani, che sotto il nome del Papa regnavano in Roma con « iscandali e libertinaggio. Aver mai pensato i greci impera-« tori a mettervi riparo? E qual titolo posseder eglino su quel « paese, conquistato dai Longobardi , sgombro per Lodovico « dai Saraceni, posseduto in gran parte dai principi di Capua « e di Benevento? Poche città restare ad essi in Puglia e Ca-« labria; le quali erano piuttosto gravose, che utili ».

Or veggendo l'augusto Ottone, come il suo ambasciadore non pur fosse trattato con iscortesie ed ingiurie, e regalato de'nomi di spia e suggeritor di malizie ; ma lungi dal venire a conclusione veruna del parentado , con superbe pretese vo-lesse esser ceduto l'esarcato di Ravenna, e il ducato romano, e 'l resto del paese di Capua e Benevento per la mano di Teo-fania ; deliberò di non metter più tempo in mezzo, e con oste

poderosa ritornò sotto Bari, ch'.era come il cuore degli Stati
greci d'Italia [1]. Ardeva la guerra. Nuove forze raccoglieva Ottone; nuove inviavane Niceforo, ed a 19 di luglio ventotto
altre navi salpavano, soccorse da Veneti ed Amalfitani. Erasi
ridotto in Bari anche quell'Adalberto, nominato innanzi, a cui
Niceforo appresso inviava con molt'oro suo fratello medesimo
Cona, il quale doveva reggere le fazioni di guerra; ma poco
fidandosi del Longobardo, ordinava, che con buona custodia
nella città il ritenessero, se adempiute non si fossero le promesse condizioni. Luitprando, che stava sulle brace a Costantinopoli, respirò veggendosi finalmente giunto a Leuca nel dicembre. In tal guisa Bari non dava segno di cedere.

Pur tutta volta il greco Imperatore, pentito di aver mostrato, contro il costume della nazione, troppo aperto l'animo suo;
e ripensando di poter con un bel colpo disfarsi del nemico;
prima ancora che fosse ritornato in Italia Luitprando, si consigliò di mandare ambasciadori ad Ottone ad offrirgli con lusinghevoli parole il chiesto parentado, dicendo che avrebbe
inviata la principessa in Calabria, e però mandass'egli sue
genti a riceverla. Tale subita mutazione, ed il luogo posto
avrebbero dovuto avvertire Ottone del pravo disegno; ma
questi leale o troppo corrivo diè nel laccio tesogli: e mentre

---

[1] Qui Ottone tenne un placito. Vi sedeano il principe Pandulfo, il
conte Tuitelo, messo imperiale, e con essi Gandolfo vescovo di Fermo
ed i conti Ottone, Mainardo, Beraldo, Grimoaldo, Pietro, e parecchi
altri nobili. Adamo abate di Casauria col suo avvocato proclamò contro Giovanni vescovo di Penne, e Raino suo avvocato, e gli fu fatta
giustizia per la corte di Selcano, territorio di S. Valentino, Turri, e
Fullonico. Fu scritto da Limpuino notaio ec. ec. Del qual placito dubita però il Di Meo, anno 968.

già si teneva in pugno il conquisto di tutta l'inferiore Italia, e ne spargeva lietissimo la novella, seppe dalle sue genti mandate in Calabria per la fidanzata, tra'quali erano personaggi per nobiltà ragguardevolissimi, come fossero state colte in una imboscata dalle forze di Niceforo quivi appostate, e parte morti, parte menati prigioni a Costantinopoli. L'un giorno pareva un anno ad Ottone di prenderne degna vendetta, e nel luogo stesso, ov'eragli stata fatta l'ingiuria: onde a danno di Calabria inviò Guntario e Sigefredo suoi più bravi capitani coi principi longobardi contro Greci, e Saraceni chiamati dai Greci. Fierissima vendetta ne presero: perocchè oltre alla grande strage fattane, e all'averne bruttamente deformati quanti vivi ebbero nelle mani, Ottone occupò in seguito Oria, Nardò, Matera, Cassano, Acerenza, ed altre molte castella ponendo a sacco tutta Calabria [1].

Itosene così tutto il verno, e satollo di vendetta l'Imperatore, non volle per ora saperne più innanzi, e si ritrasse a Ravenna. Quindi l'ira de'Greci si sfogò ne'principi longobardi, perchè da lor dipendenti s'eran fatti alla parte del più forte; pretendendo che altri loro serbasse quella fede, ch'eglino eran usi di non serbare a niuno; ed il maggior danno fu di Pandolfo. Questi cogli aiuti mandatigli da Ottone, con pochi Capuani, ed i suoi Beneventani si accinse a resistere ai Greci comandati dal patrizio Eugenio, e dal suo fratello medesimo, Romualdo venuto di Costantinopoli ed unitosi ad essi. Gli avevano già occupata Ascoli e Bovino, e minacciavano più oltre. A Bovino fu lo scontro, e tanto l'ardor di Pandolfo, che rotti i nemici, inseguì fin sotto le porte della città, cui cinse

[1] L'Annalista salernitano.

d'assedio. Frequenti le sortite, e respinte, sebbene audaci a tale, che un greco cacciatosi innanzi a lui, avrebbelo finito, s'egli non lo stramazzava d'un colpo. La stessa ardenza e valore mostrava Pandolfo in un ultimo fatto; ma in quel che mietendo le vite de'Greci, ode alle spalle strepito di gente armata, e n'esulta, perchè li crede gli aspettati aiuti di Gisolfo, principe salernitano; quegli erano Greci anch'essi. I suoi si disordinano spaventati; egli cresce di forza e di virtù, a gridare, ad incuorarli, volessero morir da uomini, il suo esempio imitassero: ma vanamente, chè sempre più si dileguavano. Già gli era stato ucciso sotto il cavallo, e di lancio salta su d'un altro; e risoluto a morir da prode, si gitta nel forte dell'oste. Quivi mancata la possa per il grande menar di mano, e ferito non mortalmente alla schiena, cade per terra. Vivo il presero i Greci, che recato come trofeo al patrizio, fu da costui mandato a Costantinopoli [1].

Dallo scoramento de'nemici trasse suo pro il patrizio. Avellino gli aprì le porte, consegnandogli ligato il gastaldo Siconolfo, che stimolava i cittadini alla difesa. Di là sopra Capua, dove congiuntosi a Marino duca napoletano, per quaranta giorni con ogni generazione di danni ne desolò il contado, non potendo espugnar la terra per la bravura de'difensori. Pur finalmente essendo l'esercito troppo carico di bottino, ed ingombro di prigionieri, e temendo non fosse sopraggiunto Ottone, trasse a Salerno. Quivi rinfrancatosi coi lauti desinari, apparecchiatigli dallo sleale Gisolfo, Eugenio e Romoaldo se ne tornarono in Puglia, ed in Bari attesero a fortificarsi.

[1] Poco diversamente questi fatti racconta il nostro Beatillo, ma li dice avvenuti presso Bari lib. 1, p. 38. Noi abbiam seguito il Di Meo, anno 969.

Ma la crudelissima natura del patrizio non fu potuta tollerare da'suoi medesimi: e quando il potettero far senza paura, presolo il mandarono a Costantinopoli. Succedettegli incontanente Abdila. Ed eccoti Ottone a Capua (969): il quale non vi avendo trovato i Greci, si volse a saccheggiare il contado napoletano; di là a punire la viltà degli Avellinesi; e preso un po' di fiato a Benevento, dove fece all'Arcivescovo benedir le sue genti, rientrò in Puglia. Si mossero da Bari Abdila e Romoaldo, diviso in due corpi l'esercito. Ma non avevano costoro nè la fortuna, nè la temerità di Eugenio. Ad Ascoli il primo si scontrò coll'Imperatore, che fieramente attaccandolo, lo disordinò e sconfisse; ed avrebbelo anche ucciso, se per averlo voluto prender vivo, non gli avesse lasciato campo a fuggire, tuttochè ferito, e ripararsi a Bari. Non diversa sorte ebbe l'altro, il quale assetato del domestico sangue doveva assalire gli Spoletini condotti dal conte Sicone, e lasciovvi prigioniero con mille e cinquecento altri, senza contare i morti nella zuffa.

Si contentò Ottone a questi fortunati successi, e non volle proseguir la vittoria, che divisava cogliere intera nel vegnente anno. E vi ritornò di fatto, esordendo coi saccheggiamenti sopra Napoli: dove venutogli incontro Aloara, moglie del principe Pandolfo, con un figliuolo a ricercarlo supplichevolmente della liberazion del marito, con assai crudeltà a Costantinopoli trattato da Niceforo, e chiuso in fondo d'oscura prigione; le preghiere e le lagrime della donna più indignato il risospinsero in Puglia. Ma nè i saccheggi, nè l'arsioni, che vi cominciò a spandere da per tutto, furono cagione della ricuperata libertà del principe: sì bene un'altra impreveduta ventura. Perciocchè tolto dal mondo Niceforo con morte violenta per opera dell'Imperatrice medesima, che fe' di lui ciocchè fatto avea del primo marito, e innalzato al trono Giovanni Zemisce; costui volendosi amicare Ottone, liberò il principe, e il fece onoratamente condurre in Puglia, raccomandando all'Imperatore, che negli Stati il riponesse.

Giunto a Bari Pandolfo, e con dimostrazione di riverenza accolto dal patrizio, fu tosto richiamato da Ottone, e nella dignità restituito. Ond'egli, per rimeritare il Zemisce della donatagli libertà, s'adoprò a tutt'uomo, che Ottone mettesse giù ogni disegno di conquiste sui Greci, e con essi si stringesse di uno stabile nodo per le desiderate nozze della Teofania. La quale splendida di rara avvenenza ed ingegno fu condotta a Roma nell'aprile del 972, suntuosamente disposata al giovine Ottone, e proclamata augusta. Con queste imperiali nozze ebbe lieto fine il dramma, che accennava di avere a risolversi tragico assai [1].

---

[1] Giannone, lib. 8, cap. I.

CAPO IV

DAL 973 AL 1009.

SOMMARIO

Alla morte di Ottone I ricominciano le turbolenze; i Saraceni sono sconfitti dai Longobardi; sconoscente diportamento di Landolfo verso il cugino Gisolfo, che adottando un figliuolo del principe beneventano, Pandolfo *capo di ferro*, cresce la costui potenza; Landolfo ripara a Costantinopoli; istigatore degl'imperatori Basilio e Costantino contro la potenza di Pandolfo; ne ottiene aiuti, e venuto ad Otranto con cinque navi, vi lascia con l'ambizione la vita; Pandolfo muore; Ottone II, collegatosi coi principi longobardi, muove contro i Greci (982); è compiutamente disfatto vicin di Squillace; si dà attorno a riparar l'onta nel seguente anno, ma è prevenuto da morte immatura; Bari ritorna in potere dei Greci (984); ricominciano le costoro oppressure, le brevi vendette, le lunghe punizioni; ricrescendo la potenza greca, s'istituisce il Catapanato, di cui Bari è metropoli, ed il barese Arcivescovo è levato a condizione di metropolita; ultimo sforzo de' Saraceni assedianti la città, che vien liberata dai Veneziani (1002); gratitudine de' Baresi.

Ai sette di maggio del 973 l'augusto Ottone, grande di nome e d'animo, passò di questa vita; ed al suo morire, la pace agognata cominciò incontanente a turbarsi. Ottone II prese a regger solo il regno italico, e ad esercitare in queste parti tutta l'autorità dal padre acquistata. Il valoroso Pandolfo, stato sempre a' fianchi d'Ottone il vecchio in tutte le spedizioni, e con iscambievoli benefizi legato in istrettissima dimestichezza, avrebbe potuto restaurare la potenza longobarda: la usanza però di partir gli Stati tra i lor figliuoli la fece del tutto ruinare. Ma il primo grido di guerra, che risuonò in Puglia, fu dato dai Saraceni; i quali chiamati dai Greci, per opporli al I Ottone ed a Pandolfo, vedevano con la pace mancate le nuove speranze, e si diedero a desolare la Puglia e scorrere fin sotto Benevento. Corse il Beneventano con Azzone di Spoleto ed un rinforzo tedesco a rifrenarli; ed inseguitili insino a Taranto, annegato in un fiume il califo Bekelech, molti ne uccise, molti condusse prigioni [1].

Non si quetava ancora, e sorgono nuovi disturbi. Landolfo nipote al principe beneventano, e scacciato dallo zio, è accolto dal cugino Gisolfo principe di Salerno. Quivi ponendosi sotto a' piedi il parentado e l'ospitalità, caccia in prigione l'ospite cugino, e ne usurpa gli Stati coll'aiuto di que' di Napoli e d'Amalfi. Ma Gisolfo ristabilito sul trono per opera massimamente di Pandolfo, ad afforzarvisi meglio, adotta, non avendo prole, uno de'costui figliuoli; e così Pandolfo crebbe a formidabile potenza. La quale ben provarono i Saraceni stessi, arrischiatisi un'altra volta fin sotto Gravina.

Lo sleale frattanto era fuggito a Costantinopoli presso i giovani imperatori Basilio e Costantino, risaliti al paterno soglio dopo la morte dello Zemisce; e colà con tutte l'arti si studiava a farli strumenti della sua malvagia ambizione. Andava egli magnificando la smodata possanza del Capo di ferro (così chiamavano Pandolfo), il quale teneva già i principati di Benevento, Capua, e Salerno, e il ducato di Spoleto, e 'l marchesato di Camerino. « Che più? (diceva) che più aspettare gli Au-
« gusti a vedersi spodestati delle terre di Calabria e di Puglia?

---

[1] Lupo Protospata registra questo fatto l'anno 972: ma l'Anon. salern. da noi seguito il pone nell'anno seguente.

« A questo esser volte le ambiziose mire. I Greci quivi non
« molto forti, non ben veduti, travagliati sovente dai Sarace-
« ni; i Pugliesi sempre inchinevoli ai Longobardi, potenti vi-
« cini. Lui riposto nello stato di Salerno poter crescere le
« forze alla greca signoria; essere un ostacolo all'ambizione di
« Pandolfo ». Queste cose ricantate ogni dì nella corte di Costantinopoli, indussero gl'Imperatori ad inviare a Benevento
due ministri imperiali con l'arcivescovo di Taranto. Un tal
messaggio doveva al certo riuscire a nulla; perchè il principe
non si sarebbe mai inchinato a ricevere in grazia il perfido nipote; nè potevaglisi apporre verun tentativo contro gli Stati
greci, avvegnachè forse questo non era l'ultimo suo pensiero.
Il perchè gl'Imperatori nel seguente anno (979) promisero a
Landolfo un'armata, ma non crediamo già con animo risoluto
a fornir l'impresa. Con sole cinque navi comparve egli ad
Otranto [1]; ed all'improvviso giungere fece qualche acquisto,
ma incontanente perdette ogni cosa; e fors'anche restò spenta

---

[1] L'Annalista salernitano.

Qui i nostri storici Beatillo (lib. 1, pag. 39) e Lombardi (Compendio cronologico delle vite degli arcivescovi, parte 1 pag. 14) ne vor-
rebbero far credere, che gl'Imperatori d'Oriente tutt'e due eglino
medesimi fossero venuti a Bari con potentissima armata, e la città
sorpresa: la quale poichè non s'arrese così presto, quando l'ebbero
finalmente avuta, la fecero a'lor soldati saccheggiar di maniera, da
rovinarla quasi tutta. Che de'cittadini togliessero a molti la vita, a
molti la nobiltà, rilegandoli in varie parti d'Oriente, senza speranza d'aver più a rivedere la lor patria. Che poi, perchè non restasse
così vota e desolata, dessero licenza a chiunque ne avesse voglia, di
andarvi a stanziare: con la quale occasione siccome vi si trasferirono
da diversi luoghi d'Italia non pochi Longobardi, così vi vennero pure
molte famiglie di Greci principalissime. Che finalmente presa e trat-

con esso lui l'ambizione, non trovandosi più del suo nome notizia veruna nelle storie.

Adunque Pandolfo era nella beatitudine di sua grandezza. Circondato d'una corona di sei figliuoli, cui già aveva assegnato in diverse signorie i suoi vasti dominii, robusto della

tata con tanta crudeltà la città di Bari, acquistassero tutto il resto della Puglia e della Calabria: ed acciocchè per l'avvenire le tenessero più a freno, vi posero un nuovo governatore, chiamandolo non più *stratigò*, ma *catapano*, il quale avesse autorità di fare o disfare ogni cosa conforme ai meriti della gente, ed a quella che a lui fosse paruto, senz'obbligo di chiederne prima consulta dalla città imperiale. Quanto sconvolgimento di cronologia! Primamente il Beatillo muove da credere, che Bari stesse in mano di Ottone; il quale dopo le nozze del figliuolo con la Teofania non volle sentir parlare di rendere ai Greci le province di Puglia e Calabria. La qual cosa quanto sia falsa, non accade spender tempo e parole a dimostrarlo. Secondamente il nuovo ordinamento politico de'*catapani* avvenne nel 998, o 99, quando si comincia a udire il nome di tali maestrati nel Protospata e negli altri cronisti. Peggio erra il Lombardi, che fa venir dieci anni prima Ottone II con esercito numeroso a prender Bari, fare strage di tutto il presidio greco, e soggiogare la Calabria e la Puglia, mentre è notissimo, per testimonianza dell'Annalista salernitano, di esser venuto in queste parti il 982. Entrambi citano il Baronio al tomo X, che non mai (dice il Di Meo) sognò tal cosa. Il Beatillo veramente si fida pure al Sigonio, che nel libro VII registrò: *Basilius et Constantinus impp. turpe rati, se vetere tot annorum Apuliae Calabriaeque fuisse possessione deiectos; Saracenis, quos nuper Creta exegerant, magna mercede conductis, Italiam invaserunt, et Barrio ac Matera expugnatis, Apuliam primum, deinde, nemine prohibente, Calabriam receperunt.* Alle cui parole: « io non so (esclama il « Muratori an. 979) dond' ei l'abbia tratto. Ma a chi ritolsero i Greci « quelle contrade? A me non è venuto sotto gli occhi antico scritto- « re alcuno, che parli di siffatto avvenimento ec. »

persona, non molto avanzato negli anni, con fama d'uom giusto e pio, non apponendosegli altro che lo scacciamento del nipote. Un altro desiderio asseguito, ed avrebbe colta la cima della grandezza, a che aspirava, il conquisto delle terre italiane pertinenti ai Greci. Ma ciò non poteva effettuare da sè solo: aspettava l'augusto Ottone II, con grande esercito entrato già in Roma con la Teofania istigatrice anch'ella del marito contro la propria nazione; ed il frutto della vittoria egli si riprometteva avere ad essere tutto suo. Ma nel mezzo di questi proponimenti prevenivalo la morte a' 12 di maggio 981. Al suo finire sminuzzolata tra i figli tanta vastità di Stati, risursero le ire, le vendette, le ambizioni, finchè fulminò il suo sguardo, taciute.

Per tanto l'imperatore Ottone in sul principio del seguente anno, seguito dai principi di Salerno e di Capua, da Trasmondo marchese di Toscana, da Umfredo tesoriere, e dal conte Adelgiso mandati con le sue genti da parte del nuovo principe beneventano, e da molti altri signori, che ingrossarono il suo esercito di Sassoni, Bavaresi, ed Alemanni, s'avviò alla volta di Puglia. A tanto apparato di guerra Bari si rese incontanente; se pure è vero, che Ottone sia venuto fin sotto la città, come vuole la cronaca di Casauria [1]. Ma la prima impresa, di cui parlano le storie, fu l'assedio di Taranto, tenuta dai Greci, e presto rendutasi. Quivi svernarono e varii provvedimenti vi prese Ottone, di che restano i diplomi. Varcata così la metà di maggio, e cresciuto anche di forze, si faceva più innanzi verso Rossano e Cotrone. In que'luoghi era il mag-

[1] Parte 2ª, t. 2º Rer. Ital., sebbene il cronista ponga il fatto nell'anno 983.

gior nerbo de'Greci, tutto riposto ne'Saraceni volentieri accorsi all'invito. Ma in due fatti d'armi, massime presso quest'ultima città, ne lasciarono sul campo undeci mila o più [1], e con essi il feroce condottiero Bulcasimo. Avuta di poi anche Catanzaro, deliberarono i confederati d'assediar Squillace, ove s'erano ridotti i nemici, e lungo il fiume Crotolo accampati. Allora seguiva la fiera battaglia de'14 di luglio, che durò dal primo mattino alla metà del giorno valorosamente dall'una e l'altra parte combattuta, finchè scompigliate affatto le fila dei Greci e Saraceni fuggirono tutti verso la città. Ma come interveniva spesso a que'tempi di mal disciplinate ed intemperanti milizie, i vincitori si dànno al bottino spensieratamente, e più avveduti i nemici ne traggono vantaggio. Avevano costoro postato, su pe'colli vicini, un forte corpo d'armati, ed un altro in mal sicuro contegno si mostrava verso il lido. Poca gente fu mandata a sperperar questi, come agevol cosa a fugarli; allorchè uscendo dagli agguati ed irrompendo i nemici, s'incaggia così fiera la mischia, che de'collegati molti ne sono uccisi, prigioni molti, moltissimi in tentando di guadare il fiume affogati. Ottone ripara sconosciuto sopra una greca galea, e poi ne scampa arditamente a nuoto. De'principi alleati restò tra i morti Landolfo di Capua con un fratello e tre nipoti, il marchese Trasmondo, Dagoberto, ed altri [2]; Arrigo vescovo d'Augusta, Vernero abate di Fulda con essi; il Vescovo di Vercelli morì poi in Egitto di dolore nelle prigioni d'Alessandria. Era l'Imperatrice a Rossano, nè voleva persuadersi,

---

[1] Tanti ne conta l'Ignoto barese; 40000 Lupo, che troppo forse aprì la bocca.

[2] Annalista salernitano.

che fossero vere le infauste notizie; ma disingannata finalmente e raggiunta da Ottone, mesti a Capua si ridussero entrambi. Nè gli uni, nè gli altri seppero profittare della fortuna della guerra: i Tedeschi se la lasciarono fuggir di mano, i Greci l'abbandonarono.

Rodendosi di dispetto Ottone, ed accusando della disfatta i Beneventani ed i Romani, si diede con tutto studio a raccorre altre genti da riparare al danno ed alla vergogna: ma per la collera presa, o per il troppo affaticarsi, infermò a Roma di bile, che tutto l'ingiallì, e nel fiore della giovinezza lo spense.

In quella mescolanza di Greci, Longobardi, ed indigeni, che erano in Bari, ed incessantemente agitavansi e sopraffacevansi per diversi interessi e studi di parte; cominciò alla morte dell'Imperatore un gran contendere. Com'era da prevedersi, la parte greca prendeva il di sopra; ma non potendo trarre gli altri seco, due di loro, a nome Teofilatto e Sergio, trovarono modo d'introdurvi un forte presidio, e darla in mano al patrizio Calochiro [1]. Incontanente questi andossi più allargando, e nel dicembre ebbe Ascoli. A lui successe il patrizio Romano con un suo figliuolo, e quindi Sergio protospatario. Ma seguitando loro stile costoro, anzi più aggravando, or che il poteano senza paura: fecero ribollire i sangui. Ardenti sopra gli altri, Lione Gannato, Porfirio Bovi, e Niccolò de Crito. Quest'ultimo pianta un pugnale nel cuore al protospatario; e poco dopo un Niccolò di casa Calabrito fe' lo stesso giuoco ad un altro greco a nome Adralisto. Vendette private più che altro queste facevano crescere nimistà ed oppressioni: nè senza

[1] È riferito dal Protospata, che però anticipa di due anni. Vedi Muratori, anno 984.

pena se ne passarono gli autori; poichè venuto a Bari il patrizio Giovanni Ammiropolo, li mise a morte [1]. I supplizi fre-
narono l'ire per poco, che poi scoppiarono di bel nuovo; e
caddero morti un tal Bibulo, e un tal Pietro Porfirio escubito,
o come direbbesi guardia del corpo imperiale.

Questi palpiti e sanguinosi fatti di dentro s'alternavano con
continua vicenda a scorrerie ed altri fatti non men sanguinosi
di fuori. I Saraceni, che o bisognava pagare e lautamente, o
lasciar arbitri d'ogni cosa, colsero l'opportunità di desolare
barbaramente tutto il contado barese, far bottino, appiccar
fiamme, tradurre schiavi uomini e donne in Sicilia [2]. Si tentò
reprimerli, stringerli verso Taranto; e l'impresa costò molte
vite de'nostri. A tutto questo si mescolava spaventevole carestia di frumento per acque così continue e copiose, che infra-
diciarono da per tutto le messi crescenti (992). Riapparvero i
Saraceni, anche più fieri di prima; di che basti un solo esempio. Matera assediata, mal provveduta di tutte cose non è
potuta soccorrere, e resiste tre mesi sino agli stremi, vedendo
in sè rinnovata la tragica atrocità della madre ebrea; poichè
ve ne fu una, che divorò il frutto delle sue viscere [3].

In tanta orridezza di tempi è meglio per avventura il silenzio o il buio, in cui ne lasciano i cronisti, risparmiandoci
materia di dolore: se non che da qualche lor cenno lavora

---

[1] Il Protospata.

[2] Forse da un cenno del medesimo Protospata, il nostro Lombardi
inferì, che allora fossero state distrutte dai Saraceni Camerata, Balsignano, Butorrito, Casabattula, e Casalnovo; delle quali terre o il
solo nome rimane, o qualche rudere, o niente. (Notizie della città di
Molfetta).

[3] Romoaldo salernit. Lupo ed altri, anno 994.

pure la fantasia ad attristarci. Ora ribolliscono gli odii contro i Greci, i quali sapevano bene smungere i soggetti, non difenderli. Si mostrarono sulla scena un Smaragdo cavaliere col fratello Pietro; non si sa bene, se greci o baresi ribelli (come vuole il Muratori), o se salernitani (come pensa il Di Meo): che esiliati da Bari nell'anno antecedente (997) ed unitisi ai Saraceni, avean fatto intendere di dar loro in mano la città. Eglino avevano ucciso in Oria l'escubito Teodoro, ed or col cayto saraceno Busito, ed una buona mano d'armati, tentano la città di notte dalla porta occidentale; ma o respinti, o sospettando inganno il cayto, l'un dopo l'altro se ne slargarono [1]. Pensa il Beatillo, e non pare inverisimile, che Smaragdo il facesse, per acquistar grazia presso i Greci, dando loro in potere il Saraceno.

Pur tuttavolta con tanti occulti rancori, con tante mene, con tanti assalti di Saraceni la potenza greca cresceva. La sconfitta, e poi la morte di Ottone; le continue dissensioni dei principi Longobardi n'erano le precipue cagioni. I due augusti Basilio e Costantino faceano rinforzar muri, fabbricar castella e torri in varii luoghi, aumentare i presidii; in somma si poteva dire, che ogni dì divenissero loro tutta Puglia e Calabria. Ora volgevano gli occhi cupidi su di Salerno e Benevento, la quale s'era già renduta ligia alla Corte bizantina. Per incarnar questi disegni, e con maggior speditezza procedere ne'provvedimenti civili e militari, istituirono un nuovo maestrato, che avesse su queste province imperio assoluto, che dissero in loro idioma *Catapano* [2]. Quindi più pompa, più ap-

[1] Murat. e di Meo, anno 998.
[2] Molti e nostri e stranieri scrittori ricercarono l'origine di tal voce; la quale è senza dubbio tutta greca, facendocene fede gli antichi di-

parati, più magnifica le sede del nuovo reggitore, la quale
traendo una certa sembianza della Corte imperiale in questa
metropoli, *Corte del Catapano* la dicevano (ed innalzato era
l'edifizio, dove ora veggiamo la Basilica); ma più ancora l'alterezza, ed il rigore.

« Così Bari si vide estollere il suo capo sopra tutte l'altre
« città della Puglia [1] »; e divenne metropoli d'un nuovo ducato tanto vasto, che « tirando una linea dal monte Gargano
« insino al promontorio di Minerva, ch'è la maggior latitu-
« dine del regno; tutto ciò che riguarda l'oriente e mezzo-
« giorno, era al dominio de' Greci sottoposto [2] ». A cui se
aggiungasi i tre ducati di Amalfi, Napoli, e Gaeta, i quali
avvegnachè si reggessero a repubblica, vi mantenevano essi
pure alcuni vestigi di supremo dominio; hai quasi un reame.
Ma tanto splendore di potenza era simile a quello, che in sè
raccoglie una face, quando è vicina allo spegnersi. L'aquila

plomi pubblicati dall'Assemani (tom. 3.° cap. X), ne'quali trovasi
Καλοκυρις Κατεπανω, Γρηγοριος Κατεπανω ec. Quanto poi alla etimo-
logia pare la più acconcia di tutte quella dataci da Guglielmo Pugliese in quei notissimi versi (lib. 1):

Quod *Catapan* Graeci, nos *iuxta* dicimus *omne*:
Quisquis apud Danaos vice fungitur huius honoris,
Dispositor Populi parat omne, quod expedit illi;
Et iuxta quod cuique decet, ius omne ministrat.

Onde il farla venire dal barbaro latino *Capitaneus*, non è consen-
taneo alla greca alterezza, dispregiatrice di quanto a'Latini s'appartenesse; e tanto più che di rado o non mai usavasi a questi tempi
una tal voce nelle nostre province.

[1] Giannone, lib. 8.° capo 3.°
[2] Id.

romana (diremmo, se non isconvenisse alle storie) era per riprendere il suo volo verso Oriente dalle torri baresi, e non ritornarvi più mai, finchè le recise il collo l'adunco ferro dell'Arabo.

Il primo, che gl'Imperatori inviarono con tale autorità in Italia, fu Gregorio Tracaniota, intelletto che ben poteva rispondere all'imperiale fidanza. Egli giunse a Bari l'ultimo anno del mille, seguito da una buona armata; e primo suo pensiero fu il frenar cogli esempi del rigore i rivoltosi. Ebbe nelle mani lo Smaragdo, quindi un Teofilatto rifuggitosi a Gravina, che punì nel capo, e quanti mai sospettò avversi alla greca dominazione, tutti con pene di corpo o di danaro percosse. Al nostro arcivescovo Crisostomo, che allora reggeva anche la chiesa di Trani, lasciò una scritta di sicurtà, ingiungendo a tutti i greci maestrati di non inferire veruna sorta d'ingiurie o danni, o imporre servigi ai monaci, alle monache, ed a Capitoli d'ambe le Chiese; obbligandoli solamente a concorrere per la lor parte insieme cogli altri abitanti alla restaurazione delle mura e delle castella. Gli concesse ancora di poter nelle cause de' due cleri sedere a giudizio, una coi Turmarchi, e secondo giustizia piamente decidere di esse, e partecipare ai diritti delle multe [1]. Di poi si fe capo d'una lega tra i Capuani, e Pandolfo di Benevento contro Ademario, tutta cosa di Ottone III, da cui quest'anno era stato fatto principe di Capua, scacciandone Laidolfo, creduto dal giovine Imperatore per colui, che gli ordiva le fila d'una congiura con Sergio duca di Napoli, Pandolfo di Benevento, e Giovanni duca di Gaeta. Il Catapano cogli aiuti del principe di Benevento, dell'Arci-

[1] V. Documento 1.

vescovo di Capua, e di molti nobili della città, fu sopra il favorito di Ottone, e cacciatonelo, dette il principato a Landolfo
conte di S. Agata de'Goti, e fratello del principe beneventano. Dopo di ciò, dimorando tuttavia a Capua, ordinò con diploma, che fossero restituiti a'Cassinesi quante mai possessioni si trovassero da chiunque occupati in Lesina, Ascoli, Canosa, Minervino, e Trani [1].

Sapeva amara a'Saraceni cotanta potenza de'Greci, che loro
troncava ogni speranza di ritornare a dominar in Italia. La
casa degli Ottoni, intesa a pacificare e riunire i diversi Stati
italiani, mancava nel terzo di essi morto nella giovinezza di
ventidue anni; fiacchi sempre e discordi i Longobardi; non
avean eglino a farla, che coi soli Greci. Vollero dunque tentar la fortuna con un ultimo sforzo. Il secondo anno dopo il
mille Safì cayto di Sicilia viene improvvisamente con un'armata sì grossa e sì di genti fornita, che cingendo la città per
mare e per terra, fa cader l'animo non che a'Baresi, ma e al
catapano medesimo. Volgeva il sesto mese d'assedio [2] senza
speranza di potersene liberare nè per proprie forze, nè per
esterni aiuti. In quel forte scoramento, sia che la città si fosse
volta a Venezia, sia che movesse per ventura su quest'acque
un'armata di Veneziani, i quali già accennavano a quella grandezza d'imperio, cui poscia pervennero, e generosi accorressero
al soccorso; questi furono la sua salvezza. Capitanavali il doge
medesimo [3] Pietro Urseolo II, quell'uomo di altissimo senno,

[1] Muratori, anno 1000.

[2] Dai 2 di maggio ai 18 di ottobre. Così Lupo, il Beatillo, ed altri;
tuttochè l'Annalista salernitano riduca questo assedio a 15 giorni,
appoggiandosi alla ragione, che altre scorrerie quegli assalitori medesimi facessero sul territorio di Salerno e Benevento.

[3] Andrea Dandolo, cronaca di Venezia

e figliuolo a quell'altro Pietro, che per santità di vita, rendutosi monaco in Francia, meritò nome e venerazione di beato.
Egli veduto il grave pericolo della città per lo stremo d'ogni
cosa da vivere, deliberò di salvarla; e sì il fece con uguale
coraggio e magnanimità. Forse sotto la magnanimità era pure
l'utile della Repubblica, a spazzar l'Adriatico da codesti formidabili pirati; ma ciò non monta, nè al bene fatto si voglion
dare interpetrazioni sinistre: certo è, che ai nostri fu come
un angelo mandato da Dio; perciocchè presi i Saraceni in
mezzo tra i Veneziani di fuori, ed i Baresi con sortite di dentro, non ebbero altro scampo che la fuga. Racconta il Beatillo ' « che a perpetua memoria di sì gran benefizio edifica-
« rono i Baresi nella loro città la chiesa di S. Marco, protet-
« tore di Venezia »; ed aggiunge, che « non contenti di ciò,
« collocarono altresì, per palesare a'posteriori un altro fatto
« generosissimo de'medesimi signori Veneziani, in una strada
« larga vicina al mare sopra una base di molti gradi l'arma
« de'Veneziani, cioè un gran Leone di pietra viva, che ancor
« oggi sta in essere nel publico mercato della città, un po' di-
« stante dal primo luogo, dove serve ad altro uso ». Quindi
seguita narrando, come andò *quest'altro fatto generosissimo*,
che raccolse da scritture dell'archivio della città, ora non
esistenti. Creda chi vuole alle inverosimili circostanze: noi
non vi aggiustiamo fede. « Non potevano, dic'egli, i Baresi,
« al tempo del detto assedio, coltivare i loro poderi, nè ca-
« varne gli ordinarii guadagni con l'altre robe da vivere; onde
« ridotti ad estrema penuria di tutto il necessario alla vita, si
« morivano in piedi in piedi di disagi e di fame. Si accorsero

' P. 42 e 43.

« i Saraceni di questo, e per allettarli a rendersi loro di buo-
« na voglia, sovvennero gli assediati di danari, di vitto, e di
« altre cose, che fossero state lor di bisogno. Donde nacque,
« che venuta poscia l'armata veneziana, e fatta ad un tratto
« gran strage di quei pagani; perchè il rimanente, a fine di
« scampar la vita, volean partirsi da Bari, fecero intendere
« al doge Pietro, che tosto avrebbon essi fatta vela per fug-
« girsene via, se avesse egli fatto loro rendere da'Baresi il
« valore intiero di quanto per tutto il tempo dell'assedio gli
« aveano amorevolmente somministrato. Consentì il doge, e
« vedendo che i Baresi stavano esausti dai travagli passati, al-
« berò l'insegna del leone di S. Marco nella strada antidetta,
« ed a suon di trombe fe'pubblicare, che tutti i Saraceni cre-
« ditori de'Baresi comparissero innanzi a lui, perchè sotto di
« quella insegna volea egli pagarli compitamente con danari
« della repubblica. Come subito fu eseguito con chiara mo-
« stra della magnificenza dell'animo di quel serenissimo Doge,
« e con l'intiera libertà de'Baresi. Li quali a perpetuo ricor-
« do di azione sì eroica, data che poi ebbero alla repubblica la
« sodisfazione del pagamento, eressero lì proprio la statua del
« leone di pietra, che dicevamo, dove avea innalzato quel
« doge lo stendardo del leon di S. Marco ».

Non vorremmo certamente torre alla patria cotesta lode di
gratitudine per lunghezza di tempo e di tradizione già raffermata; perciocchè se il fatto ci sembra favoloso, può ben essere, ch'ella abbia voluto così rimeritare la repubblica veneta
del prestato aiuto, innalzando la chiesetta a S. Marco, e lo
stemma del leone. Ma che il leone innalzato allora sia appunto
quel desso, che ora si vede nella piazza mercantile; non ci
risolviamo a credere: e tanto più maravigliamo, che ciò non

pur sia stato detto dal Beatillo, e ripetuto a chiusi occhi da
tutti gli scrittori di cose Baresi, ma il ripetano ancora tuttodì
uomini di non mediocre intendimento. Sicuri di non dovercene
venir biasimo, se noi primi rechiamo in mezzo i nostri dubbi; dimanderemmo primamente, perchè dovendosi per ono-
rarlo innalzare lo stemma di quella Repubblica, non si effigiò
alla forma e coi simboli, ch'ella se lo elessse? Niuno ignora,
come il leone veneto è in piè rizzato con l'ali sciorinate, il
guardo fiero e sicuro, ed una delle anteriori zampe s'appoggia
ad un libro, nelle cui aperte pagine si leggono le parole: *Pax
tibi*, *Marce*, *Evangelista meus*. Il nostro leone è giacente a
piedi d'una colonna, con uno scudo bipartito fra le zampe anteriori (ch'è lo stemma della città), senz'ali, nè appare vestigio alcuno, che avute le avesse e per vetustà distrutte: ma
non solo non ha l'ali, sì bene intorno al collo un collare (il
quale neppure può essere opera posteriore, sovrastando alla
giubba), in cui è incisa l'epigrafe: *Custos iusticiae*. Adunque
avrebbero fatta una meditata ingiuria a tarpar l'ali al leone di
Venezia, strappargli il libro di S. Marco, e metterlo al guinzaglio? Aggiungi, che poi su quel leone sappiamo essersi posti a sedere i furfanti dannati alla gogna, con un collare alla
gola, sostenuto da catena di ferro assicurata a quella colonna;
ed è questo *l'altro uso, a cui serviva* ne' tempi del Beatillo.
Che? I Veneziani, che facevano della nostra città una delle
principali sedi del loro traffico; ch'ebbero in dogana franchigie più larghe, che non i cittadini medesimi, i quali cercavano d'esser trattati almeno com'essi; che quando loro furono
contese, le sostennero con tutte ragioni; che si disputarono
l'antico segno d'onore di un tiro di cannone dai baluardi, appena comparisse sul nostro porto un naviglio veneziano: avreb-

bero poi que'serenissimi Signori patito quetamente, che sotto
gli occhi propri si facesse tanta ignominia dello stemma della
Repubblica? Ma che cosa era dunque quel leone? Fu sempre
una gogna. Nelle storie feudali abbiamo, che appunto nelle
piazze di mercato infliggevasi total punizione di gogna o ber-
lina, che si dica, la quale consisteva per lo più in un palo
confitto, la cui superiore estremità adornavasi dello stemma
del gran giustiziere, che aveva diritto d'imporla; e nel mezzo
di esso palo erano assicurate catene con collari di ferro da
stringerli al collo de'colpevoli. Fu dunque una bella allegoria,
perchè la belva più fiera messa al guinzaglio può ben rappre-
sentare l'uomo sfrenato, che dalla giustizia s'incatena: ed in
tal senso è vera l'epigrafe, ch'esso era *custode della giustizia*.

Ma ritorniamo al racconto. Sia che il Tracamoto per essersi
lasciato chiudere in Bari dai Saraceni, ed aver dovuto riconoscere la salvezza dai Veneziani, cadesse in disgrazia della Corte
imperiale; sia che mettesse di sè sospetti d'ambizione; fu richiamato a Costantinopoli nell'anno 1006, e mandatoci in sua
vece un tal Xifea. Il quale forse per la gran peste lasciatavi
dai Saraceni morì di breve, senza che alcun fatto peculiare di
lui si sapesse. Successegli incontanente un Curcua: ma costoro che andavano succedendosi e riprendendo l'antico tenore,
ora più infrenabile per assolutezza d'imperio, ricaddero nella
malvoglienza dei popoli soggetti. S'avvennero pure in tempi
orridi: morbi pestiferi mietevano le vite; nevi cadute in tal
copia, da disseccare non solo ogni generazione di piante, ma
uccidere volatili e pesci; fame che affiacchiva ed irritava le
plebi; qua e là sempre scorrerie saraceniche, che tosavano il
resto; tutto in somma era miseria e disperazione, segni non
dubbii di prossime rivolture.

CAPO V

DAL 1010 AL 1035.

SOMMARIO

Melo cittadino barese con Datto suo cognato tentano abbattere la greca dominazione; secondali dapprima la fortuna, e li abbandona di poi; Melo ramingo studia ad unir seco nell'impresa i principi longobardi, s'avviene nei Normanni in
sul Gargano, che gli promettono aiuto; ritornati costoro, secondo la promessa,
riprendesi ordinatamente la guerra contro i Greci (1017); vince una prima battaglia sul fiume Fortore; ne vince una seconda fra Ascoli e Troia; viene il catapano Basilio Bugiano con nuove forze e danari, il quale ingaggia la terza battaglia presso di Vaccarizia in Capitanata, e ne riesce anche vincitore Melo, ma è
battuto in un quarto fatto d'armi fra Trani e Castel del monte; il catapano fonda
Troia; una quinta battaglia avvenuta ne' dintorni di Canne (1019) torna fune-
stissima a Melo; risanato delle ferite, va in Germania per soccorso, e muore (1020); il catapano ha nelle mani Datto, ed il fa morire della morte dei
parricidi (1021); viene l'imperatore Arrigo, e fa poco; raccomanda i figliuoli
di Datto ai Normanni, li provvede di terre, e va via; altri vani tentativi di Rayca e di Saffiro Crito contro i Greci (1023); si tenta da costoro l'occupazione
di Messina, ma, morto l'imperatore Basilio, ne lasciano il pensiero; il Bugiano
è surrogato dal baiulo Cristoforo; è gridato ad arcivescovo barese Bisanzio, che
dà opera ad innalzar magnificamente la chiesa superiore del Duomo; Rayca ritorna all'impresa contro i Greci, vince, e la città lo riconosce a suo duca; viene
il catapano Potone (1029), che, ripresa la città, fa chiamare a Costantinopoli
l'Arcivescovo; Potone è impiccato per la gola dai Saraceni; viene in suo luogo
Michel Protospata (1031), a cui succede Costantino Protospata (1033); muore
l'arcivescovo Bisanzio.

La dominazione greca in Italia era come un rimessiticcio su
d'un secco tronco; un dì o l'altro doveva intristire, e seccarsi
anch'esso. I Greci s'eran fatti stranieri a noi, quali i Goti

ed i Longobardi. « E che altro, grida il Betti [1], vollero tut-
« ti, che altro alla fine coloro, se non il nostro servaggio,
« se non porre a fuoco, a ferro, ed a sacco le nostre terre,
« se non far onta, ove il potessero, ai nostri costumi, alle
« nostre leggi, e fin anco alla religione? Il poter loro in Ita-
« lia fu cosa d'utilità propria, non d'italiana: e perciò fu ti-
« rannide. Che se vana riuscì l'opera di stringere tutta Italia
« ne'ceppi di quei superbi ed avari; se anzi non consumossi
« il misfatto di cancellarci dal numero delle nazioni, e questo
« nome onorando e caro ancor vive, abbiatene pur grazia, o
« Italiani, al forte e sacro petto de'romani pontefici». Sentenze
vere. Ma già comincia svelatamente la lotta; ed è un Barese
che l'appicca; nè noi entreremo in politiche considerazioni a
lode o biasimo dell'impresa, contenti solo a raccontare i fatti.
Melo, nobile cittadino, di spiriti alteri e sdegnosi, di parlar
forte e facondo, ricco di smisurati tesori, fiorente di sanità
atta a patir fatiche e disagi; vide gli animi della più parte sopportare indocilmente il giogo, e divisò seco stesso di spezzar-
lo, ed arrogarsi signoria. Richiese di consiglio e d'aiuto suo
cognato Datto, cui trovò presto a secondarlo con uguale ardenza. Di celato armi s'apparecchiano, le altrui volontà con
istudio si esplorano, si stimolano con accorte parole, con ogni
argomento si allettano. Questi gl'interni apparecchi. Di fuori
poi si esortano i principi longobardi, dal cui sangue Melo discendeva: che favorissero l'impresa, cotesto comune nemico
umiliassero, ambiziosissimo, e in uno molle e trascurato; nati
eglino e cresciuti in Italia, dover sostenere la causa italiana;
pregava il Pontefice Sergio IV, che desse credito all'opera.

[1] L'illustre Italia, dialogo 4, Napoli 1844.

Tutto in fine si va apparecchiando; e non si aspetta, che una acconcia occasione, la quale pure non tardò molto. Alla morte del catapano Curcua, era venuto Basilio Mesardonito nel marzo del 1010; il quale per sentore de'segreti ribollimenti aveva seco menato un grosso corpo di milizie macedoni. La costoro vista crebbe l'indignazione: ma quando si cominciarono e con fieri modi le inquisizioni, ed un Sellitto, maestrato greco venuto anch'egli col catapano, fe' bruciar vivi vivi in una torre di Trani molti Baresi; fu come il segno dello scoppio. Basilio era fuori della città, ito a frenare i Saraceni su quel di Montepeloso: ed eccoti svelatamente mostrarsi armati i fautori di Melo, gridarlo duca di Bari, e far man bassa sui Greci dall'inaspettato assalto impauriti [1]. Molti altri luoghi rispondono al grido, e Ruvo, Canosa, Minervino, Ascoli discacciano i presidii greci. Il feroce Sellitto è preso a Trani, e fatto con altri de'suoi morire della stessa morte data ai Baresi [2]. Accorre il catapano; ed il nuovo duca, alla testa di una buona schiera de'suoi, gli si fa incontro nella pianura, ch'è tra Bitonto e Bitetto. Quivi segue la prima battaglia valorosamente combattuta; dove, sebben molti cadano de'nostri, vincono alla fine; il nemico volge le spalle, e Melo vantaggiandosi del primo impeto d'entusiasmo, lo tormenta senza posa alla coda. A Montepeloso i Greci voltano la faccia, e ritentano la prova; ma sono vinti ancora, lasciandovi molti morti sul campo, e con essi il duce Pasiano [3].

[1] Leone Ostiense, e'l Protospata.

[2] L'Ignoto barese.

[3] Di Meo, anno 1010. Intorno a cotesta rivoltura il Beatillo impiastriccia assai.

Se ne ritornarono trionfanti i Baresi: ma per quanto ardita e fortunata fosse l'impresa, non per questo si scorava del rovescio il Mesardonito. Vedeva ben egli di non poter avere Melo forze uguali a quante di Puglia se ne potessero raccozzare, e venir di Costantinopoli; nè la privata fortuna d'un uomo poterne sostener molte. Comprendeva, che, sfogato il primo bollore, il pericolo poi li avrebbe fatti meno avventati e men forti. Confidava massimamente ne' molti, ch' erano nella città greci d'origine e d'interessi; nella mutabile volontà del volgo ai primi disagi, che avesse a patire. Coll'aiuto de' Napoletani mandatigli da Sergio, composto un sufficiente esercito, s'accostò a Bari nell'aprile del seguente anno. Allora Melo cominciò ad avvedersi, che poco fondamento aveva la sua impresa; che i Greci della città erano sempre tali; che i principi longobardi gli eran larghi di sole parole; e per quanto egli crescesse di valore e di moto, fiaccamente si respigneano gli assalti, si temevano le sortite, sinistre voci si spargevano: sola ambizione essere la virtù del nuovo duca, e per isfogarla, voler strascinare con seco a ruina la patria; non bastare i disagi e gli stenti dell'assedio, volerli menare a sicura morte contro genti assai più numerose ed avvezze a fazioni di guerra; questa felice libertà aver loro donata Melo, questi aiuti grandi. Già si trattava segretamente di darlo vivo insieme con Datto in potere del Mesardonito. Seppe della congiura Melo, e provvide allo scampo. La notte degli 11 di giugno fuggì col cognato; ma questi potè trafugare la consorte e i tre figliuoli, non così egli. Ad Ascoli si rifuggirono dapprima, la quale dalle poco liete accoglienze non sembrando stanza sicura, passarono notte tempo a Benevento, e di là ramingando per Salerno e Capua. Premealo forte a veder suo cognato con la

moglie e i figliuoli patir seco i travagli ed i pericoli dell' esilio; chiudeva in petto il dolore per l' incerta sorte di Maral-
da, sua ben amata donna, e del superstite figliuolo Argiro,
dopo la tragica fine dell' altro a nome Leone. I quali, come
fu entrato il Catapano in Bari con alcune fermate condizioni,
indispettito della preda fuggitagli, volle aver nelle mani; e
sgozzato il maggior de' figliuoli, inviò l' altro con la madre
carichi di catene a Costantinopoli. Il catapano più attesamente
dava opera alle fortificazioni, massime alla rocca barese, affor-
zando ed ampliandola [1]; e Melo a stimolare gl' infiacchiti animi de' principi longobardi, non mai cessando dal cominciato
proponimento. Dopo quattro anni di pratiche, costoro s' indussero a collegarsi contro i Greci; ma riuscì pure a nulla
questa seconda prova. I Greci col soccorso de' Napolitani e
dei prontissimi Saraceni ne prevennero gli attacchi, gittandosi
a devastarne le terre. Sopra Pesto e Capaccio i Saraceni; sopra Boiano, Telese, Alife Greci e Saraceni insieme: nè fu
gran fatto, se questi ultimi nella vallea telesina ne rimasero
sconfitti, e n' ebbero morto il califo. Perciocchè risorgendo
eglino più gagliardi dalle sconfitte, nell' anno appresso (1016)
da mare e da terra assediavano Salerno; la quale ne fu liberata da una mano di que' prodi Normanni, venuti a visitare
il Santuario del Gargano.

Non accade qui toccare della costoro venuta, che raccon-
tano tutti gli storici; ma sì del come si valesse Melo di questa
bella e robustissima gente. Vagavano eglino su per il Gargano, quando s' avvennero in lui; e presi alle nobili e meste
fattezze, più spiccate sotto la benda ed il cerchio d' oro che

[1] Cola Pacca, che però riferisce il fatto all'anno 1013.

cingevagli la fronte, accontatisi con esso, il richiesero dell'esser suo. Narrò loro [1] con poche ed eloquenti parole la trista storia. Disse dell'origine sua dal sangue longobardo, della barese cittadinanza, dell'insopportabile signoria de'Greci, della fallita impresa, dell'ingratitudine della patria. Entrò poi accortamente a toccar degl'infemminiti Greci, facili a vincersi, del beatissimo cielo di Puglia, dell'ubertà de' campi, dell'ingegno ed industria de' popoli. Lui aver armi, aggiungeva, aver ricchezze, e ciò ch'è più, cuore e costanza; non volerlo abbandonare gli amici longobardi, ma per il pericolo incerti; la Santità di Benedetto VIII render sacra la causa[2]; i molti, che veracemente teneano dalla sua parte, aspettare il momento a muoversi. E la gente normanna sì pia, sì forte, sì egregia, non lo aiuterebbon eglino a ritornare nella terra natia, a fiaccare l'orgoglio degli odiati dominatori? Non preferirebbero all'aspro paese di Normandia un'amena stanza in Italia, e la gratitudine di ospiti amici?

Commossi i Normanni alle veementi parole, promisero di metter anche la vita per lui; ma presero tanto di tempo, che alle lor case ritornando, potessero seco altri compagni all'impresa condurre. Rinverdirono allora le speranze di Melo, ed in tutto quell'anno più si dette attorno a rifermar gli animi nell'avversione ai Greci. Era egli a Capua, quando giungevano di Normandia Giselberto, Rainolfo, Asclittino, Osmondo, e Rodolfo fratelli con alquanti altri de' loro; a cui erano apparecchiati e doni ed oro ed armi. Costoro uniti a scelti uomini di Capua, Salerno, e Benevento formarono le poche ma

[1] Guglielmo Pugliese, lib. 1.
[2] Così afferma il cit. Pugliese.

forti schiere, con le quali entrò Melo in campagna; e la primavera del 1017 vide accesa la guerra. Succeduto al catapano Basilio Mesardonito, morto a Bitonto in quell'anno, un Andronico Turnichio, si dispose a resistere alle rinate forze di Melo; e posto alla testa dell'esercito greco un suo legato a nome Leone Paciano, inviollo contro di lui. Lo scontro fu in sul Fortore; dove dall'una e l'altra parte si combattè gagliardamente e con uguale fortuna, ma in fine cessero i Greci, lasciando sul campo assai de' loro. Volle Turnichio stesso lavar questa vergogna della sconfitta del legato, e con fresche e più numerose milizie v'accorse. A 22 di luglio si venne alle mani tra Ascoli e Troia, ed ivi la vergogna crebbe; poichè con tanto impeto fu ricevuto, da doversi volgere a fuga dirotta, lasciare un ricco bottino ai nemici, e deplorar fra i molti morti l'escubito Leon Paciano, ed un conte Isacco [1].

Fremendo l'Imperatore all'udir i progressi di Melo, ne richiamò ignominiosamente il catapano, fidando il mal sostenuto ufizio a Basilio Bugiano; il quale venne nel dicembre con seco gran nerbo di forze, e (ciò ch'è più valido strumento di guerra) gran danaro. Uomo fecondo di consigli, valoroso, rapido era il Bugiano, e cupidissimo di far sfolgorare la sua virtù al paragone altrui: nè inetti i due, che lo seguivano, il patrizio Abolanti, e 'l topoterita Ligorio. Posto in pronto l'esercito, volle egli subito tentar la sorte dell'armi; la quale non gli si mostrò molto amica là sul campo di Vaccarizia in Capitanata, ed era la terza battaglia. Melo co' suoi ruppe e fugò i Greci insino a Trani, e di molti luoghi s'impadronì [2]. Non

[1] L'Annalista solernit., Lupo, l'Ignoto barese, e di Meo.
[2] Leone Ostiense.

iscorato punto il catapano, ritornò agli assalti con forze maggiori; e tra Castel del monte e Trani sembra, che fosse avvenuto il quarto fatto d'armi [1]. Quivi cominciò il nostro cittadino a provar l'amaro della fortuna; perciocchè non potendo
reggere agli urti del maggior numero, gli fu forza ritirarsene
con perdita non lieve, lasciatovi tra i morti un Giovanaccio
Protospata, e tra i prigioni un Romoaldo.

Non è a dire quanto vampo menasse della vittoria il catapano, e come magnificassela a Costantinopoli, nell'inviarvi carico di ceppi Romoaldo. Nell'ebrezza dell'aver vinto, incal-
zando Melo, ristette sulle rovine dell'antica Ecana; e disse di
voler in luogo ch'è come il cuore dell'inferiore Italia, edificare una forte città, e Troia chiamarla, quasi augurio di restaurato impero. Così come una volta venne a'Romani il desiderio di trasportar Roma ad Ilio, ora voleva il Bugiano quasi
trasportare Ilio a Roma. Uso a metter subito in atto i suoi
pensieri, lo stesso anno 1018 con grande sollecitudine e cura
vi dette cominciamento; e con privilegio imperiale ne segnò
di poi i confini, niente risparmiando, ch'ella nascesse nobile
figliuola di Costantinopoli, adorna di basiliche, portici, ed
ogni altra magnificenza, quale l'antica maestà del nome portava [2]. E perchè di nobili famiglie venisse eziandio a popolarsi,
concedette possessioni e prerogative a quanti mai de' Longobardi si sottraessero alla sovranità dell'imperatore Arrigo: di
che fan fede le parole del privilegio dato ai conti d'Ariano,
sottrattisi alla podestà di Benevento, e rendutisi ligii ai Gre-

[1] L'Annalista salernit., e gli altri nostri.
[2] Leggenda di Guaiferio cassinese, intorno all'invenzione del corpo di S. Secondino, vescovo di Troia.

ci [1]. Nè contento a ciò, ed alle altre terre o fondate, o restaurate in quella regione [2]; desiderò lasciarvi eterna memoria del suo nome, e quasi egli il catapano per eccellenza fosse, la chiamò Catapania, che mutata di poi alquanto la voce, Capitanata è stata detta.

Ma tuttochè il Bugiano dalla cupidità di fama fosse tratto a tali opere, non lasciava il pensiero della guerra, ch'era di spegnere affatto l'incendio della rivolta; e l'uscir dell'anno 1019 vide l'estrema ruina di Melo. Restaurate le forze, con animo risoluto s'accostava egli nell'ottobre ai Greci presso Canne, luogo sempre funesto all'un de'due nemici eserciti, che vi si fossero scontrati. Il catapano, che di troppe forze soprabbondava e d'avvedimento, trasse partito dall'impeto e dal minor numero degli avversari; e Melo dando incautamente nelle preparate insidie, fu posto in mezzo. Pure nè si scorò egli, nè i Normanni, che combatterono come tigri, vallandosi intorno di greci cadaveri senza numero; ma non furono secondati dai Longobardi, primi a sgombrare. Di dugento cinquanta Normanni soli dieci n'erano rimasi; i quali alla fine disperatamente s'apersero con l'armi la via per mezzo ai nemici, e mesti col nostro duca, ferito nella testa ed in un braccio, scamparono [3]. A Salerno si ridussero quei pochi valorosi, a Capua Melo in casa del principe Pandolfo: dove ristette trenta giorni per guarire delle ferite, ma non guarì dell'odio pertinace contro i Greci. Vedeva egli spariti con la stessa rapidità, onde fatti gli avea, tutt'i conquisti; vedeva impauriti i Longo-

[1] Il diploma è pubblicato dall'Ughelli.
[2] Guglielmo Pugliese notò Draconaria, Civitade, e Firenzuola.
[3] Guglielmo Pugliese, e Leone Ostiense.

bardi, e più inchinevoli a sommettersi alla greca signoria, che
resistere: il perchè non sapendo più dove volgere sue speranze, raccomandati i pochi superstiti Normanni a Guaimairo di
Salerno, ed al suo ospite Pandolfo, si mosse alla volta di Germania, fermo o di trarre seco in Italia l'imperatore Arrigo
contro a'Greci, od ottenerne almeno poderoso soccorso di
milizie; e quando ogni tentativo manco gli venisse, morir lontano dalla terra natia. Nè s'ingannava intorno alla disposizion
d'animo de'Longobardi: chè, partito lui, Pandolfo credè suo
meglio allontanar da sè la sovrastante tempesta, e spedì un
suo nipote a Costantinopoli per recare all'Imperatore le chiavi
d'oro in segno di vassallaggio. È cosa verisimile, che i principi di casa Benevento, strettissimi congiunti a que'di Capua,
ne imitassero ancora l'esempio. I quali avanzamenti de' Greci
grandemente turbavano il Papa; perciocchè messi che avessero
il piede nel principato capuano; già se li vedeva alle porte di
Roma, nè senza sospetto di più ambiziosi disegni. Alla volta
di Germania dunque mosse anch'egli per aggiungere stimoli
ad Arrigo: nè questi veramente se ne mostrava restìo, considerando come il rimanersene sarebbe stato non pur segno di
viltà, ma pericolo di perdere ogni autorità in Italia. Ma in
quella che Melo con la sua naturale ardenza di favella presso
l'Imperatore adoperavasi, e non dubbie promesse aveva ottenuto; il disagio del lungo cammino, l'amarezza della sventura
e dell'ingratitudine, il pericolo e il danno de'suoi vinsero la
forza dell'animo e del corpo; e morì in Bamberga di fiera paralisia l'anno 1020. Pianse Arrigo la perdita d'un tanto uomo; ne volle con regia pompa seppellito il cadavere nel maggior monistero di quella città, dove egli medesimo con tutti
i suoi nobili cavalieri accompagnò il feretro; e sul marmo della

tomba fe' scolpire la mala ventura dell'egregio amico, ed il proprio dolore [1].

Grande l'affanno e lo scoramento de'suoi congiunti ed amici posti alla balìa della greca vendetta; grandissima la gioia del catapano, a cui solo mancava il non poter fare strazio del corpo odiato; ma ben non gli fuggirebbe Datto. Costui dopo la sconfitta cannense erasi riparato con la sua donna ed i figliuoli in Montecassino presso l'abate Atenolfo: il quale a'prieghi di lui gli ottenne, che il Papa lo ponesse con alquanti Normanni alla custodia della torre del Garigliano; poichè alla Santa Sede questa appartenendo, e sotto la fedeltà dell'Imperatore essendo, come in sicuro asilo poteva egli tenersi. Ma il catapano per venire a capo del suo desiderio, e meritare dalla Corte bizantina il titolo di ristauratore della signoria d'Italia; con lo splendore del potentissimo oro abbagliò gli occhi dell'ingordo Pandolfo principe di Capua, che gli permise il passaggio per le sue terre e con lo stesso mezzo (se dicon vero gli storici) trasse dalla sua parte l'abate, affinchè la bisogna non guastasse. Onde segretamente condotta la vile pratica, l'infelice Datto si vede alla sprovvista circondato dal Bugiano con tanta soldatesca, e tanti apparecchi, come se fossero venuti all'oppugnazione d'una forte città. Pure egregiamente ristette egli a tanta forza per due giorni interi; ma veggendo l'inutilità della resistenza, e non volendo crescere per cagion sua la sciagura de'suoi, cedette alla sorte e s'arrese. Gonfi della nobi-

---

[1] At Melus regredi praeventus morte nequivit.
　　Henricus sepelit rex hunc, ut regius est mos;
　　Funeris exequias comitatus ad usque sepulcrum,
　　Carmine regali tumulum decoravit humati.
　　　　　　　　　　　　Guglielmo Pugliese, lib. 1.

lissima vittoria se ne ritornavano i Greci, menandoselo seco a
trionfo; ed il giorno 15 di giugno del 1021 vedevasi egli entrare in Bari curvo sotto il peso delle catene, ed a bisdosso
d'un asino. Poscia alla maniera de'parricidi, cucito in un sacco, ed affondato nel mare [1]. La dilicata religion dell'abate
non patì, che la medesima sorte corressero i pochi compagni
di Datto, che furono lasciati liberi dal catapano, rimeritan-
dogli poscia il buon servigio col dono d'immensi beni confi-
scati al nobile Maraldo di Trani, fautore anch'egli della rivolta. Questo fine infelice ebbe l'impresa di Melo; il quale se
più seconda avesse avuta la fortuna, o con più accorti provvedimenti e maturezza tentatala, avrebbe forse potuto gittar
le prime fondamenta di quel reame, che poco dappoi i suoi
ausiliari Normanni presero animo di fondare.

La presa della torre del Garigliano, e la spietata morte di
Datto fece aprir gli occhi all'augusto Arrigo: il quale veggendo i Greci possenti per la conquista di tutta Bulgaria, co'Saraceni confederati, dominanti in Napoli ed in Capua, padroni
di tutta Puglia, e parte del principato di Salerno; temè non lo
spodestassero davvero di tutta Italia. E però vi scese egli il
seguente anno; e col maggior nodo dell'esercito s'avviò per

---

[1] Leone Ostiense, l'Annalista Salernitano, e tutti i nostri cronisti pongono nel giorno 15 di luglio l'entrata di Datto in Bari; ma è
da seguire piuttosto il Muratori, che notò il giugno, perchè in questo mese l'abate Atenolfo nella persona del suo delegato monaco Andrea fu posto in possesso della ricca eredità di Maraldo tranese, il
cui diploma è pubblicato da Monsignor Forges Davanzati nella sua
Dissertazione sulla seconda moglie del re Manfredi. — Nap. 1791—
appendice ai monumenti, num. 1.

le Marche, avendo spedito innanzi Poppone patriarca d'Aquileia con quindeci mila combattenti su per la regione de' Marsi, e Piligrino arcivescovo di Colonia con altri venti mila per la via di Roma. Costoro aveano incarico di farsi su Capua e Montecassino, e prendere i due sleali fratelli, il principe e l'abate, strumenti della morte di Datto [1]. Le punture della coscienza e della paura fecero avvertito del certo pericolo l'abate, che si dette a provvedervi. Indarno gli promettevano sicurtà e difesa in mezzo a loro il conte di Borello e quel de' Marsi; chè altro luogo non vedendo più sicuro di Costantinopoli, fuggì ad Otranto con alcuni suoi per imbarcarsi. Ma se campava dall'umano castigo, poteva egli fuggire alla mano di Dio, che il percosse nel mare; dove morì con tutti i suoi di burrasca, e giacque nella tomba medesima col corpo del tradito barese? *Cadde nella fossa, che egli medesimo si scavò*, esclamava Arrigo, quando gliene riferirono la morte. Così Atenolfo perdette in un punto la lode acquistatasi di costume temperatore, e ristauratore di Chiese. Ma il Piligrino, risaputa che ebbe la fuga dell'abate, perchè non gli scappasse di mano anche il fratello, a gran passi menò l'esercito sotto Capua, e tutta assediolla. Il principe, mal confidando nella fede de' suoi soggetti, che potevano metterlo in potere del nemico, stimò meglio darsi alla discrezione dell'arcivescovo, cui disse d'aver buone ragioni da purgarsi delle appostegli accuse. Condotto con buona guardia dall'imperatore Arrigo, il quale era già all'assedio della nuova Troia, vi fu giudicato da uno straordinario tribunale dei grandi della Corte, e sentenziato di pena capitale da tutti i voti de' giudicanti. Pur tutta volta o per dolcezza d'indole, o

[1] Leone Ostiense, lib. 2, capo 40.

per preghiere di Piligrino stesso, Arrigo gli donò la vita, e prigione in Germania mandollo.

Seguitava egli l'assedio di Troia; dove avvegnachè incompiute fossero ancora le fortificazioni, pure tante ne avea, così numeroso il presidio greco, e così disperatamente valorosi i cittadini, che gli convenne sostener molta fatica senza venire a capo del suo disegno. Strinse anche più forte l'assedio, e tennelo con grandi disagi quattro mesi; ma i Troiani e i Greci fecero maraviglie di prodezza e pazienza: e poichè era già scorso il maggio, s'affidavano nella state, sempre a genti boreali perniziosa, e ne' gagliardi soccorsi promessi dall'augusto Basilio, se pure non venisse egli medesimo. Ond' eglino si reggevano l'animo confortandosi tra loro, che di breve avrebbero veduto Arrigo a piè di Basilio; le quali voci facevano penetrar nel campo nemico, di che l'imperatore si rodea. Alle parole congiungeano i fatti; ed in una delle notturne sortite, appiccato il fuoco alle macchine, le mandarono tutte in fiamme. Altre ne fabbricarono gl'imperiali, e di crudo cuoio rivestirono, per tormentare più fieramente la città. In guisa, che ridotte strettissime le condizioni degli uni e degli altri; mutarono consiglio i Troiani, e confidando nella dolcezza e pietà d'Arrigo, fecero uscire un uomo di vita solitaria, con abito da monaco e croce levata, seguito da tutti i fanciulli della città, i quali mestamente chiedendo misericordia, giunsero così sino al padiglione dell'Imperatore, che commosso alle lagrime, ne li rimandò. Ritornati anche il dì seguente, obliò egli la fatta minaccia di volere appiccar tutti gli uomini, e adeguare al suolo la città; ma perdonatele, e presi gli statichi, si cessò da ogni offesa [1].

[1] Così racconta il Glabro citato dal di Meo. Ma i nostri cronisti

Di là mosse Arrigo difilato su Capua, ove lasciò a principe Pandolfo di Tiano , nipote a quello deposto e rilegato. Quindi ai tre miseri figliuoli del nostro Datto, ch'erano Stefano, Melo, e Pietro , non potendo loro ricuperare i beni, concesse con alcune terre di Tiano il titolo di conti '. Confidò i disegni, che aveva sui Greci al valore de' Normanni ; cui sopra tutto raccomandò di soccorso, quando il bisogno richiedesse, a que' tre nipoti del suo sfortunato amico, lasciati in custodia a venticinque di loro *. Pregò di protezione a que' valorosi stranieri i principi longobardi. E proposto da ultimo, con pari volontà del Pontefice , Teobaldo abate in luogo del morto in mare, si ridusse co' suoi in Germania : dove poco dopo egli e la consorte Cunegonda morirono senza prole, e per le loro virtù venerati in su gli altari.

La sfortunata impresa di Melo e Datto avrebbero dovuto persuadere i più avventati ; ma gli spiriti non quetavano ancora. Un Rayca ed un Saffiro Crito (creduti Saraceni dal Beatillo, Pugliesi ribelli dal Muratori, Baresi da noi; ed il Saffiro forse di quella stessa casa Crito, di cui uno lasciò la testa prima di Melo) lusingati per avventura dagli occulti rancori,

niente ci dicono di cotesti fanciulli piagnenti ; ed alcuni neppure della dedizione : che anzi mostra dalle lor parole , che l'imperatore per cavarsene il men vergognosamente, offrisse con buone condizioni la pace. A seguir la quale opinione ne conduce eziandio il tenore d'un privilegio conceduto alla città due anni dopo dai greci ministri, in cui si discorre di quella valorosa resistenza , e neppure un motto di resa vi si trova.

' Giannone, lib. IX, pag. 300.
* I quali furono Giselberto ; Gosmano, Stigando, Turstino, Balbo, Gualtiero, Ugone Falucca , e diciotto altri. Id.

ch'erano nella città, con alquante raccozzate forze, furono a Bari nel luglio del seguente anno 1023; ma tentatala vanamente un giorno senza che alcuno si movesse di dentro, se ne slargarono per la via di Taranto, e quivi ebbero Palagiano e Mottula, ove posero stanza, ed un castello vi fabbricarono [1]. Vera stoltezza erano cotesti vani conati, massime finchè imperiò in queste regioni il fiero Bugiano, ogni dì per uuovi meriti sopracaricato di lodi ed onori dalla Corte greca di lui contentissima. La quale venuta in più larghe speranze di signoria divisò di mettere in mare una forte armata, sorprendere e conquistar la Sicilia. Apparvero di fatto innanzi a Reggio le navi imperiali, comandate dal despoto Oreste Kytonito, dove corse il catapano con una buona schiera de' suoi, e de' Baresi, non voluti lasciare in città fuori di sua presenza: ma presa e guastata Reggio, altri interessi richiamarono quell' armata a Costantinopoli; poichè spento Basilio, l'uno degl' imperatori fratelli, rimaneva solo Costantino sul trono.

In questo mezzo lo sleale Pandolfo di Capua, dopo la morte d' Arrigo, alle istanze del principe salernitano, fu liberato. Il Catapano tanto a lui amico volle tosto rifarlo de' danni dell' esilio per cagion sua patiti, e fu primo ad assediar Capua, a fin di riporlo negli antichi Stati; nè temeva, che i principi longobardi gli attraversassero l'impresa, poichè da un pezzo avean essi obliate la raccomandazioni dell'Imperatore, e provveduto a'fatti loro. Durò un anno l'assedio, dove apparve la virtù del conte di Tiano, e de'cinque suoi figli: i quali finalmente, mancata ogni speranza, fuggirono a Napoli di notte,

[1] Così interpreta il Di Meo le oscurissime parole dell' Ignoto barese, e di Lupo Protospata.

e così ravvolsero nella loro sventura il duca Sergio, che gli ospitò. Perciocchè non contento Pandolfo della ricuperata Capua, si diede a perseguitar l'ospite de' suoi nemici; e fuggiti costoro per mare, miseramente ne saccheggiò la città.

Di tal forma seguitava a reggere Bugiano, ogni dì più raggravando i soggetti; quando avvenuta la morte dell' arcivescovo Giovanni, il popolo procacciò di avere uno schermo almeno nel sacro pastore; chè la Chiesa rimaneva allora agl'Italiani unica difesa nazionale; e si elesse un Bisanzio, uomo chiarissimo non pur di dottrina, ricchezza e liberalità, ma di pietà vera e patria carità, ed in comunanza di sangue con quel Rayca, che vedemmo poc' anzi venire a tentar Bari, se pure non gli era fratello[1]. La Santità di Giovanni XX con lieto animo n' accolse l' elezione, ed incontanente inviò amplissima bolla a confermargli l' uso del pallio, e la primazia sui dodici vescovi suffraganei, e sui monisteri sì greci come latini[2]. Questi rispose alle concette speranze, e con apostolico petto diedesi a rifrenar la licenza. E forse opera sua fu, che non guari dopo un Eustachio, imperial messo venuto di Costantinopoli, impose al catapano di partirsene, conferendo temporaneamente il governo di Puglia al baiulo Cristofaro, e a due figliuoli di lui Basilio e Mandatora. Così dopo dodici anni sgombrava alla fine il Bugiano e con seco l' Oreste[3] nel 1028.

[1] Così opina il Di Meo, anno 1025.

[2] Vedi la Bolla ne' documenti, num. II. È stata essa pubblicata dal Garruba, pag. 103; e quivi son dette le ragioni, perchè porta solo il titolo di arcivescovo di Canosa, e non anche di Bari, e perchè le prerogative concessegli dai patriarchi di Costantinopoli sieno confermate dal romano Pontefice.

[3] Il Lombardi, Vite degli Arcivescovi, il fa partire nel 1029, e

Allora l'arcivescovo Bisanzio si accinse a grandi opere di
pietà; e veggendo, come il Duomo mal rispondesse alla magnificenza e grandezza della città, prese sdegno che la casa di
Dio in tanta umiltà giacesse. E però senza risparmi nè di fatiche nè d'oro chiamò da varie parti architetti e fabbri, che
più grido avessero di perizia; fe' trasportare dall'isola di Paro
venti colonne grandi, ed oltre a dugento più piccole; e con
maravigliosa rapidità sopra l'antico crittoportico si vedeva
sorgere il nuovo edifizio di dorica architettura; sì che confi-
davasi fra non molti anni aversi a vedere un monumento degno di tanto fondatore.

In questo mezzo l'amore del luogo natio trasse alcuni congiunti di Melo a ritornar nelle domestiche dolcezze, sperando
più miti i dominatori della lor patria: ma l'un d'essi nomato
Argiro il vecchio (forse fratello a Melo, e zio all'altro Argiro,
di cui parleremo tra breve) preso e menato a Costantinopoli,
quivi trascinò gli ultimi sei anni di sua vita. La rinnovata memoria delle patite sciagure, e la poca riputazione del baiulo,
e più per avventura il parentado coll'Arcivescovo, ch'era il
cuor de' cittadini, rinfuocarono gli spiriti a Rayca. Il quale in
Mottula, dove stanziava col suo Saffiro Crito, s'arrogò il titolo
di duca di Bari; e raccolte quante più genti potesse, si fece su
questi luoghi. Il baiulo gli uscì incontro; e scontratisi vicino
di Bitonto, in brev'ora ne fu rotto e fugato. Rayca occupò
Bitonto, e quindi con animo più baldo, s'impadronì di Trani,
Castromonte (Castello del monte), e Ruvo. Ma Trani pentita
elesse meglio di ritornare alla podestà greca; e mentre vi rien-

succedergli Potone trace, senz'avvedersi dell'autorità di Lupo, e
dell'Ignoto.

trava il baiulo, Rayca occupava Bari , ed era a Duca riconosciuto [1]. Un tale avvenimento affrettò la venuta del catapano Potone, giunto nel luglio di quell'anno 1029: ed allora la città vide nelle sue mura combattuta la più fiera battaglia. Dopo molto sangue versato , Rayca ne campò ; e i cittadini rimasero sotto il flagello del catapano. Alle quali tragedie non mancarono pure scandali, ed altri tumulti, e supplizi: perciocchè gli Ebrei, de'quali vi avea buon dato nella città, avendo osato spezzar pubblicamente nel venerdì santo la croce di nostro Signore , ne furono ben rimeritati, e due degl'iniqui autori bruciati vivi.

Riferiva intanto Potone alla Corte, come « l'arcivescovo « Bisanzio fosse prima radice d'ogni rivoltura ; egli i cittadini « contro l'imperial signoria rivoltasse ; egli apertamente ad « ogni comando di greco maestrato ostacoli opponesse; da lui « solo il partito di Rayca suo congiunto prendesse ogni dì forza; lui allontanato, queterebbe ogni cosa ». Certo era, che di giustizia e pietà armato quel santo petto, ora amorevoli ammonizioni adoperando , or la minacciosa parola di Dio, difendeva l'oppresso suo gregge. Ond'ebbé grido di tenerissimo padre degli orfani, custode di tutta la città , ed egregio propugnatore di essa incontro ai Greci [2]. Chiamato adunque in Costantinopoli a render ragione di sue opere , vi si condusse con animo franco, affidato nella purezza delle sue intenzioni, e lasciando sepolti nel dolore i carissimi suoi concittadini.

Ma se la fortuna fu seconda al catapano Potone, nell'aver potuto cacciar fuori della città Rayca; non gli fu poi così amica

---

[1] L'Annalista salernitano , Lupo, e l'Ignoto barese.
[2] Cronaca del Duca d'Andria , anno 1035.

nella prova contro i Saraceni, venuti anch'eglino a colmar la misura de'mali, scorrendo pe'luoghi vicini di Cassano, Grumento, e Planula. Perciocchè presolo dopo molta uccisione de'suoi, l'impiccarono per la gola. A vendicare questa ignominiosa morte, ed a scancellare la vergogna (come dicevasi) del mantenersi in piè Rayca con titolo di duca barese, mandovvi l'imperatore un Michel Protospata, e con esso lui un Iciacone, di Natolia forse (come accennano le oscure parole di Lupo), ed ambi fregiati di molta dignità. Ma nè costoro pure mostratisi da ciò, il primo dì di maggio del 1032 furono surrogati da un altro catapano di casa Protospata anch'egli, e di nome Costantino, detto comunemente Opo. Questi menò seco una grossa armata, ed un'alterezza grande; la quale veniva in lui dalla spaventevole sconfitta data ai Saraceni sul mar d'Africa, ove cinquecento d'essi furono presi vivi, ed altrettanti affogati o spenti di ferro col loro capo Motget. È da credere non esser fallita la postagli fidanza; perciocchè del nome di Rayca non si trova più memoria nelle cronache: e vi contribuì per avventura il mancato sostegno di Bisanzio. Giorno di lutto universale fu a'Baresi il dì dell'Epifania del 1035, in che quel santo prelato uscì delle miserie della vita a Costantinopoli fra i disagi dell'esilio con cristiana fortezza sostenuti. Tutti piansero la publica sciagura; e fu quel pianto il più sincero elogio della sua virtù. Che s'egli è vero, come ne afferma il Cerri, d'esservi stata una tomba di lui nel crittoportico del Duomo; o era dessa un cenotafio, ovvero l'amor de'suoi concittadini ne cercò il cenere ne'luoghi dell'esilio, ed a conforto del dolore trasportollo in patria.

CAPO VI.

DALL'ANNO 1036 AL 1054.

SOMMARIO

Si grida ad arcivescovo un Romoaldo ; viene il catapano Michele detto Sfrondilo
(1038) con Maniace, i quali portano guerra in Sicilia ; vi si associano con larghe
promesse Longobardi e Normanni, che frodati nella mercede e malmenati se
ne tornano , e dànnosi a saccheggiar Calabria ; Effrem arcivescovo compie l'e-
difizio del Duomo ; descrizione di esso ; ritorna dalle prigioni di Costantinopoli
Argiro figlio di Melo , ed unitosi ai Normanni guerreggia i Greci ; è morto il catapano Niceforo Dulchiano ad Ascoli (11 di gennaio 1040) ; è morto Michel
Chiro presso Mottula (5 di maggio), ed entra Argiro in Bari (25 detto) ; nella
costui assenza la città è ritolta dal nuovo catapano Michele Dulchiano, che vi
sparge terrore ; fiera battaglia presso Venosa (17 di marzo 1041) perduta dai
Greci ; perduta una seconda (4 di maggio) tra Cerignola , Canosa, e l'Ofanto ;
viene il nuovo catapano Exaugusto Bugiano con grandi forze, e si combatte la
battaglia (de' 3 di settembre) a Montepeloso , dove , fatta gran strage de'Greci,
egli è prigione, e dato al principe Atenolfo , il quale per oro il lascia in libertà ;
sdegnati i Normanni eleggono Argiro a principe di Bari , e duca di Puglia ; è rimandato in Italia Maniace, che commette orrori, massime in Matera e Monopoli ; Argiro si azzuffa con esso lui a Cisternino , e senza pro ; quindi occupa Giovinazzo, ed assedia Trani ; cede alle lusinghe della Corte greca , ed
i Normanni sdegnati l'abbandonano ; Maniace si fa gridare imperatore, e mette
a morte i due messi imperiali, che gl'intimano di ritornare a Costantinopoli ; i Normanni pensano per sè, e dividonsi fra loro i conquisti ; Teodoro
Cano viene con un'armata a congiungersi con Argiro contro Maniace (1043) ;
costui fugge ; Argiro va in Costantinopoli per fermare il piano di guerra contro i Normanni conquistatori in Calabria ; viene il catapano Rafayl ; e nella
città si ridestano le congiure, alla cui testa un Adralisto ; Argiro ritorna (1051),
entra con le sue pratiche in Bari, vince i rivoltosi, e manda a Costantinopoli la famiglia di Adralisto ; prova avversa la fortuna sotto Viesti, e tutti i suoi
nemici congiurano a perderlo.

La fine lacrimevole dell'arcivescovo Bisanzio non distolse il suo successore Romoaldo dall'imitarne la costanza e la virtù. Fu questi, che concordemente i cittadini gridarono a lor pastore, ed era di casa Protospata, non già crediam noi (come pensano alcuni) di quella stessa del catapano. Pari aveva lo zelo per la dottrina di Gesù Cristo, pari la carità, pari la costanza nell'opporre il petto alla greca licenza; onde pari ebbe con esso lui la condizione del vivere e del morire. Se non che gli concesse Dio di uscir più presto dal corrotto mondo (se pure la nefanda opera degli uomini non ne lo affrettò); perciocchè chiamato incontanente a Costantinopoli con un suo fratello, il conte Pietro, come sostenitore acerrimo de' cittadini dopo pochi mesi moriva in aspri luoghi esiliato. Se Opo dunque non la perdonava agli unti del Signore, qual sorta di governo non doveva fare degli altri? Tutti erano in sospetto, sulle fronti si cercava leggere i segreti del pensiero, nè bastava torre libertà o vita, e spogliarli degli averi, ma fin la memoria se ne voleva spegnere, e le case si bruciavano. Così avvenne sopra gli altri ad un Giovanni Icanato, così ad un costui cognato Iperisto: onde volontariamente molti cittadini spatriavano; ed in Siria, dove i negozi del commercio sovente li menava, si rimanevano.

Nè col mutar di persona mutava il tenor di governo, il quale era una gara a chi più potesse nuove oppressioni immaginare. Nel 1038 al Protospata successe il patrizio e duca general d'eserciti Michele lo Sfrondilo in compagnia di Giorgio Maniace, uomo di sperimentato coraggio a que' tempi, e pari al gran coraggio l'ambizione e la crudeltà. La venuta di nuovi governanti era sempre segno di nuove vittime, che si dicevano sostenitori di congiure, e 'l cui sangue doveva loro procacciar grazia presso la Corte greca. Nello stesso palazzo del governo furono straziati e spenti un tal Capozzati col suo figliuolo, e Giuda Proto; e per non aver potuto ghermir Maraldo, Adralisto, e Leone, uomini di molte ricchezze e traffichi in Oriente, se ne dettero alle fiamme le case, e si spianarono.

Sovraggiunse di poi Niceforo, detto anche Dulchiano; perciocchè a que' due catapani, Sfrondilo e Maniace, erasi fidata dall'imperatore Michele Paflagone un'altra impresa [1]. Il quale da Apollafar toparca di Sicilia e da altri di quegl'isolani pregato a portarvi guerra a' Saraceni, il cui tiranno Umar avea ucciso fraudolentemente Abucab, ed occupata Palermo; afferrò l'opportunità di riconquistar l'isola; parendogli d'onestare l'usurpato imperio, e l'uccisione di Romano imperatore con mostrarsi uom forte e degno del trono occupato. A Bari dunque, oltre le forze venute di Costantinopoli, se ne ragunarono quante mai si potesse dagli Stati italiani; ed ai Normanni ancora, già per le imprese operate sotto il nostro Melo venuti in voce di valorosi, si cercò aiuto, richiedendoli al principe Guaimairo, che di tutta buona voglia assentì, e mandovvi Guglielmo, figliuol di Tancredi d'Altavilla, coi fratelli Drogone ed Umfredo, ed altri trecento o più de' loro. La costoro potenza tanto a lui vicina cominciava già a dargli noia; e però aggiunse ancora per sè medesimo promesse molto maggiori di quelle fatte

[1] Il Muratori par che confonda Michele Sfrondilo con Niceforo Dulchiano, e di due ne faccia una persona sola: ma i nostri cronisti distinguonli, e notano venuto il primo nel 1038 con Maniace, e nel febbraio del 39 il secondo. Fuvvi veramente ancora un Michele Dulchiano; ma era figliuolo a Niceforo, e chiamavanlo Dulchiano il giovane.

dall'Imperatore, ed un'altra mano di Longobardi guidati da Ardoino [1].

A capo di tutte queste forze terrestri entrò Maniace in Sicilia, menando seco lo Sfrondilo; il comando dell'armata e di tutte le marittime fazioni era dato al patrizio Stefano, cognato dell'Imperatore. Fu presa primamente Messina ad onta di tutti gli stratagemmi da Umar adoperati: e venuti alla fine a campale battaglia, i Saraceni, ch'erano intorno a cinquanta mila, superati dai nemici e dalla contraria fortuna, che con un gagliardo vento soffiava loro nel viso, furono così rotti e sgozzati, che del sangue rosseggiarono l'onde del fiume Remata. Umar campò fuggendosene in Africa; e Maniace più con la ferocia e'l terrore che con l'armi ebbe dappoi tredici altre città che la miglior parte dell'isola gli misero in mano [2]. Ma non piccol peso di questa guerra aveano portato i Normanni; Guglielmo sopratutti fece sì maravigliose prove di gagliardia, che il nome di *braccio di ferro* si procacciò dal dì, che sotto Siracusa, con un colpo di lancia passato fuor fuora, rovesciò di sella Arcadio emiro saraceno; il che parea impossibile. Pure dopo tante fatiche, quando si fu al chieder parte del bottino sul campo, e del comando sulle città conquistate, fatti loro sperare con sì larghe promesse, n'ebbero dal Maniace ingiurie in quella vece. Se vogliam credere a' cronisti [3], sì i Longobardi e sì i Normanni richiamaronsi del frodato diritto ad Ardoino;

---

[1] Il Curopalata e il Cedreno dicono, che quest'Ardoino era il capitano della squadra normanna; l'Ostiense il fa lombardo e della famiglia dell'Arcivescovo di Milano: intorno a che vedi Giannone, libro IX, capo 2.

[2] L'Annalista Salernitano, e'l Di Meo.

[3] Cedreno, e Leone Ostiense.

che intendente com' era dell' idioma greco, andò a far sue doglianze; alle quali quel superbo e sleale tenendosi offeso, fattegli cavar le vesti, il regalò per giunta di buoni colpi di frusta. Si narra ancora di peli strappati di sua mano alla barba
di Normanni andati a dolersene con esso lui, e d'altre simiglianti ingiurie, ch' è meglio tacere [1]. Non erano uomini costoro, da passarsi così pacatamente di cotanta ignominia, e
n' avrebbero di presente presa vendetta con l'armi; se Ardoino
diffignendo questa, e l'altra ingiuria d'essergli stato tolto per
forza un bellissimo cavallo arabo di nemico da sè scavalcato,
non li avesse rifrenati, con esortarli ad aspettare tempo più
acconcio a più meditata vendetta. Con apparenza d'amistà ottennero sotto vari pretesti di passare in Calabria, dove posto
ch'ebbero il piede, si dettero a tutta devastarla e saccheggiare: e ciò non erano, che preludi. Se ne rodeva dentro fieramente l'ambizioso Maniace; e l'ira dettandogli più audaci consigli, ne affrettò la ruina. I conquisti si andavano dileguando
con la stessa rapidità, onde fatti gli aveva; i capi de'Saraceni
lasciati campare a tutto lor bell'agio per la trascuratezza del
patrizio Stefano, comandante l'armata, si rimettevano in piedi;
egli furioso straziava capitani e soldati; al patrizio non risparmiò aspri rabbuffi, codardo ingiuriandolo, e uom da gonna, e
traditore; e dimentico in fine dell'imperial parentado eziandio
d'alcuni scappellotti il regalò. Il fanciullesco castigo seppe troppo amaro al patrizio, che tosto scrittone al governatore dello
spedale degli orfani, suo congiunto, fece intendere all'Imperatore, che Maniace macchinava contro l'imperio. Altro non vi
volle. Egli e gli altri maggiori ufiziali, ch'erano seco a Sici-

_____
[1] L'Anonimo vaticano della Storia sicula.

lia, Basilio e Teodoro Cano, menati come felloni a Costantinopoli, ed imprigionati; il governo di Sicilia dato allo stesso Stefano, cui si spedì a compagno l'eunuco Basilio Pediadite. Ma
costoro avari e sciocchi, innalzati per solo imperial favore,
dettero il contento a Maniace di sentir tutta l'isola ritornata
in podestà de'Saraceni, ed essi vilmente fuggiti in Puglia. Messina sola si sostenne per la grande virtù del governatore Cata-
calo Ambusto, protospatario, e comandante della legione Ar-
mena [1].

Queste cose avvenivano negli anni 1039 e 40. Ma noi lasciando ora dall'un de'lati la mala politica e la pessima indole
de'Greci, la cui signoria non andrà guari e sparirà affatto da
questi luoghi; diremo d'un egregio nostro concittadino, che
nobile di sangue, e più di cuore, credettero i nostri maggiori
degno del pallio arcivescovile. Fu questi Niccolò Effrem, uomo
maturo e prudente, uso alle tempeste della vita civile per aver
condotta moglie in sua giovinezza, dalla quale al tempo del-
l'elezione rimanevagli un figliuolo dello stesso suo nome. L'o-
pere non menomarono, ma crebbero la fidanza posta in lui; le
quali però procacciarongli tosto e sospetti ed accuse, che l'ob-
bligarono ad andare in Costantinopoli per discolpa. Forse alla
ragion politica s'aggiungeva pure il mal volere de'patriarchi,
alla cui giurisdizione s'erano gli arcivescovi sottratti: ma che
che ne sia, egli ne ritornò salvo nel settembre del 1042. Allora con atteso animo si volse a fornire il magnifico edifizio
del Duomo, per la morte de'suoi predecessori rimaso incom-
piuto. Non risparmiò cure, non esortazioni ad eccitare la pia
liberalità de'cittadini, non il suo oro, esempio sopra tutte esor-

[1] Di Meo e Muratori, anno 1039 e 40.

tazioni potentissimo; e con gran contento polè vederlo fornito, e nel dì festivo dei Santi apostoli Simone e Giuda farne la dedicazione [1]. Solo il maggiore altare non era compiuto, allorchè dopo ventisette anni di presulato egli n'andava al bacio del Signore; ma sentendosi presso a morte volle lasciare l'ultimo segno di carità alla patria, e di pietà verso Dio. Perciocchè ai nipoti eredi delle sue ricchezze impose il carico di compierlo in modo degno di nostra Donna, alla cui Assunzione era sacrato; e costoro riverenti alla volontà dello zio, non furono men larghi di lui.

Deformato affatto, più ora non si ravvisa quale fosse stato quel tempio; ma perchè almeno una qualche idea se ne possa formare, aggiungiamo qui pochi cenni. Ha l'edifizio la forma dell'antica basilica romana, che è la quadrilatera internamente disposta a croce greca sormontata da gigantesca cupola, quasi simbolo della volta de'cieli e trono di Dio, la quale cuoprendo il luogo santo del ciborio, o ἱερατεῖον, come si diceva, rende sottoposte a sè tutte l'altre parti del tempio. Niccolò, abbandonata la severità dell'ordine dorico, per ammettervi degli ornati di gusto arabo, gli dette quel carattere di architettura, che a ragione appellano *italo-bizantina*. Tale ce la mostra la superior parte del frontone, che, tutto adorno di strane figure, rimane ancora illeso; tale la gran finestra inarcata,

---

[1] Tutti gli scrittori delle cose nostre indicano questo giorno, ma senza indicar l'anno. Così pure fe' il Cerri: *Opere cujus perducto ad summa tecta, atque cooperta eadem Metropolitana Ecclesia, quam ipsemet in festivitate Sanctorum Simonis et Iudae consecravit.* Ciò dovette essere poco prima della sua morte, avvenuta nel 1061, come registrò l'Ignoto barese (*Ann. Mill. LXI. Ind. XIIII mortuus est Nicolaus Archiep.*); poichè egli non vide compiuto il maggiore altare.

ammirevole per finimento di sculture in fogliame, figure umane, ed animali, la quale s'apre nella parte postica; alle cui
ale ergevansi con le ardite cime sino a trecento palmi due torri, o campanili che vogliansi dire, dei quali rimane ora uno
solo per le successive costruzioni cangiato di quel, ch'era;
tale finalmente l'esterno della gran cupola poliedra. L'interna
lunghezza è di circa cento novanta palmi, che s'allarga per
ottantotto, ed innalzasi sino a novanta: divisa in tre navi da
sedici colonne sostegno ad archi di pieno sesto; le quali sono
di granito africano, ovvero di pentelico e tunesano, da barbaro gusto nel settecento (come diremo a suo luogo) martel-
late e coperte di stucco. Archi e colonne dividevano il presbitero dalla navata [1]; il quale con distendere le sue braccia
più che non è la larghezza di esse navate, dà al tempio figura
di croce greca. Sulla navata maggiore correva intorno una
loggia sostenuta da minori colonne [2]; dipinta la soffitta, che
ora è nascosta da simulata volta di stucco; a grandi lastre di
marmo il pavimento. Per due ampie scale marmoree si discende al crittoportico, lungo cento sedici palmi, largo quaranta
quattro elevato sino a sedici; il quale con trentasei volte disposte a tre ordini si appoggiava a ventisei colonne di pregiati
marmi, chiuse ora in pilastri di giallo antico con incastri d'altri marmi veronesi. Il maggiore altare della chiesa superiore
fu dappoi, come dicemmo, compiuto a cura de'nipoti dell'Arcivescovo, conducendone il lavoro lo scultore Alfano da Ter-

---

[1] Questi archi e colonne furono poi tolte e distrutte insieme con
l'Ambone marmoreo di fino lavoro alla guisa di quello che vedesi
ancora nel Duomo di Canosa.

[2] Se ne vedono ancora gli avanzi dall'interno de'tetti.

moli. Il quale su basamento di quattro scalini, che portavano scolpiti de' versi, com'era costume [1], innalzò la tribuna sorretta da quattro colonne, i cui capitelli con paziente studio e grande varietà lavorati mostrano la smodata vanità dello scultore. Perciocchè nel capitello della prima colonna a man diritta dell'entrar nel presbitero, intrecciò innumerevole varietà di rabeschi, fra cui ci avea di molti scerzanti puttini, ed una epigrafe, che diceva:

Summi sculptoris Alfani dextra perita
Angelicas species marmore fecit ita.

In quello a sinistra fra 'tanti rami d'ogni maniera di piante sottili, intorno a cui s'attorcigliavano viperini, potevi leggere:

Ascendit ramos istarum vipera quaeque,
Ut dignum clament Alfanum laudibus eque.

Il capitello opposto al primo, pomposo d'ogni sorta di fogliame, portava quest'altre lodi impudenti:

Alfanus civis me sculpsit Termolitanus,
Cujus, qua laudor, sit benedicta manus.

Nell'ultimo finalmente anche a larghe frondi scolpito, come

[1] *Qui Deus et homo, mortem dum vicit amaram,*
Blandus non timidus Crucis alme scandit ad aram.
Si cupis ergo Pater, eternam vincere mortem,
Post hunc conscendas, qui Coeli dat tibi sortem.

Questi versi erano stati scolpiti d'ordine dell'Arcivescovo.

se volesse provarsi in uno stesso genere d'ornati, si diceva:

Viribus Alfanus studuit, quod sculpere totis
Effrem legavit, complevit cura Nepotis.

Due ordini di piccole colonnette erano sostegno alla cupola piramidale della tribuna, tutta frastagliata ad ornamenti di bronzo, e nell'architrave del secondo ordine, che era tersissimo serpentino, vi scolpì questi altri due versi:

Obtulit hoc munus Effrem tibi, Virgo Maria,
Ut tibi placeret ex te caro facta Sophia.

Congiunto al tempio era il battistero, in cui s'entrava per una porta di rimpetto all'ambone; circolare nella forma esterna dodicagona nell'interna, di costruzione, come a noi pare, posteriore a quella del tempio, e di stile più severo. Aveva nel mezzo una piscina, e due grandi conche marmoree, l'una per immergervi, secondo l'antico rito del Battesimo, i maschi, per le femine l'altra. Altre minori opere, oltre

---

' Di tali colonne forse due fusti eran quelli di breccia greca, che ora si veggono poste all'ingresso del presbitero con urne contenenti reliquie di Martiri.

' L'afferma sulla testimonianza del dotissimo nostro Alessandro Calefati il Selvaggi, Antichità cristiane, tomo III, cap. 3°, pag. 38. Vercelli 1778. Al presente quel battistero ridotto a sala da armadii per uso de'canonici noi appelliamo *trulla* dei dodici Apostoli; perchè le costoro figure veggonsi non ignobilmente dipinte sui dodici lati interni in colore di bronzo: e la voce *trulla* viene sicura-

questa grandissima, ne lasciò pure quel nostro egregio concittadino, avvegnachè in tempi non quieti versasse il suo presulato. [1] Perciocchè quell'Ardoino, che già vedemmo coi Normanni e i Longobardi a devastar le Calabrie, agognava per
vendetta a spodestare i Greci d'ogni signoria in Italia. Entrati
in Puglia, fu agevole per gli animi mal disposti e gli sguer-
niti presidii raccorre più gente a mettere in atto il divisamento. Fra le loro fila mescolossi un ardito giovane, Argiro, figlio
dell'infelice Melo; il quale cresciuto a giovinezza col dolore
della paterna sventura, e col desiderio di vendicarla nelle pri-

mente (per autorità del citato scrittore) dal Τρουλλος costantinopolita-
no, ch'era un edifizio imperiale a volta sferoida, onde fu detto *trul-
lano* il Concilio adunatovi: e di provinciali Concilii ben undici se ne
raccolsero nella nostra trulla dal nono al dodicesimo secolo. Garruba, pag. 212.

L'autorità del Calefati vien confermata ancora da una bolla di
Gregorio IX del 1240, *in qua mandatur* (si dice nell'indice di quei
diplomi) *Archiepiscopo Baren in Baptismi administratione uti forma
Sanctae Romanae Ecclesiae*; il che prova che insino a quel tempo
si usava del rito greco nell'amministrazione del Battesimo.

Intorno al duomo dall'esterna parte si veggono leggibili parecchie epigrafi funerarie, che puoi leggere raccolte nella tavola B.

[1] Nell'anno 1036 edificò una chiesa a S. Nicolò e Basilio fuori le
mura, là ove dicevasi torre di Musarra e Prandulo, detta dappoi (se
ben ci apponiamo) di S. Nicolò de'Greci; il qual luogo risponde al
presente convento de'Riformati. La consacrò nel maggio, dotò, e
rese esente da giurisdizione, creandone primo abate un tal Pietro,
ch'era anche abate della Trinità di Bari. Dedicò eziandio un'altra
chiesetta a S. Giovanni e Paolo; di che non rimane vestigio.

gioni di Costantinopoli, aveva potuto per gli sconvolgimenti
della Corte spezzar le catene, ed in Puglia mostrarsi. Fresca
era per anco la memoria del padre e dello zio, la quale cresceva amore alle leggiadre sue fattezze, ed al fuoco che gli ba-
lenava negli occhi. Bastò solo mostrarsi e profferir suo nome
ai Normanni, che presi d'entusiasmo, con alte grida levatolo
fra le braccia, e sui loro scudi, giurarono sterminio al comune nemico. Melfi fu la prima città ad esser presa, ed un castello vi fabbricarono, che crescesse la fortezza del luogo ben
da natura munito, e la costituirono sede del loro dominio.
Di là si fecero sopra Ascoli; dove loro presentossi il catapano
Niceforo Dulchiano con le forze che aveva, ed attaccata la
battaglia, l'undecimo giorno del 1040, vi restò morto. Quindi
ebbero Venosa, Lavello, ed altri luoghi intorno. Queste prime prosperevoli imprese, sollevando a grandi speranze i petti
pugliesi, crebbero le file de'confederati; che in una seconda
battaglia tentata dai Greci a' 5 di maggio presso Mottula ne
trafissero il duce Michel Chiro, e molti ne lasciarono sul campo, campatone con la fuga Romano materese, e gli avanzi
delle milizie. Parve allora ad Argiro di non più indugiare, e
traendo pro dalla fiaccata superbia de'Greci, penetrar nel cuore
de'loro Stati. Alla volta di Bari traeva animoso in mezzo a tutti
i suoi. Indarno il barese Musandro, che senza coraggio studiavasi d'infonderne ad altrui, gli uscì contro a'25 dello stesso
mese; perciocchè al primo azzuffarsi sbaragliati i suoi, e ferito
egli stesso, fu menato ad Argiro; il quale seco traendoselo in
catene rientrava nelle patrie mura in ben altra guisa, onde
uscito n'era, ed a piene bocche ne fu gridato principe [1], nella

---

[1] Di Meo, che cita Gio. Ostunense ed altri. Senza particolari l'accenna Lupo, e segna il mese di marzo.

chiesa di S. Apollinare vicina alle mura della città, se vuol credersi al Beatillo.

Qui fermossi alquanto Argiro, e gli alleati si separarono per condurre altre imprese. Il che saputosi da quel Romano materese fugato a Mottula, raccozzò prestamente gli avanzi delle milizie, e si fece sopra Bari per assediarla o trarre il giovine ardente ad un fatto d'armi, e ritentar la fortuna; ma la malagevolezza il consigliò a slargarsene. Qualunque fosse lo stato della Corte imperiale a Costantinopoli, non poteva al certo sentir con animo indifferente questi fatti; e diè opera a spegnerne l'incendio, inviandovi con grosso esercito nel settembre il protospatario Michel Dulchiano iuniore. Costui a bell'arte non volle tentar la città, e si volse difilato contro Ascoli; il cui poco presidio cedette, ed il suo duce fu appiccato in sulle mura; e quindi altre terre andavano del pari cedendo. Argiro, al veder le forze greche ogni dì crescenti per nuovi aiuti da Costantinopoli, non si tenne più sicuro, e volle raggiungere i Normanni: i quali, a dare una maggior saldezza all'impresa, s'erano con Ardoino presentati in Aversa al conte Rainolfo, e fattolo risolvere alla conquista intera della Puglia: nè di molte parole era stato loro mestieri, mostrandogli l'effeminatezza e viltà greca, che aveva ceduto ai pochi condotti da Argiro, e perduta Bari. Però, aggiungevano, non doversi disgiungere dalla lor causa cotesto giovane, perchè l'italiana origine, il nome paterno, e la benevolenza portatagli per le sue virtù erano condizioni, che avrebbero fatto più agevolmente arrendere i Pugliesi. Così fu fermato: i conquisti si partirebbero egualmente fra i capi, eccetto Ardoino, che piglierebbe la metà di tutto; e subito si dettero attorno per gli apparecchi.

In questo mezzo il protospatario, raccogliendo il nerbo di sue forze, con rapida mossa assaltò Bari, ed entrovvi. Quattro de'principali cittadini menati a Bitonto ed appiccati per la gola, quattro altri abbacinati, che valessero a contener quella continua voglia di novità. De'quali fatti come pervenne notizia ai Normanni, pensarono ad anche più afforzarsi, traendo dalla lor parte il principe di Benevento, che somministrò genti armate con alla testa suo fratello Atenolfo. Pur tutta volta Dulchiano con la solita alterezza reputava un nulla cotesti apparecchi a petto delle sue sessantamila persone ben armate [1]; onde non gli aspettò egli, ma distaccata la miglior parte di sue genti, trasse ad incontrarli su quel di Venosa presso il fiume Olivento. Quivi se crediamo al Malaterra [2], fece per un araldo intimare a'collegati o di partirsi tutti salvi di presente, o venire a battaglia la dimane. Alle cui arroganti parole Tudextifen normanno per tutta risposta dette di un pugno così forte sulla fronte al cavallo del Greco, che stramazzò e con esso il cavaliere; e di poi uscito che fu di quello sbalordimento, fornitolo d'un altro buon cavallo, senza più il rimandarono. Checchè sia di questo racconto, egli è certo per altre testimonianze [3], che il dì 17 di marzo 1041 fu posto per la battaglia. Iva per le schiere Dulchiano esortando: non avessero timore della vantata virtù normanna, gente esser quella più ardita e temeraria, che veramente valorosa; il miglior modo di vincerli essere mostrar saldo il petto; si ricordassero della sconfitta di Melo; questo il tempo di manifestare, che

[1] Bouffiers, storia dell'origine del reame di Napoli e Sicilia, lib. 1.
[2] Lib. 1. cap. 9.
[3] Lupo Protospata, e Guglielmo Pugliese.

del tutto spento non era il greco valore. Ordinava, che dell'oste nemica metà uccidessero, gli altri voler mandare carichi di catene a Costantinopoli. L'evento il fece più modesto. Pochi gli avversari, ma forti e risoluti uomini; i più da soli scudi riparati, la minor parte vestendo lorica; in tutto cinquecento fanti e settecento cavalli. I fanti si allogarono ai due lati, in mezzo a forma di cuneo i cavalli, e tra essi buona mano pure di fanti; la cavalleria non retrocedesse mai, perchè, se i fanti indietreggiassero, potesse quella riceverli. In tre schiere secondo loro usanza era distribuito il campo de'Greci. La prima, mista pure di Russi ed Obsequiani, s'avanzò; ma fu ricevuta dalla cavalleria nemica, e con tanto impeto respinta sull'altre, che in breve tutta andò in disordine. Allora la battaglia divenne generale, e scompigliati com'erano i Greci, in poco d'ora furono sconfitti: inseguiti i fuggitivi dai vincitori, che non risparmiavano a veruno, si gittavano per salvarsi nel fiume, e vi trovavano morte peggio che di ferro. Furono senza numero i morti, che coprirono de'lor corpi il campo, ricco il bottino. Esterrefatto il catapano, quasi una invisibile potenza contro lui combattesse, riparò sui vicini monti; e di là si fece ad inviar messi per tutti i luoghi di Puglia: gli spedissero gente, spogliassero fin de'presidii le fortezze, altro mezzo non vi avere che ritentar la fortuna, se mai si potessero torre quell'onta. Se ne raggruzzarono intorno a diciotto migliaia, assai contro nemico, che contavane due mila, oltre i serventi; un nulla scorati dalla sconfitta, e per indole molli. Ai 4 di maggio si attaccò la seconda battaglia nel piano tra Cirignola, Canosa, e l'Ofanto; nè l'esito fu dalla prima diverso. Parte uccisi de'Greci, parte inseguiti; ed il fiume ingrossato, che valicato avevano con poc'acqua alquanti gior-

ni innanzi, quanti vi cercarono scampo tutti affogò. Resero
più dolente la vittoria due prelati, che mischiatisi a queste
scene di sangue, vi perderono la vita, Angelo vescovo di Troia,
e Stefano di Acerenza. Con essi dicesi ottomila persone aver
lasciato i Greci sul campo, ed un tesoro di bottino. Il conte
Atenolfo, che solo comandò quella giornata, venne in grido
di prode; il Dulchiano campò per fortuna. Chè il nemico es-
sendogli quasi con le mani al vestito, il cavallo all'entrar nel
fiume incespicando cadde e rovesciollo: ond'egli intrigato tra
la melma, i fornimenti, e la grave armatura, sarebbe stato
senza dubbio preso, se un suo fido scudiero, prestatogli incontanente il proprio cavallo, non lo avesse aiutato; nè avrebbe più veduto le mura di Bari, dove senza fiato e senza cuore
corse a nascondere la vergogna.

Quivi ripreso alquanto gli spiriti, e coonestando alla Corte
la mal riuscita impresa, spedì ordini da per tutto in Puglia,
Calabrja, Sicilia, a rifornirlo di nuove genti; che già s'andavano raccozzando, e Montepeloso era luogo del convegno. Ma
in quel che dava opera a siffatti apparecchi, eccoti giunto a
Bari in agosto il nuovo catapano, di nome Exaugusto Bugiano, figliuolo a quel Basilio, che sconfisse Melo a Canne, e per
le restaurate e fondate città lasciò il nome del suo maestrato
alla regione, che giace a piè del Gargano. La fama paterna
gli meritò quest'onore. Appena giunto, significò da parte del-
l'imperatore al Dulchiano di tosto partire per Costantinopoli
a render ragione di sue opere, chiaritosi così cattivo maestro
di guerra.

Guaranci ed altri barbari venuti seco in buon dato, fecero
massa a Montepeloso con l'altre genti già raccoltevi; ed il
dì terzo di settembre fu posto alla battaglia. Dalle loro stanze

scesero in una spezie di valle molto ampla, e quivi convennero i Normanni dai monti vicini '. Settecento di numero (se dicono vero gli storici), dieci mila quelli. Exaugusto valente di
mano e di lingua non lasciò modo a spronare i suoi sì con la
ferma sicurezza del viso, e sì con le parole: rammentò i più
chiari guerrieri del suo paese, che in ogni tempo alla Grecia
acquistarono gloria immortale; esagerò la dappocaggine e viltà, che di essi erasi indonnata in queste ultime guerre; la vergogna di essersi tante volte precipitati a fuga in faccia a pochi barbari del settentrione: « esser quelli, aggiungeva, un
« piccol numero d'avventurieri, a cui l'insolenza tien luogo
« di forza, inatti ad esser da loro medesimi guidati, e da
« duci italiani farsi reggere; a sterminarli non bisognar altro,
« che opporre valorosa resistenza. Però stessero fermi, mo-
« strassero non esser mancata nelle passate sciagure la virtù
« ne'guerrieri, ma sì nè'capitani; e saper essi vincere, quan-
« do chi dee pugnare il primo, non fugge ».

Fiero e sanguinoso da ambe le parti fu il combattere; dubbia e varia la fortuna per lunga pezza. Or gli uni, or gli altri
s'incalzavano, respingevano, tornavano alla zuffa; nè si voleano
lasciare, se decisa la battaglia non fosse. Era un orrore d'in-
ferno: diverse lingue, urli orribili, cozzare e scintillar d'armi, sangue, morti; e sopra i corpi morti o moribondi si combatteva. Fu un istante, in che i Normanni sopraffatti dal numero, quasi accerchiati, già piegavano stracchi, allorchè Guglielmo Braccio–di–ferro, che travagliato dalla febbre quartana non avea presa parte alla battaglia, ma pure aveva voluto
esserne spettatore, veggendo i suoi in manifesto pericolo,

' Il Cedreno dice Monopoli, ma pare dalla descrizione del luogo,
che non bene s'apponga.

brandì l'armi, e come furibondo leone vi si cacciò in mezzo gridando, ed all'usata virtù richiamandoli. Tanto ardire quelle grida e quella vista infusero ne' petti normanni, che risolsero o vincere o morir tutti [1]; e finalmente i pochi vinsero. Grande la strage de' Greci, massime di Macedoni, che più sensitivi agli stimoli d'onore più resistettero, furono tutti tagliati a pezzi: Exaugusto fu preso vivo, e con le braccia dopo le terga ligate procedette innanzi al cavallo di Atenolfo, che aveva comandate tutte le fazioni di quella giornata; a Melfi lo menarono, e di là a Benevento, facendone un dono al lor comandante: e così suggellarono la terza vittoria, chè tre riportate ne avevano in un anno solo.

Ma Atenolfo, desideroso di oro, non seppe contenersi alle grandi profferte del catapano, e fattone traffico di molto prezzo, rimandollo libero a Costantinopoli. Ciò seppe reo a tutti i collegati, e sopra gli altri ai Normanni, che indignati della vilissima azione, da lui affatto si separarono; e congregatisi coi Baresi, coi Materani, ed altri Pugliesi, elessero a lor capo il nostro Argiro, e nel febbraio del 1042 con unanimi acclamazioni il confermarono principe di Bari, e duca di Puglia [2].

La corte di Costantinopoli era per esilii, avvelenamenti, e

---

[1] Così il Malaterra: ma il poeta Pugliese dà quest'onore a Gualtiero figlio del conte Amico:

> Prorupit subito medios Gualterus in hostes,
> Normannos hortans ad bella redire fugaces.
> Ipse electorum Comitum fuit unus Amici
> Filius insignis.......

[2] Il Malaterra, Lupo Protospata, l'Ignoto barese, Guglielmo Pugliese, e Leone Ostiense.

crudeltà anch'ella orribilmente sconvolta. L'imperatrice Zoe ritornata sul trono dall'isola, ov'era stata rilegata come maliarda da Michel Calafato, non sapea nè che dirsi, nè che fare; ed apponendo a sola imperizia de'capitani non al tenor dell'imperio tutti i disastri d'Italia, pensò altro spediente non rimanerle, che cavar di prigione quel fierissimo uomo di Maniace, quattr'anni prima trionfatore de'Mori in Sicilia; e mandarlo in Puglia in luogo d'un Sidoniano, che aveva per poco sostituito Exaugusto. In aprile egli approdava a Taranto con l'esercito, e radunata quant'altra gente potesse, di là non lungi accampossi; e con trincee, fossi, ed ogni altra maniera di ripari si fortificò. In gran movimento si pose Argiro alla venuta di Maniace, cui precedeva un grido di spavento; ma giovane ardente egli, e desideroso di gloria e di signoria, tutto in opera poneva affin di mostrare non senza ragione essersi posta fidanza nel senno e nella virtù sua. Com'ebbe raccolto un esercito di settemila uomini, accostossi al nemico, e si fermò in Mottula. Il solo avvicinarsi di Argiro fiaccò l'animo ai Greci, anzi li colse tale spavento, che non valse a Maniace nè il comando nè la persuasione a tenerli saldi: onde gli fu forza ritrarsi dal campo con tante fatiche apparecchiato, e piuttosto a mo'di fuga che di marcia richiudersi in Taranto. Argiro inseguendolo giunse fin sopra le porte della città, forte pungendo il duce greco del panico terrore, ed a battaglia provocandolo, con fidanza che in quel ribrezzo della paura fosse agevolissimo disfarli. Ma tornata vana ogni provocazione, e difficile prendere la città assai bene da natura e da arte munita, indietro se ne tornava per la via d'Oria, ch'ei pose a sacco, divisando d'allogarsi in piazze forti, sino a che più favorevole occasione d'uscire in campo si presentasse. Erra

dunque il Calmet, che, seguendo Cedreno, narra avere Maniace, appena giunto in queste parti, tutta riconquistata non
solo la Puglia, ma presa Benevento, e Capua, e Napoli. Maniace non si mosse da Taranto sino ai primi giorni di giugno,
quando cominciò più fieramente dell'usato a sfogare la crudeltà aguzzata dalla lunga prigionia. Con una mossa generale
dell'esercito fu una notte su quel di Matera; e quanti mai Materani (che tanta parte avevano avuta nella proclamazione di
Argiro) gli vennero alle mani, tutti, ed eran più di dugento,
fece con strazi orribili sotto gli occhi della città morire; e
peggio dentro, non risparmiando nè a vecchi, nè a donne, nè
a fanciulli, nè a sacerdoti [1]. Poi trasse sopra Monopoli; e ti
drizzano i capelli sulla fronte i versi di Guglielmo, ove tocca
le nefandezze di quel tigre in forma umana [2]. Quali appiccati
per la gola su per gli alberi, quali percossi di scure: escogi-
tava nuovo modo di far morire di dolore i vivi, perocchè i
fanciulli sotterrava col capo in fuori, per bearsi nello spettacolo di quel martirio, mentre ogni lamento, ogni sguardo di
quelle innocenti creature era coltello al cuore de' parenti, che
ne vedeano con la voce spegnersi la vita. Oria provò poco diversa sventura. Presso di Cisternino raggiunselo Argiro; ma
nulla potè cavarne da sanguinosa zuffa, chè la preda e i supplizi
ringagliardivano a ferocia i Greci; onde credette miglior consiglio slontanarsene affatto, ed occupar sul lido di Puglia le po-

[1] Il Cronista barese, e Guglielmo pugliese.

[2]   Interimit multos Maniacus, et arbore quosdam
        Suspensos, alios truncato vertice mactat.
        Caedis inauditum genus exercere tyrannus
        Audet in infantes: viventis adhuc, quia capti,
        Corpus humo sepelit pueri, caput eminet extra. ec.

che città, che rimanevan loro devote, sebbene avesse a durar
fatica in contenere i suoi dal ricambiar della medesima guisa
quanti mai Greci in questi luoghi fossero. Giovinazzo e Trani,
che più forti presidii avevano, furono le prime assaltate: ed in
quella, rendutasi a'tre di luglio, alquanto temperatamente si
condussero; in questa arresa lo stesso mese dopo tre giorni di
assedio, per peculiari ingiurie più fiera essendo contr'essa la
nimistà, entrativi, quanto v'era di meglio, tutto ne tolsero.
Ma i Normanni non erano a ciò contenti; e con quante preghiere gli stringesse Argiro, altro alla fine non ottenne, che
risparmiati almeno fossero i cittadini: de' Greci non lasciarono pur uno. Non valse la commiserazione del nostro principe
usata co' Tranesi; i quali, come furono lasciati, ricominciarono a molestar quei di Bari: il perchè nell'ultima settimana di
luglio indignato egli dell'ingratitudine, si risolse proprio di
sterminarli. Per trentasei giorni li cinse d'assedio, e con assalti ed ogni altra maniera di calamità angustiolli: ma veggendo che in lungo andava l'oppugnazione, fe' costruire una torre
di legno altissima, da dominar la città, e sì ben congegnata,
che altra simile non era stata veduta in questi luoghi, e di là
tormentavala incessantemente. In questo si apparecchiava una
mutazion di cose.

Costantino Monomaco, sposatosi all'imperatrice Zoe, fu alla
metà di giugno esaltato all'imperio. Questi fè maestro e protospatario, o piuttosto pose la somma di tutte cose nelle mani di Romano Sclero, suo intrinseco, fiero e vecchio nemico
di Maniace: contro di cui adoperò egli subito la nuova potenza, di maniera che tutta la casa ebbe a patirne di crudelissi-
mi trattamenti; e per aggiungere al danno la vergogna, gliene sforzò con violenza la moglie. Dopo tutto ciò, toltogli il

comando di Puglia, il richiamò a Costantinopoli, perchè l'ingiuria co' propri occhi mirasse: ma avvertitone Maniace, ad estreme risoluzioni già si apparecchiava. In pari tempo considerando l'Imperatore, ovvero Romano, che n'era il tutto, di non poter distruggere la possanza arrogatasi dai Normanni sotto il comando d'Argiro, massime ora che di Puglia richiamava Maniace; pensò modo efficacissimo, e questo fu trarre dalla sua parte il Barese, colmandolo di ricchezze, onori, ed autorità. Di fatto in sulla fine di agosto, mentre Argiro (come dicemmo) era all'assedio di Trani, e presso già di espugnarla, i messi imperiali Teodorito e Basilisco presentargli lettere lusinghevoli, con le quali si concedeva general perdono a tutti i ribelli; più non si parlerebbe del passato, purchè poste giù l'armi tornassero ubbidienti; a lui inviarsi e molti e ricchissimi doni, come arra del favore e della benevolenza della Corte; ed una scritta, che patrizio e catapano imperiale, e duca di Bari nominavalo, e più che di cotesti titoli, fregiavalo del nome di amico e confederato [1]. Grande veramente la tentazione: e stette Argiro lunga pezza fra due, se preferir dovesse una vita faticata ed incerta a tante onorevoli profferte. Ma in fine accettò. E per dare un manifesto segno del suo animo, innanzi ai messi medesimi ordinò, che alle fiamme si dessero tutte le macchine apparecchiate all'oppugnazione di Trani, ed a Bari si ridusse. Tutti disapprovarono la sua condotta; e conscii della greca fede, e sospettosi della subita benevolenza temeano di occulti disegni. Ma egli non si rimosse; anzi con molte ragioni si studiò di ritenere affezionati a sè ancora i

[1] Lupo Protospata, e l'Ignoto barese. Anzi Duca d'Italia, Calabria, Sicilia, e Paflagonia il vedremo intitolato.

Normanni, e farli ligii all'Imperatore: i quali però, salvo pochi che rimasero, n'ebbero così forte indegnazione, che incontanente da lui si separarono divenutigli nemici. Questa la sola cagione, che allontanò i Normanni da Argiro, non già come senza fondamento ne va dicendo il Giannone, che «sebbene Argiro era da essi tenuto in molta stima, nulladimeno « avendo scorto, che sotto la di lui condotta mal aveano potuto sostenere gli sforzi di Maniace, e che le maggiori azioni « e più gloriose a Guglielmo Braccio-di-ferro si doveano, « credettero di far meglio di sottomettersi a lui [1] ».

Non trascorsero molti giorni, e vennero in Bari da Costantinopoli il protospatario Tubachi, e 'l patrizio Pardo ▪ ambi per intimare a Maniace di rassegnare il comando e tutte le forze greche ad Argiro. Costoro sapendo, che sorta d'uomo fosse costui, e come dovesse riceverli, credettero di farsi accompagnare dal nostro Arcivescovo; affinchè la presenza d'un personaggio per santità di ministero, per dottrina, e grazia imperiale chiarissimo, in più temperati modi il contenesse. Prestossi volenteroso Giovanni Effrem, e con un Crisobolo ed un Simpatia mosse alla volta d'Otranto, dove facea sua stanza Maniace. Il quale ricevetteli con simulata cortesia, fin che furono in luogo, da non potergli più fuggire; e poi riman-

---

[1] Lib. 9. Capo 2. Da questo e da ciò che appresso dirassi de'Normanni, si può raccogliere ancora, com'errino alcuni altri storici, affermando di averli indotti Argiro ad andar con esso lui a Taranto contro Maniace: il che era già avvenuto prima in aprile 1042; e quand'egli andò contro costui (ad Otranto, non a Taranto), già quelli gli si erano dichiarati avversi.

▪ Nel settembre. Alcuni nostri cronisti confondono questi coi messi imperiali venuti poco innanzi.

dando liberi gli altri, fe' di presente uccidere Pardo, e mettere in catene Tubachi, cui serbavasi di finire dopo presone
infame diletto. Perocchè pria fattolo estenuar dalla fame, e
poi di fimo cavallino infarcir bocca, ed occhi, e narici il diede
a strozzare in una stalla. Allora perdè affatto il senno costui,
vestì clamide e corona imperiale, ed a'suoi col rubato oro affezionati fecesi gridare imperatore. Nell'ottobre seguente appresentossi sotto Bari fieramente minacciando, se non ve l'am-
mettessero, ed in lui il personaggio, che voleva rappresenta-
re, non riconoscessero: ma veduta temeraria ed impossibile
l'impresa, essendovi dentro Argiro (che però non arrischiossi
ad uscire con forze non bastanti), depredò il contado, quanto
potesse, ed a Taranto si ridusse.

Intanto i Normanni, dipartitisi da Argiro pieni di sdegno e
desiderosi di vendetta, ricorsero per protezione al principe
Guaimario di Salerno, dichiarandosi suoi vassalli; e purchè li
aiutasse e guidasse nell'inferir guerra al Barese, eglino tutti
gli acquisti fatti, e quanti mai ne farebbono, sommetterebbe-
ro alla sua autorità; e duca di Puglia e Calabria l'eleggerebbero. Fu tenuto l'invito; ed avvegnachè il novembre tempo acconcio non paresse, il principe menò sotto Bari i Normanni: i quali tenutovi per cinque giorni una certa forma di
assedio, poichè nè ad Argiro per l'antica amistà, o per le
minori forze dava cuore d'uscir in campo, nè ad essi pareva
facile impresa espugnar la città, se ne ritrassero[1]. Poscia ra-
gunatisi a Melfi, spartironsi tra loro, a guisa di stato aristocratico, tutte le terre conquistate o da conquistare; conferi-
rono onorevol titolo di conte di Puglia a Guglielmo Braccio-

[1] Guglielmo Pugliese, lib. 2.

di–ferro; e lui eleggendosi a capo, parve tempo finalmente di
sottrarsi al comando di capitani stranieri. Quindi invitatovi
ancora il conte Rainolfo di Aversa, primamente assegnarono
a costui Siponto col vicino Gargano; di poi Ascoli ad esso
Guglielmo; al suo fratello Drogone Venosa: Lavello ad Ar-
nolino; Monopoli ad Ugo Autabovi; a Pietro Trani; Civita a
Gualtiero; Canne a Rodolfo; ad un altro di tal nome Santar-
cangelo; a Tristaino Montepeloso; ad Erveo Frigento; Acerenza ad Asclettino; Minervino a Rainfredo; ad Ardoino ancora la sua parte; e Melfi rimase sede a tutti comune, per
avere un luogo da ragunarsi a deliberare delle bisogne della
nazione [1]. Così i Normanni di devoti pellegrini, ch'erano, e
poscia guerrieri di ventura a soldo altrui, presero aspetto di
conquistatori; e si formò (come dice il Sismondi) nella Puglia
una specie di repubblica militare oligarchica. Ma ne pare che
sia veramente da scemar parte di quella tanta gloria, onde
furon larghi con essi gli storici panegiristi, quando lusingan-
done l'amor proprio a procaccio di favore, li dipinsero come
uomini non che straordinari, ma sovrumani. Perciocchè, se
valorosi furono (e furono veramente), una parte ancora se ne
vuole attribuire ai capitani longobardi e baresi, che gli spia-

---

[1] Leone Ostiense, lib. II, capo 67. Qui il Muratori (anno 1042)
ne vuol far credere, che Argiro « veduto che da essi nella distribu-
« zione delle città, non se gli era assegnata parte alcuna, avea ri-
« volto i suoi pensieri ad altre imprese » : e (contro la testimonianza
de' citati cronisti) che « egli per aver ripresa la fellonìa di Maniace,
« ed obbligatolo a fuggir in Bulgaria, ove fu fatto morire, ottenne
« da questo principe (l'imperatore Costantino) non solo la sua gra-
« zia, ma gli concedè Bari col titolo di principe e duca di Puglia, fa-
« cendolo anche patrizio ec. » ; la qual cosa è lungi dal vero.

narono la via ai conquisti, Melo, Atenolfo, Argiro, Guaimario. Furono più le politiche condizioni de'tempi, fu più la fortuna, desposta delle umane cose, che ne colse, e loro donò
tutto il frutto.

Nel febbraio seguente venuto a Bari Teodoro Cano con
forte armata, parve ad Argiro di tentare un ultimo sforzo
contro Maniace; e l'uno per la via di mare, l'altro con l'esercito di terra si avvicinarono ad Otranto. Ma quegli o vedesse
certa la sua ruina, o altri fossero i suoi disegni, li prevenne
fuggendosene via [1]. Varie le opinioni degli storici intorno alla
costui fine. Chi dice (l'Ignoto nostro) fuggito in Bulgaria,
ove combattendo con l'ennuco Stefano Sebastoforo capitano
greco, fu vinto, e la testa recisa portata a Costantinopoli; chi
(l'Annalista salernitano) fuggito sotto vesti di pescatore, e
riconosciuto da un Tarantino, essere stato ucciso. Checchè sia,
è certo ch'ei finì in quest'anno; ed Argiro, dopo occupata
Otranto, Nardò, ed altri luoghi, dai quali tutti ricevè grandi
dimostrazioni di festa e d'onori, si ridusse a Bari.

Mentre così riparavasi alle cose greche in Puglia, ivano a
male in Calabria, poichè un esercito quivi raccolto cogli ausiliari Saraceni, a frenare i conquisti che vi facevano i Normanni condotti dal principe Guaimario, fu presso di Squillace
totalmente rotto e disperso. Argiro sempre più in grazia del-
l'Imperatore, veggendo le gravi difficoltà a muover d'Italia i
Normanni, fermò di condursi egli stesso a Costantinopoli, e
conferir con esso lui il modo da provvedervi. Sicchè fatti venire (1045) Eustachio Palatino, e Costantino Chagea a pren-

---

[1] Le Beau, lib. 78, afferma essersi incamminato alla volta di Costantinopoli col proponimento di cacciar giù dal trono l'Imperatore.

dere il reggimento di Puglia, mosse per la Corte, ove fu accolto con ogni testimonio d'onoranza [1].

Alla sua partita intristirono le condizioni sotto il governo
di Eustachio: il quale mal veduto da'cittadini, a cui incresceva sentire un'altra volta quel nome di catapano, si studiò di
gratificarsene gli animi col richiamare nella città molti degli
sbanditi. I Normanni si avvicinarono; ed egli misuratosi con
essi presso Taranto [2], provò quanto valessero le costoro spade, a tale che mentre (come quasi sempre avveniva) riparavasi a Bari pieno di scorno col resto de'suoi, i cittadini s'ac-
conciavano a buone ragioni col conte Umfredo. Come veramente ciò avvenisse, non sappiamo; pur sembra, che così si
abbiano ad intendere le oscure parole del nostro Ignoto [3]. Ma
venne incontanente con un'armata di Guaranci il catapano
Giovanni, che dicono Rafayl. Questi senza punto mostrare
ostile intenzione, fermossi nel porto, e chiese d'entrar solo:
la qual facoltà ottenuta, accolto nel palagio del governo, vi
rimase in segreti colloquii tutto un giorno col conte e con
Eustachio. Non accordatisi forse del tutto, o chiesto tempo a
deliberare, Giovanni ritornò sulle navi, e slargossene per due
giorni, dopo i quali rifattosi sul porto, ebbe finalmente a
fermar gli accordi; queta la città arresa, Umfredo uscito, a
Costantinopoli Eustachio rimandato.

I Normanni non per tanto avanzavano; e quel che più de-
stava pensieri poco lieti dell'avvenire, era che già Arrigo III,

[1] Guglielmo Pugliese, lib. 2.

[2] Ovvero Trani, come reca il Muratori, ann. 1046, e sembra più
verisimile.

[3] *Et reversus Ip. Catap. in Bari. Et fecit Bari cum Umfreida comite.*

imperator d'Occidente, venuto il 1047 in Italia, riconfermava, ovvero investiva di tutti i loro Stati Rainolfo conte d'A-
versa, e Drogone di Puglia [1]: perchè alle ragioni della forza
quelle del diritto s'andavano congiungendo. Indarno Rafayl,
spiegando non comune valore, ritòglieva Lecce ai Normanni;
chè mentr'egli battagliava di fuori, i Baresi cospiravano di
dentro. L'odio contro ai Greci, assopito pei mòdi d'Argiro, e
per la memoria del nome e delle sue sventure, soffiandovi de-
stramente i Normanni, si raccese. Un Adralisto, uomo di
grandi ricchezze ed ardire, si pone a capo, coadiutori un Romoaldo e Pietro fratelli, un Melo o Michele Malacapezza,
Libone, e Giovanni Icanato, tutti ricchi cittadini. Gli Ebrei,
in gran numero nella città stabiliti, teneano anco per essi; ed
il conte Umfredo gli avrebbe di fuori ad un bisogno sostenuti.
Questo parea tempo di mostrarsi, prima che Argiro con nuove forze ritornasse; perchè senza lui i suoi aderenti, più studiosi alla persona, che all'accettato ufizio, non avrebbon potuto muoversi con efficacia. Si viene ad opra scoperta: Ara-
listo co'suoi la greca guarnigione assalta, che cede dopo non
molta resistenza; ma tutta la città è sparsa di costernazione e
terrore. Si combatte in tutti i luoghi, ed in fine vincendo i
congiurati, il Bayulo o di volontà o per infignimento si gitta
dalla parte de'più forti.

Cotesti avvenimenti riferiti a Costantinopoli misero in grande apprensione la Corte, che stimò necessario in Bari la presenza d'Argiro. Il quale era tenuto ormai, come la più salda
colonna della cadente signoria d'Italia, colmato ogni dì di
tanti onori, da muovere l'altrui invidia; ed egli rispondeva

---

[1] Murat. ann. 1047.

con ardenza e fedeltà. La santità di Leone IX lui ricercava di consigli per mettere riparo ai grandi guasti cagionati dai Normanni, divenuti tutt'altri uomini da que' di prima; e ne scriveva all'Imperatore, come di gente indisciplinata e feroce, trucidatrice di Cristiani; non perdonare a donne, non a fanciulli, non a vecchi; non far differenza tra le cose sacre e le profane; spogliar le Basiliche, bruciarle, abbatterle; niente valer le preghiere, le ammonizioni, il terrore della divina minaccia: aver fermato egli di venire a colloquio, e *chieder consiglio dal glorioso duca e fedelissimo maestro Argiro* [1]. L'amicizia di questo nostro concittadino era ambita da ragguardevoli personaggi. Bernardo l'abate di Farfa inviavagli una scritta, con che l'aggregava alla fratria di quel monistero; ed egli gratamente ricevendone l'onoranza, facea dono di tre mila bisanti alla chiesa [2]. Imparentatosi a nobil casa greca, già ne aveva due figliuoli, femina la prima, maschio il secondo, e fregiato pure del titolo di Vesti.

Venne egli dunque a Bari nel marzo del 1051; ma Adralisto, facendosi scudo del nome della città, fecegli sentire, esser ella già libera di sè, non voler più riconoscere la greca dominazione, non più portarne il gravissimo giogo, nè ricevere un malvagio cittadino rendutosi schiavo dell'Imperio, ed oppressore della patria. Argiro veggendo, che a penetrarvi con la forza, avrebbongli potuto fare qualche mal giuoco, si ritrasse ad Otranto, e coi nuovi tesori donatigli dall'Imperatore, cominciò ad adoperarvisi con tante maniere di provve-

---

[1] Lettera di Papa Leone IX pubblicata dal di Meo, tom. VII pagina 330. Argiro intitolavasi: *Per la grazia di Dio, Vesti, Duca d'Italia, Calabria, Sicilia, e Paflagonia.*

[2] V. Documenti num. III.

dimenti, che dopo un mese molti de'sostenitori d'Adralisto già s'erano svolti da lui. Argiro all'impensata entrò in Bari: e tutto greco divenuto, parecchi de'principali congiurati, presi senza contrasto, fece pubblicamente decapitare; man bassa sugli Ebrei, a cui tolto l'ammassato oro, le case si bruciarono; il Baiulo, da cui Argiro aveva ricevuta una ferita, fuggitosene, e raggiunto a Conversano, fu ucciso in una fossa ove col cavallo erasi precipitato[1]; Adralisto fuggito e riparatosi presso il conte Umfredo; ma la moglie Rodia con un figliuolo, i fratelli Romoaldo e Pietro con parecchi altri, carichi di catene e posti su di alcune *chelande*, partivano per Costantinopoli, mentre le navi di Adralisto cariche di olii si bruciavano nel porto. Non sappiamo, se in quel punto alla mente di Argiro ricorresse la rimembranza di sua madre e di sè fanciullo in simil guisa e per la stessa via menati, e della distruzione di sua casa.

Tale il fine di quella sollevazione; pure eran rimedii peggiori de'mali. Oggimai non rimaneva dubbio veruno essere i Normanni la radice d'ogni movimento. Politica antica, per impossessarsi più agevolmente d'uno Stato affranto da sè, nè ad Argiro ignota. Il quale poco nella forza confidando, cominciò a tentar con essi nuovo modo; sciorinare a'lor occhi le ricche vestimenta, gli ori, le gemme per trarli dalla sua, ed indurli a servir l'Imperatore guerreggiante in Persia. Parlava ai venti: gli fecero sentire, non essere più tempo di usare ad inganno coteste astuzie; la sola virtù dell'armi poterli scacciare d'Italia.

Allora Costantino Monomaco si volse ad inonesto spediente.

[1] Annalista Salernitano.

Sapevasi che si cominciava a disamare in Italia i Normanni per l'arrogante potenza, e pe'modi, onde l'esercitavano. Meditavano molti, come sottrarsene; anzi afferma il Malaterra, che in un giorno dell'agosto 1051 avean risolto di spegnerli tutti. In Monte Ilaro, contado di Bovino, mentre in sulla dimane Drogone (che per la morte di Guglielmo Braccio-di-ferro aveva preso a reggere i Normanni) si conduceva con alquanti suoi a chiesa, Riso suo familiarissimo, postatosi dietro la porta con gente armata, gli si avventò alle spalle e l'uccise con parecchi altri. Il simigliante si tentò in altri luoghi, ma per poca maturezza andò fallita l'impresa. I Normanni sostituirono subito a Drogone il fratello Umfredo; che assediò quel castello, e prese aspra vendetta di Riso e degli altri congiurati, facendoli con varie generazioni di tormenti morire. Pensò dunque l'imperatore, che sarebbe stato buon colpo, se avesse fatto spegnere quel gran loro autor di consigli, Guaimario, e ristabilire nella contea amalfitana Giovanni, che sbalzatone da lui s'era col figlio rifuggito a Costantinopoli, ed a questa indegna azione concitavalo. Volenterosi ne presero il carico Amalfitani e Sorrentini, e, quel ch'è più, entrava nella congiura il suo medesimo nipote Sayro. A 2 di giugno 1052 il trapassarono di trentasei pugnalate, ed il cadavere trascinato ignominiosamente fuori la città lungo il lido. Ma non durò pure che cinque giorni lo ristabilimento di Giovanni, poichè Guido fratello al principe con l'aiuto de'Normanni, assaltata e combattuta la città, ne vendicò la morte [1].

[1] L'Annalista Salernitano, e Lione Ostiense. Non fu dunque quell'assassinamento nè consiglio nè opra d'Argiro, come ne vorrebbon far credere Giannone, lib. IX, cap. 2, § 3; e Gibbon, Cap. LVI an. 1053.

A tale essendo le cose, bisognava non avventurarsi con essi; chè una battaglia decisiva, vinta dai Normanni, avrebbeli fatti signori di tutto. Bisognava stringere una lega fra il Papa e i due Imperatori: a questa adoperavasi Argiro, pure non potè in quest'anno medesimo ricusarsi di muovere contro essi verso Siponto; e sì il fece per la via di mare a fin di guadagnar tempo, e non giungere con genti stracche là, dove i conti Umfredo e Pietro il minacciavano. Si battè da forte Argiro, ma non ebbe seconda la fortuna, e ferito gravemente ebbe ad uscir della mischia, e ritrarsi a Viesti. La qual fazione non fu meno infausta di un'altra, che contemporaneamente si combatteva in Calabria, dove un esercito sotto gli ordini di Sicone Protospata materese fu dai Normanni disfatto [1].

Allora il Papa con 500 Tedeschi avuti dall'imperatore Arrigo suo cugino (il quale svolto dal vescovo Aichstet a non più inviarne, richiamò anzi parte de' già spediti, come fosse scandalo a guerreggiar contro Cristiani), con un buon corpo di soldatesca inviatagli da Argiro, ed altre da diversi signori italiani, fermò, avvegnachè molti lo sconsigliassero, scendere egli stesso senza più indugi in Puglia. Partì il comando di queste genti per forma, che a Guarnerio svevo ubbidissero le Alemanne, ad Alberto Tramondo, ad Asto, ed a Rodolfo, testè eletto principe di Benevento, le altre: Argiro co' suoi lo avrebbe raggiunto da Siponto. Ma prima che avessero potuto unire le forze, il Papa si trovò in faccia al nemico fra Dragonara e Civitella. I Normanni Umfredo, Riccardo, e Roberto Guiscardo, che s'aveano diviso tra loro i tre mila cavalli e pochi fanti, non misero tempo in mezzo; ed occupata la sommità d'un colle, che separava gli eserciti nemici, dette-

[1] L'Anonimo Barese.

ro la carica. Ognun sa, come andassero le sorti di quella giornata (18 di giugno 1053), e quali conseguenze producesse ad ingrandire i Normanni, e coonestarne i conquisti: onde noi ce ne passeremo; ma certo non possiamo assentire a coloro, che apposero ad Argiro la taccia di traditore per non essersi trovato in tempo al soccorso del Pontefice. Per la qual cosa temendo egli, non le false accuse de'suoi nemici, ch'eran molti e possenti, fossero nella Corte accolte (sebbene fidasse nell'integrità di Leone IX, che gli avrebbe renduta la debita giustizia), si studiò a mandare in Costantinopoli Giovanni arcivescovo tranese, perchè secondo ragione il discolpasse; tristo avvocato, che in luogo di difenderlo, il calunniò. Per mala ventura nello stesso tempo, che l'Arcivescovo, giunsero ancora in Costantinopoli i legati pontificii a trattar della composizione dello scisma tra la Chiesa latina e la greca, cominciato per cose di disciplina, e poi trattosi ad eresie per la processione dello Spirito Santo; di che era autore il patriarca Michel Cerulario, sostenuto da Leone arcivescovo acridano, e dal monaco Niceta Stethat. Ritrattatosi solo il monaco, non seguì composizione veruna, furono scomunicati gli altri due, ed i loro libri dichiarati empii, e pieni di sozze imposture. Il patriarca, fiero nemico ad Argiro, ch'erasi a tutt'uomo opposto all'empie dottrine una col nostro Arcivescovo consacrato da papa Alessandro II, e sottrattosi alla patriarcale dipendenza; partiti che furono i legati alla nuova della morte di Leone, convocò incontanente un concilio il dì 24 di luglio 1054, intervenendovi eziandio Ipazio metropolitano di Otranto; dove si decretò la condanna de'legati e de' loro scritti, si ebbe l'audacia di dire la Chiesa romana guasta nel dogma, nella disciplina, e ne'costumi, e si fermò la ruina d'Argiro come sostenitore di falsa legazione pontificia. Rappresentossi al vecchio e debole Imperatore con tante arti la cosa, che in un rescritto indirizzato al patriarca medesimo: « lui aver bene in« vestigata (dicea) ogni cosa intorno alla ruina d'Italia, ed « aver trovato, che la radice d'ogni male dai legati e soci di « Argiro procedeva. Quindi ordinare, che il *vestana* genero « di esso Argire, ed il *vesti* figliuol di lui fossero chiusi in « carcere per tutta la vita, come portava il lor fallo ». Di poi il Cerulario scrisse lettere sinodali ai patriarchi d'Antiochia, Alessandria, e Gerusalemme, spargendo che quei tre legati non erano stati veramente spediti dal Papa, ma che avendo egli inviato a Roma un messo, e passando costui per Bari, il duca Argiro, sotto pretesto di farne capitar le lettere con sicurezza, aveale tolte, lettele, e rimandato il messo. Che quindi meditando danno alla regia città, avea dato ad intendere quelle esser lettere imperiali a lui indiritte per edificar castella e provvedere ad altre bisogne del Governo. Che fatto a sè venire un suo confidente, da cinque anni scacciato dall'arcivescovato d'Amalfi, ed un altro di solo nome Arcivescovo, e dando ad un terzo il titolo di cancelliere della Curia romana, con lettere da lui foggiate, aveali spediti quai legati del Papa. E finalmente che tutte queste cose gli erano state confidate dall'integerrimo arcivescovo di Trani, e da un tal Sigello, condottosi a bello studio in Costantinopoli, per palesargli tutta questa ordita empietà.

Perduta così la grazia dell'Imperatore, senza speranza, che la voce del santo Pontefice, già disceso nella tomba, potesse mostrare la falsità dell'accusa, egli si tenea per finito; se non che la morte togliendo dal mondo l'augusto Monomaco, tolse del pari, che altro danno non gli venisse da quella stessa mano, onde tanti beni gli eran venuti.

CAPO VII

DAL 1055 AL 1081.

SOMMARIO

Argiro parte per Costantinopoli con l'arcivescovo Giovanni per discolparsi; Roberto Guiscardo, fulminato da Niccolò II per l'occupazione di Troia, tenta riconciliarsi con esso lui; concilio di Melfi (1059), dove Niccolò gli concede in feudo gli acquisti fatti in Puglia e Calabria; Argiro più non torna di Costantinopoli, e dopo non molti anni vi muore; Guiscardo s'accosta a Bari (1060), ma slargandosene per disuguali forze, si volge su Brindisi ed Oria; sopravvengono vari altri catapani Greci; una congiura contro Guiscardo è ordita da Abagelardo suo nipote; quegli assedia Bari per mare e per terra (1068); Stefano Paterano, venuto con armata di soccorso da Costantinopoli, è rotto, ed appena cogli avanzi può ricovrarsi nel porto; un Americo si proffere arditamente ad uccidere il Guiscardo, e fallato il colpo, più crescono le strettezze dell'assedio; si avvicinano nuovi soccorsi da Costantinopoli, ma l'incauta allegrezza mette sospetto, e tutto è perduto; Guiscardo occupa Bari (1071), e quindi coi principali cittadini baresi muove per Otranto, disponendosi all'impresa di Sicilia; sospetto di qualche movimento avvenuto nella città, la quale svelatamente rivoltasi nel 1079, ma ritorna alla soggezione del Guiscardo.

La rotta ricevuta dal Pontefice crebbe senza misura l'animo ai Normanni, lo sconforto ai Greci. Canosa, Conversano, ed altri luoghi pugliesi ivano già mettendosi nelle mani d'Umfredo, senza dir de'conquisti, che il giovine Roberto Guiscardo faceva in Calabria: nè ridotto, com'era il nostro duca, poteva opporvi riparo veruno. Ond'egli, stato incerto lunga pezza, avvisò d'andar di presenza a Costantinopoli, posciachè l'imperio era venuto in potere d'Isacco Comneno. Fu sul punto di

partire insieme con quella cima d'uomo l'abate cassinese **De-**
siderio ; il quale spedito da papa Stefano per suo legato in
quella Corte, indugiava a Bari per il contrario tempo : ma in
quel, ch'era per imbarcarsi, giunse nuova della morte del Pontefice ; e consigliatosi egli con Argiro del modo, come ritornarsene senza pericolo, ottennero da Roberto Guiscardo medesimo, venuto in Puglia, non pur sicurezza della persona [1],
ma scorta ancora di tre cavalli, ed a S. Germano si ridusse.
A'28 di giugno 1055 partì poi Argiro, seco conducendo l'arcivescovo Giovanni, uomo di tanto credito in Corte, e lasciando ad un tal Scinuri il reggimento della città [2].

Non andò guari e morto Umfredo, colui, che si leva sopra
tutti i Normanni, è Roberto Guiscardo suo fratello ; il quale
lungi dal prendersi cura de'nipoti Abagelardo ed Ermanno,
raccomandatigli dal morente, e mantener loro gli Stati paterni, calpestando ogni dovere ed affetto, di tutore si fa padrone. Forte increbbe ad Abagelardo la perfidia dello zio, ed i
suoi lamenti procacciarongli in Puglia molti sostenitori alle
usurpate ragioni : onde andavasi formando un tal partito in
questi luoghi da turbar l'animo del Guiscardo, il quale incontanente di Calabria, ove trovavasi, volò in Puglia a rinfrenar
tutte le città in favore del nipote commosse. Troia fu una di
queste, la cui occupazione gli attirò i fulmini del Vaticano,
che sopra di essa pretendeva signoria : pure egli non curando-
sene gran fatto, spense ogni scintilla del fuoco acceso contro
di lui, e ritornò ai conquisti di Calabria. Ma non tornando utile
al Guiscardo nimicarsi i Pontefici, i quali avvegnachè con la

---

[1] La Cronaca Farfense, in Murat. tomo 11, parte 2.
[2] Ignoto Barese.

forza non potessero spogliarlo degli Stati, bene avrebbero potuto turbarlo, quando l'opportunità d'altro tempo li favorisse, massime per l'avversion de'Pugliesi; e non isperando dall'altra parte la Corte romana nè per aiuti di principi vicini, nè degl'Imperatori d'Oriente o d'Occidente abbattere la potenza normanna; parea non lontano, che un accordo potesse far nascere la pace in mezzo a tanti sconvolgimenti. E però Roberto fu il primo a tentar questo accordo inviando a Niccolò II un ambasciadore con profferta di volerlo soddisfare in tutto ciò che desiderasse. Accolta con grato animo l'imbasciata dal Pontefice, si fermò, che dovendosi convocare un concilio a Melfi per la riforma de'guasti costumi degli ecclesiastici, colà si sarebbono insieme trovati, e posto termine alle contese. In sulla fine di maggio, o i primi dì di giugno del 1059 fu convocato il concilio. Ivi portarono la debita pena quel Giovanni arcivescovo tranese, e il Sigello che aderito avevano allo scisma de'Greci, ed erano stati vili strumenti della ruina del nostro Argiro [1]. Ivi composte tutte ragioni, ritratta la fulminata scomunica, a Guiscardo confermato il ducato di Puglia e Calabria, e datogli investitura di tutti quegli altri Stati, che a'Greci avesse tolto o a'Saraceni. A Riccardo altresì, che con esso lui eravisi condotto, fu confermato il principato di Capua, stato ch'era di Pandolfo. Eglino prestato giuramento di fedeltà, ed obbligatisi ad annuo censo come feudatari della Santa Sede, si misero sotto la protezione pontificia. Così gittaronsi le fondamenta del nostro reame.

Partitisi da Melfi con sì buoni accordi, ritornò a Roma Niccolò, in Calabria Roberto; il quale crescendo ogni dì ne'con-

[1] S. Pier Damiani, epist. ad S. R. E. Cardinales.

quisti, l'ebbe quasi tutta ridotta in sua podestà. Ma vagheg-
giava egli da un pezzo la città nostra, occupata la quale,
avrebbe per sempre fugata d'Italia l'aquila latina, cui altro
nido non rimaneva, che Bari, Gallipoli, Brindisi, ed Oria. E
però fidando le ultime imprese di Calabria al conte Ruggiero
suo fratello, che tanto prode e gagliardo erasi mostrato; tornò in Puglia. Ma divisando pria di afforzarsi meglio con al-
leanze e parentadi, ripudiò sotto pretesto d'affinità Alverada,
che avealo già fatto padre di Boemondo, e si sposò a Sicel-
gaita sorella al principe di Salerno Gisolfo II.

Usciti d'ogni speranza allora i congiunti d'Argiro, chi prese una via, chi un'altra. Un tal Melo sopra tutti, figlio di
Amerusio, ricco di molti beni di fortuna, andò ad affogar nel
chiostro il prepotente desiderio di grandeggiare, e seco trasci-
novvi un unico suo figliuolo, a nome Teodelmanno, e parecchi altri [1]. Argiro medesimo non più fece ritorno in Puglia, nè vide la caduta della patria. Travagliato da un vivere
fortunoso, forse anco da pentimento del commesso errore,
cessava nell'anno 1068. Documento di sua pietà furono i
pregiatissimi doni lasciati al monistero di Farfa, alla cui con-
fraternita era stato affratellato; e fra essi il suo manto d'onore,

[1] Si appresentarono costoro ad Eustasio, arcivescovo di Brindisi,
e lo richiesero del distrutto monistero di S. Andrea dell'isola, che
volevano rifare; ed ivi dandosi a vita pia e contemplativa, avvolti
nelle lane di S. Benedetto dimenticarsi d'ogni pensiero d'umana vanità. Piacque la dimanda al prelato, ed a' 3 di gennaio del 1059 da
Monopoli, ov'egli trovavasi, ne spedì loro amplo privilegio, solo ri-
serbandosi, che con debita riverenza avessero a ricevere l'arcivescovo brindisino, quantunque volte si fosse colà conferito. Beatillo,
p. 65.

tutto intessuto ad oro e seta, drappo rarissimo a quei tempi,
e solo da grandi principi usato, che si stimava valere più di
cento libbre di puro argento: a cui, oltre ai tre mila bisanti
donati nella prima aggregazione, altri sei mila ne aggiunse [1].
Le quali cose volemmo narrare non tanto a testimonio della pia
liberalità di Argiro, quanto perchè ne parve di poter chiarire un error del pellegrino, seguito dal poeta Pugliese; cioè
ch'esso Argiro esiliato nel 1053 fosse morto miserabilmente
nell'esilio. Il vedemmo noi ancor duca sino al 1058, non più
veramente nell'imperial favore, anzi privo dell'onor di duca
in quest'ultimo tempo: ma sempre in agiata fortuna e gran
riverenza, di che fa fede la cronaca farfense [2]. L'onor del du-

[1] Il bisante vale fiorini uno, Viagg. Mont. Sin.
[2] Murat. Rer. Ital. tomo II, parte 2.ª Il Beatillo, pag. 66, ne dice
« che la città si disgustò in maniera della rovina del principe Argiro
« (meglio duca), che avutane la novella, senza curarsi del greco
« imperio, si elesse per nuovo principe un gentiluomo principale
« barese, chiamato Maraldizzo. Ma essendo questo morto assai pre-
« sto, si diè l'Università, ad esempio delle altre, al detto conte Um-
« fredo normanno, ed eresse al defonto un tumulo sì magnifico, che
« se stesse oggi in piedi, saria delle superbe cose, che in tal genere,
« almeno nella Puglia, ritrovar si potessero. Ma nella distruzione,
« che fe' di poi il re Guglielmo della città di Bari, della quale a suo
« luogo si scriverà, fu rovinato anche il tumulo in gran parte e con-
« vertito in altro uso. Stava questo congiunto con l'ala o nave sini-
« stra del duomo, era di figura rotonda, tutto di pietre vive ben la-
« vorate, e nel mezzo, in un nobilissimo avello, tenea il principe
« morto, che ad ogni modo in sua vita dovè essere stato o grand'uo-
« mo, o un gran ricco, giacchè tanto si fece, per conservarne lun-
« ga memoria. Ma nella distruzione antidetta non solo rovinarono
« que'soldati il sepolcro, e, per trovarvi forse qualche tesoro asco-
« sto, scavarono sotterra un gran pezzo; ma diroccarono altresì

cato passò in un'altro barese, non men nobile e ricco, Argirizzo, discendente dall'antica famiglia greca de' Ioannaci: il
quale se il popolo si elesse, certo confermollo l'imperatore, e
fu a quella Corte devoto. La costui opera nel respingere le
forze normanne, quando il Guiscardo pose l'assedio alla città,
non fu poca, e ne darà materia di racconto il Malaterra e il
di Meo. Tornossene l'arcivescovo Giovanni, che non valse a
difendere l'innocenza dell'amico Argiro, nè morì a Costantinopoli, come contro il Cerri affermò l'arciprete Giovine; il
nostro Ignoto registrollo spento nel 1061.

Ma torniamo al Guiscardo. Egli s'accostò a Bari nel 1060;
donde le forze non ancora bastanti, e la stagione della state
fierissima d'ardori in quell'anno, sconsigliaronlo dal tentare
un assedio. Si rivolse sopra Brindisi, cui prese in breve; e

« della fabbrica grande tanto, che appena potea conoscersi, che
« cosa per l'innanzi vi fosse stata; e perciò nella riparazione della
« patria, vi fecero dentro i Baresi un gran cisternone a benefizio del
« publico, ch'è stato sempre a tempo di siccità di gran sussidio ai
« poveri bisognosi. Solo queste parole, che nelle fabbriche vecchie
« rimasero, dan un segno dell'antico sepolcro:

MARALDIZZI PRINCIPIS SEPVLTVRA ».

Di tutte le quali cose niuna testimonianza l'autore arreca, salvo
l'iscrizione, che leggesi tuttavia troppo rozzamente scolpita su quel-
l'edifizio, che il lettore avrà riconosciuto per l'antico battistero, che
descrivemmo, e non creduta una tomba magnifica innalzata ad uomo, di cui neppure il nome entrò nelle storie. Nemmanco a questi
tempi avvenne la breve dedizione della città al conte Umfredo, seguita già molto tempo prima, come vedemmo, e ricaduta in mano
de' Greci il 1046. Adunque teniamo, che qui il Beatillo abbia lavorato di fantasia.

spedì il conte Malgero contro di Oria, il quale ne fugò pure i Greci. Pur tuttavolta sì rapidi successi furono per poco arrestati nell'ottobre, quando pervenuto in Puglia non aspettato un forte esercito imperiale comandato da un Miriarca, furono rotti il Malgero ed il Guiscardo medesimo, e loro ritolte Brindisi ed Otranto. All'apparir della nuova stagione cercarono essi rifarsi; ma tutte le fazioni si ridussero a depredare il contado, ed a fugar qualche corpo di Greci, che il capitano Marulo sopravvenuto a congiungersi col Miriarca, s'arrischiava a menar fuori della città. Bene però nel vegnente anno se ne rifecero, ripresero Brindisi ed Oria e Mottula, e prigione rimase in battaglia Miriarca stesso. Nè dissimil prova fecero gli altri capitani greci, Siriano, Pulchairo, Apochara, Cyriaco, rapidamente succedentisi, o insieme congiungendosi in queste parti.

A troppo mal partito vedeasi Bari, temendo che un giorno o l'altro avrebbela il Guiscardo stretta d'assedio. In quelle strettezze inviò ella l'arcivescovo Andrea a Costantinopoli per altri aiuti, che vennero e presti e molti: gente Guarancia comandata dal capitano Mabrica. Costui in certa guisa ristabilì le cose ruinate; perchè sebbene in quest'anno Roberto avesse soggiogata Otranto, Lesiano, Castro Leucadio, e Lecce; pure Mabrica gli ritolse Brindisi, Taranto e Castagneto [1]. Queste misère città erano divenute come palle lanciate d'una in altra mano, e presse e schiacciate sempre in quale cadessero.

In questo mezzo eccoti nuova congiura contro al forte Normanno. Non davasi pace Abagelardo a vedersi iniquamente spoglio degli Stati paterni; e roso da impotente ambizione, tentò gli animi de' cavalieri normanni. Sia che per affetto al giovane

---

[1] L'Annalista Salernitano.

orfano il facessero, sia che questa occasione pigliassero ad abbassare la troppa altezza del Guiscardo, si trovaron presti Goffredo e Gocelino. Ma come quegli n'ebbe sentore, siffattamente ne scompigliò le fila, che molti imprigionò e fece con rigore estremo punire, molti disperse. Gocelino tenendosi perduto fuggì a Costantinopoli, Goffredo si rinchiuse nella fortezza di Montepeloso, l'infelice Abagelardo riparò a Bari, donde mosse pure a Costantinopoli per ricercar d'aiuti l'Imperatore contro lo zio. Il Guiscardo dava opera a prevenire ogni altro movimento avverso: prese Viesti, ove fè prigione il catapano Cyriaco; quindi Siponto, Termoli, Montepeloso; e vedutosi ormai sicuro alle spalle, bastante di forze, s'apparecchiò nel 1068 all'impresa di Bari.

Al cui appressare, ella si studia a farne avvisata la Corte imperiale. Molta gente era in essa, ricchezza molta, ed armi e vettovaglie; e la gravità del pericolo facendo dimenticare ogni studio di parte, Baresi e Greci s'erano risoluti a resistere da valorosi. « Ma Roberto, dice il Muratori [1], da gran tempo « facea l'amore a questa città, capitale della Puglia, anzi degli stati, che aveano in Italia gl'imperatori d'oriente, città « forte, e città piena di ricchezze, e che fin qui avea fuggito « il giogo de' Normanni ». Egli avea fermato di non ismuoversene, e sostenere ogni fatica; la città di non cedere, se

---

[1] Anno 1067.

Aggiunge il Giannone (lib. X, cap. 1): erasi mantenuta la città di Bari insino a questi tempi sotto la dominazione degli imperatori di Oriente, e come capo di quella provincia riteneva ancora la sede dei primi magistrati greci; anzi in questi tempi gl'imperatori di Costantinopoli l'aveano innalzata ad esser metropoli d'un nuovo principato,

non quando fosse venuta allo stremo d'ogni speranza[1]. Nel mese di settembre con superbe parole egli le fece intimar la resa; ma non men superba la risposta: che anzi diffinendo la trepidezza degli animi, sciorinò su per i balconi de'palagi soprastanti alle mura i drappi più fini, e mise in vista vasi d'ogni maniera d'oro e d'argento di finissimo lavoro; e tutta notte, quasi fosse gran festa, con luminarie e suoni affogava il timor de'pericoli nella danza e nel canto. Ridendo il Guiscardo di tutta quella stolta allegrezza, confidava vederla presto volgere in lutto, e la vista delle ricchezze inescandolo, gli tardava farle sue. Onde avvisò di cingerla per terra e per mare, e privarla d'ogni soccorso; al qual fine richiamava di Calabria e Sicilia molte navi, di cui le maggiori eran meglio che cinquanta; nè poco guadagno fu l'aver assaltata sull'acque di Monopoli un'armata, che veniva di Costantinopoli carica di gente e vettovaglie, comandata da Stefano Paterano. Dodici navi si perderono affondate, molti greci affogati con esse, molti presi ed uccisi. Ma questa prima avversità non fece cader l'animo ai nostri; e ridottosi coll'avanzo delle navi Stefano nel porto, e trovati i cittadini così risoluti, si dispose a sostener con essi l'assedio. Roberto schierò tutte le sue forze

---

che di Bari fu detto, ed era prima chiamato ducato, poichè vi aveano costituito Argiro per duca, ed anche, secondo il solito fasto dei Greci, ducato d'Italia lo appellarono. In questa città essi tenevano raccolte tutte le loro forze, ed il maggiore loro presidio; per la qual cosa per molti anni era stata la sorgiva delle sedizioni contra i principi normanni, ed un asilo sicuro per li sediziosi: il che fece meditar per lungo tempo al duca Roberto il disegno d'assediarla.

[1] Credesi, che in questo tempo le suore di S. Scolastica, di fuori che erano, nella città entrassero.

di terra, fanti e cavalli, dall'un braccio di mare all'altro, che
cinge la città, e le guarentì con forti steccati; dalla parte di
mare strinsela tutta co'suoi vascelli, gli uni agli altri ligati
con grosse catene di ferro; e da quelli, che ai due estremi si
accostavano al lido, fe' gittare a terra due ponti con funi tese
e vince sovrapposte, acciocchè, se mai si tentasse sgominar le
catene, ed assalire i vascelli, potessero le forze di terra prestamente apportarvi soccorso [1]. Oltre a questi provvedimenti
innalzò delle torri di legno, alte quanto le mura, e di sopra
briccole e petriere, che tormentavano incessantemente la città;
e con enorme spesa e fatica levò ancora un argine in mare,
che gli servisse come di terreno a batter la piazza. Non minore studio era dentro: un affaccendarsi continuo in forbir armi, opporre vinee, racconciar le parti più deboli delle mura,
e riparare il guasto fattovi dal nemico, cui ricambiava di simili danni or con petriere e giavellotti, or con sortite notturne, che rovesciavano ripari, incendiavano macchine, ed in
una di essa per la via di mare fu distrutto l'argine con tanta
fatica innalzato [2]. Così si tormentavano ed uccidevano dall'una
parte e dall'altra ostinati. Tanta resistenza pareva incredibile
al Guiscardo, esperto più volte di quanto valessero i Greci.
Tentò egli un altro espediente, quello della negoziazione, pro-
ponendo vantaggiose condizioni mescolate a spaventevoli minacce, massime a'principali cittadini, i quali avessero interesse
a trarre gli altri dalla loro. Altro non chiedeva, che il palagio
d'Argiro con la sua torre, ed avrebbe lasciata la città vivere

[1] L'Anonimo del Vaticano.
[2] Buffiers, lib. 2.

a sua posta '. La larghezza di esse fecevi inchinare alcuni; ma i più si tennero fermi al no, altro non vi scorgendo che artifizi, nè voleano rimanerne presi.

Volgeva intanto il secondo anno d'assedio, che facea sentir forte la carestia del vivere. La plebe stimolata dalla fame, e più dai segreti istigatori del Guiscardo, con molte arti guadagnati, iva di già spargendo, che se i promessi aiuti non venissero, non era da patir tanto travaglio, ed irritar maggiormente con una vana resistenza l'ira nemica. Allora si fece in mezzo un tale Amerino, giovine ardito, che serbava memoria d'un'onta di onore (non sappiamo qual fosse) ricevuta da Roberto, ed anelava prenderne aspra vendetta '. Si profferse questi di liberar la città con un colpo solo, uccidendo il fiero nemico: altro non chiedeva, se il disegno fallito gli procacciasse morte, che alla sua famiglia la sussistenza assicurassero. Fu accolta la profferta. Era notte buia di verno, ed egli vestitosi alla maniera normanna, e l'accento loro imitando, penetrò non conosciuto sino alla tenda di Roberto, nell'ora in che costui in mezzo a' suoi ufiziali si rinfrancava con la cena dalle fatiche del campo. Quivi mescolandosi ai ducali serventi, squadrò bene il luogo, il quale non era, che una capanna contesta di assicelle coperte da rami fronzuti, e fattosi di dietro, fu un attimo mirare al segno, vibrare una freccia, fuggire. Sicuro dell'occhio, del braccio e del veleno (aggiungono alcuni), ond'era intinto il ferro, in fra'l tumulto destatosi già per tutto

---

' Questa condizione si ha dal Beatillo, che racconta tutto l'assedio, alterandone solamente qualche circostanza. Noi con atteso studio abbiam cavato il racconto da tutti i cronisti.

' Guglielmo Pugliese, lib. 2°; e il Malaterra, lib. 2°, cap. 11.

il campo, quel giovine ansante e molle di sudore era ricevuto alla porta della città fra le braccia e gli evviva de'cittadini. Ma non durò il tripudio, che una notte sola. Alla dimane sel videro vivo discorrere per le schiere, più acceso nel vermiglio volto, che parea come bragia sotto i lunghi capelli e la lunga barba d'un biondo di lino; perciocchè o lo stormir delle frasche nel vibrare il colpo, o la sua fortuna in quel momento gli facesse inchinare alquanto la persona, il dardo non lacerò che le vesti. Però veggendosi egli sì pericolosamente insidiato cominciò quel medesimo giorno a farsi costruire un ricovero di pietra viva.

L'esempio della costanza barese incuorava altre città; e poichè il Guiscardo per non rimanersi con tutte le genti oziose sotto Bari, e procacciarsi anche da vivere, distaccavane talvolta una parte, ed a combattere altri luoghi inviava; mal capitarono i Normanni a Brindisi nel gennaio del 1070. Una ardimentosa sortita di que'cittadini fe'cadere nelle lor mani quaranta Normanni, e quarantatre scudieri o serventi; le cui teste furono tutte mandate a Costantinopoli. Arse d'ira Roberto, e volle andar contro Brindisi egli stesso, facendo muovere ancora a quella volta molte navi fidate al comando del conte Goffredo. La strinsero d'assedio; ma accorso Mabrica in difesa della città, s'attaccò tale battaglia, che non pochi morirono di Greci e Normanni, fra cui alcuni congiunti del duca medesimo [1].

Queste cose avvenivano di fuori, nè dentro era la città men lacerata. Un Milo Pezzo, che favoriva al Guiscardo, o perchè si fosse involontariamente aperto di troppo col patrizio Bisan-

[1] Di Meo.

zio, o perchè costui, avutone sentore il pubblicasse, in un dì di domenica, ch'era a'18 di luglio, sotto gli occhi de'cittadini il fece uccidere. Di che indignati sopra Milo s'avventarono in frotta, e le sue case bruciarono e demolirono[1]. Simiglianti scene non rare divenivano più fiere per la somma carestia di tutte cose nel quarto anno, che correva d'assedio. La plebe massimamente cercava pane, senza cui non valeva a sostenere le fatiche del vegghiare e del combattere. Il duca Argirizzo spedì messi a Costantinopoli con lo stesso Paterano, significando in lettere compassionevoli le miserie e i travagli del popolo barese per la lunga resistenza, e la necessità in cui sarebbero d'arrendersi, se gli Augusti a soccorrerlo non si studiassero. Un'armata trovarono i messi già pronta a partir per Bari sotto il comando di Gocelino normanno, uomo venuto colà in grand'estimazione; il quale, come dicemmo, nella fallita congiura contro Roberto, erasi quivi rifuggito, e raggiunto da Abagelardo, stavano di continuo a'fianchi degl'Imperatori, per farli stromenti a'lor disegni: e ritornarono con esso lui Paterano e i compagni. Giunta l'armata a Durazzo, Gocelino ne mandò innanzi l'avviso ai Baresi, perchè sollevassero gli spiriti abbattuti, ed a riceverli si apparecchiassero. La lettera recata di celato da un ufiziale diceva in questa forma: « Gocelino duca de'Corinti ad Archerio (doveva dire Ar-
« girizzo) duca de'Baresi salute. Tieni per fermo, che fra
« quattro giorni o prima io giungerò. Adunque ti fo avverti-
« to, che tu quella notte tenga sulle mura fuochi accesi e fa-
« nali, perchè non fallassi il cammino; e noi pure ad assicu-
« rarti fuochi accesi sulle navi avremo ».

[1] L'Ignoto barese.

Non si può dire a parole quanto tripudio eccitassero nella
città gl'imminenti soccorsi; che incauti ne fecero trapelare fin
nel campo nemico. Di che nell'accorto Guiscardo grande sospetto entrò di quel che fosse per avvenire, e si dispose a
prevenirli. Non gli rimase alcun dubbio finalmente al vedere
i fuochi accesi sulle mura: onde a suo fratello Ruggiero, che
di Sicilia erasi a sua istanza ridotto con parecchie altre navi
sotto Bari, dette il carico di vegliar da mare. Non andò
guari e si videro da lungi fuochi accesi la notte, indubitabil
segno di soccorso. Ruggiero allora, distaccata una parte delle
navi con sopravi della migliore gente, tacito se ne slargò; e
come si fu accostato ai Greci, per trarli in inganno fece anch'egli accender fanali sulle antenne. Non si prepararono
punto a difesa quelli, credendo che Baresi fossero, a riceverli
venuti; e gli uni e gli altri cercavansi con animo diverso. Ma
fattisi all'abbordo, Ruggiero diè il segno, e s'avventò con
urto sì forte a'nemici, che una *gaita*, ov'erano cencinquanta
corazzieri, rovesciò, e tutti miseramente affogarono. Scorati
i Greci al riconoscer l'errore, si tennero per finiti; la disperazione faceali combattere come fiere; ed il buio della notte
rendeva più spaventevole quella nuova maniera di navale combattimento. Più non udita la voce de'capi, ciascuno spendeva
indarno sue forze, senza saper che farsi; quale de'navigli af-
fondava, quale cercava scampo nella fuga. Il Normanno iva
adocchiando la capitana, e quella *chelandia* e' si appose che
fosse, la quale due fanali accesi portava; l'investì finalmente,
e dopo breve contrasto la fortuna gli diè prigioni Gocelino
medesimo, e Paterano. Il resto dell'armata allora tutta fu
rotta e dispersa.

Non è a dire del lutto della città, quando fu fatta certa del

caso, e vide ritornar con la preda Ruggiero, ebbro di gioia
per la prima fazion navale sì prosperevolmente tornatagli; nè
dell' inutile pentirsi, de'consigli confusi incerti contraddicenti,
della paura per l'irato Guiscardo. Questi a stringerla più forte,
assaltarla, combatterla, imporle la resa; nè con la forza tra-
lasciava di mescolar le arti: sentivasela col duca Argirizzo,
mandava una scritta di donazione all'abate del monistero di
S. Benedetto ', prometteva mitezza. Pur tutta volta ella mantennesi un altro mese e mezzo; dopo il qual tempo estenuata
dalla fame, e nella disperazione di tutte cose, accolse le proposte del Guiscardo fattele per mezzo d'Argirizzo medesimo,
dissenzienti pochi, ed un Bisanzio Guinderlico, primo tra questi, fu trovato morto. Significogli d'esser presta ad arrendersi,
ed aprirgli le porte, purchè d'usar con umanità della vittoria
solennemente le promettesse. Stracco anch'egli Roberto dalle
lunghe fatiche, e pregiando la virtù delle armi e la costanza,
promise, e le promesse mantenne. Dopo circa quattro anni di
assedio il dì 15 d'aprile del 1071 entrava nella città; affabil-
mente accolse i cittadini, lodolli della virtù, non permisse pure, che alcuna ingiuria fosse fatta alla greca guarnigione, cui
libera rimandò a Costantinopoli, ed al Paterano medesimo

' Donò due case site in Noia; di che fe' cenno Boemondo in un
diploma, che appresso si pubblicherà: *Declaro etiam quod ipse do-
natarius Archiepiscopus rogavit me quatenus et ego consentirem, et
confirmarem illi ex mea parte Concessionem, quam prep.ᵃ Dominus
et pater meus antequam intrasset in civitate Bari, eidem Archiepiscopo (ma allora non era Arcivescovo) concessit, et fecit cum erat
Abbas in Monasterio S. Benedicti, videlicet duas domos in loco Noa,
idest Domum Petri Clerici, et Domum Dionisii Clerici, secundum
continentiam Sigilli, quod exinde ille fecit. ec. ec.*

pose a talento il partirsene, o rimanersi e seguirlo nelle sue imprese. Argirizzo fu dichiarato suo viceduca, o luogotenente [1]; e solo sopra Gocelino cadde tutto il rigore, che chiuso in fondo di prigione vi finì la misera vita. Degna di lode è certamente cotanta mitezza, quand'anche possa sospettarsi men dettata da naturale generosità, che da politica. Perciocchè gran nerbo di forza non aveva egli da lasciare nella città per proseguire le divisate imprese; ed un aspro trattamento avrebbela forse fatta alla prima occasione ribellare. Non è già che monde del tutto tenesse le mani dalle ricchezze, se a solo Montecassino (testimonio Pietro Diacono [2]) donò per quella presa dodici libbre d'oro. Poco più d'un mese si fermò Roberto a Bari in mezzo alle grandi feste d'allegrezza, mostrando sempre confidare nella lealtà de'cittadini; e poscia lasciatovi un presidio de'suoi, careggiando i più valorosi della cittadinanza, fattili armare, ed imbarcatili, tutti con seco li menò ad Otranto; dove trattennesi il giugno e luglio per apparecchiarsi alla spedizione di Palermo [3]. Così con la caduta di Bari cadde ogni signoria greca in Italia, e il ducato barese divenne normanno,

[1] Beatillo, p. 73. Il Giannone però, lib. X, cap. 1, dice che vi lasciò a reggerla un nuovo duca (di cui non reca il nome), e spesi molti giorni in publiche feste ed allegrezze, se ne partì dopo tre mesi con un'armata di 58 vascelli.

[2] Lib. III, cap. 57.

[3] Il Malaterra, Lupo Protospata, l'Ignoto barese, l'Annalista di S. Sofia, e l'Annalista salernitano. Camillo Pellegrino mosse dubbio intorno alla durata dell'assedio, ed affermò che la resa fosse avvenuta a'15 d'aprile 1070, e non già 71; nel che fu seguito da alcuni nostri. Ma chi abbia vaghezza di conoscer per filo le ragioni, che ne han fatto tener pe'primi, consulti il P. di Meo nell'anno 1071, e le troverà tutte distesamente recate.

senza nulla mutare delle forme del civil reggimento, nè perder punto dell'antico lustro e nominanza; e se volessimo prestar fede alle asserzioni dell'arcivescovo Airoldi, dovremmo
dire, che il Guiscardo stabilì la città nostra come metropoli,
e vi pose un Consiglio per governar tutti i suoi stati: ma non
ignoriamo, che furon giudicate fantastiche le asserzioni di quel
prelato [1]. La fresca generosità di Roberto, e le onoranze usate
ne'principali cittadini, che lo seguirono all'impresa di Palermo, mantennero in fede la città; la quale non prese parte ve-

[1] V. una scrittura di Emmanuele Mola, che va stampata nel tomo VIII del Giornale enciclopedico d'Italia, 1 semestre, n. 19. Monsignor Airoldi asserisce, che nel 1081 erano a Bari supremi consiglieri Matteo Amalfi, Giovanni Rogasti, Stefano Kuvar, Iacopo
Mattia figlio di Argirizzo, Abagelardo, Andrea figlio di Landulfo,
Gioacchino Karaminiani, Saule Klerman, Benedetto Ferrasio, Tommaso Alexio, Giuseppe Trani, Mattia Brunone, e Giovanni Albazia-
ni; essendo notaio e primo segretario del Duca un Iacopo figliuolo a Stefano Karamaniani. Che in essa fu stabilita un' officina di
monete, delle quali mostravasi una di argento, nel cui campo diceva: *Gloriatur in Deo Amir Ribart*; nel primo cerchio intorno: *Non
est Deus, nisi Deus unus aeternus, neque erit Deus similis illi;* e nel
secondo cerchio esterno: *Ribart Amir Balirmi ac magnae Kalavrae
gratia Dei unici.* Sul rovescio leggevasi nel campo: *Non est Deus,
nisi Deus unicus;* nel primo cerchio interno: *In nomine Dei cu-
sum hoc drachma in Barisanah metropoli;* e nel secondo estremo:
*Non est Deus nisi Deus unus, Mehamed non est socius Dei, An-
no MLXXVIII.* Nella qual medaglia credesi aver voluto Roberto lasciar memoria della vittoria riportata contro a'Saraceni, quando
erasi già dichiarato emiro di Palermo e di Calabria. E dell'essersi
adoperati caratteri arabi piuttosto, che greci o latini, sì l'Airoldi e
sì il nostro Mola s'accordano in pensare d'essersi fatto, perchè la
moneta avesse corso tra gli Arabi per il commercio con Africa. La

runa alla rivolta del 1073, quando il conte Pietro unito al suo cugino Amico, mal sofferenti entrambi della potenza di lui, non vollero in Melfi al ritorno da Sicìlia riconoscerlo a sovrano, come avean fatto tutti gli altri baroni di Puglia e Calabria; e resisterongli a Trani resasi dopo cinquanta giorni d'assedio, e con essa pure Giovinazzo, Bisceglie, Corato, Andria; ed al conte Pietro caduto finalmente nelle mani de'guerrieri di Roberto fu lasciata per commiserazione la vita. Nè, quando nell'anno stesso Abagelardo, non facendosi ancor capace de'perduti Stati, ritornò prestamente di Costantinopoli in Puglia col fratello Ermanno, ed unissi al principe Gisulfo di Salerno, abbiamo dagli storici, che la città nostra prendesse veruna parte. Si sa qual fosse l'esito di quest'altro tentativo; che perseguitato egli d'uno in altro luogo, e chiuso finalmente nel castel S. Agadi, o Agata, resistette forte all'assedio postogli da Roberto e da Ruggiero uniti; ma altro non ottenne, che di essergli renduto il fratello, il quale già dallo zio era stato fatto prigione; ma nulla si sa di Bari. Pur tutta volta pensiamo, che un qualche movimento facessero i nostri, ovvero Roberto ne insospettisse. Perciocchè oltre alle altre attenenze, che Abagelardo aveva coi Baresi, strettissima era la dimestichezza col nostro Argirizzo, la quale finalmente si risolse in parentado, sposandosi egli ad una costui figliuola. Ma quel che più ne persuade è una scritta del 1075, in cui è registrato un novero di case sì in città poste e sì fuori; le quali un Maureliano, patrizio, catapano, e visconte di Lecce fi''a ad un tal Bisanzio

quale opinione rifermano con un'altra moneta d'oro, trovata dal nostro cavaliere Giorgio Sagarriga Visconti nelle antiche mura della città; ed era di Ruggiero I con simili caratteri intorno. Ma di cotal moneta del Guiscardo non pur si dubita, ma si tiene per falsa.

Struzzo, perchè prenda la cura d'appigionarle '. Or il governo posto nelle mani di Maureliano, il numero delle case maggiore di cento trenta, il modo del designarle, che accenna a confisca, paiono argomenti, che si fosse la città con rigore trattata; se pure non gliele confiscò con tutta la predicata moderatezza, quand'ella s'arrese. Per altro il Guiscardo non aveva più le ragioni di dover usare la mitezza di quattr'anni innanzi. Signore egli della Puglia e della Calabria, de' prin-

' V. Documenti n. IV.

Erano coteste case possedute da famiglie d'ogni ragione; greche, come paiono la Kurimelia, la Maniaki, la Tubaki, la Catepano, la Kuristefano, la Karcula, la Didiscalo, la Catalacti; ed italiane, come la Guiderisi, la Petrone (se non è nome), la Rodelgando, la Butello, la Rainaldo, la de Vico, e tant'altre.

Vi si leggono fra esse la casa, che fu della sorella d'Argiro, e quella del vescovo Ursone; il quale però dev'essere il primo di questo nome, o qualche altro cittadino ornato di tal dignità, perchè il secondo Ursone fu tanto amico a Guiscardo, e destinato tre anni dopo alla Sede barese. Si può raccogliere ancora da tal documento che già il volgar nostro cominciavasi a parlare; poichè molti soprannomi di padroni di esse case, han forma affatto volgare, quali sarebbon Mangiaviti, Manimurzo, Scolmaotre, Vinivindulo, Rapicroce, Novepani, Garofalo, Maniapecuro: così la voce *casa* che occorre frequentemente, e la *scrivere* e parecchie altre. Che la rocca era, dov'è al presente; e la porta presso di essa, detta porta vetere; e duplice l'ordine delle mura. Che v'erano stanziate famiglie de' luoghi vicini, come Mola, Monopoli·, Capurso, Valenzano, Nola. Che finalmente il gran numero delle case pertinenti al Fisco accenna a grandezza di città. E lo stesso volgar dialetto ne ha dato di poter comprendere la frase *ad edituram des*, per dare a pigione, essendo che il nostro volgo chiama *edituro* l'inquilino d'una casa, forse da *sede o sedere*.

cipati di Salerno, Amalfi e Sorrento, e delle terre del ducato beneventano, di cui aveva ceduto la città alla S. Sede; e possedendo Riccardo Capua e Gaeta, altro non aveva a conquistare, che il piccolo ducato di Napoli, per fondare un reame di tutta questa bassa Italia. Onde la fama della potenza n'era giunta a tale, che nel 1076 Michel Duca imperator d'Oriente, temendo non gli venisse vaghezza d'aggredir l'imperio, ne chiese una figliuola per isposarla a Costantino suo figlio, principe di rara avvenenza; la quale, tuttochè fanciullina, fu condotta a Costantinopoli, affin d'essere educata alla maniera greca, ed impostole il nome di Elena, cagione che fu poi di effettuare i temuti pericoli.

Ma svelatamente gli si rivoltò la città due anni dopo, quando quasi tutti i signori normanni contro lui si commossero. Pietro, figliuol di Riccardo, conte di Taranto [1]; Goffredo, conte di Lecce; Abagelardo, figlio al gran conte Umfredo, col cognato Guidilone, sposo ad una sua sorella, ed un Baldovino; Roberto e Goffredo, conti di Montescaglioso, figliuoli del conte Guglielmo e d'una sorella del Guiscardo; Arrigo figliuol di Roberto, conte del Gargano e di Lucera; il conte Amico figlio di Amico il grande [2]. Costoro trassero di poi nella lega Giordano principe di Capua, e 'l suo zio Rainolfo Pipino: i quali due vi s'accostarono pure per insinuazioni del Pontefice, che di Benevento, trovandosi egli allora in nuove discordie col Guiscardo, fe' donare al principe per tal bisogno quattro mila

[1] Questi che dapprima era conte di Trani, fu poi anche di Taranto, tolto ai Greci.
[2] Guglielmo pugliese, lib. 3.⁰

cinquecento bisanti '. Di che vogliamo assegnar qui la cagione.

Nell'aprile del 1076 il duca Guiscardo si condusse a Trani, per ricevervi il marchese Azzo, che un'altra figliuola avevagli chiesta per Ugo suo figlio. Quivi ad ostentazione della cresciuta possanza, volendo come gran principe splendidamente mostrarsi ai nuovi congiunti, chiamovvi tutti i Signori normanni a prender parte alle feste nuziali. Eglino, sebben a mal in cuore, vi si condussero: ma quando il duca impose, che ciascuno, secondo lor grado, facesse un dono alla sposa, seppe così amaro il comando, che accontatisi fra essi, risolsero di prender l'armi.

« Più non esser dunque, dicevano, confederati ed amici al « duca? non più liberi signori di quegli Stati, che avevano « acquistato con lor fatiche e sangue, ma sudditi esser del « Guiscardo? Si ricordasse, che primo tra essi il teneano, non « mai padrone. Questo segno di vassallaggio non aver avuto « animo di chiedere nè pure per le nozze della figliuola data « all'imperator di Costantinopoli. Che più aspettare? che Gui- « scardo de'loro Stati affatto li spogliasse? che speranze ri- « maner più di moderatezza? quai riguardi lo avrebbono in

' Così l'Annalista salernitano. Ma il Muratori, an. 1078, sostiene che il Papa fosse autore di tutta la rivolta ; perciocchè, dopo aver di nuovo scomunicato Roberto, il quale gli assediava Benevento, fece che il principe Giordano abbracciasse la difesa delle terre della Chiesa e de'Beneventani. « Questi usciti perciò in campagna, secondo « che s'ha da Pietro Diacono, fece ribellare molti de'conti e vassalli « contro di Roberto, arrivò sotto Benevento, e distrusse tutte le for- « tificazioni fatte dal duca per prendere quella città. Bari con Trani « ed altre città si ribellarono ec. ».

« avvenire ritenuto, se cotesta ingiuria vigliaccamente patis-
« sero? non aver forse mostrato aperto l'animo suo con l'in-
« giusta usurpazione sul nipote Abagelardo? »

Coteste e simili altre parole ivano da per tutto accendendo
gli spiriti, ed il fuoco s'appiccava a molte città di Puglia.
Bari, esacerbata forse dalle recenti confische, intollerante certo
del vice-duca Umberto, che cangiava già i modi temperati del
reggimento in superbi ed ingiusti, non diversi da quelli dei
catapani greci, a tal ch'ella vedeva di aver mutato padrone,
non fortuna; tutta si commosse a quel divampare; e piegando l'orecchio ai consigli del suo antico duca Argirizzo, si sollevò ad esempio di Trani, che aveva ricevuto il conte Pietro.
A 3 di febbraio del 1079, postisi i cittadini in armi, assaltano fieramente il presidio normanno [1]. Umberto è preso, e
strangolato; si disfrenano tutti gli studi di parte; il popolo a
furia correre ad abbattere il castello di *porta nuova*, per torre
il nido, come dicevano, agli oppressori; un Passerizzi ed uno
Stenizzi uccidere Basilio figlio di Milo Pezzo entro la chiesa di
S. Nicolò *del monte*, e nello stesso giorno esser loro cavati gli
occhi. A stento quetò il tumulto, quando Abagelardo, genero
d'Argirizzo, entrò nella città [2]. Giovinazzo, indarno da costui
stimolata a darsi al conte Amico, si mantenne fedele, difesa da
un Ivone. Argirizzo ragunò allora alcuni Baresi ed ingrossati
dai Tranesi, Coratini, Biscegliesi, Andresani corre ad assediarla. Era tutta gente da volgo, cupida di novità, senz'ordine, senza freno; pure per il numero vedeasi in gran pericolo
Ivone: onde tentò artifizio, che ben gli riuscì. Un Bitontino,

---

[1] L'Anonimo barese.
[2] L'Anonimo salernitano, Lupo, e l'Ignoto barese.

tutto esterrefatto dalla paura, avvisava d'avvicinarsi Ruggiero
figlio del duca a soccorrere la piazza con forte esercito; e tutta
quella marmaglia si dileguò. Ma non così accadeva ad Abagelardo, che con una buona mano di gente armata barese assa-
liva fin vicino di Troja il giovine Boemondo, primogenito del
duca, rompealo, e di poi stringeva ed entrava in Ascoli [1].

Turbossi Guiscardo; ch'era a Cosenza, e racconciatisi alla
meglio con essa, moveva frettolosamente alla volta di Bari. Ma
in questo mezzo sieno l'arti del duca, sia l'opera di Desiderio
abate cassinese, il principe di Capua e Rainolfo abbandonarono
i soci, e riconciliaronsi con esso lui: il quale abbandono scorò
tutti gli altri. Mesto erasi ridotto in Bari Abagelardo, ed avvegnachè solo, volle tentar co'Baresi la sorte dell'armi, incre-
scendogli la vita. Si battè virilmente buona pezza; ma alla
fine ferito d'un colpo di lancia, che gli trapassò la corazza,
ebbe ad inchiudersi nella città. Il Guiscardo minacciava aspro
castigo, se non s'arrendessero; i cittadini eran fra due, ma più
inchinati a disperata risoluzione. Se non che li distolse il principe capuano medesimo, postosi a mediatore; ed Argirizzo indusse il ripugnante suo genero a cedere. Così Bari s'arrese in
sui primi giorni di settembre, e Guiscardo entratovi perdonò
a tutti. Premiò i Giovinazzesi, uscitigl'incontro con ogni maniera d'ossequio, rimettendo loro la metà de'tributi; e rassi-
curandoli a non temer pe'loro figliuoli, statichi in mano del
conte Amico, perchè costui già il richiedeva di pace. Di poi
prese Baldovino in Ascoli, e poselo in carcere; ed in Trivico,
avuto nelle mani Gradilone, tolsegli con la vista l'onor virile.

[1] Lupo, l'Anonimo barese, e la Cronaca normanna, publicata
dal Muratori. Rer. Ital. t. V.

Si assoggettò Spinazzola, e brevemente ridusse tutti all'antica, anzi peggior soggezione, che prima, largheggiando delle conquistate terre con coloro che gli si erano mantenuti in fede. Abagelardo partissi per Costantinopoli, ove logorò sua vita nell'impotente desiderio della vendetta; ed Argirizzo, tenendosi mal sicuro della persona, abbandonò per sempre la terra natale, riducendosi presso Michele Prislavo, il re della Schiavonia, della Bulgaria e della Rascia, a cui era congiunto, o in questo tempo si congiunse in parentado, disposando la sua figliuola Giaquinta al principe Bodino, che n'ereditò la corona [1].

[1] Narrano di costei, che fosse superba e vendicativa. Tale mostrossi nel vendicar la morte di Cosar valoroso guerriero, suo congiunto e nostro concittadino; il quale, comandando l'armi di quel reame all'assedio di Ragusa, fu ucciso a tradimento nel suo padiglione. Ella pretese ed ottenne dal marito, che alcuni congiunti di lui fossero fatti morire sulla tomba di Cosar, ed erano un fratello e due nipoti. Il Beatillo, che cava questo fatto dagli annali di Ragusa, aggiunse (p. 76) che un greco epitafio, il quale vedesi anche oggidì benchè tutto roso dietro l'altare maggiore del Duomo, sia stato posto a lei, sebben se ne taccia il nome; ch'egli reca in italiano così :

« O tu che spontaneamente amasti l'ignoranza
« Conosci un po' te stessa, ed insegna che la natura
« È vile e soggetta alla corruzione.
« Perchè se le cose illustri, e venerande di questa vita,
« Divengono polvere, e si risolvono in cenere;
« In che modo, o infelice, ti pigliavi superbia della tua cenere?
« O ignorante di te stessa, come se non avessi mai avuto a morire.

Non sappiamo, perchè tale satirico epitafio sia da attribuirsi a Gia-

In questo mezzo, vacato per la morte dell'arcivescovo Andrea il presulato barese, il Guiscardo dette opera, che l'occupasse un Ursone, II di tal nome, e vescovo di Rapolla; uomo tutto suo, intimo consigliere, esecutore de'carichi più dilicati. Lui inviava ambasciadore al pontefice Gregorio VII già seco inimicatosi per l'assedio di Benevento; a lui raccomandava una sua figliuola fidanzata al conte di Barcellona, per condurla in Catalogna, e del ben eseguito ufizio gli donava al ritorno le due baronie di Bitritto e Cassano ', e la decima delle entrate ducali di Bari; con esso lui cavalcava da per tutto: ond'è, che rado Ursone stanziò nella sua sede.

quinta, e perchè trovato a Bari, come neppure siam certi, se l'altro epitafio recato dal medesimo nostro scrittore sia stato posto al principe Argirìzzo nell'antica chiesa di S. Maria de'Sannaci, ch'è del seguente tenore:

Clarus stirpe patrum, patriae defensor, ut Hector,
Gloria, laus, et honor generis, populi quoque rector,
Kyri Ioannatius hic clauditur incineratus,
Cui Petrus pandit coelestia regna beatus.

' V. Documento, n. V.

CAPO VIII

DAL 1082 AL 1100.

SOMMARIO

Parte Guiscardo da Brindisi per l'impresa contro il greco Impero; ma lasciato colà Boemondo, se ne ritorna per frenare la ribellione di Goffredo di Conversano, e difendere il Pontefice dall'imperatore Arrigo; riparte per Oriente, e muore (1085); sua moglie ritorna in Puglia, per assicurare la successione degli stati a Ruggiero suo figlio, secondo genito di Guiscardo; Boemondo anch'egli torna per non vedersi spoglio del retaggio paterno; viene ad accordi col fratello ed ottiene per sè Bari, Oria, Taranto, Otranto e Gallipoli; i marinari baresi recano il corpo di S. Niccolò involato da Mira (1087), e cominciasi ad edificar la Basilica; il duca Ruggiero le fa delle donazioni (1089), ed altri ne imitano l'esempio; da Ruggiero e Boemondo pregato il pontefice Urbano II viene a Bari a consacrar la Basilica, dove ripone il sacrato corpo di S. Niccolò, ed unge ad arcivescovo l'abate Elia (1089); giunge in Bari Pietro l'eremita (1095), e comincia il movimento delle Crociate; càpitano a Bari gli eserciti Franchi (1096); Ugo parte per Durazzo; sopravviene da Amalfi Boemondo, seguito da gran numero di Crociati, e parte per Terra santa la seguente primavera; si raduna a Bari il Concilio generale di Padri greci e latini (1098), dove sfolgora l'eloquenza e la virtù di S. Anselmo.

Nel maggio del 1081 partiva Roberto per la Grecia, imbarcandosi a Brindisi; e velava l'ambizioso proponimento con uno specioso titolo, quello di vendicare l'ingiuria fatta alla sua figliuola; le cui nozze erano state irreparabilmente infrante da Niceforo Botoniate, che usurpando il soglio d'Oriente, aveva privato del viril decoro il principe fidanzato, e chiusa

lei in un monistero. E tuttochè sapesse d'esser sua figlia ora
principescamente trattata da Alessio Comneno, che poc'anzi
in Tracia dalle legioni proclamato imperatore, aveva deposto
il Botoniate; pure Roberto s'era risoluto a partire: ed una
novella di trono rassegnato per forza e di fuga, messa insieme
da un greco, che faceasi nomar Michele, padre di Costantino,
il principe evirato, mostratosi a Salerno, accolto ospitalmente
da esso Roberto, valse a coonestar meglio le intenzioni. In
Brindisi, prima di partire, presenti i principali de'suoi e molto
popolo accorso, dichiarò unico suo e generale erede degli
Stati d'Italia e Sicilia il figlio Ruggiero, lasciandogli a ministri in sua assenza uomini sperimentati il conte di Loritello ed
il conte Gerardo. Spedito già innanzi con quindici navi il suo
primogenito Boemondo, avuto dalla ripudiata consorte, ad
impadronirsi di qualche piazza, acconcia a potervisi riparar
l'armata; egli con la duchessa, che per le maschie virtù nuova Pallade fu detta, con quel suo fantoccio d'imperatore de-
tronizzato, e quindicimila uomini abbandonò l'Italia mettendosi in mare su di settantasei navi, lontre, e scherafati, e
schiffoni [1]. Del quale nerbo d'armata non è a maravigliare, perocchè Roberto impose alle città marittime l'obbligo di somministrar navi, e la sola provincia di terra di Bari a darne
undici era tenuta [2].

In quelle parti non menomò egli il suo nome, anzi più for-

---

[1] Il Gibbon, seguendo l'Anna Comneno, fa ascendere sino a
trenta mila l'esercito, ed a cencinquanta le navi; il che ne pare esagerazione della storiografa.

[2] Barletta ne dovea somministrare una, due Trani, una Bisceglie,
una Molfetta, una Giovinazzo, due Bari, una Polignano, e due Monopoli. Dissertazione su la seconda moglie di Manfredi, scritta dal

midabile il fece, quantunque contraria avesse sovente la fortuna, e grande ostacolo gli opponessero i Veneziani. Ma l'anno appresso dovette per più ragioni ritornare in Puglia, lasciandovi a proseguir l'imprese Boemondo, che a lui non fu
minore. Il conte Goffredo di Conversano gli si era sollevato
contro, e tratte con seco molte altre città di Puglia; e mentr'egli improvviso giungeva ad Otranto, il conte moveva ad
assediargli Oria. Troia, dove trovavasi il giovane Ruggiero,
prese anch'essa l'armi col soccorso degli Ascolani irritati per
aspri trattamenti, ed avealo costretto a chiudersi nel castello;
sebben poscia per opportuni aiuti ricuperasse la città, ed a
spavento molti cittadini in sulle mura appiccasse. Così Canne,
così altre; ed un ribollimento andavasi eccitando negli animi
di tutti. Roberto s'avventò incontanente agli assalitori di Oria,
e disperseli; distrusse quasi del tutto Canne, per isgomentar
Arrigo conte del Gargano, che alla sollevazione molt'opra
data aveva; in breve tutto rifrenò nell'obbedienza.

Ma la principal cagione di sua presta venuta fu per avventura il recar soccorso al Pontefice assediato in castel S. Angelo da Arrigo IV imperatore; il quale era sceso in Italia ed
andavasi avvicinando agli Stati normanni tratto sì dalle lusinghe ed il molto oro d'Alessio, che distornar cercava dall'O-
riente la formidabile tempesta; e sì dal desiderio di prender
vendetta di papa Gregorio, protettore e protetto del Guiscardo, da cui era stato quasi per essere spoglio dell'imperio:
il quale ridotto, com'era, ad una signoria straniera in Italia,
non potea dissimularsi che presto o tardi avrebbe travolta an-

Prevosto della regal chiesa di Canosa Domenico Forges Davanzati,
p. 13, nota 1.

che la Chiesa in una universale servitù. Della quale impresa Roberto con maravigliosa prestezza si sbrigò, avvegnachè disonestasserla i suoi soldati, che furiosi liberatori ogni più feroce voglia vi sfogarono: e mentre così prospera gli si mostrava la fortuna in Italia, crebbegli la gioia l'udir, che Boemondo fugava in Bulgaria l'esercito imperiale. Egli di poi per Montecassino riducevasi a Salerno una col pontefice Gregorio, che rinnovavagli l'investitura degli Stati, già concessa da'suoi predecessori; e diessi ad assicurarsi del principe di Capua, Giordano suo nipote, rendutosi per paura vassallo all'imperatore Arrigo. Ma l'ambizione del greco imperio pungevagli i fianchi, e facealo correre impaziente alla volta d'Oriente, conducendovi eziandio Ruggiero, per compiere ciocchè l'egregio figliuolo avea con tanta bravura incominciato: la quale ambizione fu causa, che trascurasse le cose d'Italia, e lasciasse il destro di stringerla tutta in un vasto reame, come proponevagli (dicono) quel vasto intelletto di papa Gregorio. Bari patì la sua parte in quest'ultime rivolture, che fu gravata di una contribuzione di molte migliaia di soldi, e della prigionia di parecchi cittadini, sui quali cadde sospetto d'animo non ligio [1].

Ma ecco da tant'altezza, mentr'era per ghermir l'imperiale diadema d'Oriente, nel luglio del 1085 il morbo contagioso, diffusosi per tutto il campo normanno nell'isola di Cefalonia, il trabalzò al sessantesimo anno di vita. Moriva egli tra le braccia della prediletta sua donna, e de'tre figliuoli Boemondo, Ruggiero, e Gilda. La duchessa, donna di quegli spiriti virili, che ognun sa, amando di grande amore il suo Ruggiero, e te-

---

[1] L'Ignoto barese.

mendo non tumultuassero i popoli pugliesi (perchè prevedeva, che il primogenito del marito, Boemondo, disputerebbe al fratello la successione agli Stati paterni), aringò i capi dell'esercito con parole, cui aggiungeva forza ed incanto il labbro feminile; e dispostili a favor del suo figliuolo, frettolosamente col cadavere di Guiscardo ritornò in Italia. Giunta in Puglia a grande stento per una fiera tempesta, che affondò parecchie galee, e ruppe anche quella, che portava il ducale cadavere, ripescato nel mare, ne ripose le interiora ed il cuore in Otranto, e nella Trinità di Venosa il rimanente corpo; confermò con doni e promesse a rimaner nella fede al figliuolo i reggitori delle città più forti; pose nuovi presidii nelle città più sospette; trasse dalla sua il cognato, principe di Capua; strinse lega col gran conte di Sicilia, zio a Ruggiero, cedendogli intere quelle castella, che solo a metà ei prima possedeva. Così in settembre egli fu solennemente riconosciuto e coronato duca, ed omaggio di fedeltà gli altri conti gli giurarono.

Non indugiò guari Boemondo a muoversi d'Oriente con seco buona mano di gente armata, per non vedere in sè rinnovato l'esempio del cugino Abagelardo; ed ottenne almeno con forza qualche parte del retaggio paterno. Giunto in questi luoghi s'indirizzò dapprima a Bari, che lietamente per la fama di prodezza e per la giusta causa il ricevette; quindi prese Oria, ed infestava stringendo il contado di Taranto. Onde Ruggiero, che perniciose conseguenze temeva da cotesti esordi delle imprese del fratello, elesse piuttosto di cedergli con le buone alcuni Stati; e fermarono insieme un accordo, con cui lasciavagli Bari ed Oria da lui già occupate, e con esse Taranto, Otranto, e Gallipoli [1]. Così la città nostra passò sotto

_____
[1] Il Malaterra.

la dominazione di sì prode uomo, che non le dimostrò minor benevolenza del padre.

Pure poco durò la concordia fraterna; perocchè, sebbene ignorisi la cagione, certo è, che nel settembre del 1087 furono alle mani in su quel di Benevento, e Bari fu ritolta a Boemondo [1].

In questo eccoti avvenimento memorabile per noi. L'arcivescovo Ursone trovavasi a Trani, col suo arcidiacono Giovanni nostro concittadino, ed uomo di molte lettere e dottrina, entrambi per mettersi in mare alla volta di Terra santa, quando ne fu incontanente richiamato; perchè ai nove di maggio di quell'anno 1087 era giunto a Bari trasportato dalla Licia pei marinai baresi il corpo di S. Niccolò arcivescovo di Mira. Approdarono le tre navi nell'antico porto di S. Giorgio, a poco più di quattro miglia dalla città, con grandissima allegrezza per il sacro tesoro, che portavano, e per la ben riuscita impresa con cotanto rischio operata [2]. Quindi spedivano alcuni di essi a recarne alla città la fausta novella; la quale come si fu sparsa, vedevi un tumulto di gioia, un interrogarsi, un piangere di tenerezza. Una ressa di popolo di tutte condizioni trarre al lido, e desiosi aspettar di vedere i primi apparir

[1] Di Meo.

[2] Non vogliamo qui trasandar di notare, come Venezia pure si vanta d'essersi in essa portato il corpo di S. Niccolò nel 1096; ma noi come di cosa manifestamente falsa taciti ce ne passiamo, rimettendo il lettore, che abbia vaghezza di udirne alla distesa tutte le ragioni, agli annali del P. di Meo, anno 1087, paragrafo 6; ovvero alla Diatriba 2 del nostro Putignani, e precisamente alle osservazioni sulla storia scrittane da Giovanni arcidiacono, paragrafo 4, nota C, pag. 199.

di lontano le avventurate navi; molti salire su barchette, e muovere all'incontro; i sacerdoti coi lor paramenti pronti a ricevere con la debita venerazione la sacra reliquia. Ma sovraggiunge altro messo, che annunzia non voler eglino fidare a persona quel lor tesoro, fin dalla Licia aver votato solennemente d'innalzargli un nuovo tempio, nè poterli smuovere forza veruna. Chi plaudiva allora alla presa risoluzione, chi di inconsiderata e stolta appuntavala, più convenevole sembrando, che di quella reliquia il Duomo si adornasse, tempio solamente degno di contenerlo. E già il contendere delle parole accennava di volgersi a gravi fatti, quando un vecchio, riverito da tutti per dottrina e santità di vita, quetò gli animi commossi. Era questi Elia, l'abate del monistero di S. Benedetto, che entrato in mare, e montato sulla nave, dov'era il sacro corpo, dopo averlo con riverenza adorato, si fece a persuader que'marinai: « non volessero guastare opera sì pia, e « perdere il frutto di tanti pericoli; non esser quello il tem- « po d'una inutile contesa, e non indugiassero a portar nella « città il lor pregiatissimo tesoro; tutti vorrebbono, che si « mantenesse il fatto voto, e tutti contribuirebbono; che se « mai ne dubitassero, e tanta fede avessero in lui, da fidar- « glielo in deposito, sì egli con tutta venerazione il custodi- « rebbe nella sua chiesa, e restituirebbelo a coloro, che fida- « to glielo avessero, quando il nuovo tempio innalzato si fos- « se ». A tali parole consentirono tutti: e così la cassa, in cui erano le sante ossa rinchiuse, fu portata da quei padri in mezzo a tutto il popolo; ed in sull'altare di S. Benedetto collocata [1], con gente armata d'intorno, tutti marinai, classe

---

[1] Vedesi tuttora una cella sotterranea, dove fu allora deposto il

numerosa di cittadini; la quale vegliasse, perchè quei della contraria sentenza ad involarla non si arrischiassero. Allora corse per le bocche di tutti il racconto di tanto ardire barese, cosa non insolita però in quella stagione. Quelle tre navi cariche di frumento ed altre merci erano partite per cagion di di traffico alla volta d'Antiochia [1]. Come furono in sull'acque di Licia, quegli uomini di mare [2] cominciarono a lamentar la

corpo di S. Niccolò. Perocchè distrattosi quel monistero, e di poi fattosene l'acquisto dai Padri Celestini, e costruttovi un nuovo tempio nel 1745, ne vollero conservare la memoria.

[1] Dice il Beatillo essere state queste navi dell'università, ite per vender grano in Antiochia, e portar di là varie sorti di merci. Storia di S. Niccolò, lib. VIII, cap. X. p. 635. Ma Cesare Orlandi nella sua opera delle Città d'Italia, Perugia 1774, tomo III, p. 87, parlando della famiglia Dottula, reca un attestato de' sindaci Domenico Gironda e Francesco Paolo Pizzoli del 20 d' aprile 1773, sulla cui fede egli afferma « che ha questa famiglia altresì il pregio d'essere state su « di due suoi vascelli trasportate da Mira le sacre ossa di S. Niccolò, « come costa dall'antica tradizione e da un'antichissima dipintura « esistente nell'inferiore chiesa di detta reale Basilica, in cui vedesi « effigiato il trasporto medesimo, e nelle vele di detti vascelli veg- « gonsi le armi de'signori Dottula consistenti in tre teste d'idra po- « ste in una sbarra che divide per mezzo il campo in oro e azzurro». Nulla possiamo dirne, non esistendo ora cotal dipinto; ma pare che più di quella de'sindaci dovesse valere l'autorità del Beatillo studioso a raccogliere le tradizioni.

[2] Costoro, secondo il citato Beatillo (lib. VIII, cap. XXVII p. 686) furono in tutto sessanta. Un peregrino, che andava in Terra santa, della cui patria e nome non abbiamo notizia. Dodici forestieri di varii luoghi, e quarantasette baresi. De'forestieri due erano da Trieste, uno da Taranto, due da Monopoli, e sette da Polignano. Quei da Trieste l'uno avea nome Alberto, e l'altro Elia, entrambi nocchieri in due di detti navigli. Il tarantino si domandava Stefano. Quei di

sorte della chiesa di Mira, venuta in podestà dei barbari fin
da cinquant'anni, e miseramente devastata: e quindi, come
interviene, d'uno in altro ragionamento trapassando, tocca-
rono del santo corpo dell'Arcivescovo mirese colà giacente
ed in tanta devozione avuto nella lor patria. Onde alcuni dei
più animosi rappresentarono loro, che gloriosa opera sarebbe
stata, se dalle mani degl'infedeli ritolto l'avessero. Fra le
molte e varie sentenze alla fine deliberarono di gittar l'ancore
nel porto d'Andriaco, e mandare di là a Mira un uomo, che
da pellegrino con seco viaggiava, a spiar con istudio lo stato
delle cose, e secondo quello poscia risolvere. Costui rapportò
molta di quella barbara gente essere a que'giorni ragunata
nella città per celebrare i funerali ad un certo lor capo: il

Monopoli si chiamavano Bisanzio e Maraldizzo; ed i polignanesi furono Masio (Tommaso), Pandolfo, due Giovanni, Milone, Ildemann-
nio, e Niccolò. I baresi poi furono Lupo, e Grimoaldo Sacerdoti;
Romano di Niccolò chierico; Stefano d'Argiro nocchiere del terzo naviglio; Giovannoccaro capitano di tutti e tre i vascelli; Petrarca Pilillo, Giovanniccio de Caris, Matteo Sparro, o Sparratello, Leone
Pilillo, Michele di Germano, Bisanzio Saragullo, Stefano de Virgi-
liis, Melchiacca Curbario, Leone Desigio figlio di Giacomo, Giovan-
naccaro Manto, Leone Guisando di notar Giacomo, Domizio Azzo,
Serio Azuccabello, Petrarca Caperrone, Michele Presbitero figlio di
Basilio, Ursone Presbitero di Lupo, Melchiacca Bacculato, Bardo
Gisilfo o Gilolfo, Simeone Denteca, Quirico de Urania, Michele
di Coloianni, Benedetto Navicella, Desigio di Alberto, Petronio Na-
so, Bisanzio Boccone, Stefano de Bono figlio di Simeone, Maiore o
Maione d'Adelfo, Stasio Stanuria, Pietro Sirinolfo, Niccolò d'Alba,
Summissimo Naclerio, Michele Zizzula, Lupo di Cumata, Petrarca
Rosimanno, Leone Lando, e Leone delli Sabati. De'rimanenti sei
non si ha notizia che di soli nomi di famiglia, e sono: Elefanto,
Buonomo, Gittano o Grittano, Summone, Tupazio, e Fararo.

perchè tennero come impossibile l'impresa, e ritolsero il cammino per Antiochia. Accontatisi quivi con alcuni Veneziani, anch'essi per traffico venuti e lor conoscenti ed amici, venne fatto di scuoprir l'animo di quelli, che alla medesima impresa d'involare il sacro corpo per avventura s'apparecchiavano. Forte li punse l'inaspettata notizia: onde diffignendo ed affrettati i loro affari, si risolsero di prevenirli. Pure quando furono in sul luogo, la grandezza del pericolo, ed il pensiero che ai lor cari congiunti ricorreva, quasi ne li distolse; se non che il contrario vento, chiusili nel porto d'Andriaco, fu per essi come una divina ammonizione a non dover lasciare il primo divisamento: e senza metter più tempo in mezzo, spedirono a Mira, che non più di tre miglia distava, due altri esploratori, i quali riferirono, essere la chiesa in luogo piuttosto solitario senza clero e senza popolo, e da soli quattro monaci custodita. Lasciati allora a guardia delle navi i men forti e risoluti uomini, tutti gli altri bene in armi, ed eran quarantasette, s'avviarono al tempio, e due sacerdoti baresi con essi a nome Lupo e Grimoaldo. Quivi giunti, deposero l'armi, e richiesero i custodi del luogo, ove fosse il sacro corpo, per orare devotamente. Di poi cominciarono con istudiate parole: essere stati colà inviati a posta dal S. Padre, divinamente avvertito in sogno, perchè più quel tesoro non rimanesse tra gl'infedeli, ed eglino presti anche di non poco oro a gratificarli. A tai cenni un forte contendere di parole da ambe le parti, ma troncando gl'indugi vennero ai fatti. Assicuratisi dei custodi, che indarno tentavano fuggire, e poste guardie intorno al tempio, uno d'essi, che Matteo addimandavasi, col ferro nudo e fiere minacce si fece mostrar con precisione la tomba del Santo. Ad un sì risoluto comandare ubbidirono i custodi; e tosto eglino, rotto co'martelli il marmo, n'estrassero le ossa galleggianti sul sacro liquore, che ne scaturisce, ed in una cotta del sacerdote Grimoaldo avvolgendole, taciti e guardinghi, devote preci recitando, se le portarono alle navi. Era quello il ventesimo dì d'aprile. Invano i Miresi avvertiti del fatto corsero tutti al lido; chè la gioia e'l desiderio di sicurezza aveva già fatto mettere in mare i nostri, e non calendosi di pianti, preghiere, e sforzi disperati di quelli, uscirono dal porto.

Ma ritornando là, dove lasciammo la narrazione de'fatti avvenuti nella nostra città, diremo, che in quel mezzo giunto l'Arcivescovo, e saputo dell'avvenimento, andò difilato alla chiesa de'Benedettini, e dopo la venerazione alle reliquie, si ridusse senz'altro nel suo palagio. Quivi o che veramente pensasse ad usar la forza per averle nel Duomo, o che ne sospettassero i marinai, ragunaronsi costoro armati in più gran numero, ed uniti a molto popolo, che tenea per essi, si mostrarono apparecchiati a lordar di sangue la pia opera. Onde i maestrati ed i maggiorenti della città, cui forte increscevano gli effetti, che potean derivare da una rivoltura giustificata in certa guisa dalla pietà; si fecero incontanente a pregar l'Arcivescovo, non volesse dare occasione a turpi fatti, e si contentasse che a lor talento i marinai di quella reliquia disponessero. Ma le risposte poco chiare, dando argomento dell'animo suo, mossero più prestamente quelle menti concitate. In breve, si venne alle mani, e già alcuni de'più arrischiati giovani dell'una e l'altra parte cadevano vittime.

Questo avveniva innanzi alla chiesa di S. Benedetto; ed intanto i marinai, ch'erano dentro, ed in buon numero, a custodia del deposito, pensarono a torlo di là, e per una porti-

cina della parte postica del tempio, frementi d'ira, ma pure
con dimostrazion di devozione, lo portarono nella piazza, ove
era l'antico palagio del maestrato greco, detta *Corte del Catapano*, e lo collocarono nella chiesetta di S. Eustazio martire; facendo ragione, che l'autorità del luogo pertinente al
principe ritener dovesse gli avversari dall'assalirlo: e ciò avvenne nel martedì, terzo giorno dalla lor venuta. Così quetarono affatto gli animi; e l'Arcivescovo, posto giù ogni pensiero d'aver nel Duomo il corpo del Taumaturgo mirese, si
condusse con prelati [1], ed altre nobili persone accorsevi
e con tutto il clero a piè scalzo a venerarlo di bel nuovo in
quella chiesetta; intorno a cui per altro la gente di mare non
lasciava mai di vegghiar dì e notte armata, soprantendendo
loro l'abate Elia, solo acconcio uomo a frenar gli spiriti del
popolo [2]. Ma l'arcivescovo Ursone, a cui forte incresceva,
che quella sacra reliquia non accrescesse nuovo lustro alla sua
chiesa, procacciò di farsi donare la *Corte del Catapano* dal
duca Ruggiero, che n'era padrone; affinchè nella giurisdizion
sua almeno rimanesse il novello tempio, che in essa murar si
voleva: e quella donazione gli fu fatta appunto nel giugno di
quel medesimo anno 1087 in Bari (come sembra dalle parole del diploma) e nel suo episcopio, e con quella donavagli

---

[1] I prelati furono Guidonio arcivescovo d'Oria, Arnolfo vescovo
di Bitonto, Leone di Conversano, ed altri.

[2] Non appartiene a noi di toccare qui de'tanti portenti, che Dio
si compiacque di far operare da quel Santo, sì nel viaggio, e sì in
questo tempo e sempre; potendoli ciascuno trovar registrati nella
vita scrittane dal Putignani, dal Beatillo, e da altri.

pure il Duca il canale di Gioia, e la chiesa di S. Angelo nel monte Ioannaceo [1].

Due mesi non trascorsero da questi avvenimenti, e già dalle larghe offerte de' cittadini versate nelle mani del pio abate con tutta fidanza cominciavasi a dar opera all'edificazione del nuovo tempio intorno al mese di luglio, retta pure da nobili ed intelligenti persone da essi a tale ufizio prescelte. Il luogo fu l'indicato spazzo, non pur consentendovi Ruggiero nella fatta donazione all'Arcivescovo [2], ma di alquante donazioni

[1] V. Documenti n. VI.

[2] Il Putignani (Storia di S. Niccolò, lib. VI, cap. I), afferma: « che i Baresi ottennero dal duca Ruggieri, il suolo, o fondo del pre- « torio o sia palazzo de'greci Catapani, per ivi erigere la magnifica « Chiesa »: ma non reca alcun chirografo, o altro documento, e s'appoggia alla bolla di papa Pasquale II dell'anno 1106. Avealo sì permesso il duca, ma donato quel luogo in pari tempo all'arcivescovo Ursone; il quale, non potendo ottener altro, gliene richiedeva; e forse per prudenza l'ottenuta donazione taceva. A tal circostanza di tempo non badò forse il Putignani, e quindi nella dissertazione preliminare alla sua storia si sbracciò tanto a dimostrare inverisimile o guasta la narrazione dell'arcidiacono Giovanni, come creatura dell'Arcivescovo, e verace quella del monaco Niceforo, che tal circostanza passò sotto silenzio; e bugiardo il diploma di Costanza, moglie di Boemondo, come abbindolata dall'arcivescovo Risone, Tancredi conte di Conversano, e Goffredo di Andria suoi consiglieri a confermare la donazione di Ruggiero. Nè dall'altra parte il nostro Garruba nella *Serie critica de' sacri Pastori baresi* avrebbe tolto a confutare il Putignani, se avesse considerato, che la donazione della Corte del Catapano non potè mai esser fatta da Roberto Guiscardo ai 7 di marzo 1084, ma solo da Ruggiero nel 1087. Perciocchè quel diploma sembra evidentemente foggiato, allorchè nel giudizio della dichiarazione del regio padronato della chiesa arcivescovile fu pre-

dotandolo, che gli fecero acquistar diritto di padronato : e la prima di esse fu nel febbraio del 1089, donando tutte le case di un tal Porfido di Gravina, che facean parte allora di sua curia '. Nell'agosto dello stesso anno gli donò poi un luogo detto *S. Maria de Fovea* con tutte le pertinenze d'uomini, edi-

sentato nella reverenda Curia del Cappellano maggiore alla seconda metà del secolo passato. Non si può veramente giudicare dell'intero contesto di essa, avendone il Garruba recato solo uno squarcio a p. 131, e non trascrittolo distesamente appresso, come prometteva. Ma le parole dell'altro diploma del Guiscardo, dato nel febbraio del 1085, son tali nel preambolo ed in tutto il dettato, che di leggieri ogni mente discreta si persuaderà, essere stata questa la prima volta, che il duca donava, e gli donava non men che i casali di Bitritto e di Cassano con le lor pertinenze; tutte le chiese dentro e fuori la nostra città, e tutte le decime dovutegli; nè di quella prima donazione fa egli motto veruno. Di più: Ruggiero nel giugno del 1087 dona e non conferma essa Corte del Catapano: che se di confermazione si fosse trattato, avrebbelo detto, come il disse, confermando la donazione de'due casali, e delle chiese già fatta precedentemente da suo padre Roberto. E finalmente l'arcivescovo Giovanni VI, che nel 1272 fece *trasuntare* in pubblica scrittura tutti i diplomi di concessioni fatte alla nostra Chiesa arcivescovile dai Principi normanni e svevi, non improvisò cotesto diploma di Roberto Guiscardo de'7 di marzo 1084; ed il primo e solo, che di questo principe fu trascritto, è il testè citato del febbraio 1085. Da tali considerazioni ognuno giudicherà, se ci siamo a ragione dipartiti alquanto nel nostro racconto dall'opinione del Garruba tratto anch'egli da quel falso diploma a dire che « tra le cose a lui (l'arcivescovo Ursone) donate dal Gui- « scardo eravi la Corte del Catapano, ed egli volentieri la concesse, « affinchè vi fosse edificata la nuova Chiesa ». p. 127. Gli fu veramente donata, ma da Ruggiero, e dopo che i marinai baresi ebbero recata quella santa reliquia.

' V. documento n. VII.

fizi, possessioni; di presenza consegnando egli innanzi al corpo di S. Niccolò il baculo in mano di esso Elia, e de'costui avvocati [1]. La quale liberalità del duca eccitò eziandio altri. Un tal Maureliano, che si nomina proedro, catapano, e dominatore della terra di Rutigliano donò nella stessa guisa un altro luogo detto *Menerba*, ed altri suoi beni [2]; ed Arrigo, conte del Gargano, quello detto *Tilliata*, concedendo ancora facoltà di far pascere greggi ed armenti nelle sue selve, e tagliar legna, e portarle per mare [3].

[1] Riccardo conte d'Andro (forse Andria) e Goffredo figlio di Corvo. V. documento n. VIII.

[2] Si reca un brano del diploma dal Putignani (Vindiciae Vitae et Gestorum S. Thaumaturgi Nicolai, Diatriba II. Neap. MDCCLVII, p. 341): « Ego Maurelianus gratia Dei proedrus (da Πρόσδρος, qui « sedet in prima sede) et Catepanus, et dominator de loco rutiliano, « qualiter pro Dei amore, et sancti nicolai eius confessoris, et pro « mercede anime mee ; et de alarunda defuncta uxore mea, et de « emma que modo est michi uxor, et de filiis meis, et de omnibus « defunctis nostris parentibus congrua mea voluntate per fustem et « per hoc sigillum dedi tradidi et offerrui in ecclesia sancti nicolai « que modo se laborat intus in civitate bari, in ipsa curte dominica, « ubi est beatissimum corpus eius et in manibus doni helie venerab. « abbatis et rectoris ipsius sancte ecclesie ec. ec.

[3] Anche di quest'altro diploma è recato il seguente brano dal medesimo Putignani (opera citata, p. 343) « Hac fide ego qui supra « heynricus comes (Montis Gargani) commonitus et compunctus pro « modulo potestatis et dignitatis a Deo mihi concesse, opportunum « statui honorare venerabilem ecclesia! in qua requiescit corpus bea- « tissimi et Deo dilectissimi nicolay in barum... e più giù: trado tibi « venerabilis helias barensis archiepiscope, et omnibus qui post te « rectores erunt ecclesie ubi requiescit corpus beatissimi nicolay in « barum ec. ec. » Aggiunge quel nostro egregio storico esservi con-

Intanto avvenne, che papa Urbano II convocava a Melfi un sinodo, ov'erano intervenuti settanta vescovi e dodici abati, a fin di fermare e pubblicare i canoni contro i mali usi nella Chiesa radicati. Quivi era venuto con tutti i conti di Puglia e Calabria anche il duca Ruggiero a farsegli ligio con giuramento di fedeltà, ed a ricevere solennemente col vessillo l'onor del ducato. Questi per le persuasioni del Pontefice erasi già riamicato col fratello Boemondo, cui oltre agli Stati, che già possedeva, erasi egli contentato a ceder pure Maia e Cosenza. Ma poichè Boemondo aveva giurato a' Cosentini di non murare nella città alcun castello, e'l duca aveva giurato lo stesso ai Baresi, s'erano acconciati, che costui ritenesse quelle due città, e ritornasse Bari al fratello. Colà dunque si condusse Boemondo col nostro arcidiacono Giovanni, molti de'cittadini primari, e fors'anche lo stesso abate Elia (già per unanime

segnate ancora nel diploma queste parole: « Consentiente mihi in « hoc spirituali patre meo homine bono sipontine et garganice eccle- « sie Archiepiscopo ec. ». Ma non dissimula egli ch'esso avvegnachè scritto d'antico carattere, non gli sembra autografo; sì perchè manca del suggello con la cera, come dentro è detto, nè mostra alcun segno d'esservi stato, sì perchè le soscrizioni dell'arcivescovo Homobono, del conte Enrico, e di due testimoni paiono della stessa mano.

Questi due documenti e qualche altro avremmo voluto noi pubblicare interi; ma smarriti che fossero, o confusi nella disordinata copia delle carte, non ci è stato possibile rinvenirli. Onde il real Capitolo della nostra Basilica farebbe cosa assai commendevole, se desse opera o riordinare, come già aveano fatto con tanto senno i lor predecessori, quel gran tesoro di storici documenti, anzi a pubblicarli tutti; se vuol cansare il biasimo, che meritamente gliene daranno i nostri avvenire.

volontà del popolo e consentimento di Ruggiero, eletto arcivescovo in luogo di Ursone; il quale tornato dal visitare Terra
santa, com'era suo primo divisamento, infermava a morte in
Canosa), e pregarono il S. Padre, si degnasse venire insino a
Bari a consacrare e dedicare il nuovo tempio al Santo di Mira,
ed ugnere del sacro crisma l'eletto Arcivescovo. Alle costoro
preghiere Urbano, amicissimo al nostro Elia, fin da quando
erano insieme dimesticamente vivuti sotto la stessa regola della
Trinità della Cava, assentì; e compiuto il sinodo, mosse verso
di Bari.

L'ultimo dì di settembre 1089 esultava di maravigliosa allegrezza la nostra città : a ricevere il supremo Gerarca della
Chiesa; il quale la dimane dedicò solennemente la nuova Basilica, di cui solo il crittoportico era compiuto; e le sacre
ossa, dopo essersi recate processionalmente per tutta la città
in mezzo ad innumerevole moltitudine di gente d'ogni parte
accorse, collocò di sua mano nell'apparecchiata tomba ; e sa-
tisfacendo alla devozione del popolo, dichiarò giorni di solenne festività sì il 9 di maggio, che ne ricorda la traslazione, e sì il 6 di dicembre il transito. Il giorno seguente poi
(com'egli medesimo nella bolla affermava [2]) contro il costume della romana Chiesa, ma trattovi dalla riverenza al beatissimo S. Niccolò e dalla devozione del popolo barese, consacrava arcivescovo l'abate Elia, presenti Ruggiero e Boemondo, e poneva in vece di lui nella badia di S. Benedetto Eustachio monaco cavense. Dopo alquanti giorni ne partiva, per
andare a consacrar la Chiesa di Brindisi. Così Bari, ch'era

---

[1] L'Ignoto barese.
[2] V. documento n. IX.

già luogo di transito a tutti coloro, che movessero per Terra santa, da ora diventa assai più celebrata per questo Santuario, che superò (a detta del Giannone, lib. X in sulla fine) in rinomanza e concorso di genti i due monti Cassino, e Gargano: ed Elia reggendo amorosamente il Duomo e la Basilica, quetò ogni dissensione [1]. Gli arbitri e pretori della città, o maestrati che vogliansi dire, ed i rettori delle chiese vollero, che il monaco Niceforo dettasse una storia di tale avvenimento: il popolo elesse S. Niccolò a suo spezial patrono, dichiarandolo apertamente nel suo codice di leggi consuetudinarie, e con consentimento del suo Signore istituendo, per crescer pompa alle due sovraccennate festività, due mercati di sei giorni ciascuno; liberi d'ogni gravezza; che anzi per lasciar agli avvenire un più visibile segno di sua volontà sovrappose alla corona dello stemma barese l'immagine di esso santo Patrono [2]: Boemondo fe' sue donazioni alla nuova Basilica; e forse sarebbe stato più largo, se la sua indole e le circostan-

[1] Donava Elia al Duomo la chiesa di S. Clemente, vicina del porto, avuta dalla Santità medesima d'Urbano; e ne piace recar la bolla, che conferma il nostro racconto. V. documenti n. X.

[2] Cotesto stemma, secondo il Beatillo p. 29, fu adottato dai Baresi, allorchè la città venne occupata dai Saraceni; ed è uno scudo verticalmente bipartito; il cui campo a destra rosso, bianco a sinistra, voleva indicare la saldezza di lor fede nel candore, e la prontezza a spargere il proprio sangue nel vermiglio. Checchè sia di ciò, egli è certo che la città ha levato tal arma da tempo immemorabile. Il quale patronato si distese anche su tutta la provincia, che nel suo scudo di campo quadrangolare ad angoli d'argento, e fondo azzurro, pose in mezzo un pastorale d'oro. V. Arrigo Biavo, descrizione del regno di Napoli.

ze de' tempi non lo avessero tenuto quasi sempre lontano, ed in fazioni guerresche occupato [1].

Non finirono pertanto le pretensioni de' marinai, ed ai portatori della sacra reliquia molti privilegi fu forza concedere, i quali non seppe punto negare quel saggio uomo dell'arcivescovo Elia [2], ma col proceder del tempo poco a poco i ret-

---

[1] Nel novembre del 1091 essendo egli mundualdo d'una ricchissima e gentil donzella barese, a nome Aza, la quale erasi renduta monaca, ed alla Basilica avea legata la terza parte de' suoi beni; delle altre due parti al fisco ricadute imitò l'esempio della donzella.

Ecco anche qui un brano publicato dal Putignani (oper. cit. pagina 312): « Ego Boamundus Robb. ducis filius clare facio quia « Kyra aza uxor melis septem barb. de civitate bari est in mundio « nostro, et nullus est cui mundium eius pertineat nisi mihi solum- « modo. Modo vero ipsa Kyra Aza induit sibi monachilem habitum, « et iudicavit pro anima sua in Ecclesia Sancti Nicolai ubi sancte « reliquie eius sunt ec.

[2] Questi furono, 1° che una tomba peculiare ciascun di loro avesse nella parte esterna del muro del tempio, potendovi, se volessero, gittarvi anche una volta di sopra, come si costumava concedere alle illustri famiglie; 2° che nella chiesa avessero per sè e per le lor mogli un sedile distinto; 3° che se volean vivere vita chericale e starsene in propria casa, fosse lor dato un benefizio; ovvero volendo menar vita comune e starsene in chiesa, fossero ricevuti senza prezzo o dono veruno. Da ciò si raccoglie, che una parte de' cherici, che dovevano al Santuario servire, fu da Elia ordinata a vita comune in alcuni palazzi murati intorno alla Basilica. (Putignani lib. VI cap. 8.°); 4° che venuti a povertà, fossero dall'entrate della chiesa con le famiglie sostenuti; 5° che dovessero prender parte alle obblazioni dei devoti fatte nella solennità della traslazione del dì nono di maggio: ed un tal diritto potessero anche vendere, o dare in dote alle figliuole, o donare a lor talento.

tori della Basilica o per danaro o gratuitamente indussero quelle famiglie a cederli, salvo il privilegio della tomba nella parte esterna del tempio, a cui non cedettero mai [1].

Di poi Boemondo ad argomento di pietà, e di raffermata signoria, riconfermò all'Arcivescovo tutte le donazioni, ed esenzioni precedentemente fatte da Roberto e da Ruggiero [2]. E come seppe quindi a poco d'essersi il fratello sì gravemente infermato ad Amalfi, che disperavasi della sanità, e se ne spargea per avventura già la morte; d'animo risoluto ed ardente non indugiò egli a prender l'armi, ed occupare gli Stati fraterni, protestando che facesse per ben de' nipoti, cui, quando fossero giunti ad età di prenderne governo, avrebbeli incontanente restituiti [3]. Ma non seppe sì buono tanto amore allo zio Ruggiero, il quale conoscendo esser malagevole cosa rendere

---

[1] Leone Pilillo, uno di quei marinai, rinunziava in man d'Eustachio, successore ad Elia, tutti cotesti diritti. V. documento numero XI.

[2] V. documento numero XII.

[3] In questa breve assenza lasciò Boemondo nella città in sua vece un Guglielmo, che in nome del suo signore nel febbraio del 1094, Indiz. 2.ª vendeva all'arcivescovo Elia il *mundio* e la successione di una tal Bisanzia figlia di Simeone, e moglie di Petrarca: Aptum « et congruum mihi q. s. Catepano esse videtur vendere ipsum mun- « dium et successionem prefate Bisantie ecclesie Santi Nicolai con- « fessoris Xsti que intus civitate ista edificatur. Et pretium inde ac- « cipere ad opus et servitium eiusdem mei domini Boamundi agendum. « Immo et pro auctoritate ipsius sui sigilli... presentia nobilium ho- « minum testium subscriptorum per fustem dedi tradidi atq. vendidi « tibi Helie venerabili huius pred. civitatis archiepiscopo tum mun- « dium... manifesto me habere receptos a te quatuor solidos michal. « bonos pesan. et sonan. ec. ec.

l'altrui, dopo essersene assaporate le dolcezze, indusselo tosto a ritirarsi. E Boemondo dappoi saputo della ricuperata sanità del fratello, a salutarlo in Amalfi si condusse, onestando
con quelle ragioni, che potè migliori, la sua intenzione.

Ma ormai al suo gran valore apparecchiavasi una nuova rivoluzione di cose, onde ad un segno solo volte le menti degli
uomini, ed abbandonato ogni pensiero de' propri interessi, tutta
Europa si rovesciava armata sull'Asia, e fu spettacolo di grandi virtù e vizi grandi. Nel 1095 approdato a Bari sopra legni
mercantili entrava nella città un vecchio venerando [1], che
mostrava aperta nella fronte e negli occhi sfavillanti un'anima
ardente ed un altissimo pensiero, nelle rozze vesti il dispregio
delle cose terrene, conscio d'essere strumento ordinato da Dio
a compiere un gran disegno. Era questi

> . . . . . . il solitario Piero
> Che privato fra principi a consiglio
> Sedea del gran passaggio autor primiero.

Lietamente il nostro Arcivescovo l'accolse nel suo palagio,
ed udita con le lagrime, e la potentissima eloquenza la pro-
fanazione de' luoghi santi, ed il sangue versato nelle contrade
di Gerusalemme, tutto si rimescolò di terrore; e fecesegli
compagno, come credesi, a portarne lamento a'piedi di Urbano.
La nostra patria, che non poca parte prender doveva a questo
nuovo sconvolgimento, udì forse la prima le impetuose parole
di quell'ispirato, ella ch'era ancor calda di quello spirito di
religione e di ardire per aver salvata dalle mani degl'infedeli
la santa reliquia, e tant'oro versava ad innalzarle un tempio
magnifico. Ma dell'orar, ch'egli facesse in questo tempio me-

[1] Le Beau, storia del basso Impero, lib. 83, e 88; Calmet, storia universale, tomo 9, lib. 106; Guglielmo Tirio, cap. 12.

desimo, dell'esservi presente Boemondo ed Elia, e de'colloquii, e de'propositi, che prendessero insieme, e delle promesse del nostro principe di voler essere il primo a dare il nome
alla milizia santa, come ne raccontò il Beatillo[1], chi potrà
aggiustargli fede, se gli contrasta in varii punti la storia, e
niun fondamento adduce al suo racconto? Forse egli aveva lette queste cose (che così appunto sono cantate) nel poema
della Siriade del Bargeo, e nulla badando, che quelle esser
poteano fantasie del poeta, ve le consegnò dentro senz'altro.

Noi non seguiremo l'infaticabile eremita di città in città, di
provincia in provincia, nè assisteremo seco ai concilii di Piacenza e di Clermont, ove il Santo Padre rinnovando la tregua
di Dio a cessar le guerre delle famiglie, e minacciando i fulmini della Chiesa a chi non accettasse la pace e la giustizia,
accendeva come fiamma ardente discesa dal Cielo i cuori dei
Cristiani, i quali con unanime grido *Iddio lo vuole* rispondevano *Iddio lo vuole*; e ricevuta l'assoluzione de'lor peccati,
prendevano la croce, giurando di vendicare la causa di Gesù
Cristo, e combattere uniti contro i nemici della Fede cristiana. Nè toccheremo della fine infelice, ch'ebbero i primi trecento mila crociati dispersi o distrutti sulle sponde del Danubio, e nelle pianure della Bitinia. Ma trarremo a dire di quelli
più ordinati eserciti, che da Francia per le Alpi sotto quattro
famosi capitani[2] mossero alla volta di Costantinopoli passando per Roma: i quali (salvo pochi ritiratisi alle lor case indignati alla vista delle violenze, ond'era profanata la santa

___

[1] Storia di S. Niccolò, cap. 11.

[2] Ugo il grande, fratello al re di Francia, Roberto conte di Fiandra, Roberto duca di Normandia, Eustachio di Bologna, fratello al
duca Gotifredo. Muratori, anno 1096.

Città per l'antipapa Guiberto) tutti in sul novembre del 1096 capitarono a Bari [1]. A tale ribollimento gl'Italiani non avrebbero potuto rimaner neghittosi, ed il nostro Boemondo fu primo a dare l'esempio. Pareva proprio fatto da natura ad essere un eroe. Avanzava d'un cubito la statura ordinaria degli uomini, ed un'anima accesa sfavillava dagli occhi azzurri; quando parlava, trascinavasi con l'eloquenza i cuori potentemente, ed avresti detto, che a null'altro attendesse, che all'arte del dire; quando compariva in armi, facea tremare i polsi ai più forti, e sarebbeti sembrato non fosse altrove vivuto, che nelle battaglie. Nè minore dell'eloquenza e del valore era il consiglio e l'accorgimento: onde a ragione diedergli il nome dell'Ulisse delle Crociate. Gli risovvenivano allora i combattimenti di Durazzo e di Larissa, dove avea lasciato formidabile grido di sè; gli ribolliva l'odio giurato contro i greci imperatori; vergognava della piccolezza degli Stati concedutigli dalla malvagia fortuna. Sotto gli occhi del fratello e dello zio, ch'erano con esso lui all'assedio d'Amalfi, non potendo sperare che il suo principato gli somministrasse eserciti, si fa egli a predicar la crociata agli assedianti. Discorre per le schiere, nominando i principi ed i capitani, che avevano già presa la croce; ai più pii mette innanzi la religione, ai più prodi la gloria, ai più ambiziosi la fortuna. Incontanente l'entusiasmo divampa nei guerrieri, s'ode il grido di guerra: *Iddio lo vuole, Iddio lo vuole;* e Boemondo cogliendo quell'istante, spogliasi del suo mantello di porpora, e fattolo in pezzi appicca loro sul petto il segno della croce. I nuovi crociati eleggonlo a duce; ed egli a crescerne l'ardenza, ricusa ciocchè ardentemente desidera,

[1] Michaud, lib. II.

e poi mostra d'obbedir quasi per forza. Ruggiero, ed il conte confusi e malcontenti sono obbligati a tor via l'assedio da Amalfi; Boemondo ad altro non pensa, che agli apparecchi, ed a Bari si riunisce agli altri crociati francesi, lasciativi da Ugo, fratello al re di Francia, che intollerante dell'indùgio avea voluto riconoscere da sè stesso il paese, ed imbarcatosi nel nostro porto, seguito da tre soli signori erasi drizzato a Dùrazzo [1].

Scena più degna di poema, che di storia s'aperse allora in questi luoghi. Innumerevole moltitudine di genti d'ogni condizione, d'ogni età, d'ogni sesso, diversi d'usi e di lingue, quali sotto tende, quali nelle case albergati, affratellarsi insieme, nudrire un sol desiderio. Il fiore de'cavalieri di Puglia già famosi per gesti guerreschi, fra cui il prodissimo di tutti Boemondo, che si menava d'appresso, come figliuolo, il giovine Tancredi, il quale doveva esser fatto immortale dal Tasso [2]. La natura medesima parea cospirasse ancora a crescere l'entusiasmo con piogge d'ignei fiocchi o stelle cadenti (e che ora bolidi noi diremmo) in tutta la notte del quarto giorno d'agosto [3]. I nostri concittadini a raccorre armi e vittuaglie, a

[1] Le Beau, lib. 83.
[2] Questo Tancredi era figlio ad Emma, sorella di Roberto Guiscardo, e però cugino di Boemondo. Giannone (Storia civile, lib. X, cap. VII) il dice nipote, nato di Alberada prima moglie del duca Ruggiero, appoggiandosi all'autorità del Pirri e del Summonte. Da un tratto del Folco presso il Du-Chesne si raccoglie di che nazione fossero le genti crocesegnate:

« Quos Athesis pulcher ec.

Muratori, anno 1096.
[3] Lupo Protospata, e tutti i suoi contemporanei.

racconciare navigli, quanti mai n'avessero e grandi e piccoli, a
sovvenirli con ogni generazione di soccorsi, e scorrere per
tutte le città marittime della provincia, e profferirsi a dar
passaggio per Terra santa [1]. Quel buon vecchio dell'arcivescovo Elia a ciò pure incoraggiavali; perciocchè non sapremmo
in qual altra guisa intendere il giuramento per lui fatto dare
a tutti i Baresi nel gennaio di quell'anno 1096 *di ascoltarlo
in quanto loro comanderebbe per la comune salvazione* [2].

Tutta la stagione del verno si spese in tali apparecchi; e
quindi nell'aprile, o anche prima, Boemondo, lasciato il reggimento della città e degli altri suoi Stati ad un tal Guglielmo, che ritenne titolo di catapano [3], scioglieva da questi lidi
con la pia armata, che recava un dodicimila persone; fra cui
primeggiavano Riccardo principe di Salerno con Ranulfo suo
fratello, Ermanno di Cani, Roberto d'Hanse, Roberto di Sour-
deval, Roberto figlio di Tristano, Boilo di Chartres, ed Am-
fredo di Montaigu. Luogo di continuo passaggio fu Bari allora
a quanti movessero per Terra santa; ed uno spedale per loro
comodo vi si eresse [4]. Ma di loro geste non diremo più in-

---

[1] *Barenses per omnes civitates maritime nostre totius provincie in-
traverunt dandum naulum, passando cum magnis vel infinitis navi-
bus maiores et minores. Lupo.*

[2] Lo stesso.

[3] V. documenti num. XIII. Da che sembra potersi inferire, non
esser vero, che Boemondo lasciasse la città fidata al Pontefice, e che
questi allora la reggesse. Sì bene quel nostro principe, come anche
il fratello Ruggiero, s'eran posti sotto la protezione della S. Sede.

[4] Ce ne fa certi il P. Sebastiano Pauli, citato dal di Meo all'anno 1113, dicendo che papa Pasquale II, a' 15 di febbraio di detto
anno spedì diploma a favor di Gerardo istitutore e preposito dello
spedale di Gerusalemme, edificato vicino la chiesa di S. Giambatti-

nanzi, traendoci il racconto d'altri fatti avvenuti nella città nostra in quella fine dell'undecimo secolo.

Dopo una state ardente oltre il costume s'accostava il primo dì d'ottobre del 1098, quando il Pontefice aveva intimato a Bari un generale Concilio di Padri greci e latini (luogo opportunissimo fra Oriente ed Occidente) per diffinire il dogma della processione dello Spirito Santo dal Padre e dal Figliuolo; in che i Greci non consentivano: e ciò egli fece probabilmente, affinchè cotesta divisione non impedisse i progressi della crociata. Il terzo giorno di quel mese tutto il popolo con le più grandi dimostrazioni di riverenza uscì incontro al Pontefice, che accompagnato da gran numero d'arcivescovi, vescovi, abati, e conti entrava la seconda volta nella città. Il nostro Elia aveva già apparecchiato nel crittoportico della Basilica sopra preziosi tappeti un trono degno del Capo della Cristianità, e sedili intorno secondo il diverso grado de' sacri pastori e de' cavalieri. Adorno di pianeta e di pallio il Pontefice, sfolgoranti per ricchezza di vesti tutti gli altri; ma colui, che più gli sguardi traeva, fu Roffredo arcivescovo beneventano per una preziosissima cappa, o piviale che dir si voglia, dono dell'arcivescovo di Cantauria, Elnoto [1]. Molti Greci intervenne-

sta, nel quale fra gli altri vi si dicono soggetti gli spedali di Bari, Otranto, Taranto, Messina.

[1] Lo narra Eadmero, che fu al Concilio barese, compagno indivisibile e scrittore delle geste di S. Anselmo. Tanto quegli ne maravigliò, che ripassando per Benevento col Pontefice, e S. Anselmo, dimandonne, e seppe che l'arcivescovo di Benevento essendo andato in Inghilterra a raccogliere limosine in un tempo di grande carestia per i bisogni della sua chiesa, ed avendo avuto molto sussidio dalla regina Emma, le donò un braccio di S. Bartolomeo, che ella dette

ro, e furono cento ottantacinque in tutto [1], che sedettero per
una settimana intera tra forti dispute, nelle quali sfolgorò la
robusta eloquenza di S. Anselmo. Perciocchè mentre i greci
prelati, proposta la questione, avventavansi impetuosi in nulla
cedendo agli argomenti del S. Padre; si ricordò questi di Anselmo, che tutto modesto, com'usano i veri sapienti, se ne stava in umile seggio; e con un grido, che ripeterono l'echeg-
gianti volte: « Ove se'tu, disse, o padre e maestro Anselmo,
« degno arcivescovo d'Inghilterra? » Ed a lui, che al grido
erasi in piè rizzato riverentemente: « ora è mestieri, soggiun-
« se, della tua scienza, ora dell'eloquentissima tua facondia;
« vieni, ascendi su questo trono, e difendi la tua madre Chie-
« sa, che i Greci di abbattere si sforzano. Siile tu, come un
« messo di Dio a soccorrerla ». Allora gli occhi ed i visi di
tutti si volsero in lui, e cominciò a richieder ciascuno, chi
fosse cotesto prelato, il quale mosso del suo luogo al cenno
del Pontefice, iva a sedersi appresso il romano arcidiacono,
sedente (com'è costume) dinanzi a lui. Del qual desiderio
tosto li appagò il santo Padre medesimo, che « rinchiudiamo,
« disse, nel nostro cerchio costui, come papa di altro mondo»;
e di poi tolse a dichiarare publicamente, di qual sangue egli
derivasse, di qual patria, quanta avesse dottrina, quanta
facondia e religione, e quante avversità virilmente patite per
la fede alla Sede romana. Pure tuttochè S. Anselmo non esi-
tasse a voler rispondere, fu differita al dì veguente la tratta-

alla chiesa di Cantauria; il cui arcivescovo gratificò Roffredo di quel
ricco presente. Di Meo, anno 1098, § 13.

[1] Tanti ne numera Lupo, che abbiam voluto seguire piuttosto che
altri, i quali li fanno sommare a 198.

zion della questione. Ma la dimane salito egli in alto, parlò
di maniera, di maniera svolse tutti i capi della disputa, e tutte
le difficoltà disciolse, che col plauso manifestarono la loro
gioia i Latini, col silenzio i Greci il dolore, che li rodea dentro. Com'ebbe posto fine all'eloquenti parole, e tutti restati
intesi verso di lui, quale ne lodava la fede, quale la scienza,
l'eloquenza ciascuno; e come fu sedato il fragore de'plausi:
« Benedetto sia il tuo cuore, esclamò il Pontefice, e lo spirito
« tuo, e le tue labbra, e la favella tua benedetta »! Poi senza
più indugi col consentimento di tutti vibrò contro coloro, che
teneano per l'opposta sentenza, le folgori della scomunica.

Cominciò allora a toccarsi del monarca inglese Guglielmo
il rosso: si metteano in mezzo le sue scelleratezze, e l'umano dispregio aggiunto all'ingiuria fatta a Dio, perchè due o
tre volte ammonito, niun segno d'emendazione dato avea. Ma
in quel che il santo Padre ai suffragi ed alle grida universali era
già presto a scomunicarlo; gli si gitta a'piedi quel santo Prelato, e stringendone le ginocchia, il pregò a sospendere ancora
la folgore tremenda, ed a grande stento l'ottenne. La quale
dimostrazione di vera santità vinse la gloria della sua fama;
implorando perdono a colui, onde tante ingiurie ricevute aveva, ed or lontano dal suo gregge ramingando andava [1].

Per mala ventura gli atti di cotesto Concilio si sono smarriti: ma le testimonianze de'cronisti contemporanei, e di Eadmero, e del Pontefice medesimo nella sua lettera scritta ai 30
di novembre da Ciprano ad Ansone rettore di Benevento, e di
moltissimi altri autori ne cavano d'ogni dubbio [2].

[1] Malmesburiense, de'Vescovi inglesi, lib. 1.
[2] Di questo Concilio fu posta sotto il priorato di Fabio Grisoni una

Così chiudeasi l'undecimo secolo, lasciando in una grande ansietà d'animo la nostra patria per quel che avrebbe ad av-

memoria nell'interno della Basilica a man destra della porta maggiore, che dice in questa forma:

VRBANVS PAPA II. GENERALE CONCILIVM

CXCVIII. EPISCOPORVM EX LATINIS GRAECISQVE

PATRIBVS IN INFERIORI BASILICA HVJVS

ECCLESIAE CELEBRAVIT A. D. MXCVII. CVI

INTERFVERVNT BEATVS HELIAS ARCHPS

BARIEN. HVJVSQVE BASILICAE I. ABBAS ET

S. ANSELMVS ARCHPS CANTVAR. TANTAE AVTEM

REI MEMORIAM NE PENITVS INTERIRET

HIC INCIDENDAM FABIVS GRISONVS EJVSDEM

REGALIS BASILICAE PRIOR AC CAPITVLVM

CVRAVERE A. D. MDCXIV

Intorno alla quale iscrizione osservò il Pratilli (Della Via Appia lib. IV cap. 15) essersi erroneamente detto dell'intervento di 198 prelati, se da Lupo Protospata, cronista quasi contemporaneo, se ne contano 185; ed erroneamente pure dell'anno 1097, se lo stesso Lupo segna, computando all'uso greco, il 1099, che risponde al nostro 1098: e tali osservazioni son giuste. Ma che diremo poi dell'aver creduto, essersi non nel crittoportico, ma nella chiesa superiore celebrato il Concilio, allegando che il suddetto cronista notò *intus in Ecclesia, non infra o subtus?* che finalmente dell'aver detto, *riconoscere il priorato di Bari principii assai più bassi di quei, che vorrebbe appiccarvi il Grisone, o il Beatillo?* Diremo aver egli ignorato, che a quel tempo non era ancor compiuta la chiesa superiore; aver ignorata l'origine del presulato della nostra Basilica; ed essere stato più franco del Grisone e del Beatillo da lui appuntati. Chi più ne voglia, legga la Diatriba II del Putignani, al capo 13° dello *Specimen de Ecclesiae S. Nicolai bariensis, eiusque Prioratus origine.*

venire dalle prodezze operate in Oriente per Boemondo; il
quale erasi già fatto signore d'Antiochia, sbaragliate più
volte le schiere dell'imperatore Alessio, assisosi in Costantinopoli al fianco di lui, sconfitti a Dorilea dugentomila Saraceni, e vincitore sull'Oronte, ove dall'esercito intero fu presentato della tenda del re di Mossul, tutta intessuta d'oro e di
gemme, sì ampla da poter contenere duemila persone, che
inviò egli in Puglia, come trofeo.

CAPO IX

DAL 1101 AL 1135.

SOMMARIO

Prigionia di Boemondo, e sua venuta a Bari; l'arcivescovo Elia fonda l'ospizio de' pellegrini, e le case intorno alla Basilica, e muore (1105); Boemondo vi ritorna con nuovo esercito (1106); Isacco Contestefano con un'armata viene in cerca di lui, ed è disfatto a Brindisi; Boemondo riparte per Oriente, dove le sue prodezze gli fruttano alla fine, per accordi con Alessio, Stati ed onori; ritorna in Puglia (1108); muore (1111), e gli ergono la tomba a Canosa; Costanza sua moglie prende a reggerne gli Stati, come tutrice del figliuolo, e dona un quartiere della città a Tancredi di Conversano; ne nascono scissure; Alessandro di Matera la combatte, e la fa prigione, ma ella trova modo di fuggire; seguitano parecchi anni d'intestini disturbi, che s'acchetano componendosi le parti, e dando la signoria della città a Grimoaldo Alferanite barese (1117); questi fa imprigionare il giovane Argiro capo della contraria parte, il quale liberatosene prende fiera vendetta; assassina l'Arcivescovo, è preso, ed impiccato a Barletta (1118); Grimoaldo pensa a sostenersi nel principato, ed ha nelle mani Costanza, la quale è posta in libertà per intercessione di papa Callisto II a condizion di cedere la città; muore il duca Guglielmo (1127) ed il conte Ruggiero imprende la conquista degli Stati del nipote; il Pontefice ad opporsegli raduna i signori pugliesi, e con essi il principe Grimoaldo, e poi racconciandosi col conte li abbandona; Ruggiero assedia Bari (1129), si viene a patti, ed è riconosciuto a signore; Grimoaldo con Tancredi di Conversano e Goffredo di Andria si ribellano a Ruggiero, che già ba preso titolo di re; questi assedia di bel nuovo Bari, che gli si arrende (1131), e Grimoaldo coi principali cittadini è menato prigione in Sicilia; il re fa murare una rocca da fabbri saraceni, la cui baldanza fa riprender l'armi ai Baresi, che si racquetano con buone condizioni (1132); vi ritorna di poi con diverso animo, ordina che si riprenda a murar la rocca, ed intitola principe di Bari il suo secondo genito Tancredi (1135); l'edifizio della Basilica è compiuto, e si descrive.

Con una infausta novella aprivasi il dodicesimo secolo, la prigionia del principe Boemondo. Perciocchè uscito di Antio-

chia nel luglio con trecento cavalli, ed azzuffatosi coi Turchi,
vi rimase prigione: ma l'accorto ingegno non era da smar-
rirsi nelle difficultà più gravi. Seppe egli con ragioni così sottili persuader l'emiro Donimano, nella cui podestà era caduto, che l'indusse a contentarsi della metà del riscatto proffer-
togli da Alessio, il quale agognava aver nelle mani in sì facile guisa il più formidabile nemico. Risorse allora più possente
contro quell'infinto, a cui finalmente era caduta la maschera;
e per mare e per terra ne sostenne virilmente gli assalti. Coteste novelle di già correano fra i nostri, quando all'impensata sel videro innanzi negli ultimi giorni del 1104. Di nuove forze aveva mestieri, e voleva venir di presenza a raccor-
le in Occidente: ed avvegnachè chiusa gli fosse la via, non
mancogli nuovo stratagemma. Posto Tancredi a guardia d'Antiochia, fe' sparger voce di sua morte. Chiuso quindi in un
feretro, e fattosi trasportare al porto, movea di là sopra una
nave tutta posta a lutto, e seguito da tre brigantini ed altrettante sandale passava a vista dell'esultante armata imperiale.
Sbarcò egli a Corfù; e siccome toccava già l'Italia, e nulla
aveva a temere in quell'isola, dove stanziava poca guarnigione, mostrossi agl'isolani accorsi intorno di lui maravigliati,
non sapendo se uno spettro fosse o Boemondo vivo. Però ne
furono presto cavati d'incertezza all'udir la sua voce, che ri-
chiedeali del lor comandante; al quale venuto fissando egli di
uno sguardo minaccioso: fate sapere al vostro padrone, disse,
che Boemondo è risorto, ed ei se n'avvedrà ben presto. Quindi
risalì la nave, e veleggiò per Italia, entrando nella nostra città fra gli applausi de'cittadini [1].

[1] Le Beau, lib. 84.

Quivi era tranquillo il vivere. L'arcivescovo Elia cogli
esempi di pietà eccitatrice della liberalità cittadina seguitava
ad ornare la nuova Basilica d'ogni più ricca suppellettile, e
di vasi d'oro e d'argento, e di libri, e di possessioni d'ogni
maniera. Fondava un ospizio, che dura ancora, fidato al governo d'un rettore, perchè trovar potessero ricovero e vitto
la moltitudine de'forestieri (financo scismatici), che pellegri-
nando traeva a visitare il nuovo Santuario. A cui Boemondo
crebbe l'entrate, e con esso lui parecchi altri, massime un
Tommaso Bulano, ed un Roberto da Montescaglioso [1]. Innalzava palagi intorno ad essa Basilica, ove potessero vivere
vita comune sì forse i suoi monaci, che avrà dovuto chiamare
in quei primi bisogni al servigio divino, e sì i cherici, che a
comunanza di vita egli pure esortava per la consuetudine sua
propria e per le prescrizioni della Chiesa. Nè men amante pastore era del Duomo, in cui un'altra santa reliquia, lungo tempo nascosa ed obliata, ritornò in venerazione, dir vogliamo del
corpo di S. Sabino martire [2]. In somma egli signoreggiava le

---

[1] V. documenti, n.° XV, e XVI.

[2] Memoria di tal fatto ne fu lasciata dallo stesso Giovanni arcidiacono. Cercava Elia, come innanzi avea fatto Ursone, per il Duomo
la tomba, ove stessero i corpi de'santi Memore e Rufino; non già
quello di S. Sabino, che credeasi fosse a Canosa, benchè vanamente
ricerco da Mordaco preposto di quella Chiesa, da Ranieri e da altri;
e fe'demolir per questo il maggiore altare del crittoportico; perciocc-
chè sotto gli altari costumavasi collocare i corpi de'Martiri: onde
quelle tombe con greca voce *martirii*, e latinamente confessioni si
dissero. Quando a'10 di dicembre 1091 s'avvenne in una piccola
spelonca nell'anterior parte dell'altare, contenente aride ossa, e
chiusa da una cortina di panno lano tutto logoro, che veniva a pezzi, ed una scritta scolpita in tavoletta di marmo, la quale diceva:

menti ed i cuori di tutto il popolo. Ma non andò guari, e quel grand'uomo cessava. Il giorno 23 di maggio 1105 fu giorno di vero lutto: lui chiamavano padre comune; lui lampada d'oro splendidissima, al cui spegnersi credeano spento ogni onore della città; lui come di nome, così pari all'antico Elia per santità di vita; e tale ora lo rammentano a noi i rozzi ma non bugiardi versi scolpiti sulla modesta tomba, com'egli medesimo aveva desiderata; a lato del pianerottolo della scala a man destra, per cui si discende nel crittoportico della Basilica, ed è adorna di solo quattro figure in basso rilievo ₁.

quello essere il corpo di S. Sabino recatovi da Angelario vescovo (*); dal qual tempo si noverava intorno a due secoli e mezzo. Indicibile allegrezza 'ne menò il buon Pastore; e festeggiata solennemente quella reliquia, recandosi per la città sugli omeri de'Vescovi suffraganei, nel luogo medesimo poscia la ripose, custodita in nuova tomba marmorea, su cui fe' scolpire dall'arcidiacono dettata un'epigrafe di questo tenore:

† ANGELARIVS ARCHIPRAESVL CANVSII ATTVLIT HVC CORPVS SANCTI SABINI A CANVSIO, QVOD FVIT OCCVLTVM IN HOC TEMPLO VSQVE AD TEMPVS HELIAE ARCHIEPISCOPI BARINORVM, ET CANVSINORVM, A QVO FVIT INVENTVM, ET HIC HONORIFICE COLLOCATVM. MENSE FEBRVARII, INDICTIONE XV.

Tale invenzione sappiamo d'essere oppugnata dai Canosini; ma ignoriamo con quai documenti vogliono abbattere la testimonianza di storico sì probo e contemporaneo, come fu Giovanni.

(*) ANGELARIVS EPISCOPVS ATTVLIT CORPVS S. SABINI

₁ *Orbis honor multus iacet hic in pace sepultus.*
Orbati Reges patre, sunt iudice leges.
Decidit, o Barum, rerum diadema tuarum.
Te viguisse scias, viguit dum Praesul Helias.

In suo luogo per unanime voto del popolo fu eletto alla prelatura di essa Basilica Eustachio, abate del nostro monistero d'Ognissanti, a cui due anni prima aveva Elia suo familiarissimo conceduta esenzione e libertà, facendo ragione, che cotal dimestichezza fosse argomento di non mediocre merito; e Boemondo, che nel settembre di quell'anno lasciava Bari, in passando per Roma, richiedeva istantemente papa Pasquale II, affinchè sotto l'immediata protezione apostolica mettesse la nuova chiesa, e tutte le possessioni le confermasse: e sì quegli compiacevagli, affermando nella bolla, che « un luogo « così venerabile, i principii della cui consacrazione furono « posti da romano Pontefice, sotto la tutela e protezion d'esso « Pontefice dovesse rimanere [1].

In Filippo re di Francia avea poste Boemondo tutte sue speranze, che non fallirono. Perciocchè quel monarca non solo gli si strinse d'amicizia, ma raffermolla eziandio col parentado, dandogli in isposa la figliuola Costanza. Egli come

Clauditur hoc pulchro pater inclitus ille sepulchro,
Qui bene te rexit, qui te secus aethera vexit.
In commune bonus fuit omnibus ipse patronus,
Notis, ignotis, vicinis, atque remotis.
Sensus laude boni, fabricae quoque par Salomoni,
Vitae more piae Sancto similandus Heliae.
Hoc templum struxit, quasi lampas et aurea luxit,
Hic obdormivit, cum spiritus astra petivit.

Le quattro figure del sarcofago, alquanto tozze, sembrano di Apostoli; ed esso è certamente un pezzo di sarcofago antico di catacombe, mozzo, come si vede dall'uno de'lati : onore che si cominciò a concedere fin dal quarto secolo dell'Era nostra.

[1] V. documenti n.º XVI.

l'ebbe impalmata in Chartres fra gran moltitudine di cavalieri, salì in tribuna missionario della crociata contro di Alessio: « cui chiamò nemico il più mortale a' Cristiani; lui intender- « sela con Solimano per farli morire, lui negar loro i vi- « veri, lui chiudere tutti i passi per mare e per terra; onde « contro di lui tutta Europa dover unire i suoi sforzi ». Con le sue parole possenti come le sue armi investì siffattamente gli animi, che altro non vi si respirava, se non vendetta contro lo sleale Imperatore: e già nell'agosto del seguente anno ritornava in Puglia con grosso esercito di Francesi e Spagnuoli, e riducevasi a Bari per l'apprestar delle navi.

Tali apparecchi avean posto terrore nell'animo d'Alessio, che studiava a prevenirli: onde inviò con un'armata Isacco Contestefano ad opporsi al passaggio di Boemondo con minacciar di fargli cavare gli occhi, se fallisse l'impresa. Entrò questi nell'Adriatico; ma incerto del luogo, da cui partir dovesse il nemico, errò qualche giorni alla ventura: il perchè si risolse come a miglior partito andarlo cercare in terra. Sbarcò nelle vicinanze d'Otranto, e lasciato il naviglio presso la rada, marciò verso Brindisi, dove credea trovar Boemondo. La città spaventossi a tanto pericolo, e sarebbe stata presa di assalto, se non era la virtù d'una donna. Alberade, madre di Boemondo, colei, che chiudeva in cuore il dolor del ripudio di Roberto Guiscardo, ordinò a' cittadini di gridar *viva l'Imperatore*, ed in pari tempo mandò persona per il comandante nemico, dicendo non avervi bisogno d'assaltar la città, chè sarebbe andata ella medesima a recargliene le chiavi, e conferir con esso lui intorno a molte cose importanti, di che giovava informar l'Imperatore. Diè nella rete il greco, e mentre s'apparecchiava a ricevere la madre, sopravvenne il figliuolo,

e con un corpo di cavalleria leggiera il caricò sì gagliardamente, che senza il valore d'un Alessandro Euforbene e di
tre altri capitani, i quali assicurarongli la ritirata, molti più
ne sarebbon periti; sebbene pochi non furono, che per affer-
rare le navi, nel mare affogarono [1].

Compiuti che furono gli apparecchi, nel settembre del seguente anno con pietà commovente sull'altare ove giacciono
le ossa di S. Niccolò, celebravasi il Sacrifizio di espiazione; e
innanzi ad essa prostrato Boemondo, la consorte, e tutti gli
altri prodi cavalieri, confortavansi il petto dell'Ostia sacrosan-
ta, e ricevuta la benedizione, difilavano alla volta di Brindisi.
Il reggimento della città fidato al catapano, ovvero luogo-te-
nente Goffredo da Gallipoli [2].

Bello era a vedere nel porto di Brindisi il naviglio allestito.
Grosse galee armate di lungo rostro, fornite ognuna di cento
remi, vogati da dugento rematori. Nella prima linea procedeva quella di Boemondo, scortata da dodici altre, e tutta questa ordinanza era fiancheggiata da un semicerchio di navi da
carico, che servivano come di baluardo a quella ondeggiante
città. Seguivano l'altre ordinatamente, dugento navi in tutto
fra grandi e piccole, oltre a trenta galee, e portavano tren-
taquattro mila tra fanti e cavalli [3]. Era il decimo dì d'ottobre,

---

[1] Le Beau, lib. 84.

[2] Si raccoglie da diplomi del 1107 e 1108, coi quali Goffredo in
assenza del suo signore conferma a Grisone giudice barese una donazione fattagli da Ruggiero; e dona una casa a Fulcone nelle vicinanze della giudeca non lungi dalla chiesa di S. Leone (or palazzo
de Angelis) pe'servigi da lui renduti a Boemondo. V. documenti
n.° XVII, e XVIII.

[3] L'Ignoto barese.

quando spiegarono le vele verso Avalona, dove per la viltà
de'capitani entrò egli senza contrasto veruno. Di là sempre allargando i conquisti, trasse ad assediar Durazzo; nella qual
difficile impresa rifulse non solo il suo valore e la magnanimità e la scienza della guerra, ma sì ancora la costanza nel
patire ogni maniera di disagi e di danni, fame, dissenteria, peste. Ma finalmente stretto dalle insistenze de'suoi venne con
lo stanco Imperatore ad una onorevole pace, che fu a lui piuttosto una vittoria. Perciocchè serbandosi quegli sola un'ombra di suprema signoria, furono lasciate a Boemondo Antiochia, Bonsè, Shizar (ch'è l'antica Larissa), Artoch, Toluch,
Germanicia, i distretti di Pagres, di Palaza, di Zumè con le
loro dipendenze, ed il monte Mauro coi forti e pianure d'intorno, oltre a parecchi altri luoghi nella Siria citeriore e nella
Mesopotamia.

Promise da sua parte il nostro principe un annuo tributo di
dugento lire d'oro, non intraprender mai cosa alcuna contro
gli Stati dell'impero, altri non riconoscere che Alessio ed il figliuolo, e tener come da costoro avute tutte quelle città, che
sarebbe stato per acquistare, all'impero non pertinenti. Oltre
a ciò Alessio promise, giurando sopra le sante Reliquie, di
salvare, conservare e far buon trattamento in tutti i suoi Stati
a qualunque cristiano vi passasse per alla volta di Terra santa;
e diègli il titolo di Sebaste con un molto ricco presente in ori,
argenti, e stoffe preziose. Di poi Boemondo ritornavasene in
Puglia, approdando ad Otranto nell'ottobre del 1108.

Venuto tra noi adorno di tanta gloria, volle dare alla Basilica nuovi segni di liberalità, ch'eran sempre stimolo alla pietà altrui [1]. Così egli di condizione quasi privata venne a stato

[1] Confermava alla Basilica gli acquisti presenti e futuri sì dentro

di gran principe, e crebbe la potenza dell'armi e del commercio italiano. Ed avvegnachè spente sieno le memorie, non senza ragione è da credere, che le gagliarde forze marittime spie-

come fuori la città, e le concedeva diritto di giudicare tutte le persone, che viveano soggette a tal Santuario, le quali si diceano *affidati*, traendole al maestrato della sua curia. Cotesto diploma avevamo noi in animo di pubblicare; ma per isvolger che facessimo i molti documenti che sono nell'archivio della Basilica, non ci venne fatto di trovarlo: onde staremo contenti al cenno, che ne fa nella sua storia di S. Niccolò il Putignani (Nap. 1771), lib. VI pag. 444. Altre donazioni faceale Riccardo Siniscalco suo cugino, nè lievi, perciocchè donavale quasi in pari tempo prima la chiesa di S. Pietro Apostolo detta de Scavazzolis con tutte le possessioni annesse, che venìa nei lor confini determinando, non lontana dal castel di Gioia, sì veramente che gli abitanti di quel castello potessero menarvi gli animali, ed egli non perder la fida; e di poi lo stesso castello di Gioia, che dice fondato da lui per favore ed autorità del duca Ruggiero e del principe Boemondo, serbandosene l'usufrutto durante la sua vita: del quale non sappiamo, se mai entrò in possessione la Basilica. Documenti n.° XIX, e XX. Altra donazione Roberto conte di Conversano della chiesa di S. Pietro Novizio, vicina di Frassineto, con tutte le possessioni appartenenti, e con la persona di un tal Giovanni figliuolo di Bisanzio, da cui prima quella chiesa erasi posseduta. V. Docum. n.° XXI.

Dopo la sua venuta Boemondo non rimase sempre a Bari; perciocchè nel seguente anno 1109 eravi sola la Costanza: il che vien chiarito da un'altra scritta del catapano Goffredo. « In nomine ec. ec. « Ego Goffrid. gallp. catepanus civitatis bari et iuven. declaro quod « dnus. meus Boamundus antiocenus princeps me catepanum istius « civitatis bari et iuven. constituit ec. Venit ad nram dnam principis- « sam Constantiam Gemma uxor solani filii melis ex hac civitate bari « rogans ut daret et concederet sibi unum de affidatis nomine Simeo- « ne ppio dni nri principis, et ipsa dna principissa exaudivit rogatio- « nem ipsius Gemme propter quod vir eius in omnibus est fidelissimus

gate a questi tempi dai Baresi, le quali suppongono già inveterato possesso d'una intera libertà di commercio, assai n'abbiano vantaggiato; se si sa dalla storia, ch'egli concedeva ai mercatanti genovesi una strada in Laodicea, un fondaco, e la terza parte dell'entrate del porto. Ma questi nuovi Stati, nati di conquista, sostenuti dal valore di quell'uomo in mezzo a formidabili nemici, si mantennero in Oriente quasi due secoli per successione di egregi principi, caddero in Italia per imprudenza e fiacchezza appresso la morte di quel prode. Essendo egli in Puglia a raccorre altre forze, moriva a Canosa in su i primi giorni di marzo del 1111, otto o pochi più giorni dopo suo fratello Ruggiero. Amaro desiderio lasciò del suo valore, dell'eloquenza, dell'ingegno, della pietà, e delle leggiadre fattezze; pregi, che non gli poterono esser negati neppure da Anna Comnena medesima, la storiografa figliuola del suo nemico. Anche oggidì vedesi a Canosa in un cortile a canto al Duomo la sua tomba di marmo bianco a forma di tempietto, opera di Ruggiero da Melfi, le cui cornici, ed i capitelli, e tutta l'esterna volta, secondo la ragion di quei tempi, assai maestralmente di fregi scolpita; e la porta di bronzo tutta ad ornamenti rabeschi di mirabile vaghezza e precisione, tra figure di donne preganti a mani protese, ne mostra incise in rozzi versi le glorie [1]. Questa tomba violata la pri-

« nri domini principis et probatur et cognoscitur... Sic ego per pre-
« ceptionem mee domine, et per potestatem et auctoritatem michi
« datam a meo dno principe per hoc meum sigillum do trado et con-
« cedo ec.

I

[1] Magnanimus Syriae iacet hoc sub tegmine Princeps,
Quo nullus maior nascetur in orbe deinceps.

ma volta nel 1461, o in quel torno, quando ardeva la guerra

Graecia victa quater, pars maxima Parthia Mundi
Ingenium et vires sensere diu Boamundi.
Hic acie in dena vicit virtutis habena
Agmina millena, quod et urbs sapit Antiochena.

II

Unde boat Mundus, quanti fuerit Beamundus;
Graecia testatur, Syria dinumerat.
Hanc expugnavit, illam protexit ab hoste;
Hinc rident Graeci, Syria, damna tua.
Quod Graecus ridet, quod Syrus luget, uterque
Iuste: vera tibi sit, Beamunde, salus.

III

Vicit opes Regum Beamundus, opesque Potentum,
Et meruit dici nomine iure suo.
Intonuit terris, cui (qui) non succumberit Orbis? (Orbi)
Non hominem possum dicere, nolo Deum.
Qui vivens studuit, ut pro Christo moreretur.
Promeruit, quod ei morienti vita daretur.

IV

Hoc ergo Christi clementia conferat isti,
Militet ut Coelis suus hic Athleta fidelis.

V

Intrans cerne fores, videas quid scribitur, ores,
Ut Coelo detur Beamundus, ibique locetur.

* Correzioni del Baronio.

tra Ferrante I e Giovanni d'Angiò, dalle genti del principe
di Taranto, primo autore di quella guerra [1]; e di poi, come
dicesi, dai Polacchi nella francese occupazione, i quali trattivi
forse dall'avidità di trovarvi oro o altre cose di pregio, tutta barbaramente la guastarono, e ruppero l'urna, scardina-
rono le imposte, sconficcarono le intarsiature di argento: non
ha guari, mediocremente restaurata [2], fa dimenticare la passata ignavia de'Canosini, che vi facevan crescere le ortiche di
sopra, e alzar la melma d'intorno ed altre immondezze lasciatevi dall'acqua impaludata.

Alla morte di lui, Tancredi il prode suo cugino prese a
reggere il principato d'Antiochia, come procuratore e custode
del superstite fanciullo, non più che di quattro anni, e di nome pure Boemondo; gli Stati d'Italia la Costanza, vedova sua
donna, come tutrice del suo figliuolo [3]. Ma ben fu detto non
essere calamità maggiore per un popolo, che cadere sotto governo di donne, raramente reggitrici prudenti. Coteste creature fatte da Dio a render più soavi i pochi diletti, e più miti
i molti affanni della vita privata, rado incontra, che venute a

[1] Summonte, Storia di Napoli, lib. V, p. 366, edizione del 1675.
[2] Per cura dell'Intendente Eduardo Winspeare nel 1847.
[3] Romoaldo Salernitano, all'anno 1114. Otto principi di questa
dinastia regnarono in Antiochia dopo Boemondo; i quali furono Boemondo II suo figlio 1111-1130; Raimondo di Poitiers, primo marito
di Costanza figlia del precedente 1130-1148; Reginaldo di Châtillon
suo secondo marito 1154-1163; Boemondo III, figlio di Raimondo e
di Costanza 1163-1201; Raimondo II suo figlio 1201-1233; Boemondo IV suo figlio 1233-1251; Boemondo V suo figlio 1251-1275;
Boemondo VI suo figlio 1275-1288. Enciclop. popol. art. Boemondo,
ove si cita Gibbon, Guglielmo di Tiro, e Michaud.

principesca condizione e reggitrici di Stati non diano ansa almeno a disfrenare le ambiziose passioni altrui. Non passò gran
tempo, e la principessa concedette un quartiere della nostra
città a Tancredi figlio di Gioffredo conte di Conversano, che
chièsto glielo aveva; nè sapremmo, se per più afforzarsi il facesse, ovvero per altri rispetti; ma cotal smembramento teniamo noi per precipua cagione de'gravi turbamenti e danni,
che ne nacquero, con la solita oscurità da'nostri cronisti rac-
contati. Incontanente la diversa signoria, i diversi maestrati
nella città medesima partironla in due fazioni. A capo dell'una
era l'arcivescovo Risone, entrato nella sede barese l'anno appresso alla morte di Boemondo, il quale con buona mano di
nobili cittadini manteneva le parti di Costanza; molti altri nobili dall'altra, che presero a sostenersi con Alessandro conte
di Matera, anch'egli della casa di Conversano, il quale oblian-
do i legami del sangue, e scossane ogni soggezione, s'era rivolto contro di lui. Odii, risse, vendette, ed ogni sorta di
scompigli erano dentro; zuffe di fuori, e prede e guastamenti.
Presa la madre del conte dai nobili della contraria parte, e
posta in custodia, forte irritossene egli, che ragunati tutti
i suoi venne sopra Bari; ma tentato indarno con l'aiuto interno di penetrarvi, guastò orribilmente il contado [1]. Nè qui
ristettero: ogni dì ribellavansi a Costanza e castella e conti;
ond'ella unissi a Tancredi, a Goffredo Britton, Umfredo di
Gravina ed altri, e raccozzate non poche forze, si venne a fiera mischia presso il Bradano. Inchinava già a lei la fortuna,
chè ella stessa, ricordandosi d'esser figlia di re, e stata consorte al più gran guerriero di quel secolo, volle esserne spet-

[1] Di Meo.

tatrice e duce. Ma eccoti farsi sopra i combattenti Alessandro con forte schiera d'armati, avventarsi a sostener la mancata sua parte, e cangiar di maniera la sorte della battaglia, che Tancredi ebbe a salvarsi con la fuga, e Brittone, Goffredo, Umfredo e molti altri furon fatti prigioni, e la Costanza con essi, la quale sotto buona guardia fu menata a Matera. Di là ella quindi a poco riusciva a fuggire, e di nuove devastazioni ricambiava le terre d'Alessandro. Questi non perdeva da ciò l'arditezza, anzi prese ad intitolarsi conte di Bari (1116); sebbene altro che il vano titolo non avesse, poichè v'erano assai persone, che nella città nostra voleano far da padroni.

Tristissime in fatto érano le interne condizioni, dove in continua zuffa i cittadini non intendeano, che a sopraffarsi gli uni gli altri. L'arcivescovo faceva dalla sua la più gran parte della città; congregavala a consiglio, assiepavasi di gente armata straniera, imponeva sotto nome della città (non badandosi quasi più nè a Costanza, nè al figliuolo) che tutte le pubbliche entrate, quante mai in tanta confusione se ne potessero cavare, a pagar cotesta gente si spendessero; spediva scritte di libertà ed esenzione per certo prezzo a coloro, che viveano soggetti a sua soggezione, ed *affidati* si dicevano [1].

---

[1] Pubblichiamo la seguente scritta; che a noi non sembra una semplice donazione, ma piuttosto una dedizione volontaria della propria persona, per fuggire le oppressure de' civili governanti; benchè non oseremmo affermarlo, non dovendo esser altro l'affidatura, che un vassallaggio con obbligo di tributo ed opere servili: ne giudichino i dotti.

✳ Ego laurentius filius nicolai de pascali de loco narbona mea voluntate offero me et oms res meas dono hospitali Sci nicolay ubi sacre eius reliquie requiescunt in manibus dni Ursonis vene-

Pure non valea niente a sedar gli animi accesi. I ricchi e i nobili, poste l'armi in mano ai lor congiunti e aderenti, e guarnitene le torri de'lor palagi, erano ognor pronti ad adoperarle, ed adoperavanle, e le piazze e le strade eran fatte campo di battaglie. Un Pasquale figlio di Passaro, ed un suo nipote Niccola Tirra, soprannomato Ungrolo, di notte con una scala a piuoli dal terrazzo d'una casa vicina fanno penetrare due uomini nella torre de'figliuoli di Melo di Giovan patrizio, ed introdottivisi hanno alle mani la scolta dormente. Allora un'investirla tutta, un menar di mano, un ruinarla insino al terzo ordine, un risolversi a fiera zuffa; chi sotto l'armi, chi sotto i

rabilis prioris eiusdem ospitalis, et amodo non habeam potestatem res meas alienare.... fferre alicubi, nec iudicare, quod si fecero, non sit stabile, sed irritum iudicetur et vacuum. Sic tamen ut donec vivero teneam ipsas res meas cultas et fruct., ad obitum vero meum, si filios aut filias non dimisero, totum predictum stabile meum sit delatum dicto hospitali. Similiter et totum mobile quod tunc mihi inventum fuerit. praesentibus domino luca pbro et domno Io demarco pbro, et iuliano diacono, et et grimaldizzio subdiacono.   B

La carta poi d'esenzione, dice il Putignani (Istoria della vita di S. Niccolò Taumaturgo, Napoli 1771, lib. VI, p. 451, nota g) comincia in questa forma:

Ego Risus gratia Dei barensis Archiepiscopus. Videns Civitatem nostram ostibus pessundari, quid facto opus esset, Cives nostros consuluy ec. Indi dando la libertà dall'*affidatura* ad un certo Roberto, dice: ut amodo tu et tui heredes sitis semper iam extra affidatura, et maneatis liveri et absoluti inter Concives nostra Civit., et exteri ab omni datione et servitio, et antopii Civitatis nostre constituimus ec. Dove chiarendo la voce *antopius*, che da Carlo du Fresne vien spiegata per il greco ἀνϑρωπος stima altro veramente non essere che l'ἐντοπιος di pronunzia francese, la qual voce suona in latino *indigena*, che noi diremmo *nativo del paese, paesano.*

cadenti o lanciati macigni morire, i rigagnoli del sangue cittadino correr per le strade [1]. Di tali scene si ripetevano spesso. Pietro di Giovanniccio, e Niccola di Giovanni Usura con una mano d'uomini risoluti assaltano alla scuoperta, e cominciano ad atterrare la torre detta di S. Niccolò, vicina ad un'altra pertinente a Niccola di Melo Pezzo. Molti nobili erano in essa, e forte armati, ma non valse il valoroso difendersi: ruinava già quel loro nido, e coloro che di ferro non morivano, restavano schiacciati sotto le cadenti volte; della qual sorte non isfuggì pure l'Usura medesimo sotto le ruine sepolto. Assai dolore la sua morte arrecò a Pietro, che a fargli un funerale di vendetta ardentemente anelò, e l'arti aggiunse alla forza. Sedotta con vane lusinghe una sorella di Grimoaldo di Guaragna, ebbe Pietro la torre di Maione Polianense; ed occupatala coi suoi, giù dall'alto schiacciò contro il suolo un soldato saraceno, che standone a guardia, e corrotto aveali lasciati entrare. Di là per otto giorni fu a'continui danni degli avversarii e poscia interamente disfecela. Sempre più ingagliardiva la costui fazione, alla quale si era aggiunto un forte braccio nel suo cugino Argiro, giovine capace di trarsi ad ogni eccesso: ed attenenza di fuori, massime di Tranesi. Questo stato che minacciava di schiantar la città, non poteva reggere a lungo; e stanchi finalmente, vennesi a composizione nel settembre del 1117, e gli statichi si diedero per sicurtà, convenendo e gli uni e gli altri di dare la somma delle cose in mano ad un cittadino barese, tenuto da tutti in gran riverenza, Grimoaldo Alferanite, uomo (al dir di Falcone beneventano, anno 1132) assai valente e di spiriti bellicosi. Per la principessa Costanza,

[1] L'Ignoto barese.

che a cansare i pericoli s'era ridotta in Taranto, nulla di meglio potè fare l'arcivescovo Risone, il quale però incerto delle cose avvenire tempestavala, perchè gli confermasse la donazione della *corte del catapano* [1].

L'Alferanite era per l'Arcivescovo e per Giovanni fratello di lui, ai quali tardava di vedere oppresso il più fiero lor nemico; e cedendo alle costoro istigazioni, lordò sua fama intemerata. Biasimiamo il modo, più il fatto: chiamò egli il giovine Argiro, sotto colore di volerne udire i consigli intorno alle publiche bisogne, e come l'ebbe seco, imprigionollo. La slealtà produsse gli effetti, che si dovevano aspettare. Si riaccese il fuoco non ancora spento, e risorse inferocita la contraria parte. Dopo tre giorni spezzando Argiro i ceppi, ruppe co'suoi ad ogni sfrenatezza; e tre interi giorni di sangue versato e d'ogni maniera d'orrori non bastarono a scancellar l'ingiuria de'tre giorni di toltagli libertà. Alla fine de'quali Grimoaldo e l'Arcivescovo con lo sforzo maggiore delle armi loro restrinsero tutti gli avversari in due torri e nelle case d'Argiro; e quivi, se per forza non poteano, per fame almeno di fiaccarli si studiavano. Così avvenne di fatto: dopo non molti dì le torri e le case furon cedute, e poste giù l'armi; ma Argiro scapolò, e presso di suo cugino si tenne nascosto. Pareano quetate le cose, quando essendosi condotto l'Arcivescovo a Canosa, sembrò occasione questa al furibondo giovane di spegnerlo alla sua vendetta; e di celato andossene a Trani per aspettarlo al ritorno. Quivi accontatosi intorno al reo disegno co' suoi aderenti, si pose agli agguati con essi in sulla via presso la chiesa del beato Quirico, ch'era fra Canne

[1] V. documento n. **XXII**.

e Barletta; e così non ispaventandolo nè il pericolo, nè la santità del luogo, nè la dignità della persona, pose le mani sopra l'unto del Signore, e lo spense (settembre 1118). Ma al ritorno che faceva da cotesta scelleraggine, avvenutosi in una forte mano di soldati, ch'erano al servigio di Goffredo conte d'Andria fautore all'Arcivescovo nella narrata rivoltura, e che ritornavano da Bisceglie; riconosciuto, fu preso, ed a Barletta menato. Dove tenuto in istretta custodia tutta la notte, alla dimane, ch'era giorno di domenica, fu pubblicamente per la gola appiccato.

Spenta la semenza delle dissenzioni per la morte d'Argiro, e per l'orrore cagionato dal suo misfatto, si ravvicinavano gli animi; e mentre le città lombarde e toscane si costituivano a comune sotto un magistrato supremo consolare, Bari s'andava ergendo in principato indipendente. Perocchè Grimoaldo mostrando di sostener le ragioni della Costanza, aveva veramente tutt'altra voglia; e nell'opprimere la parte avversa o riconciliarla, non intendeva di sgombrare a lei il seggio del principato, ma assicurarlo a sè stesso. Aiutato egli dal fratello dell'Arcivescovo fece abbattere dalle fondamenta le torri e le case del sacrilego Argiro per iscancellarne ogni memoria [1]. Il conte Alessandro lasciò suo malgrado ogni pensiero della barese signoria, che anzi a sostenersi nella sua indipendenza, non si potè dipartire dal seguir le parti del nostro Alferanite, ed aiutarlo, perchè nella ruina di lui vedeva la sua propria. Questi ogni dì più entrava nell'amore del popolo; ma a prenderne assoluto imperio, eragli d'ostacolo la principessa: e l'ambizione, che gli aveva già occupato il cuore, non fu

[1] L'Ignoto barese.

lenta a suggerirgli disonesto consiglio. Costanza tradita dai cittadini di Menanzia, o Mensola, dove trovavasi nel mese di agosto, fu presa con cinquanta de'suoi militi, ed a Bari menata. Dalla quale cattività fu l'anno appresso liberata dal santo padre Callisto II, che di Troia, ov'erasi condotto per conchiudere de'soccorsi contro l'antipapa, venne a Bari; ma la libertà fu ottenuta a condizione, ch'ella rinunziar dovesse Bari a Grimoaldo, ed al conte Alessandro tutte le terre già occupate; nè più le riebbe, mentre visse, che fu sino a' 14 di settembre del 1125 [1].

Grimoaldo allora prese titolo di *principe di Bari per la grazia di Dio e del beato Niccolò*, ed attese a conciliarsi il favore di tutti gli ordini de' cittadini. Assicuravasi le vie del mare, mettendosi in buone relazioni con la repubblica di Venezia, il cui doge Domenico Michiel sì chiaro per le sue sollecitudini a soccorrere il cristiano e pericolante regno di Palestina, e per l'oppugnazione di Tiro, rilasciogli una scritta giurata [2]. Oro splendeva nel Duomo in adornarlo di marmi ed altri ricchi fregi [3]. Donava alla Basilica in mano dell'abate Eustachio tutto ciò che apparteneva al fisco in due luoghi detti Gizio e Mo-

---

[1] Romoaldo Salernitano; Giovanni di Ceccano presso il di Meo, anno 1120; e la Cronaca di Fossanova, anno 1120.

[2] V. documenti num. XXIII.

[3] Si scorgea nella piccola sagrestia della confessione di S. Sabino:

Regnabat magnus quando dominus Grimoaldus,
Hoc opus est actum, sed et uius sumptibus auctum,
Ut Dominus nostrum sumpsit de Virgine corpus,
Anno milleno centeno, bis decimoque,
Uno subiuncto, principio numeri.

la, e le possessioni d'Argiro [1]; ed altre larghezze usava con Melo abate d'Ognissanti [2]. Il render giustizia affidata ad un Michail, assistito dal senno d'uno scelto numero di nobili persone [3].

Non maraviglierà, che niuna parte prendesse a tali avvenimenti il duca Guglielmo, chi consideri, com'egli fosse d'indole placidissimo e pio, gracile della persona, abborrente dall'arti guerresche, nè circondato da capitani, che potessero farlo temere ad altrui; e coltolo in fine la morte nel fiore dell'età, e senza eredi, era cagione egli stesso in queste parti di grandi commovimenti. E mentre inconsolabile della perdita la duchessa Gaitelgrima recidevasi le belle e lunghe chiome come onore muliebre a lei già inutile, gittavale sull'esamine corpo, e tutta amaramente in pianto si struggeva; i baroni e le città quali per crescer di potenza, quali per sottrarsi a soggezione si commovevano.

Ma presto il conte Ruggiero, che al conquisto delle isole del Mediterraneo intendeva, come seppe della morte del nipote di suo cugino, appresentossi sopra sette navi ben armato a Salerno, e per suoi legati fece intendere alla città, avergli promesso il duca, se morisse senza prole, di farlo erede; e però dover ella la sua signoria riconoscere. Dapprima ricusò

---

[1] V. documenti num. XXIV.

[2] V. docum. num XXV.

[3] Chi abbia vaghezza d'intenderne il rito, vegga una delle sentenze al num. XXVI de'documenti, e vi troverà pure in pieno vigore la schiavitù; se non che ci conforta l'ultimo concetto del giudicato: cioè niuno, che professa Religione Cristiana, poter essere ritenuto come servo, salvo i generati da schiavi potersi *contro natura* ritenere per consuetudine.

Salerno; ma poi meglio considerando, gli si sottomise, a condizione che le rimanesse la rocca. Che se egli come solo conte di Sicilia e di Calabria era per valore e potenza temuto, riempì tutti di paura, sentendolo ora padrone di quel gran principato; e più si rimescolarono, quando il conte Rainolfo, marito a sua sorella Matilde, ed uomo di gran grido in virtù militare, ebbegli prestato giuramento di fedeltà: per il che incontanente gli Amalfitani ed i Beneventani inviarono messi ad offrirgli amore ed ossequio.

Per le ragioni della santa Sede su quelle terre, e per le conseguenze di tanta potenza del conte, si turbò il Pontefice; che senza indugi condottosi a Benevento (1127) fulminò scomuniche contro lui e quanti altri mai ne tenessero le parti. Indarno studiavasi Ruggiero a placarlo, chè quegli procedè innanzi sino a Troia, dove i cittadini festevolmente accoltolo, abbatterono in segno di lor volontà il castello ducale, rifecero le mura ed i fossi, e pronti si proffersero a patire qual si voglia danno per lui, che come a sovrano riconobbero. Quivi si ragunarono con esso varii signori per provvedere all'imminente pericolo: il nostro principe Grimoaldo, Goffredo conte di Andria, Tancredi di Conversano, e Ruggiero di Ariano [1] furono de'primi; cui poscia si aggiunsero Roberto principe di Capua, ed il conte Rainolfo medesimo, il quale atterrito dai fulmini della Chiesa, e fors'anche dal pensiero, che i primi colpi de'collegati avrebbero lui percosso, si dipartì da suo cognato. Ruggiero intanto mentre non ristava con umili messaggi di placar l'animo del Pontefice, sbigottivalo con la paura, ingiugnendo a Raone di Fraineta ed Ugone Infante d'avventarsi sopra Benevento, e tra-

---

[1] Muratori il dice conte d'Oria.

vagliarla (i quali per odii peculiari facevano ancora più fieramente, che loro imposto non era stato); e veduto di avere ad
adoperar l'armi, in Sicilia per apparecchiarvisi si condusse;
dove cominciò dal mutar titolo, e di conte fecesi duca appel-
lare [1].

Onorio II dall'altra parte non cessava di menar lamenti contro di lui, e più con le lagrime che con le parole eccitare i
collegati a rimaner saldi nel difendere la sua dignità, come promesso avevano. Le volte del duomo di Capua echeg-
giarono delle sue lamentevoli grida, quando andato ad unger-
vi principe Roberto, succeduto al padre, in mezzo ad una
gran ragunanza di signori si fece a narrare gli strazi, che Raone ed Ugone avean fatto de' cittadini di Benevento, ed a raccorre unitamente le loro forze esortavali, e plenaria indulgenza di tutti i peccati lor concedeva.

Con infelicissimi auspici aprivasi la primavera del 1128.
Perocchè al duca Ruggiero, varcato il Faro con oste poderosa, arrendevasi Taranto minacciata d'assedio, ed Otranto
spaurita le chiavi della città inviavagli; i quali due luoghi a
Boemondo II appartenenti erano stati posti con tutte le altre
costui terre sotto tutela del Papa, e custodia di suo cugino
Alessandro conte di Matera, con esso lui riconciliato, quando
due anni prima erasi egli partito per Antiochia a prender
possesso di quel principato. Nè dopo di quelle città, fecero diversamente e Brindisi e Castro ed Oria [2].

Bari, tutta ancora lacera ed insanguinata dalle passate discordie, e quasi sfiduciata dell'avvenire, attendeva a raffazzo-

[1] Falcone beneventano.
[2] Il Telesino lib. I, cap. XII, e Muratori, anno 1128.

narsi alla men trista. Una parte delle sue genti armata pone-
vansi a guardia della città, le altre seguivano il principe Grimoaldo, ed unite ai Conversanesi ed altri baroni studiavano
il passo a raggiungere il Papa, che per la via di Benevento a
queste parti moveva. Ma quale non ebbe ad essere la lor maraviglia, allorchè seppero, che Onorio, o deboli riputasse gli
sforzi de' collegati, o questi si sparpagliassero all'appressar del
verno, o per altri più cauti rispetti, col duca si riconciliava
presso Benevento, e come i suoi predecessori avean fatto, ri-
cevutosi giuramento di fedeltà e di annuo censo, l'investitura
gli dava del ducato di Puglia e di Calabria? ed essi, che non
vollero sottomettersi, a discrezione del duca lasciava '? Troia
fu la prima ad essere assediata: ella però fece manifesto di non
aver giurato indarno, nè per vana pompa apparecchiate le difese. Onde trovato osso duro Ruggiero, se ne andò per allora
ad impadronirsi di Melfi, e d'altri luoghi intorno. Bari sel vedeva già alle porte, nè il sapere d'essersene da Salerno partito di
bel nuovo per Sicilià, menomò la certezza de' futuri travagli.

Nella vegnente primavera s'intese risuonare in Puglia il nome del duca. Egli rapidamente ritolte tutte quelle terre, che
Tancredi nel verno aveva ricuperate, tornava a metter l'assedio a Brindisi; ma l'impazienza del conquistare abborrente
da ogni indugio, gli fe' lasciar quell'impresa, ed altri luoghi
assalire. Ed ecco finalmente giunto il tempo temuto dai nostri. Era il giugno, ed un'armata di sessanta galee velocissime
sono sopra Bari, e la circondano, e la chiudono, di maniera
che niuna barca barese nè uscirne, nè entrarvi potesse '. Nè

' Muratori, anno 1128.
' Romoaldo Salernitano.

tentò egli la resa, perocchè conoscendo ben diverse essere le presenti condizioni da quelle di prima, s'apponeva di non aver tanto a travagliarvisi intorno, quanto in altri tempi toccò al Guiscardo.

Pure a tanta minaccia niun sentore di dedizione scorgendovi dentro, lasciolla così strettamente assediata, e trasse nel principio d'agosto verso Salpi, cui prese, e di poi anche Ruvo. Ma i pochi e disgregati resistere alla potenza e fortuna del duca era un voler patire l'ultimo sterminio; onde fu riputato prudente e necessario consiglio l'arrendersi; e dopo vario ondeggiar di sentenze Tancredi (a cui le infermità del corpo e le oppressioni del nemico aveano fiaccato l'animo) insieme con suo fratello, e il nostro principe Grimoaldo il dì 10 d'agosto vennero a patti di restituire tutte le terre occupate, e riconoscerlo a signore. Qui non dovremmo dire più innanzi; ma a sè ne tira la costanza ovvero pertinacia de'Troiani, i quali destituiti di ogni soccorso non posero giù l'ardire. Mandarono ad offrire a Roberto principe di Capua di dargli la città, se venisse con gente armata a difenderla. Rifiutò il principe; di che sdegnato il gagliardo conte Rainolfo entrovvi con pochi suoi: ma presto smentì l'opinion sua, che come vide volgersi Ruggiero a disertargli lo Stato, s'accordò con esso lui. Così Troia assalita non che dal duca, ma da molti altri signori pugliesi, i quali tementi della nuova possanza, adulavano e servivano alla fortuna; dopo non molti dì cedette: pure il castello, mezzo guasto com'era, rimase per patti in mano della cittadinanza. Allora Trani, Siponto, Montegargano, ed altre città ducali compierono la cupidità del conquistatore, ed a recargli con le chiavi il loro omaggio si affrettarono. Qui non vogliamo fastidire il lettore col racconto di cose notissime, sapendosi già come la smisurata potenza di Ruggiero, il desiderio di sua madre Adelaide, moglie che fu di Baldoino re di Gerusalemme, e le adulazioni di coloro, che venire a più grande stato presso di lui speravano, lo stimolarono a lasciare i titoli di gran conte di Sicilia, e duca di Puglia, ed assumere quello di re, facendosi solennemente incoronare a Palermo il dì di Natale 1130 in presenza di tutta nobiltà e popolo dai quattro arcivescovi di Palermo, Benevento, Capua e Salerno, e con autorità del Cardinale di S. Eusebio, legato d'Anacleto II antipapa, il quale con Innocenzo pure II concorreva alla santa Sede. Ed Anacleto gli concedeva anche investitura, che gli altri duchi non avevano mai potuto ottenere; poichè oltre a Sicilia, Puglia, e Calabria, lo investì del principato di Capua e del ducato napoletano, avvegnachè il primo appartenesse a Roberto, ed il secondo si reggesse a forma di repubblica, governata da Sergio suo duca '.

Si tennero per ispacciati allora i signori pugliesi, ed attaccatisi ad un'ultima speranza, che era le pratiche di papa Innocenzo e degli esuli di Puglia presso l'Imperatore, e la probabile venuta di lui in Italia, si vollero arrischiare ad un ultimo

' Muratori, anno 1130.

Il Beatillo (lib. II, p. 94) seguito da altri scrittori delle cose nostre riferisce, che « Anacleto antipapa avendo intimato in Bari per « lo mese di novembre un Concilio, lo celebrò nel 1131 con tutti « i cardinali e prelati scismatici, scomunicandovi Innocenzo II vero « Pontefice, ed i suoi seguaci, e coronandovi altresì colla corona di « ferro Ruggiero conte di Sicilia in re, per farlo poi coronare in Pa- « lermo coll'altra corona di oro da un suo legato ». E soggiunse ancora che « consacrò Angelo eletto arcivescovo di Bari, che seguiva « lo scisma ». Sulla cui autorità il priore Fabio Grisone nel 1611

sforzo. Tancredi negò il primo d'ubbidirgli, e Goffredo di Andria col nostro Grimoaldo (per dir solo di quelli a noi più vicini) vi si associarono. Costoro manifestamente correvano a
società di pericoli non di vittoria, ed affrettavano che Ruggiero ponesse loro il piede sul collo. In settembre del 1131 Tancredi e Grimoaldo furono sopra Brindisi, per ritorla al re, che
vi teneva forte presidio; ed alla gagliarda resistenza l'impetuoso Tancredi giurò, che se presa la terra avesse, farebbe morir
tutti o appiccati, o bruciati, o sepolti vivi. La fiera minaccia

volle scolpirne in marmo la memoria, che vedesi nell'interno della
Basilica al destro lato della porta maggiore, in questa forma:

ROGERIVS I. SICILIAE REX PRIOREM,
QVAE FERREA ERAT, REGNI CORONAM
IN HAC BASILICA AB ANACLETO II. AN-
TIPAPA SVSCEPIT A. D. MCXXXI. QVOD
CATHOLIC. DEINDE SERVARVNT INTER
ALIOS SICILIAE REGES HENRICVS VI.
IMPERATOR, CONSTANTIA EJVS VXOR,
MANFREDVS, ET FERDINANDVS I .
QVEM HIC CORONAVIT LATINVS VR-
SINVS S. R. E. CARDINALIS, PIIQVE II . A
LATERE LEGATVS: ID AVTEM FABIVS
GRISONVS PRIOR, ET CAPIT. HIC OM-
NIB. PATEF. A. D. MDCXI.

Ma tanto il concilio d'Anacleto a Bari, quanto l'incoronazione della
corona di ferro son cose omai chiarite così false, da non ispendervi
più parole : e chi voglia udirne con assai critica distese le ragioni
della confutazione, le ricerchi nell'eruditissimo nostro Giacinto Gimma, al tomo II, art. 6, n. 12 della sua Idea della storia dell'Italia
letterata.

pose più fermezza negli assediati, ma il nostro principe temendo, non tornassero più nocivi alla causa comune modi così
violenti, ridusselo ad andare all'assedio di Gallipoli, ed egli
statovi alquanto altro tempo sotto la torre co'suoi Baresi,
sforzò finalmente con dolci maniere il presidio ad arrendergli-
si, e senza che fosse torto un capello ad alcuno, permise di
partirsene con tutte le loro robe [1]. Poco durò la mesta allegrezza di quelle fazioni; perciocchè appresentatosi re Ruggiero
a Taranto, tolse buona parte delle terre a Goffredo, che, cangiato tenore, era andato ad inchinarlo; e quindi fattosi innanzi a Brindisi, e strettala per mare e per terra, a forza d'arme
incontanente se la ritolse. Di là movendo con l'armata stessa,
sel vide intorno l'Alferanite, il quale presentendo, come fosse
vicina l'ultima sua ora, s'era rinchiuso in Bari senza speranza
d'aiuto. Solo il conte Rainolfo, spinto dal suo zelo, voleva con
una mano di cavalieri recargli soccorso, ma persuaso da altri
a tentar modo di ricuperare più tosto con accomodamenti le
cose toltegli, licenziolli. Pur tuttavolta pareva, che la disperazione addoppiasse al principe gli spiriti, ma a capo di tre
settimane, i cittadini, che vedevano per la sua temerità so-
vrastar loro gli estremi danni, gli si fecero a dimostrare aperto di non voler essere strascinati con esso lui nella ruina; che
aprirebbero le porte al Re, essendo miglior consiglio cedere
alla necessità, che rendere con una inutile pertinacia più miserabile la loro sorte. Così fecero. Il re entrovvi (1131); e
preso il principe con la moglie, i figliuoli, ed altri nobili e
potenti cittadini, mandolli sotto custodia prigioni in Sicilia [2]:

---

[1] Romoaldo Salernitano an. 1132.
[2] Romoaldo Salernitano, ed il Capecelatro, lib. I.

e così dopo quattordici anni di principato finiva miseramente la vita. Di poi ordinò che una forte rocca alquanto discosta dalla città s'innalzasse, e fabbri saraceni lasciovvi con buona mano di presidio, che conducesse il lavoro.

Con quale animo vedessero i Baresi innalzar quelle torri minacciose, non è a dire; ma più incresceva la baldanza di quei Saraceni, che come si usa sempre coi perdenti o sommessi, importevolmente insultavano. Giunsero costoro a tale, che un giorno, poste le mani addosso ad un figlio di ricco e potente cittadino, l'uccisero. A quel misfatto non si poterono contenere i Baresi, presero l'arme, e ben conci delle lor persone, ne li cacciarono fuori della città.

Questa fu per avventura inevitabile e momentanea vendetta: ma gli agitatori della massa del popolo, che furono i fratelli Sassone, e Niccolò di Amoruso, un Guaiferio, un Rannio, un Giovanni da Benevento, ed un tal Sergio, incoraggiati forse dai colpi della fortuna provati da Ruggiero a Sarno per il principe di Capua e il conte di Avellino suo cognato; con temerità maggiore di quella biasimata nell'Alferanite procedettero più oltre; e cominciavano a disfàre la rocca, e già trattavano di ritentar le offese insieme con Tancredi: il quale pentito delle fatte rinunzie, e rimessosi in piedi con altri baroni pugliesi, raccoglieva genti a Montepeloso.

Benchè non uso il Re a siffatti colpi, pure con fronte serena e costanza d'animo, accozzate le maggiori forze che aveva, scese in Puglia a quetare i nuovi commovimenti. La sua presenza ed i modi prudenti e pieghevoli valsero a tanto. Bari gli ritornò obbediente, sì bene però che a lei egli ebbe conceduta ogni cosa, che gli chiedesse. Perciocchè ai 23 di giugno 1132, per comando di lui Alessandro conte di Conversano, e Tan-

credi conversanese [1] e Gamferio conte di Catanzaro, e Roberto di Gravina giurarono sui sacri Evangelii: che mai il Re con
qual si voglia modo e pretesto estrarrebbe o farebbe estrarre
dalla città le sacre reliquie di S. Niccolò; non si opporrebbe
mai all'edificazione di tutti gli edifizi che s'innalzassero intorno alla Basilica; nè le possessioni ed altre ricchezze, ch'ella avesse, distruggerebbe o torrebbe egli in guisa veruna; che
qualunque persona per commesso reato cercasse asilo o nella
Basilica o ne'cortili d'intorno, non potrebbe esser presa, salvo
se il reato ledesse la regia maestà, ed anche in tal caso nè di
morte, nè di alcun'altra corporal pena sarebbe punita, tuttochè meritata l'avesse; che intatti lascerebbe i beni dell'Arcivescovado, nè arcivescovo, o abate della Basilica, o abate di
S. Benedetto, che cittadino barese non fosse, le darebbe egli
mai, se la maggior parte de'cittadini così non voglia e desideri; che niuna chiesa del territorio barese donerebbe egli ad
altrui, di maniera che l'arcivescovo perder ne possa la giurisdizione; che d'ogni ingiuria di parole o di fatti commessa per
lo innanzi contra del Re, non prenderebbe egli alcuna ragione,
se non de'sei nominati innanzi, i quali nella scorsa rivoltura
avean trapassati i termini, e così di coloro, che per violenza
si fossero impadroniti dello avere altrui; che non mai, se non
di sua volontà, potrebb'essere la città privata delle proprie
leggi e consuetudini; che niun cittadino sarebbe giudicato con

---

[1] Non crediamo costui esser lo stesso Tancredi, di cui si è ragio-
nato innanzi (essendo stati molti di questa famiglia de'conti di Conversano, come ne accertano il Pellegrino e l'Anonimo cassinese),
tranne se anch'egli alla presenza di Ruggiero si sommise, per ribel-
larsene incontanente.

le barbare prove di ferro rovente, di duello, di acqua ghiac-
ciata, e di altri giudizi, che si dicean di Dio; che niuna imposta o gravezza sotto nome di colletta o altro le imporrebbe
egli; che nelle spedizioni o di mare o di terra niun cittadino,
se non spontaneamente, sarebbe costretto a servire; e niuno
cacciato mai in prigione, se non fosse per capital delitto, ed
idonei fideiussori non avesse; altro giudice che cittadino barese non renderebbe ragione, esenti le eredità d'ogni servigio
e tributo acquisterebbono i cittadini, ed esenti renderebbe il Re
tutti i beni stabili, ch'eglino acquistassero nelle pertinenze
delle terre baronali; nelle case de'cittadini niuno straniero mai
per forza alloggerebbe, nè ostaggi da essi cercherebbe mai; che
nella città altra rocca non farebbe edificare; e che in fine se
il Re al suo Tancredi, o ad.alcun altro de'suoi figliuoli conce-
cedesse la signoria di Bari, di adempire a tutte le predette condizioni quegli dovrebbe sui sacri Evangelii giurare. Le quali
cose Ruggiero promise di osservare senza usar frode ed artifizio, salvo che contro gli Amalfitani stanziati nella città, e
gli affidati [1].

Quindi lesse egli le consuetudini baresi, ossiano leggi peculiari della città, ed approvolle, ed ordinò, che non solamente Bari, ma tutte le altre città e terre del reame potessero a lor grado farsi ragione con quelle [2].

Niuno certamente, dopo aver lette coteste condizioni e tutto

---

[1] V. docum. n. XXVII.

[2] Ciò raccogliesi dall'introduzione di esse Consuetudini; e avvegnachè il nostro Storico pensi, che tale approvazione di Ruggiero
sia avvenuta più tardi, pure dall'allegato documento può bene infe-
rirsi la probabilità della nostra opinione.

il racconto precedente, potrà non fare giusto giudizio della
città di Bari. Ella per meglio di un secolo (dal 1010 al 1132)
senza risparmio di tesori, di travagli, di vite, or combattendo la greca tirannide ed eresia, ora resistendo all'ambizione
normanna, or reggendosi con principi indipendenti, sostenne
nell'inferiore Italia il patrio onore; e quando vide essere stoltezza lo struggersi con temerari sforzi, cedette non pur serbandosi tali franchigie, che quasi il solo titolo di monarca lasciavano a Ruggiero; ma in quelle condizioni medesime testi-
moniando la sua pietà e riverenza alla Religione, e la sua civiltà per quei tempi maravigliosa. Così avesse fatto senno a
quetare gli spiriti bollenti, o lusinghe di fuori non fossero venute a sommoverli; chè non avrebbe avuto a rimproverarsi di
aver procacciata finalmente l'estrema ruina!

Nè a queste sole dimostrazioni di benevolenza pare che fosse
stato contento re Ruggiero; perciocchè oltre all'aver donata
alla Basilica una gran lampada d'argento di pregiatissimo lavoro [1], è assai verisimil cosa, che per conciliarsi amore nel
popolo, o per devozione al santo Arcivescovo spendesse eziandio del suo oro a far che più ricchi e belli riuscissero gli ornamenti, che allora nella superior chiesa di essa per opera
dell'abate Eustachio s'andarono compiendo. Onde l'abate a lasciarne forse memoria agli avvenire od a piaggiare il nuovo
re, divisò in mezzo all'architrave anteriore di marmo, che sovrasta all'altare maggiore, incastonare una lastra di bronzo,
che incisa rappresenta il Sire avvolto nel regio paludamento
con lo scettro nella destra mano ed il globo nella sinistra, e
S. Niccolò che gli pone in capo la corona: se pure Ruggiero

---

[1] Beatillo, storia di S. Niccolò, lib. II, p. 962.

medesimo con un qualche apparato di cerimonie non avrà voluto veramente farsi mettere sul capo la corona, ed affidare al patrocinio del nostro Taumaturgo il recente suo reame [1]. Non prenda maraviglia il lettore a queste nostre parole, quasi ora fossimo corrivi ad aggiustar fede alla tradizione, già da noi notata falsa, che in Bari si fosse incoronato Ruggiero con la corona di ferro, e così di poi facessero tutti gli altri monarchi normanni e svevi, avvegnachè il Bargeo ed il Tasso il cantassero, e scrittori di storie nostrali e stranieri il dicessero. Perciocchè alle contrarie ragioni arrecate dal nostro Gimma, e di poi dal Giannone [2] ci acquetiamo del tutto; ma sì volemmo dire, che quel monumento lasciatoci, ed una corona di ferro, tutta di smalto a vari colori e di gemme ornata, la quale si vede oggidì nel tesoro della Basilica, fecero nascere e durare la falsa tradizione [3].

[1] Non si può recare in dubbio, che la lastra di bronzo sia stata posta allora; poichè le parole fatte scolpire sopra esso architrave dall'abate Eustachio sono collocate in modo, da lasciar nel mezzo a bello studio un luogo per quella. Nè alcuno fondamento ha l'opinione di taluni, che quella incisione sul bronzo dicono non essere in uso a quel secolo tra noi. Perocchè oltre a tante altre ragioni, che qui si potrebbono addurre per persuadere il contrario, addurremo una sola ragion di fatto; la quale è, che simili in tutto ad esse sono le figure incise sulla porta di bronzo della tomba di Boemondo, alquanti anni prima innalzata; se pure il giudizio de' nostri occhi non falla.

[2] Gimma citato innanzi a p. 278, nota 1; e Giannone al lib. XI, cap. 4.°

[3] Questa corona in ciascun merlo rappresenta una figura di angioletto a contorni poco profondamente incisi, le cui vesti e le ali sono

Dopo di ciò Ruggiero, afforzati di nuovi presidi i luoghi a lui più sospetti, andossene ad Amalfi; ove i baroni congregati esortò ad esser costanti nella fede giuratagli, nè mischiarsi coi ribelli, ch'egli avrebbe affatto schiacciati; e tal fece, massime de' tre conti pugliesi Goffredo, Tancredi, ed Alessandro. I quali come furono o prigioni e morti, o fugati e spogli di tutte lor terre e ricchezze; e spaurite e fiacche le città di Barletta, Trani, Corato, Minervino, Matera, che vidersi dal ferro e dal fuoco diserte; con animo diverso ritornò a Bari, e fatte abbattere tutte le torri de' cittadini, comandò, che la rocca, la cui edificazione era stata interrotta, si rifabbricasse [1]. E finalmente veggendo egli fermata la signoria in queste parti, il dì di Natale del 1135, dopo aver nominato duca di Puglia il figliuol primogenito, che portava il suo stesso nome, intitolò principe di Bari il secondo nato Tancredi [2], e con esso loro decorò del cingolo militare altri quaranta cavalieri. Quest'onore del principato conceduto alla nostra città dal fondatore e primo monarca del reame non ebbe altri esempi ne' successori;

a smalto turchino, l'aureola verde, bianco e rosso nel resto. Gli ornati del cerchio o fascia di essa, anche incisi, pare che sieno stati dorati su fondo a smalto turchino; per quel che se ne può conghietturare, essendo assai malconcia. Dodici gemme sono incastonate intorno; e nell'orlo superiore della fascia si veggono ordinatamente di molti forellini con alcuni altri nell'inferiore; i quali se ben ci apponiamo, poteano servire ad assicurar qualche imbottitura dalla parte interna, senza di che niun capo umano avrebbe potuto coronarsene, essendo essa del diametro di nove once.

[1] Alessandro di Telese, lib. II, cap. XLIX.

[2] Alessandro di Telese, lib. III, cap. V.

ed ella guardò con invidia città di lei meno illustri onorate di titoli ne' principi reali [1]. .

In questo mezzo l'abate Eustachio non men zelante del suo predecessore compiva del tutto la Basilica; e questo ne pare opportuno luogo a descriverla intera.

L'architettura, come già dicemmo pel Duomo, è italo-bizantina, per gli archi a pieno sesto affatto romani, pe'fregi del tutto bizantini. L'edifizio è in isola, circondato da grandi piazze, in cui si entra per tre porte, allora chiuse [2]; e sembra essere stato fatto con una certa gara, da vincere la magnificenza e la grandezza del Duomo. L'abate Eustachio non si curò gran fatto della bellezza esteriore; perciocchè le sette porte, che furono certamente opera di Elia, non corrispondono al' resto. Queste, tranne due sole più piccole, hanno stipiti ed architravi intagliati a fogliami, rosoni, nodi, figure umane, animali, tutto di lavoro mirabile anche ora logore e guaste come sono. La maggiore di esse è pure ornata di gran cimasa, nel cui culmine è una sfinge, e nel mezzo un basso rilievo di S. Niccolò, sostenuta da due colonne, le quali si appoggiano alle schiene di due tori sorretti da mensole [3]. Una delle piccole porte

[1] Ma la Maestà dell'ottimo nostro monarca Ferdinando II fatto lieto d'un altro figliuolo nel settembre del 1852, intitolò il neonato principe Pasquale Maria conte di Bari: il quale spontaneo onore innalzò le nostre speranze.

[2] Queste piazze chiamansi *cortili*, ed intorno ad esse son case e giardini, un tempo a solo uso del clero addetto al servigio della basilica. In esse si celebra il gran mercato o fiera ne'primi quindici giorni d'ogni dicembre.

[3] Queste mensole paiono pezzi di cornicioni antichi di stile greco, appartenenti ad altro edifizio; e così si può credere anche di alcune colonne.

laterali era di bronzo, la quale sì per la distribuzione come per'
la scelta de' subbietti ricordava i disegni della porta della cattedrale di Trani, che è capolavoro dell'arte bizantina, sul fare
di quelle di Lavello in Basilicata, e di Monreale in Sicilia [1].
Due grandi colonne di granito addossate al prospetto e soste-
gni a' pilastri ne distinguono il corpo principale dalle due ali;
presso cui due alte torri da campane si ergevano, che per stolta paura insino al primo piano poscia furono abbattute, come
avremo a dire. Nella parte postica eleganti finestroni con colonnette da lato, non da buoi o leoni, come per lo più, ma da
belli elefanti sostenute; tutti gli altri finestroni divisi in due
archi, a cui fan puntello esili colonnette; e di tali colonnette
nella superior parte delle facciate laterali corre intorno una
loggia, ora nella maggior parte murata. Anche due altre torri
aveva la parte postica [2], ma non compiute.

<hr>

[1] M. le Duc de Luynes, Recherches sur les monuments et l'histoire des Normands et de la Maison de Souabe dans l'Italie Méridio-
nale. Paris 1844. La trascuratezza dell'età nostra ha saputo distrug-
gerla; nè sapremmo, se fosse quest'una, o più, e se appartenuta a
più antico edifizio. Ci vien sospetto, che questa porta così massiccia,
la quale risponde sul crittoportico, fosse la sola, che custodisse il
Santuario, finchè non fu compiuta la chiesa superiore.

[2] Di queste quattro torri parla mons. Fabio Grisone nella visita
fatta il 1602:

*Quatuor esse invenit, duo in capite Ecclesiae perfecta et absoluta,
duo vero imperfecta, quorum omnium duo quae sunt ex parte dextra
ipsius Ecclesiae habent campanas tam minores, quam medias, ac majores, quarum sex sunt in campanile e capite Ecclesiae vs. quatuor
parvae et duae majores. In altero vero in pedes ipsius Ecclesiae,
quod est imperfectum, adsunt duae campanae, quarum una maxima,
altera aliquanto minor. Longe tam maior reliquis in altero campa-*

Forma quadrilatera ha l'interno del tempio, distendendosi in lunghezza sino a circa dugento palmi, in larghezza novanta sei, senza contare il vano delle cappelle laterali, ed ergendosi quasi altrettanto: forma e proporzione armoniose, quali Vitruvio prescrisse sulle antiche basiliche romane. Ha tre navate, la maggior delle quali avanza tanto in altezza le altre, che dà loro quasi l'aspetto di portici inferiori; e si appoggia ella a salde colonne di granito [1], formando sei archi da ciascuna banda. Alla sommità di questa maggior navata gira intorno intorno una galleria o loggia, che si dica, anch'essa a forma di portico su più piccole colonne [2] del medesimo o non men pregiato marmo (veggendosene da per tutto di Aunesani, numidici, egizi, lacedemonii), ed in guisa che gli archi soprani rispondenti ai sottoposti, vengono ad essere tripartiti ciascuno da due colonne; e di queste ne conti ventiquattro, le quali, come tutte l'altre, portano capitelli diversi.

Un arco trasversale, eziandio tripartito da due altre grandi colonne di granito, divide la navata dal presbitero, a cui si monta per parecchi gradini; e nel suo emiciclo sorge su basamento di altri gradini il maggiore altare [3]. Cuoprelo un cibo-

---

nile existentibus. Quae duo campanilia completa altera refectione indigere cognovit, ac propterea mandavit deputato fabricae, ut ipsa reparari curet arbitrio expertorum. B.

[1] Il fusto di esse è di ventidue palmi, e di quattro circa il diametro; di quattro e mezzo il capitello.

[2] Alte palmi dodici e mezzo con capitelli proporzionati all'altezza.

[3] Sulla fronte di questi gradini la gratitudine scolpì in onore di Elia ed Eustachio alcuni versi, che dicono così:

His gradibus tumidis ascensus ad alta negatur,
His gradibus blandis quaerere celsa datur.

rio sorretto da quattro colonne di breccia, di cui le prime due hanno capitelli simili con Serafini oranti. Di cipollino gli architravi [1], sui quali due ordini di basse colonnette disposte in giro con fasce e fregi ne formano il sopraccielo. Nell'abside medesima, che ha pavimento di fino mosaico, è dietro l'altare la sedia marmorea destinata a trono del priore, che nel celebrare l'incruento Sacrifizio era con la faccia rivolta al popolo. Di grandi lastre marmoree è tutto il resto del pavimento; ed a testuggine il tetto: il quale poi come e quando fosse

Ergo ne tumeas, qui sursum scandere quaeris,
Sis humilis, supplex, planus, et altus eris.
Ut pater Helias, hoc templum qui prius egit,
Quod pater Eustachius, sic decorando, regit.

[1] Su questi architravi leggonsi a grandi lettere di bronzo incastonate nel marmo queste parole:

ARX HEC [*] PAR CELIS
INTRA BONE SERVE FIDELIS
ORA DEVOTE DOMINVM PRO
PRO TE POPVLOQVE.

In mezzo alla prima linea, ov'è allogato l'asterisco, ed è volta ad occidente, a cui guarda l'altare, è incastrata la tavoletta di bronzo, di che parlammo innanzi; la quale ha l'immagine di S. Niccolò, che pone la corona in capo a Ruggiero; ed a canto alle figure è scritto:

RO
GE   S. NICOLAVS.
RIVS
REX

ornato di soffitta con assai ricche dorature, intagli, e dipinti, diremo a suo luogo; dove pure si toccherà di tre massicci archi trasversali sostenuti da colonne addossate alle altre della navata maggiore, e gittati in due diverse epoche, ed assai dopo, per riparare a'danni de'tremuoti.

Di sotto le navi minori per due ample scale con le sponde di marmo a traforo si scende nel crittoportico. È questo di lunghezza interna palmi cento sedici, di larghezza cinquantasei, ergendosi sino a quindici; avvegnachè sappiasi per tradizione, che sia stato anche più alto, ed in tempi posteriori rialzato il pavimento per guarentirlo da umidità (*). Le volte a quattro ordini di portico appoggiansi per lo lungo ai laterali pilastri ed a ventisei colonne di marmo ', tutte varie di diametro, varie di colori, di forme, di capitelli, quali a traforo, quali a foglie, e fra esse animali. Quattro finestre dalla parte di settentrione, altrettante di mezzodì, ed una sola ad oriente nel mezzo dell'abside, ponevano dentro una luce men chiara veramente, che or non veggiamo; ma attraversando vetri dipinti ed a mille minute guise disposti, scendeva ispiratrice di più raccoglimento e pietà. De'cinque altari tutti posti ad oriente il maggiore, ch'è nel mezzo, di fini marmi lavorato (e che poi, come diremo, dalla liberalità d'un principe straniero doveva esser tutto coperto di argento, al pari della volta sovrastante, finiti di mirabile lavoro) ha sott'esso la tomba marmorea

* La tradizione è confermata dal vedersi il pavimento dell'abside più basso di quello di tutto il crittoportico.

' Ci ha del cipollino, del numidico, della breccia, della corallina.

contenente il corpo di S. Niccolò[1], dove si opera dalle aride ossa il continuo miracolo del trasudare la Manna. Del pavimento è forse da credere, che fosse a mosaico, come bello se ne vede l'avanzo nell'abside, dove il minore sfregar de'piedi ce lo ha lasciato quasi intatto. Ma gli stucchi delle volte non erano al certo quelli che ora veggiamo; i quali ad argomentarne dalla pesantezza sembrano opera del seicento, e fatti fors'anche a spese di vari signori, che agli spigoli di esse posero i loro stemmi dipinti: ed or questi mal si raffigurerebbero, cangiati a capriccio nelle restaurazioni continue e colori e forme; pur se ne raffigura qualcuno, come quello della casa Acquaviva[2].

Sulla parete di contro agli altari sono tavole dipinte da buona scuola veneziana, che prendono forma di semicerchio, come corre l'arco delle volte; e rappresentano i principali fatti della vita di S. Niccolò dalla nascita alla morte.

[1] Veggasene la particolarizzata descrizione, e 'l disegno nella Diatriba II del Putignani, p. 148.

[2] Intorno alla basilica sono avanzi di epigrafi mortuarie, poste sulle tombe de'nostri maggiori, delle quali rechiamo le più intelligibili nella tavola, lettera D.

CAPO X

DALL'ANNO 1136 AL 1160.

SOMMARIO

Le esortazioni del Pontefice e di S. Bernardo fanno muovere Lotario imperatore, che entrato in Puglia, viene sopra Bari (1137); virilmente resiste il presidio di Ruggiero, ed è passato a fil di spada; sopravviene papa Innocenzo, e pontifica; presente lui, il popolo elegge ad arcivescovo Giovanni IV; la città riconoscendo la signoria dell'Imperatore e del Pontefice, chiede un principe cittadino, e l'ottiene in un Giaquinto: i due potentati investono del ducato di Puglia il conte Rainulfo; fazioni di guerra fra costui ed il re; questi è battuto (1137); muore quegli a Troia (1139) pianto da tutti; Ruggiero si fa a riacquistare gli stati, e riconciliasi con papa Innocenzo; fiere calamità di Troia e di Bari; questa si arrende dopo due mesi ad oneste condizioni; Ruggiero vi entra, diconsi violati i patti, s'istituisce straordinario tribunale, sono impiccati Giaquinto e i dieci, altri abbacinati e spogli (ottobre 1139); si rialza la rocca, l'arcivescovo scismatico è richiamato, e d'accordo con Giovanni governa insieme la Chiesa; Giorgio Maione barese entra in Corte, diviene possente presso Guglielmo I, che il fa grande ammiraglio delli ammiragli; suo carattere, ambizione, e cospirazione con Ugone arcivescovo di Palermo; il reame è lacerato fra molte fazioni; Bari per forza di plebe si dà all'imperatore Emmanuele Comneno, ed a Roberto Bassavilla cugino del re (1155); battaglia fra i regii e gl'imperiali, e morte di Riccardo conte di Andria; i Greci conquistano, nè si scoraggia Maione procedente nel suo proponimento; il conte Giuffredi congiura per ucciderlo, e mancato il disegno, s'infigne con esso lui; gravi rivolture in Sicilia quetate; re Guglielmo I si risolve a quetar quelle di Puglia; giunge con un'armata a Brindisi, combatte, e vince (1136); viene sopra Bari, e la fa distruggere, salvo appena le chiese; si riconcilia col Pontefice a Benevento e ritorna a Palermo; Maione intende di continuo nell'ambizioso proponimento, si acconta con l'arcivescovo di Palermo, discordi e nemici fierissimi di dentro, amici in apparenza; quegli adopera lento veleno a disfarsene, questi gli eccita contro e grandi e soldati e plebe; Matteo Bonello, futuro genero di Maione, si unisce ai nemici di lui, e l'uccide (1160); coltura della città in questo primo periodo.

I legati spediti a Lotario imperatore da Innocenzo II, che furono il cardinal di S. Croce Gherardo Caccianemico, lo stesso

principe di Capua Roberto, e Riccardo fratello del conte Rainulfo, a ricordargli le fatte promesse di venire a mettere un
freno alla smisurata potenza di Ruggiero, e liberar la Chiesa
romana dallo scisma; e più delle lor parole le lettere, che gli
scriveva S. Bernardo, abate di Chiaravalle, forte pungendolo
di *venire a spegnere la rabbia degli scismatici, e rivendicare la
corona usurpata*; indussero finalmente Lotario a scendere con
formidabile esercito in Italia: ed il 1137 si sollevarono in questi luoghi gli animi a nuove cupidità. Entrava l'imperatore in
Puglia, e difilato traeva sopra Bari, luogo più forte, e che voleva far egli centro ad ogni sua operazione. Siponto, Troia,
Canne, Barletta osarono in sul cammino di uscirgli incontro,
senz'altro guadagno tranne che morti e prigioni. Trani con
liete accoglienze lo ricevette, e la rocca dal re edificatavi, trucidato il presidio, prese incontanente ad abbattere. Troppo tardi un'armata regia correva a sostener quel presidio, chè otto
navi restavano sommerse, fugate le rimanenti [1]: di che assai
sconfortato re Ruggiero si studiò di riparare eziandio con l'oro
a sì imminente ruina; ma pure vano riuscì tale argomento a
smuover l'animo dell'imperatore dalla ben cominciata impresa.

[1] Murat. anno 1137.

Non si può ben diffinire da chi fosse stata data cotale sconfitta, non
dicendoci i cronisti di aver l'Imperatore apparecchiate forze di mare.
L'abate Cestari (Annali del Regno, epoca III, tomo I) opina essere
stata opera di armata greca venuta in aiuto di Lotario: se non che
dalla storia di Monte Cassino del ch. Tosti (lib. 5, p. 145) si raccoglie, che quel Guibaldo lorenese, abate del monistero Stabulense,
fornito di molte lettere e dottrina, il quale poscia quasi a forza fu
dall'imperatore fatto abate Cassinese, era grande Ammiraglio nella
guerra contro Ruggiero in queste parti. Noi sull'autorità di Falcone

Bari, cui pungeva la turbata coscienza di aderire a seismatico Pontefice, ed il sospetto, che l'assoluta potenza regia presto avrebbela spogliata delle larghe franchigie, le quali pure non addolcivano la presente sua condizione; senza contrasto se gli arrese. Ma non così volentieri mostrarono di volersi arrendere le genti regie bene afforzate nel nostro castello. Non men di quaranta giorni dovette spendervi Lotario con ogni maniera di macchine e di assalti, aiutato gagliardamente dai cittadini, che si cacciavan sotto ad abbattere le fondamenta delle torri; poichè fieramente essendone travagliate le case intorno, tardava loro a vederli snidati una volta. Alla fine il castello fu preso; e del presidio, ch'era di ben cinquecento uomini, senza commiserazione alcuna parte fu passato a fil di spada, parte impiccati per la gola, ai rimanenti dato un tonfo nel mare. Troppo lacrimevol fine a tanta virtù! In pochi dì non apparve più vestigio veruno di quel forte castello.

In questo mezzo, lieto della renduta Capua al suo principe, e della soggiogata Benevento, giungeva pure a Bari a'25 maggio il pontefice Innocenzo col duca Arrigo genero all'augusto; ed in presenza di lui, de' vescovi, e della nobiltà tedesca ed italiana, tra feste grandi della città celebrò nel Duomo solennemente la Pentecoste, che nel penultimo giorno di quel mese cadeva. Il S. Padre ordinò poi a Corrado arcive-

Beneventano crediamo essere stati Pisani, tuttochè quel cronista ci dica, che l'armata pisana di cento navi venuta, secondo il giuramento, ad aiutar Lotario, giunse a Napoli dopo la resa di Bari. L'abate di Blasi nella sua storia del Regno di Sicilia (lib. VII, cap. 18 e 19) accenna d'un'armata di ventitrè galere spedita dal re a soccorso di Trani, e ne crede sommersa la maggior parte per tempesta.

scovo di Magdeburgo, il quale seguitavalo, che nel sabato delle quattro Tempora (5 di giugno), lui presente, ornasse de'sacri ordini molti chierici, i quali prender potessero zelante cura delle anime e del culto; e depose quanti mai stati n'erano dallo scismatico arcivescovo Angelo ordinati. E perchè senza pastore la Chiesa barese non rimanesse, essendochè quegli già ai primi rumori erasela data a gambe per raggiungere l'antipapa, col consentimento del popolo fu unto un tal Giovanni, ch'era il quarto di questo nome [1]. La città obbligatasi a riconoscere la soggezione pontificia ed imperiale, richieseli di voler vivere libera di sè, a non ubbidire ad altri, nell'interno reggimento, che ad un suo cittadino, il quale dovesse consigliarsi con dieci altri de' più possenti e stimati per senno a governar le pubbliche bisogne.

Della qual richiesta ella fu fatta contenta, ed un nobile e ben amato personaggio, di nome Giaquinto, sortito a tale onore, prese titolo di principe [2].

[1] Di Meo.

[2] Di questo principe, la cui misera fine sarà detta di breve, non abbiamo altra contezza che un cenno nella vita di S. Giovanni di Matera, fondatore e primo abate dell'Ordine Pulsanense Benedettino, dove si racconta, « che quel santo uomo venne a Bari, e quivi « convertì molti col correggere e predicare; ma poichè le sue corre- « zioni e le invettive erano ordinariamente dirette contro il clero « scorretto, fu accusato all'Arcivescovo come bestemmiatore ed ere- « tico; e sebbene molti lo scusassero, prevaleva l'iniquità, e si mi- « nacciava di bruciarlo. Il principe della città ordinò a due savii l'in- « formazion di tal causa, e trovatolo innocente, lo fece mettere in « libertà, e riprese gli ecclesiastici, che vivendo male volevan ro- « vinare chi li bramava ravveduti ». Presso il Papebrochio. E che

Al grido di siffatti avvenimenti tutte le città regie sino a Taranto ed a Calabria trassero a Bari per giurare fedeltà al Pontefice ed all'imperatore ¹. Ond'eglino, disposte così le cose in questi luoghi, partivansi; e come furono giunti a Benevento, dopo poche altre fazioni, conchiusero di creare un nuovo duca di Puglia: nel che furono sul punto di rompersi a grave discordia, volendo ciascun d'essi eleggerlo a sua voglia. Ma compostisi finalmente, diedero tutti e due lo stendardo dell'investitura al conte Rainulfo, che cognato era del re, avendone tolta in moglie la sorella Matilde; e costui fu loro un forte braccio alla presa di Salerno.

Assai funesto doveva tornare a Rainulfo il nuovo onore; perciocchè Ruggiero, partiti che furono l'Imperatore ed il Papa, ruppe il raffrenato impeto della vendetta. Trapassando qui la miserevole fortuna, cui soggiacquero Capua, Nocera, Avellino, e tutte l'altre terre sì del principe Roberto e sì di Rainulfo, primi strumenti della venuta di Lotario; trarremo a dire della venuta sua in Capitanata, ove furono i nostri gran parte. Il duca ai mille e cinquecento cavalli lasciatigli da Lotario (che già vecchio in val di Trento moriva) raccozzò quanta più gente potesse da Bari, Trani, Troia, e Melfi, il cui esempio non fu da altre città imitato, e con queste forze si fece innanzi all'adirato Ruggiero tra Rignano e Casalnovo ². S. Bernardo inorridendo del sangue fraterno, che si sarebbe versato, qual fosse l'una delle parti a riuscir vincitrice, non indugiò a

questo principe fosse Giaquinto, è chiaro, perchè costa quel santo uomo esser morto a 20 di giugno 1139.

¹ Falcone beneventano, e di Meo.
² Romoaldo salernitano.

condursi egli stesso dal re per placare con le sue parole l'animo sì fieramente inacerbito, ed indurlo a qualche umano accomodamento. Più giorni il tenne Ruggiero in parole con sembiante di riverenza, finchè nuovi rinforzi, che aspettava, non giungessero: ma come il santo uomo s'avvide del niun frutto delle sue parole, e con cristiana fermezza tolse a predirgli una prossima sconfitta, quegli più non volle udirlo. Della qual cosa sdegnato, passò allora nell'esercito del duca, promettendogli vittoria; e sì quella promessa confortò di nuova virtù gli animi de' Pugliesi. Di una parte del suo esercito, in due diviso, prese egli stesso il re il comando, e dette l'altra a comandare al figliuolo, ch'era già duca di Puglia. Così divise pure il suo esercito Rainulfo, e a dì **30** di ottobre si combattè la battaglia ferocemente. Il duca figlio del re, che degno voleva mostrarsi del titolo usurpatogli, con tanto furore avventossi all'oste contraria, che ruppela e fugò insino a Siponto. Ma in quel che sì prosperevolmente procedeva dall'una parte la battaglia, dall'altra Rainulfo e Ruggiero si assaltavano entrambi tanto gagliardi, da rimanere gran pezza incerta la sorte delle armi. Con ispaventevoli grida si cacciava il duca nel forte della mischia, cercando del re: il quale vedendolo sì fiero avventarglisi sopra, dimentico di sè, esterrefatto di paura, fu primo a fuggire, e con esso lui tutti a rotta fuga manifestamente si diedero [1]: sicchè di niun frutto riuscì la virtù del figliuolo. Tre mila ne rimasero morti sul campo; e de' capi Sergio duca di Napoli, che a lui s'era accostato, Eterno di Montefusco, Gerardo di Luzino, Sarolo del Tufo, ed altri pa-

---

[1] Ernaldo, autor della vita di S. Bernardo, Falcone beneventano, e Romoaldo salernitano.

recchi; prigioni moltissimi; grande il bottino: e mentre notte e dì fuggendo si riduceva il re in Salerno a ricevere i conforti di Rosemanno arcivescovo Beneventano, e del connestabolo Bernardo; i Baresi ed i Francesi, che belle prove di valore avean fatte, ritornavano in patria carichi di predate ricchezze, ed intuonanti inno di vittoria. Nè si rammollì Rainulfo nella dolcezza del vincere; il quale, entrato in Troia, e fortificatala, trasse con mille cavalli e buona fanteria sul conte d'Ariano, che con alcuni altri signori gli si sottomise [1].

Rinvenuto dallo sbalordimento Ruggiero, conobbe che più delle forze de' popoli ribellati gli era contraria l'opinione di voler sostenere lo scisma della Chiesa; e cominciò a far viso di voler riconoscere papa Innocenzo, sì veramente che di tutte ragioni dell'una e l'altra parte ei fosse istrutto: il che valevagli forse a solo prender tempo. Restaurate le forze, egli ricomparve in Puglia la primavera del 1138; e richiesto dai Beneventani, il cui contado era posto a sacco da Raone di Fragneto aderente al duca, si fece verso que' luoghi; dove incontanente appresentossi Rainulfo. Il quale però non potè venire a fatto veruno; perchè Ruggiero, ammaestrato dalla patita sconfitta, sfuggì sempre d'impegnarsi a gran giornata con esso, facendo ragione, che temporeggiando avrebbelo affiacchito. Onde ne' luoghi più erti accampando, e discendendo, come gli dava il destro, quando ad una città, e quando ad un'altra s'avventava, lasciando dietro di sè orrida striscia di ruine e di sangue, e consumò tutto quell'anno, senz'altro aver potuto occupare, che Venafro ed Alife, cui Rainulfo non potè

[1] Questi furono Auferio di Drago, Roberto della Marca, Roberto di Pietramaggiore, e Roberto di Portofranco.

giungere in tempo a soccorrere. In questi nostri luoghi, ove non erano monti, e le città gagliarde, non si arrischiò di nulla tentare, e ritirossi in Sicilia. Allora venne a Bari il duca, discorse per tutte le città più forti, ch'erano come il nerbo della guerra; ed ai cittadini, che affollantisi festosi gli accorrevano incontro, e lui difensore e padre chiamavano, con dolci ed eloquenti parole: « Stessero saldi, diceva, nella lor « fede e virtù; della virtù loro quanta paura avuta avesse il « Siciliano, averlo già dimostrato tutto quest'anno, schivan- « do di misurarsi con essi; fidassero pure in lui, come face- « vano; ogni disagio, ogni danno, e pericolo essere a lui cosa « lievissima, se gli fosse dato di sottrarli per sempre alla fiera « potenza di Ruggiero: di che aver egli confidenza grande nel « Cielo, che aiutato l'avrebbe ad abbassare quello spregia- « tore delle leggi divine ed umane ». Alle quali parole tutti con unanime grido rispondevano esser presti a brandir l'armi ad ogni suo volere, ad imitarne l'esempio, e per lui metter anche la vita [1].

Ma l'ultimo dì d'aprile del 1139 fe' inaridire il verde di tutte quelle speranze, ed occupò gli animi d'inconsolabile dolore. Perciocchè il duca Rainulfo soprappreso in Troia da maligna angina in poco d'ora ne fu soffocato. Tutta Italia pianse di quel valoroso uomo; ma le città pugliesi, e Troia sopra tutte, Melfi, Canosa, Trani, e Bari, restate senza capo e senza difesa caddero nella disperazione di tutte cose. Il troiano vescovo Guglielmo con tutto il clero ed il popolo più di pianto che di magnifici apparati l'onorarono degli ultimi onori. « Oh! quanto lutto universale di vergini, di vedove, di fan-

[1] Falcone beneventano.

« .ciulli, di vecchi, di cavalieri si sparse per la città. Tutti,
« ch' eransi affidati al suo imperio e protezione, inconsolabili,
« strappandosi i capelli, percuotendo i petti, lacerando le
« guance, fuor d'ogni costume piangevano. Piangevano un
« duca di somma pietà, padre di tutti, che con rara dolcezza
« e soavità di maniere sotto pacato reggimento mantenea il
« ducato. Fin l'acerbezza de' nemici s'ammollì, e pianse la
« singolare sua prudenza: onde in tutte parti d'Italia andò
« in voce la bontà di lui, ed il valore nelle battaglie ». Così
esclama Falcone. Solo ne godette Ruggiero: il quale, toltosi
d'innanzi quest'ultimo ostacolo, tenne per finita la guerra;
e sopra naviglio carico d'armati e d'oro presentandosi a Salerno, fu ricevuto con ogni generazione di feste. Quindi spedì
da per tutto lettere a chiamar gente sotto le sue bandiere,
ragunò grosso esercito, e divisolo in due corpi, ne mandò
uno in Puglia comandato dal duca suo figliuolo, con l'altro
egli stesso andò su Benevento. Scorate le città pugliesi si sot-
tomisero, ma non Troia, non Bari. Indarno il duca promise
sicurtà ed oblio della passata diffalta: il nostro cittadino e
principe Giaquinto, confidando ne' suoi quattrocento militi bene armati, e ne' cinquanta mila cittadini risoluti a sforzo disperato, si tenne saldo in sul no [1]. Per il che visto quegli vano il tentativo d'oppugnare la città, si ritrasse a Troia, e ri-
congiunse l'esercito a quello del re.

Ma nè così uniti pure poterono aver Troia; perciocchè in
essa, oltre alla rocca forte di buon presidio, era con settecento militi Ruggiero conte d'Ariano, i quali s'eran portati
a quattro miglia dalla città, fermi a non far passare l'esercito

[1] Falcone beneventano, an. 1139

regio se non sopra i loro cadaveri. Non vi si accostò il re, ma lasciata una mano di sue genti nel castello di Bacherezza, non lungi dalla città, per molestarli, divertiva col figliuolo sulle terre del conte a devastarle tutte.

Fulmini vibrava dal Vaticano papa Innocenzo, e con inutile studio raccoglieva anche un esercito per opporsegli; chè finalmente venuto egli nelle mani del sire, dovette, come ognun sa, a' 25 di luglio del 1139 riceverlo in grazia; ed avutone giuramento ed omaggio, dargli l'investitura del regno di Sicilia, e del ducato di Puglia.

A tal nuova si rimescolarono di terrore le città, che aveangli mostrato il petto, e prima a provarne i danni funesti fu Troia. Verso di quella moveva Ruggiero con l'esercito; al cui appressare i cittadini, sperando di rabbonirne la fierezza, si rivolsero ad una volontaria dedizione. Nulla di ciò: ai loro legati, che ad entrar da signore nella città lo pregavano, e poscia al vescovo Guglielmo, ed ai cittadini piangenti, rispose: non volervi metter piede, finchè con esso loro dimorasse ancora quel traditor di Rainulfo. Furono in tal guisa costretti, per cansare i danni de' vivi, ingiuriare alla memoria degli estinti: e per onta maggiore un tal Gallicano, ch'era stato il cavaliere più caro al morto duca, dovette di sua mano rompere il marmo della tomba, e cavatone il cadavere, con la fune al collo strascinarlo per le vie della città, e poi fuori gittarlo in uno stagno d'immondezze. Piuttosto desideravansi la morte que' cittadini, ch'essere spettatori al nefando spettacolo. Non trovarsi pace neppure in fondo al sepolcro! Lo stesso figliuolo del re raccapriccionne, ed a mani protese supplicavalo a cessare tanta crudeltà, a ricordarsi che Rainulfo era pure marito alla sorella di lui. Per le quali preghiere ottenne, che le lacere membra nella tomba si ricomponessero. Ma, eziandio dopo questo, non volle Ruggiero entrare nella città, e lasciate quivi delle sue genti a mantener vivo il terrore, traeva sopra Bari [1].

I Baresi, veggendo dall'esempio di Troia, a paro esser trattate sì la resa e sì la resistenza, fermarono di difendersi sino allo stremo: improvvido consiglio, se in altri che nelle sole proprie forze sperar non potevano; nè troppo severo per l'innanzi avevano sperimentato l'animo del re. Il Pontefice, che della pietà e del cuore del popolo barese aveva avute non dubbie prove, e del loro sottrarsi all'obbedienza regia era stato primo autore, e poi aveva dovuto abbandonarli, forte contristavasi della imminente loro ruina. Onde pensava come men tristo partito, che si avessero ad arrendere; ed a tal risoluzione esortarli inviava a Bari da Benevento uomo assai venerando, il vescovo d'Ostia. Ma i nostri sdegnati ed alteri anche nella lor misera condizione, niente vollero udirne, anzi neppure nella città gli permisero di entrare.

Il re intanto all'esercito, che cingevala da terra, aggiungeva navi, che la stringessero da mare, le quali ogni via le chiusero da farvi entrar vettovaglie. Indi faceva innalzarle intorno trenta torri alte con sopra macchine da tirar pietre di gravissimo peso, con cui tempestavala incessantemente, stritolando cittadini, sprofondando palagi, guastando le mura, ruinando le torri. Impavido sotto le ruine il principe ad esortar tutti: stessero fermi come lui nel patir virilmente l'avversa fortuna, riparare i guasti crescenti delle mura e delle torri, tentar frequenti sortite. E le tentavano: ove se tal volta ca-

[1] Falcone beneventano, an. 1139.

devano miseramente spenti, tal altra con molto sangue e morti
se ne vendicavano, e molti trascinavano nella città prigioni.
Durarono nella temeraria resistenza due o più mesi; ma quel
che non avea potuto il danno e la paura, potè il digiuno e la
sete. Poca vittuaglia vi era, e molta gente, e speranza niuna
di averne; un piccolo pane costava sei romesini, che tornavano a sette carlini e mezzo di nostra moneta; non più bestie
da macello, si macellavano cavalli, ed era gran fortuna l'averne a minuzzolo come delicato cibo. Ma la sete, la sete bru-
ciavali, rendevali folli, furiosi. La città sempre scarsa d'acqua,
ne'mesi più fieri d'agosto e settembre non ne poteva somministrare più gocciola. Cominciano i tumulti; scarna, pallida la
plebe grida pane, grida acqua, s'aggruppa, minaccia, corre
a'fatti: è forza finalmente cedere. Il principe Giaquinto spedi-
sce al re un tal Ruggiero di Sorrento con altri de'più ragguardevoli cittadini a trattar della resa con oneste condizioni.
Ritornerebbero all'antica soggezione, si restituirebbero dal-
l'una e dall'altra parte i prigionieri, sicurezza e pace alla città. Tutto è giurato: il re vi entra con sembiante di mitezza.
Il popolo sfrenato di contento corre a sfamarsi, corre a spegnere l'arsura. Il cambio de'prigionieri è fatto: ma fra le lagrime di tenerezza, che si versano nel riabbracciarsi de'congiunti e degli amici, ecco il re urlare, dare in ismanie, gridar rotti i patti, violata la fede, volerne dare esempio severo,
aspro. Tutti ammutiscono di maraviglia e spavento; chè un
milite del re, uno de'prigionieri renduti, si prostra dinnanzi
a lui, chiedendo giustizia ed accusando il principe Giaquinto,
che contro i fatti giuramenti avessegli per onta al suo signore
fatto cavar l'uno degli occhi. Ordina il re: s'istituisca straordinario tribunale a giudicare il nuovo misfatto; sieno giudi-

ci parte baresi medesimi, parte da Troia, e da Trani si chiamassero; egli presederebbe. Niuna prova era del fatto, niuna ragione del farlo, se non fosse o caso o pazzia; sola l'accusa del milite, ed il dolor della tortura, che vinse la natura, fece dire d'essersi fatta deliberatamente quell'ingiuria. In su i primi giorni d'ottobre impiccato per la gola si vide pendere il misero principe coi due suoi più cari Guaiferio ed Abiutto, e i dieci consiglieri; dieci altri de' più ragguardevoli, peggio che morti, abbacinati e mutilati; molti gittati in fondo alle prigioni, e spogli d'ogni ricchezza, che al fisco per la fellonia ricadeva [1]. Con essi fu pure spento (se deesi credere a Romoaldo salernitano) Riccardo di Chiaromonte, nella città rifuggitosi; e la stessa sorte avrebbe portata suo fratello Alessandro, se non avesse campato in Romania; e da ultimo volendosene sfogare contro i morti, il cadavere di Brunone arcivescovo di Colonia, tanto a lui avverso, che seguendo il pontefice Innocenzo, in questa terra aveva cessato di vivere, fece dalla Basilica disotterrare, e trascinar per le strade [2]. *Se con giustizia e buona fede, Dio lo sa!* esclama il buon Muratori al racconto di questi fatti.

La città così percossa rimase imbalordita, stupida, esterrefatta; niuna donna od uomo ardiva mostrarsi per le strade o piazze; perchè, senza la licenza soldatesca, li atterrivano i corpi penzoloni di que' miseri; e tutti chiusi nelle lor case, imploravano sola la misericordia di Dio, che venisse a cessar tanta calamità. Ruggiero, scancellata ogni traccia di franchigie, ordinava, che si rizzasse il castello, e di bel nuovo fosse

[1] Falcone beneventano, an. 1139.
[2] Di Meo, annali.

ricevuto e riconosciuto per arcivescovo quell' Angelo deposto
già da papa Innocenzo. Niuno osava opporsegli, salvo, ma de-
bolmente, l'arcivescovo Giovanni: onde costui, sperando nel-
l'avvenire, componeva con esso Angelo amichevole ed infame
accordo di governare insieme. Così con iscandalo due sposi
ebbe in Bari la Chiesa; e lo svergognato connubio durò meglio
che 10 anni, fino a quando papa Eugenio III, cacciatine entrambi, l'un malvagio e l'altro vile, disposavala legittimamente
in febbraio 1151 ad un onesto e zelante uomo di nome pure
Giovanni [*], che valesse a sbarbicare i mali abusi, e rifare i
costumi dal precedente governo corrotti.

Ma se tanti spogliò e spense Ruggiero, ovunque poi s'avvenisse in pronto e sublime ingegno, ed acconcio al voler suo, egli

---

[*] Costui rifece quasi in tutto l'inférior chiesa del Duomo, e le diede assai più luce, d'oscurissima ch'ella era; come raccogliesi da
memoria postavi, che leggesi ancora (in caratteri maiuscoli antichi):

Tumba beati membra Sabini continet ista:
Condidit hic praesul Angelarius illa,
Quae Bari primas primus patefecit, Helias.
Tandem sanctorum sublimatore favente,
Urbs est Barensis patre consolata Ioanne,
Qui simplex, iustus, prudens, pius, atque pudicus,
Basilicam istam veterem nimis, et tenebrosam,
Ut decet, et decuit, digno cultu renovavit.
Cum tribus hanc aris, postquam de more sacravit,
In media sancti Sabini membra locavit.
Quae Magdalenae sub honore sacra Mariae,
Membrorum non est primi quoq. martiris expers.
                    V. Idus Febr. Indict. IV.

onorava. Maravigliosa facondia, e vastità di mente, ed accortezza vide in un nostro cittadino (che per dispregio poi dissero gli storici uom del volgo, e figliuol di venditor d'olio '),

' Così avviene comunemente di chi s'innalzi troppo più del proprio stato, massime se abusi della nuova grandezza. Il Di Meo (lib. IV, § 3) il dice figlio d'un ricco mercatante d'olio; e tale sarà stato veramente, sebbene in città tutta data al commercio fosse cosa comunissima vedersi uomini ragguardevoli e nobili esercitar mercatura, non istimandosi che le ragioni del banco avvilissero la chiarezza del sangue.

L'egregio signor Luigi Volpicella nel foglietto intitolato il *Bugiardo* (Anno I, numero XXXVII, Nap. 17 luglio 1843) indotto dalla sua gentilezza e dall'amor, che ci porta, a commendare poche parole di lode da noi allora recitate alla memoria di Vito Diana mercatante barese, dopo non meritate lodi aggiunge:

« Il grande Ammiraglio nominato in questo luogo dal Petroni è il
« celebre Maione da Bari, che tenendo le chiavi del cuore di Gu-
« glielmo tirannicamente governò il reame, e montò in cupidigia
« della corona; onde ne seguirono quelle triste e sanguinose pertur-
« bazioni, che sono manifestissime nelle storie. Del quale Maione
« dissero alcuni antichi cronisti, ch'egli era nato d'un misero ven-
« ditore d'olio; e per le parole di costoro è stato ciò ripetuto da tutti
« gli scrittori della nostra storia, e particolarmente dal Giannone,
« dal Summonte, e da Antonio Beatillo, che nel 1637 diede alle
« stampe i suoi quattro libri sulla storia barese. Ma un antico docu-
« mento, ch'è al foglio 12 del registro de'privilegi della real Basilica
« di S. Niccola di Bari, e di cui è in nostro potere una copia legal-
« mente estratta verso la metà del XVII secolo dal notaio e cancel-
« liere Giuseppe Graziosi, mostra essere apertamente falsa cotesta
« assertiva. L'originale di questo documento non sappiamo se più
« ora si conservi in Bari; ma egli è certo che non ancora sofferto
« aveva le ingiurie della edacità del tempo ai 4 di marzo 1518, quan-
« do il notaio Bonifacio de Russis con grande solennità ne fece il

e sel mise in corte nella real cancelleria, e suo notaio creollo: cagione dell'estrema ruina della patria anche costui!

« transunto che si legge al foglio 519 del cennato registro. Ora da
« esso si rileva, che il giustiziero Guglielmo ed il siniscalco Ro-
« berto ai 5 d'aprile 1155 dando esecuzione alla sentenza renduta
« dal signor Leone de Terza di buona memoria real protogiudice dei
« baresi (*sententiam Domini Leonis de Terza bonae memoriae Re-
« galis Barensium Protoiudicis*) consegnarono all'abate del Mona-
« stero d'Ognissanti di Bari molti beni, che gli erano stati usurpati,
« e che questo da esso loro si faceva per aver eglino ricevuto un
« precetto del grande ammiraglio Maione, che loro commetteva di
« dare esecuzione alla sentenza che il padre suo ebbe pronunziata
« (*nec non et praecepto Domini Maionis Dei et Regia gratia egregi
« admiratorum Admirati, ut sententiam Patris sui super hoc pro-
« nunciatam executioni mandaremus*; e poco dopo: *Domini Admirati
« Admiratorum Iussione accepta ut iuxta bonae memoriae Patris sui
« sententiam praelibato Abati easdem res traderemus*). Dunque Ma-
« ione era figliuolo d'un giudice, perciocchè si fa parola di una sua
« sentenza nella carta del 1155, e ci avvisiamo di non cadere in er-
« rore dicendo aver egli avuto per genitore quel protogiudice Leone,
« di cui in essa si discorre. Ed in siffatta opinione ci conferma an-
« cora quel codice cassinese in cui venivano scritte le morti de' pa-
« pi, de' sovrani, e di altri personaggi, sendochè vi si leggono quelle
« parole riportate dal Beatillo, dal Giannone e dal Tosti, dalle quali
« si trae che il padre di Maione avea nome Leone ec.

Cotal suo giudizio per lettera ci significava l'egregio Autore, e con
l'usata amorevolezza ci ricercava dell'opinion nostra. Noi che il citato documento avevamo avuto tra mani nell'archivio della nostra Basilica, gli facevamo osservare, non esser bastante quella sentenza
del 1155 a chiarire la condizione di Maione; poichè venuto egli a
grande stato presso Ruggiero e Guglielmo già prima di quel tempo,
poteva bene, studiando d'annobilire la sua famiglia, far ornare del-
l'onor di protogiudice il padre. E questa medesima osservazione fa-

Ma facciam presto ad uscire di queste angosciose memorie.
A' 27 d'ottobre il re da Bari partiva per Salerno; nè noi il

ceano di poi su tale avviso del Volpicella gli annotatori napoletani
alla cronaca di Ugone Falcando, che va nella raccolta de' Cronisti
cominciata a pubblicare, parecchi anni sono, e quindi interrotta
(p. 295, nota 21). E sarà stato egli dunque figliuolo ad un venditor d'olio? Credemmo da principio, che tale per dispregio il dicesse la nobiltà da lui conculcata, la quale pure forse dire palesemente
non osò, finchè quegli dalla smisurata altezza non cadesse : e così
crediamo tuttavia. Non lieve argomento ne dà Romualdo Guarna,
arcivescovo di Salerno, contemporaneo a Maione, perchè eletto a
regger quella Chiesa nell'anno 1153, e congiunto con vincolo di
sangue ai principi normanni; il quale nulla notò di questo nella sua
cronaca, solo dicendo, che Ruggiero *novissime Mayonem juvenem*
de Baro oriundum, virum utique facundum, satis providum, et di-
scretum, primo Scriniarium, dehinc Vice-cancellarium, postremo
Cancellarium fecit (p. 19, raccolt. cit.). Ed il Falcando stesso, primo
autor di quella ingiuria, ne tocca appunto, come di voce che correa,
quando ragiona della congiura orditagli contro dal conte Goffredo e
da molti altri nobili e faziosi uomini d'arme; *quibus indignum,*
turpe, miserumque videbatur, ut cuius pater oleum Bari vendere
consueverat (sic enim dicebatur) eum regnare permitterent, pag. 294.
Un'altra osservazione qui cade acconcia, ed è, che, sebbene dal
precitato documento raccolgasi essere stato Maione di casa de Terza,
pure in un zibaldone manoscritto intorno alle famiglie baresi trovo
quella *de Tatij ascritta da più secoli al decurionato del popolo pri-*
mario governante, quale vanta la sua discendenza da quel Maione
barese ec. Or se questo è vero, dall'analogia delle due voci sembra,
che o quella sia stata guasta nel documento per mano di copista, òv-
vero alteratasi e mutata in questa per decorso di tempo : se pure, a
cessar le persecuzioni, non l'abbiano i discendenti a bello studio alterata. — Chi poi del sopraddetto documento voglia aver contezza,
leggalo al num. XXVIII.

seguiremo in tutte le sue imprese, finchè spenta ogni semenza
di rivoltura, sgagliarditi gli animi più forti, assodò il trono
del reame, e vi si assise sicuro e temuto. Di là, dopochè con
savi ordinamenti civili, e sommi ufficii, ed eserciti, ed armate
venne in tutta fidanza, che niuno più avrebbe osato scuoterne
il giogo; girò intorno lo sguardo e vide i mari essere confini
a'suoi stati; nè fu contento se oltre le frapposte onde non bale-
nasse la sua spada. Volle, e fece: ed ecco il reame di Tunisi
assalito, il re vinto e tributario. Grecia non era lontana, ed
un parentado chiesto e rifiutato è ragion d'assaltarla. Il suo
ammiraglio Giorgio Landolino prende la città di Mutine, s'avventa a Corfù, pone a ferro e fuoco le coste della Morea, dà
il guasto all'Acaia, ruina Tebe, distrugge da per tuttto i luoghi di Negroponte e di Beozia; l'imperatore trema, e se non
erano i Veneziani, Ruggiero sarebbe entrato nel cuore di Costantinopoli. Così a'26 di febbraio 1154 passava nella memoria
degli uomini come gran principe, egregio capitano, legislato-
re savissimo, fondatore fortunato d'una monarchia in mezzo
a due imperii rivali. Nè noi vorremmo menomargli la fama,
ma ci saranno consentite almeno le lagrime al ricordarne i
danni patiti dai nostri. La sua natura, che ad esser temuto più
che amato il traeva, con arcana giustizia forse Dio puniva
ne'figliuoli, che gli cascavano innanzi ad uno ad uno, lasciando il meno atto al governo, il quale fe'sentire anche desiderio
di lui [1].

[1] Ci vien vaghezza di pubblicare qui a piè di pagina un curioso
documento, che abbiamo nell'archivio della Basilica. Esso è una
promessa di nozze; e dice in questa forma:
Incarnationis domini nostri ihu Xi Anno millesimo centesimo quin-

Quel nostro concittadino, che dicemmo Ruggiero aversi sollevato in corte, e fatto notaio, o scrinario (come appellavasi) era

quagesimo quarto. Regni autem excellentissimi domini nostri Rogerii
Regis Sicilie ducatus Apulie et principatus capue anno vicesimo
quarto et regis serenissimi filii eius regis Gulielmi anno tertio mense
Octobris secunda inditione. Ego Petrus filius Iohannicii de civitate
baro intus in curia panormo ante presentiam bonorum hominum testium subscriptorum Gudiam per convenientiam ad Maralditium filium domini degigii de predicta civitate baro dedi et me ipsum.... ut
per totum mensem aprilis proximo venturum cum ista inditione ad
meum posse faciam venire a baro in panormum Mabiliam filiam meam
et Mabilie uxoris mee, et dem et tradam ei illam uxorem secundum
usum et consuetudinem affate civitatis bari sine contrarietate pre-
dictorum dominorum nostrorum regum. Quod si neglexero, et illam venire ad meum posse non fecero et ut dixi illam uxorem ei
non dedero, componam ei mille solidos aureos. Et invitam illam ei
uxorem dem et tradam, si potuero in predicto termino illam venire
facere ut dictum est quia sic stetit inter nos per predictam convenientiam districtum me qui supra Petrum medire qui licentiam tribui
eidem Maralditio pig me per omnes causas meas licitas et inlicitas
quascumq. mihi ubicumq. invenerit. Sine calumnia et appellatione
donec omnia faciam et adimpleam ei de predicta filia mea qualiter
prelegitur. Et hoc scriptum scripsit Petrus protonotarius filius domini Pizzinay notarii qui adfuit.

Se la data di cotesto documento, che non reputiamo però originale, non falla, dovremmo dire esser vissuto re Ruggiero oltre l'ottobre del 1154. Romoaldo Guarna, che ne raccontò le geste, il reca
morto a'26 di febbraio 1152, prima indizione, mentre poi toccando
dell'elezione di papa Anastasio avvenuta nel 1153, parla di esso
Ruggiero come vivente. Altri cronisti ne riferiscono variamente il
tempo della morte: di tutti cribrò il P. di Meo le ragioni, e fermò
l'anno della morte il 1154, avvegnachè non diffinisse con precisione il mese. Vegganlo i dotti.

Maione. Splendido di bei pregi naturali entrava ogni giorno più nella grazia del sire, e quindi vice–cancelliere, e poi cancelliere era creato. Ma egli che vedeva dappresso lo splendore del trono, e fermava sovente la vista su quell'altezza, cominciava a desiderar di salirvi a poco a poco: e se gli erano raffrenati i desideri dagli sguardi terribili, dalla roca voce, dal volto leonino, e da tutta la grande persona di Ruggiero; nel giovine principe e poscia re con esso il padre, ei confidava, con ogni ragion di lusinghe vincevalo, se ne poneva in pugno le cupidità. Onde morto Ruggiero, e sgombrata la reggia di tutti i personaggi a lui più cari, Guglielmo per mano sel menava sul trono, e di porpora e pellicce adornava, e facealosi sedere a destra, e grande ammiraglio delli ammiragli intitolava e carezzavalo, e lui diceva dovergli mantener sul capo la corona, lui prendersi ogni cura di regno, custodire i più riposti consigli dello Stato. Maravigliavano di tanta grandezza le genti, magnificavano l'occulta virtù di tutta la casa Maione, gran plauso gli facevano pei savi cominciamenti del regnar di Guglielmo consigliati da lui, per il gusto dell'arti belle e per la pietà nell'edificazione del tempio di S. Cataldo in Palermo di elegante forma tutta greca [1]. Incontanente tutti i suoi ingrandirono; chè la porpora di siniscalco fu gittata sugli omeri a suo cognato Simone, e quella d'ammiraglio al fratello Stefano; il figliuolo e la figliuola come principi educati nella reggia ed a splendide nozze destinati; Leone suo padre, che non abbandonò il luogo natio, protogiudice della città, e con Curazza sua donna vivere il resto di lor

[1] Duca di Serradifalco, 3ª ragionamento dell'opera intitolata: Del duomo di Monreale e di altre chiese siculo-normanne, Palermo 1838.

vita in mezzo alle dovizie, e quasi di regal pompa a morte
onorati, registrandosene i nomi in quel libro mortuario di
Montecassino, ov'erano segnate le morti di pontefici, imperatori, monarchi e principi [1]. Eustachia sua sorella, donna di
santa vita, rinchiusasi nel nostro monastero di S. Scolastica,
con la pietà ed il senno più che con autorità di badessa reggerne le sacre vergini. Ma al vestirsi che fece della porpora,
Maione aveva gittato il mantello della virtù, e già cominciava ad apparire quale scolpivalo nelle sue carte il Falcando: « ad ogni cosa pronto l'ingegno, nè minor dell'ingegno
« la facondia; del simulare e dissimulare ciò che volesse, fa-
« cilità somma; animo infrenabile a libidine, che alle nobili
« matrone ed alle vergini s'avventava massimamente, e quali
« vivere più onesta vita udiva, quelle più smodatamente ten-
« tava; arso dal desiderio di signoreggiare, agitava l'animo
« in molti disegni, travagliava ne'consigli la mente; e da con-
« tinui stimoli istigato a scelleratezze, celava le tempeste del
« petto agitato sotto una gioconda serenità di volto ».

Concedendo a sua volontà governi di province, custodie di
fortezze, carichi di milizie, ed ogni generazion d'onori e di
larghezze adoperando, da per tutto si procacciava aderenti.
Gli eunuchi custodi della reggia, veggendo la regina emulare
il consorte in amare il favorito, e vincerlo anche (diceasi),
non si muovevano che al suo cenno. Tutti a fargli festa intorno, ad adularlo; i più dotti uomini ad intitolargli i loro libri,
come faceva il cardinal Laborante della sua opera *la ragion del*

[1] *Curazza mater Madij Magni Admirati Admiratorum obijt 7
Kal. Aug. et Leo Pater Admirati Admiratorum obijt VI Id. Septem-
bris.* Beatillo, lib. II, p. 109.

giusto e della giustizia [1], quasi al più illustre personaggio e più rinomato di tutta Europa. Onde il regno del I Guglielmo se ne passò nelle pagine della storia, notando quasi solo i fatti di cotesto nostro concittadino: del quale chi avesse vaghezza di saper per filo e per segno ogni cosa, potrebbe farsene contento in Falcando, Capecelatro, ed altri scrittori di storie, perchè noi ne attigneremo i fatti per sommi capi, ed al lettore per manco di fatica li narreremo.

Non sazio Maione d'esser pervenuto a tanta altezza di podestà, spinse l'ardire, com'è costume degli animi sformatamente cupidi, fino a voler torre il diadema al suo signore e cignersene la fronte. Erangli d'impaccio sopra gli altri Simone conte di Policastro bastardo di re Ruggiero, Roberto da Bassavilla conte di Loritello consobrino ad esso re, ed Eberardo conte di Squillace: a vincere i quali e trarli dalla sua non valeano i soliti argomenti degli onori e dell'oro, e 'l disfarsene con le catene o la scure era pericoloso. Non minore ostacolo trovava in Ugone arcivescovo di Palermo, cupidissimo di comando, e sottil spiatore de' fatti suoi. Per la qual cosa di costui come utile strumento divisò di valersi, e poscia o rovesciargli sopra il mal oprato, o spegnerlo.

S'accontarono insieme, l'animo aprendogli, ma non tutto: « Uomo non atto a regnare (dicevagli) essere Guglielmo, uo- « mo malvagio e crudele, avere redato dal padre tutti i vizi, « virtù niuna; averlo ben egli studiato ne' segreti e lunghi « colloqui, nè veder modo a frenare i danni, che patirebbe il « reame; unico mezzo rimanere, pericoloso certamente ed

---

[1] *De iusti et iustitiae rationibus.* Giannone, lib. XII, in sul principio.

« aspro, ma necessario al ben pubblico, necessario anche ad
« essi, perchè si appone sempre a' consiglieri la crudeltà del
« tiranno, e ne va la lor vita. Se costui si togliesse di mez-
« zo! . . . i figliuoli non avrebbero sotto gli occhi il pestifero
« esempio del padre, educherebbonli essi due, essi due i reg-
« gitori del tutto ».

Gli celava il resto Maione, e l'Arcivescovo credevagli, apparecchiato anch' egli forse a disfarsi di lui a sua posta. Si giurarono scambievole aiuto in qualsivoglia stato di fortuna; ed
ecco tosto in corte l'Arcivescovo e ben veduto dal re. Si aspettava il tempo acconcio, e questo venne. Il re era a Salerno
con Maione la pasqua del 1155 (27 di marzo), e quivi venuto
il cardinale Arrigo de'SS. Nereo ed Achilleo a fargli riverenza in nome di papa Adriano IV, ed egli nol ricevette, anzi di
tosto sgombrar dal reame ordinogli: ingiuria per ingiuria, perchè alla elezione di lui gli ambasciatori regii erano stati da
Roma accomiatati, senza voler seco confermare la pace che
coll'antecessore avuto aveva, e perchè nelle lettere signore di
Sicilia il chiamava e non monarca, sebbene Guglielmo s'era
fatto coronare a Palermo senza avergliene data contezza. Ordinò ancora, si cominciassero le offese, ed a capo d'un grosso
esercito si ponesse l'arcidiacono Asclettino, gran cancelliere.
Allora mano alle arti, chè nell'animo turbato del re più facilmente entrati sarebbero i consigli di Maione. Questi, fattogli
intendere che Roberto da Bassavilla, cugino di lui, aspirasse
a torgli la corona, valendosi del testamento di re Ruggiero, che
ad esso lasciavala, se l'erede non fosse stato atto al governo;
e che ora col Papa indignato sarebbesi congiunto a' danni di
lui; il persuase ad abbassarlo: onde Roberto, che per visitare
il re erasi condotto a Salerno, non fu nè anco ricevuto, e se

ne partì pieno di fierissimo sdegno. Intanto senza indugi Asclettino trasse su quel di Benevento con ordine d'entrar poscia risolutamente in campagna di Roma, e per l'appunto eseguiva i comandi. Ma tardava a Maione d'aver nelle mani il conte; e da Palermo, dove malinconioso s'era il re chiuso nel suo palagio senza voler vedere persona, faceva scrivere ad Asclettino, che chiamato a Capua come per notificargli i comandamenti del re, sotto buona custodia a Palermo l'inviasse. Il conte entrò in sospetto delle insidie, ed andovvi per non mostrarsi spregiatore de'regi comandi, ma cinto di ben cinquecento de'suoi più valorosi; nè nella città entrò, sicchè da lui fu forza andasse di presenza il gran cancelliere, al cui mandato quegli rispondeva: esser cosa indegna, ch'egli consegnasse ad altro capitano i suoi soldati, non riputandosi nè traditore, nè inabile al mestiere dell'armi; a lui, che più instava, tutto cruccioso finalmente rispose: *o è questo un comandamento di matto, o di traditore.* Si ritrasse quindi in Abruzzo per accostarsi a papa Adriano, il quale, scomunicato il re e sciolti dal giuramento di fedeltà i sudditi, andava sollevandogli i baroni, e sollecitando l'imperatore Federico al conquisto del regno: a cui s'aggiungevano ancora gli stimoli della Corte greca, che entrando in isperanza di racquistare i perduti dominii, armate ed oro inviava.

Ma se gli sfuggì di mano il Bassavilla, ebbe però il conte Simone; perciocchè per le discordie forse a bello studio fatte eccitare tra i soldati di costui e quelli del cancelliere (i quali due capitani dopo il guasto de'luoghi della Chiesa s'erano insieme ridotti intorno a Capua a guardia del regno per la discesa di Federico in Italia), e con brutto colore rappresentate al re, fu Simone richiamato in Palermo, e senza concedergli pure di difendere la sua condotta, in istrettissima prigione cacciato. Un tal fatto concitò ad odio gli animi di molti contro i due consiglieri del re, al quale nè lamento nè richiamo veruno poteva trovare entrata, chiusa essendo la reggia, e quasi sepoltovi Guglielmo, all'arcivescovo solamente aperta ed a Maione. Cotesti a saziar la cupidigia dell'oro con ammassargliene in ogni guisa, a piaggiarne l'orgoglio con ogni adulazione, a tacergli delle condizioni dello Stato, o dipingerle a lor modo; e si giunse a tale, che morto anche si diceva, e di veleno propinatogli dal grande Ammiraglio. Questa notizia sparsa ad arte dai malcontenti, e confermata da Pugliesi, che andati in corte non aveano potuto vedere il re, commosse tutto il reame, e sollevò massimamente la Puglia. Si prendon l'armi d'ogni parte, si fortificano castella, e quali gridano voler vendicare il re, quali desiderare assoluta franchigia, questi non volersi dar che a Maione, quelli al conte Roberto, altri vogliono l'imperator d'Oriente, altri il Barbarossa, non pochi il papa. Ma in tanto parteggiare Roberto ed i Greci sopratutti avanzavano in questi luoghi, e senza contrasto molte andavano occupando delle più gagliarde città: Trani e Bari non ancora.

Il Paleologo, che comandava l'armata greca con Giovanni Ducas, discorreva pe'nostri lidi a guadagnare queste due città: ma fattosi sopra Trani, la città mandogli messi a pregarlo, che sgombrasse, perchè se prima Bari non avesse egli presa, non avrebbe potuto espugnarla. Non impaurito già dalle parole dei messi, nè persuaso dal consiglio de'militi, ma parendogli che veramente dovesse cominciar da Bari l'impresa, verso questa mosse con dieci navi. Ma non era pure così agevole averla sì per l'antica avversione contro ai Greci, e sì per presidio e

saldezza di mura e di torri. Il mare gonfio d'insolita tempesta
e minacciante ad ogni ora d'ingoiare il naviglio, frappose alquanto d'indugio; ma rabbonacciato che fu, si accinse all'opera. Fallite le prime prove per un denso grandinar di macigni
e d'aste dall'alto e dal piano, che lo sforzarono a prendere il
largo; non credute le promesse delle imperiali larghezze, se
senza contrasto la città s'arrendesse; anzi tesogli un agguato.
Perciocchè infignendosi pronti a dedizione, e su palischermi
accostandosegli, ad entrarvi invitavanlo alcuni, e le dischiuse
porte mostravano. Ma cauto egli e sospettoso del disegno, una
sola nave spingeva al lido con Alessandro di Gravina, accen-
nando di volervi approdare; ed eccoti mura e torri coronate
d'armati: se non che il conte Alessandro seppe trovare un
pronto argomento, che riuscì inaspettatamente a buon fine, e
gl'insidiatori prese ad insidia. Agli accorsi sui muri ed i bastioni fe'mostra di un gran mucchio d'oro, ed a quella lusinga aggiunse promesse di libertà. La vista dell'oro e le promesse sedussero la plebe, cominciò il tumulto nella città, e fu un
nulla ai savi uomini ogni sforzo a contenerla. Viva l'imperatore Emmanuello Comneno, si gridava, egli è nostro padrone,
non vogliamo più guerra. S'aprono con la viva forza le porte,
entrano i Greci, si combatte fiera e breve pugna, vincono i
più. Si corre ad abbattere la forte rocca con la magione fab-
bricatavi da Ruggiero; e non rimaneva da vincere che una
buona mano di gente armata raccoltasi intorno alla Basilica,
la quale era chiusa come in mezzo ad una cittadella. Per espugnarla escogitò il Paleologo altro stratagemma (come raccon-
tano, ma che a noi veramente sembra poco verisimile), e fu di
far mescolare ai devoti accorrenti al santo Taumaturgo alcuni
suoi soldati travestiti, che penetrativi uccisero le sentinelle, ed

aprirono le porte. Pur tutta volta i ridottisi nel secondo recinto non cessarono dal gagliardo difendersi per sette giorni, finchè non sopraggiunse il Bassavilla con forze troppo maggiori ad abbattere quel valoroso nido [1].

In mezzo alla dolcezza delle conquiste venne ordine da Costantinopoli, si cedesse con titolo di gran duca ad Alessio Comneno figliuolo di Briennio Cesare, cugino all'imperatore, il comando generale; e Giovanni Ducas col Paleologo dipendessero da lui. Bari diventò centro a tutte l'altre fazioni guerresche dei Greci. Incontanente si mosse l'esercito verso Giovinazzo e Trani, che non resistenti s'arresero. Al soccorso correva il conte d'Andria Riccardo con sue genti armate a rinforzar l'esercito regio di due mila cavalli e molti fanti comandati dal gran Cancelliere. Fama di fierezza aveva il conte, che quanti avesse nelle mani, tutti in varie guise straziava. La greca guarnigione, all'avvicinarsi delle regie forze, spedinne avviso al Ducas, il quale studiossi ad esservi sopra, e disfecene il nerbo maggiore, che riparò in Andria. Riccardo, che s'era posta-

---

[1] Cotesti particolari de' fatti di Puglia, ed altri che riferiremo appresso, son cavati dagli annali dell'abate Cestari (an. 1155), e dalle storie di Giovanni Cinnamo (lib. 4, p. 80); i quali però confondono qui quella spezie di cittadella, in cui era difesa la Basilica, con la rocca medesima fatta edificare da Ruggiero, e distrutta dai Baresi. Della verità del racconto non vogliamo esser pagatori, non dicendocene nulla (quanto sappiamo) i nostri storici; salvo il Falcando, seguìto dal Capecelatro, dal Muratori e dal Giannone, il quale accenna: che l'imperatore de' Greci, essendo dal conte (il Bassavilla) richiesto di soccorso, tratto dalla speranza di ricuperar la Puglia, inviò a Brindisi con molta moneta alcuni potenti e nobilissimi uomini.

to presso di Barletta, non osò cogli scoraggiati militi a tentar
la fortuna, colà dov'eransi ritirati gli avanzi dell'esercito, andava procacciando di ridursi; ed ecco il Ducas a seguirlo,
strignerlo, molestarlo tanto, che non potè più fuggire la battaglia. Rivòltosi egli ebbe alla fronte gli Sciti e quanti erano
arcieri, il Bassavilla nel mezzo, al retroguardo il Ducas. Riccardo fe'prove così gagliarde, che presto fugato il primo corpo
degli Sciti, si sgominarono anche i comandati dal Bassavilla:
ma lasciollo la fortuna all'ultimo sforzo, più i suoi non resistendo alla carica del Ducas. Pur tutta volta con raro coraggio
richiamavali, rannodavali, e confortatili, rappiccava la zuffa,
costringeva il nemico a indietreggiare. Combattevasi a corpo
perduto, e già quasi riusciva a disfare il nemico; quando av-
ventatosi ad una mano di cavalieri, che col Ducas al riparo
d'una grossa macerie infestavanlo, gli venne da un prete tranese da su d'un muro tirata sì grossa pietra, che rovesciato
d'arcione n'ebbe spezzata una gamba. I suoi perduti d'animo
abbandonano la vittoria; ed il feritore ebbro del gran colpo,
sopra gli corre lanciando a furia altre pietre, e come lo vede
esanime, dimentico affatto del pio ministero, invece di ridurgli
la fiera anima a pentimento con la speranza e la fede nella divina misericordia, ne strazia miseramente il corpo, strappando
le palpitanti interiora all'aperto ventre, e cacciandogliele in
bocca. Fosse stato pure Riccardo degno di tal morte, inde-
gnissimo era di tal manigoldo.

Alla nuova della sconfitta gran parte dell'esercito regio di-
sertando passava sotto le greche bandiere, ed il Ducas super-
bendo della vittoria non dal suo valore avuta, ma sì dal caso,
con la preda a Bari si riduceva. Di poi i Greci occuparono
Gravina, Montepeloso, e parecchi altri luoghi. In questo es-

sendo morto di malattia il Paleologo, la somma delle cose cadde tutta nelle mani del Ducas, avvegnachè il comando generale stesse nel nome di Alessio Comneno. Il Bassavilla per oro se lo strinse più d'appresso, e mossero insieme contro Massafra tenuta per il re da un tal Flamine. Vigliacco costui come prosuntuoso, udito ch'ebbe l'appressarsi dell'esercito nemico, corse a Taranto, ed afforzatosi quivi di molta gente lo sfidò a battaglia. Battuto e respinto nella città, ritornò in campo stimolato dalle ingiurie avutene di codardia; ma non fu, che per più vergognosamente rinchiudervisi. Accostatisi i Greci, e visto vano il tentar d'assediare la città assai ben posta a difesa, si risolsero piuttosto d'assediar Monopoli. Il Ducas mandò a Bari per le macchine d'espugnazione, ed intanto postosi a campo saccheggiava tutto il contado. Egregiamente tempestavanlo que'cittadini dalle mura sino a farnelo slargare, e rendere anche infruttuoso il tentato assalto per le venute macchine. Disperando così gli uni di prender la città per forza, gli altri di lungamente resistere; avvisaronsi quelli di averla per fame, e questi chiesero soccorso al Flamine. La costui lentezza fe' partire la cittadinanza, e l'una parte dimandò finalmente al Ducas di capitolare, il quale superbamente pretese di prima mettervi dentro il presidio; e sarebbe stata accettata la dura condizione, se non era l'opporsi dell'altra parte per gli aspettati soccorsi, che alla fine avanzavano. Della qual cosa fatto consapevole il Ducas, tenta vigoroso ed inaspettato assalto, e la paura d'esser passati a fil di spada gli spalanca le porte: ma non v'era egli per anco entrato, che Flamine appare alla testa de'suoi; nè men valorosamente fu da lui la battaglia combattuta a Monopoli che a Taranto, campandone la vita raccomandata alla velocità del suo cavallo.

Frattanto il Ducas, che si vedeva assottigliato l'esercito e scarso a danaro, ritiravasi a Bari, e ne ricercava l'imperatore, magnificandogli le prosperevoli conquiste operate, le quali erano una soavissima dolcezza all'animo di Emmanuello, credendosi già di aver avuta vendetta sì delle antiche offese, e sì dello spavento cagionato nell'imperiale città dalle navi siciliane; tanto più che un nipote dello stesso Ruggiero gliene aveva dato il bel destro: ed in tale ebrezza con la solita greca vanità fece imprimere sulle pareti del palazzo i nomi di trecento città e villaggi di Puglia e Calabria '. A Bari vennero i legati del Papa, che di condursi al campo pontificio lo esortavano a fin di fermare il tenor delle future operazioni, e dar ordine alle mutue pretensioni de'collegati; ma tanto il Ducas, quanto gli altri capitani superbiti dalla prosperità ricusarono di muovere l'esercito in sì difficile tempo, che anzi inviarono per assoldar gente nelle terre, che si teneano per il Papa.

Cotesti avvenimenti (che volemmo con alquanto di larghezza narrare perchè taciuti dai più de'nostri storici) ed altri simiglianti in terra di Lavoro avrebbon dovuto sconcertare ogni altro uomo, ma non quella risoluta e fiera anima di Maione. Fece egli spargere lettere del re a trarre d'inganno i sudditi intorno alla morte di lui, che dicevasi dai' *rubelli* inventata; sotto colore della sicurezza del reame disarmò tutti gli Arabi, che ancora rimaneano in Sicilia; e persuase al re di toglier Noto al conte Giuffredi, assai forte e ricco luogo dell'isola; e poi a costui, per farselo amico, protestava della sua innocenza, accusava tiranno Guglielmo, accusavalo stolto, e di meditar la ruina di tutti i nobili, a congiurar contro la vita del malvagio

---

' Gibbon, cap. 56.

esortavalo, essendo feminil debolezza il più sopportarlo. Se-
nonchè trovava in Giuffredi un miglior dissimulatore, studioso
anch'egli di novità, il quale a confidargli ogni cosa traevalo:
e quel perverso stoltamente dava nella rete, della congiura
chiarivalo, onestandola solamente di volerne dare la corona
al principe Ruggiero. Ed il conte a tutto infingendosi contento, men che a quest'ultimo disegno, esortava il grande ammiraglio, come solo attissimo uomo a procacciar la felicità del
reame, a rendersene monarca, non potendosi dal malvagio
Guglielmo sperar altro che pessimo figliuolo; e sè profferivagli
consigliero ed aiutatore. Intanto Giuffredi con altri molti signori si stringeva, ed una contro-congiura ordiva; non già che
il misfatto avessero ad impedire, ma nel medesimo tumulto,
in che Maione avesse ucciso il re, sotto sembianza di vendi-
carlo, lui pure ucciderebbero, e di tutti due si disfarebbero.
Ma alle troppo larghe profferte insospettiva Maione, ed indugiava per investigar meglio addentro l'animo del conte. Costui
insieme co' suoi ogni dì più rinfuocavanlo, e dalla tiepidezza
temendo non li avesse compresi o scoperti, deliberarono finalmente d'ucciderlo, fosse pure alla presenza del re. Ma i
satelliti armati, per loro celatamente nella reggia introdotti,
perderono tutto l'animo all'udire in quel giorno stesso giunte
da Gallipoli nel porto di Palermo alcune galee piene de'suoi
partigiani; nè la cosa potette andare così segreta, che non
se ne addesse la gente di corte: sicchè Giuffredi, traendo difilato all'ammiraglio, svelavagli tutto agitato, lui non aver potuto ammorzar l'ardore de'suoi, che avrebbon voluto quel
giorno liberare la terra da quel mostro di Guglielmo; inde-
gnati della lentezza di lui non avergli lasciato tempo neppure
a fargliene un cenno; e già avrebbono compiuta l'impresa, se

non era la venuta di quelle navi. A cui Maione: essere stata
vana paura, perchè tutta cosa sua erano quelle genti. L'arte
riuscì dapprima mirabilmente a quel che il conte mirava, perocchè a coloro, che presti si fecero ad avvertir Maione delle
insidie tesegli da Giuffredi, non prestò egli alcuna fede, anzi
a trarli d'inganno si studiò: ma poscia meditandovi sopra per
quanto l'accecasse la malvagia ambizione, gli entrò nell'animo
alcun sospetto.

Le cose del reame eran già venute a tale, da non poterle
patire più nessuno. Puglia, terra di Lavoro, ed Abruzzo erano state, come dicemmo, occupate, ed ora scopertamente ribellavano i Siciliani. Butera occupata da Bartolomeo di Gar-
sigliato, l'altre convicine castella assaltate, saccheggiati i campi
da gente che ogni dì ingrossava, cose eran queste, che Maione non poteva più celare al re, e le riseppe; ma con esse
penetrò pure in quel covo della reggia la vera cagione delle rivolture. Alle prime notizie sbalordito Guglielmo, come a chi
da sonno vien riscosso, dette comandamenti, che non si poterono dall'ammiraglio impedire; ed il conte Eberardo mandato per richiamare all'obbedienza i sollevati, fedelmente nar-
ravagli il tutto, come l'aveva da que'medesimi udito: Non aver
essi cosa niuna col re, ma consigliarlo che avesse tantosto dato
gastigamento a Maione ed all'arcivescovo di Palermo, i quali
sapevano essi per cosa sicura aver congiurato contro di lui a
torgli la vita; perciocchè Maione ardentemente bramava farsi
re di Sicilia, ed essi tutti, subito che avessero udito lui essersi
vendicato di tal tradimento, voler venire a gittarsi a suoi piedi. All'orridezza del misfatto dette il re in ira fierissima; ma
parendogli incredibile cotanta perfidia ed ingrato animo in uomo per lui a sì grande altezza innalzato, si rifrenò, e mandato

tosto per l'ammiraglio, pacatamente ogni cosa gli raccontava. Quegli, che teneva le chiavi del cuor del monarca, le rivolse tanto maestrevolmente, che chiuselo ad ogni sospetto, e dopo pochi istanti all'antica confidenza ritornò; ed il conte Eberardo divenne segno all'odio dell'ammiraglio. Ma appiccavasi il fuoco della rivoltura eziandio in Palermo; tumultuando il popolo contro Maione, e gridando che l'infelice conte Simone si sprigionasse. La data libertà quetò il tumulto, tanto più che esso conte al fianco del re fu veduto, quando questi alla fine si risolveva di andar ad opprimere di presenza i ribelli a Butera: il qual castello il re avuto non avrebbe, se a giusto accordo per opera dello stesso conte non si fosse venuto. Con questi ed altri argomenti, che qui non accade ricordare, tornò tranquilla la Sicilia; ma in terra ferma non era sentore, che le rivolture quetassero: onde Guglielmo meditando al rimedio, che potesse frenar tanto sfasciume, vide essergli mestieri primamente di ritornare in grazia del Pontefice; pure, tuttochè larghe fossero le regie proposte, ed a riceverle quegli si mostrasse inchinevole, venne manca questa speranza per l'opposizione della più parte de' Cardinali sostenuti dal greco Augusto, che d'ogni aiuto si profferiva. Il perchè ottenuto solamente di allontanar dalla lega i Veneziani, disperatamente si risolse a tentar da sè la fortuna, essendo Guglielmo per indole quanto torpido nel sonno dell'indolenza, tanto impetuoso svegliato.

Mentre si raccoglievano eserciti ed armate a Messina, venuto il cancelliere in corte ed accusato di molti e gravi delitti, fu cacciato in prigione, e sostenuto e guardato anche a vista il conte Giuffredi, mentr'era per passare lo stretto su d'una nave. Come fu poi tutto allestito, il re dirittamente andò sopra Brindisi, dove ancora con virile animo il presidio del castello sosteneva gli assalti de' Greci, sebbene i cittadini non reggendo ai macigni piovuti dalle macchine del Ducas avessero già capitolata la resa. Saputosi l'approssimar di Guglielmo, è dato al Bassavilla, ch'era con seco, ed a Giovanni l'Angelo il comando de' fanti, gente la più parte italiani, ed egli serbossi la cavalleria, che dal lido dovea resistere alle spedizioni dell'armata siciliana, ordinando alla greca di prendere il largo, affinchè quella entrata nel porto, vi restasse chiuso alle terga [1]. Così avvenne di fatto, ed a grande stento dal duplice attacco potè uscire salvo Guglielmo dal porto. In questa giunto opportunamente da Costantinopoli il principe Alessio Comneno, e toltosi con arroganza il general comando, sgominò tutti i provvedimenti de' Greci. Il Bassavilla, a cui venne subito male odore dell'avvenire, non volle più stare al rischio, e ritirossi a Benevento. Allora i Greci postisi a consigliar fra loro, chi opinava trincerarsi dentro Bari ed aspettare rinforzi, chi tenersi a vergogna abbandonare Brindisi e rifiutare la battaglia. Prevalse quest'ultima sentenza e si uscì in campo. Non fu vista nè più ostinata nè più sanguinosa battaglia, la cui fortuna incerta da principio, tutta a pro de' regii si volse, con sì gagliardo assalto avventandosi il re, che ruppeli, fugolli, e trucidonne gran parte. Molti nobili e greci ed italiani ebbe prigioni, de' quali a chi diede morte di capestro, a chi fece gli occhi cavare, ad altri destinò catene in Palermo. Il giovine Comneno oppresso dalle molte ferite, e ricovratosi in Brindisi,

[1] Ugone Falcando dice, che il Bassavilla non era a Brindisi, ma se ne attendeva l'arrivo: noi abbiamo seguito l'abate Cestari, anno 1156.

prigione anch' egli: molte le navi prese, assai l' oro, e l' altre spoglie; e ciò avveniva il dì 28 di maggio del 1156.

Così compiuta vittoria tagliò i garetti ai Baresi, abbandonati soli la seconda volta, chè già il re si aspettavano vendicatore della diffalta. Adirato egli, più adirato l'ammiraglio, niuna speranza loro rimanea, e solamente dal rendersi a mercede auguravansi temperamento ai danni imminenti. Il popolo senz'armi, in dimesso vestito, uscì in gran frotta a dimandargli misericordia. Ma fu nulla il pregare, nulla il piangere; il re gridava: voler fare scomparire dalla terra questa città; non aver ella perdonato alla casa del padre suo, abbattendo la rocca, ed egli non perdonerebbe alle loro; tutte vedrebbele atterrate, salvo i tempii (nè tutti ' pure); alle persone userebbe misericordia; uscissero fra due giorni con quante robe portar potessero, il terzo dì comincerebbe lo sfacimento. Maione non riscuotevasi alla severa sentenza; non ebbe parole a pregar per il suo luogo natio. Che? in animo occupato di così prepotente ambizione potea trovare entrata la carità di patria? e non gli avevano forse i Baresi volte le spalle, e datisi ai Greci? ed eseguire la regia volontà non era forse un meglio ingannare il proprio sovrano, ch'egli così ingratamente tradiva? Cominciò la lacrimevole ruina. Que' nostri maggiori non aveano più patria: affastellate le masserizie, i tesori, abban-

---

' Tale fu tra l'altre della chiesa di S. Bartolomeo, che poi rifece nel 1180 un tal Guglielmo, e posevi questa memoria:

Haec sacra templa Dei, sancti quoque Bartholomei,
Diruta sorte gravi, Guillelmus ego reparavi.
Anno Dominicae Incarnationis MCLXXX.
                                        Beatillo, p. 111.

donavano i tetti aviti, quali ad un luogo, quali ad un altro traendo mestamente in cerca di ricovero e d' ospitalità. Scoppiava il cuore ai vecchi, d' impotente dolore si struggevano i giovani al perdere e patria e nome e tutto. Non più godrebbero alla vista di quelle torri, di que' palagi; non più riposerebbero i loro corpi nelle tombe de' cari estinti, nè sotto le stesse sacre volte pregherebbero, o peregrinando vi sarebbero come stranieri venuti. Mesto qual di rapitagli sposa l' arcivescovo Giovanni riparava con alquanti sacerdoti in una sua villa, che *Cella d'amore* per gli ameni diporti era detta, ed allora fatta terra d' esilio cangiò suo nome in *Cella amara*; e delle cresciute case diventò villaggio, che quelle tetre ruine ci ricorda. Le vergini consacrate al Signore, come colombe fra loro ristrette e paurose, cacciate di nido si rifuggivano nella terra di Bitetto [1]; rimastevi forse le sole Benedettine, che rette a quel tempo dalla sorella di Maione avranno potuto da lui ottenerlo [2]. Usciti che tutti ne furono, rivolgendosi indietro, videro le soldatesche correre ad abbattere la città. « Così la « potentissima città di Puglia (esclama il Falcando) celebrata « per fama, di dovizie ricchissima, superba di nobilissimi cit- « tadini, per magnificenza d' edifizi mirabile, or giace trasfor-

---

[1] Il coro della cattedrale di Bitetto era la loro chiesa, ed il palazzo vescovile il monastero.

[2] Il che può raccogliersi da un istrumento del 1160, vale a dire un quattr' anni dopo la distruzione di Bari, col quale *Ioannes Pirontus Ravellensis commorator civitatis Bari* fa donazione di alquanti beni *Monasterio S. Scolasticae de Baro, in quo praeest Abatissa Domina Eustochia venerabilis soror Domini Majonis Magni Ammirati Ammiratorum et de domino Stephano Regio similiter Ammirato.* V. Garruba, pag. 580.

« mata in un mucchio di pietre ». Pochi sacerdoti restarono
a lamentar fra le rovine l'esizio della patria; pochi pescatori
a vivere vita di stento fra quelli scogli, su cui andava a rompersi l'adriatico flutto non più mormorante di bianche spume
intorno ad innumerevoli carene. L'Italia gemea di vedersi distrutta a' suoi piedi sì grande città, inconscia che non oltre-
passerebbero sei anni, ed avrebbe pianta la distruzione di un'altra non men grande, che incoronavale il capo; vo' dir di Milano.

Il lagrimevole spettacolo ritornò all'obbedienza tutte l'altre ribellate città; e la fame che premeva il Pontefice co' suoi
Cardinali nell'assediata Benevento fe' loro pregar di pace Guglielmo: che nella chiesa di san Marciano vicina di quella città
assolto egli dalle scomuniche, e Maione arbitro principale a
fermarne le condizioni, ritornò, incredibil cosa! ad annighit-
tire nell'antico covo tra spensieratezza e voluttà.

Maione risorto dunque a potenza forse maggiore, sicuro
della Puglia, che fu sottoposta a suo cognato Simone nomina-
tone a Benevento stessa maestro capitano; usciti del reame il
conte Roberto di Loritello, e 'l conte Andrea di Rupecanina;
imprigionato l'altro Roberto di Sorrento per tradigione di
Riccardo dell'Aquila; ritornò l'ambizioso a quel desiderio,
ch'era in cima d'ogni suo pensiero, e con animo più risoluto.
Eccoti orbato degli occhi il conte Giuffredi, consapevole del
malvagio disegno, Simone conte di Policastro per natural
morte sottratto al boia, gementi sotto le catene i conti Guglielmo di Lesina, Boemondo di Tarsia, Roberto di Bova;
Tancredi e Guglielmo, fratelli naturali del re, custoditi nelle
stanze della reggia. Si assicurò del pari del greco imperatore,
che patteggiò tregua di trent'anni, quando vide presso a Ne-

groponte rotta ed in fiamme la sua grande armata, combattuta con forze assai minori dall'ammiraglio Stefano fratello di Maione, ed i campati alla disfatta di Brindisi, Costantino Angelo, Giovanni Ducas e molta altra nobiltà onorar prigionieri il trionfo del Barese; ed oltre a ciò presa e distrutta Egrippo, bruciate Alinito, S. Jacopo, e la Torre de' Pisani[1]. Quasi non rimanevagli ostacolo, che il conte Eberardo; ed una caccia rappresentata al re come inizio di ribellione fu pretesto ad imprigionarlo, cavarne gli occhi, mozzarne la lingua. Allora Maione si pose a sovvenir largamente i poveri, a porgersi dolce ed affabile a tutti, ad onorare altamente gli ambasciadori, che d'ogni parte a lui venivano, a trarre dalla sua con grandi doni e larghezze i soldati, ad innalzare secondo lor dignità a sommi onori gli ecclesiastici; e nel medesimo tempo di tanti strazi e morti ordinate da lui farsi publico lamentatore, concitare odio contro del re: la cui crudeltà (diceva) non potersi più in freno mantenere, lui aver fatto perdere le città d'Affrica, che sì gagliardamente aveano resistito agli assalti ed all'assedio del re di Marocco, lui voler sterminare tutta la nobiltà, ed essere un gran fatto strappargliene qualche vittima dalle unghie.

Non era già che gli aggiustassero fede; anzi quasi svelatamente diceano, che Maione a molti suoi famigliari avea mostrati diademi ed altre insegne reali apparecchiate; nè mancavan di coloro che le dicessero mandate a lui dalla regina, col cui consentimento il tutto s'operava; che smisurata quantità di danaro erasi raccolta; che Matteo notaio, e Giovanni Car-

---

[1] L'Anonimo Cassinese, il Dandolo, e la Cronaca Pisana presso Ughelli, anno 1159.

dinal di Napoli fossero andati a Roma da papa Alessandro,
perchè come un tempo Zaccaria aveva fatto di re Childerico
di Francia, all'inetto monarca avesse tolto il regno; e quegli
(così anche calunniavasi il Pontefice) avesse consentito.

Queste cose divulgate in Puglia commossero molti alla rivolta. Quei di Melfi i primi risolsero di non più ubbidirgli, nè
ricevere suoi capitani; i conti oppressi e tutti gli altri nobili
uomini si congregarono e giurarono di procacciar con ogni
studio d'ucciderlo, nè prestare obbedienza alla corte, se lui
o morto o fuggito non sapessero; un Mario Borello, salernitano, uomo eloquentissimo, aringava il popolo, perchè i conti
ricevesse, e con esso loro giurasse. Esultavano molti in Sicilia per questi fatti, ma non osavano fiatare, andandone la testa. Di poco cuore il conte di Marsico, nipote di cugino al re;
più timido il conte di Cotrone, che chiudeva in petto l'onta
della svergognatagli figliuola. Lettere regie spediva Maione ad
Amalfi, Sorrento, Napoli, e poi a Taranto, Otranto, Brindisi,
Barletta; ma non furon volute ricevere, come quelle che con-
teneano l'intendimento del ministro, non l'utile e il servigio
del re. Scriveva a suo fratello Stefano in Puglia: crescesse stipendii, crescesse armati, al Bassavilla si opponesse, oro non
risparmiasse, non promesse a trarre i conti dalla sua parte.
Scriveva al cognato Simone; ma già questi era stato costretto
a chiudersi in un forte castello. Spediva il vescovo di Mazza-
ra a Melfi, e costui rassicurato della paura facevasi predicato-
re contro le nefandezze di lui. Ad esempio di Puglia si muoveva Calabria, ed egli vi spediva il fidanzato di sua figlia, Matteo Bonello, che alla nobiltà del sangue ed alle dovizie ag-
giugnea freschissima bellezza di volto, ingegno, coraggio, eloquenza, e caro era al ministro, tuttochè non s'ignorasse ar-

dere il giovine per la vedova contessa di Molise. Ma vane anche le costui pratiche, vane le parole; e come alle molte virtù
eran pure mescolati di bruttissimi vizi, ed animo aveva in-
costante, audace, temerario; così fu agevol cosa lo smuoverlo. La bella contessa per opera massimamente di Ruggiero da
Martorano gli giurava di farlo lieto delle desiate nozze, purchè
nelle braccia ella il ricevesse lordo del sangue di Maione.

In tanto fervere di cose non era più da metter tempo in mezzo. Maione e l'arcivescovo si stringono a fermar del come e
del quando consumare il misfatto, del partirsi l'autorità, del
prendersi cura de'regii figliuoli, e del tesoro. Nascono discordie,
fierissimi nemici diventano, e mostransi i più affezionati amici
del mondo: il ministro, che tutto voleva per sè, si risolse finalmente a torsi d'innanzi cotesto impaccio, e prima fecelo cadere in disgrazia del re, poscia pensando più spedito modo,
per un servo di lui, il fa avvelenare di lento veleno; dall'altra
parte l'arcivescovo confortava e plebe e soldati e grandi a
disfarsi dell'iniquo. In questa risaputo il tutto delle trame del
Bonello, n'arse d'ira Maione, maledisse all'avversa fortuna,
venne in furore, meditò vendetta fierissima; pure con dolci
parole il richiamava a Palermo, tutto confidenza ed amore nelle sue lettere. Veniva il giovane, ed ammaestrato da lui nella
scuola del fignere, ne tenta la prova contro il maestro medesimo;
perciocchè giunto a Terma un venti miglia dalla città, inviagli messi, inviagli lettere, dell'aver quetata ed assicuratagli la
Calabria si vanta modestamente, si duole dell'averlo creduto
sleale ingrato, alle nozze sospira, muor d'amore per la promessagli donzella: e quegli il crede, o di crederlo finge, promette
di non più prestar fede agl'invidiosi di sua gloria, e di abbracciamenti ed onori il ricambia. Dopo i quali di segreto Bonello

visitava l'arcivescovo, del suo intendimento facendolo consapevole, e ne ricevea stimoli più gagliardi, ed aiuto di fautori.
Intanto ancor non moriva l'arcivescovo, avvegnachè tormenta-
to da febbri ardenti; il quale indugio increscendo al ministro,
con un veleno più possente chiuso in ampolla, e recandoselo
in tasca, s'avviava egli l'un'ora prima della mezzanotte, che
precedette gli 11 di novembre 1160 '; e sedutosi a canto il
letto dell'infermo con la sua fronte serena: « increscergli for-
« te, diceva, il lungo morbo al meglio de'lor disegni, i più
« valenti medici aver consultato a ritornargli la sanità, un ri-
« medio infallibile avere in pronto, e portarglielo egli stesso,
« di che tosto guarirebbe ».

E l'arcivescovo: « ringraziarlo di cuore, sentirsi debole as-
« sai, aver nausea di tutto, vedrebbe d'usarlo la dimane ».
Frattanto il teneva in ragionamenti, e con destro modo, che
sfuggì agli occhi del nemico, mandava il vescovo di Messina,
che presso di lui sedeva, a cercar del giovine Bonello; e quegli per lunga consuetudine spertissimo a leggere i pensieri del-
l'arcivescovo, correva ad esortarlo, che si mostrasse uomo
una volta, senza più, uccidesselo al ridursi che farebbe alla
reggia, l'Arcivescovo il tratterrebbe, finchè si mettesse in punto
di condurre a termine la bisogna. E già poco dopo si sentiva
un correre per le vie della città, i cittadini interrogarsi, raccogliersi a torme, dileguarsi, ed un cupo rumore diffondersi
da per tutto; gl'inconscii della prossima catastrofe credevano
esser preparati i pugnali al re, cui sospettavano Maione a bello
studio aver menato a casa dell'arcivescovo. Di militi era guar-
data tutta *via coperta*, strada che dal palazzo arcivescovile con-

' Altri dicono i 16.

duceva alla reggia; ed a *porta S. Agata*, luogo angusto, aspettavalo Bonello stesso. Accomiatatosi ed uscito del palazzo Maione con a fianco il vescovo di Messina medesimo, e seguito da'suoi (fra cui parecchi de'complici erano mescolati) ne fu chiuso alle spalle il portone. Ma gli apparecchi non poterono andar sì celati, che non se ne avvedessero Matteo notaio, e Adenolfo camerario del re; i quali gli si fecero incontro, e del pericolo avvertironlo. Che mi si chiami il Bonello, ei grida: e questi, che dappresso gli era, uditane la tremenda voce, e vedutosi scoperto, salta fuor dell'agguato con la spada nuda: e « son qui, gli dice, o traditore a vendicar, benchè tar-« di, l'oppressa nobiltà, e metter fine alle nefandissime tue « scelleraggini, e con un colpo solo spegnerò il nome dell'am-« miraglio, e dell' adultero del re » [1]. E così dicendo avventavaglisi. Spettatori indifferenti la turba de'suoi, poi fuggire, come è costume. Scansava egli il primo colpo, al secondo cadea mortalmente ferito. Grida d'allegrezza ed applauso da per tutto, la plebe inferocire, strappargli i peli della barba, lordarne di sputi il volto, correre a saccheggiar le case. In tal guisa finiva Maione, esempio agli ambiziosi, se agli ambiziosi giovassero gli esempi. Nato alla gloria d'eroe, volle avere celebrità di malvagio. Il re ne fremette, ordinò si perseguissero gli omicidi, massime il Bonello; ma quetossi attonito al vedere e manto e diadema e scettro rinvenuti (vero o falso che fosse) fra i tesori di Maione per Arrigo arcidiacono di Catania ed il conte Silvestro. Furono allora posti in catene il fratello ed il figlio di Maione, e Matteo notaio, e gli altri stretti famigliari di lui; ed ove il presente pericolo non va-

[1] Ugone Falcando.

lesse a far svelare la congiura e consegnar gli accumulati tesori, valsero le torture: solo presso il vescovo di Tropea si
trovarono di tarì settecentomila. Così infamata e distrutta cadea la casa Maione, ed esaltavasi Bonello; la quale esaltazio-
ne non durava che un anno, alla cui fine egli, che non per
virtù adoperava, della medesima fellonia era dannato a morte
più lenta ed orribile.

Percorremmo già insino a questo punto cinque secoli e
mezzo della nostra storia, tanti contandosene dal settecento,
onde mosse la narrazione, insino al presente; ed ognuno che
abbia avuta la pazienza di sopportarne la lettura, avrà potuto
intendere, quanta esser dovesse per così avversi casi di fortuna la sterilità degl'intelletti, l'avvilimento degli spiriti, la
disperazione di tutte cose. Or chi vorrà richiederne dello stato delle lettere? Anche quel baleno lucidissimo, che sfolgorò
nella persona di Carlo magno, e che riaccese le prime scintille
negl'ingegni, non illuminò punto queste terre dell'ultima Italia per la resistenza opposta alle sue vittorie dai duchi longobardi; nè la coltura araba per il continuo guerreggiare e per
l'avversione religiosa potè metter radice ne' trent'anni di dominazione: onde pochi nomi n'è dato qui d'onorare, se pur
altri forse non seppellì l'oblio. Un Michele suddiacono il primo, che nell'ottavo secolo scriveva un opuscolo contro gl'Ico-
noclasti. Il sacerdote Gregorio di poi, che più volte citammo,
narratore della traslazione del sacro dipinto di nostra Signora
Costantinopolitana; operetta che se vorrà paragonarsi con altre scritture di quei tempi, entra certamente innanzi a tutte
per certa regolata semplicità di costrutto e per maravigliosa
esattezza di cronologia. Il racconto di un'altra traslazione di
sacre reliquie, quelle di S. Niccolò, ne lasciò Niceforo da Ba-

ri; il quale dettò pure la vita di quel gran Taumaturgo. Questa storia medesima con quella intorno all'invenzione del corpo di S. Sabino, e la vita di questo santo Vescovo scritta in
versi elegiaci, ed altri minori operette resero chiaro il nome
di Giovanni arcidiacono barese, che come uno de'più pregiati
scrittori dell'XI secolo tengono i critici. A costoro seguono
tre cronisti: l'Anonimo da Bari, monaco del nostro monastero
di S. Benedetto, che notò gli avvenimenti della città e di Puglia dall'anno 605 al 1042; l'Ignoto barese, diverso dal precedente; ed il più noto di tutti Lupo Protospata, che sino al
principio dell'XI secolo registrò i fatti della nostra storia. A
questi dobbiamo almeno di non essersi perduta affatto ogni
memoria de'nostri antichi in sì miseri tempi [1].

[1] Chi voglia più particolareggiate notizie intorno ai nostri o letterati o scienziati od artisti, ed agli autori nostrali o stranieri, che fecero cenno delle loro opere, le ricerchi nel Garruba, Serie ec. ec.
p. 635: noi, come ora, toccheremo anche appresso de'più ragguardevoli, e sempre brevemente.

FINE DEL LIBRO PRIMO.

LIBRO SECONDO

—

CAPO I

DALL'ANNO 1166 AL 1266.

SOMMARIO

Risorge la città in umile stato; il Duomo e la Basilica vanno riconquistando lor diritti e possessioni; nuovo passaggio di Crociati per Terra santa condotti dal I Federico; questi stanzia più volte nella città; l'imperial Cancelliere consacra solennemente la chiesa superiore della Basilica (1197); Gregorio cardinale di S. Teodoro ugne ad arcivescovo Berardo di Costa barese, che molto larghezze ottiene da Costanza e da Federico; questi vi dimora buon tratto (1222) per passare due anni dopo a Soria, e si vale del nostro arcivescovo Marino Filingieri: si confuta il Beatillo per ciò, ch'ei ne dice a p. 125; Berardo arcivescovo di Palermo, e prima nostro, consacra l'altar maggiore del Duomo (1233); Federico II istituisce a Bari una delle sette fiere generali del Reame; affida la custodia del castello a Riccardo Comite barese, ed intende a restaurarlo; ordina un nuovo porto, ma se ne sospendono i lavori (1240); l'arcivescovo Filingieri ben veduto ed onorato dal Papa e dall'Imperatore, il quale di poi insospettitone il caccia in prigione; modi aspri usati dai Saraceni, che sono a'suoi servigi; uno di costoro è posto a custodia del nostro castello; asprezza nella riscossione delle imposte; succede Corrado, e Manfredi ne tempera l'ira contro Bari; Manfredi rimette nelle mani del Pontefice il baliato del regno, dipoi se ne fa signore, e Bari lo riconosce; ei tiene gran parlamento a Barletta (1256); i sindaci delle città di terra di Bari si radunano in S. Maria fuori Barletta, e mandano lor deputati a Napoli; Manfredi assume in Palermo il titolo di re, poi torna in Puglia a convocare nuovo general parlamento; fonda la città di Manfredonia, e quivi fa fondere una gran campana; riceve a Bari l'imperator Baldovino, e l'onora d'una giostra; ei muore nella battaglia di Benevento (1266); la sua famiglia fugge a Trani per imbarcarsi; è scoperta e presa.

Come piramidi in mezzo a deserto, così rimasero il Duomo e la Basilica ed alcuni altri più umili tempii fra i ruderi dell' abbattuta città , dieci anni , come dice lo storico nostro, ma forse anche più [1], indarno conducendosi due volte a Palermo l' arcivescovo Giovanni per implorare perdono. Sotto quelle sacrate volte sola echeggiava la preghiera de' sacerdoti, fino a che il Signore non ebbe consigliato al mite animo del giovine monarca Guglielmo II di scancellare la fiera sentenza paterna, e far contento il lungo desiderio degli esuli Baresi. È da credere , che a sicurezza di que' pochi sacerdoti, una piccola rocca posero a lor custodia con un presidio (se pure questa non fu una delle tante antiche torri rimasa in piedi), perciocchè nell' undecimo anno , che correa dopo l' ecci-

---

[1] Il Putignani avvisa, Stor. di S. Nicc. lib. VI, p. 373, che sino al 1179 ai nostri concittadini non fosse stato concesso di ritornare in patria, e rialzàrla , cavandone argomento da una carta di dote del dì 8 dic. 1179, conservata nell'archivio della Basilica, in cui è detto: *de illis vero, quae sunt in Baro sic intelligatur, si ex indulgentia praedicti Dni nri Regis ipsa Civitas recuperata fuerit.* Ma il Garruba acconciamente osserva, p. 180, nota (8) , dover essere errore nella data di tal carta, la quale è da dirsi piuttosto del 1159, o 1169: perchè in quest'ultimo anno finì di vivere l'arcivescovo Giovanni, e fu sepolto nella confessione del Duomo, il che prova ch'egli era ripatriato; perchè in questo medesimo anno Romualdo Salernitano notò, che Guglielmo II di Sicilia condottosi a Taranto, e quindi al Gargano, *post haec Barum rediit, et ibi aliquantis diebus demoratus est*; nè il re sarebbevisi trattenuto, se fosse stato luogo deserto; perchè nel 1171 venne a Bari il nuovo arcivescovo Rainaldo , e nell'anno seguente diede un diploma a Berto vescovo di Giovinazzo; e finalmente perchè nel 1177 Alfano arcivescovo di Capua venne a Bari per diffinire insieme col nostro Rainaldo una contesa tra l'abate della SS. Trinità di Venosa e Guglielmo arciv. di Brindisi.

dio, un illustre milite a nome Giuliano diceasi castellano della basilica [1].

Sarà stato un assai commovente spettacolo il veder l'allegrezza di quei nostri maggiori, cui fu dato finalmente di poter baciare la terra natia, e dar opera a rifabbricare i loro tetti, a cignersi di mura e di torri. Ma spento il commercio, dissipate le ricchezze, scorati gli animi dalla sventura, molti eziandio a novella patria affezionatisi, e posti in nuove ragioni di vita, non più curarono di abbandonar le terre ospitali [2].

Onde non è a maravigliare, se uno squallido simulacro risorgesse dell'antica Bari. Non più il duplice ordine di salde mura, non più i magnifici palagi, non più il porto capace e pieno di navi, niun vestigio in somma della sua celebrata grandezza: era una vita come quella di chi campi da mortal malattia. Vi ritornò l'arcivescovo, che raccolse nell'ovile della Chiesa lo sbrancato gregge, ed i tempii cominciò a restaurare del suo, massime il Duomo per quella nefanda distruzione in varie parti offeso. Vi ritornarono pochi frati, perciocchè i greci, rifuggitisi ne'luoghi di Levante, non più ricomparvero, e desolati restarono i monasteri di S. Caterina [3], di S. Nicolò de' Greci, e tutti gli altri di quella nazione. Ritornarono

---

[1] Raccogliesi da una pergamena del dì 22 agosto 1166, conservata nella Basilica, dove si dice: *cum Domino Iuliano illustri milite castellano ejusdem Sanctae Ecclesiae castelli* ec.

[2] Nella leggenda della traslazione d'un braccio di S. Andrea, che si conserva nel monistero di S. Scolastica, è registrato, che molti de'nostri d'origine greca, ridottisi per quella sciagura a Spica, luogo vicino di Costantinopoli, con le loro molte ricchezze v'innalzarono una città.

[3] Il quale era, dove poi levossi il Collegio de'Gesuiti.

le sacrate vergini, delle quali le Basiliane rette dai Calogeri
s'allogarono in S. Salvatore (oggi S. Giacomo) [1], le Benedettine posero stanza a S. Sofia (che ora diciamo Trinità) [2].

Si riconfortava il buon prelato, ma non godè a lungo della
ricuperata Sposa, chiudendo gli occhi nel Signore la state
del 1169. Con animo non affranto succedevagli diciotto mesi
dopo Rainaldo, monaco cassinese, e vescovo che fu di Gaeta.
Seguitò costui le pie opere del predecessore; intese a rintegrar
la Chiesa ne' suoi diritti, cessare alcune discordie con l'università [3], ritornare all'antica riverenza verso la Chiesa metropolitana i capitoli delle Chiese diocesane [4], ristabilire i
cherici nelle perdute franchigie delle gabelle, contrastare al-
l'arcivescovo di Ragusa la dipendenza della Chiesa di Cattaro
dalla sede barese, a cui fece ragione papa Alessandro III, e
finalmente da questo medesimo Pontefice ottenne facoltà di per-
mutare alcuni beni della Chiesa per la costruzione de'due campanili del duomo [5].

Pur tutta volta in assai misere condizioni ebbe a trovar la

[1] Ma poi mancati que' monaci, mancarono ancor esse; ed in lor
vece vi albergarono le suore di un altro ordine, l'Olivetano.

[2] Di poi abbandonarono anche quel luogo angusto, ed alle loro
consorelle si unirono in S. Scolastica.

[3] Fermò con la città alquanti capi di convenzione intorno agli
onori funebri da rendere alle persone secondo lor grado di Arcivescovi, Conti, Baroni, Cavalieri, Dottori, Abati, ec. ed intorno ad
altre questioni. Lombardi, vite degli arcivescovi, p. 70, parte 1.

[4] Fe' decreto, che tutti i capitoli diocesani negli otto giorni dell'Assunzione di nostra Signora processionalmente a Bari si conducessero, e nel duomo uffiziassero nell'ora terza, e nella Messa conven-
tuale. Sinodo di M. Decio Caracciolo, Garruba p. 183.

[5] Garruba p. 184.

città il giovañe Guglielmo II, quando nel 1172 condottosi a
Taranto per ricevere la sposa Iuramutria figliuola all' imperatore Manuello, la seconda volta offertagli, e con greca fedè
non mantenutagli la promessa, per terra ritornandosene a Benevento, passò per Bari[1]. La quale, come potè, mostrossi
conoscente al monarca de' ricevuti benefizi, accresciuti anche
ora di grazie maggiori, e delle decime concedute all' Arcivescovo su tutte l'entrate della città. Onde più largo dappoi potè
mostrarsi costui nello spendere, acquistando possessioni, for-
nendo di suppellettili la Chiesa, ornandola d' una bellissima
cappella all' apostolo S. Paolo dedicata: e l'esempio rinfervo-
rava eziandio la pietà de' cittadini, che a restaurar le guaste
Chiese ardentemente volgevansi.

Nè minor zelo mostrava in pari tempo Niccolò priore della
Basilica, che insino a Palermo si condusse, perchè delle possessioni occupate da un Goffredo Gentile appartenenti alla chiesa
di S. Pietro de Scavezzolis gli fosse fatta ragione; e re Guglielmo ordinava al suo contestabile e maestro giustiziere di tutta
Puglia e terra di Lavoro, Tancredi conte di Lecce, di raccogliere le ragioni d'ambe le parti e ad esso lui riferirne[2]. Men

---

[1] Di tal circostanza nulla dice il Capecelatro, ed altri nostri storici, che noi sappiamo; bensì il Beatillo sulla fede di Ruggiero de
Hoveden negli annali d'Inghilterra.

[2] Tancredi congregava curia a Bari, intervenendovi Bernardo de
Funtanellis, e Giovanni Amerusio regii giustizieri della provincia; i
baroni Simone da Sora, Savarisio da Gallinara, Roberto da Benedetto (forse Bitetto), Giovanni da Casamassima, Gualtiero da Carbonara, e Tommaso da Frassineto; i regii giudici della città Amerusio di Giovan Matteo, Petracca Buffo, e Sifando; e vari testimoni.
Niccolò primicerio, e Giovanni notaio della Basilica presentavano

contumace era stato Tommaso da Frassineto figliuol di Ugone, che nella Basilica conducevasi il dì 17 di giugno 1174, e con pubblico atto riconfermava la donazione fattale da suo avo Roberto della chiesa di S. Pietro novizio con le annesse posses-

l'atto di donazione di quella chiesa e delle terre controverse fatta da Riccardo siniscalco e signore del castel di Gioia; e dopo la lettura, il giudice Sifando e l'avvocato della Basilica deposero il libello di querela contro Goffredo. Costui dapprima oppose di non aver tempo a rispondere, perchè chiamato in Sicilia ai servigi del re; ma non valutagli l'opposizione, asserì non aver punto usurpate quelle terre, sì bene ricevutele da Roberto Sperlingo suo suocero, e dalla suocera Alferada; e quindi aver solo a render ragione di ciò che da sè, o da suoi fosse stato mai fatto in pregiudizio della Basilica. A queste ed altre ragioni dell'una e dell'altra parte, la Curia sentenziò a'21 febbraio 1181, che Goffredo rintegrasse la Basilica di tutto ciò ch'egli avesse usurpato o in qualsivoglia guisa alterato, secondo che quella potesse legittimamente dimostrare fra quindici giorni, e d'ogni altra usurpazione fatta da'suoi predecessori si scagionasse al ritorno da Sicilia. V. docum. n. XXVIII.

* Giudici chiamavansi anche coloro che or diremmo giureperiti. Ma quelli, che propriamente eran posti a render ragione, eran detti per lo più con voce greca *crites*, i quali giudicavano sempre col consiglio di sapienti uomini assistenti al giudizio. Di lor sentenze, oltre a quelle già per noi pubblicate, abbiamo in buon dato, la cui pubblicazione tornerebbe anche utile alla storia. Così, per toccarne di qualche altra, nel 1197 innanzi al giudice imperiale Sparano, assistendo *quibusdam nostre civitatis sapientibus*, si esegue la vendita di tre vigne e mezzo con undici ulivi, e più sessantanove altri ulivi con una corticella per quarantadue once d'oro di soldi micalati. Così nel 1205 innanzi al giudice Grimaldo presentasi un cittadino, perchè secondo la consuetudine gli tassasse una certa quantità d'olio; e pare che uno staio ed una quarta e mezzo fosse valutata un'oncia augustale.

sioni '. Così mentre le cose sacre e le civili andavano riprendendo gli spiriti, ebbero i cittadini a lagrimar prima sulla tomba dell'arcivescovo Rainaldo, e poco dappoi su quel fiore di princìpi Guglielmo II immaturamente appassito nel 1189; ed alla speranza sottentrò la paura di nuove sciagure da dominazione straniera.

Pure quel medesimo anno nella città apparve un'immagine dell'antico splendore, quando in sulla primavera la videro gremita di signori e guerrieri alemanni, ch'erano per mettersi in mare alla volta di Terra santa, guidati dal I Federico, che racconciatosi col Papa aveva preso anch'egli la croce, precedendo a Filippo re di Francia e Riccardo d'Inghilterra, a fin di ritogliere a Saladino il santo Sepolcro ottantasett'anni innanzi liberato dal pio Buglione. I primi di costoro, ed erano Enrico e 'l figliuolo Bertoldo, egregi conti teutonici, Ermanno figlio di Gualtieri, ed Elia di Dittimarro, e Payn ed Antonio, tutti signori di gran grido, prostrati nella Basilica innanzi alla tomba di S. Nicolò implorarono aiuto alla pericolosa impresa; un podere tutto posto ad ulivi con lor danaro a bello studio comperato donavano, perchè notte e dì ardesse di quell'olio la lampada innanzi all'altare; e della sacra Manna ornati il petto, più saldi auguravansi dover resistere alle battaglie. Scarsamente del poco navile soccorrevali la città: ma non erano più i tempi del suo Boemondo; ed i maestrati pubblici, che gli antichi nomi riteneano di catapani e giudici e petegarii (forse maestri d'annona), quasi ve la costringeano a forza. Onde da lor comandamenti sovente troppo aspri appellava il priore Ambrogio a Corrado vescovo ildemense e

' Vedi docum. n. XXIX.

cancelliere imperiale , perchè ne facesse esenti le sue famiglie
di affidati , e quegli con una scritta ne lo contentava '. Era
trascorso poco più d' un secolo dalla consacrazione del crittoportico della Basilica , fatta solennemente (come si disse) per
papa Urbano II ; ed or quel Corrado medesimo , cancelliere
imperiale , ne consacrava la chiesa superiore per mandato di
papa Celestino III. E fu pure quella veramente solenne magnificenza di festa, ove fra tanta folla di popolo italiano, alemanno
e d' altre nazioni furono presenti cinque arcivescovi, ventotto
vescovi, sette abati, ed immenso numero di chierici e di nobiltà '. E poichè quel Goffredo Gentile non risolvevasi a re-

' Vedi docum. n. XXX.

' Di ciò si pose memoria in una lapide fuor della basilica a man
destra della porta maggiore, che dice in questa forma :

PRESULANTE SANCTISSIMO ET UNIVERSALI PAPA DOMINO

CELESTINO TERTIO FELICIS MEMORIE IMPERANTE QUOQUE DIVO EN-
RICO SEXTO CRISTIANISSIMO IMPERATORE SEMPER AUGUSTO ET IN-
VICTISSIMO REGE SICILIE CONRADUS SANCTISSIMUS YLDEMENSIS EPISCO-
PUS ET TUNC IMPERIALIS AULE ILLUSTRIS CANCELLARIUS DIVINO PRE-
MONITUS ET APOSTOLICO PREMUNITUS MANDATO HOC TEMPLUM ALTIS-
SIME CONSECRAVIT AD LAUDEM ET GLORIAM REGIS ETERNI AD PERPE-
TUUM ROMANE ECCLESIE DECUS PRO ROMANI SALUTE IMPERII ET PO-
PULI LIBERATIONE PRESENTIBUS PLURIMIS APULIE THEUTONIEQUE PRE-
LATIS ARCHIEPISCOPIS QUINQUE EPISCOPIS VIGINTI OCTO ABBATIBUS
SEPTEM NUMEROSISSIMO QUOQUE CETU CLERICORUM, ET INESTIMABILI
MULTITUDINE THEUTONICORUM DIVERSARUMQ GENTIUM HEC AUTEM
FACTA SUNT TEMPORE PRIORATUS DOMINI AMBROSII VENERABILIS SA-
CERDOTIS. ANNO AB INCARNATIONE VERBI MILLESIMO CENTESIMO NO-
NAGESIMO SEPTIMO INDICTIONE QUINTA DECIMA MENSIS IUNII VICESIMO
SECUNDO.

stituire le usurpate possessioni, per nuovi richiami d'Ambrogio, ordinò l'imperial cancelliere ad Eugenio figliuol dell'ammiraglio Giovanni di prenderne cognizione, e quegli diè sentenza diffinitiva [1]. Condottiero d'armata ancor egli partiva di poi per Terra santa; e campato dai perigli del mare e della guerra, periva bruttamente assassinato da due signori suoi vassalli. Immeritevole di tal fine dimostrollo il cilicio, che portava sulle nude carni.

Venuto adunque il reame per le ragioni della Costanza nelle mani di Arrigo, che si disse VI, più volte ebbero a vedere i Baresi quel vago e signoril sembiante, che sì laido e crudele animo aveva. Non sappiamo veramente, s'egli (come narra lo storico di Montevergine) fosse qui stato nel 1194, e certificatosi del portento operato nel nostro castello da S. Guglielmo Vercellese, ai confratelli di quel pio fosse stato largo di doni [5]; nè se a Bari convocato avesse egli quel gran parlamen-

[1] V. Docum. n. XXXI.

[5] Narra Felice Renda, storico di Montevergine, che Arrigo, avendo udito a raccontare in Bari del miracolo operato da S. Guglielmo, il quale nel nostro castello si stese nudo sulle brace senza patirne offesa, volle udir il racconto dall'abate medesimo di quel monistero, a nome Daniele, che innanzi di sè fe'venire. Dalle cui parole o veramente commosso, o a dimostrazione di regio animo promise doni e possessioni. E quindi «avuta di Oriente (Beatillo, lib. 2, p. 117) « una bella e miracolosa immagine di nostra Donna, dipinta, per « quanto di là veniva scritto, dall'Evangelista S. Luca, con alquante « reliquie di varii santi; riceverono quelle Maestà (Arrigo e Costan-« za) il fatto dono con molta venerazione nella Città di Bari, e di là « con grandissima comitiva di Signori e gente a piedi ed a cavallo « l'inviarono a Montevergine, dove ancor oggi riverentemente con-« servasi. Poco di poi... donava al medesimo monastero di Monte-

to, che l' Anonimo cassinese accenna tenuto in Puglia , e lo
storico nostro ne cava argomento per dirlo avvenuto nella città nostra [1] nell'anno seguente: ma che sì trovasse a Bari nel
marzo ed aprile di tal anno , non è a dubitar punto sì per suo
diploma qui dato, con cui confermava alla Basilica la donazione
delle *Lame Ursare* nel contado di Matera [2], e sì per altri,
massime quello all'abate di S. Maria di Nardò recato dal Sum-
moute [3] e quello ad Ottone vescovo di Penne [4]. La Costanza
medesima poi, al cui animo quanto era caro il paterno retaggio , tanto odiosa la crudeltà dell' imperial consorte, ne lasciò
grata memoria di sè; la quale al nostro arcivescovo Doferio
donava la decima di tutte le regie entrate di Bari della diocesi

« vergine alcuni feudi, e ne gli spedirono il privilegio in Bari a' 30
« marzo 1195».

[1] E quindi dice sottoscritto il diploma sovraccennato da molti di
que'signori, che per tal congiuntura a Bari si trovavano; cioè Nicolò
arcivescovo Ravanense , Aulo vescovo Bovanense, Enrico vescovo
Vormaciense, Ulgerio vescovo Pataviense , Filippo fratel carnale
dello Imperadore, Bonifacio marchese del Monferrato, Diopalte giustiziero di terra di Lavoro, Corrado cancelliere della Corte imperiale, Corrado marchese di Molise, Manguardo siniscalco, Enrico ma-
scalco maggiore, Valdero cancelliero del regno di Sicilia e della
Puglia, Alberto protonotario della Corte imperiale, Roberto signor di
Durne, Narmario signor di Burgen, Arnoldo signor di Horrembelch,
ed altri in gran numero.

[2] V. docum. n. XXXII.

[3] Summonte, Stor. lib. 1, p. 162. Ma si vuol qui notare , che alcune delle sottoscrizioni recate nell' accennato diploma concordano
con quelle indicate dal Beatillo nella donazione a Montevergine, altre molte no.

[4] Historia diplomatica Friderici secundi edita in Parigi 1853 dal
de Luynes , tomo II, parte I.

e di tutta terra di Gioia, aggiungendo, che se mai essa terra
o altro luogo dell'imperiale demanio venisse per donazione in
mano altrui, il nuovo signore da cotest'obbligo non potesse
rimanere disciolto; confermavagli la possession delle chiese di
S. Pelagia e S. Angelo in monte Ioannaceo; e concedevagli non
pur giurisdizione su tutti i cittadini di Cattaro in Dalmazia,
che per negozi di commercio o per altre faccende nella città
nostra si trovassero, ma esentava questi da ogni gravezza di
ancoraggio e plateatico [1].

Ma non andò guari, ed in questa gran donna si spense il
normanno legnaggio (1198). Ligia allora mantennesi Bari alla
santa Sede sotto il baliato di Federico; nè troviamo d'essersi
ella punto mossa nelle fazioni guerresche combattute in questi luoghi da Gualtiero conte di Brenna, il quale sposatosi ad
Albinia figliuola alla regina Sibilia moglie che fu dell'infelice
Guglielmo, tolse a farsi ragione della contea di Lecce e del
principato di Taranto: onde, tranne una ammonizione fatta da
papa Innocenzo III al popolo barese, che non si sa per quali
cagioni aveva tolta all'arcivescovo Maguntino una galea qui
armata per l'impresa di Terra santa, ed esortazione a concor-
rervi anzi con aiuti [2]; niente sappiamo de'nostri fatti insino
al 1207. Allora, uscito già di questa vita l'arcivescovo Doferio, si condusse a Bari il legato della Sede apostolica, Gregorio cardinal diacono di S. Teodoro, il quale reggea la Puglia, a confermare ed ugnere il successore Bernardo di Costa,
come credesi, nostro concittadino, alla cui solenne consacra-

[1] V. docum. n. XXXIII.
[2] V. docum. n. XXXIV.

zione parecchi vescovi della provincia intervennero [1]. In tal congiuntura fugli restituito il feudo di Bitritto, posseduto allora da un tal Frangalio: il quale, poco dopo presente il Legato medesimo, si fe'a renderlo una con tutti i suoi beni colà posti, se orbo di legittimi eredi se ne morisse [2]; e re Federico riconfermavane da Messina la ricognizione [3]: sebbene egli stesso dappoi il ritogliesse, e quindi con alterna vicenda restituito dal I Carlo angioino, ritolto da Ladislao, renduto per sempre dal I Ferrante. Egregio uomo era il di Costa, stato già molto innanzi nella grazia della Costanza, madre di Federico: il quale, divenuto adulto, e toltesi nelle mani le redini del reame, se l'ebbe sì caro, che mai nol voleva dipartire da sè, e di larghezze e d'ogni maniera di onoranze gli fu benigno. Fu desso, che a lui donava la terra di Laterza, tenuta da Riccardo Logoteta [4]; lui volle presente alle nozze celebrate in Palermo con Costanza d'Aragona; con lui passò in Germania, quando a Magonza ricevè dagli elettori l'imperio, tolto dal Pontefice ad Ottone [5]; lui finalmente, di là ritornato, per non mancar mai di savi consigli nelle bisogne dello Stato, fec'egli trasferire al-

---

[1] I Vescovi suffraganei di Bitonto, Ruro, Molfetta, Giovinazzo, Salpe, Polignano, e Conversano.

[2] V. docum. n. XXXV.

[3] V. docum. n. XXXVI.

[4] V. docum. n. XXXVII.

[5] Onde a Spira in merito, com'egli dice, della fedeltà, de'servigi, delle spese, e de'pericoli della vita in seguirlo da per tutto gli riconfermò amplamente le donazioni, sottoscrivendosi al diploma arcivescovi, langravii, duchi, conti, ed altri signori. Vedi documenti, n. XXXVIII.

l'arcivescovado di Palermo, lasciando a noi un altro suo dimestico personaggio, che fu il secondo di nome Andrea '.

Nè minor benevolenza mostrò a Bari l'imperatore tutto

' Fu al tempo di questo Arcivescovo (1220), che S. Francesco
Istitutore dell'Ordine Serafico, fondò a Bari un piccolo Convento accanto alla chiesetta di S. Caterina cedutagli dalla famiglia Dottula *;
il quale convento di poi con la chiesa fu ingrandito, e detto di
S. Francesco *della scarpa*, o degli scalzi: e sino all'abolizione di
esso avvenuta per comando della dominazione francese, solevano il
Capitolo metropolitano ed i Reggitori della città condurvisi la seconda festa di Pasqua a venerare il tempio, ed udir le panegiriche lodi
in onor del santo Fondatore. Garruba, p. 203.

Racconta ancora a tal proposito il Beatillo, p. 123, che dall'imperator Federico fu posto a prova nel nostro castello l'illibatezza del
Santo d'Assisi, che operò simigliante prodigio a quello operato da
S. Guglielmo di Montevergine, distesosi illeso sulle brace del camino
per campar dalle postegli insidie di disonesta donzella. Tal fatto è registrato nelle cronache de'Frati minori, come avvenuto in una città

* Leggasi a canto alla Cappella murata nella Sagrestia la memoria
seguente:

D. O. M.

Cappellam hanc Divae Catharinae dicatam ex illustrissima de Doctula familia possessam, quam ob maximam erga pauperem Franciscum
propensionem anno 1220 Barii commorantem eidem tamquam veri
domini dederunt ob non minorem erga tantum Patriarcam devotio-
nem et debitum. Dominus Iordanus Doctula verus talis nobilissimae
Familiae pronepos eamdem vetustate depressam restauravit, et ad
nobiliorem formam redegit. A. D. 1715. Patres Conventus gratitu-
dinis causa posuere.

quel tempo che vi dimorò nell'anno 1221, quand'ei prendeva in sua protezione il monistero di Scheffterseim, dettando
quivi il diploma, e sottoscrivendosi i grandi Signori, che
lo seguiano; e l'anno appresso per apparecchiar le galee, e
muovere dopo due anni alla volta di Soria, secondo le promesse da lui fatte al Pontefice in Ferentino, dove furon
conchiuse le seconde nozze tra lui, vedovato già della Aragonese, e la bellissima Iolanda di Lusignano unica figliuola di
Giovanni e della defonta Maria regina di Gerusalemme. Ma
quelle promesse egli neppure cinque anni dopo mantenne,
quando raccoltosi già in Puglia l'esercito de'crocesegnati, pa-

di Puglia, ma dicendolo avvenuto a Bari la tradizione, posero
nel 1635 sulla porta della cappella del castello questa memoria:

> Hic lasciventem puellam, vel saevientem
> Hydram igne domuit Franciscus cinerea exutus
> Veste prudens, qui ex aquis ortam Venerem
> Et iuxta aquas adortam flammis extinxit,
> Fortis qui inespugnabile reddidit
> In hoc Castro Pudicitiae claustrum.

MDCXXXV.

·Cotesto arcivescovo Andrea ebbe in commenda le due badie di S. Benedetto di Bari, e d'Ognissanti di Valenzano; e coi fulmini della scomunica strinse Niccolò de Fontanellis signor d'Acquaviva a render
le possessioni usurpate al monistero di Santeramo. Essendo poi Federico nel marzo del 1223 a Firentino gli confermò le medesime donazioni, che a Bernardo: onde quivi egli si condusse pregandolo a
voler confermare le donazioni fatte già da Costanza all'arcivescovo
Doferio, e quegli ne lo contentava. Garruba, p. 242.

rea che finalmente si dovesse cominciare l'impresa. Perciocchè non reggendo agli ardori della state ed al malvagio aere di Brindisi i tedeschi ed inglesi guerrieri, tutto quell'esercito andavasi miseramente disfacendo; ed egli medesimo postosi in mare cogli avanzi affiacchiti, dopo tre soli giorni, rivolte le prore a Brindisi se ne tornava infermo della persona, ed ai bagni di Pozzuoli per curagione si riduceva. Onde a placar la giusta ira del IX Gregorio, si valse dell'opera d'un altro nostro arcivescovo, Marino Filingieri, uomo di nobili spiriti e gran prudenza; il quale per volontà di papa Onorio era venuto alla sede barese, a cessar le contenzioni del Clero che in due parti diviso, l'una voleva un Blandimori priore della Basilica, ed il vescovo di Boiano l'altra. Sebbene indarno quel savio vi s'adoperasse insieme con l'arcivescovo di Reggio, e Rinaldo duca di Spoleto, ed Arrigo conte di Malta [1]; che il Pontefice di nulla piegando, fulminavalo di scomunica. Nè valse pure il mostrarsi obbediente, e dopo aver chiamati i baroni del regno nella città nostra, e provveduto alla succession dell'imperio [2], partire per Terra santa; perciocchè avvenne anche (son parole del Capecelatro) contro la volontà del Pontefice, che per messi significavagli, non prendesse la croce, se prima da lui delle censure assoluto, al fatto giuramento non avesse del tutto soddisfatto con possente esercito, come ad un imperator si conveniva, e non con pochi legni, come a povero e piccol signore: causa di nuova ira del Papa, e nuova scomunica, e accozzamenti d'arme a spogliarlo del reame. Onde due anni dopo pervenutagli in Oriente la notizia dei

[1] Riccardo da S. Germano, an. 1227.
[2] Vivenzio, storia del regno di Napoli, lib. 9, anno 1228.

progressi, che faceano le milizie di Cristo , o clavigere (come
dalle chiavi le appellarono), a cui s'erano unite genti milanesi , e delle altre città della lega lombarda, e de'ribellati a lui;
incontanente acconciatosi alla men trista col Soldano , e conchiusa una tregua di dieci anni, ricomparve a Brindisi, prima
pure che vi giugnesse la sua armata. Un'altra volta il nostro
Filingieri fu con gli altri sovraccenati signori deputato a placar
la Corte di Roma , ed un'altra volta vane le pratiche ; persuaso il Pontefice, che in pregiudizio de'Cristiani era stato
fatto l'accordo, come il patriarca di Gerusalemme avevagli
scritto. Non pertanto, riunite le forze de'Saraceni e Pugliesi ,
e de'sopravvenuti Tedeschi, riordinò egli le cose del reame,
di guisa che a'2 di luglio 1230, dopo lungo dibattere si venne
a concordia , fermandosi le condizioni nella chiesa maggiore
di S. Germano , dove alla presenza di tanti principi e duchi e
prelati , fra cui il nostro arcivescovo , promise Federico soddisfare a Santa Chiesa ed al suo Pontefice in tutte quelle ragioni , per le quali era stato scomunicato. Nè mai cessò egli
in altre occorrenze di valersi del senno di tanto prelato, veg-
gendolo l'anno appresso inviato da lui al Papa medesimo.

Le quali cose alquanto estranee veramente al nostro subbietto volemmo toccare per un altro intendimento; il quale è
di voler chiarire l'inverisimiglianza di ciò, che il Beatillo sulla
fede dell' *Itinerario di Federico imperatore* consegnò nella sua
storia di Bari in questa forma: « E perchè il sommo Pontefice
« per gravissime cause scommunicò, nel 1228, l'Imperatore,
« assolvendo i di lui vassalli dal giuramento fattogli di fedeltà,
« e ponendo un pubblico interdetto a tutti i luoghi, dove avesse
« egli dimorato, la città di Bari con tutto quasi il rimanente
« della Puglia e del Regno gli negò obedienza, e si accostò al

« Pontefice. Del che stizzatosi assai Federico , dopo d'avere
« (ma invano per le sue ingiuste dimande) procurato per
« mezzo dell' Arcivescovo di Bari Marino , e dell'Arcivescovo
« di Reggio l'accordo col Papa, calò con molta soldatesca dalla
« Sicilia, nel 1230, per mare a Taranto , per vedere pratica-
« mente, come stessero le città del Regno con esso lui. E per-
« chè non vollero i Tarantini riceverlo a patto veruno, mandò
« loro alcuni versi , che , a dir il vero , erano non men goffi,
« che pieni di minacce e di sdegno. Di là se ne andò a Brin-
« disi , nella qual città fu subito ammesso con grandi onori ,
« tanto che si offerse con altri versi a' Brindisini di voler lor
« concedere qualsivoglia grazia, che gli avessero dimandata.
« Ebbero di ciò nuova i Baresi, e pensandosi da questa azio-
« ne di quei di Brindisi , che avesse già egli ottenuta l'asso-
« luzione dal Papa , gli scrissero umilmente, supplicandolo a
« venirsene in Bari, dove lo avrebbono ricevuto con pompa
« degna della Maestà sua. Ma , avendo poscia udito per cosa
« certa , che stava pur egli scomunicato , e che la pena del-
« l'interdetto non era tolta, mutaron tosto pensiero, ed al suo
« arrivo gli serraron le porte, per obbedire al Pontefice , e
« non incorrere nelle fulminate censure. Del che sdegnatosi
« Federico, fece , al suo solito, cinque versi contra i Baresi,
« un po' goffarelli , come cosa di que' tempi, e fattigli ad un
« tratto intagliare in un marmo, li fece poi, quando con belli
« stratagemmi vi entrò, fabbricar su la porta principale della
« città. Diceano i versi così :

« Gens infida Bari verbis tibi multa promittit;
« Quae, velut imprudens, statim sua verba remittit;
« Ideo, quae dico, tenebis corde pudico ;
« Ut nudos enses, studeas vitare Barenses;
« Cum tibi dicit Ave , velut ab hoste, cave.

« Non si curarono di ciò i Baresi; anzi tenendosi onorati del
« patir questo incontro per aver osservati i comandamenti del
« Vicario di Cristo, nè meno dopo la di lui partenza tolsero
« via quel marmo di là, finchè egli stesso l'Imperadore, dopo
« l'assoluzione datagli dal Pontefice, con chi s'era già accor-
« dato, comandò che ad ogni modo ne fosse tolto [1].

Par cosa veramente ridevole, che Federico, in pericolo di
perdere il reame, andasse battagliando a furia d'epigrammi
per le città di Puglia, dicendosi quasi di tutte, che ne avessero da lui regalato qualcuno o di lode o di biasimo. Ed avvegnachè laudabile resistenza sarebbe stata quella per Bari,
fatta per integrità di Fede cattolica, era egli uomo da potergli chiudere in faccia le porte impunemente, ovvero che se ne
avesse a vendicare con miseri versi, e non piuttosto com'era
suo costume? Che se ebbe tanto cara la prudenza e la virtù del
nostro arcivescovo Marino, ed in faccenda di sì gran momento
adoperollo sempre, non è per avventura inverosimile cotesto
ribellarsegli della città? Ma già senza queste considerazioni basterebbe a persuaderne della falsità del racconto l'accuratissimo
Riccardo da S. Germano, che punto non ci lasciò di questo nè
nell'anno 1230, nè prima, nè poi: che anzi non mai disse Bari
essersi data al Pontefice, e solo notò di Larino, Sansevero, Casalnovo, e Foggia; le quali alla obbedienza e servigio di lui ritornarono, avendone in castigamento le mura abbattute. E se
così malfida fosse stata ella, certo che in sul principio del 1233
non avrebbe egli comandato, che si fortificasse il castello di Bari
con que' di Trani, Napoli, Brindisi a tenerle come salde rocche in difesa dello Stato; ma sì ne avrebbe abbattute le mura

_____

[1] Storia di Bari, p. 125.

come fece di Troia, ovvero spogliatala di diritti, come intervenne a Gaeta, la quale, tuttochè gli giurasse fedeltà, privò egli del consolato. Nè, lui forse presente, quel Berardo, che arcivescovo barese era stato, come dicemmo, ed allora palermitano era e dimestico di Federico, sarebbe venuto l'anno stesso a consecrar solennemente il maggiore altare del Duomo a nostra Signora Assunta dedicato [1], e dotarlo di possessioni. Nè in gennaio dell'anno seguente in quel general parlamento, ch'egli tenne forse a Messina, avrebbe eletta Bari, come luogo da celebrarsi una delle sette fiere generali del reame dalla festività della beata Maria Maddalena sino a quella di S. Lorenzo (dai 22 di luglio a' 10 di agosto); la quale fu per ordine la quarta dopo quelle di Sulmona, Capua, Lucera, ed a cui seguivano l'altre di Taranto, Cosenza, e Reggio. Adunque mostra dire assai saviamente il Capecelatro là, dove nel V libro della sua storia di Napoli, afferma risolutamente non doversi dar fede niuna all'autor della scrittura intitolata: *Itinerario dell' Imperator Federico*; nella qual sentenza va pure il Giannone.

[1] Vi fu posta questa Iscrizione (in caratteri maiuscoli): *Anno Domini MCCXXXI sexto die februarij VI indic. sedente Domino Gregorio Papa IX et Domino Federico II imperante, et regnante Dei gratia Romanorum imperatore semper augusto, Jerusalem, et Sicilias rege, Dominus Bernardus Dei gratia Panormitanus Archiepiscopus et quondam Barensis Archiepiscopus Domini Imperatoris familiaris, praesente Domino Marino Barense Archiepiscopo et volente, et Bonoconsilio Episcopo Bitectense, consecravit praesens altare ad honorem beatae Virginis juxta Iconem ipsius, et dotavit altare ipsum possessionibus, et una domo, quae idem Dominus Panormitanus pro remissione peccatorum suorum contulit Barensi Capitulo, et praefatum Capitulum sponte promiserunt, et obligaverunt se et*

Ma dell'animo di Federico verso la città nostra abbiamo altri non dubitabili argomenti cavati dal registro degli anni 1239, e 40 [1]. A tre di marzo di quest'ultimo anno, essendo in Orta, di fresco da lui occupata con molte altre città di Toscana, della marca d'Ancona, e del ducato di Spoleti (quando adirato contro papa Gregorio per la fulminatagli scomunica del dì delle Palme, da tutte parti lo stringeva in Roma) scriveva egli ad Andrea de Cicala, capitaneo da Porto di Roseto insino al Tronto, di affidare il castel di Bari al barese Riccardo Comite, ed assegnar cento uomini al comando di lui; ed al Comite medesimo scrivendo ingiugneva che ne ricevesse la consegna, ed attesamente il custodisse [2]. Ma perchè il nuovo castellano non era stato fornito a stipendio nè per sè, nè per i cento uomini affidatigli, e di molte ristaurazioni e fornimenti abbisognava il castello [3]; ed aveane fatto richiamo all'im-

suos successores ad celebrandum Missas quatuor qualibet hebdomada in perpetuum super ipsum Altare tres pro anima sua post mortem eius, sed, dum vivit pro peccatis, unam vero quolibet die sabati de B. Virgine, tam in vita, quam post mortem ipsius, et celebrare anniversarium omni anno, die obitus sui pulsatis campanis solemniter, lata sententia excommunicationis ab eodem domino Panormitano, praesente et auctoritatem praestante Domino praedicto Archiepiscopo Barensi, contra eos, si praedicta negligerent observare.
Garruba, p. 199: il quale dice averla tratta dall'antica lapide conservata dal sig. d'Addosio: ma il Beatillo, p. 127, ed il Lombardi, Vite degli Arciv. p. 79, che pur la lessero, benchè già molto guasta, notaronvi l'anno MCCXXXIII e il dì 2 di febbraio.

[1] Publicato con le Costituzioni del Regno a Napoli nel 1786 in foglio.

[2] Foglio 413, p. 109, III. Madio XIII Indictionis in Orta: ma qui deve dir Martio, come si vedrà appresso.

[3] In assai malconcio stato doveva trovarsi il nostro castello e quel

peratore insieme con Roberto del Giudice, castellano di Trani, a cui era intervenuta la cosa medesima; Ruggiero da Salerno in nome di Federico a' 13 d'aprile prescriveva a Guido del Vasto provvisore de' castelli di terra d'Otranto, Bari e Basilicata, di condursi ne'due castelli indicati, far eseguire con la minore spesa le necessarie restaurazioni, provvederli del bisognevole, e somministrar gli stipendii [1]. Ed assai fidanza mostrava d'aver l'imperatore nel nostro Comite; perciocchè quando nell'ottobre quegli ingiugneva a tutti i provvisori del reame di visitare i castelli, e rinnovare, se necessario si fosse creduto, i castellani; n'eccettuava quelli nominati da lui, i quali non potevano senza sua saputa esserne rimossi; e fra i denotati al medesimo del Vasto era il nostro castellano [2].

Che anzi d'un altro benefizio sarebbe stato egli autore alla città nostra, e grandissimo, se a termine si fosse recato. Ciò fu l'avere ordinato un nuovo porto nel luogo detto S. Cataldo, e così prese a chiamarsi nelle scritture (il quale fu il sesto tra gli undici nuovi porti da lui ordinati); alla cui custodia furono destinati un Niccolò di Giovannicio ed un Leone Bello, e notaio un altro Niccolò figlio del notaio Benedetto da Bari [3]. Forse della opportunità del luogo erasi convinto egli medesimo nella dimora, che vi fece nel 1222; ma le continue guerre,

di Trani, se altre ristaurazioni erano state già fatte nell'anno medesimo, come pare per lettera scritta ad Alessandro figlio di Enrico da G. de Tocco a comandamento di Pietro delle Vigne a' 16 di marzo 1240 in Orta; purchè non si fosse mostrato d'essersi fatte. F. 378, pag. 88.

[1] Vedi Docum. n. XXXIX.
[2] Foglio 114, p. 110.
[3] F. 116, p. 112. V octobris XIII Ind.

in cui s'avvolse per tutta sua vita, e le enormi spese dovettero
farne sospendere in marzo di quello stesso anno 1240 la costruzione delle case e delle torri, con che aveva divisato munire quel nuovo porto; e nell'imperial nome prescrivealo da
Corneto, Iacopo de Bentra allo stesso Leone Bello, e suoi soci
portulari [1]. Immenso danno fu questo; perchè senz'esso in
quel, che può dirsi secondo primato del commercio italiano
nel Mediterraneo, avemmo noi la minor parte, nè potendo Bari
andar di paro con altre città italiane, andò scadendo ogni giorno più.

Non si vuol però dissimulare, che nel 1242 (come notò
Riccardo da Sangermano) fece Federico abbattere le torri baresi, e poco dopo inviò il barese Arcivescovo col gran maestro de' Teutonici, e Ruggiero Porcastrello ambasciatori a
comporre gli animi de' Cardinali, e trattar della elezione del
nuovo Pontefice, in luogo di Celestino IV trapassato già prima di sagrarsi. Ma non dicendoci le storie, quanto noi sappiamo, le cagioni di tal castigamento; dalle condizioni de' tempi inferir possiamo, che se qualche movimento fece allora Bari
non fu veramente nè mobilità, nè imprudenza, ma forse necessità. Perciocchè città marittima, com'è la nostra, di traffichi e commercio vivendo, non sappiamo, di qual animo avesse potuto rimanere ella al vedere il brutto giuoco, che i Veneziani in questi luoghi facevano discorrendo con venticinque
galee; a sentir prese e saccheggiate Viesti, Rodi, ed altre terre,
e lo strazio presso Brindisi fatto di quella nave di soldati imperiali, che di Soria ritornavano: se pure non fu mero sospetto, o provvedimento di politica ad impaurirla, non ignoran-

[1] F. 365, p. 81.

dosi le antiche attenenze d'amicizia tra Bari e Venezia. Che se in quella bisogna si valse pure della prudenza del nostro Filingieri, non è neanco da prender maraviglia, chi ripensi a quante volte avessclo sperimentato fido ministro. Ed al certo singolare fu la costui prudenza, se in quella diuturna discordia e contenzione tra 'l Pontefice e Cesare si mantenne gran tempo ad entrambi carissimo. Dall'una parte usavane sì spesso Federico, e d'ogni maniera di fregi onoravalo, creandolo ultimamente gran maestro de'cavalieri Teutonici; usavane dall'altra Gregorio anche spesso [1], e ne lo rimeritava confermandogli con nuovo breve la possessione della terra di Bitritto, antico feudo della mensa arcivescovile.

Ma dopo scomunicato Federico da papa Innocenzo nel Concilio di Lione, forse il nostro arcivescovo si gittò apertamente dalla parte guelfa (come chiamavasi), a cui doveva strignerlo Fede cattolica, ed onor di nazione. Onde l'Imperadore veggendosi in sul punto di perdere l'imperio ed il regno, eletto in Germania Arrigo Langravio di Turingia, sciolti

---

[1] A lui affidava il Pontefice ed all'arcivescovo di Reggio prendere diligente informazione contro Andrea arcivescovo di Acerenza, in qualità d'inquisitori della S. Sede contro le gravi accuse di dilapidazione, avendo l'opera altrui (dice egli stesso) sperimentata indarno. Lett. di papa Gregorio IX da Rieti a' 26 di luglio 1231. A lui ed all'arcivescovo di Trani il far restituire a' Cassinesi una terra ed altri possedimenti del monistero di S. Pietro Imperiale di Taranto usurpati dall'abate Cisterciense di S. Maria di Taleso (lett. dal Laterano 17 di maggio 1233). A lui ricevere la rinunzia del vescovado di Ruvo da tale, che per incurabile morbo mal potea reggere la Chiesa, ed eleggere invece altra più idonea persona (1235). A lui altri carichi, di che veggasi il Garruba, p. 207.

dal giuramento i principi, ordinarsi un esercito e prender la croce contro di lui, eccitate rivolture in Puglia, non valuta l'interposizione del santo re Lodovico IX a placar l'animo del Pontefice; forte insospettì di tutti, e contro tutti infierì. Il nostro Filingieri, al ritorno che faceva dalla Curia romana, fu preso in Toscana dai soldati imperiali, e messo in prigione.

Poichè (diceva Federico nella sua apologia) erasi da lui sparso, che infallibilmentte fra breve tempo sarebbe stato ucciso di morte turpissima da' suoi medesimi familiari e domestici. Cotal sospetto allignò tanto nell'animo suo, che non valse a perdonarla neppure alla provata fede di Pier delle Vigne, colui che ne tenne ambo le chiavi del cuore. Nè senza punizione n'andarono i baroni pugliesi.

Ma non si può lasciar di dire de' tempi di questo principe, e non lamentare il troppo smugnere, ch'ei fece, danaro per le condizioni, in cui si pose; e l'insopportabile licenza e fellonia, che a sua baldanza usarono i Saraceni.

Costoro, che nella minorità di Federico, profittando di quella spezie d'anarchia in Sicilia, erano ringagliarditi sotto un Mirabetto, o Emir Aveth da loro scelto a capo, furono per lui disfatti nel 1222, e l'emiro con parecchi altri impiccato. Ribellatisi di bel nuovo l'anno seguente, furono perseguitati fin negli ultimi recessi, sì che quali caddero di fame, quali capitolarono: e questi ch'eran molti (non quanti ne conta Giovanni Villani, venti mila de' soli atti alle armi) pericolosi in Sicilia per la vicina Africa, utili in Italia per instancabile valore, menò egli in Lucera, e gli furono schiera formidabile in guerra prediletti sopra gl'Italiani e i Tedeschi.

L'indole lor propria e la predilezione li fece trarre ad ogni maniera d'ingiurie. Seppelo bene quel Simone Rocca, gentiluomo tranese, che per violenza cacciato del talamo coniugale ebbe sforzata la moglie dalla brutalità d'un lor capo a nome Phocax; nè valse il muoversi a rumore di tutta la città indignata del fatto, nè il richiamarsene al Sire per averne ragione. Sepperselo i nostri, quando ad un Saraceno fu data la custodia del castello, tolta al cavalier napolitano Pietro Boccafingo per colpa del custode delle prigioni reo di tentata fuga di prigionieri di stato: il che chiaritosi vero per processo di Andrea di Capua, il dì 22 d'aprile del 1248 fu fatto morire sbranato a quarti il Gavarretto custode, e con esso lui n'ebbero mozzo il capo Guglielmo di Tocco, e Leone di Santangelo, nobilissimi cavalieri, ed un conte Lombardo con due Fiorentini, presente Matteo Spinelli, che ne'suoi giornali il fatto registrò. Onde molti, massime coloro che avessero belle donne, eleggevano piuttosto volontario esilio nella Schiavonia, frapponendo il mare fra quella ferina libidine e la metà dell'anime loro. Perciocchè vedevano, che se commettessero al proprio braccio la vendetta, gliene sarebbe incontrato maggior male; come intervenne a quel Paolo della Marra barlettano, contro cui per la morte data ad un Saraceno, prese sì fiero sdegno l'imperatore, che sarebbe stata finita per esso, se i concittadini non lo poneano in salvo. Pure non se ne passò così, che due de'famigliari di lui non fossero impiccati per la gola, e la città rimeritata con multa di mille augustali d'oro; che poi altre due mila ebbe a donarne a Manfredi, principe di Taranto, affinchè presso il padre si adoperasse ad allontanarne quella peste, che di là andò a consolare Lavello e Minervino (1249).

Costoro adoperati a tener in freno, come diceasi, l'umore inquieto de'Pugliesi; costoro a smugnerli insino all'ultimo gocciolo. Il perchè, quando Federico al saraceno Raalth, portolano di Barletta, fidava il giustizierato di terra di Bari, spogliandone Berardo Caracciolo, e colmandolo d'ingiurie per non aver raccolto più che seicento once di moneta da una nuova taglia imposta; questi preso di nobile e rara indignazione: « Signore, disse con animo franco, se non vi piace il servir mio, « provvedetevi d'altri; perchè le terre per i continui pagamenti « son tutte impoverite ». E fu un gran fatto, che a tali parole nol facesse buttar giù per i merli del castello (di Belmonte), come disse rivolto ad alcuni suoi baroni; chè fatto l'avrebbe, se non fosse stato l'amor, che portava allo zio di lui Giovanni Caracciolo [1].

Cotesto satellizio feroce, cotesti vicarii niente più benigni degli Ezelino, l'indifferenza religiosa in un secolo che tutto afforzavasi nella Fede, la nota d'ingratitudine alla Corte di Roma macchiarono la gloria di sì gran principe, che ammalò dell'ultimo suo male in Ferentino di Capitanata fra le braccia di Manfredi a'31 dicembre 1250. Egli, che ereditò le migliori parti di sua stirpe; egli ardito, valoroso, liberale, fornito di straordinario ingegno e di studii; pratico di tutte le lingue dei suoi sudditi, greco, latino, italiano, tedesco, francese, ed arabo; egli primo cultore e protettore della nostra letteratura, quanto bene non avrebbe potuto fare all'Italia?

In quel che le sue mortali spoglie in lettiga coperta di velluto chermisino da Ferentino per la via di Bitonto si recavano a Taranto, seguite dalla sua guardia di pedoni saraceni, e sei compagnie di cavalli, e baroni, e sindaci delle terre del reame vestiti tutti a bruno, affin di trasportarle quindi a Palermo;

[1] Capecelatro, libro V, in sulla fine.

capitarono lettere di Manfredi, le quali publicavano Corrado successore al trono. Ma non andò guari, che ai movimenti uditisi in Napoli, Capua, ed altri luoghi vicini, si mossero del pari parecchie città di Puglia, e Foggia, Andria, Barletta sopra tutte.

Per la qual cosa da terra di Lavoro, dove con poche forze era accorso Manfredi, ritornò in Puglia a quetarla ed ingrossare l'esercito. In queste prime fazioni mostrò più chiaro, quale uomo egli fosse; perciocchè con sola fortezza d'animo e dignità di parole represse a Foggia l'ardire de'Tedeschi, che con minacce chiedevano gli stipendii lor dovuti dal morto imperatore. Di là mosse a campo su d'Andria, che per paura restò quasi diserta d'abitatori; ed egli, inteso a procacciarsi benevolenza, le perdonò il commesso errore, e senz'altro che di multa gravandoli, fe'liberi e sicuri ritornare alle lor case i cittadini. Salda Barletta non voleasi rendere a patti; onde ordinato, che una delle porte si atterrasse, e visto che i soldati per la vigorosa resistenza de'cittadini ristavano, egli il primo vi si cacciò innanzi con magnanima virtù, e primo entrò nella città, alla quale pure, senza farvi commettere violenza alcuna, non diè che sola punizione di multa.

Par, che dapprima la città nostra avesse fatto buon senno a rimanersi dal seguir gli esempi delle altre [1]: che anzi, dovendo ella eleggere un nuovo arcivescovo in luogo del morto Filingieri, volesse dar nel genio a Manfredi, ovvero

---

[1] Sebbene trovasi, che Roberto Casamassimi fu da Manfredi privato del suo feudo, restituitogli poi da Corrado a'20 d'aprile 1252. (Da diploma inserito in un pubblico istrumento del 18 febbraio 1284 da Giovanni Siri Rogerius, giudice barese e publico notaio).

alle costui insinuazioni piegasse, nominando un tal Corrado di nazione tedesca, il quale fors'era di casa Saltza. Un cotal nome non andò a sangue al Pontefice, che per opera del
cardinal Collemedio, uno de' due legati pontificii nel reame,
svolse gli animi de' Baresi, e condusseli sì che una nuova elezione cadde sul nipote del Filingieri medesimo, frate dell'Ordine de'Predicatori, a nome Enrico; uomo assai accetto a papa Innocenzo. Ma sembra, che venuto appena, se pure venne allora, egli ne fosse cacciato da Manfredi; perciocchè, come nota il Ciaccone [1], il Pontefice a confortarlo dell'esilio, in
che con la famiglia ramingava, fidogli la vacante chiesa d'Al-
bano, tenuta a vescovado dal cardinal Collemedio. Pur tutta
volta Bari mostrossi restia a pagar le enormi gravezze imposte
da Corrado; e se da lui già corrente a prenderne vendetta campò illesa, fu Manfredi, che temperò l'ira fraterna e l'arrestò
ai saccheggiamenti di Bitonto. Ma non andò guari, e quel Corrado, bello della persona e forte di braccio, come deforme di
animo per invidia e crudeltà, cessò di più metter terrore nei
soggetti, trapassando sui campi di Lavello nella freschissima
età di ventisei anni. Allora Manfredi, cedendo al turbine, che
minacciava il reame, e sacrificando alla grandezza l'amor della
pace, rimise nelle mani del Pontefice il baliato, contentandosi
al solo principato di Taranto. Così la città nostra, venuta sotto la soggezion pontificia, ricevette finalmente l'arcivescovo
Enrico. Allo stanziar delle milizie della Chiesa per le province, fu un rivoltarsi de'regnicoli contro a'Saraceni. Grande era

[1] Garruba, p. 222. Ma nelle parole del Ciaccone si dice d'essere
stato cacciato da Federico II, e forse voleva dire Manfredi, perchè
quegli era già morto.

l' odio in questi luoghi contro Raid, giustiziere della terra di Bari, ed in esso lui fieramente s'avventò il gentiluomo tranese Massenzio Rocca, forse congiunto all'oltraggiato nella consorte, assaltatolo vicin di Santeramo per vendicare l'antica ingiuria; sebbene dopo averlo perseguitato tre miglia, e mortigli tre dei famigliari, nol potesse raggiungere per la velocità del corsiero. In luogo di quel detestato saraceno, vennero giustizieri in questa provincia, mandati da Innocenzo, con dodici squadre di cavalli Federico di Morra, e Brandino Orsino.

Anima sdegnosa Manfredi, e cupidissima di regno, mal si frenava nell'augusta condizion di privato; ma i modi alteri di Guglielmo Fieschi, nipote a papa Innocenzo, e legato apostolico nel reame, non volente udirne neppure le discolpe intorno alla morte data dai famigliari di lui a Borello d'Anglono, furongli sprone a cacciarsi da cieco ne' destini che incalzavano a ruina la casa di Svevia. A traverso di pericoli ed insidie per aspre balze e dirupi, sotto il tempestar delle procelle, divisò estremo consiglio, commettersi alla fede de' Pugliesi, e de'Saraceni di Lucera [1].

Al vedere costoro il figliuol di Federico, levarono grida di gioia, gli si prostrarono innanzi, gli offersero il loro braccio, lo condussero al regio palazzo; dov'era gran copia di tesori depostavi dal padre e dal fratello, ed anche da Giovanni il Moro, di là partitosi allora, per accostarsi al Papa.

Insperatamente risorto a potenza, disfaceva presso di Foggia gli eserciti pontificii, che volgevansi alla più scompigliata fuga. La dolcezza della vittoria, le lusinghevoli dimostrazioni de'Saraceni, il valor de'Tedeschi lo strinsero sì, che cir-

---

[1] De Cesare, Storia di Manfredi, lib. 2.

condandosi solo di Tedeschi e Saraceni, parve sospettosissimo
de'suoi popoli: non perdonabile colpa questa in lui, regnante
in Italia, e in Italia nato, e di madre italiana: anzi pure di
padre, se in Jesi della Marca nasceva Federico [1]; fors'anche
non ultima cagione della fine infelice, a cui il condusse l'osti-
narsi a non credere, che in Italia la più formidabil fazione fosse
la guelfa, quella cioè de'popoli mal sofferenti di più permet-
tere all'imperiale arroganza d'oltraggiare la Religione e il venerando suo Capo [2].

Cominciarono a cangiar le cose nella nostra città. Quel Corrado tedesco, a cui dal Pontefice era stato cavato di mano il
pastorale barese, ed amaramente rodevasi in cuore, come vide Manfredi venuto a tanto potere, con violenza se lo ritolse,
e sulla sedia arcivescovile arrogantemente si assise. Pure la cit-
ta non s'era ancor dichiarata per Manfredi, sebbene Barletta,
scorgendo l'ira saracenica e tedesca piombar sopra di lei, le
avesse inviati nunzii, consigliandola a sottomettersi. Ma come
poi seppesi, che Venosa ed Acerenza erano state da lui ricevute in grazia, e che gli si era unito lo zio, Gualvano Lancia,
ritornato di Rapolla già sua terra, la quale per aversi voluta
mantenere in fede della Chiesa, era stata combattuta, presa,
ed interamente distrutta con ruine e morte de'cittadini; che
Melfi cedeva impaurita; Bari e Trani il riconobbero anch'esse [3].
In somma lo svevo stendardo, salvo poche città di terra d'O-
tranto, in tutta Basilicata e le tre Puglie sventolava: nè molto
pure stettero a cedere quelle città, superbite dalla sconfitta

[1] L'Illustre Italia, dialoghi di Salvatore Betti, Nap. 1844, p. 101.
[2] Ivi.
[3] Capecelatro, lib. VII, pag. 480.

data a Manfredi Lancia dai Brindisini; perciocchè vi si condusse egli stesso il principe ad assoggettarle, sebbene l'indomabile virtù degli Orietani nè per forza nè per arte valesse egli a piegare.

Ritornò allora in iscena in questi luoghi il saraceno Raid con due compagnie di soldati dalla presa di Monopoli, ed ardente di vendetta fu a Trani; ma nè quel Rocca, nè alcuno della famiglia potendo aver nelle mani, fuggiti tutti in Ischiavonia, se ne disfogò nelle lor case, e dalle fondamenta spiantolle [1].

Era Manfredi ancora sotto di Oria, quando gli giunse novella, che il Pontefice (che si era Rinaldo, o Raimondo Anagni, che tolse nome d'Alessandro IV) inviava con poderoso esercito in Puglia il cardinal degli Ubaldini legato apostolico: onde gli fu forza rompere ogn'indugio, e ritornare in Capitanata. Non diremo, com'egli co'suoi pochi mettesse tal terrore ne'molti [2], che mancò il cuore d'uscir degli steccati. Ma venuto al campo per passar poi alla Corte pontificia, un maresciallo bavaro, e trattare delle cose del giovane Corradino, fece intendere il legato non essere alieno dal sospender l'armi; e Manfredi, fermando l'accordo, traeva su queste marine sì per rinfrancarsi alquanto dalle fatiche nell'amenità de'luoghi, e sì per confermarli nella fedeltà con la sua presenza.

Or essendo egli a Trani, riseppe avere il legato d'improviso occupata Foggia. Nol credette dapprima; ma fattone poi certo, di Trani passava a Barletta, credendo persuadere con lusinghiere parole que'cittadini a non abbandonar la sua parte fino

---

[1] Capecelatro, lib. VII, pag. 480.

[2] Matteo Paris li fa ascendere sino a 60 mila uomini.

alla decision delle cose. «Bello, diceva, sarà per voi, se dopo la
« mia vittoria vi troverò costanti nella vostra fede; che se poi
« il destino mi sarà avverso, potrete allora senza diffalta cedere
« al nemico ed abbandonar senza onta chi dalla fortuna è stato
« abbandonato»[1]. Vane parole, perciocchè innanzi che Manfredi
fosse entrato in Lucera, già il marchese Bertoldo uscito di Foggia con ottocento cavalli, correva le città di terra di Bari, e Barletta fu delle prime a levar vessillo papale, ed unirsi a' papalini medesimi: il cui esempio fu poi seguito dall'altre, salvo
Andria, la quale, duce il conte di Spernaria, mise in fuga il
marchese ed i Barlettani, che vollero tentare d'assaltarla. Ma
nè l'arti del Bertoldo, nè i grossi eserciti tornarono a nulla,
essendochè Manfredi col proprio valore ed il favor della fortuna strinse in siffatta guisa i nemici che fu gran mercè per essi
venire ad un accordo, onde « il reame lasciato fosse dalla
« Chiesa a Corrado II sotto il baliato di esso Manfredi, al-
« l'infuori della sola terra di Lavoro, che rimaner doveva ai
« papalini, salva la facoltà al principe di ricuperarla, se il
« Pontefice rifiutato avesse di ratificare l'accordo »[2].

Rifiutò intanto la romana Curia gli accordi, e si diè a rinnovare i negoziati col re d'Inghilterra, al cui figliuolo Edmon-
do aveva già conceduta l'investitura del reame, ed a ragunare
le forze pontificie, che si trovavano sparse in qualche rocca di
terra di Bari.

Pieno di gioia il principe de' suoi conquisti, anche prosperevoli in Calabria e Sicilia, e di dispetto del rifiuto agli accordi
di pace, si dispose a riprender l'arme. Ma prima tenne il gran

[1] De Cesare, lib. 3.
[2] Lo stesso de Cesare.

parlamento a Barletta (1256), ove rimeritati de'fedeli servigi gli amici, e puniti (ma senza sangue) gli avversi, s'avviò per la Campania, e giunto a S. Pietro a Cancello ricevè i deputati napolitani, che sommettevangli la città. A tal novella i sindaci delle città di terra di Bari convennero insieme a'28 di ottobre nella chiesa di S. Maria fuori Barletta, per provvedere alle publiche bisogne d'un tenore concorde fra loro; perciocchè quella funesta discordia tra'l principato e la santa Sede doveva tenere in gran dubbiezza le coscienze. Ma come poi pervennero lettere di Aspreno Caracciolo, che dell'entrata di Manfredi in Napoli dicevano, e delle dolci e lusinghevoli maniere di lui, e di trentatrè cavalieri che aveva armati, e delle solenni promesse di general perdono, e dell'animo pronto a ritornare obbediente figliuolo di Santa Chiesa; tutti i sindaci ragunati fermarono esser convenevole mostrarsi ligii alla potenza del principe, e que'di Barletta i primi, M. Coletta Acconciagioco, e notar Stefano Pappalettere, partirono alla volta di Napoli per protestargli obbedienza [1].

Cotesti avvenimenti trassero a sommessione quali spontaneamente, quali con poca resistenza le rimanenti città, che in terra d'Otranto e negli Apruzzi rimaneano devote al Pontefice; e sortirono da ultimo il fine, a cui s'appuntavano i voti di tutti, il quale fu, che sparsa, per caso o per arte che fosse, la morte di Corradino, nel duomo di Palermo a'prieghi de'conti, magnati, prelati del regno, e deputati delle città quivi in parlamento raccolti, nell'agosto del 1258 il principe assunse il regio diadema di Sicilia e di Puglia.

Il nuovo re incontanente ritornò a queste parti, e trasse a

[1] Summonte, tom. II, lib. 2.

Foggia, dove per entrar sempre più nell'amore de'popoli, col cui consenso dichiarava voler provvedere a tutte cose, convocò general parlamento. Con giuochi, luminarie, cacce, danze e feste d'ogni maniera accoglievanlo le città, perchè belle donne e cavalieri gareggiavano in mostrarsi teneri al giovine sire, che di bei drappi verdi e d'oro vestito sfolgorava per bellezza di bionde chiome e di gentile aspetto, e tutti lietamente accoglieva. Ma fra i sollazzi non obliava le cure di Stato; e, terminate le feste, smentendo l'animo inchinevole a concordia con la Chiesa, moveva con poderoso esercito a torle il contado di Fondi: la quale occupazione, e la sommossa popolare eccitata in Roma dal senatore Brancaleone di Andalò, di cui egli fu creduto fautore, gli trassero sul capo i fulmini di Alessandro IV.

Pur tutta volta nol disamarono i popoli, massime Pugliesi, e Barletta fra noi, quasi ad ammenda della prima sconoscenza, accoglievalo con le palme, gridavalo il *benedetto dal Signore*. Ond'egli proseguiva i Pugliesi di maggior dilezione, spesso di sua presenza allietavali, a canti e suoni prendea parte, e volle lasciarvi perenne il suo nome, comandando che alle falde del Gargano una nuova città col nome di Manfredonia si edificasse, a fine di trasferirvi gli abitanti dell'antica Siponto, che per la malvagità dell'aere ogni giorno più decadeva. Alla quale grand'opera deputava commessario per mare e per terra il suo confidente ed amico Marino Capece, e di poi anche altri; ed egli stesso, dopo averne designate le mura e le strade, sovente vi tornava ad osservar come progredissero i lavori, e franchigia da ogni imposta per dieci anni concedeva a chiunque vi fermasse la stanza.

Un'altra cosa riferiremo con le parole del Capecelatro [1],

[1] Lib. VII, p. 490, edizione di Milano del 1831.

« ch'ei fece ancora non molto tempo dopo fondere una cam-
« pana di notabil grandezza, il cui suono fosse udito cinquanta
« miglia da lungi, per dar segno alle circonvicine contrade in
« tempo di necessità, se, mentre essendo ancora poco abitata,
« fosse la città o da'suoi nemici o da'corsari assalita: la qual
« campana, come nel real archivio si vede, fu poi da re Car-
« lo I di Francia donata alla chiesa di S. Nicolò di Bari, per
« la cagione che appresso diremo ».

Ma perchè non paia divagarci dal subbietto nostro, se già
non è troppo, taceremo della venuta degli ambasciadori svevi
a Barletta a significar la falsità della morte di Corradino, e della
seconda sposa, bellissima della persona, Elena Comneno, ricevuta a Trani fra'l corteggio di molti cavalieri, e ci ridurremo
a Bari, dove arrivò da Venezia l'imperator Baldovino addì
7 d'agosto 1259. Mosse da Barletta ad incontrarlo Manfredi,
ed usargli gran cortesia con desinari e feste, che non cedesse-
ro all'imperial magnificenza: ma il più vago intrattenimento fu
lo spettacolo d'una giostra. Bandì il re per le principali città
del reame, che chi volesse comparire alla giostra, e dimostrar
gagliardia, oltre alla sua grazia, di bei premii ancora si gua-
dagnerebbe, assegnando il giorno della comparsa, ed i mantenitori del campo: i quali furono il conte di Biccari, M. Loffredo di Loffredo il più giovine di tutti, Tancredi di Ventimiglia, e M. Corrado di Spadafora. A'25 dello stesso mese, che
cadeva nel dì di S. Bartolomeo, era già apparecchiata la lizza,
fuori la porta della città dinnanzi al castello, tutta intorno circondata di palchi per agio de'gentiluomini e delle donne. Appena in sulla loggia del castello mostraronsi l'imperatore col
re e tutti i signori delle lor Corti, eccoti un araldo, tutto
coperto d'armi di tarchetta sopra un gran corsiero liardo ro-

tato con isplendidissima bardatura d'acciaio ed uno stendardo regio in mano, preceduto da otto trombetti, e seguito dai quattro mantenitori. Il quale, come fu giunto a fronte de' principi, e salutatili, e dato nelle trombe, publicò ad alta voce « lui « essere il re d'armi di re Manfredi, il quale volendo con quan- « t' onore fosse possibile onorar la cesarea presenza del sere- « nissimo imperator de'Romani Baldovino, richiese ognuno che « provarsi volesse con que'mantenitori, che prontamente fosse « comparso a dimostrar suo valore; chè, oltre la grazia del « suo re, ne porterebbe preziosi doni ».

Al quale invito comparvero ventidue avventurieri, Beitunus e Sanachar saraceni con divisa paonazza e gialla; M. Roberto Piscicello, M. Gottardo Sassane, M. Atenaso Puderico, M. Belardo Siginulfo, M. Stefano Brancaccio tutti da Napoli, e tutti con sopravvesti gialle e nere; M. Ruggiero Stillato, e M. Matteo della Porta di Salerno; Cataldo e M. Iacopo Protontini di Taranto, Rienzo dei Falconi, Gasparo di Personè, e M. Orlando Maramonte otrantini, Riccardo della Lionessa, Guglielmo d'Evoli, Sarro d'Antignano, e Pietro d'Albenavoli di Capua, Simone de Sanguigno, Saccone di Montagano, Lorenzo Torto ed Eleuterio de Valignano abruzzesi. La lacuna di quattro pagine rose de' diurnali dello Spinelli ne toglie spiacevolmente la curiosità di saper l'esito di tal torneo [1].

[1] Alle notizie date dallo Spinelli abbiamo aggiunte alcune particolarità intorno all'apparizione dell' araldo riferite dal Summonte al lib. II, ch'egli dice cavate dal Ferrari. A chi poi venisse vaghezza di persuadersi, come mal s'apponga il Capecelatro, nel reputar favoloso tutto questo racconto della venuta di Baldovino; sarà cosa agevole, se si faccia a leggere la nota 10 al lib. IV della storia di Manfredi di de Cesare.

Dopo i primi tre anni di regno sorrisi dalla fortuna, cominciava a rabbuiarsi il nembo intorno a Manfredi. Salito al soglio pontificio quel Iacopo patriarca di Gerusalemme, che prese nome di Urbano IV, gli bandì contro una crociata; rinnovò più volte le pratiche con Luigi IX di Francia, per investir del reame uno de' costui figliuoli o' fratelli; citollo a comparire in sua presenza, e purgarsi degl'imputatigli delitti; ripercosselo dell'anatema fulminatagli da' suoi predecessori. E pure proprio a questo tempo riconfermava Manfredi alla Basilica nostra il dono de' ceri dalle entrate doganali, dicendo che il sacro patrocinio di S. Nicolò invocava egli nelle sue preghiere, e lui a speciale intercessore aveva eletto presso il Re dei re:[1] le quali parole, che non paiono formole di uso, potrebbon per avventura far credere alquanto esagerato dal Beatillo il grande spoglio ch' e' dice fatto ad essa Basilica di tesori e d'un gran baldacchino del valore di scudi trentasei mila[2]: ma certo s' egli non tolse, lasciò togliere a' suoi, e primi in questi luoghi erano a taglieggiare il Raid nominato innanzi ed Ugo Zabet, e Bonifacio de Anglano. Checchè sia, consentì finalmente il santo re Luigi all'investitura del reame in Carlo suo fratello; ed avvegnachè la morte impedisse ad Urbano di veder la caduta di Manfredi, redò tutta la fermezza di lui contro la casa di Svevia il successore Clemente IV, che in Provenza nato, suddito egli era del medesimo Carlo. A tutto ciò s'aggiunsero gli stimoli della costui consorte, Beatrice, che stato regio agognava; ed eran sì forti, da farla disfare fin delle gioie per sopperire alle spese. Ma a che ripetere qui quel cumulo di male venture, di

---

[1] Vedi docum. n.º XL.
[2] Storia di S. Nicolò, lib. II, pag. 980.

slealtà, di tradimenti, che trassero Manfredi a miserevole fine nella funesta giornata del 26 di febbraio 1266 ?

A lui l'onore almeno d'esser morto da prode, ai cortigiani l'onta di viltà ed ingratitudine. Tre soli, un Monualdo con Amundilla sua moglie, ed un Amerusio tranesi compiangevano in Lucera e confortavano la sventurata famiglia del re, procacciando di camparla all'ira nemica. Per opera loro la bella e saggia Elena coi quattro figliuoli era pervenuta di celato la notte dei 3 di marzo insino a Trani; dove con l'aiuto di un Lupone era pronto un sottil legno che la trasportasse da suo padre in Epiro. Ma imperversando i venti, ancor essi ministri dell'avversa fortuna, e scoperto d'essersi ella rifuggita nel castello, tre giorni dopo, era dal debole castellano consegnata ad un corpo di cavalleria francese, che correva in cerca della regia famiglia. Nelle prigioni di Nocera dal dolore e dallo stento moriva quel fiore di gentilezza all'età di trent'anni; senza portar seco nella tomba neppure la speranza, che agli orfani figliuoli lasciassero le terre avute in dote da suo padre; perciocchè per donazione di Baldovino imperatore occupavale Carlo, ed in Viterbo il protonotario Roberto nostro concittadino dettavane il diploma [1]. Delle colpe di parricidio, di fratricidio, e peggio, già la storia profferse giudizio e l'assolse; ma altre pur n'ebbe, forse non ultima la soverchia fiducia ne'Saraceni, che gli trasse sul capo tutto l'odio cumulato sulla casa sua.

[1] De Cesare, lib. VI.

CAPO II

DALL'ANNO 1267 AL 1319.

SOMMARIO

Querele per l'aspro governo Angioino; nuovi movimenti per la venuta di Corradino; ruina per tremuoto uno de' campanili del Duomo (1267), ed è rifatto; morte di Corradino, la cui sentenza è distesa da Roberto Chyurlia barese; costui ed altri concittadini ingranditi dall'Angioino; il Duomo e la Basilica riconfermati nelle lor possessioni, e donata questa della gran campana fatta fondere da Manfredi; si sommettono Lucera e Gallipoli, ma si tenta vanamente Messina (1281); s'impongono nuove tasse, e partito il Re per Provenza, il principe suo figliuolo discorre per il reame a raccogliere nuove forze e danari; egli è fatto prigione (1284); ritornato re Carlo intende più ostinatamente agli apparecchi della guerra di Sicilia, e muore a Foggia (1285); egregio cittadino barese eletto arcivescovo, che si pone alla testa di gente armata, e rivendica i feudi usurpati; è coronato Carlo II a Rieti (1289); viene a Bari (1294); dopo lui il principe Roberto, sempre per gli apparecchi di guerra, e quindi sempre nuove imposte; usa gran larghezza il Re con la nostra Basilica, ritorna a Bari (1301), e seguita nelle larghezze; Roberto ordina una general mostra a Bari (1307); ricchi doni di re Orosio alla Basilica (1319).

Molti amici non aveva avuti Manfredi nella città nostra, se per servigi renduti al nuovo monarca venieno in altezza di stato e di favore molti de' nostri: e la nostra Basilica fu la prima ad essere rintegrata ne' suoi beni toltile dallo Zabet e dall'Anglano, scrivendone re Carlo a Pandulfo de' Fasanella giustiziere di terra di Bari, e questi al nostro Grimoaldo figliuolo del giudice Sparano; nè poche erano le possessioni usurpate [1].

[1] V. docum. n.º XLI.

Pure al veder qual governo facesse di Puglia il francese Guglielmo Landa, spargendovi quegli stormi infiniti di giustizieri,
di ammiragli, di comiti, d'ispettori, di bagaglieri, e di mille altri
uffici antichi e moderni; spregiatori di leggi, spogliatori di fortune, abusatori sopratutto dell'importevole diritto d'albergo;
si rimpiangevano i passati tempi.

« O re Manfredi, noi non t'abbiamo conosciuto vivo; ora ti
« piangiamo estinto. Tu ci sembravi lupo rapace fra le peco-
« relle di questo regno: ma dacchè per la nostra volubilità ed
« incostanza siam caduti sotto il presente dominio, tanto da noi
« desiderato, ci accorgiamo in fine, che tu eri un agnello
« mansueto. Ora sì, che conosciamo, quanto fosse dolce il
« governo tuo, posto in confronto dell'amarezza presente.
« Riusciva a noi grave in addietro, che una parte delle nostre
« sostanze pervenisse alle tue mani; troviamo ora che tutte, e,
« quel ch'è peggio, anche le persone vanno in preda a gente
« straniera ».

Queste e simiglianti erano le querele de'popoli; ed un autor
guelfo, Saba Malaspina, le narra [1]. Onde non è a maravigliare,
se nuove speranze si ridestano al nome di Corradino, chiamato
massimamente dai fratelli Galvano e Federico Lancia, e Marino
Capece iti sino in Germania a sollecitarlo. Le costoro esortazioni e promesse, la pecunia de' ghibellini lombardi e toscani, e
trenta galee pisane con cinque mila uomini l'indussero a tentar la fortuna. Primi a prender l'armi i Saraceni di Lucera,
che testè s'eran resi all'Angioino con oneste condizioni, dandogli in potere la sorella di Manfredi, vedova di Giovanni Ducas
imperator greco. La Puglia, slargatosene Guglielmo Landa e

---

[1] Muratori, anno 1266.

voto di milizie il paese, cominciò a ribellare; massime Andria, Potenza, Venosa, Matera. Capi ed istigatori della ribellione (secondo il Collenuccio) i fratelli Roberto e Raimondo di Santa Sofia, Piero e Guglielmo, anche fratelli e conti di Potenza, il vecchio Enrico conte di Rivello, un tedesco Petrapalomba, e parecchie altre nobili case.

Alle quali volontarie diffalte le forzate ancor s'aggiungevano; perciocchè que'potenti baroni alle terre resistenti metteano paura con sacco e fuoco, come fu di Spinazzola, Lavello, Minervino, Montemilone e molte altre. Il perchè in sulla fine dell'anno 1267 partiva da Napoli Francesco de Loffredo, giustiziere di terra di Bari ed Otranto; e con esso lui Matteo Spinelli narratore de'fatti. Giunto a Taranto il dì primo di gennaio, spediva di là un M. Perillo ad Oria, Falcone Cotugno a Conversano, e M. Dura a Castellaneta per fare accolta di gente. Passato il verno in tali apparecchi, verso il giugno facevasi sopra Altamura, e quivi seppe, venire il conte di Tricarico da Basilicata con assai gente, e scendere a Corato, dopo aver rotto il Dura sotto Castellaneta, e fatta alzar bandiera imperiale a sei terre : onde moveva ad incontrarlo verso Andria, e per via sentiva tutto il paese esser pieno di ribelli ; e di fatto scontravasi in Boffillo Caracciolo, capitano in Andria, e cacciatone dai cittadini. Ristette allora Loffredo, co'suoi si ridusse a Castel del monte, rimanendovi in gran disagio. Colà per un trombetta il Tricarico faceagli intimare la resa ; ma avutane ben superba risposta, niente altro osava, conscio forse delle vicine forze. Perciocchè la notte sopraggiunse un Pietro delle Frotteglie ad avvertir Loffredo d'essere entrato in Bitonto Falcone Cotugno ed altri capitani con le genti regie, ma essere fra loro in gran discordie ; a quetar le quali inviava la notte medesima suo figlio con Paolo Pacifico di Caserta. Ma già le cose di Carlo volgeano a meglio: seppesi per lettera a' 13 di luglio, che Ruggiero Sanseverino aveva rotto Roberto de Petrapalumbo e fatti prigioni molti ribelli; ed il medesimo giorno con cenquattordici cavalli e cinquecento fanti tutti balestrieri Marco Ferramonte si congiungeva a Loffredo, il quale così rinforzato volea correre ad affrontarsi col Tricarico a Lionessa, se non ne lo avessero dissuaso i sindaci di Andria, che accagionando il Caracciolo della rivolta della città, esortaronlo a ricuperarla, ed a'6 d'agosto ella ritornava all' obbedienza angioina. Due giorni dopo trasse a Canosa, dov'era il Sanseverino con settecento cavalli e grosso nerbo di fanti, a fin d'accontarsi con costui, il quale divisava prender la via di Basilicata e Calabria. Desiderò il figliuol di Loffredo, giovane d'ardenti spiriti, seguire il Sanseverino, ed il padre glielo fidò con venticinque cavalli. Così quegli s'incamminò per Melfi, tentata a ribellione dal Tricarico, rimaneva questi in terra di Bari.

La città nostra a questi rumori, che le suonavano intorno, non si mosse, tutta in sè ristretta dai terrori della natura; chè forte scotendosi la terra nel dì delle Palme del 1267, vedeva rovinare una delle due torri del Duomo, e gravemente guastarsene il tempio; e non pur non si mosse, ma coi danari de'ricchi concittadini a ne Carlo sovvenne, mandandogliene once mille dugento i soli due fratelli Matteo e Riccardo Effrem per quel Boffillo Caracciolo da recarle a Loffredo[1]. Della stessa ragione si condussero ancora Molfetta, Bitonto, Trani, Barletta, Troia, Melfi, Gravina, Montepeloso, contenute dappoi anche più dalla vicinanza di esso Carlo, che pieno d'ira traeva ad

_____

[1] Da memorie manoscritte intorno alla famiglia Effrem.

assediar Lucera, fucina di ribellione. Ma non andò guari, e si tolse dall'assedio, movendo a grandi giornate contro di Corradino, che di Roma con sua gente partito, era già per entrar nel reame. Ed a cui non è nota la battaglia del piano di S. Valentino presso Tagliacozzo il dì 24 d'agosto 1268? Vinceala il re, più che altro, per consiglio di quel prode cavaliere Alardo da Valberi, che in Palestina aveva spesa tutta sua vita guerreggiando coi Turchi per l'onore di Cristo, ed ora struggea le speranze del misero giovane, che qual imperiale aquilotto era uscito di nido per venire a mettere il capo nelle fanci del leone angioino [1].

Ma di questa tragedia non avremmo voluto toccare, se non era, che alla catastrofe di essa non ultimo personaggio rappresentò un nostro concittadino, Roberto da Bari, della casa dei Chyurlia [2], gran protonotario del regno, che per ordine di Carlo il processo compilò di que' nobilissimi prigioni e la sentenza distese. O Roberto, perchè non poss'io lodarti a paro di quel generoso Guido di Suzara, che solo fra la colpevole timidezza ed il silenzio di que' giudici osò levar la voce in difesa degl'inno-

---

[1] Il Capecelatro dice (libro VIII), che la seconda schiera, in che fu diviso l'esercito di Carlo, ed era di soli Francesi, aveva per capitani Guglielmo Stendardo, e Giovanni di Bari. Ma intorno a costui dev'esservi errore; e di fatto il Sismondi (cap. 21 della Storia delle rep. ital.) il chiama Giovanni di Cravi.

[2] Pietro Vincenti nel suo Teatro degli uomini illustri, che furono protonotarii del Regno (Nap. 1607) dice di questo Roberto, e dell'altro, Sparano da Bari (p. 53, e 62) avere scritto all'Università barese per sapere di qual famiglia traessero origine, e non averne avuta contezza niuna. Ora però generalmente e non senza qualche ragione si credono entrambi di casa Chyurlia.

centi, protestando innanzi alla nazione ed a Dio di non volersi bruttar dell'assassinio? dicendo al re, che del voto il richiedeva: « Non dovere un principe magnanimo levarsi sopra gli atter- « rati e gementi ; la morte di quegli sventurati giovani essere « un abusare scelleratamente della vittoria[1] »: perciocchè ora non si riverserebbe anche sulla tua memoria l'iniquità di quel giudizio. Aggiungono gli storici, che il nostro Roberto in quel dì 26 d'ottobre del 1268, salito sul tribunale a posta eretto nel mercato di Napoli, abbia la sentenza pronunziato ; che a lui rivolto Corradino « servo scellerato (abbia detto con nobile « alterezza) hai condannato a morte il figlio d'un re, e non « sai che un pari non ha podestà su d'un altro pari! » e che Roberto di Fiandra, genero allo stesso re Carlo, alla fine di quella lettura nobilmente indignato, abbialo ferito mortalmen- te d'uno stocco nel petto, gridando « non si aspetta a te, scia- « gurato, condannare a morte così nobile e gentil signore ».

Vere forse le sdegnose parole del misero giovinetto, vere le nobili di Roberto (dette innanzi a re Carlo medesimo); per- chè da tutti gli storici attestate: ma non vero, o almeno assai dubbio, che il barese la sentenza leggesse, e della ferita moris- se. Perciocchè il Sismondi[2] risolutamente afferma, essere stata letta la sentenza da un giudice provenzale, e lui dal regio ge- nero essere stato morto di quella ferita. Alla cui autorità se non volessimo star contenti, nè a quella del Summonte[3], che pure di tal fatto non si mostra sicuro, poichè *per i libri del- l'archivio ritrova in molti atti nominato Roberto de Bari pro-*

[1] Salvatore Betti, L'illustre Italia, dialogo 1º.
[2] Capo XXI, p. 365.
[3] Lib. III, cap. I.

tonotario dopo l'anno 69; basterebbe forse addurne argomento cavato dall'antico epitafio, che con l'arme di famiglia era sulla tomba di esso protonotario, posta fuori la porta, detta de'leoni, all'ala destra della nostra Basilica.

Che in questa forma diceva:

« Expletis numeris, Robertus, Kiuriheliae

    « Hic iacet extremo functus honore die.

    « Hic fuit et Regis consultor, et omnia solus,

    « Et sibi, dum vixit, favit uterque polus.

    « Post obitum faveant sua sic felicia fata,

    « Qui loca possideat haec sibi morte data [1].

Dalle quali parole non pur si raccoglie lui essere stato sepolto in quella tomba, ma il desiderio de' suoi discendenti, espresso nell'ultimo degli allegati versi, di volervi (se non c'inganniamo) scendere coi medesimi felici destini, cioè morti d'uno stocco nel petto, sarebbe stato desiderio veramente strano.

Della dottrina di questo nostro Roberto si valse fors' anche il re, come negli altri ordinamenti civili, nella riforma dello Studio generale di Napoli [2]; e dopo la morte di lui n'arricchì di feudi la prole. Perciocchè, sebbene al figliuolo Ruggiero

---

[1] Leggesi anche oggidì cotesto epitafio: sebbene in tempi più a noi vicini i discendenti di lui l'avessero nell'interno della Basilica recato, presso quella porta medesima; e d'alcuni marmorei fregi adornatolo, altre parole v'aggiungessero.

[2] Privilegium Collegii Neapolitani Studii datum in Castro Nuceriae Christianorum per manus Domini Roberti de Baro, regni protonotarii, anno 1266, citato dal Giannone, lib. XX, cap. IX. Ed il citato Vincenti afferma (p. 53) leggersi ne' registri di re Carlo, che vo-

togliesse per sua sentenza [1] la signoria di Modugno, e ritornassela al nostro Duomo, cui s'apparteneva; pure delle costui figliuole a Mabilia concesse Motenato in terra d'Otranto, ed a Romanella Binetto [2] con possessioni in Brindisi, Bisceglie e Trani.

Nè solo Roberto fra i nostri ebbe onori e ricchezze da re Carlo, il quale non si mostrò punto severo, nè stretto cogli studiosi della sua ambizione. Onde gli Effrem creati baroni di Belmonte [3] e d'altri luoghi; preposto all'entrate regie di Puglia Niccolò Galliano [4]; giudice Giovanni Dottula; viceammirante dal Tronto fino a Crotone Giraldo di Marsilia, giustiziero di terra di Bari il dottor di leggi Sparano (colui che con Andrea rifece il dettato delle nostre Consuetudini), al quale, oltre quest'onore, fu dato di poi il protonotariato del regno, e la preminenza suprema ne'tribunali de'contadi di Provenza e Forcalquerio, e creato cavaliere, e maestro razionale della gran Corte, e donato d'annue trent'once d'oro, e delle signorie di Grandiano nella provincia del Principato, di Magliano in terra d'O-

lendo far restituire a Pietro Colonnale le castella, che gli erano state tolte dalla contraria fazione nell'Abruzzo, elesse per giudice Roberto.

[1] Arch. della Zecca let. C. f. 59; ma il Vincenti, seguito dal Beatillo, dice, che lasciolla per testamento, e cita i registri dell'archivio.

[2] Il Beatillo, scordando dal Vincenti, nota Bitetto, senza arrecarne ragione: nè noi vogliamo spendervi tempo intorno, non essendo cosa che molto importi alla storia della città.

[3] Terra situata su d'un colle a vista della città di Gravina, distrutta di poi da'Gravinesi in vendetta delle continue correrie, che da quei di Belmonte si facevano. Memorie della famiglia Effrem.

[4] De Petris, storia di Napoli.

tranto, e di Montrone, Altamura, Polignano in terra di Bari; le quali signorie lasciò egli al suo figliuolo Giovanni [1].

Non men ossequioso pure si comportò re Carlo col nostro Duomo, e la Basilica. Parte ritornava egli e parte confermava a quello le antiche possessioni pei re svevi menomate [2]: rivendicate a questa le usurpazioni fattele, come già dicemmo, da Ugone Zabet e Bonifacio de Anglano fautori di Manfredi; affrettavasi a consolarla della vedovanza di parecchi anni nella persona di un cavaliere napolitano ed egregio maestro in teologia, che fu il priore Berardo Caracciolo. E poichè il principe Filippo suo figliuolo fin dall'anno 1266 infermatosi così fieramente da disperar degli umani argomenti, erasi votato di visitare il sacro corpo di S. Niccolò, se la sanità ricuperata avesse (il quale voto, tuttochè cagionevole ancora della persona, aveva il principe adempiuto) egli ora da Viterbo, dove trovavasi per attendere alla creazione del nuovo Pontefice, ordinava al maestro portulano di Puglia, che quella campana di smisurata grandezza fatta già fondere da Manfredi, alla nostra Basilica si donasse [3].

---

[1] Beatillo, p. 139, e Vincenti, p. 62, che citano le scritture della Zecca del 1285, 1291, 1295, e n.° 45, f. 8. Registro di Carlo I., e let. B. f. 93, e 227.

[2] Bitritto, Modugno, Laterza, Cassano, il canale di Gioia, la selva regia, e molte case poste nella piazza nostra: scorgesi dai diplomi regii già perduti, di cui solo un elenco è nell'archivio. Garruba, p. 227, nota 6. Ma speriamo che per il rifrugar che vi va facendo un egregio Can. del Duomo, sieno per ritrovarsi.

[3] Capecelatro, lib. VIII, p. 521. Il Duca della Guardia ne'suoi discorsi delle famiglie imparentate con la casa della Marra (Nap. 1641, p. 209) conferma questo fatto, dicendo essere avvenuto nel 1276,

Pochi eziandio de' nostri i banditi, o spogli di beni, non trovandosi memoria, che d'un solo a nome Francesco de Mirabile, le cui facultà per una parte eran vendute, e'l rimanente al fisco [1].

Le quali larghezze o blandimenti non eran già tutta mercede ai renduti servigi, ma stimoli ancora a nuovi e strabocchevoli aiuti di danaro e di gente a ricuperar la perduta Sicilia, per timore che quella gagliarda e risoluta rivoltura non rinnovasse in Calabria ed in Puglia i fatti del vespro. Tenevasi ad onta, che di tutti i suoi nemici già superati i soli Saraceni in Lucera, ed un pugno di fuggitivi in Gallipoli osassero resistergli. Onde all'assedio di questa spediva egli da Trani nuovi rinforzi di milizie nel novembre del 1269; e non ceduti sino al febbraio seguente, per distruggerli affatto, ordinò a quasi tutti i giusti-

mentre il Beatillo segna l'anno 1266. A noi pare stato piuttosto il 1271; perchè, s'è vero che Carlo scrisse da Viterbo, in quell'anno appunto nota il Muratori « che Filippo nuovo re di Francia e Carlo « re di Sicilia suo zio sen vennero a Viterbo a fine di sollecitare i « discordi cardinali all'elezione di un papa. »

Si ha memoria di cotesta campana nelle conclusioni capitolari della Basilica, nelle quali vien chiamata la *tommaccara*; ed è tradizione, che il fremito dell'aere percossa sovente d'improvviso sbigottisse di tal sorta le persone, che fu mestieri bandirsi l'ora, in cui toccar si dovesse: onde poi la fusero per averne parecchie di più maneggevole uso. Delle due però, anche assai grandi, che oggi abbiamo, l'una non porta altra memoria che i nomi degli artefici, *Fabio de civa de Gnieta, Piero Donato de Gnieta*, e l'anno MDLXXVIII; e l'altra al nome dell'artefice *M. Francesco de Fiore* napolitano, e l'anno MDCCXIII aggiunge d'essere stata fatta a spese del conte *Paolo Geronimo Torre Rohani*.

[1] Syllabus Membranorum, Vol. I, n. 6.

zieri di ragunare un esercito generale de' baroni di ciascuna
provincia con armi e cavalli, ed un uomo a famiglia per ogni
università, tutti armati a loro spese; o non potendo, gli altri
con le falci e i picconi, i quali si dovessero trovare a Troia il
quinto dì dopo la resurrezion del Signore. Quest'esercito capi-
tanerebbe egli stesso per sommettere Lucera; un altro minore
raccolto da terra d'Otranto e dalle Calabrie reggerebbe per le
fazioni di Gallipoli un Pietro de Sumeroso. Ai 28 d'agosto Lucera era già caduta [1].

Non fu poi, se non dopo il trattato co' Veneziani, e le forze
venutegli di fuori (3 di luglio 1281), che tentò l'impresa di
Messina; dalla quale, campeggiata indarno due mesi con formidabile armata, si ritirò pure pien di dispetto. Il perchè due anni
dopo correva a Provenza ad accattar danari, ed allestire navi
per tentare una seconda prova: ma prima scriveva da Brindisi
al giustiziere di Bari per un aumento di tassa di tre tarì e grana sette per oncia da raggranellarsi al più tardi nel febbraio
del 1283; ed il nostro Sparano maestro razionale della Corte
consigliere e dimestico, che le condizioni della provincia co-
noscea, consigliava al re ed affermava di ben poter ella reggere questo sforzo [2].

Il figliuolo del re, fidato al conte d'Artois l'esercito stanziante
a Nicotera, facevasi a discorrere per tutto il reame, massime
per la Puglia, raccogliendo vittuvaglie, allestendo navi, fornen-

[1] Davanzati, Dissertazione, p. 18, e segu., e docum. n.° XLIX,
e LXV.
[2] Registro di Carlo I, anno 1283. A. f. 37. « *Informati primo per
Sparanum de Baro, militem, iuris civilis professorem, Magnae Curiae nostrae magistrum rationalem, dilectum consiliarium, familia-
rem, et fidelem nostrum ec. ec.*

do macchine, smugnendo nuovi danari; chè senza fine ne in-
ghiottiva la guerra. Di che fan testimonianza i vari diplomi,
ch'ei dava in Nicotera, Napoli, Foggia, Brindisi, Bari [1] : e qui
proprio con una scrittura del 13 di febbraio 1284 confessava
il principe aver ricevute dal pontefice Martino once diecimila
tolte a prestanza in virtù del permesso di suo padre d'accattar-
ne insino a cento migliaia con sicurtà sui beni della corona.

Per tanta immensità d'apparecchi d'ogni maniera, crebbero
gli spiriti al giovinetto, non ammaestrato dalle paterne sconfitte:
nè lo trasse d'inganno, se non il quinto giorno di luglio, quando
fatto prigione nella navale battaglia presso Napoli, a lui trepido
di sua sorte fra le grida minacciose de'Siciliani, fieramente in-
tuonava l'ammiraglio Ruggiero Lauria, che di presente gli rilasciasse la Beatrice figliuola di Manfredi. E quella leggiadra or-
fanella insperatamente si vede carezzata dalla regal consorte
e col pianto pregata, che le salvasse il figliuolo e poi con
grande riverenza ed onori condotta all' armata siciliana.

Se ci apponessi, o lettore, di narrarti cose già conte, e lontane
dal nostro proposito ci scusi la necessità, che a mal nostro grado
talvolta ci sforza di attenerci ad un filo della storia del reame
per annodarvi i patrii fatti disgregati, senza di che rotta ed a sembianza di cronaca ne udresti la narrazione. Onde a piè pari sal-
teremo i nuovi armamenti, che si fanno da re Carlo per la guerra
della vegnente primavera contro Sicilia, mentre il re di Francia
assalterebbe Aragona. Non diremo del racconciar le navi, del
costringere i marini, preparar biscotto, fabbricar saette, bandir
generale colletta ed una volontaria offerta sopra quella da chi
amasse il suo re. Nelle quali cose quando consideri il grande

---

[1] Elenco delle pergamene del Reale Archivio, tom. I, p. 260 a 63.

disagio, le tetre cure, il figliuolo prigione, i perduti armamenti ed uomini e danari, l'affogar ne'debiti, i nemici in terra ferma saltati, sbuffanti i soggetti e lui stesso convalescente di febbre quartana; non puoi non ammirare la sua singolare fortezza in combattere l'avversa fortuna. Chiamava parlamento a Foggia per il primo dì di dicembre, e quivi (fosse vero o calunnia di malvagi) venuto in sospetto di congiura orditagli d'appiccar fuoco alle navi, chamò a sè tre giudici, fra cui un Tommaso nostro concittadino, sui quali il sospetto cadeva, e feceli morire straziati sulle forche. Di là a Melfi per il minor caro del vivere tramutava il parlamento, che per le male disposizioni degli animi nuove spine al petto avventavagli: sicchè alla straordinaria forza dell'animo fallendo la vigoria del corpo, cadde in febbre continua, che appena gli permise di ridursi a Foggia ad incontrare la regina Margherita, la quale stringevaselo al seno già quasi cadavere.

In que'terribili momenti del disinganno desiderò veracemente la riforma del governo, raccomandò al Pontefice il reame che per la prigionia del principe lasciar non poteva a certo successore; e papa Martino con robusta mano il vacillante trono sostenne, in guisa che dopo quel tempo sola Gallipoli e due altre terricciuole all'Aragonese di Sicilia si volsero [1].

Il principe Carlo fu gridato re: ma fu quasi per salir sul palco in vece che sul trono. I Siciliani il volevano dannato a morte in vendetta di Corradino; la figliuola di Manfredi o per regia magnanimità, o generosità di cuore italiano, o cristiana pietà, o timore della sorte de'fratelli custoditi in Puglia, o per tutte queste cose insieme, non permise la vendetta.

[1] Bartolomeo da Neocastro, cap. 90.

Sotto la tutela pontificia le cose della Chiesa ripresero maggior vigoria. Romualdo Grisone barese e canonico del Duomo
era stato fin dal 1280 eletto arcivescovo [1], sebbene due anni
dopo a cagione della vacante Sede apostolica ne fosse stata confermata l'elezione. Uomo veramente intero egli, e quale chie-
devanlo le condizioni de' tempi: ma fosse desideroso di vita
privata, o educato a modestia, ricusò l'onore, a cui innalza-
vanlo i concittadini. I quali pur tanto gli si strinsero intorno
con le preghiere, che ne sforzarono alla fine il consentimento.
La ragion del suo governo fece poi manifesto, che ben s'erano apposti, volgendo in uomo di tanta pietà e fermezza le
loro speranze. Di Roma tornato, incontanente fecesi a restaurare il Duomo, ricostruendone il tetto, e due cappelle ergen-
dovi ai lati del maggiore altare [2]; e fecesi efficacemente a correggere la guasta disciplina del clero. Nè stette a ciò contento,
ma richiamando nel petto gli spiriti guerreschi, ch' erano per

---

[1] Veggasi l'atto di elezione publicato dal Lombardi, p. 117, e ri-
prodotto dal Garruba, p. 254.

[2] Delle due cappelle tutte marmoree l'una era dedicata alla Regina de' Cieli, infranta nel 1613 sotto le rovine del campanile, e l'altra a S. Giovanni Evangelista, che restava ancora al tempo del Lombardi, il quale reca i versi fatti scolpire dal Capitolo in sull'architrave.

Moribus et vita primis qui fulsit ab annis
  Hoc effecit opus Sancti sub honore Ioannis
  Praesul Barensis Romualdus stirpis avitae,
  Clarificans nomen sanctae moderamine vitae
  Cui genitor, genitusque Dei, cui Virgo sacrata
  Dent post fata frui Coelorum sorte beata. p. 120.

avventura nel sangue de' Grisoni; poichè la paterna voce non valse a racquistare i feudi della Chiesa usurpati da alcuni signori nel tempo della sede vacante, ei tolse a ricuperarli con la forza. Convertito il pastorale in ispada (non nuovò esempio a quella stagione), alla testa di molta gente armata volenterosamente accorsa al suo cenno, strinse ed ispaurì di siffatta maniera il castel di Bitritto, che in pochissimi giorni si arrese. Della ben riuscita impresa più animoso allora, fu sopra la terra di Cassano, che' subito a devozione si ridusse: nè guari andò che vedendosi com' egli risolutamente operasse, un tal Giovanni di Carca, pria che sorprendesselo la procella, venne a restituirgli il canale di Gioia, la selva regia, e 'l monte Joannacio (feudi rustici usurpati); ed il prelato una villa ed una chiesa vi edificò. Alla stessa guisa ricuperò pure Modugno assai dagli usurpatori oltraggiata, e restaurolla; ed a Cellamare, antica villa de' prelati baresi, diè forma di castello. Così l'egregio Pastore andava tutti gli usurpati diritti alla sua chiesa rivendicando; ma l'amor suo più ardente era nel Duomo, nè ristette finchè l'ebbe tutto quanto rabbellito, e rinnovatane la consacrazione .

' Cotesta rinnovata consacrazione del duomo avvenne a'4 d'ottobre 1292, e la gratitudine del Clero e de'concittadini vi scolpì questa memoria:

Hoc tibi sacravit templum, Regina Polorum,
  Insignis titulis Praesul Romualdus avorum,
  Qui Patriae pater effectus, qui corde pudicus
  Prodit iura suo de pectore iuris amicus
  Qui bona queq. probans, reprobat mala, pacis amator,
  Pauperibus, viduis largus, pius, auxiliator.

In questo mezzo Giacomo, ottenuta nel parlamento di Palermo la corona di quell'isola, non cessava di travagliar questi luoghi con gagliarde forze navali discorrenti su per l'Adriatico ed il Tirreno; e le novelle che venivano delle scorse sopra Cotrone, Taranto, Gallipoli, e le provocazioni per tre giorni continui replicate a Brindisi faceano vivere una vita piena di sospetti. I quali non cessarono pure, anzi ringagliardirono, quando all'entrar di novembre 1288 il principe Carlo, lasciati per istatichi tre suoi figliuoli, e pagati ad Alfonso fratello di Giacomo di Sicilia trenta mila marche d'argento, libero ritornò nel reame, ma con giuramento di rendersi alla prigione, se fra un anno non procacciasse la pace d'Aragona. Perciocchè assolto del non libero giuramento dal pontefice, e coronato a Rieti, inasprirono peggio le fazioni guerresche. Suonò il fragore nella vicina terra d'Otranto, dove la città di Lecce sorpresa d'improviso assalto, e depredata dal terribile ammiraglio, e l'asprissima battaglia combattuta sul ponte di

Annus erat, vero quo fulsit lumine mundus,
Mille ducentenus, nonagesimusque secundus,
Octobrisque dies quartus, merito memorandus,
Quo Praelatorum coetus fuit hic venerandus.
Quartus Papa tuam Nicolaus habens, Petre, sedem
Omnibus indulsit hanc ingredientibus Aedem,
Illustri Rege Carolo regnante Secundo,
Aurea qui regnans renovabit secula Mundo.

Ed aggiunge il Lombardi (Parte I, p. 124) che *implorò dal re Carlo II una fiera per tre giorni continui, non sol per quello, ma per tutti gli anni avvenire:* ed a confermazione cita le scritture del Duomo. Il Garruba, ragionando sul medesimo argomento (p. 257), dice aver l'arcivescovo ottenuto un tal diritto dallo stesso Carlo, ma quand'era ancor duca di Calabria e vicario del regno, l'anno 1281.

Brindisi forte spargeano lo spavento; a cui s'aggiungeano per il caro del frumento le strettezze del vivere.

Parecchi anni scorrono così procellosi i tempi, in che oltre al molto oro necessario alle bisogne del reame, ancor più ne voleva il re per pagare i grossi debiti da lui contratti con principi e prelati e mercatanti, ai quali fin le sue cose più pregiate come pegni aveva dato.

Percorreva questi luoghi egli medesimo a visitarne le marittime città, raccorne donativi, e con essi riscattare una parte di que' pegni, ch'erano vasi d'oro e d'argento, e celate anche d'oro di finissimo magistero: e qui in Bari ne segnava la scritta il 1294 [1].

In questa sua dimora, non contento forse al numero delle navi, ch'eran tenute somministrare le città marittime, ovvero per altre cagioni, che ignoriamo, tassò alla formazion d'una galea Sparano da Bari, e Restaimo Cantelmo, il primo in sessant'once d'oro, ed in trenta il secondo [2]. Non iscorava per rovesci: ma come poi il Procida ed il Lauria distaccaronsi dalla sua, si risolse a nuovi apparecchi di guerra; e per il dì 20 di settembre del 96 bandiva general parlamento in Foggia. Quindi spediva per il reame Roberto suo figliuolo duca di Calabria e vicario generale a ricercar danari; il quale a cavarne concedeva facoltà ai maestrati municipali di potere a lor talento crescere le imposte su tutte le merci, che nella città si comprassero o vendessero. Così parecchi giorni ebbe a fermarsi a Bari (dai 17 a 22 di giugno 1297); nel qual tempo

[1] Datum Bari die XXI mensis Iunii, VII Indit. Summonte, lib. III.

[2] Registro del 1294. A fog. 221,

con cinque mandati liberava i feudatari dalla grave pena lor
minacciata per non essere stati lesti con le proprie genti alla
mostra, sebbene del tutto esente non ne andasse un Raimondo Maletta [1].

Ma dai publici ordinamenti apparivano tutta volta le crescenti ansie del regio animo per continui assalti de' Siciliani,
e per timore che i sudditi nelle costoro pratiche non si mi-
schiassero. Onde poneansi nelle più grandi città magistrati con
autorità straordinaria; e le regie scritte, con cui s' inviava a
Bari un capitano con mero e misto imperio, dicevano ch' ei
dovesse vegliare al buono e pacifico stato de' cittadini, *affinchè
dalle insidie nemiche lesi non fossero* [2]. Coi magistrati di straordinaria autorità veniano pure nuove ricerche di danari, e la
città più non ne poteva. Si tentano gli stessi mezzi poco prima adoperati per facoltà concessa dal duca Roberto; ma forte
resistendo alcuni cittadini alle gravi prescrizioni, e questi
traendosi dietro con l' esempio gli altri, che di mal cuore ub-
bidivano; a proposta degli uffiziali del municipio si inviarono
persone studiosissime degli Angioini [3] a pregare il re, che del
suo comando cotesta facoltà sanzionasse, senza la quale non
avrebbon modo veruno di raccorre pecunia, e dargli i promessi sussidii per le spese dell'armata di Sicilia o d' altri futuri bisogni: alle cui supplicazioni volentieri annuendo il re

[1] A ricever questa mostra, pare che fosse stato deputato un Giovanni Calò, la cui casa per danari prestati fu ben accetta agli Angioini. Genealogia della famiglia Volpi di Giulio Poppese. Napoli 1718.

[2] 26 di marzo e 9 di aprile, ind. 12. Registro 1299. A fol. 25 e 26.

[3] I quali furono Guglielmo de Riso, Jacopo Effrem, e Jacopo de
Dalfio.

concedette piena podestà di crescere o scemare a talento le imposte di questo genere [1]. Pure inaridì presto una tal fonte; e quasi ogni anno con severi ordini mandati a' giustizieri stringevasi la città per nuovo dono e sovvenzione [2].

Nè trasandava pure di prender guardia de' Saraceni dopo la presa di Lucera sparpagliati per il reame; e quali ne fidava a persone a sè devote; quali in sicura custodia faceva a Napoli ritenere, massimamente gli armaiuoli ed artefici d' arnesi da guerra, in che erano valenti, ed i comprati da altrui ricomprare col regio danaro; se pure non fosse suo intendimento di valersi dell' opera loro. Cotesti ordini veniano dati a Francesco de Ebulo giustiziere di terra di Bari a dì 25 di gennaio 1301 [3].

Ma il mite e pio animo di re Carlo con dolci condimenti rendeva men aspra la condizione de' tempi. Toccheremo, per esser brevi, di sole alcune cose attenenti alla nostra Basilica, la quale di grazie e favori e possessioni fu da lui sopra modo arricchita, e regia cappella dichiarata; talchè conoscente ella come al più insigne suo benefattore, nel quinto dì di maggio, in cui egli passò di questa vita, con esequie solenni ne ricorda e benedice ogni anno la memoria [4]. Un uomo a lui carissimo, suo cancelliere e cardinal di S. Chiesa, chiarissimo per dottrina, drittezza e gravità di costumi, e prudenza de' publici maneggi, Guglielmo Longo da Bergamo, poneva egli priore di essa Basilica; a cui Bonifazio VIII nel primo anno del suo

[1] V. Docum. n. XLII.
[2] V. Docum. n. XLIII.
[3] Syllabus Mem. Vol. II. parte 2. p. 56, 70 ec. ec.
[4] Seguiremo in questo tratto l' accuratissimo nostro Putignani; storia di S. Niccolò, lib. VI, capo 16.

pontificato per riverenza (diceva) al Santuario, e riguardo al-
l'ottimo porporato, concedea la chiesa d'Ognissanti, immediatamente sottoposta alla romana Sede, in guisa che un solo
avesse a reggere con compiuta giurisdizione sì la Basilica e
sì la chiesa sudetta [1]: ed il re faceva supplicare in suo nome
allo stesso Bonifazio, perchè potesse crescer le entrate alla
Basilica con l'unione canonica di altre chiese di collazion regia; di che fatto contento, le incorporò pochi anni appresso
con tutti diritti ed entrate l'arcipretato e la chiesa d'Altamura
alla dignità del tesoriere, la chiesa della SS. Trinità di Lecce
a quella del cantore, e del succantore la chiesa di S. Maria di
Baresano, o vogliam dire Carasano [2].

Quindi venne egli medesimo a Bari, ed orando sulla tomba
di S. Niccolò, rese grazie d'esser campato incolume di Sicilia, fermamente persuaso, che per intercessione di tal Santo
si fosse allora operato un miracolo [3]. Qui avvedutosi, come e
la devozione al Santuario, e l'usanza traesse ogni dì tanta
moltitudine di gente d'ogni ragione, che fin nel presbitero
non rimaneva quasi luogo ai canonici di celebrare i sacri ufizi,
ordinò per decreto: niuna persona nel tempo, che quelli si
celebrassero, poter nel presbitero rimanere, salvo se o principe fosse, o conte, o prelato, o religioso, o uomo di tanta
autorità, che tal riguardo meritasse. Di poi ricercò instante-
mente l'arcivescovo, affinchè concedesse ad essa Basilica la
vicina chiesa di S. Gregorio *de Mercatellis*; ed ancor questa

---

[1] Bolla di Bonifazio VIII, datum Anagniae, V. Idus Julii 1295.

[2] Actum et datum Neapoli per Nicolaum Frectiam di Ravello, Lo-
cumtenentem Prothonotarii Regni Siciliae. A. D. 1301, die secunda Decembris, XV. Indictionis, Reg. nostr. anno XVII.

[3] Giannone, lib. XXI, cap. V, § 1.

dall' arcivescovo Grisone col consentimento del suo capitolo le era conceduta [1].

Volle di più re Carlo, che i capitanei, i giustizieri, i segreti, i giudici, ed ogni altra generazione di regii uffiziali, o della provincia o della città, prima d'entrare in magistrato, nelle mani del priore della Basilica sui sacri Evangelii dessero solenne giuramento di proteggerne e conservare tutti i diritti e le possessioni; che alle canoniche punizioni ne' cherici di quella prestassero richiesti dal priore la lor podestà; che contro gli usurpatori de' beni, o violatori de' diritti sommariamente e senza le forme e gli strepiti del foro giudicassero, che liberi dal foro secolare nelle cause civili [2], liberi da pesi fiscali e da tutti altri publici obblighi fossero i quattordici uomini posti al servizio della Basilica, e sommessi alla giurisdizione del tesoriere, sì veramente che la tassa sui beni di ciascun d'essi non oltrepassasse un'oncia d'oro [3]; che le greggi appartenenti ad essa potessero senza pagamento di fida nelle demaniali terre pascolare [4].

E non pure intese il re a crescere ricchezze e prerogative alla nostra Basilica, ma scese ancora a diffinire le più minute osservanze e discipline ecclesiastiche a similitudine di quelle

---

[1] Da istrumento di cessione. Actum et datum Bari XXII novembris, VII indictionis, pontificatus Domini Clementis Papae V, anno tertio 1306: cessioni confermate tutte da Papa Clemente con bolla, datum Pictavii III idus augusti, anno 1308.

[2] Appellabili le sentenze al Cappellano maggiore, che rivedeva i processi del Priore e del Tesoriere. Giannone, lib. XXI, cap. V, § 1.

[3] Otto di questi ne' dì festivi con una mazza d'argento in mano stavano in guardia alle porte del coro, onde *mazzieri* si dissero; gli altri sei destinati a minori uffizi si nomarono *maestri di fabbrica*.

[4] V. Docum. n. XLIV.

della real cappella di Parigi, fermando il numero de' cherici e
de' canonici (della cui metà serbava a sè perpetuamente la
collazion del canonicato, dell' altra al priore medesimo), i diversi gradi di dignità, il modo e l' ordine del sedere, del vestire, delle solennità, degli anniversari, delle quotidiane di-
stribuzioni, dell' amministrare, del render le ragioni, degli
inventari nelle vacanze, della celebrazione de' divini Ufizi [1]:
al quale intendimento donò eziandio di pregiatissimi libri co-
rali, e ricchissime suppellettili, ed ori ed argenti; delle quali
cose, componenti il tesoro della Basilica, volle fidata la cura
e la custodia al tesoriere, che altresì a simiglianza della real
cappella di Parigi dovesse serbar gelosamente e diplomi ed
ogni altro monumento della chiesa, e portar le ragioni delle
entrate, o come con greca voce dicevasi, sostener l' ufizio di
cartolario o *cartofilace* [2]. Queste osservanze perchè meglio

___

[1] Alla celebrazione de' divini uffizi fu destinato l' antico breviario
parigino. Questo poi fu tolto l' ultimo dì del 1603 per lettere di Filippo III, il quale secondo gli ordini della S. Sede, perchè nell' avvenire potessero servirsi del breviario romano, detto di Pio V. Giannone, lib. XXI, cap. 5.

[2] Ivi. V. Docum. n. XLV.

Vegga qui il lettore particolareggiati con le parole del Beatillo
(St. di S. Niccolò, lib. XI, cap. XVIII, p. 937) i doni fatti da re
Carlo. Una statua d' argento di S. Niccolò vestito alla latina col pallio, pianeta, dalmatiche, mitra, e bacolo pastorale, di altezza con
la sua base di cinque palmi e mezzo. Due croci d' argento in molti
luoghi dorate con cinquantasei gemme di gran valuta, tra le quali
sei belli amatisti, e dieci fini smeraldi: sono queste croci lavorate a
gigli (arme de' re di Francia) con varii smalti rappresentanti le imprese del re donatore; in una sola cosa differenti, chè l' una ha nel
mezzo un crocifisso d' argento dorato, e l' altra un gran pezzo del

mantener si potessero, assegnava egli a' sacri ministri quattro

santo legno della Croce di Cristo, e sono alte con le basi ogn' una
da quattro palmi. Un' altra croce alla patriarcale, di un palmo, tutta
di legno coverto per ogni parte di lamine d' argento dorato, e lavorato a figure di varii fiori con alcuni pezzetti del medesimo santo legno della Croce del Redentore, e sei piccole reliquie di varii Santi.
Un' altra croce di avolio non più che di un palmo col suo crocifissetto d'argento ed oro; ed il bastone pur d' avolio, dove si appoggia,
d' altezza d' intorno a quattro palmi. L' uso di essa, conforme alla
istituzione di Carlo, è, che all' usanza della real cappella di Parigi,
quando ne' giorni più solenni dell' anno il diacono canta in luogo
pubblico il santo Evangelio, il suddiacono gli sta d' appresso con
questa croce tra le mani, e la mostra alle genti, che stanno udendo
quella sacra lezione. Un'altra croce di due palmi di cristallo di rocca
con alcuni vaghi ornamenti d'oro, e col crocifisso d'argento dorato:
e quando questa croce si espone in pubblico, la mettono in mezzo
a due belli simili candellieri dello stesso cristallo d' intorno a tre
palmi (dono del medesimo re) e sono lavorati con oro, gemme,
smalti, perle, e cose simili di gran prezzo. Un tabernacolo da portare in processione, e mostrare in palese il santissimo Sacramento
dell' Eucaristia, d' altezza di un palmo e mezzo, tutto d' argento,
lavorato a colonne fregiate d' oro con molti ornamenti di perle,
smalti, e varie pietre preziose. Tre mitre per li Prelati, che venissero mai a celebrare in Bari solennemente per devozione del Santo,
una tutta lavorata di perle e pietre preziose, un' altra di color vio-
lato con molte perle, e l' ultima di color bianco tutta circondata di
gemme indiane. Un bacolo pastorale per l' uso stesso di lamine d'argento lisce fregiate in più luoghi d' oro. Un quadro non più che di
un palmo, tutto d' argento lavorato vagamente con sette perle grosse, sei zaffiri, e venticinque altre pietre preziose, ch' ha nel mezzo
un pezzetto del santo legno della Croce della lunghezza di un dito
incastratovi con oro nella forma delle croci patriarcali. Un altro quadretto pur di argento contenente nel di dentro un buon pezzo del
legno della croce del buon Ladrone, e nel di fuori le immagini del

cento once d' oro ogni anno dalle regie entrate della dogana di

Crocefisso, delle Marie, e di alcuni angeli ben lavorate. Un vase di bellissimo cristallo col piede e coverchio d' argento ed oro, ricco di molte gemme e perle, e di un vaghissimo Crocifissetto degli stessi metalli nella sommità, per conservarsi dentro una delle spine della sacratissima Corona di Cristo. Due reliquiarii molto segnalati d' argento e d' oro; il primo di questi ch' è fabbricato a foggia di Chiesa con le sue ale, campanile, tetti, finestre, porte, e somiglianti; è alto due palmi e mezzo, ed ha larghezza e lunghezza proporzionata. Sta la Chiesa ne' quattro angoli appoggiata su quattro leoncini di argento, che la sostengono in aria. Nel di fuori è lavorata con quarantasei immagini di finissimo smalto, che rappresentano qui alcuni Angeli, qui gli Apostoli, e qui altri Santi del Cielo. Vi si veggono in varie parti incastrate molte pietre preziose, e dentro del campanile, il quale sorge in alto dal mezzo del tetto con una croce nella cima, vi è una statuetta di mezzo palmo della Vergine nostra Signora con la corona sul capo, e col suo figliuolino nelle braccia. Ogni cosa d' argento. Il secondo reliquiario poi è fatto a guisa di bacolo vescovale, ed ha cinque palmi d' altezza, con la base circolare, che gira intorno a tre palmi: dal mezzo di questa base sorge in aria un bastone grosso, quanto il pugno d' un uomo, con un pomo o nodo nel mezzo, pieno per ogni parte di reliquie di varii Santi. Nella base si scorgono scolpite e lavorate di fino smalto sei azioni delle molte, che operò il nostro santo Avvocato; e sono lo stare in piedi orando appena nato nella conca del primo bagno, il dar dell' oro tre volte al padre delle tre vergini pericolanti dell' onore, il sovvenire a' marinari periclitanti nel mare, il liberare i tre giovani Miresi condannati già dal console ad essere decollati, il risuscitare di tre fanciulli salati in pezzi con varii pesci, e finalmente il porre in libertà Adeodato dalla misera servitù del Miramamolino di Babilonia. Nel cerchio di sopra stanno in piedi molte statuette, ma quella di mezzo è di S. Niccolò vestito con le dalmatiche, pianeta, e mitra all' usanza dei Vescovi latini con la destra in atto di benedire, e la sinistra col ba-

Bari '. Ma perchè niuno indugio o difficoltà alla riscossione si fosse opposta, le concesse in feudo nobile per dugent' once

colo pastorale, ogni cosa d' oro fino e massiccio, anco la base, dove si appoggia, la quale è della grossezza di un dito. Nella pianeta detta sopra è dall' una e l' altra parte una croce doppia da capo a basso con le sue braccia, tutta di perle grosse e di finissime pietre; il bacolo ha l' uncino tutto di perle; e la mitra e i suoi ornamenti d' innanzi e di dietro di perle grandi e di lucentissime gemme. Finalmente dentro il materiale, o sodo, che vogliam dire, del cerchio son riposte decentemente sei reliquie di varii Santi con le loro imagini smaltate in altre tante medaglie tutte di argento. Taccio qui a bello studio i nobili e ricchissimi paramenti, che il medesimo Re diede in dono per uso de' cherici ed ornamento degli altari. Aggiungo solamente, ch' oltre delle cose narrate, si conservano in detta Chiesa a nome del medesimo Carlo molti calici grandi e piccoli con le sue patene proporzionate, ogni cosa d' argento, oro e smalto. Un anello da tenersi da' Prelati, quando solennemente fanno gli officii ponteficali ornato di molte e preziose gemme. Ed ultimamente una buona quantità di libri, tutti conforme all' uso della Cappella reale di Parigi, come sono messali, epistolarii, evangelistarii, breviarii, antifonarii e somiglianti, scritti a penna con lettere molto grandi, fatte di varii colori, ed in molti luoghi anco d' oro.

Alle quali parole del Beatillo intorno a questi libri, che per buona fortuna ci son quasi tutti rimasi, perchè mal poteano aguzzare le cupidigie de' predatori; aggiungiamo ch' essi sono ammirevoli non solo per la bella forma ed uguaglianza de' caratteri, che scusano la stampa, ma per gli eleganti fregi e ghirigori svariatissimi, e figure di colori così vivaci e freschi, e di così lucido oro, che paiono pur ora uscite di mano all' artista.

' Diploma del 1 nov. 1304, B. Di queste 400 once destinava 80 al priore, 20 al tesoriere, ed 8 a due canonici da eleggersi dal capitolo per inviarli ad ammaestrarsi negli studi della metropoli, e per tanto tempo, quanto gli studii durassero.

d'oro la metà della terra di Rutigliano, ed il casale di Sanni-candro, esente d'ogni peso ed omaggio (i quali luoghi posseduti già da Anselmo da Caprosia a beneplacito del Monarca erano restati disponibili per la recente morte di esso possessore): e così avvegnachè la prima donazione venisse ad essere ridotta della metà, pure egli volle lasciarla intera, fino a che gli fosse paruto, e spenderla nella edificazione del claustro o cortili, ed altri edifizi intorno ad essa Basilica, perchè insieme vi stanziasse il Clero [1]. Quindi con altro diploma [2] pensò d'assicurare l'altra metà della donazione, assegnando pure in feudo nobile per cent'once d'oro il castel di Grumo, nel caso che alla morte di Costanza di Montefuscolo, moglie che fu di Giovanni della Marra di Barletta, alla regia corona ritornasse; ed annullando di già anticipatamente ogni alienazione o donazione che ella avesse mai fatta. Cotesto feudo però non potendo sì presto venire in poter della Basilica, ella in ricambio ottenne non molto dopo [3] l'altra metà del feudo di Rutigliano; e poscia in burgensatico, senza pure gravezza alcuna, parecchie altre possessioni feudali poste in Trani ed in Bari, investitone per lei il primo tesoriere Pietro de Ageriaco [4]. E poichè dolevasi la Basilica, che sovente indugiando per discordia la città ad eleggere i giudici annuali delle cose civili, ne patissero danno i suoi interessi per non potersi espedir prestamente i

[1] V. Docum. n. XLVI.

[2] Diploma de' 3... 1304, B.

[3] Diploma de' 13 d'aprile 1306, B.

[4] Queste possessioni appartenevano prima ad un Ugolino da Firenze, ed ora erano rassegnate nelle mani del re da un Giovanni Cocco, ciamberlano del primogenito Roberto duca di Calabria. V. Documenti num. XLVII.

contratti, e risolversi le civili contese; nominava il re a bella posta un giudice per le occorrenze di essa Basilica, il cui ufizio durar dovesse un triennio, e primo fu un Niccolò de Marsilio barese [1]. E da ultimo a tutto questo non sarebbe egli stato contento, se ad una certa sua vaghezza, che alla Chiesa più che al trono quasi il traeva, non avesse ancora soddisfatto. Perciocchè come canonico egli medesimo volle esser tenuto, e delle canonicali insegne vestito, sedente al luogo del tesoriere suo vicario, assistere come gli altri alla celebrazione de' divini uffici, e riceversi qual segno d'omaggio pe' conceduti feudi la distribuzione quotidiana; serbando a sè ed a' suoi successori un tal diritto, quando di presenza eglino nella Basilica si trovassero.

Così se dall'una parte re Carlo II largheggiava tanto in privilegi e doni con la nostra Basilica, per doni e sovvenzioni premeva pure dall'altra la città, come tutto il reame [2]: alla quale ingrata opera inviava spesso il duca suo figliuolo, la cui presenza valeva a più presto ed esattamente riscuoterle. E fu per una di queste occasioni, che Roberto trovandosi a Bari intimò ai feudatarii la general mostra per il dì 5 d'aprile 1307 [3]; e sino ai 12 di quel mese segnava di qui decreti, con un dei quali ordinò, che il nostro castello si restaurasse, gravando del terzo della spesa le terre di Polignano, Rutigliano, e Noia [4].

E qui è bello dire di altri ricchissimi doni fatti e con isplen-

[1] Un tal privilegio le fu mantenuto anche da Roberto suo figliuolo. V. Documenti num. XLVIII.

[2] Nelle pubbliche collette la città nostra allora andava tassata di once 455. 7. 11. Registro di Carlo II. 1306, A.

[3] Syllabus Memb. Vol. 2, parte 2, p. 175.

[4] Syllabus Memb. Vol. 2, parte 2, p. 183.

didezza veramente regia da un monarca straniero. Nell'anno 1319 conducevasi a Bari Urosio, re della Rascia, Dioclea, Albania, Bulgaria, e di tutta la costa marittima dell'Adriatico insino al Danubio ', e con esso lui la regina Elena, sua se—

' Fu quest'Urosio figlio a re Stefano, ed ebbe due altri fratelli, l'uno innanzi di lui, a nome Dragontino, e l'altro dopo, Stefano. L'ambizione del primogenito ne armò il braccio contro il petto paterno, e spentolo, ne occupò gli stati; ma il rimorso del commesso parricidio ridusselo a piangere l'enorme colpa nel chiostro per tutta sua vita, e lasciare ad Urosio i mal tolti Stati. In questa il minor fratello gli si ribellò; ma superato in campo, chiese ed ottenne da Urosio, che di assai buona e piacevol natura era, il perdono del fallo. Posto così costui in pacifica possessione del suo reame, tutto si diede ad opere di pietà. Fu mortal nemico de'Turchi, e di quant'altri avversari all'Evangelio; edificò e dotò monasteri dell'ordine di S. Basilio in varii luoghi d'Europa; largheggiò sempre liberalmente; e morto in lunga vecchiezza fu in sugli altari venerato. Queste notizie cava il nostro Beatillo (Storia di S. Niccolò, lib. XI, cap. XXII, p. 955) dagli annali Ragusei di Giacomo di Pietro Luccari.

Ma il diligentissimo nostro Putignani (Storia di S. Niccolò, lib. VII, cap. III, pag. 508) con la scorta di più accurati storici ragiona dell'origine de' re della Servia della stirpe di Neeman, affin di fermare quale sia stato l'Urosio, sì splendido donatore alla nostra Basilica. Noi ad esser brevi ne riferiremo per sommi capi. Neeman, o Stefano principe della Servia e della Rascia fu levato a condizion regia da Federico I imperatore verso il 1189. A lui successero i figliuoli; prima Teomilo per un anno, poi Simeone o Stefano. De'costui tre figliuoli, Wksano o Vulcano guerreggiò con Venciano o Stefano, e vinse quest'ultimo, e regnò coronato da Onorio III nel 1220; il terzo, a nome Rasco, monaco del monte Ato, si fe'chiamare Saba, e venerato per santo, morì arcivescovo della Servia, l'anno stesso della coronazione del fratello. Figlio e successore di Venciano fu Stefano detto anche Urosio, marito ad Elena; e costoro entrambi

conda moglie, e tre figliuoli. Com'eglino ebbero venerata la
sacra tomba per parecchi giorni, non vollero partirne senza
lasciarle un perpetuo segno di lor devozione. Onde, chiamati
da molte parti artefici valenti, ordinò quel pio monarca, che
la cappella sovrastante tutta sfolgorasse di puro argento, ed
il lavoro la materia vincesse: tale rivestita la volta, tale l'altare e la tribuna, tale un grande icona, e lampade, e candel-

cattolici ebbero figliuoli scismatici. Stefano o Draguntino, sposato ad
Isabella figlia di Stefano IV d'Ungheria, e morto nel 1317; Urosio
o Milutino, che non abbracciò la Fede cattolica, se non vinto per
forza nel 1320 da Carlo re d'Ungheria, e morto l'anno appresso,
chiamato santo da'Greci, perchè forte promotore e sostenitor dello
scisma, lasciando dopo di sè un bastardo, a nome pure Stefano o
Urosio. Alla morte di questo Milutino, si contesero il regno i figliuoli
di Draguntino, Costantino ed Uladislao. Il primo vinto è fatto squar-
tar dal fratello; ma costui odiato per la crudeltà, n'è cacciato verso
il 1322, e sale sul trono il cugino bastardo. Ei vi rimane un dieci
anni, quando fatto prigione dai magnati della Servia viene strangolato non senza la cooperazione del proprio figliuolo, Stefano Dusciano, che ne occupa il luogo. Combattitore costui di Ungari, Greci,
e Turchi, entra in vanità d'imperio, dandosi titolo d'imperatore dei
Romani e Serviani; e muore nel 1356, lasciando un altro Urosio,
che è ucciso nel 1368, ed in lui si spegne la stirpe di Neeman.
     Dopo la qual particolareggiata genealogia de're della Rascia e
della Servia, il Putignani prosegue: «Egli è facile il vedere da ciò
che narra il P. Beatillo, che non avendo egli avuto lumi sufficienti,
abbia perciò confusa la storia de'Re della Servia, de'quali riputia-
mo assai meglio istrutti gl'illustri scrittori, sotto la scorta de'quali
abbiam sopra di tale istoria dato un piccol saggio. Bisogna distingue-
re Urosio il grande marito di Elena, che fu con sua moglie cattolico, da Urosio suo figliuolo ec. ec. ec. Quali di questi re sieno venuti in Bari, a noi nè tampoco è riuscito di trovarne memoria alcuna. Se niuno vi venne, mandarono certamente de'doni a S. Niccolò».

lieri , ed ogni altro arnese , che al culto s' appartenesse '.

' Sovrantese all' opera un Obrado di Siflava da Cattaro, familiare del re ; diressero il lavoro un tal Ruggiero dall' Invidia, ed un Roberto da Barletta : i quali vi posero tanta diligenza, che in men d'un anno il condussero a fine ; e ciò cavasi da una iscrizione, che leggevasi incisa su gran piastra d' argento alla parte postica dell' altare di questo tenore :

Anno Domini millesimo trecentesimo decimo nono , Mense Junii , secunda Indictione, Vrosius Rex Rasiae Ediocliae, Albaniae , Bulgariae , et totius Maritimae de Gulfo Andriano a Mari usque ad Flumen Danubij magni, praesens opus Altaris, Iconam, magnam argenteam cooperturam tribunalem supra hoc altare de argento, lampades et candelabra magna de argento fieri fecit, ad honorem Dei ac beatissimi Nicolai eius. Obrado Adstante de Catara filio de Siflava fideli et experto, a predicto Rege super dicto opere deputato. Et nos Rogerius de invidia protomagister, et Robertus de Barolo magister in omnibus praefatis opus de praedicto Mense Junii incoepimus, et per totum Mensem Martij anni sequentis , tertia indictione , fideliter complevimus.

Di tale iscrizione tocca pure il nostro Putignani (Diatriba II, p. 254) secondo che trovasi registrata dall'Assemani (de Kalendariis Ecclesiae universae , tomo V. p. 56), e nel libro della visita fatta dal Priore D. Fabio Grisone l'anno 1602; ed in entrambe trova delle varianti. Ma considerando, che l' iscrizione esisteva al tempo del Beatillo, e che questi ebbe alle mani la visita del Grisone, notata nell' indice degli autori da lui consultati nel dettar la storia di Bari; inferisce doversi tener per genuina quella publicata da esso Beatillo e recata sopra da noi.

Di cotesti doni così ragiona il Beatillo (p. 958). « Descriverei qui volentieri tutte le cose antidette..., ma non essendo di esse ora in essere nè le lampade, ne i candelieri, ne la tribuna, nè una buona parte dell' Icona; farò ciò solamente di quel che resta, cioè dell' altare e del rimanente dell' Icona. Sta dunque l' altare collocato in modo, che cuopre tutto il sepolcro del Santo, ed il luogo dove i

Ne qui fu contento, chè dotò la Cappella in perpetuo di mille

Sacerdoti consacrano, risponde appunto sopra la buca, donde si
mostrano quelle sacre ossa. È posto di più in isola di maniera che
si può circondare d'ogni parte. La sua lunghezza è di palmi nove e
mezzo, la larghezza di sei, e l'altezza di quattro. Nel mezzo della
parte d'innanzi è una portellina ad arco, la quale aprendosi, appare nel pavimento la buca, per la quale si vede il corpo del Santo.
Ogni cosa è d'argento, anco la detta portellina, la quale perchè si
apre nel mezzo, è divisa in due parti. Nelle piastre d'argento, che
cuoprono tutto l'altare: stanno scolpite a mezzo rilievo molte statue
quali grandi, quali piccole, quali mezzane, tutte belle e di molto
artifizio con alcune iscrizioni toccanti al Re ed a Costantino suo figlio, le quali insieme con la descrizione minuta dell'opera volentieri tralascio per non fastidire il lettore. Ma passiamo un poco al-
l'Icona pure di argento, la quale sorgeva dall'altare sei palmi in
alto, ed era lunga quattordeci. Nel mezzo avea una statua di S. Nicolò di palmi quattro ed all'intorno e da' lati, oltre molti miracoli
della vita del santo, tredici altre statue di un palmo e mezzo rappresentanti, quale Cristo nostro Signore, quale la beatissima Vergine sua Madre, e quale questo e quel Santo. Adesso non è sì grande l'Icona, per esser che a' giorni nostri l'hanno prudentemente
impiccolita e ridotta alla larghezza di poco più di otto palmi, per ri-
tirarla più indietro, acciò sull'altare si avesse potuto comodamente
collocare il tabernacolo grande del Santissimo Sagramento, il quale
prima stava elevato sopra l'Icona. Delle lampade e della cupola d'argento non ho che dirne, per non trovarsene memoria distinta in luogo alcuno; può sì bene pensarsi, che quelle fossero molte, e questa
coprire tutta la volta della cappella, la quale s'appoggia su quattro
belle colonne di fino marmo disposte in quadro, e lontana l'una dal-
l'altra dodici palmi. De' candelieri solo trovo, che tra gli altri ve
n'eran due dell'altezza di un uomo grande e larghi a proporzione,
come sono quelli d'otone che diede alla nostra Chiesa di S. Niccolò
un Re di Napoli in luogo di quei d'argento, li quali disfece per co-
niarne moneta ». Cotal descrizione de' doni con le medesime parole

e dugento scudi l' anno da spendersi in servigio di quel sacro

del Beatillo registrò il Putignani nella sua storia (lib. VII, cap. IV,
p. 517); il quale fra le molte osservazioni, che vi fa sopra, nota così: « Ciò che riferisce lo scrittor barese intorno alle iscrizioni appartenenti al re Urosio, ed a Costantino suo figliuolo, ci confonde per tal
modo, che convien dire, che qui mancò la diligenza di questo scrittore. Perciocchè un tal donativo o si dica fatto a S. Niccolò nel 1319
o nel 1323, secondo le varie opinioni (e poco appresso si tratta dif-
fusamente di ciò, p. 520) appartiene o ad Urosio Milutino, ovvero al
suo bastardo figliuolo Stefano, detto anche Urosio. Or nè l' uno, nè
l' altro ebbero questo figliuolo Costantino, ma bensì Stefano fratello
di Urosio Milutino ebbe un figliuolo di tal nome, che fu inumana-
mente fatto morire da suo fratello Uladislao. Onde se nella iscrizione si facea veramente menzione di Costantino, non sarà certamente
stato chiamato figliuolo d' Urosio, ed una tale aggiunta fa mestieri
attribuirla allo scrittore, che narra il fatto. Se non voglia dirsi, che
veramente Urosio Milutino ebbe anche un figliuolo nomato Costantino, per essersi egli ben cinque volte ammogliato, e che di tal figliuolo non se ne sia dagli scrittori tramandato a noi notizia alcuna.
Finalmente è uopo anche avvertire un' altra volta, che il P. Beatillo
di due re per nome Urosio, il padre chiamato il grande da Elena sua
moglie, ed il figliuolo detto il Milutino e 'l Santo, ne fa uno, ed a
quest' Urosio formato da due egli attribuisce tutto ciò, che nar-
rato abbiamo de' doni fatti a S. Niccolò: quando bisogna ben di-
scernere l' uno dall' altro, e non confonderli con pregiudizio della
storia » [*].

[*] Or mette bene avvertire, che il grande altare d' argento sovrapposto alla tomba di S. Niccolò, ed il busto, e la volta, che il coper-
chia, i quali noi al presente ammiriamo (fatti certamente di quel-
l' antico argento), son opere assai posteriori. L' altare fu lavoro di
Domenico Marinelli nella seconda metà del secolo XVII, che incise
il suo nome in una lastra d' argento, posta come soglia alla porticina

altare ed in uso de' sacerdoti, che ogni dì dovean celebrare

della predella, donde per un foro aperto sul coperchio della tomba si vedono le ossa del santo: MAGNIFICVS DOMINICI MARINELLI PREDITTI ALTARI FE. CIƆIƆCLXXXIV. Ma prese parte al lavoro eziandio un Antonio Avitabile, entrambi napoletani, e per incarico loro dato dal priore della Basilica, Alessandro Pallavicino: il che raccogliesi da un' altra epigrafe incisa sul toro della predella medesima in questa forma: AVG. REGIS CAROLI II REGNANTIS TEMPORE ILLVS. AC REV. D. D. ALESANDER PALLAVICINVS PRIOR HVIVS REGALIS ECCLESIE AC MAGNIFICI DOMINICVS MARINELLI ET ANTONIVS AVITABILIS NEAPOLITANI FIERI FECIT.

A. D. CIƆIƆCLXXXIV.

Esso è quasi delle stesse proporzioni, che l'antico altare, così posto in isola, come quello; e se ne togli un po' di pesantezza e molteplicità d'ornati, secondo portava il gusto di quel secolo, tutto il resto è lavoro assai ben condotto. Ne' riquadri delle facce vedi intorno effigiato la nascita, i miracoli, la morte del santo Arcivescovo, il venir delle sue ossa a Bari, il depositarle che fa papa Urbano nell'apparecchiata tomba. Di tanta varietà di figure quali rilevano di poco, quali d'assai, quali si spiccano dal fondo con tutta la persona, e ne' gruppi e negli atti di esse intendi espressi gl'interni lor sentimenti. Il rimanente senza lasciarvi alcun punto voto, occupano angioletti, e sacri arnesi di turiboli, e stole, e mitre, e croci, e ceri, e calici, e cose simili pendenti da nastri con bella simmetria disposti.

Di alquanto più recente lavoro sembra il busto del Santo, di naturale grandezza, dono fatto per voto dal principe di Torella, Giuseppe Caracciolo, come dice l'epigrafe:

NICOLAO MIRAE EPISCOPO IOSEPH CARACCIOLVS.
BELLAE MARCHIO TORELLAE PRINCEPS EX VOTO D. D.

Ultima è la base a cui si appoggia il busto, di stile assai corretto,

per lui, e fare ogni anno una procession solennissima [1]. Oltre a ciò fe'dono d'un grande e ricco quadro rappresentante S. Niccolò con parecchie altre figure tutte dipinte su legno, le cui sole carni miransi scoperte, e tutto il resto è un intero tessuto di argento a filigrana e smalto d'artifizio e pazienza mirabile [2]. Esso ci rimane ancora nella Cappella del tesoro: non snello, elegante, che fu fatta lavorare dal Capitolo in sullo scorcio del passato secolo, apponendovi questa memoria:

ARGENTEVM OPVS

DIVO NICOLAO MIRENSI ET PRINCIPALI

BARIENS. PATRONO DICATVM

MIRO ARTIFICIO ET ELEGANTIA DILIGENTER CONSTRVCTVM

CVRA ET DIRECTIONE RR. DD. IOHANN.

THESAVR. CHYVRLIAE ET

IOSEPHI CANON. SARDANI AD HOC DEPVTATI

EX SPECIALI FACVLTATE

RR. CAPITVLI HVIVS S. REGALIS ECCLESIAE

NEAP. ANNO MDCCXCII.

Ed in fine in mezzo alla volta, che all'altare sovrasta, è effigiato l'Eterno circondato da un coro di Angioli, e pendono intorno come ricchi drappi, che da Angioli pure son raccolti e sostenuti.

Ma niuno degli scrittori delle cose baresi ha fatto cenno di un'altra iscrizione incisa sulla soglia argentea predetta, che è coperchio alla tomba. Non valuti noi ad interpretarla, la publichiamo perchè l'interpretino i dotti. V. Tavola E.

[1] Di quest'obbligo, per la dotazione imposta da Urosio, già non rimaneva vestigio ai tempi del Beatillo. Il Putignani qui osserva (p. 519), che tal dotazione piuttosto ad Urosio il grande sembra doversi attribuire, e non al suo figliuolo detto il Milutino. Poichè quegli con Elena sua moglie era cattolico, questi lasciò lo scisma solo nell'anno 1320.

[2] Ecco com'è descritto dal Beatillo (p. 960): « Un bellissimo qua-

così l'altro più piccolo, ma di similissimo lavoro, donato dalla regina Elena [1]. E per non più ritornare su questi re, diciamo che quello Stefano Dusciano, penultimo della dinastia dei Neeman, avvegnachè bruttato di parricidio e di scisma, fu pure generoso con la nostra Basilica; a cui dal suo tributo dovutogli nella città di Ragusi donava per uso di cera in per—

dro di legno alto sette palmi e largo più di quattro con un'immagine di S. Niccolò, il qual dà con la destra la benedizione, e con la sinistra tiene il libro degli Evangelii. Sta ivi il Santo vestito non da Sacerdote, o Vescovo greco, ma da Patriarca: non perchè fosse stato egli Patriarca giammai, ma perchè in tale abito comparve una volta ad un Diacono della Chiesa Mirense verso i tempi del secondo Concilio Niceno. Dalla destra gli sta vicino inginocchioni il re Urosio con le mani giunte, col paludamento indosso, e con la corona sul capo, nel qual modo gli sta similmente dalla sinistra la reina Elena sua consorte. Della pittura dell'imagine molto poco si vede; giacchè tolto la faccia, mani, e braccia così del Santo, come dei Re, il rimanente quasi tutto è coverto di piastre d'argento vagamente lavorato e smaltato, che rappresenta con mirabile artificio tutto ciò, che della pittura è nascosto. Dalla destra del capo del Santo scorgesi dentro una piccola nuvoletta una mezza effigie di Cristo Salvator nostro, che porge a S. Niccolò il libro degli Evangelii; e dalla sinistra un'altra somigliante della Vergine nostra Signora, che gli offerisce il pallio arcivescovale ».

[1] « Elena (dice Beatillo medesimo) con i suoi figli Urose e Stefano donarono un altro quadro di grandezza e larghezza la metà meno di quel di Urosio, onde non rappresenta più che la metà dell'imagine del glorioso Arcivescovo. In tutte le cose è similissimo al quadro grande del re, fuorchè nelle imagini, che gli stanno inginocchioni attorno, le quali sono tre, non più di mezzo palmo l'una, cioè dalla sinistra quella di Stefano con questo scritto: *Rex Stephanus filius Vrosij Regis Serviae*; e dalla destra quella di Urose con queste parole: *Rex Vrosius filius Vrosij Regis Serviae*; e quella della reina

petuo ogni anno la somma di dugento *perperi* di *dodici* grossi veneziani l' uno [1].

Elena con questa sottoscrizione: *Memento, Domine, famulae tuae Helenae Dei gratia Reginae Serviae, uxoris magni Regis Vrosij, matris Vrosij, et Stephani suprascriptorum Regum. Hanc Yconam ad honorem Sancti Nicolai ordinavit* ». Intorno a cui giova credere (opina il Putignani p. 516) che fu mandato quest' altro quadro dalla madre Elena in dono a S. Niccolò in tempo, in cui ella, dopo la morte del grande Urosio suo marito, regnava co' suoi figliuoli Urosio Milutino, e Stefano Dragutino, e, come cattolica ch' era, desiderava pure, che i suoi figliuoli abbracciassero parimente la credenza Romana.

[1] Il Putignani dà a questa somma il valore di cinquanta de' nostri ducati: a noi sembra di più, perchè sebbene il grosso varii, pure la sua ragione è tra' 20 e 25 centesimi di franco, e così varrebbe un fiorino veneziano, e tutta la somma un centoventi ducati: ma ciò poco monta. Il diploma è dato in Scopia, città della Servia, l'anno 1346. In esso si protesta egli devoto al nostro Santuario, come Urosio suo avo, e Stefano suo genitore; ed annuendo alle dimande del Capitolo, ordina a tutti i Consiglieri ed Ufiziali della città di Ragusi, che a richiesta dello arciprete di Acquaviva e di Niccolò di Barletta, canonici della Basilica, o di altri procuratori di essa, a cominciar dal mese d'agosto del detto anno, consegnino la somma di dugento *perperi*, e ne ritirino ricevuta per cautela di sua Curia, e dell'università di Ragusi. Diatriba 11, p. 67.

CAPO III

DALL'ANNO 1320 AL 1353.

SOMMARIO

L' arcivescovo Landolfo bene accetto alla città per opere pie , e re Roberto favorisce alla Basilica ; il principe Carlo suo figliuolo rimaso luogotenente acconcia
le questioni tra la Basilica ed i mercatanti (1321) ; s' accosta l' imperator Lodovico il Bavaro , e si smugne più oro; Giovanna I non men larga di benefizi, la
quale dopo la morte di re Andrea si sposa a Lodovico di Taranto; fazioni guerresche di costui in Capitanata non fortunate; caratteri di Guarnieri duca di Urslingen , e sua vita passata ; ei tradisce Lodovico, e passa agli Ungari ; carattere
di Giovanni Pipino conte di Minervino e sua vita passata ; sostenitore delle parti
regie in questi luoghi , donato di parecchie terre e del titolo di principe di Bari ; gli Ungari ingrossano a Barletta, tengono pratiche col Pipino nella lama di
Bisceglie , e poco dopo muovono per Napoli; Pipino stringe Molfetta e Giovinazzo, e le ottiene; tentata Bitonto egregiamente difendesi, e viene a patti con
esso lui (1349); non ricevuto a Bari, trae a Monopoli , e quindi torna a Bisceglie; il Mazzia , de Sulz, e Nicolosio fanno disertare le bandiere di Pipino ; e
con queste ed altre forze soccorrono Bitonto, che secondo i patti sfida il Pipino ; unitisi ai Bitontini mettono a ruba e sangue le terre di Bari ; distrutta Auricarro , incendiata Palo; manomessa Grumo, saccheggiata Toritto, risparmiata
nelle vite Bitetto per accordo ; fatto d'armi fra gli Ungari ed il Pipino sotto Loseto, che prigione si ripara in quella terricciuola, poi tenta vanamente Bari
una seconda volta, e si riduce a Bisceglie ; i predatori guastano il contado barese; e non avuta la città, vanno a disertar miseramente Rutigliano ; indi ritornano con più fieri guasti su Bari , e commesse altre nefandezze a Carbonara ,
riduconsi a Bitonto ; i Baresi illodevolmente se ne disfogano con Ceglie e Bal-
sigliano ; il Pipino scioglie un voto fatto sotto le mura di Bari ; ritorna il re
d'Ungheria , che a Bisceglie ha nelle mani il Pipino, entra in Bari (1349), manda
l'Arcivescovo a disporre i Napoletani, pria di tentar l' impresa della metropoli ;
e disarmata Bari, trae a Barletta ; pace tra 'l Re d' Ungheria e Giovanna; fine
di Pipino; stato miserevole della città, alleviato da Giovanna (1352); essa è data
in signoria di Roberto d'Angiò principe di Taranto.

Per sentenza data in Avignone dal V. Clemente, quetato il

reame dai sospetti di vedersi sottoposto a straniera dominazione, se mai fossero valute le ragioni del re d'Ungheria, giungeva in Napoli Roberto, accorrenti da ogni parte i soggetti a
rendere omaggio al nuovo sire. La fama guelfa il predicava in
pace spertissimo ed in guerra, petto di sapienza pienissimo,
alla posterità nuovo Salomone raccomandavalo; la ghibellina
al contrario fratricida, affettatore di dottrina e pietà, maestro
di astuzie a velar le perfidie sotto l'ampio mantello dell'ipo-
crisia : ma, cessato lo studio di parte, la severa storia lo giu-
dicò principe magnanimo, nè mendaci le lodi dategli già dal
Petrarca.

Ne'primi anni del costui regno niun fatto avvenne nella nostra città degno, che lo registri la storia ', tranne che i cittadini oro liberalmente versassero nelle mani dell'arcivescovo
Landolfo I, perchè la torre del Duomo già ruinata per terre-
moto del 1267 si rialzasse; ed in breve tempo risorse nella sua
ardita grandezza. Ed avvegnachè cotesto Landolfo di nazion
padovano, non fosse stato l'eletto del Capitolo, che diviso in
contraria sentenza, quali un Caracciolo, quali un Filomarino
nominassero, ma dato dalla volontà di papa Clemente il quale,

----

' Abbiamo solo un'ordinanza regia del dì 20 di dicembre 1316,
con cui s'imponea, che convocati il procuratore e l'avvocato del Fisco, i sindaci ed i procuratori delle Università ed uomini più vecchi
e degni di fede, si fermassero i limiti del contado barese e de'luoghi
vicini con termini lapidei, a fin di cessar le contese per il pascolar
delle greggi; e di più si stabilisse il prezzo da pagare per ciascun cen-
tinaio di pecore e di porci, e così per buoi, vacche, cavalli. Datum
Neapoli per Bartholomeum de Capua ec. ec. Ioannes de Baro. C.
Alla qual prescrizione, temiamo non si fosse per l'appunto adempiuto, veggendone spesso rinnovate le querele.

in quel torno , a torre gli scandali occorrenti nelle elezioni , all'apostolica Sede riservolle; pure era entrato in tutta riverenza del popolo, che lui vide tanto amorevole della sua Chiesa. Lui lastricarne di marmi il pavimento, lui ridurre a forma più elegante il presbitero, innalzarvi una nuova cappella a S. Caterina, rivendicarne le possessioni, rifare i costumi de'ministri dell'altare , provvedere alle Chiese della diocesi , ragunar concilio provinciale. Conoscente al Pontefice il Monarca, e studioso di mantenere illese le immunità della Chiesa con lettera regia strettamente imponeva a'giustizieri, che non facessero turbar da persona la nostra Basilica ne'suoi feudi di Rutigliano, Sannicandro e Grumo [1]. Della qual terra di Grumo, il tesoriero di essa Basilica Rostaino, arcivescovo di Neopatto, in quell'anno appunto prendea possesso; posciachè senza eredi era morta la Costanza di Montefuscolo, che n'era signora , e nel nostro Duomo sepolta [2].

Opportunamente sgombravasi intanto il nembo, che formidabile a Roberto s'addensava da re Federico e dal settimo Arrigo unico sostegno allo sgomento de'Ghibellini , fra quali indarno erasi levata la voce dell'Alighieri. Morto Arrigo avventavasi egli con gran nerbo di forze contro Federico : tutta volta i lieti principii della guerra non finirono che a tregua di tre anni. E tra per questa impresa, ed il correre sovente a Firenze, e Genova e ad altri luoghi, lasciava vicario a reggere le cose del reame il principe Carlo suo figliuolo. E fu innanzi a Carlo, che (15 di feb. 1321) Pietro da Bari diacono della cattedrale di Napoli,

[1] Datum Neap. An. Dm. 1316, die XXII martii, XIV indic. regnorum nostrorum anno VII.

[2] V. documenti num. XLIX.

vicario del priore e procurator del capitolo della Basilica, e
Nicolò Macciacotta procuratore della città, a quetare le dissensioni tra i mercatanti baresi ed esso capitolo, fermarono un
accordo, che ne' mercati di maggio e dicembre non fossero i
mercanti obbligati ad entrar con le loro mercatanzie ne'cortili
della Basilica; ma tutti ne pagassero i diritti, ed alla giurisdizione del priore e del capitolo sottostessero [1]: accordo però di
corta durata. Fu Carlo, che a'richiami de' nostri concittadini
ordinava al giustiziere, che sebbene avesse dalla regia curia il
mero e misto imperio, pure si guardasse egli dal trarli innanzi
alla sua giustizia a cagion di quelle cause civili, che per le
costituzioni e capitoli del regno fossero sottoposte alla conoscenza de'baiuli e giudici annuali [2]. E Carlo medesimo fu spedito dal padre nel maggio del 1325 a' danni di Sicilia con una
armata ingrossata da venti galee genovesi. Ma mentre con vana
fatica perfidiava a voler sommettere la Sicilia, vedeva re Roberto muovere dall'Alpi non men formidabile nembo, le schiere
dell' imperator Lodovico il bavaro. Onde a fiaccar le corna,
com' ei diceva, de' Siculi ribelli, e respignere i nuovi invaso-
ri, non avendo bastevoli sussidi, consegnava lettere di credenza al vescovo di Troia ed al giudice Andrea Freccia di Ravello
suoi familiari, perchè a Bari si conducessero interpreti della sua
mente; e lodando i soccorsi di danaro e di braccia già per lo
innanzi prestati ed esponendo lo stato infelice del reame, con
la voce e con lo scritto cavassero nuovo oro dalle smunte genti [3]. Pure per cavar che ne facesse con ogni argomento da tutte

[1] V. Docum., n. L.
[2] V. Doum n. LI.
[3] V. Docum. n. LII.

parti, immensamente ne ingoiava la guerra nel dover tener fronte al Bavaro, e volere ad ogni patto ricuperare la Sicilia, contro cui ogni anno nuove e grandi armate a combatterla inviava. La quale quando poi dal riso beffardo della fortuna gli venne profferta, egli era già per uscir d'ogni speranza delle cose di questo mondo, e ne usciva contristata l'anima d'amaritudine per lo spento figliuolo, ch'ei reputava corona del suo capo, e per l'indole di Andrea, che così diversa appariva dal senno e dal cuore della leggiadra sua nipote Giovanna. Così quella monarchia che nel I Carlo pareva occupar dovesse tutta Italia, lasciavala Roberto cadente in ruina. Ma prima che ci facciamo a raccontare i gravissimi danni venutici dall'ungara dominazione, diremo che alla morte di quel benemerito nostro arcivescovo Landolfo, seppellito nella tomba da lui medesimo apparecchiatasi presso la cappella di S. Caterina, un canonico della cattedrale di Napoli, di casa Sanseverino, a nome Ruggiero, veniva in suo luogo, ed era assai innanzi nella grazia del re. Il quale di fatto gli aveva concesso, che l'altro pubblico mercato, solito a celebrarsi ogni anno nella città l'anniversario della consecrazione del Duomo, sino ad otto giorni si protraesse, di tre che prima durava; i canonici la civile giustizia rendessero, tenuta per lo innanzi dagli ufiziali del reggimento; e la decima sulla bagliava di Gioia e'si riscuotesse [1]. Nè minore stato ebbe presso Giovanna, che all'alto ufizio di logoteta e gran protonotario del regno innalzollo, ed alla sua solenne investitura nella chiesa di S. Chiara di Napoli lo ammise.

La prima grazia, di che richiesero i nostri la giovine sovrana fu che ponesse ella un freno alle terre poste nel lor contado,

---

[1] Lombardi parte I, p. 139.

il quale tutto ne veniva come da nemici diserto. E benigna ne accoglieva i richiami, strettamente imponendo ai giustizieri di adoperar severità ne'delinquenti '; come di poi ai medesimi ordinava che dai lor delegati violenze ed estorsioni nel raccorre delle collette non si usassero *.

Quand'ella poi spaurita del vedersi rovesciar sul capo il misfatto commesso in suo marito quella notte funesta de'17 di settembre 1345; non dileguato pure il sospetto dopo il fiero tormento e la morte data a coloro, che ne furono creduti autori (non ultimo fra i severi consiglianti il nostro Arcivescovo logoteta e protonotario); e più spaurita ancora delle parole riportatele per il suo messo, il vescovo di Tropea, da parte di re Lodovico suo cognato, che ad infignimento le apponeva quell'affidargli la difesa della vedovanza e dell'orfanezza del tenero nato; ricercò di consiglio i signori della Corte, questi di studiarsi attesamente a difendere il reame la consigliarono. Le prime terre, che a munire si avessero, furono le marittime dell'Adriatico a fronte della Schiavonia. Il giustiziere di terra di Bari, che Bardo avea nome, volendo d'un buon nerbo di presidio guernire la città di Barletta, imponeva alla nostra, che cento fanti bene armati e venti cavalli in brevissimo tempo e sotto certa pena gl'inviasse colà; ma essa risolutamente rifiutò. Amaro tornò al giustiziere l'inobbedito comando; e perchè alle minacce di lui non seguisse l'effetto, alla regina inviava

' V. Docum. LIII. Coteste terre erano Camerata, Balzignano, Butorrito, Casabattula, ormai distrutte, e di cui si ricordano solo i nomi, e Modugno, Bitritto, Loseto, Valenzano, Trigiano, Ceglie, Carbonara, e Capurso.

* Datum Neap. per venerabilem Rogerium ec. ec. A. D. 1344, die XX aplis, XII indictionis, regn. nr. anno II. C. C.

la città il suo sindaco Niccolò de Piltro, che le ragioni del giusto rifiuto esponesse, massime lo scarso numero de'cittadini di popolosa ch'era, e gl'imminenti pericoli. Piegossi il regio animo, e ricordando al giustiziere, esser natura che detta ne'gravi pericoli di provveder prima alla propria salute che all'altrui, ingiungevagli di non molestar la città; essere sua mente adoperare in simiglianti casi più carità ne'soggetti, che rigore; se mai in alcun severo comandamento proceduto si fosse, affrettasse a rivocarlo: il nostro arcivescovo medesimo le regie lettere dettava [1].

Intanto il principe di Taranto ritornato nel reame da una spedizione in Grecia, dov'erano accorsi con esso lui i napoletani cavalieri, fastiditi dell'ignavia di re Andrea, e dell'ungara arroganza, che la somma delle cose aveasi posta nelle mani; mantenitori sotto Tessalonica della virtù italiana, che a liete speranze si traeva di ricoverar Costantinopoli; trovavasi egli tra i consiglieri della Corte ed esortava la regina ad afforzarsi nel sostegno di un consorte, e Lodovico fratel suo secondogenito e valoroso principe le proponeva. Plaudita la proposta da tutti, massime da Niccolò Acciaiuolo, ben accetto a lei e poi nostro gran siniscalco [*], ella, senza che del parentado il dispensasse il Papa, lo tolse a marito; nè mancano già di coloro che le appongono precedenti amori con questo suo cugino, cui tengono come cagione dello disfarsi di Andrea: ma franchi nel vituperare, niun certo documento ne adducono.

[1] V. Docum. n. LIV.

[*] Matteo Palmieri nella vita dell'Acciaiuolo (Murat. tomo XIII, p. 1201) racconta, che questi ricostrusse più magnificamente l'altare del nostro S. Nicolò, ed ai sacerdoti custodi della venerata tomba assegnò perpetua entrata: di che non troviamo notizia veruna.

Vana opera per noi dire de'lenti apparecchi, dell'appressare dell'Ungaro, delle pietose parole della regina a conforto dei sudditi piangenti per la partita di lei; vanissima ricordare le prigionie, le morti, i terrori di quei quattro mesi, che l'Ungaro stanziò nel reame, finchè fuggendo innanzi alla peste, da Barletta non si mise in mare per alla volta di Schiavonia, lasciato suo vicario in Puglia quel Corrado Lupo barone tedesco. Le storie registrarono tutto: ma quel che in questi luoghi avveniva, dopo che Giovanna e Lodovico a'preghi de'principali cortigiani di re Roberto nel reame ritornarono, è ancor sepolto nelle cronache. Narratore de'fatti, che vide e udì ed anche fece, Domenico di Gravina sarà seguito da noi guardinghi dall'aggiustarvi intera fede, quando dell'avversa parte egli parla, dato com'era con tutta l'anima agli Ungari; nè forse increscerà se alquanto ne'particolari ci allargheremo.

Lodovico, che già titolo di re con la Giovanna faceva risuonare ne'regii comandamenti, veniva con esercito vittorioso e fidente sopra Lucera in Capitanata. Ma non trovolla arrendevole, com'egli credeva, statovi posto dentro da Corrado Lupo a difenderla un tal Malgerio da Guilborio, forte di molta soldatesca e di vettovaglia. Quivi sfogandosene in vane scaramucce, invitava il re con sue lettere i sindaci di tutte le università a prestargli giuramento di fede, e vi convenivano tutti. Increscevagli il resistere di Lucera, cui preparò più gagliardo attacco, e l'ebbe alla fine, tranne il castello, dove gli Ungari si ridussero. Quindi distaccando una parte dell'esercito, ed a Ruggiero di Chiaromonte confidandola, l'avviava per le Calabrie contro l'ungaro duce Filippo Misbano, il quale rimaneva vinto compiutamente. Pure in vano struggeva sue forze Lodovico; e le sue fazioni contro Manfredonia non furongli più profittevoli delle lucerine. Aveva un traditore nelle schiere, Guarnieri duca d'Urslingen, capitano di mille cinquecento barbute tedesche, il quale di celato con Lupo se la intendea. Costui era stato preso a soldo dall'Acciaiuolo, che precedette il ritorno de' regii sposi; gran peste d'uomo, che nel 1342 [1] raccozzò una frotta di Tedeschi licenziati dal comune di Pisa, un tremila, che dissero la *gran compagnia*, e con essi meretrici, ragazzi, ribaldi d'ogni generazione; flagellò molte città italiane, Siena la prima, e chi fuggiva le spade e gl'incendii, dovea saziarlo d'oro. Scioltasi gran parte della masnada, con le reliquie di quella si pose a'servigi del re d'Ungheria, ed entrò nel reame. Venutogli in sospetto, e licenziatone, tornò in campagna di Roma, e macellò come bestie il popolo d'Anagni, che osava negargli oro. Svergognatore della nobiltà de' natali, che nella sfrenatezza della ferocia si allacciò sul petto una scritta in lettere d'argento, che dicevano lui essere il *Duca Guarnieri, signore della gran compagnia, nemico di Dio, di pietà, e di misericordia*; poi al ritorno di Giovanna accorreva a ricevere i regii sposi sulla spiaggia, a precederli nell'entrata, a smuovere il popolo, a gridare il viva; costui fu il condotto dall'Acciaiuolo: eppure fiorentino questi, doveva sapere quanto ne piangesse la patria, doveva conoscerlo almeno di nome.

Già cominciava l'egregio duca a non più mostrare quella sua forza di corpo; ma a ritardar con ciance le sue spedizioni, andarvi a ritroso, farle capitar male [2]. In somma fu ridotto a tale Lodovico, che impaurì, lui consigliero, di venire a gior-

---

[1] Murat. anno 1342, e 1348.

[2] Ercole Ricotti, storia delle Compagnie di ventura, parte II, cap. 3.°

nata con Corrado Lupo, già ritornato di Abruzzi con nuove
compagnie tedesche a soccorrer Lucera; ed ingozzò l'onta del
dispregio, che a sè ad a'suoi capitani si faceva; si vide quasi
sotto gli occhi saccheggiar barbaramente la ricca Foggia, altri
provvedimenti non pigliando egli che di farsi su quel di Cerignola per impedire le incursioni in terra di Bari; e da ultimo
abbandonava la Capitanata, appena che i nemici se ne slargarono verso Benevento, e stoltamente affidava al Guarnieri medesimo la guardia di Corneto nella Basilicata. Questi sfronta-
tamente vi si faceva far prigione, posandovisi in gran sicurezza, senza scolte, senz'ordine, con porte spalancate. Di notte
tempo circondate dai nemici le mura, penetràtivi, ferro e fiamme da per tutto, ed egli dopo simulata resistenza fugge di
tetto in tetto, e quasi nudo si dà nelle mani degli inseguenti.
Di trentamila fiorini ricercava egli per suo riscatto il re; il
quale, troppo tardi conosciutolo, lasciava piuttosto che passasse alla parte nemica. Il vayvoda di Transilvania a nome Stefano, e Corrado Lupo se 'l tolgono a' loro stipendii, l'abbrac-
ciano, il fanno terzo capitano nell'esercito. La Capitanata ripresa subito da quei tre feroci, più ladroni che capitani, re-
stonne quasi distrutta delle migliori città.

Come s'intese la ritirata del re, e le forze ungare stanziate a Foggia, tutti si strinsero di paura. Primi i Barlettani ed
i Tranesi alle minaccianti lettere inviare i sindaci, protestanti
devozione all'ungara signoria: seguìto l'esempio da Andria,
Bitonto, Giovinazzo, Molfetta. In queste parti rimaneva Giovanni Pipino, conte di Minervino e palatino d'Altamura; nè
buona lana costui. Discendente di avo notaio barlettano, entrato nella grazia degli Angioini, fatto ricco (come correva
fama), quando fu commessario alla cacciata de'Saraceni da Lu-

cera ; tanto da comperar castella per l'unico figliuolo Nardo ,
padre di esso Giovanni, e che divenne poi conte di Minervino,
e di molte altre terre. Ambiziosissimo Giovanni e vano, ricetta-
tore di fuorusciti ed altra malvagia gente, nimicatosi mortalmente ai della Marra, ai Sanseverino, ed ai Balzo, cadde in disgrazia di re Roberto; il quale, confiscatigli i beni, che furon
comprati dai Sanseverino medesimi , dannollo a perpetua carcere, come eccitatore di tumulti. Perdonatogli da Giovanna
ed Andrea, entrò nel favore de' regii consorti, e divenne og-
getto d'invidia per pompa trasmodata. Rifuggitosi a Roma, dopo
la morte d'Andrea, e mossa quivi una sollevazione contro il
tribuno Cola di Rienzo , si rinchiuse in castello S. Angelo,
quando vide messa in rotta una delle sue bandiere. Travestito
da frate, se ne fuggì, allorchè passò il re d'Ungheria, e prese
la volta di Aquila '; tolto di bel nuovo a servigio di Giovanna
e Lodovico, insieme col duca Guarnieri, divenne sostenitore
delle lor parti; e Lodovico gli prometteva o donava Bisceglie,
Molfetta , Giovinazzo, e Monopoli, ed il titolo di principe di
Bari, in premio ai servigi della passata guerra, ed in compenso
de' beni perduti : nè sappiamo, se vera fosse cotesta promessa
o donazione (non v'essendo documento veruno), ovvero arroganza sua in tanto sfasciume di cose, come ne par più verosimile. Stava egli a Bisceglie , e di là in quel che divisava ridursi a Bari co'suoi cinquecento stipendiati, se fosse possibile
mantenersi in istato; il vayvoda e Corrado s'accostavano a
Barletta, grossi di gente ungara, lombarda, e tedesca, dicono,
un dieci mila tra fanti e cavalli. Quivi alquanti giorni restarono, più sempre ingrossando di gente e di danaro, che traevano

' Muratori anno 1347 , e la cronaca di Domenico di Gravina.

da quella città. La quale di compiere una sua vendetta sopra Iacopo Cavalcanti, stato ufizial male accetto nella terra, li riricercò e ne fu fatta contenta. Dal castel di Manfredonia, dove trovavasi prigione il misero, fu dato nelle mani alla plebe, che trascinatolo con le maggiori contumelie per le strade della città, lo finirono di capestro. Biasimevole sempre la crudeltà e i modi fuor di legge anche sui più ribaldi. Dopo due giorni cesse ancora il castello di Barletta difeso da Raimondo del Balzo.

I capi degli Ungari, poichè più volte dai Giovinazzesi e Molfettesi travagliati di continuo dal Pipino, non tolleranti di uscire della regia condizione, eran loro venute (come già dicemmo) profferte di dedizione; consigliandosi fra loro si risolsero di trarlo ad accordi, perchè così prometteansi più spediti e più larghi vantaggi. Sino a Trani si condusse il vayvoda, e tentate le pratiche col Pipino, n'ebbe risposta, che nella lama di Bisceglie, quando volesse, sarebbon venuti a parlamento. Nel giorno e luogo fermato si presentarono il vayoda con Corrado, e Guarnieri in buona compagnia di cavalli: guardato da' suoi trovaronvi il Pipino. Fatti allontanare gli armati, a sè lo invitarono i primi due, e quegli senza sospetto s'accostò scortato da soli due uomini.

Lungamente parlarono quelli con meditate parole, esortandolo da ultimo: « fosse conoscente ai benefizi del duca Andrea, « che massime per odio di lui aveva patita quella morte nefanda; . « mostrassesi obbediente al re d'Ungheria; movesse con esso « loro contro i sudditi ribellanti; maravigliarsi che molestasse « Molfetta e Giovinazzo, città fedelissime; quest'una la via di « ritornargli in grazia; eglino solleciterebbongli il perdono ».

A cui il Pipino: « Nobilissimi condottieri, credevamo vera-

« mente, non foste digiuni de'fatti avvenuti. Non sapete per
« avventura esser noi venuti sino in Ungheria a sollecitar la
« giusta vendetta del vostro re contro gli assassini del regio
« fratello? ed essere stati in suo servigio con tutte le nostre
« forze? e lui, sfogata la vendetta, ai più iniqui traditori emuli
« nostri aver perdonato, e noi a petizione di quelli sforzato ad
« uscir del reame? Ed ora a serbargli fede n'esortate? Non
« feudi a noi, non terre da lui. Ma perchè amichevoli le vo-
« stre parole, sola pacifica tregua vi promettiamo. E però pre-
« tendiamo, che non abbiate a turbarci nel dominio delle città
« di Molfetta e Giovinazzo: le quali come avremo acquistate,
« impegniamo la nostra fede di nulla più tentar nell'avvenire
« contro l'onore della regia maestà. Che se in questo vorrete
« impedirne, abbiate per fermo, che da forti coi nostri stipen-
« diati resisteremo ».

Alle superbe parole fremendo il vayvoda fu quasi per sostenerlo, e già ne faceva cenno ad un soldato; dal qual proposito
per Corrado e Guarnieri smosso, consentì loro di ricevere le
promesse del Pipino, che sui sacri Evangelii ne faceva giuramento. Quindi a Bisceglie questi si ridusse, a Barletta quelli.
I quali, sia che veramente fossero quelle false lettere venute
dalla università e nobili napoletani, e gl'indettati messi (di cui
racconta il cronista), ovvero altra occulta cagione fosse, che
in terra di Lavoro ve li traesse; dal primo disegno di soccorrer terra di Bari ed Otranto si levarono; da Barletta, lasciatovi a custodia del castello un tale Stefano de Iadra, e ragu-
natore della pecunia un Niccolò Mazzia da Manfredonia, verso
Napoli se ne partirono.

Allora il Pipino ritornò ad oste sotto Molfetta, e gli riuscì
l'ultimo tentativo. Con poca gente s'avventò fin sotto le mura

della città, e così fieramente, che i cittadini stretti dappresso, uscirono ad inseguirlo fino a S. Maria de' martiri, distante quasi un miglio. Colà dettero negli agguati, e messi in mezzo, più di cento ne restarono prigioni; nè da Bisceglie liberati, finchè la città non s'arrese. Più baldo stringeva poi Giovinazzo, di macchine a dominare il muro si provvedeva, sotto le scuri cadevano gli ulivi. Non poterono più innanzi i Giovinazzesi, e di onesti patti almeno lo richiesero: tutti i diritti, alla regia curia pertinenti, alla camera del Pipino si assegnassero; abbassato il vessillo dell'Ungaro, quello della regina e di Lodovico innalzassero; otto statichi delle diverse condizioni di cittadini per sicurezza di nuova diffalta nel castel di Bari si custodissero: di più, cent' once d'oro gli furono numerate, non ricordate nei patti.

Di là, dimentico delle giurate promesse agli Ungari, si fece sopra Bitonto. Ristatosi all'abazia di S. Leone, manda suoi messi alla città: che alla regina ed a Lodovico si restituisse, ed a lui come a principe di Bari favorisse. I rettori di quella un Errico e Paolo, cavalieri non si sa di qual casa, e Cicco di Sergio, e Leone Castagna: «Dite al Palatino, rispondevano, che « noi giurammo fedeltà al re d'Ungheria: altra signoria non « vogliamo. E però non ne molesti, fino a che il Cielo non « avrà data la vittoria sul reame o all'Ungaro o all'Angioina. « Forte ci maravigliamo delle violate promesse del Palatino, e « lo confortiamo a ricordarsi, e mantenere il giuramento, come « a magnifico principe si conviene. Sappia da ultimo, che la « paura non ci rimuoverà dalla data fede, finchè non vedremo « a qual termine si ridurrà la bisogna ».

Non li degnò egli d'altra risposta, che di gagliardi assalti, a cui non istettero oziosi dalle mura i cittadini. Allora quegli

a raccorre genti dalle terre vicine, a devastar le campagne,
a bruciarne gli ulivi, a ruinarne i frantoi: nè smuoventisi pure, ad un più forte assalto si preparava. Macchine di più maniere schierava innanzi alla città, e ponti, e scale, e gatti, e
trabocchi; dietro queste gli armati. Niuna resistenza: ma come furono sotto il muro, grandinarono le pietre da tutte parti, che sconquassando le macchine, pestando ed uccidendo gli
uomini, li cacciavano in fuga. Nè pietre sole; chè un buon
migliaio di balestrieri erano dentro, i quali lanciavano da fe-
ritoie aperte ne'muri; e per fortuna camponne il Palatino medesimo, ferito mortalmente un servo, che gli stava a'fianchi.
Già volgeva il diciassettesimo giorno in coteste fazioni, quando
lo richiesero i cittadini di voler essere uditi, proponendogli di
accordarsi in patti, di che gli uni e gli altri potessero star contenti; ma riprotestando, che nè danni, nè morti li rimuove-
rebbero dalla fede nel re. Ottenute lettere di sicurtà, furono
eletti dai cittadini al convegno i due sovranominati cavalieri,
ricambiati con due scudieri e due soldati nemici, tenuti fra le
mura, i quali rispondessero della vita di quelli. Furono fermati questi patti: Pagherebbero per la tregua i Bitontini cen-
t'once; e se per tutto il quindicesimo giorno di luglio di quel-
l'anno 1349 non ricevesse la città aiuti dagli Ungari, i quali
sul campo di S. Leone, là dov'eran eglino, lo chiamassero alle
armi; la bandiera di Giovanna e Lodovico innalzerebbero, ed
a lui principe barese si renderebbero.

Ricevuto il danaro, se ne partiva egli; e giunto a Bari,
richiedevala di entrata, e di riconoscimento del principe. Va-
nitose le richieste, nè men risolute le risposte; chè da tale arrogatasi signoria la città abborrendo, aveva anche un forte appoggio ne' medesimi congiunti di lui, i quali gli erano avversi

e nella città si trovavano. Onde senza più contendere, difilato trasse a Monopoli, che gli si manteneva devota; dove rinfrancatosi alquanti giorni, ritornò a Bisceglie.

Quivi non cessò pure da saccheggi e da taglie or in uno, or in un altro luogo: a che stringevalo la necessità del danaro pei suoi assoldati, i quali forte mormorando delle durate fatiche, richiedevano istantemente gli stipendii di tre mesi. Le quali angustie del Palatino risaputesi in Barletta, il ragioniere della curia Niccolò Mazzia con Filippo de Sulz, detto *Malespirito*, che colà erasi di Andria con alquanti Tedeschi ridotto, e un Tommaso Nicolosio si accontarono insieme, e fermarono di torre a' loro stipendii quelle genti d' arme. Mille fiorini d' oro si anticiperebbero dal ragioniere per la prima paga, ed il sacco delle città sopperirebbe al resto; e già fra sei giorni si aspettavano cinque bandiere tedesche, appresso altre quattro, e così diserterebbero tutte le altre.

In questo mezzo Pietro Russo recava a Barletta lettere dell' università di Bitonto, con le quali chiedeva ella aiuti, essendo già presso a spirare il termine posto col Palatino. Giungevano a bell' agio da Bisceglie le prime bandiere tedesche, cento cavalli comandati da un Guido Magno, e da un Colino; di poi altri dugento coi lor capi un Tommaso da Portanova, e un de la Rosa. Queste ed altre genti movevano per Bitonto. Presero la via di Corato, poco prima loro ribellatasi, e la riebbero incontanente d' assalto, sebbene poca preda facessero; e quindi a Bitonto con lieta accoglienza ricevute. Colà raggiunseli Hebinger con altri cento cavalli distaccati dal Palatino; e lui già conto per celebrità unanimi gridarono condottiero dell' esercito. Il giorno vegnente, ch' era appunto il termine della tregua, raccolti a suon di tromba tutti i capitani con le lor genti, e quanti Bitontini erano forniti a cavalli, si condussero la dimane a S. Leone. Quivi quel cavaliere di nome Enrico, voltosi al giudice, ad un pubblico notaio, ed a testimoni fatti venire a posta: « Ecco, diceva, alla vostra presenza, o giudice, pubbli- « co notaio, e testimoni, da parte di tutti i cittadini di Bi- « tonto, giusta i patti fermati col Palatino, oggi, giorno pre- « fisso, noi lo chiamiamo a guerra in campo S. Leone, pronti « a seco combattere: della qual chiamata vogliamo voi a testi- « moni, affinchè egli non ci possa gravare di slealtà ». Presone registro solenne dal notaio, tutti i Bitontini ad alta voce chia- marono a sfida il nemico; il quale non apparito, ritornaron- sene vittoriosi nella città.

Quel giorno medesimo Bitontini, Ungari, e Tedeschi de- cretarono, che tutto si predasse e si desse alle fiamme il ca- stel d'Auricarro, per aver cresciute le forze al Palatino, e della stessa ragione si trattassero tutte l'altre terre, ch'eran nel contado barese ribelli alla maestà ungarica, ed a Bitonto nemiche. Bella la prima difesa e costanza bitontina, comica la scena cavalleresca a S. Leone, vergognosa e barbara questa ri- soluzione. Qui si toccherà rapidamente de' tristi fatti: chi vo- glia più particolari, li cerchi nel cronista.

Nel dì seguente cominciò la fierissima guerra di rube, e sangue, e fiamme, a sfogo di nimicizie, odii, libidini. L'eser- cito ungaro, la più parte Tedeschi, come dicemmo, con me- glio di due mila Bitontini s'avventarono ad Auricarro; i cui cittadini a campar dall'eccidio s'erano quasi tutti rifuggiti alla vicina Palo. Predate le case, le carra e i giumenti menati ca- richi a Bitonto, s'appiccava il fuoco, e tutto ne ardeva, non rimanendone che il nome nella memoria degli uomini, e gli avanzi della Chiesa a testimonio di crudeltà. La dimane divo-

ravano la via , finchè non giungessero a Palo anelanti vendetta. Resistettero i Palesi disperatamente dal mattino al vespro
sotto la sferza di un sole ardentissimo , molti dall' una parte e
dall' altra cadendone uccisi. Cessero alla fine , e sole le case
protette dal castello restarono illese dalle fiamme, donde stracchi più che sazi si partirono. Solo Angelo di Guarnieri , uno
de' capitani ungari , mosso a pietà dalle lagrime de' Binettesi ,
salvò quella terra, con gran contenzione rattenendo le masnade
precipitanti al saccheggio. Non così fu della misera Grumo ,
che apriva amica le porte, l' ungarico vessillo innalzava , gridando il viva al re d'Ungheria , vini recava innanzi alle porte,
porgendone a tutti col riso sulle labbra: chè anfore ed uomini
rovesciando , vi penetrano i feròci , ne votano le case ; e sazi
di ruba , si sfrenano alle libidini , delle più avvenenti e intatte
maggiore lo strazio. Era della comitiva un tal Leone de Aga-
listo torittese, che per caso aveva in Grumo la sua giovine moglie , bellissima della persona. Entratovi il primo, la rassicu-
rava tremante; quand' ecco dalle scardinate imposte irrompere
i Tedeschi, e contendergli la preda. Nullo era il suo gridare :
lo riconoscessero, lui essere uno de'loro, combattente con essi
tra le file. Alle disperate grida sopraggiunti alla fine alcuni amici , camparoula per miracolo. Ne indignarono tanto i capi, che
a cessar la barbarie, fecero bando « pena la testa a chi toc-
casse una donna ». Eglino stessi, raccoltele in una chiesa fuor
dalle mura, le confidavano a quell'Angelo liberator di Binetto,
che colà le menasse a salvezza.

La vicina Toritto, prima che giugnesse ad inondarla il torrente , innalzò l'ungarico vessillo sulla chiesa, e sul palazzo della
duchessa. Ma nè per questo si confidarono di rimaner nella terra; e fatta raccolta delle più preziose masserizie, uomini e donne

se ne fuggivano e sparpagliavano per il bosco vicino. Entrati i
ribaldi, immensa la preda, al cui trasporto le carra gementi
tre giorni vi spesero; e fra questo tempo ne' nascondigli del
bosco penetravano, che non fu sicuro asilo a molti infelici fin
là dentro dispogliati.

Ritentata Palo dopo alquanti giorni, e trovatala pur resi-
stente, non tolleranti gl'indugi, se ne slargarono, e corsero
all'assedio di Bitetto. Vi posero cinque giorni vanamente, ed
in questo alcuni cittadini scrissero a Betto de Rossi, giustiziero
e rettore della terra, che venisse a soccorrerla di alcun provvedimento, perciocchè sebbene ella fosse sotto la signoria del
cardinal di S. Maria di Monreale, per annuo censo rispondeva
a Francesco del Balzo conte della Cava, e questi nelle terre della
contea teneva a reggere giustizia il de Rossi. Venuto costui nel
campo, per sicurezza ricevuta dai capitani, dopo molti ragionamenti ebbe a promettere di alzar bandiera ungara in tutti i
luoghi del conte, soggetti a sua giurisdizione. Ma come si av-
vicinò alle mura consigliero della patteggiata dedizione, molti
da sopra quelle con ingiurie e pietre ne lo accomiatarono. Allora niun freno ai devastatori; la scure ed il fuoco agli ulivi; nulla intatto nelle possessioni; macchine e scale apparecchiate; si vuol l'oro, l'oro che sanno possedersi in copia da
molti. Uno di questi, a nome Iacopo, il più ricco di tutti, che
vedeva il bel casino d'una sua possessione vicina ruinarsi, e
degli assi di quello costruirsi le macchine espugnatrici, si fa a
tentare gli animi de' cittadini, pregandoli a cessare dalla resistenza, che finalmente non sarebbe assai lunga, e più miserabile ruina patirebbero. Concordi affidarono a lui la lor sorte;
ed egli, chiamati que' due cavalieri bitontini, con esso loro
trattò la resa, e n'ebbe non difficile ascolto. Con gli statichi
di Bitetto si ritirava poco dopo l'esercito a Bitonto.

Posati cinque giorni, si moveva alla volta di Bari. Trovarono deserta Modugno, che la paura li cacciò tutti a rinchiudersi nella nostra città. Ecco venire avvisi agli Ungari, che il Pipino già da Bisceglie condottosi ad Altamura, e ringagliardito di forze s'indirizzava contro di loro. Spedite le spie da tutte parti, n'ebbero che il nemico stanziava a Loseto; e più tardi altre due annunziavano, esser egli già sul cammino. Raccoltisi i capi, assentirono al Malespirito ed a Tommaso, esser più onorevole assalire che aspettare il nemico. Divisero le lor genti in tre schiere, che, a poca distanza fra loro, s'indirizzassero a Loseto. Giunti al casal di Balsignano, e fermatisi per abbeverare i cavalli faticati più dall'arsura che dalla via; vengono annunzi, che il Palatino movea per il piano di Bitritto, e forte di cavalli e di fanti. Erano nell'esercito da trenta Ungari arcieri (se non attenua a bello studio il cronista) che digrignando come veltri, senza metter tempo in mezzo, precipitosi ed ansii del cimento corrono da quella parte. Li seguono gli altri cavalli, lasciandosi indietro i pedoni bitontini; ma già ancor quelli trovavano vinta la zuffa, i nemici fuggenti, molti lasciati morti sul campo, un solo degli Ungari (e poteva anche lasciarlo vivere quest'uno il cronista). Il Palatino medesimo, che su buon corridore fuggiva, raggiunto e preso da Hebinger ed altri tre, che lo menavano prigioniero. Quand'ecco il fratello di lui, Lodovico, con quattro altri sopravvenire ferocemente, ferir d'asta il tedesco, mantenutosi pure in sull'arcione; ma in quello sbalordimento ebbe tempo a camparne il prigioniero, e prima che gl'inseguenti li raggiungessero, nel castel di Loseto quelli si rinchiusero.

Quivi d'intorno fu tutto l'esercito, e cominciavano gli assalti ed il fuoco: ma la giornata dechinando a sera consigliava

loro la ritirata a Modugno. Al quale divisamento si opponevano i più, perchè povero di vettovaglia il Palatino presto l'a-
vrebbero per fame sforzato, e la guerra finita. Ma questi (ripetevano i capi) son luoghi de' nostri nemici; lontani noi da
Bitonto, non acqua abbiamo, non vittovaglia; pochi i nostri
cavalli, e molti sappiamo esservene a Bari: se mai essi questa
notte ci assalgono, se rannodansi le genti del Palatino, non saremo facilmente combattuti? non ne verrà danno e vergogna?
Vinsero in tal guisa l'opposta sentenza, ed a Modugno si ri-
tirarono.

Il Palatino respirando dal vederli sgombrati, appena tra-
montato il sole, con quanti potè raccorre de' suoi, s'indirizzava a Bari a ritentarla, credendo ch'ella per gli Ungari soprastanti avesse a desiderare di crescer le proprie forze con le
sue. Da amico veniva, non da principe; preghiere erano, non
comandi; pure fu tutto vano. La città, avvegnachè non ignorasse il caso del Palatino e i divisamenti de' nemici, le porte
non aprì risoluta, perciocchè di malizia ne sospettava, e temeva, che molto poi a durar dovesse per isnidarlo di dentro
per quelle pretensioni di principato, se ve lo riceveva. Egli allora alla nemica fortuna maladicendo, fe' voto, di tanto tempo
portar nudo del calzare l'uno de' piedi, finchè la patita vergogna di Loseto negli Ungari non vendicasse; e così imprecando,
tutta notte a sforzato cammino in Bisceglie si ridusse.

Procedettero intanto i devastatori all'assedio di Bari. Non era
esercito quello, ma una sterminata accozzaglia di genti di molte
terre del contado barese accorrenti alla baldoria con grasce
e danari, e mescolantisi ai Tedeschi, agli Ungari, ai Bitontini: Cassano, e Bitritto, e Ceglie, e Capurso, e Montrone, e
Valenzano, e Canneto, e Noia con altre terre ancora. Ordinano

i capitani un general guastamento: ed ecco quelle torme disfre-
nate metter le scuri nelle viti, negli ulivi, ed in ogni altro al-
bero da frutto. Vedeva i predatori, e gemeva la città, che contro tant'impeto o non ebbe cuore d'uscir dal chiuso, o ne
fu rattenuta dalla prudenza dell'arcivescovo Bartolomeo Carafa. A costui dà biasimo il cronista di non so qual tirannico
reggimento, e par ch'egli mentisca, se così gli antichi, come
i moderni scrittori delle cose baresi nol gravano punto; anzi
lodanlo previdente e pio, e parlano di rifatte mura a Modugno, mura e fossi a Cassano, torrioni a Bitritto, a fine di pre-
servar questi luoghi della sua mensa dalle temute incursioni:
benchè e Cassano e Bitritto non gliene fossero stati conoscenti, chè primi gli vediamo fra gli altri a crescere tracotanza nei
devastatori.

Mal soddisfatti delle fazioni baresi gli Ungari (chè così se-
guiteremo a chiamar quelle torme, in cui erano la minor parte
costoro) si rivolsero sopra Rutigliano. Il tesoriere della nostra Basilica, Niccolò de Moreriis, alla quale era infeudata
quella terra, e da lui retta, come vide stringersi intorno l'assedio, impauritone se ne fuggiva con pochi domestici. Alla costui fuga caddero le braccia ai cittadini, che quasi abbandonando le fortificazioni, correvano a nascondersi ne' luoghi più
riposti e gran parte nella chiesa stivavasi e sul campanile. Fu
agevole l'entrata agli assalitori, i quali discorrendo da per tutto, a quanti uomini s'abbattessero, con le braccia dopo le spalle
li lasciavano ligati; e di chi resistesse alle ritorte, se ne sbriga-
vano con le spade; alle donne, che salve della terra uscissero,
comandavano, sebben salve non ne uscissero tutte, e nella vicina Noia riparavano. Sotto gli occhi propri si saccheggiavano
le case, ed in mezzo al tumulto ed alle strida del saccheggiare

e del ferire, imprecazioni orrende e pianti di fanciulli. Intorno
al campanile si raccoglieva un forte nerbo di Ungari per isfor-
zarlo, donde, di pietre essendo provveduti i rifuggiti, di quelle
unicamente si difendevano. Legna si accatastavano di sotto, e di
olio davasi alimento alle fiamme, che alto slanciavansi spaventevoli. Cominciò il grido della resa dai rinchiusi; ma in quel
che il Malespirito si accostava ad udirli n'ebbe da un'ultima
pietra sfregiato bruttamente il viso: di che ardendo egli di
fierissima ira, ordina più legna, più olio, volerli bruciar vivi
vivi: e le tracce di quelle fiamme restano ancora a mantener
negli uomini la memoria del nefando caso. Pur finalmente le
strida strazianti commossero gli altri capitani; i quali, fattevi
sulle cornici appoggiar lunghe travi, su per queste ad uno ad
uno discendevano i miseri, che con quant'oro tenessero, appena poterono camparsi la vita. Nove giorni vi restarono quegli ospiti; e la preda fu sì grande che oltre a saziar tante gole
e caricar tanti giumenti, n'apersero pubblico mercato a vil
prezzo per disimpacciarsi dagl'ingombri.

Ma non si persuadevano ancora di non aver cacciate le in-
gorde mani nelle case della nostra città; e vi ritornano di
bel nuovo ch'era in sulla fine d'agosto. Quante altre viti ed
ulivi trovarono in piè ritornando, tante ne tagliarono. Poscia
aggiungendo ai danni lo scherno, mandavano lettere dentro
alla città (che impudentemente si gloria il cronista di avere
scritte di sua mano), le quali: « Cittadini baresi, dicevano, ve-
« nuta a noi notizia del molto vino ed olio, che siete per rac-
« corre quest'anno, ecco gente che vi manda a sue spese per
« aiuto il nostro Signore, il re di Ungheria, di Gerusalemme,
« e di Sicilia. Negli strettoi metteremo intatte le vostre uve e
« le ulive: apparecchiate dunque e i dogli e le anfore a custo-

« dir vino ed olio. Ma poichè per vostro comodo siam qua ve-
« nuti, oprate cose che sieno a lode del nostro signore mede-
« simo : ovvero nè vino nè olio raccoglierete ».

Con miti parole rispondevano agli scherni i Baresi, pregandoli a ritornar nella ragione, e lasciarli in pace. Più in-
velenivano a tali modi, ed i capitani a maggiori guasti sguin-
zagliavano massimamente i Bitontini; i quali a prova di sfrenatezza correvano, e grandi fuochi facevano de' troncati ulivi;
ed accostandosi alle mura, tanto che la voce udir si potesse,
ricordavano ai nostri i danni recati dal principe barese, il Pi-
pìno, e da loro, e dai lor casali alla fedelissima città di Bitonto, gli orti devastati, le cipolle ed i cavoli svelti e gittati dentro la città, e le ingiuriose parole con quelli. «Meritamente, di-
« cevano, or vegnamo a vendemmiar le vostre viti, a potar
« con le spade gli ulivi: uscite coi vostri somieri e cogli otri,
« venite a scerre i finissimi olii, condimento serbato ai vostri
« desinari. Venite questa notte a spettacolo giocondo di fuo-
« chi d'allegrezza, che appresteranno i vostri ulivi ad onore
« e lode della coronazione del vostro re ». Queste ed altre cose, ch'è meglio tacere.

A tanto danno, a tante ingiurie ringhiavano come veltri
i cittadini dalle mura, si mordevano le mani, per non poter
così inferiori di numero ricacciar loro in gola le parole. Perciocchè bugiarde erano quelle accuse bitontine; non mai ser-
virono al Pipino i Baresi, non lo riconobbero mai lor principe, gli chiusero due volte in faccia le porte.

Dieci giorni si rifecero quelle scene, e noi per sazietà non
che per orrore precipitiamo il racconto. Correvano non vendi-
cate le torme nella vicina Carbonara, all'annunzio che sebben
vota d'abitatori la terra, pure il palagio o torre di Macciot-

to, che n'era il signore, venia custodito da dieci malvagi, i quali di là continuamente infestavano e Ceglie e gli altri vicini luoghi dati all'ungara fedeltà. Sforzarono pur con grande stento la torre, fin sopra il cacume giunsero ad abbrancar que' dieci, che trapassati di spada, morti o moribondi si lanciavano giù dai merli, ed a piè di quella un fuoco già apparecchiato i corpi ne bruciava. Prodezza questa tutta de' Tedeschi, uno de' quali a nome Pietro Contifrex n'ebbe spezzata una gamba, e fu portato per la guarigione a Bitonto. Mentre ancora su quel luogo e' s'intrattenevano, Turi, Castellana, Casamassima, Mola inviavano i lor sindaci, profferendo in soccorso dell'esercito le somme, che alla regia curia dovevano. Furono quindi di ritorno a visitarci que' bravi: ma finalmente a Bitonto s'andarono a ristorar de' disagi della campagna, e goder delle prede.

Cessato il timore, uscirono i Baresi a contemplar le inestimabili ruine, ed arsero di rabbia, veggendo il bel giardino, ch'erano le nostre campagne, come da trapotente uragano tutto sconvolto e diserto. Amici noi al vero ed all'onesto, daremo a que' nostri antichi il biasimo, che demmo all'iniqua vendetta di Bitonto, sebbene non paragonabili i fatti; e più ne grava il dire (se non mentisce il cronista), che si facesse l'arcivescovo a guidarli a vendetta. S'avventarono essi a Ceglie, e la devastarono; penetrarono con fallaci promesse in Balsignano, ed entrati fecero lo stesso, e poi la dettero in custodia a Giovanni figliuolo di quel Macciotto da Carbonara nominato poc'anzi. Non taciamo ad arte i particolari, che non sono nella cronaca; ma troviamo solamente aver seco menati a Bari i capi di Balsignano, un Simonello, un Antonio, un Giacomo Angelo. Ai primi due dopo pochi giorni furono troncate le mani. Le quali novelle giunsero all'esercito degli Ungari, ma non si smossero eglino dall'assedio di Corato, ov'erano con essi concorse genti di Andria, Trani, Barletta : ed egregia difesa faceva di dentro un Andrea Patrono toscano, che li stancò tutti.

Qui non diremmo come sciogliesse suo voto il Palatino, se detto non avessimo com'egli il fece quella notte sotto le mura di Barì. Stava a Bisceglie, ed inteso ch'ebbe lo sbandamento de'nemici, parte ritiratisi a Trani, parte a Bitonto, perchè sicura le rendessero la vendemmia, e parte col Malespirito ad Andria; pensò egli esser tempo di sfogarsene sui Tranesi e i Barlettani. Usciva una notte con dugento cavalli, e vicin di Barletta s'appostava: allo schiarir del giorno facea predare uomini e giumenti, che uscivano della città: di che il popolo adirato, ed armatosi, come potesse, s'avventava a torme disordinate contro i rapitori, i quali simulando fuga trassero gl'inseguenti sul lido ; e quivi soprappresi dagli agguati del Palatino e circondati, più di cento ne rimasero prigioni. Strettili tra le fila, con essi accostavasi alla città, se potesse penetrarvi, minacciando di morte i prigioni. Ma risprangate le porte, s'apparecchiavano a difesa i Barlettani. Vano riescegli pure di penetrare nel convento di S. Francesco, vietandoglielo gagliardamente i frati, difesi dalle baliste, che dalla città tiravano. Di là si fece sulla chiesa di S. Chiara un tre tiri dalle mura; e quivi contento della vittoria, riposato un'ora, alla presenza de'prigioni facendosi calzare il nudo piede, si sciolse dal voto; e poi dato nelle trombe a Bisceglie superbamente si riduceva. Ma non potea così terminare la cosa: Barletta tosto dagli Ungari soccorsa si rifece de'danni con settantacinque Tedeschi, soldati del Palatino ; i quali, consegnati ai congiunti di quei cittadini prigioni, non ritornarono a libertà, se non ricambiate le teste. Delle quali tutte cose taciamo i particolari, come pure taciamo inorriditi le sfrenatezze crudeli ed empie di quel Malespirito, dovunque s'accostasse; ed Andria stessa, Casamassima, Turi, Castellana, Putignano, Mola, Monopoli, Fasano provarono rubamenti, incendii, torture, uccisioni d'ogni maniera.

Intanto ai ricevuti avvisi ritornando nel reame il re d'Ungheria approdava a Manfredonia (1351). A lui incontanente si riferiva delle opere del Palatino, che a Bisceglie stanziato ne usciva ogni dì a predare le terre nell'ungara dominazione fedeli; ed a snidarnelo prima cosa gli consigliavano. A cui s'aggiunsero le lagrime di Marin Falzino bisceglliese, che cacciato della patria ed impoverito, abbracciando le regie ginocchia, della sua desolazione a farsi conforto e soccorso lo scongiurava. Qui per mala ventura affatto guasta dal tempo la cronaca ne lascia quasi al buio, ed appena concede di poterne dai brani cavar qualche cenno de' fatti principali. Confortavalo il re, ed ordinava a Giovanni Cutzo ed a Pietro vice-vayvoda, che il giorno seguente movessero con l'esercito all'assedio di Bisceglie; due galee la stringessero dalla parte di mare, egli stesso li seguirebbe. Errò dunque il Costanzo, che pure tenne quel libro alle mani, quando disse (libro VI) che a Trani fu assediato il Palatino, e della venuta del re medesimo a Bari si tacque. Del perdono poi implorato da quello con la coreggia al collo, e concedutoglielo, noi sulla sua fede il riferiamo.

Sette giorni stette il re sotto le mura baresi, alla fine dei quali (ed'era il dì 5 di dicembre) la città, promessagli fede, s'arrese. Egli seguito da pochi Ungari signori vi entrava, ed alla Basilica di S. Niccolò movea per orare sulla tomba di quel Miracoloso, il cui nome alla dimane si doveva festeggiar so-

lenuemente. Alla fidanza del re temendo il vayvoda e gli altri
capitani non si tentasse insidia, con cento de' più risoluti occuparono la porta della città, e la maggior parte dell' esercito
vi si accostò pronta ad un cenno. Ma si quetarono i loro sospetti all' udire il plauso del popolo all' inaspettata regia mitezza. Presente alla solennità de' vespri in essa Basilica baciò il
marmo, che contiene le venerate reliquie; e ricchi doni of-
ferivane sull' altare: il cui esempio, e la maestà del luogo destò pia liberalità (se non piaggia il cronista) ancora negli altri
signori del corteggio. Come fu uscito della Basilica, trasse il re
difilato al castello, custodito dal nostro gentiluomo Franco de
Carofilio, che glielo rassegnò: e così nel dì seguente entrovvi
l'esercito, e vi tenne stanza diciotto giorni. In questo mezzo
venivano a rendergli omaggio i sindaci di Polignano e di Monopoli, e di parecchie altre terre, mentr' egli andava intanto
divisando come disporre gli animi de' Napolitani prima di ritentar quella metropoli. Strumento assai acconcio gli parve il nostro arcivescovo nelle cose di Stato versatissimo: la quale scelta
mostrerebbe veramente, che dalla parte ungara non fosse alieno
il Carafa; ma pur tutta volta per quell' ambiguo procedere non
gli si credeva del tutto il re, poichè Petrillo e Giannotto abate, fratelli di lui, ritenne mallevadori della fede nel nostro castello, ch' ei dette alla custodia di due giovani ungari Tommaso di Paolo, e Nicolò Leuco. Disponevasi finalmente a lasciare la città, chè forse gli andavano a seconda le pratiche del
messo; ma innanzi di partirsene ordinò, pena la confisca di
tutti i beni, che ciascun cittadino, il quale avesse in casa baliste o altra sorta d' armi, tutte nel castello le consegnasse.
Allora mosse con tutto l' esercito per Barletta, il quale, come
narra il cronista, numerava un quindici mila cavalli ungari,

otto di tedeschi, e quattro di fanti tedeschi. Assai ci dilungheremmo dal nostro subbietto, se già non è troppo, volendo narrar per minuto i tumulti seguiti a Barletta fra cittadini e soldati, talchè il re ebbe a volgere contro ai Tedeschi tutti gli Ungari per cessar dal solito costume della ruba, degl' incendii, e delle uccisioni. Solo noteremo che prima di partirsene egli di colà all' assedio di Canosa, ordinava che rimanesse custodito in quel castello Luigi, fratello del Palatino, e con esso lui Niccolò Spinelli da Giovinazzo, colà menato dai due giovani ungari posti al castello barese. Avevano avuto ordine costoro di assicurarsi dello Spinelli; ed eglino l'ebbero prestamente coi figliuoli Giovanni e Checco, ed ottocent' once di giunta, che trovarono nella casa.

Cessarono pur finalmente tanti travagli; ed ognun sa, come l'opera del Pontefice valesse a comporre le cose tra Giovanna e l'Ungaro; il quale con rara magnanimità rinunziò ancora ai trecento mila fiorini di spese di guerra. Così, come sempre, ai grandi la pace, ed al volgo il pianto.

Chi poi abbia vaghezza di sapere qual fine facesse quel Pipino, che tanta parte vedemmo prendere a queste fazioni di Puglia, sappia brevemente, che la fortuna dapprima gli si mostrò benigna. Chiamato a Roma dagli Orsini e dai Colonnesi per liberarli dal tribuno Cola di Rienzo, ne ritornò così superbo, che prese ad intitolarsi: ' *Giovanni Pipino, conte di Minervino, patrizio e liberatore di Roma, e de' principi romani, ed illustre propugnatore di S. Chiesa.* Ma rimescolatosi poi alle nimicizie tra Roberto principe di Taranto, e Luigi di Durazzo,

' Costanzo, storia del Regno delle due Sicilie, lib. VI, in sulla fine.

favorendo quest'ultimo, e traendo nel reame ai danni del principe il conte Lando con la sua compagnia; fattosi ribellante anche al re; non venuto alla chiamata, che questi gli faceva per il nostro arcivescovo, e Giannetto Stendardo, se prima costoro non si rendessero statichi a Minervino; non cedente alle regie persuasioni e proposte; forte in condizioni trasmodate; e venuto alla fine nelle mani del principe di Taranto, non gli valsero le preghiere e le promesse; e dopo ch'ebbe restituita l'occupata città d'Altamura, finiva strangolato ed appeso ai merli di quel castello. Il suo corpo diviso in quarti, e sospesi in diversi luoghi: anzi a più duratura memoria l'un di essi scolpito in pietra con di sotto l'arme de'Pipini fu posto in sulla porta di Matera, dove assediato dal principe erasegli arreso; ed i resti ancora di quella scolpita memoria si veggon oggi, se non intera, perchè disfatta il 1648 nel racconciarsi le mura. Nè diversa la fine del fratel suo Luigi, conte di Potenza e di Troia, il quale alla morte di lui riducevasi co'suoi a Minervino; chè quella terra liberata dell'uno non volle cadere sotto il giogo dell'altro fratello, e cominciò a tumultuare. Vinto dall'oro un capitano lombardo custode del castello, in cui erasi quegli rinchiuso, lo spense, e precipitò dalla torre. A tal sorta di solenni funerali fuggivasene dal reame il terzo fratello, Pietro conte di Vico e di Lucera, nè più s'ebbe notizia di lui [1]. Fermata la pace nell'aprile del 1350 [2], la regina Giovanna pensò di fidare nell'ottobre il nostro castello a persona di sè devota. Questi fu Paffelio Aldemarisco cavaliere napoletano,

[1] Costanzo, lib. VII.

[2] Il Davanzati sull'appoggio del Registro 1348, indizione 11.ᵃ A foglio 45, la pone a' 26 di luglio 1349.

ed allora giustiziere dell'Abruzzo di qua dal Pescara, ed inviava Marino Pappacoda a prenderne invece di lui dalla città la consegna [1]. Ridotta intanto Bari per la passata guerra in assai miserevole stato non avea in che modo soddisfare alle generali sovvenzioni e collette, ed i giustizieri ed i capitani le volevano per forza, e con tutte lor arti straziavanla. Non valuti i richiami, si risolveva ella finalmente di mettere in iscrittura la storia delle patite calamità, e quello scritto al più efficace suono delle vive parole accompagnava, inviando a' principi regnanti un tal Rizio barese, dotto professor di medicina, il quale loro esponesse: non solo da parecchi anni non aver potuto la città delle quattrocento cinquanta cinque once d'oro, a che venia annualmente tassata, pagarne sole dugento o meno; ma a' presenti tempi non potere neppur queste; ed essere per cader in irreparabile miseria, se la regia pietà non soccorressela. Considerato il richiamo nel Consiglio, si decretava, che in compenso delle devastazioni ed incendii, onde quasi affatto guaste erano state le possessioni nella guerra cogli Ungari, se le rilasciasse per quell'anno la metà delle sovvenzioni in dugento ventisett'once e mezzo; ordinando del pari, che sottili informazioni si prendessero intorno allo stato delle famiglie, per decretare poi circa l'altra metà ed i residui non pagati [2]. Così questo diploma è suggello alla verità del racconto. Ma il maggior danno, ond'ebbero a dolersi di Giovanni i Baresi, fu l'averne conceduta la città con Giovinazzo, Molfetta, Bisceglie e Trani a suo cognato Roberto d'Angiò principe di Taranto; il quale per le ragioni della madre imperadore di Costan-

[1] Vedi Docum. n. LV.
[2] Vedi Docum. n. LVI.

tinopoli s' intitolava. Ed avvegnachè principe di regio sangue egli fosse, e maggior fratello al re, ed a regia figliuola marito, e superbo di titoli, e prode di mano; pure come onta e sventura cotesta signoria fu tenuta [1].

' Riferiamo a questo tempo la donazione, dissentendo dal nostro Beatillo, che affermò essere stata donata la città fin dal 1324 da re Roberto ad un Amelio del Balzo, e dopo la costui morte al principe di Taranto nel 1326. Poichè di Amelio non solo non si trova appo noi alcuna memoria, ma neppure è allogato fra i titolati di quel tempo dallo storico diligentissimo di queste cose, il Summonte; e del principe di Taranto tacciono pure le memorie insino al 1354. Nè è verisimile, che in vent'anni di principato non siavi stata occasione di nominarlo mai, mentre d'altra parte le regie lettere, ed i comandamenti in esse contenuti mostrano, che la città fosse sotto il regio demanio. E pognamo anche, che tali ragioni non valessero gran fatto, contraddice pure all'affermazion del Beatillo il diploma di esso principe dato nel 1354, di cui toccheremo qui appresso, ed è il primo che abbiamo di lui, il quale segnando quell' anno come vigesimo terzo del suo principato, ne seguirebbe, ch'egli fosse stato principe di Bari sei anni prima, che di Taranto. Onde pare assai probabile una tal donazione essere stata o compenso alla prigionia del principe, ritornato che fu d'Ungheria dopo la pace, o larghezza di parentado, o l'una e l'altra cosa insieme.

CAPO IV.

DALL'ANNO 1354 AL 1413.

SOMMARIO

Ordinamenti di giustizia fatti da Roberto di Taranto , che viene a Bari (1359), e
dà altri provvedimenti ; morto costui (1364) , il fratello Filippo ne reda gli Stati;
dona Giovanna alcuni beni alla Basilica , e detta altri ordini per la città; la breve
vita di Filippo reca tutti gli Stati a Iacopo del Balzo figliuolo del duca d'Andria;
i quali per ribellione ricaduti al fisco sono donati dalla Regina al suo quarto marito Ottone ; nuove sciagure cagionate al reame da Carlo di Durazzo adottato da
Giovanna ; alle quali non ha poca parte il nostro arcivescovo Prignano , asceso
al ponteficato col nome di Urbano VI; questi destina ad arcivescovo di Bari un
Landolfo Maramaldo , e la regina vi fa intrudere un Niccolò eletto dall'antipapa
(1380) ; ultima memoria di regina Giovanna ; ritorna del Balzo in regno, e gli
sono restituiti i feudi ; Ramondello Orsino è mandato in terra di Bari da Carlo di
Durazzo a mantener le sue parti; entra in Puglia Lodovico d'Angiò , e Bari gli si
rende; Carlo viene a Barletta (1384) ; sfida fra i due contendenti, ma il duello si
scambia in scaramuccia; Lodovico pone stanza in Bari; a cui concede delle grazie ; Alberico da Barbiano viene ad assalirlo fin sotto la città ; muore Lodovico
a Bisceglie ; Ramondello corre in soccorso del Pontefice , e ritorna in Puglia ;
muore in Ungheria il Durazzo (1386) , e invigorisce la parte angioina ; la casa
Sanseverina massimamente favorisce a Lodovico II , che giunge a Napoli (1390);
politica de' baroni napoletani , che ruina Lodovico , il quale da Taranto , udita la
resa di Napoli , se ne ritorna in Provenza ; Ladislao prende vendetta de' baroni ,
e perdona a' Baresi (1399); Bari intende a rifarsi da' passati danni , e si fa deter-
minare i confini del suo contado ; venuto il re Ladislao a Barletta , fa altre concessioni alla città (1403) ; carattere di lui.

Con provvedimenti di giustizia studiavasi il principe Roberto a vincere la ritrosa sudditanza de' Baresi, e conciliarsene
amore, accogliendo qual si voglia loro richiamo. A cessar primamente un diritto dai giustizièri arrogatosi la città il pregava. Quest'era ch'eglino pretendevano confermar l'elezione

del Mastrogiurato [1], la quale per antico privilegio senza soggezione veruna dai cittadini si faceva; ed egli serbolle intatta la
consuetudine [2]. E così dannò il sopruso, che contro il tenore
de' regii capitoli gli ufiziali delle milizie nè di letto, nè di paglia, nè di legne e somieri senza la debita mercede la ricercassero [3]. E più liberale della regina medesima, veniva a *convenzione, composizione e concordia* con essa città, che di quanto
nel passato anno ella doveva alla curia per colletta, contenta-
vasi di sole cent'once d'oro da pagarsi a' 15 di gennaio (era
l'anno 1358, ed a' 7 di quel mese il concedeva), e tutto il resto le condonava [4]. A lui si volgeva in pari tempo il Duomo,
perchè i suoi tre laici ufiziali, ch'erano i maestri della fabbrica
e del cellaio e l'architetto, privilegiati d'ogni peso, tranne le
pubbliche collette, non fossero per altre vie gravati dai collettori della pecunia; ed egli a' giustizieri imponeva, che ri-
spettassero il privilegio [5]: il che tanto più facilmente consen-
tir doveva per esser suo cancelliere il nostro medesimo arcivescovo Carafa. A lui la Basilica, perchè i mercatanti, massime veneziani, entrassero ne' cortili di essa a mercatare nel
tempo del mercato; ed egli imponevalo [6].

A cotesti provvedimenti quali dati da Taranto, quali da Napoli, altri parecchi qui aggiungeremo ad argomento della ragion de' tempi. Che i mercatanti negli otto giorni precedenti
e seguenti al mercato niente pagassero al castellano: estorsio-

---

[1] Degli ufizi di questo maestrato municipale, e di tutti gli altri si
dice distesamente appresso.

[2] Vedi Docum. n. LVII.

[3] Vedi Docum. n. LVIII.

[4] Vedi Docum. n. LIX.

[5] Vedi Docum. n. LX.

[6] Vedi Docum. n. LXI.

ne esser questa, degna della pena di venticinque once; e della pena medesima aversi a gravare i mercatanti restii al primo suo comandamento [1]. Che Matteo Arcamone napoletano, giustiziero vicario e maestro portulano desse il solito giuramento in man del priore della Basilica [2]. Che venticinque once d'oro dalla general colletta si togliessero, e spendessersi a restaurar la torre di S. Antonio sul porto, la quale rosa nelle fondamenta da continue procelle minacciava ruìna, che sarebbe stata perniziosa alla città ed alla dogana [3]. Che i regii ufiziali, sotto pretesto di asilo dato a'banditi, *ed omicidi clandestini*, che *frati giurati* si dicevano, si guardassero dal molestare, opprimere e smugnere i cittadini baresi [4]. Che, nel tassare le generali collette, a preghiere o amore non s'indulgesse, nè per odio iniquamente si gravasse, ed in tutte gravezze le fortune di ciascuno senz'altri rispetti si considerassero [5].

Venuto di poi a Bari il principe nel novembre di quell'anno medesimo 1359, e fattegli le debite accoglienze, d'altri provvedimenti il pregavano i reggitori del municipio; ed egli nella città medesima dettavali. Non doversi pagare alcun diritto per lo suggello, che si apponeva alle polizze de'fiscali [6]: gli erarii o altri ufiziali non dover riscuotere dalle università o dai particolari cittadini l'iniqua ed enorme somma, di che si gravavano per il calo della pecunia rosa e mancante di peso [7]:

[1] Diploma dato in Napoli a'24 d'aprile 1359.
[2] A 27 di giugno 1359.
[3] A'5 di luglio 1359.
[4] A'9 detto.
[5] Agli 11 detto.
[6] Dato in Bari a'15 di novembre 1359.
[7] *Incisi caroleni et iniusti ponderis*, lo stesso dì.

agl' imputati uscenti di prigione non doversi rendere più aspra
la calamità con estorsioni di danaro; ma sole dieci grana allo
sprigionamento si pagassero [1]: non essere obbligati i cittadini
nè per forza nè senza mercede prestare a' giustizieri o altri
ufiziali cosa veruna; ripetendo il comandamento non obbedito
due anni prima, nè obbedito dappoi, tanta era la sfacciata
avarizia di costoro [2]: dai rettori della giustizia non doversi
dare esecuzione a tutte le citazioni o per cose civili o criminali, fatte da quelli d'altre province, per trarre innanzi di loro
l'università o i particolari cittadini con grandi spese e travagli; frequentissime essendo le cavillazioni a vessare anche in
questa maniera [3].

Breve fu la dimora del principe Roberto a Bari; perchè non
a visitare i suoi stati crediamo ch' ei viaggiasse, ma sì ad inseguire il Palatino, se già a quest'ora non se ne tornava vendicato, essendochè in quest'anno appunto registrava quel fatto
il Costanzo sulla testimonianza del cronista Crisullo. Pure dalle
cose dette non gli si può negare dirittezza d'animo; ed i maggiori nostri non dovettero essere scontenti alla sua soggezione. Due altri diplomi abbiamo di lui, l'uno dell'anno seguente, e dato a Trani, ordinando a' doganieri baresi, dessero ogni
anno tre once d'oro alla Basilica, che le spendesse in ceri da
consumarli sull' altare del Santo [4]; a Napoli l'altro due anni
dopo, e lo indirizzava ad un Errico da Taranto, giustiziere e
vicario nelle sue terre di questa provincia, ed a Magello Bis-
sia napoletano, ragioniere e deputato alla colletta del danaro

[1] Dato in Bari a' 15 novembre 1359.
[2] Lo stesso dì.
[3] Il giorno seguente.
[4] Dato in Trani a' 22 gennaio 1360.

dovuto alla curia principesca per il viaggio alla visita del beato
Giacomo di Galizia, a richiesta e persuasione di un tal Felzo-
mocci Seripandi suo cancelliere colà spedito , crediamo , per
devozione (chè anche a farsi merito per la vita futura, doveano
a cotesti signori cacciar l'oro i soggetti); e forte venia sgri-
dando il Magello , che tribolava , e processava , e sequestrava
i miseri , imponendogli a cessar dalle asprezze , e rendere incontanente gli animali sequestrati, incaricandone anche il giustiziero , se quegli , come usavano , fosse ritroso ad eseguirne
il comandamento [1]. Di cotesta visita, nulla si trova negli storici: i quali solo ne dicono, che due anni dopo (1364) ritentò
i conquisti in Grecia , menandovi seco Pietro e Lionardo fratelli di Tocco, amicissimi suoi per ricevuti benefizi nel tempo
della sua prigionia ; che conquistata Corfù, Cefalonia , Zante,
Itaca , Larta , e la Morea , e lasciatovi Lionardo a capitan generale di que' luoghi e conte di Cefalonia; se ne ritornò egli a
Napoli fregiato del nuovo titolo di duca di Leucade , che gli
servì per lasciarlo con tanti altri onori e Stati a suo fratello
Filippo , perchè scese nella tomba a' 17 di settembre di quel
medesimo anno [2].

Brevissima signoria tenne Filippo; il quale , perduta la sua
donna la Maria, sorella di Giovanna regina, indarno per nozze
ugualmente nobili sperava lietezza di prole. Perciocchè in Taranto alla real principessa di Polonia, Elisabetta sua seconda
moglie, giugneano da Bari come dagli altri suoi Stati nel 1368
i nostri messi a condolersi con lei della perdita del consorte
spento a' 25 di quel novembre. Ed in lui mancava quella ca-

[1] Vedi Docum. n. LXII.
[2] Summonte , lib. III.

sa , trapassando onori e feudi a Giacomo del Balzo figliuolo di
sua sorella Margherita e di Francesco duca di Andria. Diciamo mancava , perchè erano già parecchi anni , da che dell'e-
gregio Lodovico fratel di lui era vedovata la regina : e solo il
costei nome portava in fronte il diploma del 1363 , col quale
a' 18 d'ottobre, morto senza eredi un tal Ciccarello, figlio che
fu del nobile Iacopo de Casolanto e signore di molti beni feudali in Rutigliano , alla Basilica nostra ella donavali '. Cotal
munificenza incoraggiò i Baresi a richiamarsi a lei delle estorsioni e danni, che si facean loro con trarli fuor della provincia per civili cause o criminali, non essendo già nulla valuti i
precedenti ordini del principe ; ed ella privilegiavali d'un solo
biennio ' : argomenti questi dell' ingorda licenza de' ministri ,
dell' oppressa condizion de' soggetti , e della fiacchezza del publico governo.

Miglior ventura non aveva avuta il regio talamo nel terzo
consorte Giacomo d'Aragona, il cui umor bellicoso non allet-
tato ai piaceri della corte napoletana , e travagliandosi di continuo a quella sua conquista di Maiorica , gli accorciò la vita.
La terza volta vedovata la regina , e fuor d'ogni speranza di
prole (spentale nella fanciullezza quella avuta di Lodovico) di-
sposava ella Margherita sua nipote a Carlo di Durazzo, augu-
randosi che sopra sì valoroso capo ben regger potesse dopo sua
morte la corona di Napoli, nè pensava che educato nella corte
d'Ungheria , e colà ritornato a servir quel re contro a' Veneziani, poco amore aver potesse alla nazione napolitana ed a lei
medesima. A che s'aggiunse poi la femminile incostanza , o i

_____

' V. Docum. n. LXIII.
' V. Docum. n. LXIV.

sospetti, o le lusinghe altrui a farle torre un quarto marito in quell'Ottone tedesco: e sebbene tutta non togliesse a Carlo la speranza del trono, avendo solo conceduto a colui gli stati e il titolo di principe di Taranto, al fisco ricaduti per la ribellione di Giacomo del Balzo; pure fu a lei funesta cagione di morte, e d'infiniti danni a' suoi soggetti.

Nè piccola parte prese in cotali sciagure l'arcivescovo nostro Bartolomeo Prignano, che al soglio pontificio ascendeva col nome di Urbano VI. Dotto questi, e versatissimo nella romana cancelleria, austero di vita, austerissimo riprensore della vita altrui, fermo di volontà, e ardente di zelo, avea forse tutte condizioni a reggere gagliardamente il Vaticano, tranne la difficilissima delle virtù, la prudenza. Due proposti fermi nella sua mente, entrambi degnissimi di lode: la riforma de'costumi, e la stabilità del soglio pontificio nella città reina, sì che non ne lo potessero schiantar più mai; ma non tutti acconci i mezzi. Esempio al primo intendimento sè stesso faceva, una sola vivanda compieva il desinare; ed all'esempio severe minacce aggiungeva ed aperte riprensioni per i non pieganti al troppo diverso ed inaspettato tenore di vita. Al secondo meditava (come manifestò al cardinal di Ginevra, e poi eseguì) di dar nel Collegio tal preponderanza di numero agl'Italiani, che ne avessero a rimaner soprafatti gli stranieri*. I mali umori cominciarono

---

* Il conclave fu ragunato a'7 di aprile, entrandovi i quattro Cardinali italiani Pietro Corsini, Francesco de' Tebaldeschi, Simone di Borsano, Iacopo Orsini; lo spagnuolo Pietro de Luna; ed undici Francesi Giovanni de Gross, Guglielmo d'Aigrefoil, Bertrando Lutgier, Pietro di Sortenac, Guglielmo de Novellet, Pietro d'Avergne, Guido de Magliesec, Roberto di Ginevra, Ugo di Montellais, Gerardo du Puy, e Pietro Flandrin.

incontanente dalla scontentezza de' prelati francesi, agognanti
la lor prediletta stanza di Provenza, stimolati dal Gaetani conte
di Fondi, sostenuti dalla corte di Francia, e dalla nostra Giovanna, lieta in prima e pronta agli omaggi, di poi avversa e
adirata per le amare punture delle parole lanciatele dal Pontefice, ma forse più per le segrete mire di trovare appoggio
nel re di Francia contro le vendette del re d'Ungheria. Scoppiarono alla fine, ed i Cardinali francesi dichiararono ille-
gale per tumulto di popolo l'elezione di Urbano, che testè le-
galissima avevano confessata; ed uniti in concistoro nella casa
del Gaetani medesimo, istigatore il gran cancelliere Niccolò
Spinello da Giovinazzo, il dì 20 di settembre (1378) risor-
geva lo scandalo dello scisma nell'ardita persona del cardinal
Roberto da Ginevra, che tolse nome di VII Clemente. A costui liete accoglienze si fanno dalla regina, ma il popolo tu-
multuante gridava Urbano; e così minaccioso il grido, che Clemente riparavasi a Fondi, e di là stabilivasi in Avignone. Pianse
di amaro pianto allora il Pontefice, ma confortato dalle ange-
liche esortazioni della santa vergine S. Caterina da Siena, che:
« io (gli scriveva a' 5 d'ottobre 1378) io Caterina serva e
« schiava de' servi di Gesù Cristo scrivo a voi nel prezioso
« Sangue suo, con desiderio di vedervi vestito del vestimento
« forte dell'ardentissima carità, acciocchè li colpi che vi sono
« gittati dall'iniqui uomini del mondo, amatori di loro me-
« desimi, non vi possino nuocere, perocchè veruno colpo è
« tanto terribile, che possa offendere l'anima, che è vestita di
« siffatto vestimento; perchè Dio è somma, et eterna fortezza...
« Oimè disavventurata l'anima mia, cagione di tutti questi mali:
« ò inteso che li Dimonii incarnati ànno eletto non Cristo in
« terra, ma fatto nascere Anticristo contra voi Cristo in ter-

« ra, il quale confesso e non lo niego, che sete Vicario di
« Cristo, che tenete le chiavi del Cellaio della Santa Chiesa,
« dove sta il Sangue dell'immacolato Agnello, e che voi siete
« il ministratore a malgrado di chi vuole dire il contrario, et
« a confusione della bugia, la quale Dio confonderà colla dolce
« verità sua, et in essa à deliberato voi e la dolce Sposa vo-
« stra [1] ..... » riprese tosto gli spiriti, tramutato in ira lo zelo, come facilmente incontra nelle altere e sensitive nature.
Tornati inutili gli argomenti della dolcezza e della ragione,
inefficaci le spirituali armi, alle temporali ricorreva. Alberico da Barbiano con la compagnia di S. Giorgio, composta
d'Italiani e Tedeschi, egli assoldava; i quali rompevano e faceano strage de'Brettoni, ch'erano al servizio dell'antipapa.
Lanciava fulmini sul capo di Giovanna, che eretica con bolla
solenne dichiarava [2], e scismatica, e caduta di tutti i suoi Stati, e dal giuramento di fedeltà sciolti i sudditi. Al re d'Ungheria si volgeva, offerendogli il reame di Napoli, perchè con
l'armi ad occuparlo movesse; ed il re a Carlo di Durazzo suo
nipote destinavalo, il quale verrebbe, come si fosse sbrigato
della guerra co' Veneziani: nè Carlo si ricordava de'legami di
sangue, e delle non ancor fallite promesse della regina. Tutta
cristianità per vero pontefice teneva Urbano; sola Francia, Savoia, e qualch'altro piccolo Stato il negavano: onde a Francia
si volgeva per aiuti la spaurita Giovanna, non confidando nelle
poche genti, che Ottone le menasse di Puglia; e ad ottenerli
più pronti e gagliardi, posciachè nemico divenivale il Duraz-

' V. la Madonna di Atella nella scisma d'Italia, del Comm. Stanislao d'Aloe. Napoli 1854.
² 21 d'aprile 1380.

zo, adottava a figliuolo Lodovico conte d'Angiò fratello di Carlo V. Così rabbuiavansi fierissimi tempi, in che e scisma e peste e guerra avevano a disertar peggio il reame, e far teatro pure di non poche fazioni guerresche questi luoghi di Puglia; nè tra quel fragore d'armi e d'ire udivasi la voce di quella santa donzella, instancabile ad esortare di ritrarsi dall'errore il conte di Fondi, i Cardinali italiani, la Regina di Napoli, il Re di Francia [1].

A Bari poco tempo era stato l'arcivescovo Prignano, chè a Roma traevalo la reggenza della cancelleria, lasciandone a general vicario Fra Guglielmo de'Petroni, dell'Ordine dei Servi della Madonna [2]. Fatto Pontefice, destinava suo successore nella nostra Chiesa Landolfo Maramaldo, nobile napoletano; a cui di venire nella destinata sede era vietato da Giovanna, la quale vi faceva intrudere dall'antipapa un Niccolò, che solennemente entrava nella città a'25 d'ottobre del 1380, e sette anni dopo succedevagli un Guglielmo. In ricambio della non ottenuta sede il Maramaldo era ornato della porpora col titolo di S. Nicola in carcere Tulliano, e di amministratore della Chiesa barese; ond'egli cardinal di Bari usò d'intitolarsi. Ma vero fosse, o sospetto, ch'ei si volgesse alla parte di Giovanna, di tutto ne lo spogliava Urbano, fidando l'amministrazione della nostra Chiesa a Giacomo Carafa; e questi poco dopo per la medesima vicenda ne venia pure spogliato. In tal guisa a qual vuoi de'destinati pastori que'nostri antichi volessero ubbidire, vedevano balenar le folgori o d'Avignone o di Roma.

[1] V. la citata opera del d'Aloe.
[2] Lombardi, Vite degli Arcivescovi, dove cita gli annali de'P. Serviti del 1376.

Intanto Carlo venuto a Roma, ed investito del regno, ne rimeritava il Pontefice con promessa del principato di Capua nel nipote di lui Butillo Prignano, e con esso alla volta di Napoli movevano. Facile la sconfitta di Ottone, per non essere venuti gli aiuti di Francia; aspre le strettezze e virilmente patite da Giovanna in Castelnuovo; sottilissimi gl'infignimenti e la dolcezza di Carlo: i quali a che finalmente si riducessero ognun sa; nel castel d'Altamura rinchiuso il principe Ottone, in quel di Muro Giovanna. Nè crediamo che Carlo, a farla morire di quella misera morte, avesse mestieri del consiglio dello zio d'Ungheria, come afferma il Summonte: cotesto consiglio ci pare del tutto simile a quell'altro, che dicono aver avuto dal Papa il primo Carlo per Corradino. Rea ch'ella fosse, non doveva esser condannata da tal giudice; nota a Dio solo la coscienza di quella donna; certo è, che il Vicario di Dio l'assolveva innocente in terra, ed innocente vogliam tenerla noi, come la storia non può negarle di avere in mezzo a quegl'interni disordini e straniere invasioni promosso ogni maniera di studii, ed essere stata larga di generoso incoraggiamento e cortesi accoglienze a' coltivatori di quelli, come seppelo fra gli altri il Boccaccio; e giusta, saggia, degna di lode giudicolla cent'anni dopo Tristano Caracciolo, giudizioso ed onesto scrittore. Della quale infelice regina riferiremo qui un'ultima memoria di pietà, sebbene alquanti anni prima di questo tempo avvenisse: ed essa è, che venuto allo stremo di vita Raimondo del Balzo conte di Soleto, il quale teneva in feudo dalla regia curia il castel di Lavello in Basilicata, ed i casali di Buturrito e Casabattula in terra di Bari, allibrati per il valsente annuo di cent'once e di cinque soldati, e volendo quegli donarli alla nostra Basilica, Giovanna del suo beneplacito ne muniva la donazione, e da ogni servigio feudale esentava '. Assai non rideva però a Carlo la fortuna. Molti baroni neganti i promessi aiuti al primo sentire delle mosse di Lodovico d'Angiò, alcuni ribellantisi manifestamente, Urbano scontento delle mal adempiute promesse e minacciante, Giacomo del Balzo ritornato nel regno , riavuti gli Stati di Taranto , sposatosi ad Agnese, moglie che fu di Cane della Scala, possente e superbo del titolo d'imperator di Costantinopoli. Di costui tanto insospettì il monarca, che temendo in esso un altro pretendente alla corona per le ragioni della moglie, sorella maggiore della regina Margherita, si studiò di averlo nelle mani ; ma fuggitosene quegli a Taranto, Carlo assicuravasene gittando in carcere la moglie di lui, la quale poco dopo ne usciva cadavere. Proseguiva egli negli apparecchi , gente forestiera assoldava , Alberico da Barbiano, e Giovanni Aguto , che gl'ingrossavano l' esercito.

Preceduto intanto Lodovico angioino da dodici o più galee provenzali, entrava nel reame per la via di Abruzzo con grosso esercito, che dicono di trentamila cavalli; ed occupava Aquila, vanamente dal Barbiano difesa. Dopo le fazioni di terra di Lavoro, moveva per le Puglie (1383), ma già molto assottigliato di forze , parte per la morìa , parte pe' lasciati presidii , e per le distaccatene compagnie, ed in terra di Bari inviate. Re Carlo aveva già spedito per mantenere in soggezione questi luoghi Ramondello Orsino , principe di Galatina , e testè ritornato di Asia dal combattere gl'infedeli , e uomo valorosissimo di braccio; il quale con una compagnia di settecento cavalli aveva po-

_____

' V. Docum. LXV.

sta stanza in Barletta [1] : ma per le troppo disuguali forze non
osteggiò egli l'esercito francese , a cui or l'una or l'altra città
di Puglia si andava sommettendo ; nè ultima Bari fra queste.
Alle nuove de' progressi dell'avversario , più lungamente non
indugiò Carlo ; e nel 1 dì di quell'anno 1384 , celebrata la
messa da Urbano, a cui si rifacevano da lui le antiche promesse ; publicato per eretico il duca d'Angiò, e banditagli la crociata , imponeva egli ai feudatari, che per tutto il mese seguente dovessero esser presti ad uscire in Puglia. Quindi
ai 4 d'aprile movendo con sedici mila cavalli , tra regnicoli ,
e forestieri , e con pochi fanti , dopo otto giorni era a Barletta. Colà, fosse sdegno contro l'Orsino, che col far mozzare il
capo ad alcuni gentiluomini di casa Santacroce più alienava gli
animi de'soggetti , fosse sospetto d'infedeltà, come appar più
verosimile , il fece trarre in carcere. Due o tre giorni dopo
cavallerescamente mandò il guanto della sfida a Lodovico, che
si trovava a Canosa ; e questi motteggiando : « non si ponesse
« in disagio, gli rispondeva, stracco com'esser doveva del fatto
« cammino da Napoli a Barletta ; verrebbe egli stesso a tro-
« varlo sino alle porte di quella città ». Seppegli amaro il mot-
teggio, e nel caldo più s'apparecchiava affrettatamente al duello ; il luogo più acconcio faceva osservare al conte di Savoia,
condottovi da Cola di Sanframondo , da un Francesco detto il
monaco Guindazzo , Simone e Pirrello Caracciolo [2]. Pure la
risposta del duca fece, che il re vi meditasse sopra, e , come
interviene ne'subiti sbigottimenti, mancava in lui il consiglio ,
e parve, che mancasse in tutti i signori, ch' eran con esso lui.

[1] Costanzo, lib. VIII.
[2] Summonte , lib. IV.

Strana cosa veramente, che Carlo si volgesse per averne al-
l'infelice duca di Brunsvich, Ottone, il marito di Giovanna;
ed uscito costui della carcere, gli consigliasse d'indugiare, tener lungamente la campagna non potrebbe Lodovico, e da sè
medesimo si disfarebbe. Assentiva il re; e quando apparve Lodovico vicin di Barletta, il duello si mutò in una scaramuccia: la quale però volsesi a tal danno per Carlo, che essendo
stato quasi in punto di venire a general giornata, si ritrasse
con perdita di settantacinque cavalli. Nè valse a rifarsene la
bravura di quel suo cavaliere, Lisolo di nome, che uscito il
giorno seguente a sfidar chiunque avesse cuore fra' cavalieri
nemici, ad un Tedesco, che se gli offerse, passò il corpo fuor
fuora con un troncone di lancia [1]. A' 22 di quel mese pagò
Carlo il buon consiglio ad Ottone con la libertà: e Lodovico
intendendo il proponimento di lui, col maggior nerbo delle
sue forze venne a stanziare a Bari.

Del modo, onde l'accogliesse la città, son chiaro argomento
le grazie concedutele nel giorno 23 di luglio. Primamente i
sindaci chiedevangli, che mai nè la città, nè le altre terre della
provincia (bella lode questa!) desse in altrui signoria, ma sotto
regio dominio ritenesse sempre; ed egli il prometteva, anzi che
non concederebbe a persona la capitanìa di giustizia, nè a vita
nè a tempo, la quale sarebbe sempre renduta dal giustiziero,
nè istituirebbe capitani *a guerra*, che per un anno solo. Delle
quali promesse, volle testimoni Rainaldo de Salto conte di Ge-
race, Ugone de Sanseverino conte di Potenza, e Francesco della Rata conte di Caserta, suoi consiglieri; dettandone le regie
lettere Niccolò Spinelli consigliere, e cancelliero. Di poi che a

---

[1] Summonte, lib. IV.

poter pagare più di quindici mila fiorini di debito verso i privati le concedesse facultà di crescere a suo talento i dazi, e venderli anco o volgerli a tal bisogna; ed egli consentiva, sì veramente che una terza parte delle entrate a munirsi di fortificazioni si spendesse, il rimanente allo sciogliersi dai debiti. Sciolta dai quali, una metà poi spendere si dovesse a fortificar le mura, ai bisogni del municipio l'altra: e terminata finalmente la restaurazione di quelle, si desse opera a migliorare il porto. Ed affinchè inviolata fosse la sua volontà nè volgessersi ad altri usi quelle entrate, ingiugneva ai regii ufiziali che stessero tutto occhi, e di grave pena ne punissero i violatori. Così ancora, come chiesto avevano, confermava la franchigia del mercato in ogni lunedì della settimana; le elezioni de'mastrogiurati, e dei giudici annuali fatte per l'università con mandato del giustiziere e quelle de'catapani ' senza mandato veruno; e prometteva che tutti i suddetti ufici, come del pari quello della baiulazione, nè a beneplacito nè a vita a chicchessia concederebbe: e di più, che tutte le franchigie concedute o concedende ad altra università fossero nulle, quando offendessero le baresi. Da ultimo: in considerazione, egli diceva, dello zelo e della costanza di fedeltà verso Giovanna sua madre, de'saccheggiamenti ed incendii ed ogni altra generazione di danni liberava la città per quindici anni dalla general colletta; dopo il qual tempo sola una metà pagar si dovesse (che ascendeva ad once cento sedici, e tarì venticinque) rilasciando l'altra in perpetuo ².

Nè molto tempo dopo (11 d'agosto) essendo vacata per la

' Qui per catapani s'intendono ufiziali del municipio sovrantendenti ad ogni maniera di cose commestibili.

² V. Documenti, n. LXVI, LXVII, e LXVIII.

morte dell'ultimo abate la chiesa di S. Niccolò di Ceglie, la concesse in commenda alla nostra Basilica.

A Bari raggiungevalo Ramondello, a cui riuscì di campar dalla prigione di Barletta. Di liete accoglienze lo riceveva Lodovico, il valore ne onorava, ed a meglio stringerselo, della mano di Maria d'Engenio, nobilissima e leggiadra donzella, il faceva lieto, la quale la contea di Lecce gli recava '. In vane scaramucce spendevasi il tempo: delle quali merita che qui se ne regi-

---

' Di cotesta Contessa ne par che sieno alcune lettere di raccomandazione scritte all' Università di Bari, le quali troviamo registrate fra i documenti serbati da casa Calò; ma parecchi anni dopo, c forse nel 1423, e 26. Eccone due:

Viri nobiles providi atq. discreti carissimi nobis post salutem. Perocchè Mro Cristi figlio di Mastro Manu de Simone, marito di Donna Dolce Matre de Mastro Iacopo Iudeo habitante et morante in Baro nostri servituri, et caso fratelli et Matre de lo ditto Mro Iacobo, lo qualo è medico nro vassallo de Lecce vi volimo pregare, che in nro platho (così) li preditti Mro Cristi et Simone con la ditta Donna Dolce vi sieno recomandati, che per vui universalmente per nostro respetto in singulis oportunis siano bene trattati, et di questo ne farete piacere tanto ad nui quanto al Prencipe nro Figlio, sincomo a simili facessimo per vui. Datum in S. Petro de Galatina, Die XI Octobris 1. Indictionis.

Viri nobiles et discreti divoti nri Carissimi post salutem. Simone Iudio vassallo nro ne have informato, che isso have a rescotere in Bari certi denari et roba, et per tanto piazave di lo havere recomandato et favorirelo in tutto quello, che bisognasse, acciocchè possa rescotere quello che deve havere. Ancora Mro Chriti vassallo nro ci deve havere recipere alcuni dinari imprestati per isso alli Sindici vri dell'anno de la XV.ª Indittione, et foroli dati certi pigni. Et per tanto piazavi darli li soi dinari, et isso renderà li ditti pigni, acciocche non sia bisogno de se vendere, farite vro dovere, et ad nui nde piacerete. Datum in Castro Licii X Octobris 4. Indictionis.

stri una sola di non lievi conseguenze. Il Barbiano, che per le sue bravure contro i Brettoni era stato dal Papa rimeritato di una insegna di cavaliere, ov'era dipinta la croce rossa col motto: *Italia liberata dai barbari*; ed era uno de'più forti condottieri di Carlo, venne ad assaltar Lodovico fin sotto le mura di Bari. Ne usciva questi con le sue genti, ed affrontatisi, s'appiccava gran zuffa, nella quale spossò indarno sue forze in prodezze maravigliose; perchè, mortogli sotto un secondo cavallo, e già stanco di cinque ferite, mestamente se ne ritirava [1].

Nel mezzo di questi fatti infierivano ancora varie generazioni di morbi, di che re Carlo medesimo infermò, e molti de' signori suoi seguaci. Ma finalmente, quando meno se l'aspettava, la fortuna liberavalo del formidabile nemico. Perciocchè i cittadini di Bisceglie non più tollerando d'esser gravati dagl'insolenti soldati di Carlo, mandarono ad offerir la città a Lodovico. Lieto costui moveva da Bari con un buon nerbo di genti, le quali tra per il presidio, ed una parte dei cittadini, che rimanevasi tutta volta per Carlo, avendo durata assai fatica a penetrarvi, irritate già si cacciavano a furia al saccheggio; ma il duca, a cui forte increscava, ch'elle si mostrassero in cotal guisa peggiori che le regie, si'pose a raffrenarle; ed affaticò tanto la persona non per anco sana delle ferite, che riammalò e quivi finiva i suoi giorni nel principio d'ottobre, e sepolto nella chiesa di S. Lodovico. Esequie e pianto non bugiardo ebbe nella nostra Basilica, dove un tal Ugo da Sanseverino con funebre orazione ricordandone i rari pregi, lamentava la misera fine, e le perdute speranze [2].

---

[1] Beatillo, p. 157, ove cita Stefano Caribay, lib. XXXII, cap. 14.
[2] Non mancarono chi raccontassero esser morto di peste o di ve-

In queste parti rimase intanto Ramondello a sostenere i diritti de' figliuoli di Lodovico: ma non andò guari ed il pontefice Urbano chiamavalo a suo soccorso in Nocera, dove Car-

leno, altri delle ferite, come il Collenuccio, il quale disse ricevutele nella battaglia con Alberico, e dal campo recatolo per mare a Bisceglie (che non era ancor sua) quivi finisse. Il Muratori (anno 1384), ed il Grimaldi (storia delle leggi, lib. 16 p. 477) il vogliono morto a Bari. Ma in Bisceglie nella chiesa di S. Luigi (la quale poi con la giunta d' un palazzo ceduto da Berardino Spallurra fu rifatta ed acconciata ad uso di monastero di donne dell' Ordine francescano) si mostra il luogo della tomba accanto la porta d' ingresso, dove si vedono l' armi reali con questa iscrizione postavi nel 1796.

LUDOV. ANDEGAV. GALLIAE. RECTOR CAROLIQ VI PATRVVS APULIAE REX A CLE VII AVENONE DECLARATUS AD REPNDA IURA IOANNAE ADOPNTIS EIUSQ NECEM ULCISDAM MAGO EXERCIT. ACCURRIT AD CANAS CUM HOSTE CONGRSUS E PRAELIO SAUCIUS BARUM AUFUGIT UND. EVADERE COACTUS VIGLIAS EST DELATUS UBI EX VLNERE OCCUBUIT QM IPSE ETIAM DYRRACHIUS MENSE VT AFFIN LUXIT REGIA POPA EFFERRI INQ. HOC SACELLO HUMARI IUSSIT S. LUD. TOLOSNO P DICATO CAROLI II. FILIO UTRIQ. AGONE DEVINCTO QUO IN VIRGNUM TEMPL COMMUTATO AUGUSOREM FORMAM D'ARE CUPNTES INTER RUDERA EIUS TUMULUM INVENTUM HOC OBSIGNATUM LAPIDE ANDEGABUS INSCULPTO ARMIS ALIISQUE EMBLEMABUS QUEM NE MEMORIA TANTI PRINCIPIS OBSOLESCERET M. THERESIA FRISARI ANTIS VIRGINESQ HIC P. CURARUNT.

A. D. MDCCXCVI.

Il tenore di cotesta iscrizione confermerebbe il racconto del Collenuccio in parte, in parte il nostro. Il lettore ne giudicherà a suo senno; come non si maraviglierà, se son vere, del lutto e delle esequie pompose tributate da Carlo al suo avversario, che più non gli faceva paura, e poteangli tornare a lode.

lo, mutato sembiante per essersi liberato dell'avversario, assediavalo. Colà dentro, dissenzienti i Cardinali, erasi quegli ridotto con gran dispetto contro il re per le non adempiute promesse, e per l'enormi gravezze sul reame. Altere le richieste dall'una parte, più superbe le risposte dall'altra; quegli a fulminar con tetro apparato gli anatemi, questi a stringerlo con l'armi. Vi penetrava ciò non ostante con aspro contrasto e ferito nell'un de'piedi Ramondello in sui primi giorni di luglio (1385); ma non sentendosi forte abbastanza, chiamato pure in aiuto coi fiorini del papa da Calabria Tommaso Sánseverino, ed un Lotario di Svevia, il condussero salvo alle rive di Salerno: dove imbarcatosi su galee genovesi, rimeritava il suo liberatore confermandogli la contea di Lecce, e donandogli la città di Benevento, e la baronia di Flumari: e quindi in Puglia Ramondello si ritirava. Così quasi tutti gli storici, salvo il Collenuccio, il quale afferma, aver Ramondello per la via di Benevento condotto a Bari il Pontefice, che qui rividero i nostri in sembiante di fuggitivo ricovrarsi sulle navi genovesi, traendosi dietro i cinque Cardinali, la cui brutta fine versò, se è vero e non piuttosto esagerazioni di storici passionati, sul nome di Urbano una sì trista ed immeritata memoria [1]. Anche il Beatillo il fa venuto a Bari; ma chi consideri

---

[1] Una cronaca inedita del secolo XV, conservata nella biblioteca vaticana (di cui è riportato un brano da Stefano Borgia nelle memorie storiche di Benevento, Roma 1769, parte III, p. 410 a 12), ne dà eziandio più minuti particolari. Leggesi in essa, che il Papa a'19 d'agosto per la via di Minervino si facesse in sul lido tra Barletta e Trani, dove s'imbarcava sulle galee genovesi; le quali giunte nel porto di Napoli a'19 di luglio per prenderlo e condurlo a Genova, e saputo d'esser egli partito per Benevento, erano venute a trovarlo

le ragióni de' luoghi, la possanza di Carlo, e le poche forze del pontefice, terrà piuttosto per inverisimile il racconto.

Che se tanto la fortuna arrideva a Carlo, liberatosi de' due più possenti nemici, l'uno spento a Bisceglie, fuggito l'altro a Genova; non prevedeva egli, che funesta sarebbegli tornata la lusinga della seconda corona, quella d'Ungheria: ed a Margherita sua consorte, che coi figliuoli Giovanna e Ladislao sedeva agli spettacoli della giostra dati in Napoli per la nuova incoronazione del re, era recata novella, che nelle stanze medesime della Margherita d'Ungheria, sottilissima simulatrice, e di Maria sua figlia, la spada di un Blasio Forgac calava sul regio capo un fendente, che se non valse a troncargli tosto la vita, valse bene l'apprestato veleno (24 di febbraio 1386). Così per arcana Provvidenza a lui, che contro a regia donna aveva inferito, s'apparecchiava da regia donna vendetta fierissima.

Il fiacco partito angioino, alla morte di re Carlo, rimasi i principi figliuoli sotto la tutela della madre, assai gagliardamente invigorì e presto divampò la guerra. Favoriva al fanciullo Ladislao il pontefice Urbano, che alle preghiere della regina lasciossi smuovere, e le ricevute offese obliò. Egli creava gonfaloniere di S. Chiesa il medesimo Ramondello già voltatosi pu-

in questi luoghi. Che il capitano di quelle galee ricevevalo come in trionfo sotto un bianco baldacchino; e fattasi una gran preda e danno dai seguaci del Papa alla città di Trani, verso la metà della notte traevano a Bari. Che qui quelle medesime genti s'abbandonavano un'altra volta al saccheggio: de' quali danni, estimati insino a venti mila fiorini, avendo fatto il papa restituir la più parte, partissene dirittamente per Messina, e sbarcò a S. Salvatore ec. ec. Cotesti particolari ti sforzano quasi a crederli veri.

re ai Durazzo, e lo forniva a danari per assoldar gente in difesa
del re: tutta la casa Sanseverina, i Conti di Conversano, di Ariano, di Caserta , ed altri baroni stavano per l'opposta parte ; i
quali con quattro mila cavalli e due mila fanti mossero verso la
metropoli. Furono creati per parlamento in Ascoli i sei del buono stato del regno a capo de'quali Tommaso Sanseverino, che
s'arrogava il titolo di vicerè di Lodovico II figliuolo al trapassato fra noi. Ei tentava Napoli , la quale per sottrarsi alle
estorsioni de'regii ministri reggevasi cogli otto del buono stato
della città, ma tenevasi tuttavia per Ladislao, che con la madre
e la sorella s'erano rinchiusi in Gaeta.

Sopravvenutovi l'Orsino, si avventava come a nemici sugli
otto della città, e perdevala con non poco sangue per resistenza
del Sanseverino ; e penetràtivi gli altri deputati e baroni , si
giurò in S. Chiara l'omaggio a Lodovico II. Un Ugo anche dei
Sanseverino fu mandato in Francia a chiamare il giovinetto
duca d'Angiò; Ottone di Brunswick ultimo marito di Giovanna
anch'egli fra i sei, anzi a lui per riverenza il bastone di capitano
generale; solo il titolo di vicerè riserbato al Sanseverino [1]. Ma
tutti e due costoro se ne ritrassero giunto che fu sull'armata
di Provenza il signor di Mongioia con titolo di vicerè e capitan
generale, disgustati della sconoscenza di Lodovico, che spodestava in tal guisa i due che quasi gli avevano donato il regno:
onde alle sue terre ritiravasi il Sanseverino, a S. Agata de'Goti
Ottone, il quale non molto dopo v'innalzava la bandiera de'Durazzo. Superbo uomo il Mongioia gli animi di tutti disgustava;
il perchè finalmente per nuove istanze de'Napolitani fatte da
Baldasarre Cossa, affinchè soccorresse Lodovico ne'comuni pe-

[1] Muratori, an. 1386.

ricoli giungeva egli stesso a Napoli sopra un'altra armata a' 14 d'agosto 1390; e lui entrante tutto armato su corsiero guernito di drappo d'oro accoglieva.

Dall'una parte allora quell'Ugo Sanseverino gran protonotario proponeva nel parlamento ragunato a S. Chiara che si dovessero dare a Lodovico mille uomini d'armi e dieci galee pagate dai baroni e dai popoli a guerra finita; la regina Margherita dall'altra chiamava a sè i baroni, che le manteneano fede, assoldava il conte Alberico, sperimentar la fortuna della guerra desiderava. Vinse fra quest'ultimi il partito di non tentar Napoli, ma avventarsi sui Sanseverino qua e là dispersi con le loro genti, e ch'erano il maggior nerbo della parte angioina. Cominciavano i fatti d'armi, discesi in Capitanata Alberico ed Ottone. Nel IX libro del Costanzo, che fin qui abbiamo seguito, potrà leggere chi voglia, come i Sanseverineschi con maravigliosa prestezza dai luoghi più lontani di Calabria, di terra d'Otranto, e d'Amalfi si unissero sul fiume Bradano, che la Basilicata da terra di Bari divide; come per gli accorgimenti di Tommaso sconfiggessero alla sprovveduta i nemici, e tutti i capitani ne facessero prigioni: della qual vittoria, che avrebbe posto in fondo re Ladislao, non seppero, o meglio per lor politica non vollero trarre vantaggio, contentandosi a liberarne i capi con grosse taglie di danari; e come Ramondello Orsino, che tentennava già ridottosi ne'suoi Stati, mandasse da Lecce a re Lodovico un ricco e raro presente, ed in grazia gli entrasse.

Conoscente la nostra città all'amore portatole dal I Lodovico mantennesi in fede al figliuolo; ma come Ramondello si fece dalla parte durazzesca, ella patì ogni maniera di travagli. Destavansi intanto gli spiriti al giovanetto Ladislao, e tutto d'arma-

tura coperto prendeva commiato dalla madre per muovere
contro Aquila, la quale fra le città d'Abruzzo manteneva costantemente la bandiera angioina; nè Lodovico potè raccorre
tanta gente che valesse a soccorrerla. Questo felice esordire delle fazioni guerresche procacciò tanta di lode al primo, quanto
di biasimo all'altro; cui diedero del neghittoso, nelle delizie
napolitane impaniato: anzi dissero, che avesse egli lasciato ai
Sanseverineschi il resto del reame, pigliando per sè Napoli ed
i luoghi vicini di terra di Lavoro e della valle beneventana.
L'opera d'un costui congiunto, il conte di Conversano, gli ac-
cresceva le forze con cinquecento lance di Ramondello, che
un'altra volta prometteva fede, benchè il facesse per la grande
arsura che aveva di unire a'suoi Stati il principato di Taranto,
ricadúto all'Angioino per la recente morte di Ottone, essendo
questa un'assai acconcia occasione a mettervi il piè dentro
come stipendiato di Lodovico. Costui veramente era più inchinevole alle arti di pace, che agli esercizi di guerra; ma teneanlo
iu gran soggezione e necessità i signoreggianti baroni, massime
il Sanseverino, e l'Orsino interessati a mantener le cose publiche in quello stato incerto, ingoiantisi tutte l'entrate col pretesto di mantener le genti d'arme, e poi a'bisogni estremi non
se gli trovavano, e finalmente il tradirono. Così il misero giovine, tuttochè nel 1398 avesse molta cavalleria e genti valorose
del gran contestabile, si vedeva stretto d'assedio da tutte parti,
udiva le strida della plebe per carestia somma delle cose da vivere e per troppe imposte, pur non bastanti all'oro, ch'egli nelle
mani de'nobili di continuo versar doveva a mantenerseli amici. Ramondello chiamato punto non si moveva di terra d'O-
tranto; a tal che scoraggiato Lodovico ragunava i signori della
sua parte, loro tutto si fidava, scongiuravali di consiglio; ed il

peggior consiglio questi gli davano, cioè che abbandonasse la metropoli, dandola in guardia al duca di Venosa, ed egli a terra d'Otranto si riducesse a smuovere pur finalmente Ramondello. Così faceva, e per la via di Salerno a Melfi si condusse, dove lasciato il contestabile con l'esercito, trasse difilato a Taranto, insino a Spinazzola andogli incontro Ramondello con seco bella compagnia di soldati e ricevendolo con ogni dimostrazion di riverenza, dicevagli con accomodate parole: essere ricordevole che il principio del ben che possedeva, era stata la chiara memoria di re Lodovico padre della maestà di lui. E così lo gridava a Taranto, dov'era ricevuto sotto il pallio, come re e supremo signore; i baroni di terra d'Otranto e di Bari a visitarlo concorrevano; ed i sindaci a presentarlo degli ultimi sforzi di lor sostanze. Ma queste furono l'estreme dolcezze di Lodovico. Nè per preghiere Ramondello, nè per comandi si piegò a volersi con le sue genti aggiugnere al gran contestabile; perciocchè si scusava di non poter muovere i soldati, senza dar loro la prestanza ed aver consumati tutti i suoi tesori per mantener quella provincia sotto le bandiere angioine. Lodovico già si risolveva a saziarlo ancora con l'oro degli spontanei presenti ricevuti in questi luoghi, quando giungevagli la novella della resa di Napoli al suo avversario. Allora egli indignato della manifesta tradigione più non volle udirne e deliberò di partirsi.

Vane le ragioni, che Ramondello, a cui incresceva perdere quel gaudio di quasi assoluta signoria, andavagli ponendo innanzi: non isbigottisse della resa di Napoli, essere all'obbedienza della sua corona le due terze parti del reame e tanti baroni a lui devoti; l'armata ultimamente mandatagli per papa Benedetto da Provenza, e le forze di terra che in poco tempo si potevano riunire, esser bastanti a racquistare agevolmente il resto; mirasse all'esempio della regina Margherita, che con sola Gaeta e senz'altro aiuto non aveva disperato di ricovrare il regno al figliuolo.

Ma Lodovico s'imbarcava su quell'armata medesima, la quale, non trovatolo a Napoli, erasi fatta sul mar di Taranto. Egli, costeggiate le Calabrie, passò per la marina della metropoli, e mirandola con dolore, fermossi a patteggiare con re Ladislao, che facesse uscire del Castel novo Carlo suo fratello e gli altri Francesi con tutte le suppellettili, ed il castello gli renderebbe. Il che prestamente ottenuto, volgeva le prore alla volta di Provenza.

Ma i traditori n'ebbero giusto merito da quel dissimulator di Ladislao; il quale, dopo averli bene smunti di danaro, e valutosi di lor forze a fermar la sua signoria in tutte le province del reame, ridottili a Napoli ed imprigionati Tommaso Sanseverino con un figliuolo; Vincilao duca di Venosa ed Amalfi pure con un figliuolo; Ugo conte di Potenza, Gasparro conte di Matera con altri parecchi, li fe'strangolar tutti e gittarne i corpi ai mastini: nè minor vendetta prese più tardi sulla casa Marzano. Non ne infamiamo già noi la memoria, perchè registrarono le storie: che i Sanseverineschi « ebbero intelligenza segreta con « re Ladislao, e con l'aiuto di Guido Brancaccio, di Tom- « maso Imbriaco, di Maffeuccio Sersale, e di Spadinfaccia di « Costanzo, ch'eran potenti in Napoli, non senza nota d'in- « fedeltà la fecero rendere, e che per questo aveano procurato « che re Luigi (Lodovico) partisse da Napoli » [1].

---

[1] Costanzo, lib. II, il quale cita il libro del Duca con le annotazioni di Pietro d'Umile da Gaeta, ufiziale della tesoreria di re Ladi-

Più fortunato fu Ramondello, che non andato dapprima a dare obbedienza al re, confidando nelle sue e nelle forze dei Sanseverino, come poi seppe, che questi s'eran già dati a Ladislao, il quale moveva con l'esercito a spodestarlo di Ta-

slao. Cotesto storico, e tutti quelli, che l'han seguìto, dicono che Lodovico nel 1400 partì da Napoli per Taranto: ma dovette esser prima, ed egli medesimo poteva avvertirsene, perchè poco appresso cita un diploma di Ladislao, con cui riconfermò a Ramondello il principato di Taranto con altre città, e quella carta fu data nell'anno (se non siavi errore) 1398. Un altro ne recheremo noi.

Anche il Muratori, anno 1399, dice « fin qui la possente casa de' Sanseverini avea sostenuto in capo a Lodovico d'Angiò la corona di Napoli. Cominciò anche essa a titubare, e a tener trattati col re Ladislao, e tanto fece, che il rendè padrone di Napoli». E dell'Orsino aggiunge « fra i più potenti baroni del regno di Napoli si contava Raimondo del Balzo di casa Orsina, conte di Lecce e d'altre città. Si era egli tenuto in addietro neutrale fra i due re contendenti, facendosi credere amico non men dell'uno che dell'altro. Ma in fine guadagnato dal Papa prese l'armi contro Lodovico d'Angiò; e giacchè era mancato di vita senza figliuoli Ottone di Brunswick principe di Taranto, egli s'impadronì del meglio di quel principato. Accorse bensì colà il re Lodovico; ma non solamente nulla vi guadagnò, vi fu anche assediato da esso Raimondo per terra e per mare ». Noi già dicemmo con qual arte Ramondello mettesse piede in Taranto, e vi si mantenesse a signoreggiare: ma che egli svelasse tutto l'animo suo a tale da assediar Lodovico, non ne par credibile, sì pe'fatti arrecati su storiche autorità, e sì per il testimonio del Costanzo medesimo; il quale afferma di aver trovato in alcune scritture, che Lodovico « avanti che s'imbarcasse in Taranto, fece privilegio a Ramondello di quel principato, pigliando {da lui il giuramento, che il terrebbe sotto le bandiere sue ». Nè di poi Ladislao sarebbegli andato contro, come si dirà appresso, per ispodestarlo.

ranto, ed era entrato in terra di Bari, gli uscì incontro sul piano di Canosa con tutte le sue genti, un quattro mila cavalli e tre mila fanti, e fermatosi innanzi al regio esercito, abbassò lo stendardo in segno di riverenza, e sceso di cavallo, e fatto cenno di voler baciare la mano al re, disse « che l'armi sue voleva, che non valessero, se non con inimici di sua Maestà, e che in mano di quella poneva sè con tutte quell'armi ». In tal guisa n'ebbe grande onore, e gli fu confermato il principato di Taranto con l'altre città.

Caduta già la fortuna dell'Angioino, e per sempre (giacchè se gli parve sorridere un'altra volta dopo dieci anni, e chiamato in regno, vinse a Pontecorvo; o l'inconsideratezza sua, o la malizia e l'ingordigia de'capi gliene fe'perdere il frutto); i Baresi si volsero a provvedere a loro medesimi, e per messi inviati a re Ladislao implorarono perdono all'errore: ed il re con generale perdono dato a'9 di settembre del 1399 gittava oblìo sulla passata defezione, e ricevevali in grazia, non solo rimettendo loro ogni diritto, che spettar potesse alla regia camera, e restituendoli agli onori, stati, e possessioni d'ogni maniera con render nulle le confiscazioni, le vendite, le concessioni fatte dal padre suo a persone avvegnachè benemerite; ma eziandio concedendo un termine dilatorio di dieci anni in fra'l quale nemmeno ad istanza di privati fosse lecito di trarli in giudizio per civili querele o criminali [1].

Nè men liberali furono le regie lettere, che loro lasciava tre giorni appresso. Perciocchè con l'una di esse vietava di potersi nè per uffizio di Curia nè per petizion di parti trarre i citta-

[1] Vedi docum. LXIX.

dini baresi innanzi ad altri magistrati, che quelli della città,
salva la Curia del mastro giustiziere del regno [1]: e con l'altra
prometteva di ritener sempre la città nel regio demanio, nè
sotto alcuna spezie di alienazione partirnela. Che anzi forte lamentando ella al re, che un tal Gabriele di Palma [2] ligure,
capitaneo e castellano, avessela in quelle rivolture ridotta a
misera condizione sotto tirannico governo; ordinava egli, non
doversi più mai in una sola persona cumulare gli ufici della
capitania, e della castellania; e ritornavale tutti i privilegi, e
grazie, e mercati (detti allora con voce del dialetto *pannige-*
ria), che per lo innanzi era stata solita di godere [3]. E quindì
in grazia del povero stato in che le fortune de'cittadini erano
per quei torbidi tempi cadute, riduceva a cento tredici once
la colletta, e ad altre tante il sussidio per lo spazio di cinque
anni, a cominciar dal dì del diploma, sottraendoli ad ogni
altra gravezza [4]. Solamente troviamo che all'arcivescovo Carafa non perdonasse, e del feudo di Cassano ne spogliasse la
mensa, concedendolo ad un Roberto Sanseverino [5].

[1] Vedi docum. LXX.

[2] Ovvero di Parma, come troviamo in altre scritture.

[3] Diploma de' 12 di settembre 1399 C. C.

[4] Diploma del giorno seguente.

[5] Dai soprannotati documenti, e da altri, che seguiranno, appare,
come andasse grandemente errato il nostro Beatillo; il quale ne dice
(lib. III, p. 160), « che con questa subitanea partenza del re Lui-
« gi ricuperò in breve Ladislao il regno, ma non già Bari, della
« qual città s'era impadronito prima con l'assenso di Luigi il princi-
« pe Ramondello, a cui poscia nel 1401 il medesimo Ladislao la
« confirmò col resto de'suoi stati, per essersegli accostato in un gran
« bisogno di guerra con 3 mila fanti, e 4 mila cavalli ».

Rassicurata in certa guisa la città intese a riordinare lo stato suo, e primamente ad esigere la bonatenenza da tutte quelle terre e casali, che erano nel territorio barese, sottrattisi di soggezione in quel generale sfasciume di cose. Ella fecesi confermare dal re i limiti di esso territorio, i quali già dai registri del Fondaco maggiore e della Dogana si raccoglievano: nè incresca udirne qui un cenno. Il territorio barese si estendeva verso oriente insino alla torre di Mola; di là per lo stretto che discende dalla chiesa di S. Vito insino a Noia, e quindi piegava presso la chiesa di S. Martino de' bruti, e da quella insino al Cavolo; donde si faceva per la via, che menava da Bari a Casamassima; e poscia discendeva alla terra di S. Nicolò di Ceglie, che confinava con le terre di Surenca; quindi procedeva sulla chiesa di S. Andrea di Curigello, e discendendo sulla via, per la quale da Bari si andava a Noia, veniva su per essa strada innanzi a Montrone; di poi piegava sul cammino, che da Valenzano guidava a Sannicandro, e di là per Reginoso alla chiesa di S. Maria di Misceto, donde discendeva alla chiesa di S. Marco di Bustabo; e così sempre discendendo per la lama di Bitetto, perveniva alla chiesa di San Mercurio, e da questa su per Bavotta andava alla chiesa di S. Croce di Altinea, donde per Baligio facevasi sulla chiesa di S. Erasmo; e finalmente toccando la chiesa di S. Teodoro scendeva al mare, là dov' era la torre d'Argiro all' occidente [1].

In tal guisa questa curva linea segnava ondeggiando il territorio barese dalla parte d' oriente, mezzodì, e ponente; e dalla parte di tramontana con un'altra linea ondegiante bagna-

---

[1] V. Docum. n.º LXXI.

valo il mare, nel cui seno si protende la città. Era desso però il *gran territorio,* come dicevanlo, avanzo della passata grandezza ; diverso dal suo *distretto*: in questo fra « termini assai più angusti si racchiudevano le possessioni de'cittadini, in quello esercitava la città i diritti di bonatenenza, come si disse, sulle terre e casali, che vi eran compresi. Pur tutta volta ella non potè rientrare nell'integrità de'suoi diritti, e solo ottenne di venire a composizione con molti baroni utili signori di quelle terre.

Ad un altro sconcio vollero provvedere , e supplicarono al re, che essendosi fatti ne'tempi della dominazione de'due Angioini molti testamenti e contratti e sentenze e publiche scritture d'ogni maniera, volessele egli confermare ad evitar spese e liti ; e vi condiscese: anzi ordinò, che quando le parti fossero viventi, e giudice e notaio e testimoni in numero opportuno, in fra lo spazio d'un anno s'avessero a rifar gli atti intitolandoli nel suo nome. E questa medesima prescrizione ripeteva egli poco dappoi, aggiungendo, che poichè alcuni cherici vi erano, i quali possedendo de'beni burgensatici ed irregolarmente vivendo, negavano per il privilegio chericale di pagar le collette ; quando i beni nè ecclesiastici fossero, nè benefizi laicali, avessero ad esser soggetti ad ogni sorta d'imposte. Ed affinchè non si fosse indugiato ad eseguire il regio comando , sotto pretesto che non fosse munito del gran suggello, ordinava che si avesse a riputare come munito di tutte solennità [1].

Ma più dappresso gli si strinsero i Baresi , quando Ladislao scendeva in Puglia con la sorella poco innanzi maritata a Gu—

[1] Vedi docum. n. LXXII.

glielmo figliuol di Leopoldo duca d'Austria, ed a Barletta ponevasi in mare sopra un'armata di quindici galee per condurla al marito, accompagnandola egli stesso insino a Zara. Prima di partirsene, loro faceva grazia per un anno di tutte le fiscali gravezze [1].

Nè questi tutti i provvedimenti a riordinare il reggimento della città. Perciocchè nel 1404 le concesse per altri tre anni, e di poi a suo beneplacito, di non poter essere i cittadini per qual si voglia causa menati innanzi ad altro magistrato che i propri capitanei ed i giustizieri della provincia [2]. Le mantenne il diritto del sindacato; francandone di sola la metà del tempo un Giovanni Bozzuto cavalier napoletano, che della capitania a sindacato star non voleva [3]. Le riconcesse la franchigia del mercato ogni lunedì, avendo ella nelle rivolture perduti gli originali privilegi de' passati monarchi [4].

Le serbò l'antica costumanza, che le collette per l'una metà dovessero gravare sui beni de' nobili, e su quei del popolo l'altra [5]; e di esse collette, così ridotte come furono nel 1399 a cento tredici once, ed altre tante di sussidio, per altri cinque anni prorogonne la riduzione: alla fine del qual tempo maggiore scemamento gliene faceva, riducendole a sole sessanta « e ciò sia per sempre» diceva; imponendo che se ne prendesse nota sui registri della regia Curia, irrite fossero tutte le ordi-

---

[1] Diploma de' 5 di giugno, 2.ᵃ indizione. C. C.
[2] — de' 12 di maggio 1404. C. C.
[3] — de' 27 di novembre 1404. C. C.
[4] — de' 26 di agosto 1404. C. C.
[5] — de' 12 di febbraio 1405. C. C.

nanze contrarie di già emanate, si guardassero i regii ufiziali
dall' usar forza o sulle robe o sulle persone per cinquantatrè
once, di che era debitrice '. Concesse altra moratoria sì all'u-
niversità e sì a' cittadini di pagare lor debiti particolari, tranne
se Veneziani fossero i creditori, ovvero un tal Gabriele Alde-
rocci de Brumestis fiorentino '. Altre molte ordinazioni trala-
sciamo per non essere soverchi ⁵ ed increscevoli, e così pure

' Diploma de'16 di aprile 1411. C. C.

' V. docum. n. LXXIII.

⁵ Così fra l'altre cose ordinava al Giustiziere di costringere i casali posti nel territorio barese a portar le loro ulive ne'frantoi de'cittadini o della città, affinchè altrove recandole frodar non potessero
i diritti della dogana e i dazi del municipio (agli 8 di marzo 1407.
C. C.). In pari tempo obbligava l' università di Modugno di pagare
alla città nostra i due carlini per ogni soma di olio, alla quale prestanza solamente quella terra erasi negata fra quante erano nel contado barese. Perciocchè ne'tempi della passata guerra avendo Bari
chiesto alla Corte di fare un po'di tregua col nemico a fin di raccorre con sicurezza le ulive e le altre frutta, e non ottenutolo, le fu
forza di soldar gente armata per guarentigia del ricolto, e con tale
volontaria contribuzione, facendosene solenne promessa da tutte le
terre innanzi al castellano di Bari, ch'era un Benedetto Muscata o
Mustachia da Gaeta, pagarle (a'9 di marzo 1407. C. C.). E per
non dirne altro ordinava ad un Lanfranco di Modugno, commessario regio deputato alla restaurazione del castello di Conversano (ter-
rae nostrae dice il re), che per solo quel mese di marzo e non più
innanzi fossero costretti i Baresi a lavorarvi (a'6 marzo 1408). Anche intorno a questo tempo le terre poste nel barese territorio furono ritornate alla giurisdizione del governator di Bari per decreto
de'21 di luglio 1407 dato in Bitonto da Pietro Pascale di Giovinazzo,
al cui giudizio si sommisero di loro volontà le parti; e fu lungamente
discussa la causa eziandio con intelligenza di un Pietro da Altamura

avremmo fatto di parecchie delle arrecate, se non avessimo
creduto di chiarire in tal modo la infelice condizione de'tempi e mostrar l'errore del Beatillo, che vago forse di sudditanza baronale, o piuttosto largo di lusinghe alla prepotenza feudale, disse (p. 161) « che passato nel 1405 all'altra vita Ramondello Ursino del Balzo, alla moglie, oltre il contado di Lecce, di cui era ella padrona, lasciò il principato di Taranto col dominio di Bari, acciò se'l godesse in vita sua, ed a morte il restituisse al primogenito Giovanni Antonio. Ma essendosi sposato con lei l'anno appresso il re Ladislao, s'impadronì questi a man salva della città di Bari, e di tutte le signorie, ch'erano state di Ramondello ».

Vero è ch'egli cita, ma senza indicazione precisa, scritture autentiche dell'archivio della città di Bari, che per avventura erano a'suoi tempi, se mai vi furono; ma pare, che sì i documenti arrecati di data anteriore al 1407, che pure dovevano esser nell'archivio, e sì le testimonianze degli storici gli contraddicano. Perciocchè il Costanzo (lib. XI), il Summonte (lib. IV), ed altri ne lasciarono, che appena il re intese la morte del principe, deliberò cavalcare in terra d'Otranto, e

procuratore di Corrado Trentenario, il quale era luogotenente del gran giustiziere della provincia Cristofaro Gaetano. Così Capurso, Valenzano, Montrone, Loseto, Carbonara, e Ceglie rimasero sotto la soggezion barese, e con la città contribuirono alle collette ed ai pagamenti fiscali, come faceano e Bitritto e Modugno, finchè non se ne sottrassero del tutto al tempo della signoria Sforzesca: benchè qualcuna assai più lungamente vi rimanesse sottoposta, come fu Ceglie, che nel 1754 contendeva per volere separazione di territorio. (Da difesa scritta a 30 di ottobre 1754 per Marcello Celentani, e Niccolò Boccapianola). V́. docum. LXXIV.

mossosi di fatto da Napoli ne occupò al primo apparire tutte
le terre; che giunto a Taranto, vi pose l'assedio, ma senza speranza di averla, difesa com'era dai Sanseverineschi accorsi da
tutte parti; che la novella della morte del duca d'Austria suo
cognato, acconcia occasione di partirsene senza vergogna, il
richiamò a Napoli, lasciandovi general comandante del campo
il duca d'Atri, il quale con molta virtù e molte morti ebbe a
sostenere gli assalti de'difensori, a tale che scemo di forze ne fu
richiamato; che il re pieno d'ira contro le reliquie de'Sanseverineschi apparecchiò per la seguente primavera un forte esercito
a farne vendetta; e che per istringere la città eziandio per mare inviò innanzi quattro galee e sette navi, ed egli con l'esercito si partì dalla metropoli, e giunse senza resistenza veruna
sotto le mura di Taranto: dove vedendo che quest'assedio
non permetteva niente più felice esito dell'altro, ed avendo avviso che di Provenza le veniva un'armata con gagliardo soccorso, deliberò di aver a patti la bella principessa e la città, e per
mezzo di un Gentile Monteranno le si profferse di sposarla.
Questo e non altro raccogliesi dagli storici.

Ma di tal monarca dovette portar Bari non isconoscente
memoria. Che se lasciava fama di tramodata ambizione, per
cui era niente il mancar di fede; di fiera crudeltà, massime
ne' nemici; e di libidini ardenti, che gli resero infecondo il
talamo delle tre bellissime consorti (delle quali spezialmente
la Costanza, che fu la prima, pianse amaramente dello indegno ripudio, e l'ultima la Maria principessa di Taranto del-
l'aver goduti una volta sola i regii favori, e poi rinchiu-
sa in Castelnovo): ma pure molte buone parti aveva, e
fu desiderosissimo di gloria, valente in ogni sorta d'armeg-
giare, liberalissimo di premii e domatore di que' baroni e ca-

pitani di ventura, che signoreggiavano, e disertavangli lo Stato, elevando la podestà regia ad uno straordinario grado di libertà e di potenza. Certa cosa è , che gli scandali, i disordini , e lo sconvolgimento di tutto il reame sotto l'impetuosa
vanità di sua sorella fecero ai soggetti desiderare i tempi di
Ladislao.

CAPO V

DALL'ANNO 1414 AL 1435.

SOMMARIO

Giovanna II conferma alla città i privilegi, e le usa liberalità, confermate dappoi
nel nome suo e di re Giacomo; discordie tra la città e l'arcivescovo Niccolò
Pagano, le quali non potutesi comporre, l'arcivescovo è da papa Martino V
trasferito ad Otranto; Bari leva bandiera angioina alla venuta di Lodovico III;
modi affettuosi di costui verso la città, la quale veggendone crollanti le parti,
ritorna all'obbedienza di Giovanna; costei adotta Lodovico, e ne dà contezza
alla città: i Veneziani scorrendo su per l'Adriatico predano i navigli baresi in
vendetta di ricevuta offesa; si manda a Venezia l'arcidiacono Carducci, che ferma gli accordi (1425); Iacopo Caldora lasciato da re Alfonso d'Aragona a guardia della metropoli, la cede per danaro a Giovanna, e viene a stanza in Bari;
il castello è occupato dalle genti di Giovanni d'Antonio del Balzo Orsino, agognante anch'egli la signoria barese; navi catalane appariscono sul mar di Puglia, e di armati se ne forniscono i lidi, ma niente quelle tentano, e re Alfonso
si racconcia con una tregua di dieci anni; cresce in potenza il principe di Taranto, e venuto in sospetto, è combattuto dal Caldora e da Lodovico III; i Baresi con l'aiuto delle regie forze ne scacciano il presidio, e il Caldora riceve
la signoria di Bari; ei racconcia alcune dissensioni tra i nobili e i primari
(1432); muore Lodovico III e Giovanna, che lascia tre pretendenti alla corona
(1435); il Caldora è chiamato alla difesa del reame per Renato.

Appena gridata regina la II Giovanna, primo pensiero della
città nostra fu di chiederle confermazione di tutte le concessioni ed immunità ottenute dai passati monarchi, massime da
Ladislao; di che ella facevala contenta [1]. Sebbene anche poco
prima avvessela cavata d'una molestia; la quale è tenuissima

---

[1] Diploma de' 30 di agosto 1414. C. C.

veramente, ma ci rechiamo ad accennarla, per una circostanza storica, che vi si connette.

Ciò fu, che trovandosi prigione nel castello di Bari quel Giovanni Bozzuto statovi già capitaneo e ritroso al sindacato per delitto di lesa maestà, i riscuotitori delle collette stranamente pretendevano, che la città avesse a pagar per essolui, i cui beni teneansi dal castallano; e castellano era il principe di Taranto [1]. Or questi esser doveva il primogenito della infelice regina Maria; nè sapremmo diffinire, se a tale uffizio fosse stato deputato da Ladislao medesimo, ovvero da Giovanna: ne giudichino i dotti. Parecchi altri ordinamenti abbiamo di lei, tutti di niuna importanza, salvo che piegandosi alle preghiere de' cittadini, concesse che le collette di quell'anno si volgessero alla restaurazione delle malconce mura della città [2].

Ma quando poi finalmente per esortazione de' consiglieri di Corte, frementi della vergogna di Pandolfello Alopo, e delle costui gelosie con lo Sforza, indi divenutogli amico e congiunto, si risolveva ella a torre in secondo marito Giacomo conte di la Marche; e costui sbarcato a Manfredonia, ed informato de' disordini della reggia da Giulio Cesare di Capua ed altri pochi signori mossigli all'incontro; prendeva titolo di re, a mal in cuore della regina: allora nel nome di ambidue si fecero riconfermare i nostri tutte le lor concessioni e privilegi [3]. Pure non suonò tra noi che un'altra sola volta il nome di re Giacomo; a cui nè la prigionia dello

[1] V. docum. n. LXXV.
[2] Diploma de' 26 di agosto 1414. C. C.
[3] Diploma de' 25 di ottobre 1415. C. C.

Sforza, nè i tormenti ed il reciso capo di Pandolfello, nè l'aspra
strettezza in che fu tenuta la regina, nè l'afforzarsi di suoi in
ogni sorta di pubblici ufici, valsero a mantenergli sulla fronte la corona di Napoli piuttosto usurpata, che donatagli. Di
tal che per compassione e sdegno che n'ebbero alla fine i Napoletani, alla sua volta di principe tornava suddito egli e prigione con la vanità o ludibrio del nome di re, mentre re veramente diventava ser Gianni Caracciolo. Campato finalmente da
Napoli, riducevasi a Taranto sopra una nave genovese in compagnia di un Andrea Piscicello, e un Giovanni Galeotto, sperando (dice il Costanzo, lib. XIII) che la vedova regina Maria
ed i figliuoli ricordevoli della libertà e dello stato ricevuto da
lui l'avessero aiutato a far guerra a Giovanna. Ma nè Maria
volle mettersi in nuovi intrighi, nè altri amici si trovarono a
sostenerlo, sia perchè i nostri baroni si tenessero offesi, ch'egli
aveva voluti mettere in man de'suoi Francesi tutti gli ufici, sia
perchè loro tornasse a miglior grado il signoreggiare in quella
generale baldoria: onde Giacomo andò ad affogare nel silenzio
d'un chiostro la memoria del poco goduto regno.

Studiavasi intanto Giovanna, quanto era in sè, a carezzare
i popoli. Così appo noi rimeritava de'gravi danni patiti, al
tempo della guerra tra Ladislao ed il II Lodovico, Roberto
Volpi, che fu sindaco della città [1]. Si adoperava a quetar le
discordie tra l'università e l'arcivescovo Niccolò Pagano: il
quale sia per sostenere contro di quella i suoi privilegi, sia

---

[1] Concesse a lui ed al maggior figliuolo per tutta lor vita di potere
estrarre dal porto di Bari senza pagamento di dazio veruno cinquanta
some di olio ogn'anno, ed annua rimunerazione di venti once d'oro
agli altri figliuoli. Registro dell'anno 1417. a. c. 18.

per altre ragioni, che ignoriamo, venne a tale, che i suoi aderenti e vassalli dall'una parte, ed i cittadini dall'altra ruppero ad ogni sorta d'ingiurie e di danni. Confidava la regina al senno di Francesco de Riccardis da Ortona, maresciallo del regno e consigliere, l'udir le ragioni de'contendenti, diffinir giuridicamente, e ricomporre gli animi discordi [1]. Ma non valuto costui a riordinare le cose sempre più sgominantisi, chiamava ella il vegnente anno nella metropoli innanzi a sè l'Arcivescovo e tre de'nostri cittadini, per ritornarli con blandi modi a concordia [2].

Vana opera anche cotesta, ed è maraviglia in un popolo sempre de'sacri pastori ossequentissimo: onde alla fine il pontefice Martino V ne cessò lo scandalo, trasferendolo quattr'anni dopo all'arcivescovil sede otrantina. D'altre vessazioni pure sollevava ella la città, che forte se ne richiamava contro l'odioso reggimento del governatore Agrarino, e per il suo messo n'aveva risposta aver lei incontanente incaricato Anselmo Serger, perchè un qualche probo uomo a tale uffizio deputasse [3].

Quando poi ella già per mano del cardinal Mauroceno, legato apostolico, solennemente incoronata aveva amorosamente invitata secondo il costume la città nostra ad inviarle deputati con tutte facoltà [4] a rendere ligio omaggio, ad intervenire al general parlamento statuito per le riforme ed ordinamenti dello Stato, e si fecero le feste grandi; furon esse quindi a poco

[1] V. docum. n.° LXXVI.
[2] V. docum. n.° LXXVII.
[3] V. docum. n.° LXXVIII.
[4] V. docum. n.° LXXIX.

turbate dall'apparire delle armi dello Sforza innanzi alle mura di Napoli con lo stendardo di Lodovico III d'Angiò figliuolo al II da lui per esortazioni de'baroni malcontenti e con l'intesa del Pontefice invitato al conquisto del reame, e che alla regina per due trombetti mandava a restituire il bastone e le insegne di contestabile.

Quel nome e quelle armi eccitarono le passioni e gli studii delle diverse parti; e Bari onestando il romper fede alla regina con la conoscenza alla buona memoria dell'avolo di lui, non stette guari a levar l'angioina bandiera.

Qui non è da ripetere cose già conte a tutti, da quando Antonio Carafa partiva ambasciadore di Giovanna per soccorsi ove trovar li potesse o dal Pontefice a Firenze, o a Milano dal duca, o a Venezia dalla republica, fino a che re Alfonso V d'Aragona entrava in Napoli incontrato da barche inghirlandate di serti, e ricevuto con fiori e danze e canti dalle più leggiadre donne, e con apparato de' più eleganti cavalieri, e liberatore gridato, ed accolto dalla regina discesa alle porte di Castelnovo, ed abbracciato con amorevolezza e letizia, e chiamato figliuolo, e pubblicato erede del trono. Intanto alla metà d'agosto di quell'anno 1420 felicemente giungeva a Napoli Lodovico sopra sei navi armate in Genova, e sette sue galee; pagava circa quaranta mila fiorini d'oro alle genti dello Sforza; e prendeva stanza in Aversa, conquista di gran momento per la guerra.

Ma la defezione della città nostra non era pure avvenuta senza travagli e danni; de'quali altro non sappiamo, che quanto se ne raccoglie da richiami inviati a Lodovico stesso. Con gran dolore averli uditi, rispondeva egli, e più perchè da suoi ufiziali ed amici le fosse negato eziandio tenuissimo soccorso di

dieci cavalli; colpa di tanti danni essere stata la costoro negli-
genza; ingiugner loro di presente, che, posta dall'un de'lati ogni
altra bisogna, accorrano ai rimedii; maggiori provvedimenti
aspettassersi al ritorno che farebbe il contestabile in queste
parti, avviatosi per la città d'Amalfi; il non avere scritto a'suoi
ufiziali essere dipenduto dal non avergliene essi data contezza.
« Per la qual cosa (aggiungeva, in simiglianti occorrenze non
« v'incresca per lettere o messi di farne avvertiti, poichè noi
« siamo, e saremo apparecchiati, come a fedelissimi sudditi, di
« compiacervi in tutte cose » '.

Niun pro al certo da cotesti aspettati provvedimenti del
contestabile; chè pochi mesi dopo per nuovi richiami del nostro mastrogiurato di non esser punto cessati i danni inferiti
dagli avversari, se ne mostrava egli dolentissimo, ed inviava
Iacopo Alamanno e Bernardo de Brunteles con regie lettere,
intorno alla cui esecuzione voleva che avessero i cittadini
a consigliarsi e seguire in tutto la prudenza di Gabriele de
Bruntelchis capitaneo e castellano della città '.

È vana eziandio l'opera degli inviati. Non cessarono i danni, gl'incendii, la fame, pur tollerati con maravigliosa pazienza: le quali cose erano riferite a Lodovico da un Gagliardo
gentiluomo bitontino.

Cotanta prova era un conforto per lui; diceva di scolpirse-
ne in cuore profondamente la memoria, e portarla in seno di
sua grazia per rendergliene merito in tempi migliori. E venutogli agli orecchi, che l'avversa parte, non bastando la viva
forza, dava opera cogli artifizi a smuovere la fedeltà de' suoi

---

' V. docum. n.º LXXX.
' V. docum. n.º LXXXI.

soggetti spargendo voci d'esser lui presto ad abbandonar l'impresa ; affermava egli di essere risoluto a vivere e morire per essi , poichè s'era di persona condotto al conquisto del reame senza risparmio d'ingenti spese e con isperanza di prenderne intera dominazione fra non molto tempo con l'aiuto e favore del santo Padre, studiantesi a tutt'uomo di sostenere il diritto di lui , e torre ogni scrupolo , che per avventura le coscienze de'popoli turbar potesse. « A voi, testimonio Iddio (soggiunge) , « veracemente annunziamo di non pure aver tentato di metterlo « in atto, ma nè pensato, nè averlo a pensar mai, mentre ci basti « la vita. Tolga il Cielo, che possedendo noi meglio che la me- « tà del reame, e di corto aspettando grande aiuto di pecunia , « incorriamo nel fallo di una vergognosa fuga! Nè fuor di spe- « ranza siamo dell'averne a conseguire il resto ; perchè dal « trattato , che al presente si agita nella Curia romana , pen- « siamo che tali novità si recheranno in mezzo, da esser con- « forto ai vostri animi e pianto e lutto agli spregiatori della « nostra signoria. Fate cuore dunque , e virilmente e co- « stantemente operando ponete vostra fidanza in Colui, che la « causa degli orfani difende » [1].

Difatto dalle storie sappiamo di questi accordi, che si tenta- vano da papa Martino V; e noi a far manifesto tutto il tenore delle vie di conciliazione porremo qui recata nella nostra fa- vella , quasi intera un'altra lettera da Lodovico inviata alla città un mese dopo la precedente; la quale ordina tregua d'un mese , e tutte va svolgendo le politiche condizioni di questi tempi, che forse dar possono qualche nuovo lume alla storia del reame. « A voi, agli altri nostri fidi, ed a tutti (diceva)

_____

[1] V. docum. n.° LXXXII.

« non dubitiamo. esser cosa notissima, che non solo per amor
« della giustizia siamo venuti alla ricuperazione di questo re-
« gno dalla fame, dalle guerre, da ogni altra tribolazione stra-
« ziato, qual vero pastore e signor diligentissimo del suo greg-
« ge, con espressa licenza e beneplacito del sommo Pontefice,
« ma ancora da lui medesimo chiamati a recarlo in istato di
« quiete e di pace; e tollerando, com'era nostro debito, disagi
« e travagli, la pace de'popoli da principio e dappoi incessan-
« temente cercammo. A tale intendimento facemmo indagar
« l'animo de'nostri avversari, facemmo le maggiori proffer-
« te, tentammo tutte le vie ed i modi per interposte persone;
« alle quali mai assentir non volle la contraria parte, e sem-
« pre a guerra e vendetta sopra voi e gli altri a noi obbedienti
« s'avventò. Finalmente in nome di Colui, che morì in croce
« per noi, e che risorto lasciava pace a'suoi discepoli, e ma-
« ladizione a chi la negavano, e le giuste querele difende e
« protegge, proseguendo noi l'impresa con le genti nostre, e
« quelle inviateci dalla Santità del Pontefice ' in compagnia
« del reverendo cardinal del Fiesco, legato dell'Apostolica
« Sede, con grande vostro desiderio di pace e di verità me-
« glio che due parti del reame, lui duce, abbiamo acquistate,
« senza che persona per odio o preda o simile altro ministerio
« dell'armi fosse di ferro ferita mai. Onde voi con lieta fron-
« te, la via della verità conoscendo, ritornaste incontanente
« a noi, dalla cui signoria con feroce violenza già eravate stati
« sottratti. Così noi l'impresa proseguendo, mosso da pia e pa-

---

' Il Tartaglia, ch'era al soldo del Pontefice, fu mandato con cinquecento cavalli e qualche fanteria, perchè si andasse ad unire allo
Sforza. Muratori, anno 1421.

« terna carità il supremo Pastor della Chiesa, e veggendo che
« il perseverar nella guerra tornerebbe odioso agli uomini ed
« a Dío, ad esempio di Quello, le cui veci egli tiene in terra,
« destinò il reverendo cardinal di S. Angelo, che una col car-
« dinal del Fiesco suddetto dovessero intendere alle vie di pa-
« ce, ed in quelle a tutto lor potere indurci. Noi richiesti da
« esso loro, volenterosi ogni profferta facemmo che per noi si
« poteva : ma l'avversa parte nella durezza del cuore perse-
« verando tutto rifiutò, e volle piuttosto che in fondo di ruina
« andasse il reame. Laonde il S. Padre dal cominciato propo-
« sito e dal pastorale presidio non cessando, a rinnovar di bel
« nuovo le pratiche ha inviato il reverendo arcivescovo Turo-
« nense, il quale coi sopradetti Cardinali avesse a riassumerne
« le condizioni. Finalmente per la costoro opera si è venuto
« a questo, che il giudizio di tutte le contese vicendevoli intor-
« no al reame sì noi e sì gli avversari compromettessimo in
« essi Cardinali, alla cui determinazione ed arbitramento pro-
« mettemmo e star dobbiamo. Per la qual cosa deono essi
« andare alla presenza della Santità di nostro Signore ; e noi
« pure, e la parte avversa vi andremo; ed intanto per un mese
« a cominciar dalla data della presente lettera sarà tregua ge-
« nerale, e cesseranno le offese. Ciò vi significhiamo, perchè
« abbiate contezza di tutte le cose che si fanno, e per tutto il
« denotato tempo cessiate ancor voi dall' offendere. Or v' e-
« sortiamo affettuosamente, che vogliate e dobbiate perseverar
« nel proposito dell'usata vostra fedeltà, e confortare a vicenda
« gli altri nostri fedeli sudditi; perchè speriamo in Dio, abbia-
« no a riuscir sì prosperevoli le cose nostre , e de'nostri sog-
« getti, che vi torni a gloria la costanza della fedeltà. Nè la-
« sceremo di dire a voi ed agli altri, che non intendiamo

« d' abbandonarvi mai ; sì bene quand' anche per tale inten-
« dimento dovessimo tutto vendere il nostro e spendere e
« consumare, vogliamo vivere con voi, e con voi morire. Mas-
« simamente poi a Roma ci accostiamo, perchè quivi non du-
« bitiamo trovare il danaro, che la serenissima nostra Geni-
« trice ci destina; affinchè con gli aiuti del detto Signor nostro
« ed i propri possiamo incuorare il nostro gran Contestabile,
« gli altri capitani, e tutte le genti per fiaccar la possanza de-
« gli avversari. Adunque siate leali e forti ed ansii ; poichè il
« Signore abbatterà la superbia degl'iniqui, ed i giusti con pos-
« sente braccio aiuterà. Vogliate oltracciò inviarci a Roma
« persona a voi fida, con la quale possiamo conferire intorno
« alle nostre occorrenze, e senza sospetto aprirgli la nostra
« mente ; acciocchè delle cose che si facciano, com'è giusto,
« abbiate piena contezza. State sani [1].

Ma già dalle stesse sue parole si raccoglieva, quanto poca
speranza egli ponesse in quel rannodamento di trattato, conducendosi a Roma sopra tutto per trovarvi l'oro dalla madre destinatogli. Poichè sapevasi, che Alfonso aveva ben
nelle mani di che guerreggiare al Papa minacciandogli ogni
dì di far risorgere Pietro di Luna, già Benedetto XIII, condannato dal Concilio di Costanza, e farlo riconoscere di bel
nuovo in Aragona, Sardegna, Sicilia, e Napoli : onde Papa
Martino (a detta del Muratori, anno 1422) dovette fare il latino
come volle Alfonso. Sconfidato Lodovico rimetteva nel mese
di marzo in man de'Legati Aversa e Castellammare, luoghi che
dopo non molto furono da essi consegnati alla regina; ed egli

[1] V. docum. n.º LXXXIII.

si ridusse a Roma. Pure una insperata via gli si apriva. Perciocchè intorno a questo tempo il sì ben amato adottivo figliuolo di Giovanna, pe' raggiri dell'ambizioso gran siniscalco Sergianni, spirito ed anima della regina, ed indocile a servire,
ove prima aveva comandato, e per i sospetti e l'incostanza
di lei medesima, cominciò ad essere guardato con diffidenza.
L'omaggio fattosi giurare dalle terre consegnategli dai Legati apostolici venuti come pacificatori delle dissensioni tra lui e
Lodovico, parve manifesto argomento, ch'egli agognasse la
possessione del regno innanzi alla morte della regina: onde più
rare le visite fra loro, ed ognora più fredde. Tuttavolta diffi-
gneasi ancora; e mentre Giovanna all'impensata s'era partita di Gaeta, e venuta a Procida con animo di passare in Napoli, per paura non volessela Alfonso colà tener prigioniera,
questi la seguiva.

Di là ella alla città nostra, la quale inconscia delle disposizioni d'animo di lei, e temendo già per mancate affatto le speranze dell'Angioino, con biasimevole incostanza le si era profferta in sudditanza, commendavane il consiglio, l'esortava a non
più deviar dalla fede, rassicuravala della sanità di sua persona
e dello eccellentissimo principe il re d'Aragona; le prometteva
di opportunamente provvederla di buon capitaneo al render la
giustizia ed ingiugnere ad Antonello Barone suo commessario
di prenderne il reggimento quanto alle cose di guerra, ed alla
difesa e protezione della città, a cui comandi voleva ella che
si ubbidisse, come a lei medesima [1].

Cresceano intanto i mali umori: a Castelnovo Alfonso, Gio-

---

[1] V. docum. n.° LXXXIV.

vanna a quello di Capua, simulanti sempre, ma guardantisi
già con nemico animo; segno della rottura la prigionia di
Sergianni; la regina strettamente assediata implora a sua salvezza lo Sforza, che teneva stanza in Benevento; son vinti gli
Aragonesi a Poggioreale; ella è liberata e condotta in salvo ad
Aversa; quivi rivoca l'adozione dell'Aragonese, nominando
a figliuolo ed erede quel medesimo Lodovico, il quale pur testè col braccio di esso Sforza l'aveva aspramente guerreggiata.
Per il che come all'altre città invitava ella la nostra a spe-
dirle con plenaria autorità suoi deputati per tutto il dì 15 d'a-
gosto 1423. Ma impediti forse dalle malvage condizioni di quei
tempi, non essendosi nè i nostri nè i deputati di molte altre
città presentati nel posto giorno, ella finalmente con lettere
date il dì 22 dello stesso mese ricordava degli amplissimi benefizi, ed onori, e dignità concedute al re d'Aragona di là dagli obblighi de'capitoli; si lamentava de'suoi patiti pericoli,
e della ingratitudine, cupidità, violenza e fierezza di lui, che
nel nefario proposito persisteva di devastare a modo di barbaro con ferro e fuoco la metropoli ed il reame; ne riduceva
alla memoria, quante atroci guerre fossero mai state fin dal
tempo della prima Giovanna, quante scissure e partiti nel regno, quante città e castella bruciate e distrutte, quanti baroni
e conti e cittadini spogliati banditi spenti; e da ultimo toccando
dell'inclita origine de'Cristianissimi, e magnificando i lor benefizi, annunziava di non aver potuto più indugiare per la pace
comune ad adottar Lodovico III a suo figliuolo primogenito e
futuro signor del reame; ch'ella di Roma aspettava fin dai 13
di quel mese, esortandone a salda e costante obbedienza, per
confusione ed espulsion dell'Aragonese e di tutte sue genti.
A piè della lettera: « oggi (soggiungeva) penultimo giorno

d'agosto il detto duca Lodovico è felicemente ad Aversa approdato» [1].

Gioconda tornava a Bari la novella, perchè veramente portavagli amore, ed il cuor le scoppiava dell'ultimo abbandono. Lodovico già riprendeva lena; ed a troncar le trame, che si andavano ordendo dagli avversari, senz'ombra di dispetto avvertiva la cittadinanza barese a · non ammettere nella città per *alcuni buoni rispetti* senza suo nuovo mandato o lettera o speziale licenza verun capitano d'armi o condottiero di qualsiasi stato, grado, e condizione, e qual che si abbia dignità ed ufizio. E dopo scritto: « diamovi lietissima notizia (aggiungeva). « Le galee della nostra armata al numero di ventiquattro s'ac- « costarono al mar di Gaeta il primo dì di questo mese: ma tre- « dici di esse, che per contrario vento non vi si poterono ac- « costare nel giorno di ieri, cioè ai 21 del presente mese, « approdarono a Gaeta, rimorchiando una nave detta *Campo* « *rotondo* che fu già del re d'Aragona nostro nemico, presa « per forza in alto mare con meglio di cinquanta combattenti « oltre i balestrieri; sperando in Dio di avere con la forza di « quest'armata e del nostro esercito a ricuperare incontanente « Gaeta e Napoli e tutti gli altri luoghi dal nemico occupati e « dar perpetua pace a tutto il reame. Della qual felicissima « novella fate gran luminarie d'allegrezze » [2].

Ma certo le allegrezze dovevano esser turbate da gravi pensieri; perciocchè nè l'Aragonese era uomo da lasciarsi mancar quetamente le speranze del vagheggiato regno, nè l'interesse de' partigiani avrebbe agevolmente consentito: e secondo le

[1] V. docum. n.° LXXXV.
[2] V. docum. n.° LXXXVI.

diverse affezioni, a cui inchinavano, molti visi tripudianti s'abbattevano a biechi sguardi. Cosicchè a que' tempi tra il rimutar de' principi adottati, la baldanza delle genti straniere, i volubili e rotti costumi della regina, la sfrenata ambizione del siniscalco, gli studi di parte, lo sperpero dell'oro, non davasi ragion di sperare alcuna floridezza o sicurezza di pace, neppure tregua dalla pressura sulle persone e la roba. Onde Giovanna stessa volgendo in generosità ciocchè era proprio impossibilità di più cavar danaro, rilasciava alla città per la passata guerra parte della colletta dovuta alla regia corte in quell'anno 1424 [1].

Pur tutta volta queste sciagure erano comuni a tutto il reame; una dell'altre gravissima minacciava Bari d'estrema ruina, disseccandole la fonte già quasi esausta di sua vita, il commercio. Da buona pezza alcuni legni veneti, postisi a scorrere per l'Adriatico in sul barese, erano alle vedette; e come uscisse del nostro porto alcun naviglio, gli si avventavano, e ne faceano preda. Cagione era del predare un' ingiuria, che la Republica aveva ricevuta da brigantini baresi; i quali a consiglio o comandamento di Gabriele di Palma, di nazion genovese, quello che dicemmo governatore e castellano a' tempo di Lodovico II, aveano fatta preda sui Veneziani. E che per la costui opera il facessero, non è malagevol cosa a credere, chi ricordi la brutta indole sua, e la pertinace nimistà tra Genova e Venezia. In tal guisa mercatanti non osavano più far salpare dal porto, non compratori di merci, oziosa ed inquieta una gran moltitudine d'uomini viventi di mare, grande lo sbigottimento presente, più funesti sbigottimenti dell'avvenire. Non sappiamo,

' Diploma de' 20 dicembre 1424. C. C.

se si volgessero alla regia podestà a cessare il gravissimo danno: ma forse giudicando, che sarebbe stata opera gittata in questo sfasciume. di tutte cose volgersi o a Giovanna, o ad altri che nel suo nome comandasse; niuna speranza ebbero, o di dar temettero nuovo pretesto a spremere le loro sostanze per riparare alle nuove necessità, e più nel generoso animo del nemico confidavano. Non istaremo noi a considerare, se diritto o no avessero i cittadini a prender sopra di sè la bisogna, e trattar direttamente con la Republica: racconteremo i fatti, come avvennero.

Era arcidiacono del Duomo un Niccolò Carducci, gentiluomo barese, per facondia e prudenza delle publiche faccende sperimentato. A lui si affisero essi, perchè oratore e rappresentante della città partisse per Venezia, e col doge nel miglior modo la querela componesse. Assentendo al divisamento l'arcivescovo Francesco d'Ayello, che intorno a quel medesimo tempo era salito alla sede barese, e fornito il Carducci d'una publica scritta dell'Università, conducevasi a Venezia, e rispondeva alla fidanza postagli da' suoi concittadini. Perciocchè conosciutasi dalla Republica la colpa del Genovese, ed accolta la buona volontà de' Baresi a compensarne i danni, addì 25 d'ottobre 1425 il doge Francesco Foscari faceva stendere in una scrittura le fermate condizioni della concordia per il publico notaio dell'aula ducale Davide de Tedaldinis; nella quale il Carducci, secondo le concedutegli facoltà, prometteva che l'Università barese dovesse per compensazione di danni pagare ducati cinquemila centosessantatrè in man del viceconsole veneto residente nella nostra città, ovvero di qual altra persona, che dalla ducale podestà ne fosse incaricata. Così fermate le cose, il doge accomiatava onorevolmente l'egregio nostro concittadino, la cui prudenza si commendava in una lettera, che quegli per lui medesimo a Bari mandava rassicurandola del desiderio di compiuta concordia [1]: le quali amichevoli attinenze perdurarono dappoi lungamente [2].

Respirava appena la città per la composta concordia con Venezia, che nuovi timori sopravvenivano a travagliarla. Erasene partito per la Spagna re Alfonso, alla nuova della prigionia di suo fratello Enrico, lasciando a guardia di Napoli Iacopo Caldora, ed Orso Orsino, e nel Castelnovo l'altro suo fratello D. Pedro. Il Caldora, il cui dio era l'oro, ed alla vista di quello si metteva sotto i piedi la fede e l'onore, per una certa quantità di danari dette la metropoli e la sua persona ai servigi della regina. Questi, che aveva grido, ed era uno de'più

[1] L'istrumento, di che si ragiona, è perduto: ma a confermare il fatto, abbiamo le due lettere del doge, l'una data il 26 di ottobre 1425, e l'altra il giorno seguente. Quest'ultima è pubblicata dal Lombardi (parte seconda p. 19); e tutte e due dal Garruba (pagina 290) estratte, come si dice, dagli originali conservati dal signor Giuseppe d'Addosio, i quali noi non abbiamo potuto avere; e però le pubblichiamo come le trovammo nella raccolta del cavaliere Giovanni Calò Carducci (vedi docum. n. LXXXVII, e LXXXVIII).

La seconda di esse concorda perfettamente; ma la prima ha delle varianti, una delle quali è intorno alla somma patteggiata di ducati 5163, e non di 5106 : 03, come dicesi di star nell'originale: e può darsi che il copista n'abbia cacciati via gli zeri, in che differiscono le somme, non parendo inverisimile, che siensi calcolate anche le grana.

[2] A' 5 d'agosto 1450 con assai gentilezza il doge Francesco Foscari ne raccomandava un tal Toresano de Zenago veronese, creditore dell'università, il quale mandava a posta un suo messo a riscuotere i danari (docum. n. LXXXIX).

esperti capitani del regno, si mise incontanente nelle mani il maggior nerbo delle armi : massime, perchè Francesco Sforza (figlio all'altro capitano, di cui abbiamo innanzi parlato, morto in quel medesimo anno 1425, ed al quale aveva Giovanna del pari che al Caldora fidata tutta la somma della guerra) era stato chiamato da papa Martino. Iacopo adunque, scacciati da varie parti del reame gli avanzi de'Catalani, andava allogando pe' luoghi di questa provincia i suoi soldati, ed a Bari, cui volgeva i cupidi occhi, con una buona mano poneva sua stanza. Faceva ombra al gran siniscalco Sergianni (riscattato col ricambio di tutti i prigionieri catalani ed aragonesi, che erano in man dello Sforza, il quale ne fu rimunerato con molte terre dalla regina donategli) cotesta nuova potenza del Caldora, e non potendosene sgombrare, come già aveva fatto di Lodovico d'Angiò mandato per suo consiglio a combattere gli Aragonesi in Calabria; tentò altre vie, ed una sua figliuola profferse in isposa ad Antonio figliuol di lui, nella stessa guisa che con un simile parentado col fratello del principe di Taranto obbligavasene l'amicizia ed il sostegno. Era poi un nulla al siniscalco consigliare o forzar con la sua impudenza la regina a concedere come dote della sposa ad Antonio Caldora privilegio di tutte le terre, dove stessero alloggiate le sue genti d'arme [1]. Ciò avveniva in sulla fine dell'anno 1427: ma è da credere, che o cotesta donazione fosse stata fatta in termini generali e sotto condizione, o la città nostra non andasse compresa fra l'altre, ovvero se la immaginassero eglino per avere pretesto a signoreggiarle; perciocchè non ci possiamo risolvere a pensar, che Giovanna mentisse così sfacciatamente

---

[1] Summonte, lib. IV.

nelle regie lettere alla città inviate, allorchè i cittadini veggendo che già i Caldora cominciavano a volerla far da padroni,
ed abborrendo da signoria feudale, forte a lei se ne richiamavano. Ed ella nel settembre del seguente anno rassicuravali « di
« voler ritenere la città in perpetuo sotto l'immediato regio
« dominio, nè in alcun tempo alienarla o distrarla in modo ve-
« runo. Anzi aggiungeva, che la città aver dovesse ogn'anno
« un nuovo capitaneo soggetto a sindacato alla fine del suo ufi-
« zio; e durante la capitania, non potesse egli esercitare ufizio
« di castellano; nè questi avesse a prendere menoma parte nel
« reggimento civile, limitandosi la facultà sua a custodire i
« beni de'cittadini ed il castello ¹ ». In pari tempo le concedeva general perdono per avere tenute le parti di Lodovico III
suo nemico, prima che a suo figliuolo fosse adottato; e di moto proprio ratificava tutti i contratti, istrumenti, sentenze, ed
ogni altra maniera di scritture fatte nel nome di esso Lodovico; e tutti gli antichi privilegi confirmavale ² : ed in considerazione de'grandi dispendii sofferti nelle passate sollevazioni
operate da'suoi emuli riduceva in perpetuo dal presente mese
di settembre a sole trentasei le quarant'once di colletta ³. Di
poi a meglio raffermare la città dai concetti timori, le inviava
a bocca per il nostro cittadino Enrico Pignatello nuova sicurtà
della sua buona e compiuta intenzione verso i cittadini baresi,
che voleva tenere in luogo di sudditi e figliuoli, ingiugnendo-

¹ Diploma de'4 di settembre 1428, ove è detto: *de mandato regali
oretenus facto. Angelillus.* C. C.
² Simile. C. C.
³ Simile. C. C.

le che d'ogni cosa credessero al Pignatello, come alla persona
sua propria [1].

Dopo tali documenti non ci ha chi possa avere un dubbio
al mondo, che Bari non fosse stata in quel tempo donata ai
Caldora: ma costoro ad ogni modo, sotto colore di tenerla pre-
sidiata per la regina, signoreggiavano di fatto, avvegnachè non
osassero scopertamente intitolarsene duchi, nè dappoi pure,
mentre visse Giovanna. Pur non erano cotesti i soli, che voleano ghermirla; sì bene pendevale sulla cervice un altro non
men odioso giogo, che volevale imporre il principe di Taranto
Giovanni Antonio del Balzo Orsino, già divenuto per titoli e
ricchezze uno de' grandi signori del regno, ed agognante di
rivendicare i diritti paterni. Egli non si sa con quali pretesti
ne aveva occupato il castello: la quale occupazione stimando i
Baresi funesta sì alla loro libertà, e sì allo stato della regina,
non ristavano dall'intuonarle all'orecchio il danno avvenire,
s'ella o con la forza, o con altro prudente modo non gliolo
togliesse di mano. Ella che pur lo desiderava, ma non aveva
animo di tentarlo, temendo di scoprirsi sospettosa della potenza del principe: « Più a lei, rispondeva, star a cuore,
« che non ad essi, il racquistare il castello di Bari : avere già
« da molti giorni spedito un salvocondotto ai castellani in
« persona di Boccaccio Alamagno per la gita alla presenza
« sua, ed aspettarlo ad adoperar modo effettivo e spedito. Stes-
« sero adunque di buono e confidente animo, ch'ella sperava
« adempiere il lor desiderio per la comune salute assai aspet-
« tato [2]. »

[1] V. docum. n.° XC.
[2] V. docum. n.° XCI.

Fu vanità di parole, che non ebbero effetto veruno: nè sappiamo pure, se alla regia presenza si conducesse mai l'Alamagno. Certo è che per altri quattro anni non uscirono del castello le genti del principe, sino a che non si dette opportunità di scacciarnele con la forza. Nè veramente poteva ella niente soggiogata com'era dal siniscalco, e congiuntissimi a lui per interesse e parentado il principe ed il Caldora. A costoro si aggiungevano anche gli esterni nemici, i Catalani dell'Aragonese; il quale, avvegnachè distratto nelle faccende di Spagna, non dimenticava quelle del regno napoletano; e già verso Puglia tre galee si vedevano, e molte più altre si diceva essersi vedute in alto mare. Onde fu mestieri guernire i lidi, e compagnie di cavalli e di fanti vi s'accostarono comandate da due fratelli de Marco; imposto alla città nostra di ammetterli dentro ed armare anche i cittadini, e congiungersi a quelle, secondo che a'commessari paresse [1]. E di poi nel maggio di quel medesimo anno 1429 la regina strettamente imponeva alla città, che senza indugi mandasse nella metropoli due cittadini, discreti e prudenti persone, per altri provvedimenti più acconci da prendere contro i comuni danni, che verisimilmente potessero avvenire [2].

Di questo tenore procedendo le cose fra danni e dispendii continui, s'abbattevano di spiriti i nostri; e veggendo che per la fiacchezza della regia potenza smisuratamente ogni dì ingagliardiva il Caldora, ed eglino sarebbero stati costretti di sommettersi alla dura condizione; deliberarono di tentarne l'animo, pregandolo de'suoi buoni ufizi presso la regina, perchè

[1] V. docum. n.° XCII.
[2] Diploma de'21 maggio 1429. C. C.

li sgravasse almeno di altre sei once per ogni colletta [1]. Doveva certamente tornargli gioconda cotesta ambasceria, nella quale egli vedeva un certo riconoscimento della sua autorità; e con lettera data dal Vasto nel maggio del 1430, tuttochè duca in quella non s'intitolasse, nè sua (come si usava) la città dicesse, contro la stretta sua indole impose agli ufiziali e collettori di sgravarla delle sei once per ogni colletta, promettendo, che del suo ne avrebbe compensata la regia Curia [2].

Intanto i tentativi dell'Aragonese riuscirono a nulla, benchè venisse in grande speranza delle cose sue per l'inopinata uccisione del gran siniscalco e la prigionia de'più ardenti fautori di lui, ed assai confidasse nel favore della duchessa Covella Ruffo consigliera dello sterminio di Sergianni, e potentissima ultimamente presso la regina: di sorte che con sua poca riputazione fe' tregua di dieci anni, e da Ischia, ov'erasi lesto appresentato, ritornossene in Sicilia [3]. Ma quella uccisione non fu nè comandata, nè consentita dalla regina; la quale solo ammansir ne voleva un po' la baldanza e la sfrenata ambizione, che faceala piangere fin di dispetto, e pure quasi ammaliata nè pensare nè volere ella sapeva con altra mente che di Sergianni. Consigliera la duchessa, macchinatore d'ogni cosa l'invido Ottino Caracciolo.

Per consiglio medesimo della duchessa accolse Giovanna assai freddamente il principe di Taranto, che in tale occasione

---

[1] Furongli spediti deputati Matteo Amerusio, Coletto Chiuranay, notar Lionardo di Giovanni di Tommasio, e Gualtiero di Niccolò Pascarello.

[2] Diploma de' 27 maggio 1430. C. C.

[3] Summonte, lib. IV.

erasi a Napoli anch'egli condotto: il perchè ne insospettì sì forte, da temere non volessero per avventura rinnovar su d'esso lui la fiera scena del siniscalco, e prontamente in terra d'Otranto si ridusse. Ma potendo egli divenir nemico pericoloso, i novelli consiglieri della regina gli fecero mandare una commessione di capitan generale contro i conti di Tricarico e di Matera, contumaci della Corte, assegnandogli per le paghe dei soldati le collette delle sue terre, e di Gabriello fratel suo duca di Andria. A lui avidissimo di potenza e di ricchezza parve l'una ora un anno di crescere suo Stato coi beni di quelli; e già parecchi luoghi occupati n'ebbe subitamente, quando l'instabilità di Giovanna non fu tarda a rivocar quella commessione, e comandargli di rendere i luoghi occupati. Come gli sapesse amaro il comando, si può immaginare, tanto che rispose di non volerli punto restituire, finchè delle grandi spese portate non fosse soddisfatto [1]. Citato d'inobbedienza, e non comparso nel termine prefisso, gli furono spediti contra dall'una parte il Caldora, dall'altra Lodovico d'Angiò. Il principe al vedersi venir sopra cotanta tempesta inviò suo fratello ed un Rufino suo dimestico in Ascoli con mille fanti ed altrettanti cavalli, ed egli fermossi ad Altamura. Resistette di là gagliardamente in più scontri, ma tradito dal Rufino, che passò al Caldora, cedendogli Ascoli, non potendo reggere contro le forze di quattordici mila uomini, a Taranto si ritrasse.

Intanto Lodovico, avuta Matera e Laterza, era venuto a campo a Castellaneta; ed il Caldora, occupata Andria per tradimento, stringeva Altamura: la quale pur tutta volta non cedendo, si risolse egli a raggiungere Lodovico. Con le congiunte

[1] Summonte, lib. IV.

forze ebbero quella terra, e quindi mossero insieme su Taranto : ma riuscita vana ogn'opera di assedio, stracchi finalmente se ne slargarono [1].

Opportunità questa ai Baresi di sforzar le genti Orsine dal castello. Con l'aiuto di un Framoriale capitano di fanti, cominciarono a stringerle fortemente. Ma non fu tanto agevol cosa; poichè il castellano (il quale non sappiamo, se fosse quello stesso Alamagno, di cui toccammo di sopra) si tenne su gagliarda difesa, e parecchi giorni per il molto bersagliar che faceva di dentro, maggiori danni arrecò a'cittadini che non ne sofferse egli stesso. Onde si risolsero a disfarlo per fame, innalzando d'intorno al castello cavalieri di terra sì alti, da ripararsi dalle offese. Pure la speranza di soccorsi fece patir virilmente al presidio ogni sorta di disagio, finchè ridotto proprio agli stremi, e sospettando del mal partito del principe, patteggiò il capitano onoratamente la resa, e ne uscì, salve le persone, e con fama di fermezza e di fede. Un nuovo comandante entrovvi, che forse fu quel Tuccio Riccio da Lanciano, tutta cosa caldoresca; e la regina lieta de' fatti operati dalla città scriveva a Romolo Sardo napoletano, maestro della regia camera in questa provincia, che per le spese e i danni patiti, e per gli stipendii pagati a Framoriale e sue genti, i quali ascendevano al valore delle cinque collette dalla città dovute per quest'anno 1432, gliele rilasciasse tutte in compensazione [2]; e nel seguente anno altre cento pure gliene rilasciava per la medesima cagione [3].

---

[1] Giornale del Duca di Monteleone.

[2] V. Docum. n. XCIII.

[3] Imponevalo al Covello de Griffio commessario sopra l'esazione

Per i meriti di una tal guerra è verosimile, che Giovanna donasse finalmente Bari al Caldora, alla quale opinione ci rafferma l'autorità dell'Ammirato, che appunto agli 11 d'ottobre 1432, dice avergli ella data la signoria di Bari e Bitonto, lodandolo d'uom « magnanimo e strenuo nelle guerresche imprese, costante nel consiglio, ponderato nell'eloquio, nelle deliberazioni provvido, nel condurre le guerre « circospetto » [1]. Che anzi da una scritta di cinque mesi precedente a tal tempo si scorge chiaro, com'egli già prima signoreggiasse di fatto, ed un suo luogotenente nella città avesse ed i cittadini l'autorità ne riconoscessero, avvegnachè non prendesse titolo veruno.

Perciocchè, come afferma il Costanzo (lib. XVII) sebbene egli avesse signoria su gran parte degli Abruzzi, della Capitanata, del contado di Molise, e della terra di Bari; pur non sofferse mai d'esser chiamato nè principe, nè duca: ma gli parca che chiamandosi Giacomo Caldora, superasse ogni altro

delle collette e delle funzioni fiscali con diploma de' 16 d'aprile 1434 C. C.

[1] Scip. Ammirato, della famiglia Caldora.

[2] Cotesta scritta contiene nove capi d'accomodamento tra la nobiltà ed il ceto mezzano (che diceasi *popolo primario*, di cui ragioneremo alquanto largamente appresso) intorno al modo del contribuire alle gravezze della città; i quali alla sua decisione ed interpretazione furono sommessi dai sindaci de'due ordini Florio Joannicio, e notar Tommaso di Lionardo, e giuste paiono quelle decisioni di civile diritto: Questi capi furono:

1. Intorno alla restaurazione o costruzione delle mura della città

Sazio egli insino alla gola de'tesori predati in terra d'Otran-

sostenendo i primari del popolo, che i nobili avessero a contribuir per la terza parte, allegando l'esempio del modo usato ultimamente quand'era castellano Gabriele di Parma; ed affermando questi esser mutata la condizione per la gran morte de'loro, le cui possessioni erano passate nelle mani di quelli: fu risoluto, che sì gli uni e sì gli altri tassar si dovessero secondo le lor facultà, e l'estimo farsi da sei periti uomini dalla città eletti; i quali della lealtà con giuramento in man del suo luogotenente si obbligassero; ed i cittadini non possidenti l'opera delle mani prestassero.

2. Del come si avesse ad esigere il cinque per 100 sul dazio degli olii, ed altre simiglianti imposte fra i due ordini; fu risoluto, che l'istrumento o laudo già innanzi fermato (di cui non abbiamo contezza) si dovesse inviolabilmente osservare.

3. Sulla questione, se gli acquisti de'figli avviati al chericato dovessero sottoporsi alle pubbliche gravezze; si tenne che, durante il tempo della patria podestà, le gravezze si avessero a portare dai lor genitori, perchè il privilegio del chericato non si volgesse in fraude de'publici diritti.

4. Sulla interpretazione delle case vacanti, che dovessero essere esenti da collette; si diffinì vacante ogni casa, che fosse così diruta e deserta, da non potervi senza grandi restaurazioni abitare.

5. Del come avessero a gravarsi gli acquisti fatti dalla Chiesa; fu risolulo, i beni acquistati dalla Chiesa divenire della natura dell'acquirente, e gravarsi come gli altri beni di lui: se nobile, computarsi alla ragione de'nobili, se del popolo primario, alla ragion sua.

5. Per il pagamento annuale delle sei once alla Chiesa in escomputazione del debito co'Veneziani; fu fermato che: se si provasse stabilito per patto l'obbligo de'soli nobili, così si facesse; in contrario a parti uguali da ambi gli ordini si pagassero. Sembra codesto debito co'Veneziani essere per quella medesima composizione trattata con la Repubblica, e stabilita in duc. 5163: la qual somma sarà forse stata data dalla Chiesa da scomputarsi in tal guisa. Ma que-

to, vi lasciava un Menicuccio dell'Aquila, ed Onorato Gaetani conte di Morcone con soli mille uomini d'arme per tenere a freno il principe in Taranto, ed a Bari si riduceva '. Qui standosi ad alleggiamento di fatica, udì la morte di Lodovico, e n'esultò, e vestì giubba di scarlatto di color di mustarda ² a segno di niuna stima. Costui morto, ed assai sbattuto il principe di Taranto, non gli lasciavano più dubbio, ch'ei fosse già il primo signore del reame; e corse subito a cavarne vantaggio. Perciocchè rappresentando alla regina le grandi spese, ch'egli aveva portate nella guerra per sostenere dodici mila e cento cavalli, e mille quattrocento fanti, n'ebbe Ascoli in Capitanata, Castellana in terra di Bari, e Latiano in terra d'Otranto, le quali erano state già del principe: e di più Salpi

sto capo è più inintelligibile degli altri per un altro verso. Poichè in esso dicesi, che i nobili dovessero provare il patto (se abbiamo ben compreso), vale a dire, che avrebbero dovuto provare contro loro stessi: il che non par verisimile, menochè non si tenessero a lode pagar eglino soli quel debito; ciò che sarebbe un fatto singolare e commendevolissimo. Ma temiamo non vi manchi una negazione. V. Docum. num. XCIV.

7. Circa la condizione dei poderi cresciuti di pregio per piantagioni o edifizî; fu preso, che l'aumento seguir dovesse la natura e condizion del podere.

8. Approvata la consuetudine di non introdursi nella città vino forestiero, se non per uso del castello o della curia.

9. Finalmente intorno alle gravezze, cui sommettere si dovessero le possessioni enfiteutiche della Chiesa, ed i censi; fu decretato, che detratto il censo dovuto alla Chiesa, dovessero contribuire alla stessa ragione degli altri beni del possidente.

' Costanzo, lib. XV, e Summonte, lib. IV.
² Giornale del Duca di Monteleone.

in Capitanata, Loseto, Valenzano, e Conversano nella provincia nostra, e Carovigno con altri luoghi in quella di terra d'Otranto [1].

Ma non indugiò gran pezza il principe a ricovrare i luoghi perduti: chè uscendo alla sprovvista da Taranto, ed avventandosi al Morcone stanziante a Brindisi, agevolmente lo ruppe e fece prigione; nè molta fatica durò a discacciar della provincia il Menicuccio: i quali racquisti se rassettavano alquanto la sua fortuna, non guastavan punto quella dell'avversario.

In tali condizioni lasciava il reame Giovanna, ultima della casa Durazzo. Perciocchè a'dì 2 febbraio 1435 ella morivasene non senza aver pianto due mesi prima la morte del buon Lodovico d'Angiò, pentita dell'averne così aspramente messo a prova la pazienza e la bontà: ed anco di cotale asprezza le era stata consigliera la contessa. Costei impedì, che alla morte del siniscalco ei venisse a Napoli, facendogli nuovi negozi commettere nella provincia di Calabria; costei, che nella metropoli se ne celebrassero le nozze con Margherita di Savoia, sì bene in Cosenza: della cui giocondezza non godè quel buon principe che pochi mesi, ed alla desolata sua madre la regina Violante legava ultima memoria il suo cuore. Giovanna per testamento chiamava erede Renato fratel di lui; ed a sedici baroni consiglieri e cortigiani suoi, fin ch'ei non venisse, fidava il governo. Ma per quanti buoni provvedimenti lasciasse in quel punto, non valsero a scancellar la fama della vita trascorsa, la quale oscurando anche qualche poco raggio di buona indole, che in lei rilucesse, fece presso il nostro popolo passare il suo

[1] Scip. Ammirato, loc. cit.

nome in segno di donna rotta ad ogni libidine. Or ecco tre pretendenti in iscena, Alfonso per l'adozione, Renato per il testamento, papa Eugenio per il vassallaggio del reame alla Chiesa.

Maceravasi in cuore il Caldora per non essersi potuto trovare egli nella metropoli alla morte della regina; ed infermo, com'era, vi si fece recare da Bitonto in lettiga [1]. Ivi crebbe in potenza; perchè i rettori del governo lo chiamarono alla difesa largheggiando in danari ad assoldar gente, e con esso lui condussero Antonio Pontadera e Micheletto da Cotignola, per opporli a re Alfonso: il quale tratto dalla sua il principe di Taranto, spedendogli diploma di gran contestabile col conte Giovanni Ventimiglia, e prendendo a suoi soldi Minicuccio dell'Aquila afforzavasi del duca di Sessa, di quello di Fondi, e di parecchi altri.

Questa volta il Caldora non si distaccò dalla buona od avversa fortuna di Renato, lavando così in certa guisa la macchia della passata incostanza: e già parea che la disfatta d'Alfonso a Ponza datagli dai Genovesi, e la sua prigionia col re di Navarra e col fiore de'capitani cacciasse in fondo la fortuna aragonese; se non era che inopinatamente liberato, e collegatosi col duca di Milano (il quale prima parea inchinato alla causa angioina) ne uscisse anche più formidabile. Ma trasandiamo, come notissimi, i vari casi di tal guerra, fino a che il fragor delle armi non risuonò di bel nuovo in questi luoghi.

[1] Il Duca di Monteleone dice: *su d' una bara.*

CAPO SESTO

DALL'ANNO 1436 AL 1465.

SOMMARIO

Fazioni guerresche tra il Caldora ed il principe di Taranto; la regina Isabella si volge per aiuti al Papa, che vi manda Giovan Vitellesco; il quale nimicatosi col Caldora viene in Puglia a taglieggiare, ma insospettito dell'infedeltà del principe di Taranto, s'imbarca a Bisceglie lasciando e genti ed oro, che vien tutto in podestà del Caldora; questi muore sotto Circello (1439), ed il figlio Antonio divien duca di Bari, che sconoscente a Renato, cade in disgrazia; ne profitta il principe di Taranto, ed induce il Norcia luogotenente a consegnargli il ducato di Bari, che passa in lui (1440); carattere del principe e suo mal governo; Renato abbandona Napoli; re Alfonso viene a Bari (1443); e ne allevia le gravezze; la Basilica minaccia ruina, ed il Priore col Tesoriero ambi baresi e di casa Lamberta studiansi al riparo (1451); per forti scuotimenti di tremuoto (1456) cresce il pericolo; il nostro arcivescovo cardinale Orsino ugne Ferrante in Barletta (1459); mali umori fra costui e il nostro duca, che si risolvono in aperta guerra, ridestando desiderio del regno in Giovanni figlio di Renato; questi è accolto in Bari dal duca; Ferrante è sconfitto a Sarno (1460), ma infruttuosa è la vittoria per la politica del duca; in Puglia si risolve la guerra, e vince Ferrante (1462); il duca rimane più possente che non era, muore in Altamura (1463) e si sospetta di violenza; il re s'impadronisce di tutte le ricchezze: la città ne scaccia il presidio, e reggesi temporaneamente da se, indi si rende a Ferrante con larghissime concessioni, il quale si ferma in Bari un buon pezzo, e poi dona la città a Sforza Maria Sforza terzo figliuolo del duca di Milano (1465).

La regina Isabella, moglie di Renato, era già in Napoli coi due suoi figliuoli Lodovico e Giovanni, preceduta al marito, per non essere egli ancor liberato della prigionia, in che tenevalo il duca di Borgogna.

Il Caldora erasene venuto in Puglia nel luglio del 1436; e

quivi in trentacinque giorni presa Lavello , per la gran sete
che vi facea morire e uomini e bestie, facevasi sopra Barletta per assediarla. Ma sopraggiuntovi il principe di Taranto con
forze assai maggiori, costrignevalo a slargarsene verso Venosa,
dove non facendo pure effetto, si volse su Antoniello di Gesual-
do , e pigliò Ruvo , e poselo a sacco. In sulla fine d' agosto
tentò Modugno; e contentandosi di aver dato il guasto ai man-
dorli ed agli ulivi, pensò a conchiudere un po' di tregua col
principe, e si ridusse a Bari '. Intanto Isabella veggendo, come
le cose d' Alfonso andassero prosperando , e la fallita fede del
conte di Nola, cugino al principe, fosse incitamento agli altri,
si rivolse per soccorsi al Papa, il quale altro non desiderava,
e n'ebbe Giovan Vitellesco patriarca alessandrino e famoso maestro di guerra con buon nervo di cavalli e di fanti. La costui
opera e quella del Caldora fu tanta , che non guari dopo entrambi si presentavano ad Isabella lieti d'aver sorpreso a Giuliano il campo nemico , e predatolo tutto, prigioni il principe
e parecchi altri capitani, poco mancato di aver in mano la persona stessa d'Alfonso. N' erano con ogni sorta d'onori accolti,
ma incontanente i due capitani tornavano nemici : chè il patriarca chiedendo di tenere Aversa nel nome del Papa , e ne-
gandoglielo per consiglio del Caldora la regina, questi passos-
sene in Abruzzo per crescere sue forze, prese quegli la via di
Puglia per arricchire (diceasi) i suoi soldati. Precedealo grido
di sfrenata rapacità nel taglieggiare le terre più ricche. Impaurita Trani levava bandiera aragonese , mandando per due suoi
cittadini ad offerirsi al re, sì veramente ch'ei ne facesse espugnare il castello.

' Summonte , lib. IV; e 'l duca di Monteleone.

Alla gioconda profferta mandava egli Giovanni Carafa con tre galee ad assediarne il castello dalla parte di mare, ed altre forze prometteva per terra.

Il patriarca come fu venuto in Puglia, ed intesa la defezione di Trani, si dette a taglieggiar le città vicine, e poscia ad Andria si ridusse. Era quivi il principe di Taranto, il quale fatto prigione alla giornata di Giuliano, come dicemmo, ne fu da lui liberato sotto promessa di levar bandiera della Chiesa, e servirlo con cinquecento cavalli. Ma costui, che teneva intelligenza con re Alfonso, dapprima si studiò di rizzare gli animi degli Andresani contro le genti pontificie, donde seguì tale strage, ch' egli medesimo quetar dovette; e dappoi richiesto dal patriarca di accompagnarlo all'impresa di Trani, se ne scusò con pretesto di mal ferma sanità, e gli dette solamente alquante di sue genti. Ma il procedere di queste sotto il castel di Trani insospettì alla fine il patriarca; e quindi le parole di Lorenzo da Cotignola suo capitano gli misero tanta paura in corpo che sollecito di sua vita, senza volerne sapere altro, si ritirò a Bisceglie, e lasciativi soldati e tesoro, in una piccola barca salpò per Ancona.

Non meno impauriti di lui erano i soldati; onde a Marino Norcia, che teneva presidio in Bari per il Caldora, e questi già ritornato di Abruzzo erasi posto a stanza in Bitonto, fu agevol cosa trarli a' servigi del suo padrone: il quale non soli i soldati ebbe, ma di tutto il tesoro del fuggito s'impinguò [1].

Ben rinforzato in tal guisa Giacomo traeva a Napoli, chiamatovi da Renato, che libero finalmente per grossa taglia era

[1] Costanzo, lib. XVII.

giunto il dì 8 d'aprile 1438 a confortare gli abbattuti spiriti
della parte angioina. A quel re guerriero piacque assai la virile e bellissima persona del condottiero, benchè vecchio, e la
maestà e grandezza d'animo, che parea trasparirgli dal volto
e la grazia e l'eloquenza del favellare; e gran lodi dette alle
ben agguerrite genti. Accontatisi insieme, divisarono i modi
delle future imprese; ed allora tutta si ravvolse la guerra pei
luoghi d'Abruzzo, e pe' contorni di Napoli.

Picciole le fazioni, incerta la fortuna, ma sempre piuttosto
inchinevole ad Alfonso, avversa a Renato. Il quale s'intese proprio tagliare i nervi, quando Giacomo Caldora passeggiando tra
due suoi amici, il conte di Altavilla e Cola de Ofieri, nella valle
beneventana; ed aspettando a che si risolvessero per le preghiere degli abitanti di Circello i suoi soldati, a cui avea promesso per iscarsezza di danaro il sacco di quella terricciuola;
inopinatamente colto di apoplessia dopo poche ore finiva il dì
15 di novembre del 1439; ed era tanta la sua gagliardia, che
benchè avesse varcati i settant'anni, pure quel giorno medesimo erasi vantato di voler fare le prove della prima giovinezza. Grande intelletto e gran cuore di capitano fu Giacomo, e
se non meritò intera lode, fu la grande libidine di guadagno,
che facealo or all'uno or all'altro partito gittare: della quale
incostanza non vergognava egli stesso, solendo dire: che se
lecito era a due di straniera nazione « volger mari e monti per
« acquistarsi paesi e regni in Italia, non vedeva, perchè a sè
« che era Italiano, non si convenisse di prender suoi vantaggi
« per possederne una piccola parte »[1]. La fiorita scuola dei
grandi capitani, ch'egli formò, e ch'erano con esso lui, ne

---

[1] Scipione Ammirato.

accompagnarono dolentissimi il feretro con tutto l'esercito sino a Sulmona; e non ultimo tra essi era il suo figliuolo Antonio, che prese titolo di duca di Bari. A lui Renato inviò per
Sarro Brancaccio conforti al duolo, confermazione degli Stati
paterni, e dell'ufizio di gran contestabile, e privilegio di viceré
in tutta quella parte del reame, che a lui ubbidiva.

Tanta benignità regia verso Antonio non sortì pure l'effetto desiderato: chè crescendo sempre più le strettezze del re nella metropoli, e ricercato di pronto aiuto, egli, o lo intrattenes-
se l'amor grande della sua donna, o altra men scusabile ragione, mandava a dirgli di non potere nè andarvi nè muovere l'e-
sercito senza danari; e parergli anzi necessario, che il re dovesse andare in Abruzzo a raccorre pecunia dalle terre di
sua ubbidienza.

Ed andovvi ancora il re, ed amato com'era dai Napoletani,
una schiera di cinquanta giovani animosi lo seguirono, attraversando il campo nemico (così egregiamente il Ricotti [1]), e
per strade inospiti e terribili, ora a cavallo, or combattendo
con la natura, ora coi villani, or cogli Aragonesi, si spingeva
insino a Benevento; e con la fama delle proprie virtù, validis-
simo strumento in buone mani, ritornava a devozione molte
città, s'acquistava l'animo di molti baroni, ne raccoglieva
una certa somma di danaro, e tosto lo spediva al Caldora.

Non lo seguiremo noi: nè della nobile sua vittoria al ponte
della Tufara racconteremo, nè della brutta slealtà del Caldora
che gliene fe' perdere il frutto; perciocchè chi questi fatti mai
non sapesse, tutti li troverebbe e minutamente registrati
in sulla fine del XVII libro del Costanzo. Generosa e veramen-

[1] Parte IV, cap. 3.

te regia fu la vendetta, che Renato prese di Antonio, alla cui avversità più non poteva dalla gioia il suo mortal nemico, il principe di Taranto.

Questi, saputo della partita del Caldora da re Renato, e delle fredde accoglienze e del niego di Alfonso di pigliarlo a suo soldo; e di poi della rotta e cattività dello zio di lui Raimondo, incontanente aperse le pratiche con Marino Norcia, reggitore del ducato barese, persuadendogli che provvedesse a'casi suoi, poichè vedeva il duca suo signore in manifesta rovina; e che dandogli quelli stati in mano, avria non solo grandissimi premii, ma la grazia di re Alfonso. Non passarono che pochi dì, e ridusse al voler suo il Norcia, il quale gli consegnava Bari, Noia, Conversano, Rutigliano, Martina, Noci, Capurso, Turi, Castellana, Gioia, Cassano, ed Acquaviva. Solo rimase nella fede del Caldora Bitonto per virtù di un Cecco di Valignano, ed il castel di Bari tenuto da Tuccio Riccio di Lanciano, del quale già toccammo innanzi [1]. Con sì agevole modo il principe di Taranto divenuto duca di Bari, e signore di tante altre terre, non volle di presente spender tempo ad espugnare il ca-

---

[1] Costanzo, lib. XVIII.

Ciò è confermato da due documenti, che pubblicheremo appresso (num. XCVII, e XCVIII), donde raccogliamo ch'egli ebbe propriamente la signoria di Bari nel 1440; e questi sono una pubblica scrittura del 1458, in cui si obbliga la città di dare alla Basilica ducati dugento per restaurazioni, e si nota il diciottesimo anno, ond'egli teneva il Ducato barese; ed i capitoli di re Ferdinando d'Aragona, a cui nel sommettersi i Baresi, raccomandavangli un tal Roberto Perillo, che diceano aver servito il principe per ventitrè anni, da che ebbe in dominio la città sino alla morte. Or il computo ne mena appunto all'anno 1440.

stello, ma in quella vece a sicurezza del conquisto, nell'opposta parte di esso castello, e proprio sul porto, ordinò, che si edificasse una gran torre, la quale compiuta in breve con l'assidua fatica de'soldati si chiamò torre di S. Antonio, da una chiesiuola che vi restò chiusa dentro; ed un buon presidio vi allogò. Agevole il conquisto della città, non così agevole acquistarsi la tolleranza, non che la benevolenza de'cittadini; che caduti preda un'altra volta nelli artigli de'due rapaci, li abborrivano entrambi, e massimamente lui: nè gli valse l'opera di Francesco d'Ayello, suo strettissimo confidente e nostro arcivescovo, a temperarne l'avversione. Sapevano bene di che natura avara e superba egli fosse, e quanta baldanza ne prendessero i suoi ministri; sapevano, com'egli fosse dato al mercatare, comperando merci da'suoi vassalli al prezzo che voleva, e poi rivendessele fuori a gran ragione, operando laido monopolio; a suoi creditori rade volte equamente soddisfacesse; e volentieri ne'suoi Stati gli Ebrei ricevesse, per trovar modo onde spogliarli poi delle cumulate usure [1]. Di fatto col privilegio concedutogli da Alfonso di poter estrarre dal regno quante merci mai volesse, ruinò peggio che non era il commercio barese. Grande quantità di olii prendeva per sè, quando con danaro, quando a prestanza; ed affinchè per altre vie trafugarli i cittadini non potessero, gravava di nuovo e forte balzello l'estrazione per terra: assottigliava lo stipendio dei publici uffiziali, che poi con estorsioni se ne compensavano di buona misura: concedeva moratorie ai debitori de'Baresi, e frammettendosi talvolta ne'giudizî, che questi avessero con altre università, obbligavali a ceder tutto o parte dell'ottenuta

---

[1] Summonte, lib. 5.

ragione, e lacerar le scritture. Poco era questo; sotto colore di punire i sudditi ribelli, spodestava della terra di Canneto Giovanni Gironda; di Carbonara e delle possessioni in Poli-gnano Giovanni e Luigi de Affatatis; del castel di Valenzano Gargano Dottula; delle peschiere tarantine e de' feudi di Non-cyglia e di Faucese Pietro de Ugoth; di possessioni alla fontana del Talvo su quel di Matera e di altre in Cassano e Santeramo Marziotto Casamassimi.

Costringeva Niccolò da Bari a vendere per tenue prezzo due casali siti in terra d' Otranto ad un Antonio Ferro leccese; forzava con imperio e minacce le nostre monache di S. Sco-lastica di cedere ad un suo protetto, Angelo di Grisancio, pos-sessioni per parecchi secoli da esse possedute nel territorio di Bitetto; spogliava la Basilica de' diritti sull' arcipretato d' Alta-mura, e l' altre chiese in terra d' Otranto. Tale era Giovanni Antonio del Balzo Orsino. Il nostro Beatillo medesimo, che forse per l' indole mite e l' evangelica carità si studia a notare quasi solo i fatti lodevoli di que' prepotenti signori, gran parte di questi fatti non sa tacere; e tutto il bene che dice di quel principe, è una croce di cristallo di rocca donata al nostro Duomo, un organo alla Basilica, tre archi gittati a sue spese nella maggior navata di questa (e ciò non è punto vero, come si vedrà), le saline vicine della città distrutte *con danno di sue entrate.* E queste pure furono guaste sì, ma non distrutte: in guisa che dell' aere malvagio se ne richiamavano i cittadini al re dopo sua morte, come richiamavansi di tutti gli altri so-prusi e spogliamenti, e di dugento mila non so se some o can-taia d' olio tolte a prestanza per lui dai Baresi, e non rendute '.

' Beatillo, lib. IV, p. 170, ed i Capitoli di re Ferdinando d' Ara-gona, che si publicano appresso.

Intanto quell' uomo di picciol cuore e di minor fede, che
redò tutti i vizî paterni e niuna delle virtù, vo' dire il Caldora,
come il suo avversario si rialzava grandeggiando, egli ruinava
in fondo, perdeva ogni cosa, portava la pena del tradimento.
Mal visto da tutti [1], incerto tra due fazioni, delle quali l' una
era stata tradita, l' altra era stata guerreggiata da lui; senza
soldo, senz' onori, inviava il suo figliuol primogenito a re
Alfonso, quasi ostaggio a dileguare ogni sospetto della propria
fede; poi pentito rivolgeva il pensiero a Renato per le persuasioni di Francesco Sforza, nè quegli più se ne fidava, ne egli
di lui: e però, cavato con arti il figliuolo dalla Corte aragonese, si componevano le cose in maniera, che accettasse
condotta dallo Sforza, e nel costui nome servisse alla causa
dell' Angioino [2]. Ma cadde finalmente la speranza dal cuor di
Renato: il quale dopo l' ultime prove operate a Napoli sorpresa
ed occupata più per fortuna o per altrui tradimento, che per
virtù d' Alfonso, ritoltasi la consorte ed i figliuoli da Castel
capuano, con Ottino Caracciolo, Giorgio della Magna, e Giovanni Cossa se ne partiva sopra due navi genovesi, mirando
sempre quella città, sospirando, e maladicendo alla fortuna
(1441). Questa gli si mostrò anche più schernitrice parecchi
anni appresso, quando chiamato in Italia di bel nuovo dallo
Sforza già divenuto duca di Milano, e dai Fiorentini, baleno-
gli un altro raggio di speranza; ma gli fu mestieri ritornarsene più amareggiato in Provenza, visto che del suo nome era
stato fatto strumento dallo Sforza per resistere ad Alfonso ed
a Venezia, e conseguito il fine a lui non si pensò più che tanto.

[1] Ricotti, parte IV, capo 3.
[2] Costanzo lib. XVIII.

Il Caldora, dopo ostinato combattimento sulla pianura di Sessano, era rimaso sconfitto e prigione: gran ventura per lui, se la magnanimità d'Alfonso nel castel di Carpenone gli donò la vita, le ricchezze, e pochi contadi; di che egli in ginocchio e baciandogli i piedi rendeva le grazie maggiori; e pure con queste cose (parole del Costanzo) gli pareva d'esser cascato da cielo in terra, non tanto per un gran numero di terre e di cittadini, che aveva perdute dell'acquisto del padre, quanto per la perdita delle genti d'arme, per le quali risuonava il nome di casa Caldora per tutta Italia.

Da quel tempo non più ostacoli da superare ad Alfonso, che raffermò sì stabilmente il trono col valore, la liberalità, la magnificenza, il senno, ed il continuo intendere alla concordia de'principi italiani, che le lingue de'popoli il magnificarono; e la gloria del Panormita e del Pontano si confuse in quella d'Alfonso, sotto il cui scettro, dopo i vespri siciliani, un'altra volta unite s'inchinarono ed obbedienti Sicilia e Napoli. Che se Ferrante suo figliuolo avesse sortita l'indole paterna, o sugellatisi nella mente i consigli lasciatigli dal padre sul letto di morte [1] : che umiliasse ed allontanasse Aragonesi e Catalani, nella corte Italiani tenesse e promovesse agli ufici, le nuove gravezze da lui introdotte, onde i popoli respirar non potevano, cessasse, e la pace con la Chiesa e con l'altre republiche e principi fermata attesamente conservasse; non avrebbe con tanta onta del suo nome disfatta l'opera paterna.

E ben dello stato miserevole de'popoli, massime di questi luoghi pugliesi, aveva Alfonso piena contezza: a tale che fin dall'anno 1442, quand'egli moveva verso noi con l'esercito

[1] Summonte, lib. V in sulla fine.

a spegnere ogni scintilla di guerra, ottenuta primamente Manfredonia e poi Troia, e gli altri luoghi mantenutisi nell'obbedienza Sforzesca, e veniva da ultimo a rinfrancarsi in Bari [1]; se ne convinceva egli stesso co' suoi occhi, e nel primo dì del seguente anno: a rendere più tollerabile (così confessava) la soma delle gravezze, e veggendo la città di Bari non solo stremata di cittadini, ma spoglia delle antiche sue facultà e ricchezze, ed impotente a versar tutte le fiscali imposte, lasciavale diploma dato in Giovinazzo, con cui riduceva in perpetuo ogni colletta, o sovvenzione, o dono, o tassa, o funzioni fiscali, infinita generazione di trovati, a sole venti once ciascuna [2].

Recheremo qui altri documenti dello stato delle cose nostre sempre più cadente. Reggevano la Basilica due egregi cittadini baresi di casa Lamberta, Niccolò priore, Giovanni tesoriere, e di queste dignità investiti da re Alfonso. Or la Basilica, sia che risentisse della troppa celerità, ond'era stata edificata, sia che le continue scosse di tremuoti la sconquassassero, minacciava ruina. Strinse l'animo al buon priore la paura, che non fosse per cadere sotto gli occhi suoi il gran Santuario, venerato da tutta Cristianità; nè bastanti l'entrate a' restauri, impedita la pietà de' cittadini dalla misera condizione, rivolgevasi egli alla santità di Niccolò V, che gli concedeva con bolla data il 1 d'agosto 1451 di far girare i canonici per le diverse parti del mondo petitori di limosine, impartendo indulgenze a' soccorritori e da voti sciogliendo, o commutando, come meglio loro paresse. Ad afforzare la concessione pontificia con fede di

---

[1] Summonte lib. V in sulla fine.
[2] Vedi Documenti n. XCV.

ragguardevoli testimoni (avvegnachè di testimoni non abbisognasse, ma perchè forse con esagerati lamenti ottenuta non si sospettasse), si conduceva egli ad Andria, dove tra gran brigata di nobili signori Raimondo Orsino, principe di Salerno, duca d'Amalfi, e gran giustiziere del regno, assìsteva alle splendide nozze tra Pietro de Cantelmis, primogenito del duca di Sora, e Caterina del Balzo figliuola di Francesco duca d'Andria suo affine; e lo pregava a voler vedere di persona i guasti della Basilica, e lasciarne una scritta di ciò che veduto avesse: e Raimondo ne lo faceva contento, conducendovisi con tutta quella brigata di cavalieri.[1] Due mesi dopo Francesco del Balzo egli stesso lasciavagli un simigliante testimonio[2]. No certo, a tai passi non sarebbero venuti i Baresi, se grande non fosse stata la miseria. Non costa, se si dessero attorno i canonici a raccorre limosine; ma non è da credere, che il Lamberta dopo tanto studio se ne stesse: anzi si vuole inferire, che le restaurazioni fatte si fossero; perciocchè, come l'Orsino ed il Balzo testimoniavano, senza pronto riparo tutta accennava di cader la Basilica. E forse per questo non cadde veramente tutta nel dicembre del 1456, allorchè per due forti scuotimenti di tremuoto, alle undici ore italiane del giorno 5, ed alle sedici del 30, oltre a molte altre scosse più tenui fra queste due, patirono tanto le città ed i popoli del reame, che innumerevoli furono gli edifizi ruinati, molte le città intere sconquassate, le morti degli uomini quali a trenta ed a quarantamila, quali sino al doppio ne contarono[5]. Spauriti allora i Baresi, mestissimi della imminente ruina del tempio, e compresi di pietà ac-

[1] V. Documenti n. XCVI.
[2] A' 19 di gennaio 1452, B.
[5] Summonte lib. V., e Muratori anno 1456.

corsero in gran folla, e con pericolo di lor vite fecergli di grosse travi saldi puntelli. Molti secondo lor fortuna sforzarsi a sovvenir di danaro; quelli, che fortuna non avevano, prometter l'opera delle braccia; i sindaci profferire dugento ducati, metà dall'un ceto de'decurioni, metà dall'altro: le quali promesse furon poste in iscrittura di notaio alla presenza di testimoni e di Niccolò da Brindisi capitaneo della città. Il principe di Taranto e nostro duca, cui per lettere e messi davasi contezza della sciagura e della presa risoluzione, si contentò d'approvare. Si dà opera ai lavori ed un grande arco si gitta a traverso la maggiore navata: ma, chi il crederebbe? i profferti dugento ducati non si possono pagare; a tal, che dovendosene gittare un altro in fra le prime colonne d'appresso alla porta maggiore, che *porta regale* allora si diceva, essi sindaci confessano di non averli pagati, nè poterli di presente in alcuna guisa pagare, oppressi dalle gravezze e dalle ingenti spese dell'università; e fu mestieri che la Basilica sopra i suoi beni o pegni si risolvesse di torre danaro ad usura a danno loro [1].

Onde se si considerano bene questi tempi della povera Italia, quando fra le guerre de'principi e le miserie de'popoli, orribilmente infierivano e pesti ed aeremoti e terremoti, non è da maravigliare, che frate Giovanni predicasse pubblicamente in Piacenza, esser già per venire l'anticristo, soprastare il finimondo, dover tutti nabbissare nel prossimo anno 1460; e gli animi esterrefatti il credessero.

Passato il reame nelle mani di Ferrante, figliuol naturale d'Alfonso uscito di vita nel Castel novo a'27 di giugno 1458, al nuovo sire da gran pezza non andava più a sangue il prin-

[1] Vedi Documenti num XCVII.

cipe di Taranto, tuttochè da tredici anni gli fosse congiunto di
parentado ; sposatosi ad Isabella di Chiaromonte nipote di esso
principe. Ma da quel tempo medesimo gli parve troppa la costui potenza per la liberalità di suo padre : il quale appunto
nell'occasione di quelle nozze avevagli confermata l'usurpata
signoria di Bari , e conceduta la facultà di estrarre dal regno
ciò, che piaciuto gli fosse , oltre ai cento mila ducati l'anno ,
che come gran contestabile riscuoteva dai pagamenti fiscali per
le paghe delle genti d'arme, della qual somma la più parte per
sè intascava con danno notabile delle regie entrate '. Nè all'Orsino garbava più che tanto Ferrante : sicchè spezzatosi nella
morte d'Alfonso il nodo della concordia, egli fu primo a volger l'animo alla ribellione. Incoraggiato dalle avverse intenzioni
del pontefice Callisto III. , che risolutamente aveagli negata
l'investitura sia per l'illegittimità de'natali , sia per altre oc-
culte mire , tentava vanamente dapprima l'ambizione di Carlo,
figliuolo di Giovanni d'Aragona, che teneva la Sicilia. Ma nel
mezzo di queste pratiche, trapassato Callisto ed eletto a successore Pio II , che fu amatore di pace e grande amico d'Alfonso, questo pontefice mosso alle preghiere di Ferrante por-
tegli per Francesco del Balzo , rinviava da Roma in Puglia il
nostro arcivescovo Latino Orsino , cardinale del titolo de'SS.
Giovanni e Paolo, il quale eravisi condotto per l'elezione di
lui; affinchè l'ugnesse e re il coronasse. Si eseguiva la solenne
sacra.nella chiesa di Santa Maria maggiore in Barletta a' 4 di
febbraio 1459 '.

' Summonte lib. V.
' Senza documenti asseriscono alcuni nostri essere avvenuta a
Bari la consacrazione di Ferrante. Ne dissuade sì l'autorità degli

Pareva, che l'ottenuta investitura, la lega col re d'Aragona suo zio e col duca di Milano, e le liberalità e cortesie usate da lui ne'baroni e ne'sindaci delle città il dì della solenne incoronazione dovessero distorre gli avversari da presti tentativi. Ma non fidavasene il principe neppure alla condiscendenza verso lui mostrata. Perciocchè esortandolo il re, che cessasse dal molestare e contrastar gli stati al duca di Venosa, ch'era Pirro del Balzo, figliuol primogenito del duca d'Andria, e marito ad una nipote di lui; il principe gli venne innanzi con più audaci richieste, volendo che il re facesse restituire a Giosia Acquaviva, padre di Giulio Antonio suo genero, Atri e Teramo; e ad Antonio Centiglia il marchesato di Cotrone, e la contea di Catanzaro: alle quali richieste quegli pure cedeva, e con lettere e messi grande amorevolezza gli dimostrava [1]. Maestri di simulazione entrambi, e l'uno conoscitore dell'altro, con arte uguale ricambiavansi le gentilezze. Ma l'Orsino non voleva più lungamente durarla, più sospettoso temeva di pugnali e veleni, e quindi lasciando di camminar per le vie cuoperte, si stringeva col marchese di Cotrone, col principe di Rossano, e col duca Giosia; e venute a manco le pratiche tentate con re Giovanni d'Aragona, il quale aveva ben da pensare a casa sua per le

storici contemporanei citati dal Costanzo, lib. **XIX**, e'l diploma che se ne conserva a Barletta, e sì la nimistà del nostro duca, avvegnachè per anco non manifesta rottura; nelle cui mani non sarebbesi posto il sospettoso Ferrante, nè scelta avrebbe città non tutta sua. Il Beatillo, a cavarsela, dice che nella nostra Basilica fu il cignersi della corona di ferro, a Barletta di quella d'oro; e che il buon prelato a Bari condusse il re in assenza del principe-duca, lib. **IV**. pagina 172.

[1] Summonte, lib. **V**.

guerre di Catalogna e Navarra; mandava per Mario della Ratta a sollecitare al conquisto del reame Giovanni d'Angiò figliuolo di Renato. Era a Genova questi, e per le ragioni paterne non aveva lasciato il titolo di duca di Calabria: onde agevolissimo lo smuoverlo, standogli ancora ai fianchi con incessanti stimoli quel Giovanni Cossa, napoletano, e suocero del Ratta; il quale postogli appresso come consigliero e maestro da Renato, per seguire costantemente la fortuna angioina, esulava dicinov'anni dalla patria, agognando sempre il ritorno. Ma della guerra raccesa per questo nuovo pretendente non toccheremo che soli i fatti avvenuti in Puglia, che chiariranno la fede e la politica del nostro duca.

Tre mesi vanamente intrattenutosi il re in terra di Bari ad usar gli accorgimenti con lo scaltrito duca, ebbe infine a correre di presenza in Calabria, dove cominciarono i primi e più forti commovimenti. In questo Giovanni, con un'armata di ventidue navi e quattro da vettovaglie mandategli di Provenza dal padre, accostavasi a Sessa, ed era ricevuto con ebbrezza di gioia dai cittadini e dal principe di Rossano. A cotal nuova il re, racconciate colà le cose piuttosto favorevolmente, riducevasi a Napoli per contrastare al nemico: ma più che il nemico aveva egli contro di sè la mala fama de' Catalani e degli Aragonesi, e lo studio del nome angioino sempre più crescente ne' popoli, che speravano assai nelle predicate virtù del duca Giovanni. Studiosa delle novità massimamente la Puglia, persuasa nell'autorità, che davano alla causa Giovan Paolo Cantelmo duca di Sora, Cola di Gambatesa conte di Campobasso, Giovanni Sanframondo conte di Cerrito, e i Caldora ed altri molti; onde il duca Giovanni per consiglio de' suoi in queste parti si risolse di passare ed unirsi al principe di Taranto capo

di tutto il partito. Lungo il cammino Lucera aprivagli le porte, imitata di poi da Sansevero, Troia, Foggia, e Manfredonia. A tali esempi non era chi volesse resistere, ed i signori,
che più si credevano affezionati a Ferrante, come i Caracciolo,
i della Magna, i Sangro, ribellavano; e lo stesso Ercole da
Este, che quella provincia per il re governava, passò a'servigi
del duca. Vicin di noi facevano lo stesso Corato, Molfetta, Bitonto. Quivi, uscendo di Bari, andò ad incontrarlo il princi-
pe, e lo condusse nella città nostra con apparato reale acconcia a riceverlo [1]. In essa svernavano insieme; raccoglievano
grande pecunia dalle terre, che veniano a dargli obbedienza; ne
mandavano parte al Piccinino in Romagna, perchè studiasse la
venuta, il quale stanco del non potersi stabilire i capitoli della
lega tra il duca di Milano, il Papa e Ferrante, si era con la
solita impazienza gittato alla parte angioina; in somma andarono
divisando tutti i procedimenti, che terrebbero all'appressar
della primavera del 1460: e l'ultima risoluzione fu, poichè
avevano sicura la Puglia alle spalle, far centro di guerra terra
di Lavoro e Napoli. E ben s'apposero: che a Sarno nel dì 7 di
giugno toccava Ferrante la fiera sconfitta con pericolo della vita, e fuggendo col seguito di soli venti cavalli, nella metropoli si riparava. Compiuta fu la giornata, grande il bottino,
meglio che due mila i prigionieri, assai i morti. Allora cominciarono gl'indugi: indarno Giovanni Cossa gridava, non doversi lasciar fuggire di mano la vittoria, niuno o tenue aiuto
poter sperare il re da Spagna, dal Papa, o dal duca di Milano; tutta la nobiltà essergli avversa, abborrito il nome cata-
lano; le province rimase a devozion sua facili a rendersi dopo

[1] Costanzo, lib. XIX; Summonte, lib. V.

la sconfitta di lui; doversi correre a Napoli; tagliato il capo al serpe, restare spento il rimanente corpo. Ma la ragion politica de' signori di quel tempo , massime del nostro principe duca , era di tenere in bilico le bilance, perchè traboccando dall'una parte , non sarebbero più stati eglino stromenti necessari , e forse come inutile arnese abbandonati. Le costui artifiziate parole , l'età , l'esperienza, l'esser egli autor principale di quella guerra vinsero il partito, e ad assediar Ferrante in Napoli più non si pensò. Si disse (il Pontano) che la regina Isabella sua nipote, veggendo l'estrema ruina della casa, travestita in frate francescano con la scorta del suo confessore, fosse andata a gittarsegli a' piedi , e scongiurarlo , che avendola egli fatta regina , non volesse sopportare , che avesse da serva a morire. Sia ch'ella proprio vi andasse , o che l'arcivescovo d'Otranto accompagnato da due Frati (come afferma il Cardami); non sappiamo se in quel petto capisse così subita compassione del sangue suo : certo è che il proceder lento del principe dette tempo al re di rifarsi di forze. Allora cominciò quella fastidiosa ed ostinata guerra, che disertò miseramente il reame , combattendosi alla spicciolata per tutte le province : quasi niuna città, che non fosse tolta e ritolta or dall'una parte or dall'altra, immensi tesori sperperati, cittadino sangue a rivi versato, valorosi capitani ingloriosamente spenti , odii , vendette , scelleraggini. Finalmente la catastrofe di cotesta lunga tragedia si risolveva in Puglia '.

' In Puglia già un'altra volta per la medesima guerra era stato re Ferrante, e con favorevole fortuna; quando tra gli altri luoghi sforzò S. Angelo del Gargano, e del tesoro di quel Santuario coniò moneta, promettendo di renderglielo dopo la guerra: sebbene a Barletta fosse stato ad un pelo d'esser posto in mezzo dal Piccinino e da Giulio

Il principe, chiamato a sè il Piccinino, assediava gagliardamente Trani, che travagliato dalla fame arrendevasi, saldo restando il castello fornito a viveri dalle galee veneziane. Il duca d'Andria fieramente tempestato e temente de'suoi Stati si
raccostava al principe suo zio ; mentre per lo contrario Orso
Orsino si era volto al re. Allora il Piccinino si avventa sopra
Barletta, e predatone il contado, passa ad assediar Canosa. Contro costui muove primamente Alessandro Sforza inviatovi dal
duca di Milano suo fratello; ma sentendosi disuguale al nemico
fermasi nelle terre del conte di Campobasso, sfogandosene in
prede, finchè nol raggiugne re Ferrante, e con seco Antonio
Piccolomini, Orso Orsino, Roberto e Bernabò Sanseverino con
quarantaquattro compagnie di cavalli, i quali si fanno sopra
Accadia, terra amica del principe. Accorre questi col Picci-

Acquaviva comandante le genti del principe, se non era l'improvvisa venuta di Giorgio Castriota Scanderbegh, che ricordevole dei
soccorsi ricevuti da Alfonso vi menò di Albania sopra le navi settecento o più cavalli e mille fanti veterani (Costanzo, lib. XX). Contro
costui, che non per forza occupò Trani stette il Piccinino, ed arti
con arti adoperò, a tale che non risposero l'opere al grido della bravura di Giorgio. Ne fu tutta volta rimeritato dal re con le terre di
S. Angelo in monte, e S. Giovanni rotondo in Puglia. Il figlio di
Giorgio poi, a nome Giovanni, perduto tutto in Romania, si ritrasse
alle possessioni paterne pugliesi. Ma poichè volle il re riprendersele
donogli in cambio nel 1485 Galatina e Soleto. Galatina abborrente da
straniera e feudal signoria ostinossi a non volerlo ricevere; ma su-
perata dalla forza, fu dannata di multa l'inobbedienza. Più aspro
quindi le parve il governo del duca e la vendetta della duchessa Irene Brancoviz, asprissimo dappoi quello del lor figliuolo Francesco :
onde gran lamento ne menò lo storico di Galatina, parte I, p. 17 e
seguenti, Napoli 1792.

nino a soccorrerla ; e mentre l' esercito regio con bella paura
è loro a fronte , per l' assenza della cavalleria parte andata per
vettovaglie, parte per l'artiglieria, che veniva di terra di Lavoro , ed il Piccinino esorta all' assalto con certa speranza di pi-
gliare il campo e costringere il re a fuggire; il principe inaspettatamente si oppone al consiglio, se ne slarga, e lasciala occupare
dal re [1]: il quale s'avanza poi sopra Ursara , luogo vicino di
Troia, ed ingrossa d'altre compagnie l'esercito. Ursara sconfidata
chiede quattro giorni di tempo alla dedizione, se non la soccor-
ressero. In questo eccoti il Piccinino per la via di Ascoli giu-
gnere a Troia, ed accamparvisi sotto le mura dalla parte d'o-
riente; dove tranne il principe (la cui assenza non è giustificata)
fan testa il duca Giovanni Cossa, Giulio Acquaviva, Ercole da
Este, ed altri che taciamo. Uguali le forze dall'una e l'altra parte, fors'anche maggiore la fanteria dell'Angioino; grande la virtù
e l' espertezza de'capitani. I regii approfittano della natura dei
luoghi , e prima d' aggiornare, occupano i colli sovrastanti a
quella pianura; nè al Piccinino, che s' accorge del vantaggio,
è più possibile rimuoverli : ond' egli , come meglio può , di-
spone tutte le forze al di quà del fiume, che divideva gli eserciti. Stettero buona pezza immoti ; chè nè dall' una , nè dal-
l' altra parte , avvegnachè ansiosi di combattere, si osava passare il fiume difficile al guado, e quando passato si fosse, pericoloso alla ritratta. Ma il re impaziente di più indugi, smunto
di danaro, il duca di Milano, ed il papa lenti nel somministrar
le paghe , si risolse a guadarlo , nè piega l' animo ai consigli
dello Sforza, che ne lo cerca sconfortare. Dà degli sproni il primo , e tutto l' esercito il segue; l' inaspettata risoluzione non

[1] Costanzo, lib. II.

concede tempo all'oste nemica di contendergli il passo. Egli all'ala destra, lo Sforza alla sinistra attelano l'esercito, e fanno tanto impeto sui nemici, che sgominatene le fila, verso le alture li ributtano. Questi dal Piccinino e dal Duca riordinati ristorano la battaglia, che dura due ore fierissima, nè cedono palmo di terreno. Si viene all'ultimo sforzo: il re lasciato Alessandro a petto del Piccinino, forma tre gagliarde compagnie di cavalli, l'una condotta dal Piccolomini e da Giovanni Conte, l'altra dal gran siniscalco Indico di Guevara, da lui medesimo l'ultima; e così per quattro vie assaltano il sinistro colle di Troia, occupato dai cavalli del principe e del conte di Capaccio. Favorevole il sito a questi, lieti del combattere, e con le lance in resta a ricevere il nemico; se poi fuggono vergognosamente, chi non sospetterà di tradimento? Gl'inseguono i regii sino alle mura, e disfatto in pari tempo dallo Sforza il Piccinino, vien rincacciato nella città. In tal guisa compievasi quella giornata de' 29 d'agosto 1462.

La notte medesima il duca ed il Piccinino, scoraggiati dalla rotta toccata, e tementi di restar chiusi in Troia, trafugaronsi con quattrocento cavalli a Lucera; rimasero al presidio Giovanni Cossa, cui la città con titolo di conte dall'Angioino era stata donata: nè lasciata quegli avrebbela, se a consiglio, come dicono, d'un Giacomo Squarcia e del Vescovo, quei di dentro, fattine prigioni i soldati, non avessero aperte le porte. Il Cossa dettesi allora allo Sforza suo amico, salva la persona; e condotto innanzi a Ferrante: « la tua vittoria oggi, o re, « (gli disse) di padrone mi ha fatto servidore; e a te a un certo « modo di privato, ch'eri l'altro dì, giuocando la fortuna, ha « donato il regno di Sicilia. » E fu vero. A lui, avvegnacchè gli fosse stata da Ferrante conceduta la libertà, piacque me-

glio morir lontano dalla patria , che servo a' Catalani. Foggia,
Sansevero , Ascoli, Melfi si rendono a discrezione; e mentre il
re era sull' Ofanto , giungono ambasciatori del principe a trattar con esso lui la pace Antonio Guidano di S. Pietro in Galatina , ed Antonio d' Ayello tarantino. Sarà stata una finzione
cotesta ambasceria? Il principe non che perder nulla , vantag-
giò : tutto quello che fosse stato preso in guerra così dall' una
come dall' altra parte non si avesse più a restituire ; tutte le
città , castella , e terre , che il principe possedeva innanzi alla
guerra , gli fossero coi medesimi titoli e privilegi confermate ;
dovesse lo stesso ufizio ritenere di gran contestabile con lo stesso
stipendio di cento mila ducati l' anno: solamente obbligato
il principe a restituir Trani , e la fortezza di Salerno ; a far
uscire di Puglia fra quaranta giorni il duca Giovanni ed il Piccinino ; a non dover loro più prestare aiuto di sorta nè in publico nè in segreto , nè per sè nè per altrui. Le quali condizioni furono sottoscritte a Bisceglie il dì 13 di settembre 1462;
ed il Papa e il duca di Milano , l' uno per la persona del Cardinal Rovarella , l' altro per Antonio Trezzo , le mallevarono
da parte del re [1]. Che se il lettore volesse con più larghezza
saperne, leggane pure le condizioni, quali dall'autore de'Com-
mentarii le tolse il Summonte [2], e troverà per giunta, che Giovanni Antonio fu giudicato « restauratore della salute publica,
« il quale avesse a sperare dal re premii ed onori, de' quali
« sono degni li conservatori delle repubbliche ! »

Sia quanta vogliasi la potenza del principe , che possedeva
allora sette città metropoli di provincie, più di trenta vescova-

[1] Sismodi , cap. 78.
[2] Lib. V.

di , e più di trecento castella (se non esagera il Costanzo [1]) , siano pur grandi le strettezze del re ; ponga insieme il lettore i primi indugi dopo il fatto di Sarno , il ritrarsi da Accadia , la subita fuga della cavalleria a Troia , e queste condizioni di pace ; e poi giudichi dell' Orsino. Alla quale conclusione noi volevamo venire : e però ci si perdoni l' avere alquanto deviato dalla storia di Bari , dove forse stanziava egli , mentre stendevasi quel trattato ; certamente vi era i primi dì del dicembre [2].

Il misero duca Giovanni ridottosi negli Abruzzi, si manteneva sul solo appoggio del Piccinino ; ma quando anche questo mancogli , riparò ad Ischia , quel solo scoglio rimanendogli di un reame , che lo aveva con tanta gioia accolto , ed in cui aveva fatto splendere valore e lealtà : quindi mestamente sopra alcune galee ritornò in Francia , seguito pure da parecchi cavalieri napoletani, che nelle sue virtù e non nella fortuna aveano posto amore.

Ma l' autore della ruina di quel giovine egregio , il nostro principe duca , non tardò guari a pagarne il fio. Era il re per anco presso di Barletta , e quivi a lui si presentarono quegli stessi Ayello e Guidano , che l' Orsino mandava ambasciadori al Papa. Non si sa qual legazione eglino avessero ; nè per qual cagione accontatisi col re non procedessero innanzi, e ad Altamura, dove stanziava il lor signore, ritornassero. Due giorni

---

[1] Lib.º XX.

[2] Al dì 4 di dicembre da Bari spediva privilegio del feudo detto baronaggio nella città di Monopoli a Niccolò de Indello, ch'egli chiama *spettabile e chiarissimo suo socio.* Volpi , storia de' Visconti, lib.º VI. p. 81.

dopo che furono ritornati, egli morì in quel castello [1]: ed avvegnachè fosse presso a settant'anni, e patisse la febbre quartana, si sospettò che affogato l'avessero, veggendosi la dimane segni di morte violenta. A quei due messi si appose il fatto; poichè si disse, che un paggio, a nome Diomede lo Vicario di condizion popolare ed altamurano, il quale soleva stare a guardia innanzi la camera, avendo inteso a mormorare fra se stesso il principe, e minacciare di far loro per l'inadempiuto comando mozzare il capo, appena ch'ei fosse giunto a Taranto, ad essi lo svelò; e quelli entrativi, come gli avessero a dir cosa di grande importanza, avessero consumato il misfatto [2], testimoni e consensienti (aggiungono pure) uno di casa Protonobilissimo, ed un altro di casa Petrorolo [3]. E qui vorremmo avere in pronto salde ragioni a lavar cotesta ignominia dalla memoria di Antonio d'Ayello, che fu poi nostro arcivescovo succeduto al cardinale Orsino nel 1472: la quale onoranza fu creduta rimunerazione fattagli dal re [4], come la carica di consigliere del S. C. di S. Chiara e di suo particolar segretario al Guidano, di dottor di leggi ch'era in Galatina. Ma del primo è

---

[1] Alcuni vogliono a'15 di novembre di quell'anno 1463, altri a'26 di dicembre, altri ai 15 di febbraio, lo storico di Galatina finalmente a'13 di novembre: e questi forse meglio che altri sarebbe da seguire, perchè, sepolto colà il principe, poteva con più certezza saperlo; benchè potesse anche essere che in quel giorno fosse stato quivi il cadavere recato. Certamente nè a'26 di dicembre, nè ai 15 di febbraio esser poteva; poichè i capitoli conceduti ad Altamura dopo la morte del principe portano la data de'10 di dicembre 1463, e quelli conceduti a Bari del 26 di novembre.

[2] Costanzo, lib. XX. p. 271, e Summonte, lib. V. p. 441.

[3] Cronaca di Filippo Crassulli.

[4] Summonte, ib. V. p. 444.

pur vero, che il tenor di vita in tutto il tempo del presulato
barese, la grande dottrina e prudenza radamente compagne di
animo malvagio, le lodi, che i Baresi sulla tomba da lui vivente innalzatasi gli scolpirono non molti anni dopo quel turpe
fatto, e sotto gli occhi di coloro, che il seppero, o ne intesero
a parlare, sono conghietture (come ben pensa il nostro Garruba p. 304), che possonlo difendere [1].

Tale la fine di Giovanni Antonio Orsino, principe di Taranto, e duca di Bari; ed il re, come l' ebbe udita, incontanente
mandò ad Altamura Marino Tommacello, ch'era cosa tutta sua,
a prender la città: il quale trovativi dodici mila ducati d'oro,
e gran copia d' ori e d'argenti, subito glieli recò; soccorso venuto in assai buon punto per le paghe dell'esercito, che in grande
scontentezza era all'oppugnazione di Manfredonia [2]. Quivi il re,
lasciati alquanti de'suoi, avanzò verso Trani; di dove, afferma il
Summonte [3], si condusse ad Altamura, ricevuto con allegrezza
somma da tutti, giuratagli fedeltà non solo dalle terre del principato, ma e dalla vedova stessa Anna Colonna, nipote a papa Martino V, la quale non gli era stata feconda di prole maschile, e da
Giulio Antonio Acquaviva, genero di lui, e da un bastardo, che
per esser dappoco aveva avuto in dono dal padre la contea di
Lecce. Aggiugnesi esser giunti al valore di più d' un milione i

---

[1] Altri due ne nomina in una storia ms. d' Altamura il sacerdote
Vitangelo Frizzale (1755, p. 37), Leone Giannellis e Paolo Tricarico, reputati strozzatori dell' Orsino col Guidano e 'l d'Ayello; e
vuole anch' egli remunerati di nobiltà e privilegi sì il paggio Diomede, e sì il Giannellis cavallerizzo del principe, ed il Tricarico: il diploma conceduto a quest' ultimo fu letto da noi.

[2] Costanzo, lib. XX, p. 371.

[3] Lib. V, p. 443.

ricolti , le bellissime razze di cavalli , le greggi , e tutti i tesori in tanti anni dall' avaro principe accumulati , che vennero
tutti in possessione del re. Così riuniti ai regii dominii feudi ,
ch'erano i più ricchi e più vasti del regno , Ferrante per la
morte di colui, ch' egli temeva più d' ogni altro , diventò ad
un tratto il più ricco e più potente sovrano d' Italia [1].

Saputasi dai baresi la morte di lui, riferita da un tale
Domenico de Nitto da Bitonto , suo cappellano e dimestico ,
n' ebbero tanta gioia, che loro si commossero gli antichi
spiriti; ed a torme avventaronsi all' odiato presidio, ch' era
nella torre di S. Antonio. Andrea di Colapietro, che lo reggeva, veggendosi intorno tanta ira di popolo, senza punto
di vettovaglia, nè forze uguali a resistere, cedette con promessa de' capi della città, che alla sua persona ed all' o-
nor suo avrebbero provveduto. Sgombratone il presidio, in-

[1] Giulio Antonio Acquaviva (secondo cel mostra Scipione Ammirato) era per indole più inchinevole alla parte regia, ma si trovò
sforzato a quella guerra dal padre e dal principe suo suocero, che
seguì con ottomila cavalli. Aggiunge di più quello storico, che
dopo la morte del principe accostavasi Giulio a Bari con venti squadre di cavalli per occupare la città, nella cui fortezza era serbato un
cumulo di quarantamila ducati; al quale avviso il re s'era fatto col campo sopra Terlizzi, dove finalmente egli portato dai naturali sentimenti, alzando bandiera regia, andò a giurargli di voler essere buon capitano e vassallo. E veramente da buon capitano morì (7 di febbraio 1481) combattendo con egregia virtù contro i Turchi occupatori di Otranto. Ma di cotesti quaranta mila ducati non troviamo memoria presso di noi. Il re non li chiese mai, ed i cittadini in quel
tempo provvidero rettamente, come vedrà il lettore, a cose d' assai
minor conto. Adunque non vi erano.

contanente si gittarono a smantellarla, perchè l'opportunità del luogo non ritornasse strumento di servaggio in mano altrui. Disfogatosi così quel primo bollore, i più savi rivolsero l'animo a riordinare la cosa publica, finchè della condizione, cui sortisse la città, non si fosse risoluto. Elesse l'università prudenti cittadini, dieci de' nobili ed altrettanti de' primari, che prendessero in lor mano il reggimento, e deputò a luogo di ragunanza la chiesetta di nostra Donna della Misericordia, sita a quel tempo in sulla piazza: dove ad ispirazione di buoni consigli destinò per cappellano il sacerdote Antonio di Cola Masculo, che apposite preci nel divino sacrifizio alzasse al Signore. Quivi dì e notte delle cose occorrenti consultavano e deliberavano. Il castellano Galeotto de Gurrisio di Rocca, uomo prudente e di miti costumi, senza contrasto fè causa comune con la città, ed in nulla dalle proposte degli eletti dissentì. Compievasi l'anno, e con esso cessavano dalle lor cariche i pubblici ufiziali; onde fu savio consiglio di riconfermarveli tutti. Gaspare de Petrarolis di Ostuni, dottor di leggi, che già due anni era stato capitaneo, ed aveva dato segni d'incorrotta giustizia, fu richiesto anche di consiglio fra gli eletti; gli altri, ch'erano Andrea Buonpietro di Minervino assessore mastro d'atti notar Ramundo di Polignano, e tre doganieri, Ambrogio Perrense da Ruvo, notar Iacopo da Castellana ed un Barese rimasero a'lor posti. Si numerò il danaro della cassa doganale, trovato once trentadue, e tarì ventitrè; il quale fu serbato come in deposito dalla università medesima. Di quel danaro, aggiuntevi altre dieci once dovute da un tal Bonaventura debitore del principe, sopperivasi alle spese del castello: e richiedendo poi il castellano di voler rendere una certa pompa di esequie al morto principe, non gli si opposero eglino, ed i ceri, i drappi, e l'altre cose a ciò necessarie, gli somministrarono. A tutti i mercatanti, o altre persone forestiere, che a que' giorni si trovassero nella città, o vi giungessero, lasciarono una scritta di salvocondotto. Con siffatti temperamenti que' savi uomini, (de' cui nomi ne duole essersi perduta la memoria, e non poterli in queste pagine consegnare tranne di un solo, un Giovanni de Affatatis) studiarono a quetar gli animi per odio contro il principe bollenti: e come l'ebbero quetati, consigliarono il prudente ed utile partito di arrendersi volenterosi al re. Onde al quattordicesimo dì levossi il regio vessillo sulla rocca, che poi di là recatolo nella Basilica a solennemente benedirsi, l'impiantarono nel mezzo della piazza del mercato; indi posti in iscritto non men di sessantanove capi di grazie da chiedergli, inviarono a Terlizzi, dov' egli con l'esercito allora trovavasi presso il bosco di Celentano, loro deputati ad offerirgli la città. Indicheremo i capi più importanti e consentiti; e chi più largamente ne voglia sapere, leggali interi ne' documenti [1].

Chiesero adunque, che tener dovesse la città nel regio demanio, nè concederla mai ad alcun barone sotto qualsivoglia titolo o colore; avesse in ispezialissima commendazione il Duomo, la Basilica, i monasteri, ed i conventi serbando loro gli antichi privilegi; i privilegi concessi dai passati monarchi alla città, e le leggi municipali le conservasse con diritto di far nuovi statuti per ben della cosa pubblica, o correggerli a suo talento, purchè alla regia maestà non fossero contrarie; a tutti i cittadini, o abitanti nella città perdonasse, quand'anche rei di crimenlese: le rimettesse in considerazione de' passati danni

[1] V. Documenti, n.° XCVIII.

tutti i pagamenti fiscali, massime le collette ordinarie, finchè
il reame non fosse pacificato e ritornato tutto ad obbedienza,
e per altri cinque anni dappoi; alla fine de' quali dovesse esser
contento alle sole collette, ciascuna non più di venti once, secondo il privilegio datole da re Alfonso : le concedesse tutti i
proventi così della corte del capitaneo, come di ogni altro uffi-
ziale della città, riservati solamente al fisco i delitti d'eresia,
di lesa maestà, d'omicidio, e di furto; ed ogn'anno due commessari ella eleggesse intervenienti cogli uffiziali alla composi-
zion degli accusati, ed a riscuotere in nome dell'università i
proventi: non si dovesse il castellano menomamente impacciare
nel governo della città, nè alcun suo congiunto insino al quinto
grado potesse in pari tempo esercitarvi ufizio veruno: niun napoletano nella città o nel castello tenesse ufizio di sorta; nè alcuno ufizio, fosse anche di cittadino barese, durar dovesse più d'un
anno, o esercitarsi per sostituto; dopo il qual termine soggiacesse,
a sindacato non men di dieci giorni, nè ritornarvi per altro ufizio
potesse, se non dopo dieci anni: lo stipendio del capitaneo, assessore, e mastro d'atti di venticinque once a trentacinque s'ele-
vasse; ma oltre dell'alloggiamento, altra suppellettile non ricercassero: più temperati i loro proventi, cinque tarì il diritto del
carcere pe' misfatti riservati, per gli altri, non più che cinque
grana pagasse il cittadino, il forestiero il doppio: ogni pena pe-
cuniaria, in forza d'istrumento o altra obbligazione, non fosse
maggiore di tarì tre per oncia, e cinque nel caso di spergiuro :
conservasse tutti i dazi e gabelle spettanti all'università, ed il
poterle crescere o scemare senza ratificazione della potestà regia : nella estrazione degli olii e d'altre merci i cittadini fossero gravati alla stessa ragione, che si trattavano i Veneziani:
non si dovesse più edificare dalla regia Corte o da chicchessia

la torre di S. Antonio, o altra fortezza, che tornar potesse ad offesa della città; e lo spazzo, che innanzi a quella torre rimaneva, a'cittadini si concedesse per edificarvi privati edifizi: qualsivoglia persona o ecclesiastica o secolare dal tempo di re Alfonso abbia beni patrimoniali ecclesiastici o beneficiali, che spettassero a'cittadini baresi, li restituisse, e nulle fossero le bolle e le concessioni: mai più concedesse a forestieri le chiese poste nel territorio barese e dotate di possessioni, ed ogni promessa fatta rivocasse: niun cittadino per causa civile, o criminale, nè per debito fiscale potesse esser tratto alla corte della Vicaria, o fuor della provincia, e ne'giudizi d'appellazione alcun giudice provinciale delegar si dovesse: niun cittadino o in tempo di pace o di guerra fosse obbligato con paga o gratuitamente a servir sulle navi: confermasse tutte le scritture celebrate nel nome di Renato d'Angiò: si spegnesse ogni memoria di nuova imposta o servitù introdotta dal principe di Taranto: niun di casa Caldora e lor congiunti avessero mai stanza nella città, o in luoghi vicini, o tenessero ufizio, o dimandassero cosa veruna dai privati o dalla università: nè lor genti d'arme, sieno cavalli o fanti, in piccolo o in gran numero, nella città stanziassero: niuna molestia a'cittadini, o forestieri, che avessero amministrate le cose del principe, e rendute già lor ragioni: avesse per raccomandati il castellano, il capitano del presidio di S. Antonio, e gli altri publici ufiziali: a tutti i cittadini dal principe spogliati di lor feudi o possessioni facesse ragione: i Baresi fossero trattati come cittadini di que' luoghi, dove per avventura eglino si trovassero.

Tutti questi capitoli, ed altri che si tacciono furono consentiti dal re, tranne alcuni pochi, che veramente erano fuor di ragione. Che anzi nell'accomiatare i deputati, scriveva egli con

assai affettuose espressioni alla cittadinanza barese, dicendole:
« di aver letti e spacciati i capitoli, che da lor parte gli ave-
« vano presentati, dai quali intenderebbono l'affetto e la be-
« nevolenza sua verso ogni ordine di cittadini, ed ogni dì più
« gliela dimostrerebbe in maniera da farli contenti del suo go-
« verno; perciocchè, se vi aveva città del reame dopo Napo-
« li, la quale fosse cara al suo petto, la magnifica città di Ba-
« ri, era dessa » [1]. Nè meno arrendevole ei fu col cardinal
Latino Orsino, nostro arcivescovo e commendatario perpetuo.
Perciocchè sebbene questi possedesse già per antichissime concessioni la terra di Bitritto col mero e misto imperio, e la giurisdizione civile e criminale avesse sopra tutti i Giudei nella
nostra città dimoranti; pure nelle passate turbolenze avendo
eglino preso animo a sottrarsene, Ferrante gliene confermava
il privilegio [2]. Ma intorno a cotesti Giudei o Ebrei, che dir si
voglia, alcune restrizioni aveva ancora chieste la città cogli
arrecati capitoli [3]; tranne però il dover essi prendere stanza

---

[1] V. Documenti n.º XCIX.

In molte di coteste dimande fatte al re mostraronsi degni di lode
que' nostri maggiori. Così massimamente quando provvedeano alla
sicurtà de'pubblici ufiziali, ch'eglino avean tratto dalla lor parte;
alla prosperità del commercio, raccomandando Veneziani, Milanesi ed altri, e volendone uguagliate le condizioni; alla dignità della
patria, per sottrarla a signoria feudale. In alcune sentirono troppo
di municipio e di domestico: non sappiamo poi a che intendessero,
chiedendo diritto d'asilo nella città da cinquanta miglia intorno a chi
per ragioni di mercatura o reato volesse sottrarsi a' suoi persecuto-
ri. Ma che? volean farne un covo di malfattori e falliti?

[2] A dì 26 di maggio 1465. Garruba, p. 298.

[3] Le chieste restrizioni furono: dover essi abitar tutti in un solo
luogo della città, e portare un segno, che dai Cristiani li di-

tutti in un luogo, delle altre serbossi il re di provveder nell'avvenire.

Queste concessioni adunque egli faceva a' 6 di novembre 1463, e queste riconfermava il dì 13 del seguente anno nel castel di Bari, dove parecchi giorni ebbe a fermarsi [1]. Entrava il Re con gran pompa nella città il giorno 7 di gennaio; seguianlo D. Federico figliuol suo secondo genito, il duca d'Andria, Nicol'Antonio di Capua, il duca di S. Marco, il duca di Atella, il conte Alessandro Sforza ambasciadore del duca di Milano, e molti altri signori. Pregato a degnarsi di prendere nella Basilica, com'era costume, le insegne canonicali, du—

stinguesse; ai loro quaderni non doversi aggiustar fede da tarì cinque in sopra, nè poter togliere dai cittadini usura maggiore di tarì sei per oncia; passato l'anno, non correre più usura, ma poter vendere i pegni, citata la parte, e con decreto della curia, e doverne restituire il maggior valore ai padroni; non doversi ricevere lor giuramento in giudizio, potendolo dare i soli Cristiani; a ciascuno esser lecito ricuperar le robe rubate, sopra le quali eglino avessero prestato danaro, e ricuperarle senza prezzo, se non volessero manifestare il debitore.

[1] Isidoro Chirulli nella storia di Martina pubblica un diploma dato da Bari agli 8 di gennaio, tomo II, lib. III, capo 31.

Delle restituzioni fatte fare ai frodati dal principe di Taranto, abbiamo solamente notizia di due: le possessioni alle Suore di S. Scolastica a 11 d'ottobre 1464; e la signoria del casal di Carbonara a quel Giovanni de Affatatis, in premio, come diceva il re, di averlo aiutato a ridurre Bari a fedeltà. Repertorii de'Quinternioni, an. 1464, p. II. f. 154.

bitò alquanto ; ma consigliatosene per cinque giorni col duca
d' Andria , e 'l di Capua , assentì finalmente '.

Pur tuttavolta di sì larghe promesse non indugiò guari la
città a vederne violata quella , che le stava in cima a tutti gli
altri desiderii. Poichè due anni dopo , quando a'14 di settembre 1465 entravano in Napoli Filippo , e Sforza Maria Sforza,
conducenti la lor sorella Ippolita fidanzata già ad Alfonso duca
di Calabria , e furon fatte le feste grandi per otto giorni con
giostre , tornei, danze ; alla fine re Ferrante gratificava il fratello della nuora, e terzo figliuolo del duca di Milano, donando
la signoria di Bari , oltre al promettergli la mano della Eleonora , figliuoletta sua ° : e lo Sforza in quel giorno di dome-

---

' Ascese egli sulla regia Cappella °, vestì amitto e camice , stret-
togli con cingolo di perle , e sovr' essi dalmatica e stola ; ma il suo
beretto ritenne. Il tesoriere Antonio Ghiro presentavalo della distri-
buzion quotidiana di otto grana e mezzo. Assistè a tutta la Messa
solennemente dall' Arcivescovo celebrata , ed alla dotta orazione re-
citata da un Antonio de Perillo, circondato dai signori della Corte :
il figliuol Federico sedeva a' suoi piedi. Svestitosi nella Cappella , e
di là disceso nel Coro, innanzi al maggior Altare fu dal medesimo
Tesoriere ornato di pelliccia ed almuzia ; e così sedè nella sedia ,
che è la prima dal lato sinistro del Coro , rimanendovisi fino a che
fu compiuta la recitazione dell' *ora nona* de'divini ufizi. Allora furongli presentate le chiavi del tesoro e della tomba di S. Nicolò.
(Ferdinan. Ughelli nell' Italia sacra tom. VII. col 649 , edizione di
Venezia 1721).

° Quest' era locata su d' un palco a guisa di Coro, innalzato nel
braccio sinistro della Basilica , dove al presente è la Cappella di
S. Lodovico re di Francia.

° Il nostro Beatillo sull'autorità di Leandro Alberti e di altri , afferma, che già dall' anno antecedente , o in questo medesimo 65 , il
ducato di Bari fu conceduto a Francesco Sforza ; il quale venuto

nica con un cerchio d'oro, sulla fronte, e preceduto da meglio di ottanta trombe e pifferi, e da vessillo, su cui vedevansi inquartate con l'arme del duca di Milano le aquile nere in campo d'oro, cavalcava in mezzo a gran brigata di signori per tutti i sedili della metropoli, salutato duca di Bari [1].

a morte nel marzo del 1466, lasciollo con licenza e nuova concessione del re al figliuolo Sforza Maria : ma di ciò non rimane fra noi documento veruno. Sulla costui autorità forse afferma lo stesso il Giannone, lib. XXXIII, p. 349.

[1] Diario anonimo trovato nel libro di Lodovico Raymo seniore. Quivi però si dice Filippo, non Sforza Maria investito del ducato di Bari ; nel che è seguito dal Sismondi, cap. 80. Il lettore si chiarirà dell'errore nel nostro seguente racconto, ed a maggior prova, sappia, che nella genealogia de' Visconti di Tristano Chalchi, segretario del senato di Milano, composta l'anno 1502, e publicata dal nostro Giuseppe Volpi alla fine della sua storia de' Visconti, parte II p. 296, è recato Sforza Maria duca di Bari, non Francesco, nè Filippo.

CAPO VII

DALL'ANNO 1466 AL 1501.

SOMMARIO

La città invia messi a Milano per la confermazione de' suoi privilegi; viene viceduca a Bari Azzo Visconti, e si studia a rintegrare il ducato delle terre usurpate,
ma nulla ottiene; si compongono controversie tra i nobili ed i primari a cagion
del catasto (1476); il cardinal d'Aragona queta le dissenzioni tra l'arcivescovo
d'Ajello, ed il priore de Arenis; il duca Sforza Maria muore (1478), e Lodovico
il Moro suo fratello si arroga il governo del ducato, la cui signoria è data al fanciullo Gian Galeazzo, ed egli ne prende la tutela (1480); Bari cade sotto la signoria del Moro; i Turchi assaltano Otranto; re Ferrante chiede oro per sopperire alle spese della guerra, e gran parte de' tesori della Basilica gli è data; la
città ottiene franchigie dal Moro; modi tirannici di costui contro Isabella d'Aragona moglie di Gian Galeazzo; carattere d'Isabella e di suo marito; il Moro fa
destinare ad arcivescovo Giacomo Castiglione, persona di sua fidanza; ma salito
re Alfonso al trono, fa questi sequestro degli Stati del Moro posti nel reame; entra in Italia Carlo VIII chiamatovi dal duca; non si commove quegli alla vista del
morente suo cugino Gian Galeazzo, nè alle lagrime d'Isabella; il Moro è gridato
duca di Milano (1494); concessioni di Carlo alla Basilica; viene a Bari l'arcivescovo Castiglione, ed il duca le fa nuove concessioni; ritorna Ferrante sul trono, e nuovo spoglio è fatto alla Basilica (1495); Isabella d'Aragona vedovata
ottiene in compenso di sue doti il ducato di Bari (1501); fine del Moro.

Come seppe la città d'essere stata data in signoria dello
Sforza; con animo rassegnato si studiò ad inviare suoi messi a
Milano, i quali gli rendessero il debito omaggio, e della confermazione de' privilegi il ricercassero. Più stretto, che non
credevano, trovarono il nuovo duca; perciocchè consentendo
alla confermazione de' privilegi, le prime cose poi che gli chie-

sero, cioè esenzione dalle collette per cinque anni, e l'osservanza delle leggi municipali con diritto di mutarle o farne di nuove, come concesso aveva re Ferrante; egli restrinse a soli due anni l'esenzione, ed impose limiti al chiesto diritto: concesse bensì i capitoli intorno ai Giudei, ed alcuni altri di lieve importanza [1]. Ma per entrargli almeno in grazia, que'nostri antichi aggiunsero, che si degnasse far trattare i mercatanti Milanesi alla maniera de' Veneziani: e poichè i Ragusei ed i Genovesi, una volta tanto frequenti nella città nostra, assai più raramente ora usavano, anche alla medesima guisa questi si trattassero, massime i Genovesi, ch' eran sudditi a Galeazzo fratello del duca [2].

In questo medesimo anno veniva a Bari Azzo Visconti, vicario del duca. Questi appena giunto cominciò a fare istanza d'essere rilevato di due pregiudizi inferiti alla camera ducale: de'quali il primo era, che i cittadini di Giovinazzo si avevano ultimamente usurpato metà del porto di Santo Spirito, che è tra quella e la città nostra (ora amenissimo luogo di diporto per grandi e belle ville di signori quasi tutti bitontini), e non voleano più pagare gli ordinarii diritti dovuti al duca ed alla città; l'altro era, che le terre e castella componenti il ducato barese, Modugno, Valenzano, Bitritto, Trigiano, Capurso,

----

[1] Approvò il capitolo del non ammettersi persona veruna nella città, o darle alloggiamento, salvo la persona del duca stesso con sua brigata; del trattarsi i mercatanti d'altre nazioni alla maniera dei Veneziani; dell'esser tenuti come cittadini e goderne i diritti ne'luoghi dove si trovassero: intorno al qual privilegio pregaronlo, che col re si adoperasse a farlo valere anche nelle terre di que' baroni, che nol voleano riconoscere.

[2] Vedi Docum. n. C.

Loseto , Ceglie , e Carbonara , occupate da diversi baroni s'e-
ran in gran parte alla soggezion degli ufiziali baresi sottratte.
Ei richiamossene al re , e la città pure inviava con pubblico
mandato suoi deputati [1]. Ferrante scriveva al figliuolo D. Federico, luogotenente generale nelle tre Puglie, che senza strepito o forme giudiziarie ne prendesse sommaria informazione ,
e le ragioni delle parti udisse , e di tutto a lui desse contezza
per rendere stretta giustizia [2]. Dopo le quali informazioni ,
quanto alla prima cosa, è da credere che i Giovinazzesi ritornassero all' antica consuetudine; perchè, come osserva il Beatillo, non misero più in mezzo simile pretensione: quanto al-
l' altra fu risoluto , che avendo quelle terre il re parte vendute , parte donate , non dovessero più rimanere sotto la giurisdizione degli ufiziali baresi; sì bene per qual si voglia pagamento si dovesse da quelle alla città nostra, se i baroni fossero negligenti a farli soddisfare , il capitaneo di Bari con autorità di commessario regio ve li costringesse [3]. Così andavano
svanendo anche l' estreme reliquie della grandezza antica.

Allora si fecero i Baresi insieme con que' di Palo e di Modugno a ricercare almeno il re, che il diritto già lor conceduto
da lui medesimo di non poter essere i cittadini tratti in giudizio
per le prime cause innanzi ad altri magistrati che i loro pro-

---

[1] Questi furono notar Tommaso de' Caris de' nobili , e notar Matteo di Rainaldo de'primari. Vedi la procura di notar Giovanni de Lu-
tiis de' 14 di settembre 1466. Documenti n. CI. Dal qual documento
si raccoglie che già a questo tempo era a Bari fondato un teatro , e
propriamente nell' edifizio pubblico o sedile , ove si ragunavano a
consiglio gli eletti de' due ceti de' nobili e de' primari.

[2] Lettera de' 4 di giugno 1466, recata dal Beatillo p. 178.

[3] Beatillo , che cita esecutoriali di Federico d'Aragona p. 179.

pri, volesse con prammatica sanzione confermare; ed egli li fece contenti a dì 28 di maggio di quell'anno 1466 da Castelnovo, annunziando la regia volontà ai principi suoi figliuoli Alfonso e Federico, primogenito e vicario generale quegli, questi, come dicemmo, general luogotenente nelle tre provincie di Puglia: ed aggiungeva di farlo volentieri anche in considerazione del duca Sforza Maria, cui chiama suo figlio e genero carissimo [1].

A lui medesimo facea ricorso la Basilica; perchè un Parisi Aucello *mastro massaio* della razza di cavalle del re aveva imposto ai coloni delle terre di Gioia, pertinenti ad essa Basilica, di sgombrare, per volerne far difesa di pascoli; nè erano valuti presso costui i richiami. Per il che egli al figliuolo D. Federico scriveva che ordinasse a Parisi, e a Matteo Crispano capitaneo di Massafra, cui ultimamente erasi commessa la cura della razza, di non darle più molestia [2].

Ad Azzo Visconti vicario del duca Sforza Maria successe il milanese Niccolò Carissimo: ed al tempo del costui reggimento era nostro arcivescovo quell'Antonio d'Ayello, di cui parlammo innanzi, succeduto al cardinale Orsino, che vi aveva rinunziato, quando dal pontefice Sisto IV fu creato camerlengo di S. Chiesa, e legato perpetuo della Marca d'Ancona; e con esso lui era gran priore della Basilica Francesco de Arenis, arcivescovo brindisino. Persone ambe care al re eran coteste: il quale dell'opera di quest'ultimo, come presidente al sacro Consiglio eretto in Puglia, e *vicerè* delle due provincie di Bari ed Otranto (come cominciaronsi a chiamare i giustizieri al tempo

[1] Vedi Docum. n. CII.
[2] Vedi Docum. n. CIII.

di Ferrante) si valse a quetar le contese insorte tra i nobili ed i primari per cagion del catasto.

Il de Arenis, discussi i dubbi nel sacro Consiglio, riducevali a tre capi principali, e sommettevali alla regia risoluzione; e quindi risoluti si consegnavano in pubblico decreto da esso gran priore a Bari il dì 25 di settembre 1476 [1]. Ed a que-

[1] Vedi Documenti, n. CIV.

Le regie risoluzioni ai tre capi proposti furono: 1. Se possedendosi dai nobili o primari un suolo sterile, o una casa diruta, allibrati nel catasto, e non tassati per manco di rendita, ovvero nè allibrati nè tassati; e vendendosi questi dagli uni agli altri o viceversa, vi murassero i compratori nuovo edifizio, in guisa che il suolo andasse fra le possessioni degli uni, e l'edifizio fra quelle degli altri; sotto qual rubrica questo s'allibrerebbe? Il rè decretò: si avesse riguardo al suolo, di modo che se questo andasse nella rubrica delle possessioni de' nobili, e l'edifizio di quelle de' primari, costoro contribuirebbero con quelli, e così per lo contrario. 2. Avendo il re donato alle due piazze, ossia ai due ordini di cittadini, in ugual porzione una certa estension di suolo demaniale, e questo diviso in quote, essendosi da parecchi venduto, ed edificatovi sopra dai compratori; come si sarebbero tassati questi edifizi? metà forse nell'una piazza, e metà nell'altra a tenore della donazione; ovvero nel nome di chi vi aveva edificato? Si diffinì: che non essendo quel suolo per lo innanzi soggetto a gravezza veruna, si tenesse ragione del tempo, in che fosse stato acquistato dai particolari. Onde per quella parte di esso, che dai nobili fu comprata, gli edifizii quivi costrutti, fossero tassati nell'estimo delle possessioni della nobiltà, in qualsivoglia mano passassero; e così si facesse del popolo primario. 3. I beni de' Giudei, che non si trovassero nell'estimo di quelli delle due piazze; coi nobili contribuirebbero, o coi primari, o in uguale proporzione? Ed il re: i beni, ch'eglino avessero acquistati dai nobili, contribuissero con essi, e di pari ragione gli acquisti, che avessero fatto dai primari. Le lor possessioni poi affatto nuove, se per legge

tar poi le discordie fra i due prelati nate per cagion di giurisdizioni, ed insegne, si valse il re dell'opera di suo figliuolo Giovanni, cardinal d'Aragona, nella cui arbitrale sentenza entrambi compromisero lor ragioni, e fu fatta una scritta di concordia; nè prima questa, nè ultima [1]. Sempre più innanzi entrò l'arcivescovo d'Ayello nella grazia del re, e n'ebbe onoranza d'ambascerie ben sostenute in Ispagna, Ungheria, e nelle Corti dell'Imperadore, e del Papa; ed in ogni occasione gli si mostrò costantemente devoto [2], e di nuovi fregi di privilegio

deono contribuir coi Cristiani, fossero tassate in uguale porzione con ambe le piazze.

[1] Vedi Documenti n. CV.

La sentenza arbitrale del Cardinal d'Aragona fermò: poter vestire il gran Priore e recare per la città e diocesi barese cappa caudata, in segno di gravità, non di giurisdizione; ma non potere di benedizione semplice o solenne benedire al popolo, che nella sola Basilica; il Crisma, e l'Olio santo avergli ad essere impartito dall'Arcivescovo; i Chierici senza le costui lettere discessoriali non poter sotto pena di scomunica disgregarsi dal Duomo, ed aggregare alla Basilica; e quindi la scomunica lanciata dall'Arcivescovo contro il chierico Antonio de Pauletta, e l'interdizione contro il Capitaneo e l'Università di Sannicandro aversi per questa volta a ritrarre; la cappella di S. Sebastiano ultimamente dall'Università di Sannicandro costrutta e donata alla Basilica non dover essere esente dalla giurisdizione dell'Arcivescovo.

[2] Indubitabile argomento fu l'aver egli donato il dì 29 di luglio 1487 ad un tal Altobello da Pontecorvo dimorante in Bitritto quaranta ulivi in quel contado; e l'aver fatto che gli ordinati di quella terra il francassero insieme coi figli da ogni gravezza municipale, in mercede di avere a lui svelato l'intendimento di alcuni di que'cittadini di dar la terra in mano a Pirro del Balzo principe d'Altamura, Andrea Matteo Acquaviva marchese di Bitonto, ed altri baroni

n' era rimeritato. Perciocchè concedevagli il re , che, se per
l'esazione delle entrate indugiasse la giustizia del foro laicale ,
potesse egli trarre i secolari innanzi al suo ecclesiastico foro.

Intanto le promesse nozze dell'Eleonora col duca Sforza Maria, sia per le costui gravi infermità, sia per le domestiche discordie della casa Sforza, più non furono recate ad effetto; ed ella
venne disposata ad Ercole I. duca di Ferrara. Di fatto lo Sforza
insieme con gli altri fratelli era tenuto lungi da Milano dall'altro
feroce fratello duca Galeazzo Maria : ma quando congiuratisi
contro costui Giannantonio Lampugnano, Girolamo Olgiato, e
Carlo Visconte, l'ebbero pugnalato nella basilica di San Stefano;
vi accorse egli cogli altri. Il ducato milanese pur tutta volta rimase a Gian Galeazzo fanciullo di soli otto anni, e primogenito
dello spento duca ; reggente sua madre Bona di Savoia : della
quale reggenza il 1 dì del 1477 si faceva pubblica scrittura col
consentimento ed autorità del conte Bartolomeo Zanfracii podestà di Milano , e de' consiglieri della corte. Ma la somma di
tutte cose reggeasi veramente dall' integerrimo ministro Cecco
Simonetta calabrese; ed agli zii del duca fu data sola la presi-
denza al supremo consiglio di giustizia con lo stipendio di dodici migliaia e mezzo di scudi. Contro la grande autorità del
ministro fremevan eglino, massime Lodovico, e congiuravano:
scuoperti , Ottaviano fuggendo annegava nell' Adda, Lodovico
relegato a Pisa, Ascanio a Perugia, e Sforza Maria nel suo ducato di Bari [1]. Non sappiamo, se questi fosse veramente venuto

congiurati contro Ferrante: i quali di ciò avevano fatta una scritta il
dì 4 di gennaio 1486 con Moncello Arcamone barone di Binetto. Ga-
ruba, p. 303.

[1] Muratori, anno 1477.

alla stanza della città nostra, ovvero trattenutosi a Napoli; ma men che due anni appresso lo veggiamo di bel nuovo in iscena coi fratelli eccitati da papa Sisto IV alla guerra contro i Fiorentini: quella fu l'ultima impresa, chè in Vareso del Genovesato moriva, come fu creduto, di veleno[1]. Suo fratello Lodovico, che fu detto il *moro*, penetra frattanto in Milano, è accolto, sia paura o debolezza, da Bona e dal duca fanciullo, si arroga il governo del ducato, lo strazio e la morte del ministro Simonetta compie il dramma.

Ma non era solamente il ministro, che gli facesse ombra; agognava regnare affatto solo. Ascanio vescovo di Pavia vero o falso che favorisse la parte ghibellina, sotto tal pretesto fattolo ritenere in castello in sulla fine di febbraio 1480 è confinato a Ferrara; è tolto dai fianchi della duchessa Bona il ferrarese Antonio Tassini, uomo che assai poteva sull'animo di lei, e di grandi ricchezze e feudi arricchito; ai 7 di ottobre fa assumere il governo a Gian Galeazzo, avvegnacchè di soli dodici anni, e dà opera, ch'egli faccia intendere alla madre di attendere da lì innanzi alle sue devozioni. Bona quasi furibonda per l'esilio del suo confidente, e più per esserle strappato il figliuolo, manda al duca le chiavi del tesoro per il suo scalco Gian Giorgio del Maino; e sorda ad ogni propostale condizione, con le sue gioie ed alquante migliaia di scudi il dì 2 di novembre uscita di Milano si conduce a Vercelli, e quindi pone sua stanza ad Abbiate[2]. Le viene impedita l'andata in Francia, e la tutela passa in Lodovico il moro; noi cademmo intanto sotto la

[1] Muratori, anno 1479.

[2] Compendio storico del governo di Milano di Luca Peroni; e Muratori, anno 1480.

signoria di costui, poichè re Ferrante gli donava il ducato di
Bari col principato di Rossano in Calabria a' 14 d'agosto
del 1479 [1].

Intorno a questo tempo tutte le menti spaurite si rivolsero
ad un punto solo dell'Italia, e quest'era Otranto, sorpresa dal
gran visire Achmet Giedik con armata potentissima; e tanto
più, che non senza una qualche ragione sospettavasi quella invasione essere stata provocata dai Veneziani e dai Fiorentini
nemici allora del nostro re Ferrante [2]. Ma sopra tutti per la
prossimità del pericolo ne tremava Bari, cui pareva essere spettatrice del martirio di quegli sventurati cittadini, e sentirsi ai
fianchi le spade musulmane, massime quando seppe essere presso
alla Velona un altro esercito di venticinque mila uomini, destinato ai danni d'Italia. Veggendosi in angustie il re, scriveva
per soccorso a quasi tutti i principi d'Europa; richiamava Alfonso suo figliuolo da Toscana; oro cercava da per tutto, ed
oro gli davano a larghe mani: e gran parte del tesoro della
nostra Basilica in preziosissimi vasellamenti d'oro e d'argento ai regii ufiziali si consegnavano con solenne promessa del
re di averne a restituire il valsente, finita la guerra, e che più
non s'ebbe [3].

[1] Giannone lib. XXXIII.

[2] Lo stesso, libro XXVIII in sul principio.

[3] Lombardi, parte II, p. 44.

Il Beatillo (Storia di S. Nicolò libro XI, p. 981) aggiunge queste
parole: Scrivono molti autori, come il Pontano, l'Albino, il
« Carafa ed altri, che il re, finiti i rumori, senza indugio restituì
« alle Chiese l'oro e l'argento già presone. Ma ciò o non è vero, o
« si ha da intendere dell'altre Chiese del regno, perchè le cose tolte
« in Bari dalla real Chiesa di S. Niccolò non le furono più mai rese.

Il visire richiamato da Maometto aveva lasciato in Otranto un Ariadeno baglivo di Negroponte con sette mila fanti e cinquecento cavalli, il quale già divisava d'occupar Brindisi. L'arcivescovo de Arenis e nostro priore, che (come dicemmo) aveva il carico di viceré nelle due provincie d'Otranto e Bari, sbracciavasi a fortificarla, il meglio che potesse, soccorso con cinquecento fanti da Gianfrancesco Caracciolo. Indi sopravvenne Giulio Acquaviva con quattro mila fanti e quattrocento cavalli, e trasse difilato su d'Otranto, dove richiamò a sè il Caracciolo, mandandovi nella costui vece Zappaglione Tommacello, vecchio, ma coraggioso soldato. Di tali ordini dati da Giulio prese dispetto il prelato, e maggior scalpore ne menò, quando quegli richiamava il duca d'Amalfi con la sua cavalleria, e faceva venire alcune artiglierie da Lecce. Punto non curavasene il valoroso ed ardente cavaliere, avvegnaché a concordia il re s'affrettasse di ridurli [1]: ma quel suo ardore

« E che cose furono queste? tutti i voti d'argento ed oro, che in
« tante centinaia d'anni erano stati offerti al Santo da' fedeli per le
« grazie da lui miracolosamente ottenute; tutte le lampade d'argen-
« to; i candellieri grandi del re Urosio, ch'erano della statura d' un
« uomo; tutta la tribuna d'argento, che il medesimo Urosio aveva
« fatto fabbricare su la cappella del santo corpo, ed altre simili, che
« unite insieme ascendevano al prezzo di molte migliaia di scudi. In
« luogo de' candellieri menzionati ne fece il re lavorare due altri di
« ottone della medesima fattezza e grandezza, i quali restituiti per
« quei di argento si conservano sin oggi nella Chiesa di Bari (ora
« non vi sono più). Ma in luogo delle piastre de' voti, della tribu-
« na, e delle lampade non fu mai resa cosa veruna, chè al sicuro
« se ne vederebbono i segni. Nè mancò a tale azione il castigo ».

[1] Il conte Giulio andò a visitare l'Arcivescovo, il quale per non esser vinto in cortesia faceagli dal suo dotto segretario Antonio Gallo

medesimo, che rendevalo spregiatore de'maggiori pericoli, il
trasse a gloriosa morte entro il bosco di Muro, soprappreso dai
Turchi in quel, ch'ei credeva di dar loro la caccia. Il cavallo
però non ne lasciava in man de' nemici l'esanime corpo mozzo
del capo, e da Muro in sino a Sternatia per due miglia il caro
peso ne portava [1], se non fallano le storie.

Erano venute intanto grandi forze di mare e di terra, cresciute ancora dagli aiuti del re d'Ungheria, e de'Genovesi mandati dal Papa, ed egli stesso in persona il duca di Calabria. A
tutti questi provvedimenti s'aggiunse l'opportuna morte di
Maometto II; e così cessarono danni e pericoli, non senza però
lamentarsi la perdita di parecchi capitani, ch' eran fiore di cavalieri.

Tredici mesi durò quella grande paura; nel qual tempo si
vide Bari sottratta per poco alla signoria di Lodovico il moro.
Perciocchè dolendosi questi col duca di Calabria per la lentezza degli aiuti alle imprese d' Italia; ed il duca con lui per
la troppa autorità usurpata sul giovinetto Gian Galeazzo fidanzato già alla sua figliuola Isabella, ruppero a discordia [2]. Il governo del ducato barese fu fidato alla duchessa di Calabria Ippolita Maria Sforza madre d'Isabella, e governatrice ella se ne

---

recitare una latina orazione di lode; ed il Conte ricambiollo di un
nobile cavallo tolto a'nemici, di ricchi fornimenti ornato, e di una
mazza pendente dall' arcione, tutta di gemme cuoperta. Dicevasi esser desso de' re di Persia, ed al Re nostro mandato poi dall'Arcivescovo. Memoria storica dell'antichità di Brindisi di F. Andrea della
Monaca Carmelitano, p. 542.

[1] Tarsia, hist. Cup. lib. II p. 81.; ed un antico storico di Brindisi.

[2] Muratori, anno 1484.

intitolava in un diploma dato dal Castello capuano a 6 di aprile 1484, che a petizione del tesoriero della Basilica (morto già il priore de Arenis), il quale temeva in quella incertezza di signoria non venisse la Basilica spodestata de' diritti della fiera di maggio e di dicembre, si fa ad imporre strettamente l'osservanza del privilegio [1]. Ma quella discordia presto cessò, come si vide un'armata veneziana muover contro il reame, occupar Gallipoli, Nardò, Monopoli, ed assediar Taranto. Onde si volgevano i Baresi a racconciare il men tristamente, che potessero, le cose della cittadinanza col duca Lodovico, che vi mandò suo luogotenente un Giovanni Ermizani [2]: nè in vero trovaronlo sì restio, come credevano. Le chieste franchigie ottennero, qualche po' di larghezza anche ricevettero [3].

A lui medesimo di poi supplicava la città, desiderosa di avere le suore di S. Chiara; affinchè dal Pontefice le ottenesse di poter innalzare il monastero presso la chiesa di S. Maria degli Alemanni, che insieme con alcune case era soggetta alla badia di S. Leonardo della Matina dell'Ordine de' cavalieri teutonici. Teneva allora quella chiesa il cardinal Giovan Giacomo Sclafenato milanese; e fu agevole far contenta la città sotto condizione, che la chiesa e le suore avessero a dipender sempre dal cardinale, e suoi successori [4].

[1] Vedi Docum. CVI.

[2] Istromento di notar Traiano Gliro de' 22 di giugno 1486.

[3] Parecchie centinaia di scudi per la restaurazione de' campanili del Duomo; alcune sovvenzioni ai Frati; cinquanta scudi annui per il nettamento del porto. Beatillo, lib. IV, p. 181.

[4] Beatillo, p. 183, che cita le due bolle d'Innocenzio VIII, e del cardinal Sclafenato del luglio 1492.

A tal desiderio cooperò l'arcivescovo d'Ayello, che ridottosi allora alla sua sede, tutto a pie opere si dava. Rifaceva del suo il maggiore altare della superior chiesa del Duomo adornandolo d'un ciborio, sette statue, e quattro colonne di fini marmi; vendendo tutte sue ricche suppellettili, convertivane il valore in poderi, che al Duomo stesso donava. Poco dappoi accoglievalo la tomba da lui medesimo costrutta; e la gratitudine de' cittadini vi scolpì parole di lode.

Colse questa opportunità Lodovico il moro ', che voleva avere ad arcivescovo nel suo ducato persona, la quale guardasse a' suoi interessi. Non ignorava già, quant'egli fosse in odio presso re Ferrante, ed Alfonso duca di Calabria; perciocchè teneva sotto crudelissima tirannide la costui figliuola Isabella, donna di nobili e virili spiriti *, sposata fin dal 1488 a Gian Galeazzo. Infelicissima! ella che aveva sortito da natura le doti più belle della persona e del cuore; cresciuta alle lusinghe più ridenti della fortuna; educata dalla madre Ippolita

---

' Abbiamo un altro diploma del Moro dato il dì 5 di maggio 1494 a petizione della città, che gli chiese voler trasferire la fiera, usa a celebrarsi ne'cortili della Basilica dal 1° all'ottavo giorno di dicembre, piuttosto dal 5, al 12; perchè cadendo due giorni festivi in questo periodo, più frequenza di gente potesse accorrervi. Vedi Documenti n. CVII.

* Si racconta, che al marchese di Pescara ferito in sul viso a Ravenna, ella un giorno dicesse: « Vorrei esser maschio, signor mar-
« chese, non solamente per altri affari, ma per ricevere delle ferite
« nel volto, come vi avvenne, per veder se apparissero così vaghe
« nel volto mio come a voi stanno. » Il Filonico, del cui libro pubblicò un cenno il ch. Scipione Volpicella sul giornale l'Iride, Napoli 2 di agosto 1856, anno I, n. 5.

Sforza, ch' era stimata maraviglia d'ingegno, e che gli uomini di più gran dottrina le metteva intorno a lavorarle l'intelletto; fidanzata fanciulletta di due anni, n'era impalmata a diciotto; festeggiata lungo il camino con entusiasmo da tutti i principi italiani, e presentata di sì ricchi doni da cumularne un tesoro; accolta in Milano con incredibile amore, e con pompa immaginata da quel divino ingegno di Lionardo da Vinci [1] : non guari dopo che vi giunse, le s'abbuiò sul capo tempesta fierissima! La sua bellezza destò fiamma prepotente nel Moro; il disdegnoso rifiuto odio infrenabile, che per i pungoli della gelosia tramutossi in tirannide atroce. E pure Gian Galeazzo, quasi fosse ammaliato, non credeva ancora all'iniquo proponimento dell'ipocrita zio! la quale fiacchezza d'animo o ignavia del consorte grandemente accoravala. A ciò s'aggiunsero le trafitture, che Beatrice d'Este, fatta sposa del Moro, venivale incrudendo nelle più sensitive parti del cuore. Tutta volta ella diffigneva l'affanno, cercava conforto nell'amore, nel frutto delle sue viscere, un fanciulletto e due bambine, se ne disfogava ne' mesti accordi della lira [2].

[1] Abbiamo dal Bellincioni, citato da Tiraboschi, storia della letteratura lib. II, cap. VII, paragrafo 26, che congegnò « Lionardo « per quelle feste un cielo artefatto, in cui tutti i pianeti rappre- « sentati nelle figure de' numi, a cui i poeti gli hanno consacrati, « si aggiravano intorno secondo le leggi loro; ed entro ciascuno di « essi era chiuso un musico, che cantava le lodi de' principi sposi. »

[2] Nell' Iconografia italiana vol. II. alla vita d'Isabella d'Aragona, scritta da Francesco Predari, è recato uno de' sonetti di lei che va

Ma quando poi Lodovico con amaro scherno fin le cose necessarie alla vita le toglieva, ed a tutto potere studiavasi di
usurpar per il proprio primogenito la contea di Pavia legittimo retaggio del figliuolo di lei; ella più non potette, diè in
lamenti, si volse per soccorsi al padre ed all'avo.

« O padre, (scrivevagli) già da più anni tu m'unisti sposa
« a Gian Galeazzo, ed era pur tuo e mio pensiero, che non
« sì tosto avesse egli attinto alla sua virilità, dalle sue mani
« dovesse reggersi lo scettro de' suoi dominii, e seguitare col
« suo esempio le grandi orme del padre Galeazzo, dell'avo
« Francesco Sforza, e degli antenati Visconti. Egli varcò la

tra le rime del Bellincioni medesimo stampate in Milano l'anno 1493,
che dice in questa forma :

> Oh! mille volte ringraziato Amore,
> Ma più quel santo giorno benedetto,
> Che fu dal Ciel a questo fine eletto,
> Ch'io viva e mora sol col mio Signore.
>
> Se gelosia di lui sempre ho nel cuore,
> Quest'è che l'amo d'un amor perfetto;
> Nè sol col senso mira il mio intelletto,
> Anzi ardo dentro al cuor del nostro onore.
>
> Or questa è l'amorosa mia ferita,
> E temo sol d'ogni ombra, perch'io l'amo,
> E sempre sono a lui col cuore unita.
>
> Come presto un bel fior casca dal ramo,
> Così vegg'io cascar la nostra vita,
> E però il Ciel al nostro amor sol chiamo.

« sua adolescenza , egli già fatto è padre , nè ancora conse-
« guì il possesso del suo impero ; nè ciò è tutto , che appe-
« na, anzi a forza solo di non mai cessate istanze ne viene da
« Lodovico e da' ministri suoi impartito con che rispondere
« alle supreme necessità della vita. Ogni cosa a suo talento di-
« spone: per lui si deliberano la pace e la guerra; si largiscono
« diplomi ed immunità ; si decretano i tributi e i sussidi ; si
« designano le solennità; si raccolgono danari, in somma tutto
« è a capriccio di lui. Noi , destituti d' ogni aiuto , destituti
« per fino di tutti i mezzi di vita , oziamo da privati , nè è
« Gian Galeazzo che si pare a capo del dominio, ma sì Lodo-
« vico, il quale premise sue creature a custodi delle rocche ;
« avocò a se il sommo imperio degli eserciti ; ampliò le ma-
« gistrature, e disimpegnando tutti gli ufizi di principe adem-
« pie le funzioni di vero duca. Non ha guari ebbe dalla mo-
« glie un figliuolo , il quale secondo la voce universale sarà
« investito della contea di Pavia , perchè quindi succeda al
« principato. Verso la puerpera sono elargiti tutti gli onori di
« principessa. Noi e i nostri fanciullini siamo presi a scherno;
« nè senza pericolo di vita il signoreggio di lui ne soverchia..
« Oh io già mi veggo fatta vedova derelitta, e d'ogni conforto
« priva ! E sì che in noi è animo ed ingegno ; per noi sono i
« voti dei popoli ; per noi la loro commiserazione; per Lodo-
« vico l'odio, l'esecrazione. Ad ogni sorta di contumelie e se-
« vizie mi è forza soggiacere, ed io succumbo a forze mag-
« giori delle mie. Nemmeno ci è dato aver libere parole coi
« nostri , chè tutti sono anime sue , tutti da lui assegnatici.
« Oh se la paterna pietà, se l'amore di me, se queste sacro-
« sante mie lagrime possono piegarti; se àvvi in te spirito al-
« cuno di regale magnanimità , deh ! togli la figlia , il genero

« alla schiavitù , al periglio , all' oppressione; rendimi il trono
« fraudolentemente invaso. Se di noi nulla pietà ti muove, oh
« meglio è sì , che di propria mano io caggia, che non sotto-
« stare al giogo altrui. Mi acquieterei all'impero di un mio più
« grande, ma un'emula nel mio regno non comporterò giam-
« mai » '.

Se anche questa lettera conservataci dal Corio non fosse proprio d' Isabella, certamente la è storia vera. Pure a tali parole
di disperazione re Ferrante diffigneva, o perchè egli avesse innanzi agli occhi più d'ogni altra cosa l'utilità presente, o perchè , come osserva il Guicciardini , ammaestrato dal grandissimo pericolo corso per l'odio de' baroni e de' popoli , dubi-
tasse che le discordie italiane non dessero occasione d'assal-
tare il suo regno, e stimasse necessaria l'union sua cogli Stati
di Milano e Firenze per far contrappeso alla potenza de'Veneziani. Ma non si frenava Alfonso, che di natura più aperta e
risentita , e punto dall'amore della misera figliuola, ruppe publicamente in parole ingiuriose e piene di minacce '.

Per il che Lodovico con sottilissime arti trasse dalla sua e
Venezia e la Corte romana , e si gittò al disperato ed infame
consiglio di chiamar lo straniero in patria , e riversarlo sulla
casa d' Aragona. Si stipula il trattato: Carlo VIII manterrebbe
il Moro nel ducato milanese, e darebbegli il principato di Taranto; questi consentirebbe al passaggio dell'esercito francese ,
e darebbegli dugentomila ducati.

Essendo a tale le cose, Lodovico poneva gli occhi sopra un
suo sperimentato confidente, Giacomo Castiglione milanese , e

' Volgarizzamento del Predari.
' Guicciardini , lib. I. cap. I.

si studiò a farlo nominare arcivescovo di Bari. I nostri affret-
taronsi ad inviarvi un messo, che al nuovo prelato rendesse
onore in nome della cittadinanza; ed accoglievalo pure onesta-
mente il duca, e prometteva alla città più larghe franchigie,
s' ella nella sua fede persistesse. Ma già non era più a tempo,
che morto Ferrante men per l' età che per i dispiaceri dell'a-
nimo, Alfonso, reputando opera vana ogni altro mezzo, comandò all' oratore milanese, che si partisse di Napoli, richiamò quello, che per lui risedeva a Milano, e fece prendere la
possessione, e sequestrar l' entrate di Barì, e di Rossano [1].
Allora non venne più l' arcivescovo Castiglione, e mandonne
suo vicario un Antonio Carcani.

Intanto già Carlo VIII giungeva ad Asti con benigno riso di
fortuna. Quivi correvagli incontro Lodovico con Beatrice ed
onoratissima compagnia di molte e leggiadre donne, ed Ercole
duca di Ferrara. Largo Lodovico di consigli e del promesso
danaro, perchè l' impresa del reame prestamente si recasse a
termine, e de' suoi Stati sgombrassero i Francesi; pure si dovette indugiare alquanto per il vaiolo, che venne a rendere più
deforme il bruttissimo Carlo: ed in questo mezzo fieramente
infermava Gian Galeazzo nel castello di Pavia. Carlo, che di
quella città passar doveva, e nel medesimo castello alberga-
re, volle visitarlo. Generali le parole per la presenza di Lodovico, e solamente mostrò egli grande molestia del morbo
del cugino (erano figliuoli di sorelle); e ad attendere con buona
speranza alla ricuperazione della sanità confortollo. Ma già
aveala lasciata ogni speranza il misero giovane; e la compassione stringeva il cuore a tutti i presenti veggendo quella vit-

[1] Giannone lib. XXXIII, p. 349.

tima dell'iniquo zio, con accanto Isabella, cui rendeva carissima la mestizia dell'immeritata sventura. Ansia ella della vita del marito, e della sorte de'figliuoli, straziata dall'imminente pericolo del padre e di tutta sua casa, si gittò molto miserevolmente nel cospetto di tutti a' piedi del re, raccomandandogli con infinite lagrime il padre e la casa d'Aragona [1]. Forse le lagrime di quella mesta bellezza commossero l'animo di Carlo, ma la naturale ostinazione ne'propositi e l'impetuosa ardenza di gloria altre parole non gli suggerirono, se non che, essendo condotta l'impresa tanto innanzi, gli era necessità continuarla.

Di là moveva a Piacenza, e poco dopo che vi fu giunto, Gian Galeazzo nella fresca età di venticinque anni spirava fra le braccia della ben amata sua donna il dì 22 d'ottobre 1494. Per il che Lodovico, che seguiva Carlo, ritornossene con grandissima celerità a Milano; dove dai principali del consiglio subornati da lui, a coonestar la cosa, accortamente si propone di acclamar duca Francesco figliuolo del trapassato. Ma Antonio Landriano, suo braccio destro in politica, da lui grandemente amato, ambi odiatissimi, ricorda con lunga fredda artifiziosa orazione: i travagli della minorità passata; l'Italia in procinto d'essere allagata da stranieri eserciti; gl'imminenti pericoli dello Stato; la necessità del governo di Lodovico, sola testa capace di regnare, unica speranza ai Milanesi, sollievo agl'Italiani, maraviglia e terrore agli stranieri. A tal panegirico i caporioni lo gridan principe [2].

La dimane con simulata resistenza assume i titoli e le inse-

[1] Guicciardini, lib. I cap. 3.
[2] Francesco Lomonaco, vita di Lodovico il Moro.

gne ducali , protestatosi prima segretamente di riceverle come appartenenti a sè per investitura del re de' Romani : la quale in fatti egli avevasi già procacciata. A sopir gli odii de' popoli Lodovico allora tutto si diè ad innalzare edifizi , a proteggere artisti e letterati , massimamente i musici, cui tutti superò quella maraviglia di Leonardo da Vinci '; dopo che per togliere i sospetti dell' iniquo misfatto si ebbe cura di publicare, che Gian Galeazzo per immoderati coniugali abbracciamenti consumasse le non robuste sue forze. Ma il Pontano nel quarto libro *della Prudenza* raccolse la voce publica, che sulla confessione medesima del medico dannava Lodovico , come avvelenatore del nipote, e ne svergognò in quelle pagine la memoria ne'posteri, che lo detestano ancora.

Non diremo qui degli sforzi d'Alfonso ad allontanare la fiera tempesta, e del rinunziar poi la corona a Ferrante suo figliuolo, giovine di ventiquattr'anni, chè non s'attiene alla nostra narrazione : e se alquanto largamente parlammo d'Isabella, è perchè fra poco vedremo fra noi questa egregia donna a reggere il ducato barese, e renderlo men travagliato in quelle tristissime condizioni. Altro non potremmo dir di que' fatti, se non che fra i divisamenti di guerra fu ancora quello di rannodare a Brindisi le poche forze aragonesi sparpagliate per questi luoghi, delle quali aveva preso il carico Federico , zio del

' Dice il Vasari nella vita di Leonardo : « Fu condotto a Milano « con gran riputazione Leonardo al duca, il quale molto si dilettava « del suono della lira, perchè sonasse ; e Leonardo portò quello « strumento ch'egli aveva di sua mano fabbricato d'argento gran « parte in forma d'un teschio di cavallo, cosa bizzarra e nuova, ac- « ciocchè l'armonia fosse con maggior tuba e più sonora di voce ; « laonde superò tutti i musici, che quivi erano concorsi a sonare ».

re. Sua moglie Isabella principessa d'Altamura trovavasi in quel tempo a Bari, e dal marito riceveva avviso, che a Brindisi si riducesse. Ella avvegnachè avesse salvocondotto dal re di Francia di potersi condurre co' suoi figliuoli e tutta la casa dovunque volesse andare, facevasi prima con lettere a richiedere del lor consentimento i Brindisini [1]. Avutane sicurtà di buon volere, e sopraggiunto il marito con Cesare d'Aragona, figliuol bastardo del I Ferrante, insieme vi si ridussero. Ma vano ogni sforzo : gli eletti della città di Napoli, stretti dalla forza presentano le chiavi a Carlo; ed Ischia vede rifuggire sopra i suoi scogli Ferrante.

Il nuovo sire a dar saldezza di fondamento alla cavalleresca impresa, cominciò ad aggraduirsi i popoli, porgendosi pieghevole alle lor suppliche. Egli rintegrò la Basilica, che ne lo supplicava de' perduti diritti per opera del principe di Taranto sull'arcipretato d'Altamura, ed altre chiese di terra d'Otranto: altre entrate e privilegi rassicurolle [2]; e le confermò la donazione di cent'once, fatta dai re predecessori sulle collette di alcune terre della provincia [3].

Giovanni Castiglione veniva allora inviato a Bari da Lodovico, men per condursi alla destinatagli sede, che per provvedere alle cose di lui, e ricuperargli da Carlo non pur il ducato di Bari e gli altri Stati, ma ancora secondo la fermata convenzione l'investitura del principato di Taranto. Ma per

[1] Vedi Docum. n. CVIII.

[2] Vedi Docum. n. CIX.

[3] Diploma de' 20 di maggio 1495, B. Le once erano distribuite così : cinquantadue su quelle di Rutigliano, di Grumo sei, di Sannicandro quattro, di Bitonto diciannove, altre tante di Monopoli.

adoperar che si facesse a tale intendimento, nulla ottenne del principato; essendochè il re venuto già in sospetto del Moro, non volle punto sentirne, e solamente gli antichi Stati gli riconcesse. I quali confidando l'arcivescovo a Gaspare Visconte, in qualità di viceduca e general governatore del ducato di Bari, del principato di Rossano, e della contea di Burello, partivasene affrettatamente.

In questo s'apparecchiano nuovi pericoli alla città. Gilberto Monpensiero, vicario di re Carlo, volendo gratificare il principe di Salerno, ribelle agli Aragonesi, intendeva ad insignorirlo di Bari. Veniva un Cola Pagano confidente di esso principe, il quale sentissela con Andrea Orlando da Caravaggio mastro mercato per le cose criminali nelle tre publiche fiere della città, posto a tale ufizio dal Moro; ed insieme divisavano come occuparla. I cittadini han sentore della trama, s'armano, fan testa, gridando il viva a Ferrante II, il viva al duca Lodovico. Impauriti sparpagliansi i congiurati; ma ai due vien fatto di ripararsi nel castello; donde, levata bandiera di Francia, le bombarde vomitan morte sulle case [1]. Di breve però mutate le cose, cessava da' suoi disegni il Pagano, e provvedeva a sè stesso.

Parve un gran merito alla città quella resistenza, e tutta affaccendavasi a farsi riconfermare i suoi privilegi dal duca, reputando cadute le prime concessioni per la seconda investitura, e non accorgendosi essere a quei tempi una bella carta scritta que' privilegi e niente altro. Inviava suoi messi a Milano, i quali [2], se ne andarono con la solita lista de' capitoli, che furono riconfermati; ma quando si venne al dimandare,

[1] Beatillo, p. 187.
[2] Furono Antonello Gliro, e notar Valerio de Simone.

con intendimento di restaurare in certa guisa le ruinate lor
fortune, che senza estimo o altra sorta di pagamento potessero
i cittadini mandar fuori gli olii raccolti dalle proprie possessioni o comperati da coloro, che mandar non li potessero, (il
che veramente era troppo); decretò egli essere inonesta la dimanda : e solo ottennero, come nuova concessione, che l'ufizio di mastro mercato, tolto all'Orlando per la manifesta slealtà, fosse alla città conceduto, la quale ogn'anno uno de' cittadini ne investisse [1]; benchè, perduta ora una parte di quei
Capitoli, ignoriamo tutte l'altre concessioni.

Cinque mesi era durato il regno di re Carlo, e lo stesso dì
che prendeva solennemente la corona, ch'era a' 20 di maggio
1495, la nuova della lega già stretta tra il Papa, i Veneziani,
l'Imperatore, il Cattolico, e Lodovico gli misero tanta paura
in corpo, che fuggissene quasi perseguitato da spettri, aprendosi disperatamente sul Taro con le spade la via: Ferrante
rientrava in Napoli tra la pubblica gioia con l'aiuto di Consalvo, il gran capitano conquistatore di Granata, e l'aiuto
de' Veneziani, i quali però bruttavano la vittoria nell'espugnazione di Monopoli, ritenuti a stento dal doge Grimani.

I nuovi bisogni della guerra a sgombrarne le forze francesi
comandavano un altro spoglio alla nostra Basilica. Dal campo
presso Sarno scriveva re Ferrante il dì 23 di novembre a Giovanni del Tufo vicerè nella provincia di terra di Bari : « non
« esservi modo a mantenere gli eserciti di terra e di mare
« senza procacciar danaro per ogni via ; esser tale la guerra,
« che se per mancamento di sussidi si soccombesse, tutte le

[1] Vedi Docum. CX.

« terre verrebbero distrutte dai nemici, i quali non perdona-
« vano nè manco a' luoghi sacri, come avean fatto nella ne-
« fandissima espugnazione di Gaeta; aver egli deliberato,
« consentendovi l'autorità del santo Padre, il cui legato tro-
« vavasi con seco, per non patire strage e ruina compiuta,
« valersi degli argenti delle chiese con fermo proposito che,
« quetato il reame, sarebbero rifatti della medesima forma e
« valore; grandi essere le speranze, perchè acceleratamente
« moveano sussidi di gente armata dalla serenissima lega [1] ».
Quasi dello stesso tenore scriveva peculiarmente al priore ed
al capitolo; e questi profferendo anche le lor persone nel bisogno, al vicerè che confermava le regie promesse giurando
sugli Evangelii, testimoni Francesco Carducci e Garganello
Dottula, consegnavano di vasi lavorati ultimo avanzo meglio
di libbre cento sette, valutati per ducati novecento; cui aggiungevano altri cento ducati, di che erano creditori dall'università di Rutigliano [2]. Di tesori furono spogliate con promessa
di restituzione altre Chiese del reame: e non bastando i tesori,
alla serenissima Republica, che già Monopoli e Polignano occupava, furono consegnate per sicurtà delle spese le città di
Trani, Brindisi, ed Otranto, non rendute che tredici anni
dopo.

In questo spegnevasi inaspettatamente la giovinezza di Ferrante, e succedevagli Federico suo zio, secondo di tal nome.
Allora Lodovico inviava a Bari l'instancabile arcivescovo Castiglione, perchè non gli si turbassero le faccende del ducato.

[1] V. Documenti n. CXI.
[2] Atto publico di Leone Scaffolerio giudice a'contratti, e Valerio
notar de Simone di Bari degli 8 di gennaio 1496. B.

Questi con ispeditezza cavavane le mani, lasciava a suo vicario un Bernardino Opizone, poi tornava a Napoli dal re, indi
traeva a Roma e riducevasi a Milano. In tutto questo affaccendarsi un altro incarico fors'egli aveva, cioè degli Stati
posti nel reame far investire il figliuol secondogenito del Moro
fanciulletto di tre anni a nome Sforza; perchè di fatto conce-
devaglielo il re, sì bene che governasse il padre sino alla matura età del fanciullo.

Più non rimanevagli a desiderare: ed intanto Isabella vedovata del consorte, co'suoi orfani figliuoletti avvolti quasi in
miserabili cenci, dalla cameretta dov'era giaciuta lunga pezza
sulla nuda terra, senza respirare aere, quasi nell'agonia della
morte, era menata insieme con la suocera in un quartiere del
castel di Milano a piangere l'estrema ruina di sè e di tutti i
suoi. Anche che esageri qui il Corio, non sarà men vera l'oppressione: ma finalmente toccò pure a lui la volta di tremare.
Perciocchè, alla morte di Carlo, divenuto re di Francia Lodovico XII, duca d'Orleans, il quale per le ragioni dell'avola
Valentina Visconti pretendeva al ducato milanese, gli si avventò sopra così risolutamente, che il Moro superbo nella prosperità, gloriantesi di avere acciuffata la fortuna, d'essere il
solo dispositore della guerra e della pace; perplesso allora tra
l'infamia e l'onore, sbigottito, implorando indarno protezione
da amici e nemici, veggendo a fronte capitano di Francia
Giangiacomo Trivulsi suo personal nemico, dai fianchi i Veneziani, le trame nell'interno; affidava lo Stato a quattro suoi
ministri, l'arcivescovo nostro tra questi, e a'2 di settembre
1499 fuggivasene in Germania presso l'imperatore. Prima di
partire (non sappiamo, se per consiglio di que'ministri, o perchè rabbonito in parte lo avesse l'amaro della sventura, o re-

putasse già perduti i suoi Stati nel reame di Napoli) li cedeva ad Isabella per sicurtà della dote di lei, ch'era stata di cento mila ducati d'oro, secondo il Summonte, o cento trenta mila scudi, come vuole il Beatillo [1]. Aggiunge il Volpi [2], con l'autorità del Corio, aver lui pregato Isabella a dargli Francesco suo figliuolo, acciocchè lo potesse menar seco in Germania, e *fuggire il gallico furore, al quale, per non considerar più avante, non volse compiacere.*

Ignoravano i Baresi cotesta cessione; ed allo sparire del duca sperando eglino di ritornare sotto la podestà regia, eccoteli correre al re, e prima grazia chiedergli questa, se più Lodovico non ritornasse; ed il re assentire. Chiedergli, che un qualche prelato suffraganeo tenesse le veci del Castiglione sempre assente, e si restituissero gli argenti e gli ori tolti dal I e II Ferrante; ed egli: che ne scriverebbe all'arcivescovo; ma quanto alla restituzione il farebbe in tempi migliori. Queste ed altre cose chiesero, che furon consentite, tranne qualvogliasi breve esenzione dai pagamenti fiscali [3].

[1] Questi stati erano il ducato di Bari, che oltre alla città nostra comprendeva Modugno e Palo; il principato di Rossano; la città d'Ostuni, e la terra di Grottaglie in terra d'Otranto; ed il territorio Montesericone in Basilicata.

[2] Storia de'Visconti, parte II, lib. VI, p. 24.

[3] Le altre grazie chieste, furono: che non mancassero alla città le poche liberalità usate dal duca Lodovico, massime gli annui ducati cinquanta per il porto; che facesse concorrere ai pagamenti

Brevissimo pure il regno di Federico, spoglio da colui medesimo, ch'egli aveva chiamato in aiuto, Ferdinando il Cattolico, che se ne divideva il reame con Lodovico XII. Allora Isabella in quella sconfidenza di tutte cose, dopo aver raccomandato suo figlio Francesco alla fede di Francia, in cui pareva dover essere sicuro per la comunanza del regio sangue,

fiscali mancati per tre anni le terre di Modugno, Bitritto [*], Valenzano, Ceglie, Carbonara, Capurso, Losito, poste nel territorio barese; che i mercanti esteri e lor consoli fossero esenti sì dai pagamenti dovuti alla regia Corte, ma non dai dazi municipali; che l'Arcivescovo ed il Priore non conferissero canonicati o benefizi ad altri, che a'cittadini baresi; che avessero franchigia intera tutti i mercatanti nel tempo delle tre fiere, secondo l'uso antico, ed i Baresi fossero nella dogana trattati al pari de'Milanesi, i quali non pagavano, che grana otto per oncia; che i casali soggetti alla giurisdizione del capitaneo barese, vi ritornassero, quando i lor baroni non fossero solleciti a pagare alla città i terraggi, i censi, e tutti gli altri diritti; che a quattro cittadini baresi dovesse concedere quattro ufizi nel regno; che perdonasse alla ruba fatta sui Giudei; che potessero gli enfiteuti e censuarii purgar la mora, e non cadere dal possesso dopo i due anni di mancato pagamento; che uscir dovesse del castello quell'Orlando da Caravaggio, il quale non ancora cessava dallo studio della parte francese, e manteneva il mal seme fra i cittadini. V. Docum. n. **CXII**.

[*] La giurisdizione del capitaneo ossia regio governatore barese essendo stata contesa in Bitritto a Benedetto Mustachia da Cristofaro Gaetani giustiziere della provincia, gli fu restituita per sentenza arbitrale di Pietro Pasquale de Molfetta giovinazzese luogotenente del regio governatore della città di Bitonto. Costui veramente era di casa Volpicella, figlio di Pasquale o Pascale, ed il Mustachia governatore vedemmo poco innanzi, p. 442, essere stato castellano di Bari. V. Docum. n. **CXIII**.

s' avviava alla volta di Napoli con le due figliuolette Bona ed Ippolita, priva quasi ad un tempo di padre, fratello, sposo, figliuolo; e ritrovossi anch'ella non guari dopo a piangere col misero zio e con la zia Beatrice, bruttamente ripudiata da Uladislao di Boemia, sullo scoglio d'Ischia, rifugio alle perdute speranze di parecchi de'nostri monarchi, che in quella stagione si succedettero per così dire a settimane, contandosene non men di cinque in trentadue mesi.

In quel breve tempo de' travagli di Federico, fattasi confermare con diploma, che porta la data de' 10 d'aprile 1500, la cessione del ducato barese e degli altri feudi, prese ella ad aiutarlo nel reggere il reame, se vogliamo aggiustar fede al Summonte [1].

[1] Lib. VI, p. 538.

Il quale ne lasciò memoria di severa giustizia renduta ad una donzella calabrese. Di lei fortemente acceso d'amore un gentiluomo di casa Caracciolo, avevane con turpissimo disegno cacciato in prigione l'innocente padre suo vassallo, e postane la vita a mercede del disonor della figliuola, se ne sbramò. Le lagrime della tradita, e la muta vergogna pel padre svelarono ad Isabella nel castello Capuano il misfatto; ed il gentiluomo venuto in mano della giustizia, dopo di avere dotata e sposata la donzella, n'ebbe mozzato il capo.

Circa questo tempo si compì il Coro antico della Basilica, e precisamente nel 1500; rifatto di poi in tempi a noi vicinissimi. Le opere d'intaglie furono di un Francesco Chiuri Sergii (e nota, o lettore, ch'era desso di nobile famiglia barese), il quale sull'ultimo sedile della parte sinistra di esso Coro intagliò un libro aperto con sulle pagine questa scritta: *Opus magistri Francischi Chiuri Sergii de Bario* ICCCCC. (Da un libro intitolato Esame e Riflessioni del Dottor Niccolò Putignani ec. ec. sulla consulta fatta stampare in Napoli sotto il nome del Duca Gaetano Argento presidente del S. R. C. da Giovanni Chyurlia tesoriere della Basilica. Napoli 1789).

Quivi avendo Isabella anche perduta la figliuoletta Ippolita, con l'animo straziato chiese a Consalvo, il quale già per la Maestà Cattolica erasi impadronito di Puglia, ed ottenne di potersi ridurre nel suo ducato di Bari: ciò avveniva nel 1501 [1].

Or poichè toccammo delle male opere del duca Lodovico, non increscerà forse richiamare qui alla memoria del lettore la misera fine che fece. L'imperatore Massimiliano non volendo nulla rischiare nella mala ventura dell'amico, gli dà parole per aiuto; Lodovico solda ottomila Svizzeri, entra nel Milanese, combatte, rompe, e fuga il conte di Lignì ne' dintorni di Como, se ne impadronisce, entra in Milano, si procaccia aiuti, e già crede sorriso della fortuna lo scherno. In Novara l'assediano i Francesi condotti da Luigi la Tremoglia; i suoi Svizzeri ricusano di uscire ad appiccar battaglia, e lordarsi del sangue de' lor fratelli militanti per Francia, specioso pretesto, che non li salva dal biasimo, se s'ingaggiarono. Travestito da fantaccino svizzero, fugge, ma tradito è menato innanzi al maresciallo Trivulzi, che con bruschi modi lo tratta. È avviato alla volta di Francia fra 'l tripudio, le beffe, gl'insulti del popolaccio ed in Asti vede co'propri occhi rompere, e trascinare i suoi busti, ed arrossa, e piange, e si rode di

---

[1] Pare, che abbia dovuto essere prima de'18 di luglio, se è genuina una lettera di Ferrante duca di Calabria scritta con questa data da Taranto a Baldasarre Milano, vicerè della provincia di Bari, in cui diceva: « Presimo piacere singolare del haviso ne scrivestivo si diede « dalla signora Duchessa al governatore di Bari ». (I Borgia, Italia 1820 in ottavo p. 97). Se pure ella pietosa alla sorte del duca non men misera della sua non mandò da Napoli qualche avviso al nostro governatore.

rabbia. A Susa poca paglia è suo letto, e su quella lo abbatte languore di morte. Finalmente la torre de' Gigli nel Berry lo chiude quasi spento. Pure non lascia ogni speranza: i corrotti custodi lascianlo fuggire; ma raggiunto in un bosco, è rinchiuso nel castello di Loches, che gli fu tomba dopo dieci lunghi anni d'agonia assai più affannosa, che non la fece provare ad Isabella '.

' Lomonaco nell' Iconografia italiana, tomo 1. Firenze 1838.

CAPO VIII

DALL'ANNO 1502 AL 1530.

SOMMARIO

Isabella d'Aragona accolta lietamente in Bari; molte famiglie milanesi la seguono, e vi si stanziano ; ella stabilisce la sua corte, riordina il municipale governo, intendendo a renderlo più compatto e forte, ed a riunire in concordia i diversi ordini della cittadinanza; frena i lucri de'capitanei e maestri d'atti; per lei scampa la città i pericoli della guerra tra Francia e Spagna; soccorre a Consalvo assediato in Barletta, ed il barese Pier Giacomo Lamberta assiste alla sfida de' tredici Italiani ed altrettanti Francesi (1503); Isabella dà opera a rialzar le condizioni del commercio, a diffondere l'istruzione, a sostenere i diritti della città, a fortificarla; la cittadinanza ricambiala d'amore, e le cede alcuni diritti di sua volontà; matrimonio di sua figlia Bona con Sigismondo re di Polonia, alla quale la città fa dono di diciotto mila ducati; muore Isabella a Napoli (1524); viene un Lodovico d'Aliflo a prender possessione del ducato per Sigismondo e Bona ; un fulmine appicca fuoco alla polveriera del castello, e ne va in ruina buona parte; si tenta una rivoltura, e quetata, si ottiene il regio perdono; lo Sforza duca di Milano pretende al ducato barese, ma l'imperatore Carlo V riconfermandolo in signoria a Bona, serba a sè il castello, e ratifica i privilegi alla città ; risuona in Puglia la guerra, alla cui testa è Lautrech capo della lega contro Carlo (1528); Bari leva bandiera di Francia, ma il castello si mantiene per l'Imperatore ; ricomposta la pace, la città è multata in dieci mila ducati; incoronatosi poi Carlo a Bologna (1530), Bona è rinvestita del ducato, e sei anni dopo anche del castello.

Il regio sangue d'Isabella, la bellezza, l'ingegno, il cuore, e le sventure note in Italia e fuori, acquistavano a lei in tutti i petti riverenza ed amore. La sua venuta a Bari dovette essere un gran tripudio, avvegnachè niuna memoria scritta ne sia rimasa; ma abbiam sotto gli occhi, mentre scriviamo, una medaglia del diametro di cinque centimetri trovata sul lido del nostro mare vicino della città, che forse gliela coniava a posta in quella occasione con intorno l'epigrafe latina: ISABELLA ARAGONIA DUX MLI. In essa però non vedi la sua immagine ornata di tanta ricchezza ed eleganza, qual' è nel ritratto publicato da Antonio Campo; ma, come si conveniva nel tempo del dolore, un semplice velo, che dal capo le scende sul seno, lascia trasparire appena il bel profilo di un mestissimo volto. Ne duole nell'animo di non poter qui distesamente raccontare del suo giusto ed amorevole reggimento; perchè scarsissime appo noi le memorie di lei precedenti al 1513, assai scarse dopo tal tempo, ed il buon Beatillo, che scriveva poco più d'un secolo appresso, non assai diligente a raccoglierne, lasciò un racconto anche più scarno del nostro. L'amore, che le portavano i Milanesi, e le paurose condizioni, in che versava quello Stato, fecero muovere di là molti gentili e ricchi uomini a seguirla con le loro famiglie, eleggendo nuova patria. Già da più tempo ne stanziavano a Bari in buon dato per cagion di negozi [1]; così che dal I Ferrante avevano ottenuto di potervi tenere un console della lor nazione, che li governasse, e loro ministrasse giustizia esenti da giurisdizione di qualunque regio ufiziale; ed assai buona grazia aveva posta il re nel console Giacomo Tanzi, per la cui probità, maravigliosa industria, ed affetto verso di lui e del reame per molti e chiari argomenti dimostrata, egli si faceva a concedere ai mercatanti

---

[1] Come sappiamo di Giantommaso Ragasona da Cremona, di Luca Carcani, di Gilberto Reyna, di Antonio Granino, di Francesco Regua, de' fratelli Tanzi ec. ec.

milanesi non poche immunità ; nè con minor lode parlava del
fratello Enrico , che gli successe nel consolato .[1]. Cotesti consoli spedivano poi da Bari i lor luogotenenti per l'altre province , ove stanziassero Milanesi [2] ; e proprio in quest'anno
della venuta d'Isabella moriva il console Francesco Lampugnano [3] : ma assai più se ne videro allora o poco dopo, e parecchi di nobile sangue [4].

   Ella si stabilì nel castello, ov'era il regio palazzo, una corte
in questa forma : Sue dame d'onore Maria Pizzoli , Ippolita
Ponzio di Rossano , Isabella Brancaccio e Vannella Piscicelli
napolitane , Faustina Carcani , Lucrezia Comite ed Isabella
Critopoli , moglie al dottor napolitano Cipriano Vacca; la co—

---

[1] *Mediolanensibus , qui in hoc regno mercaturam et negotia ge-
runt , nonullas immunitates largiti fuimus propter gratiam nostram
erga Iacobum Tanzium , eiusdem nationis in hoc regno nostro Con-
sulem , cuius probitatem et industriam mirificam in nos et regnum
nostrum, affectionem multis et claris indiciis perpetuam nobis et co-
gnitam quomodolibet magno honore et beneficio dignissimam existi-
mamus ec. ec.* Documenti presentati dalla famiglia Tanzi nel 1724,
quando chiese d'essere ammessa fra i nobili coi Chyurlia e Sagarriga di Giovinazzo.

[2] Beatillo p. 291.

[3] Vedi Docum. n. CXIV.

[4] Giorgio Visconte ; Enrico , Francesco , e Guarino Cataneo no-
varesi ; Dionisio Carcani e Simone suo figliuolo cancelliere della
Corte Sforzesca , ed un Giovanni Antonio , ed un Nicola Antonio
della stessa famiglia con sua sorella Faustina ; Pierangelo e Maria
Pizzoli ; Gian Luigi e Marino Cusano ; Dionisio di Dugnano ; Francesco di Piacenza ; Matteo ed Agostino Lombardi ; Andrea Malcal-
zato ; Lodovico Maraviglia , Dionisio , e Giannantonio Calco , Antonio Ermizano ec. Da antichi catasti.

stei sorella Maria , che dal casato la dicevano *la greca* , aia della duchessina Bona; cui dette per confessore il padre olivetano Alessandro Archiota, che aveva a que'tempi fama di gran letterato ; precettore nelle lettere latine Crisostomo Colunna , tesoriere della nostra Basilica , uno de'più chiari accademici pontaniani [1] ; ed una fanciulla, a nome Sabinella Positani, per farle compagnia, che insieme con lei venne educata. Gran cancelliere Simone Calco; Antonello Pizzoli, signore di Sannicandro in Capitanata , maggiordomo; Giosuè de Logariis guardaroba ; cavallerizzi maggiori Gianstefano Reina , e Giannangelo Carcani ; Cipriano Vacca auditore ; Giacomo Buongiovanni messinese cappellano ; castellano Pierangelo Pizzoli, cui successe di poi Francesco Cataneo.

Era la città allora in assai basso stato , come già si è potuto vedere innanzi ; ma più d' ogni altra cosa increscendo ad Isabella la discordia degli animi tra la nobiltà ed il ceto mez

[1] Costui era di Caggiano, terra della provincia del Principato meridionale. Da Federico d'Aragona fu scelto a precettore di Ferrante suo figliuolo; ed in quella regia sì per le lettere e sì per il maneggio degli affari entrò nell'amore del Pontano, del Sanazaro, degli Acquaviva, e massime di Antonio de Ferrariis, detto il Galateo. Quindi fu precettore e segretario dell' ultimo Ferrante duca di Calabria , e lo seguì a Taranto , alla cui difesa era con esso nel 1501 ; quando , morto il nostro tesoriere Antonio Perilli, Ferrante gliene conferì diploma a'7 di luglio, che poi fu confermato da Consalvo a'12 di gennaio dell' anno seguente. Seguì pure il regio suo alunno a Barcellona , donde si ridusse a Bari nel 1506 , e si pose ai servigi d'Isabella. Morì circa il 1539 , lasciando varie opere (Monete cufiche battute dai Principi longobardi , normanni e svevi, di Michele Tafuri , Nap. 1844 , p. 18).

zano de' primari, ella con molta prudenza e gentilezza di modi
si studiò a comporli insieme : a tal che questi due maggiori
ordini della cittadinanza, i quali due distinte università erano,
ossia corpi , e reggenti la città per due sindaci con alterna vicenda , si mescolarono in una , che comuni avendo tutte prerogative ed onori , insieme il peculio municipale ed ogni altra
publica bisogna amministrarono [1].

Ed acciocchè non pure i cittadini fra loro si riducessero a
concordia , ma eziandio i nuovi con lei venuti si stringessero
a quelli, dette opera ad allogare alcune delle sue dame in case
baresi [2], ed esortò dall'altra parte i suoi cavalieri a togliere
in moglie donzelle de'nostri [3]: alle quali nozze sovente si com-
piaceva d'intervenire ella stessa. Dagli Sforza erano stati inviati già a queste parti tre germani di casa Fanelli, governatore generale del principato di Rossano , Niccolò ; general tesoriere del ducato barese, Pasquale, che stanziava nella città
con l'altro fratello a nome Stefano. Avean merito questi nel
padre loro , Giovanni, capitano di cavalli al servigio di Alfonso I , nelle guerre contro ai Fiorentini in difesa del ducato
milanese : ond'ella di liete accoglienze onoravali, confermando
loro gli ufizi. Ma non nuovo ad essi l'animo liberale di lei; perciocchè prima pure della sua venuta a Bari , quello Stefano,
che alla Chiesa s'era dato, per premura di lei aveva ottenuta

[1] Massilla , comento alla Consuetudine. *Inter milites* ec. p. 60.
[2] Come fu di Vannella Piscicelli, che si sposò col nostro Cristiano
Effrem , e dell'Ippolita Ponzio da lei dotata , e dell'Isabella Vacca
coi delli Sabati.
[3] Come di Giorgio Visconti , che fè sua donna la Virginia Nenna,
e Simone Calco , che imparentò con una Lamberti.

la badia di S. Benedetto: ed anche que' Fanelli mescolarono lor sangue a donzelle baresi [1]. Tutte queste famiglie milanesi, ridottesi in Bari come in patria adottiva, unite alle altre per commercio stanzianti, formarono un corpo distinto, che dissero *Camera* della nazion milanese, e vollero avere un luogo peculiare di convegno, che fu un'antichissima chiesa di S. Pelagio, da essi ridotta a miglior forma, arricchita di dorature e dipinti ed a S. Ambrogio lor protettore dedicata [2]. Ravvicinati gli animi de' cittadini, concordati i due cleri dissidenti del Duomo e della Basilica, frenò i turpi lucri de' capitanei e maestri d'atti nel rendere giustizia, publicando una tavola de' loro emolumenti, che si chiamò *pandetta*, pena cinquant'once, ed ogni altro rigore di suo talento, se menomamente violassero il prescritto [3].

Dal che appare, quanto gran conforto alla città nostra fosse stata la signoria di cotesta donna; della cui saggezza, e bontà, e cortesia tal grido si sparse intorno, che gli uomini di lettere e di pacate voglie traevano a lei sicuri di oneste accoglienze e di tranquillo ritiro: e come per Isabella in Bari, così si faceva per Andrea Matteo Acquaviva in Conversano, dove non guari dopo si ridusse quel valoroso abbandonando lo studio ed i pe-

[1] Beatillo, p. 184.
[2] Presso questa chiesetta poi con consentimento e sussidio della città, e concessione dell'arcivescovo Castiglione (Bolla data a Bari il dì 18 di settembre 1507), il quale veggendo l'irreparabile ruina del Moro, erasi finalmente ritirato alla sua sede; acconciatosi un piccolo convento, s'introdussero i padri Eremitani di S. Agostino. Di questa Bolla si fa cenno in una scrittura di notar Giovanni Curci del 1547. Vedi Documenti, n. CXV.
[3] Vedi Docum. n. CXVI.

ricoli delle armi in quelle servili condizioni della patria comune ; e gare di lettere, di gentilezze, di oneste brigate fiorirono
in questi luoghi.

Isabella in quel partaggio del napolitano reame tra il Cattolico ed il Cristianissimo, disonestamente fermato in Granata ; sterminatori entrambi della sua casa, inchinò a Spagna ;
nè certamente in altra guisa poteva, se il suo piccolo Stato
era nelle mani di Consalvo, concedutagliene da lui la pacifica
possessione, da lui donatale la terra di Capursò, allora posseduta dai La Marra, da lui la suprema regalia esercitata '. Fu-

' Egli in nome di Ferdinando ed Isabella dal campo presso Taranto spediva ordini, ed alla nostra Basilica, i cui soggetti cercavano
con ogni studio sottrarsene, i feudi confermava con diritto di dar loro
il capitaneo (28 di settembre 1501. B.) ; quindi ad un tal Pugiolo,
capitaneo di Rutigliano, imponeva di restituire incontanente quel castello al Priore (17 di ottobre 1502. B.).

Egli pure alle suppliche della Basilica che diceva: « Dicti Priore,
« Capitulo, et Clero fanno intenderne ad V. M. como per le guerre
« occorse da re Ladislao in quà lo castello de Sancto Nicandro più
« più volte è pervenuto in mano de Signuri et tiranni, et po quando
« la Ecclesia l' ha recuperato, è stato necessario de smembrare
« li membri de lo feudo, et tra li altri la università de Sancto Ni-
« candro se ha tenuta la Bagliva de li soi membri, quale è da
« valore de onze sessanta lo anno, et non ne paga più de' vinti, an-
« cora de li altri diricti et introiti di dicto pheudo tanto la università,
« quanto particulari citadini se hanno usurpato, in modo che da
« cento onze de intrata so reducte ad trentacinque poco più o meno,
« et poichè tale usurpazione non se ha possuto fare, perchè preju-
« dica non solum ad dicta Ecclesia, ma eciam alla regia Corte per
« essere cosa feudale, supplicano dicti Exponenti, se dignano fare
« reducere dicta bagliava, et altre dirieti de dicto pheudo a dicta.

rono dunque anche conoscenza del benefizio le cortesie usate
da lei al gran Capitano ; retribuzione di grazie le costui visite
ad Isabella da Barletta a Bari. Ma a' maligni è facile volgere
in deriso ed infamia le cose più oneste e sacre ; sebbene non
credibili da sano intelletto le derisioni ed i vituperi, quando
nelle scellerate carte celano i lor nomi i calunniatori [1]. Certo
è che alla riverenza verso cotesta donna furono debitori i nostri, se schivarono i danni di quella guerra. Perciocchè quando
i due re occupatori vennero fra loro a contesa per il possesso
della Capitanata ; e Consalvo, veggendosi inferiore di forze,
sceglieva Barletta a far massa de'suoi, aspettarvi i soccorsi di
Spagna, e lasciar snervare i Francesi nelle fazioni degli assedii ; nel consiglio di guerra tenuto dal duca di Nemours, Andrea Matteo Acquaviva forte sostegno della parte angioina ed
egregio maneggiatore della spada, come della penna, proponeva di assediar Bari, la cui conquista (ei diceva) trarrebbesi
quella di Giovinazzo e di Bitonto, e la rivoluzione di tutta la
provincia. Ma i Francesi rispettarono una donna, il cui padre

---

« Ecclesia patrona de quello, come è justo » ; rescrisse : *Placet il-
lustrissimo Domino auditis partibus ministrare complementum justi-
ziae.* Pur tutta volta l'Università di Sannicandro non restituì le ren-
dite feudali comprese nella bagliva, se non quando a Ferdinando
il Cattolico rimase il tranquillo godimento del regno ; e tale restituzione fu recata in iscrittura il dì 4 di ottobre 1508. Da memoria scritta per il real Capitolo di S. Nicola contro l'università
di Sannicandro nella causa trattata dalla R. C. della Summaria in
marzo 1805.

[1] In un libro anonimo manoscritto (ignoriamo, se sia stato mai
stampato), che ha per titolo *Vite delle donne celebri,* son consegnate
le più laide cose d'Isabella fra le altre.

ed il marito erano stati da loro privati del trono, é tenevano
in prigione il figliuolo. Onde vinsero il partito Ivoné d'Alle-
gre e la Palizza, i quali tennero per più conveniente all'onore
della lor nazione ed alle regole dell'arte militare assalir lo stesso
Consalvo nella città, dove si era rinchiuso [1]. E quivi sostenne
egli veramente con maravigliosa pazienza per la consueta lentezza spagnuola il mancamento d'ogni cosa più necessaria al
difendersi ed al vivere: ed i travagli di pestifero morbo [2]: che
se non era Isabella ed i più ricchi mercatanti baresi, i quali
fecero sicurtà per esso lui; nè una nave siciliana carica di frumento, nè una veneziana d'armi e di vesti avrebbon voluto
soccorrerlo, e nulla fidargli in quelle miserabili angustie [3]. Ed
anche di qualche po' di gente ella afforzavalo, mandandogli a
Corato una brigata di cavalli, duce un egregio capitano nostro concittadino, Pier Giacomo Lamberti [5]. Fu costui fra i
pochi cavalieri ammessi spettatori in quel giorno 13 di febbraio 1503, in cui rifulse la virtù italiana, che taceva inglo-
riosa, e sul campo medesimo, ove poco prima in un singolare duello il cavaliere Baiardo ed Alonzo de Sotomaior com-
pievano la sfida tra gli undici Francesi, ed altrettanti Spagnuoli, rimanendo ucciso quest'ultimo; su quel campo medesimo
fra Andria e Corato i tredici Italiani ed altrettanti Francesi ve-

[1] Sismondi, cap. 101, p. 550.

[2] Di peste non fan motto gli storici; ma è certo per lettera dello
stesso Consalvo, che in Barletta se ne pativa travaglio: se non vera
peste, era morbo cagionato da scarso vitto e disagio. Della citata lettera si toccherà appresso.

[3] Il citato Sismondi, ivi.

[5] Garruba, p. 621.

nivano a combattimento d'onore, ed i nostri ricacciavano in
gola agli stranieri le contumelie e la iattanza: nè da tacer ne
sembra, che fra l'ansie di quel giorno sotto le volte della nostra Basilica s'innalzavano preghiere a Dio per l'onore del-
l'armi italiane [1]. Bene dunque esclamava Consalvo, quando
mossosi a cavallo da Barletta con tutte le genti d'arme ad incontrare i vincitori, stringeva affettuosamente fra le braccia
il bravo Ettore Fieramosea, ed: Ettore, (gli diceva) oggi
avete vinto i Francesi e noi altri Spagnuoli [2]. A tutti è nota

[1] Ciò ne viene affermato da persona degna di fede, che ci assicura
aver trovata la notizia nell'Archivio storico, che si stampa a Firenze: a noi non è riuscito di avere il libro, e farne il riscontro.

[2] Di quella prodezza il cav. Ferrante Caracciolo, duca di Airo-
la, e preside delle due province di terra di Bari ed Otranto, ottant'anni dopo pose un monumento. È desso un muro massiccio di
grosse pietre squadrate, di spessezza quasi palmi nove, che s'erge
sino a ventisette, e per diecisette s'allarga; nudo d'ogni ornamento,
tranne d'una lapide nel centro, che porta un'epigrafe ritmica a memoria dell'egregio fatto:

Quisquis es, egregiis animum si tangeris ausis,
    Perlege magnorum maxima facta Ducum.
Hic tres atque decem forti concurrere campo
    Ausonio Gallis nobilis egit amor.
Certantes utros bello Mars claret, et utros
    Viribus, atque animis anctet, elatq. magis,
Par numerus, paria arma, pares aetatibus, et quos
    Pro patria pariter laude perisse iuvet.
Fortuna et virtus litem generosa diremit,
    Et quae pars victrix debuit esse, fecit.
Hic stravere Itali iusto in certamine Gallos,
    Hic dedit Italiae Gallia victa manus.

È tradizione, che nel 1805, allorchè gli eserciti francesi di osser-

quella gloria del valore italiano, renduta per romanzi popolare, ma forse non increscerà udirne il racconto da un autor di
veduta. Fermate le condizioni ed il luogo della sfida, scelti i
combattenti, dati gli statichi, eletti i giudici, scambiate le assi-
curazioni ; i tredici cavalieri italiani si condussero da Barletta
ad Andria in compagnia di Prospero Colonna, il duca di Termoli ed altri Italiani e Spagnuoli. Era il dì di domenica, 12 di
quel mese. La dimane, ch'era il giorno posto al combattimento,
ascoltarono quivi devotamente la Messa, e pregarono, ed a proposta del Fieramosca giurarono sui sacri Evangelii di voler prima morire, che uscir del campo altro che vincitori. Ristorati di
colezione dal Colonna, s'avviarono con quest'ordine. Innanzi a
tutto i tredici cavalli di battaglia cuoperti ed armati, menati l'un
dopo l'altro da tredici capitani di fanti. Seguiano i combattitori a
cavallo, vestiti di tutte armi, dagli elmetti in fuori, ch'erano
portati da tredici gentiluomini. Ad un miglio dal campo tro-

vazione occupavano questi luoghi, ed in Andria stanziava il 42 Reggimento, di notte tempo avessero quasi del tutto disfatto quel monumento ad essi ingiurioso. Ma come scancellarlo dalla storia? Un nostro congiunto Pasquale Fasoli, sindaco di Andria nel 1844, si propose di restaurarlo del suo; ma il Capitolo arcivescovile di Trani, in
una cui possessione, detta S. Elia, ove trovavasi quel monumento,
vi consentì sì veramente che quegli non volesse porre alcuna memoria d'averlo restaurato. Ed avvegnachè il suolo occupato dai monumenti publici sia di publica ragione, costituisca una proprietà dello
Stato, e non possa riputarsi giammai di privato dominio ; pur tutta
volta fu un gran contendere fra loro, e da ultimo l'Intendente della
provincia la diè vinta al Capitolo ed al sindaco di Trani, intervenu-
tovi come terzo, i quali a loro spese il restaurarono: al Fasoli rimase
la lode del generoso pensiero.

varono i quattro giudici italiani, che accontatisi coi giudici francesi aveano già circoscritto il luogo del combattere, e rifermate le condizioni; onde procedendo innanzi quasi ad un mezzo tiro di balestra da quello, smontarono di cavallo, e pregato il Dio degli eserciti, parlò Ettore ai compagni con brevi ed ardenti parole. Della stessa guisa apparecchiaronsi i Francesi in Ruvo, ai quali parlò il signor della Motta, ed indi procedettero verso il campo. Un gentiluomo francese portava l'elmetto e la lancia del signor della Motta, a cui seguivano altri dodici a due a due con gli elmetti e le lance degli altri combattitori, i quali preceduti da quello veniano appresso; ultimi i lor cavalli menati ancor questi da gentiluomini. Giunti al campo, fecero lor preghiere, ed allacciaronsi gli elmetti.

Gli uni stettero di fronte agli altri; ma il Fieramosca fece intendere agli avversari, dover eglino, com'era di ragione, entrare i primi nel campo, e quelli entrarono. Allora le due schiere sui cavalli cuoperti d'armatura lentamente incederono da ambe le parti; e come furono un cinquanta passi lontane, diedersi al galoppo. In due bande si divisero i cavalieri francesi, di sei l'una, di sette l'altra, e lentando le briglie, avventaronsi sugl'italiani; i quali con cinque de'loro si opposero ai sei, e con otto agli altri. Con le lance in resta urtaronsi, ma nel breve spazio spezzarono alcune lance con poco o niuno effetto, se non che gl'Italiani trovaronsi uniti, in disordine i Francesi. In questo postesi le mani agli stocchi ed alle scuri, cominciò la stretta battaglia. Valorosamente combatteasi da ambe le parti; ma i Francesi, ch'erano in disordine, si ridussero in un canto del campo, e quindi preso fiato, slanciaronsi con grande impeto contro gl'Italiani. Nel fiero scontro durato un quarto d'ora fu gittato a terra ferito per la parte italiana

il francese Gran Jan d'Aste , che venne soccorso da'suoi; e più
aspramente percuotendosi, altri due francesi furon messi a terra , Martellin de Sambris , e Francesco de Pisa , che si arresero prigioni. Seguitava lo stretto combattere , e da per tutto
ove il bisogno parea, Ettore e la Motta con parole e prodezze
incoraggiavano i loro; ed in questo feriti i cavalli a due italiani,
Moele da Paliano, e Giovanni Capaccio da Roma, dismontarono,
e quegli con una lancia trovata sul campo , questi con uno schi-
done si difesero egregiamente dai cavalieri francesi, finchè furono in salvo accerchiati dagl'italiani. Gran Jan d'Aste , già
ferito ed a terra , difesosi da valoroso , alla fine si rese prigione anch'egli : per il che veggendo Ettore gli avversari alquanto inclinati, raggruppati i suoi, fece nuovo gagliardo impeto sovr'essi, di cui restò abbattuto a terra Nantì de la France , e Giraut de Forzes uscito del campo , prigioni ambidue.
Pieni di fidanza gl'Italiani ritornano all'assalto valorosamente
ricevuti; pure fu buttato a terra la Motta, che rizzatosi in piè,
e guarentito dai suoi, si difendeva assai bene, ma in pari tempo
s'arrese Succet de Succet. Cresce il fiero combattere : ad uno
de'nostri, seguitando un degli avversari gli esce il cavallo dal
campo; fuori è cacciato un altro Francese; uno degli Italiani,
ch'erano a piè, è ferito d'una stoccata in faccia; un altro combattendo è fuor del campo trasportato ; la Motta vien da Ettore messo fuori; un altro Francese è necessitato per iscampo
a smontare , e combattere a piedi; un Italiano ha da una stoccata fuor fuora passata la coscia. Con più lena incalzano i nostri , che cacciano dal campo un altro Francese, ed allora non
hanno a fronte che tre altri , due a cavallo, a piedi il terzo.
Quelli avvegnachè valentemente si difendessero , non possono
al numero degl'Italiani resistere , e l'uno si rende prigione ,

l'altro è cacciato fuori per forza: il terzo fuggendo per il campo ha tante punte di stocchi e colpi di scure, che gli è forza di arrendersi prigione anch'egli. Squilli di trombe e d'altri stumenti da guerra proclamano la vittoria italiana, ed i vincitori scorazzati una mezz'ora per il campo, se ne ritornano a Barletta ebbri di gioia, coi prigioni su cavalli menati per briglia da particolari persone [1].

Da quel giorno crebbe l'animo a Consalvo; e pervenutigli a'26 d'aprile due mila cinquecento fanti Tedeschi d'aiuto dall'imperator Massimiliano, uscì in campo. Pose alla testa del-

---

[1] Ecco i nomi de' combattitori, e de' giudici del campo, con la stessa ortografia, onde li scrisse l'autore, da cui cavammo il racconto. I tredici Francesi furono: Marco de France, Giraut de Forzes, Gran Jan de Aste, Martellin de Sambris, Pier de Ligie, Iacobo della Fuontiena, Eliot de Baraut, Giovan de Landes, Saccet de Saccet, Francisco de Pisa, Jacopo de Guigne, Nantì de la France, e Carles de Togues, detto Monsignor de la Motta. Gl'Italiani: Guglielmo d'Albamonte, Mariano d'Abignenti da Sarno, Francisco Salamone, Giovanni Cappuccio da Roma, Marco de Napoli, Giovan de Roma, Lodovico d'Abenavole de Capua, Hettore Romano, Bartolomeo Fanfullo, Romanello, Riccio de Parma, Moele de Paliano, Fieramosca di Capua. Giudici dalla parte francese: Monsignor de Bruglie, Monsignor de Murabrat, Monsignor Bruet, Etum Sutte; dalla parte italiana: Messer Francesco Zurlo, Messer Diego de Vela, Messer Francesco Spinola, e Messer Alonso Lopes.

Da un opuscolo intitolato: Historia del combattimento dei tredici Italiani con altrettanti Francesi, fatto in Puglia tra Andria e Quarati scritta da Autore di veduta, che v'intervenne. In Napoli per Lazaro Scoriggio 1633 — Ristampato in appendice dal giureconsulto Giovanni Jatta, nostro congiunto, nel suo Cenno storico sull'antichissima città di Ruvo, Nap. 1844.

l'esercito Fabrizio Colonna e Ferdinando Alarcon con le scorte, e gli scopritori, tra cui i cavalli leggieri ed i balestrieri oltre a mille fanti italiani guidati da un Fra Leonardo. Seguiva immediatamente Diego di Mendozza, la gente d'arme del Clavero e quella d'Innaco Lopez de Alala con uno squadrone di fanti spagnuoli di circa duemila. La vanguardia era comandata da Prospero Colonna e dal duca di Termoli con dugent' uomini d'arme, ed uno squadrone di duemila fanti spagnuoli, coi quali marciava l'artiglieria. Tolse a sè Consalvo la dietro-guardia di sua gente d'arme e quella di Pietro Pace con due mila fanti spagnuoli. Nunno de Matta facea da scopritore contro i nemici coi cavalli leggieri. Presa la volta di Cerignola, trovò i Francesi fortificati in luogo assai sicuro: onde deliberò di passar oltre a tre miglia, ed occupar loro il passo delle vettovaglie. Il caldo e la sete ritardavano d'un'ora ogni miglio di cammino: di che fatto accorto il nemico diè la carica, uscendo il vicerè duca di Nemours con ottocento uomini d'arme, i cavalli leggieri, e due mila e cinquecento Svizzeri e Guasconi, e con l'artiglieria della vanguardia comandata dal principe di Salerno, la quale era di duecento uomini d'arme e mille fanti villani posti in ordinanza: la retroguardia di cento uomini d'arme era guidata dal duca di Melfi. Pur tutta volta giunse salvo intorno di Cerignola, ed avvegnachè dal castello il molestasse l'artiglieria, piantò egli gli accampamenti. In questi assalito dal nemico, che da man compra fe' andare in fiamme la polvere, pure ingaggiata la battaglia, gli Spagnuoli sbaragliarono i Francesi, inseguironli sino al campo, dove presero tende, armi, cavalli. Fu combattuta la battaglia un'ora innanzi la notte; restarono sul campo il vicerè. quattro capitani d'uomini d'arme, molti altri signori, e due mila trecento fanti: ne fè Consalvo relazione dal campo stesso a' 29 di aprile (1503) [1].

Per questa vittoria e poi l'altra ne'primi giorni del seguente anno sul Garigliano; il Cattolico divenne assoluto signore del reame, signoria confermata in appresso con la pace conchiusa a Blesh il 12 di ottobre 1505: e cominciò con quella dominazione il servaggio vicereale. A 22 di gennaio del 1508 Giovanni d'Aragona, conte di Ripacorsa, secondo viceré in nome di Ferdinando confermava alla nostra città gli antichi privilegi [2]; e di prudente e moderato animo era costui, come ne diede in quell'anno non dubbio argomento.

Perciocchè, stabilitosi un dono di trecento mila ducati al re, e fattosi il regio percettore a riscuoterne le rate, il nostro concittadino Goffredo Boccapianola opponevaglisi, dimostrando di appartenere egli alle piazze Capuana e Nido di Napoli. Ma non valuti i documenti e le ragioni, esso Boccapianola unitosi ad un Vincenzo Milazzi, un notar Tommaso, ed un Mastrogiudice con molta gente armata, volle sperimentare, se valesse l'argomento della paura. Le quali cose venute agli orecchi del viceré, con assai prudenza per l'opera dell'auditor provinciale fece, che senza scandalo si diffinisse con sentenza quello, che sarebbe di giustizia [3]. Di tal tempra non furono i suoi successori: pur non di meno la città nostra non ne sentì così presto le oppressure per la buona Isabella.

A lei la sventura non risparmiava ancora gli affanni, finchè

---

[1] Vedi Documenti n. CXVII.
[2] Diploma dato da Castelnovo. C. C.
[3] Da breve storia genealogica della famiglia Milazzi, p. 108.

non le togliesse ogni speranza di risorgere a grandezza. Qui piangeva la morte dell'infelice suo zio Federico, qui stempravasi nel più fiero dolore per la morte di suo figlio Francesco, mancatogli in una velocissima corsa il cavallo ad una caccia in Borgogna, e morto di quella caduta [1]. Ma con tutte queste trafitture ella non ismise la nobile forza dell'animo a rilevare, quant'era in sè, lo Stato. Volse gli occhi al commercio impoverito, ed al porto assai mal sicuro, e diè opera ad ingrandire e quasi rifare il molo intero, che nel disfarsi della torre innalzatavi sopra dall'Orsino, era rimaso in gran parte ancor esso disfatto. E siccome per lo favore de'duchi Sforzeschi i mercatanti milanesi erano trattati in dogana più benignamente degli altri, ella ordinò, che una fosse la ragione per tutti: il qual giusto consiglio trasse incontanente nella città molte altre case commercianti [2]. Che se a persona privilegio si dovesse concedere, questi erano i cittadini; ai quali fu dato da lei di liberamente e senza alcun pagamento estrarre gli olii raccolti nelle proprie possessioni [3].

Si diede a promuovere l'istruzione e le lettere: e non solo

[1] Dicono alcuni, che il re di Francia lo aveva renduto monaco con titolo di abate di Noir moutier.

[2] Allora venne quella di Pirro ed Antonio Beni bergamaschi, di Mandelli milanese, di Pietro e Giacomo Ponzo catalani, di Giovanni Angiolo Corsini anche bergamasco, di Niccolò e Luca Grilli genovesi; in somma per numerazione fattene nel 1533 sino a ventisette case forestiere di commercio vi si contavano (Deliberazioni decurionali antiche).

[3] Cap. 33. de'Capitoli di Sigismondo o Bona de'18 di gennaio 1527, che saranno pubblicati appresso.

con ogni maniera di allettamenti onorava i buoni ingegni, ma nel dì 10 di ottobre del 1513 faceva proporre in suo nome nel consiglio municipale, che per meglio lavorar l'intelletto della gioventù si crescesse lo stipendio ai pubblici precettori, e loro si concedesse franchigia dai dazi, e casa, ed un garzone a lor servigio; ed una commessione si eleggesse, la quale doveva all'ammaestramento soprantendere, e farvi concorrere il minor numero di forestieri, affinchè con maggior agio ad ammaestrare i cittadini i precettori intendessero [1]. Intorno a questo medesimo tempo si fondava l'accademia degl'Incogniti, fondatore quel Giacomo de Cioffis, che dicemmo aver tolta in moglie la Ippolita Ponzio, dama d'Isabella. Ed alquanti anni dopo con savissimo accorgimento, degno d'imitazione anche oggidì, si fermava dai decurioni non doversi negare l'elemosina di costume ai conventi di S. Ambrogio, S. Domenico, S. Pietro e S. Francesco; ma sotto condizione che ciascuno tenesse due frati predicatori pronti ad istruire il popolo con la divina parola, ed ai più solerti maggior larghezza che a'neghittosi [2].

Animosa sostenitrice de' diritti de' suoi soggetti, sostenevali in una causa contro l'università di Casamassima, ed anticipava alla città i danari [3]; sostenevali contro il conte di Noia per le ragioni del territorio di Noia e Trigiano, ed una casa innalzata non più lungi di un trarre di mano da quest'ultimo luogo era abbattuta, perchè il territorio barese si estendeva fin sotto

---

[1] A tale ufizio furono eletti Cola Casamassima, Antonello Gliro, Geronimo di Bitonto, e Francesco di Niccolò.

[2] Deliberazione de' 14 di settembre 1516.

[3] Deliberazione de' 14 di luglio 1516.

le mura di esso [1]; sostenevali nella lite insorta tra Bari e Bitonto intorno al pascolare e legnare nel territorio denominato *arenaro* di S. Spirito, e la sentenza data contro Bari dal commessario Antonio Baldassino, venutovi a pigliarne sommaria informazione, venne annullata [2].

[1] Procura di notar Niccolò Mattia da Bari de' 12 di aprile 1509 in nome della duchessa Isabella a Berardino de Gerardinis per la causa, che si agitava nel S. R. Consiglio.

[2] Anno 1509. Per non recarci più alle mani un tal fatto, diremo quì di non essere stata inferita altra molestia a Bari sino al 1552. Ma ritornata poi Bitonto sotto il regio demanio, otteneva dal vicerè D. Pietro di Toledo, che si rimettesse ad un Tommaso Maglio la rinnovazione de' confini del territorio di Bitonto. Vedendo i Baresi, che costui nel porre i nuovi termini alla *cala dell' Arenaro* veniva a rinchiudere nel contado bitontino il porto di S. Spirito (o rada che vogliasi dire) a Bari pertinente, posero innanzi lor ragioni, ed ottennero provvisioni che richiamavano il Maglio all'antico tenore del decreto di Baldassino; il quale riguardava solo il diritto del pascolare e legnare, nè questo al certo esercitar potevasi, dove non era che arene e scogli. Di non poco utile tornava alla città nostra quella rada; poichè quivi s'immettevano pure da Dalmazia ed altri luoghi legnami, pannilani, drappi di seta, salumi, e si estraevano olii, vini, legumi, mandorle, lino. Contesa dispendiosissima per ambe le città, occasione acconcia ad avvocati, commessari, consiglieri, ed altra simil gente di protrarla, e spolparle entrambe. Eppure chiaro appariva essere stato quel luogo nel territorio barese, mostrarlo gli antichi confini sanzionati dai Principi; e mostrarlo i due rescritti di re Carlo II presentati da Bitonto medesima; averlo confessato ella stessa; raccogliersi dagli allegati processi, ne' quali i Bitontini sovente dolevansi, che gli esattori baresi riscuotessero più del dovere il diritto di *fondaco*, loro dessero molestia, abbattessero del tutto due pilieri da loro

In pari tempo Isabella si dava tutto a fortificare ed abbellire la città; e secondo che ne racconta il nostro storico Beatillo, il quale da relazione a bocca ed in iscritto dice averlo raccolto, pensava ella di porla in isola, e farla circondar tutta dal mare, impresa troppo ardua a scarsa fortuna « Perciò fece un « gran ponte, ad un quarto di miglio fuor delle muraglie, al « lido del mare di ponente e maestro, a ciò di là cominciassero le acque a penetrar dentro terra, e per un nuovo canale assai largo e profondo, che stava unito col ponte, scorressero fin dentro al molo, che sta dall'altra parte della città. Aveva il canale fabbriche grosse di qua e di là tanto distanti fra di se, che tre buone barche poste in fila vi potevano entrare, e navigare comodamente; ed andò l'opra tanto innanzi, che giunsero l'acque sino al luogo, che ora vien detto delle *saline*. In tutte le strade principali, per le quali da varii luoghi si viene a Bari, dovean farsi altri ponti sopra il canale sino al fine del corso » [1]. Ma è da credere veramente, ch'ella il facesse piuttosto per purgare affatto l'aere insalubre, che veniva di quel luogo addetto a saline, e di cui spesso i Baresi s'erano doluti fin dai tempi del principe di Ta-

innalzativi per appiccarvi i ladroni. Non valute in somma le ragioni nostre; ed esiste ancora nell'archivio della città un grosso volume di esame di testimoni fatto in Bitetto l'anno 1577 da Decio di Durante scrivano del S. R. Consiglio, sulle cui pagine è scritto con espressione di dolore, che la città fino allora aveva speso meglio di sessantamila ducati. La sentenza diffinitiva contro Bari fu pronunziata in Molfetta addì 10 di maggio 1612 da nove Consiglieri a posta venuti con gran codazzo d'avvocati e serventi.

[1] Storia di Bari, p. 189.

ranto ¹, e non già per estendere fino a quel punto la città, come me vorrebbe far intendere il Beatillo. Segue poi egli a dire, che ne smise il pensiero, e lasciò alla figliuola di compiere il suo disegno. Quel ponte e quelle fabbriche durarono insino al 1567; nel qual anno a' 2 di ottobre caddero piogge sì dirotte, che le acque ragunate in impetuoso torrente per un tratto di più che venti miglia vennero tutto a distruggere. Ed ora è pure un letto di torrente dove spesso l'acque impaludano, e gli è rimaso il nome di *mar Isabella*. Rinnovò il palazzo della dogana, che porta anche oggidì l'arma di sua casa; rafforzò di bastioni le mura; rifece quasi tutto il castello, munendolo di quattro bastioni pentagoni con angoli salienti acutissimi verso la campagna, i quali si guardano l'un l'altro, e difendono le cortine; opera lodata e fatta secondo l'arte della fortificazione, che allora con più scienza si andava escogitando dal senese Martini, per sentenza dell'egregio Carlo Promis, che de' nostri bastioni fa motto ²: dentro vi restaurò le due torri per altezza ardue, e tutte aspre di bozze, la regia abbellì, e lo spalto, che circonda il castello, a più convenevol forma ri-

¹ È certo essere state saline; perciocchè trovasi che fin dal 1289 i diritti di coteste saline furono affittati ad un tal Giovanni Gualtieri per dugento trent'once d'oro (Syllabus Membranarum vol. 11, p. 33.)

² Enciclopedia popolare, alla voce *Bastione*.

dusse. Delle quali opere cantava in due epigrammi latini Pietro Gravina, poeta assai devoto a quella donna [1].

DE MOLE BARI

NÀVITA, FLECTE RATEM PISCOSI AD LITTORA BARI;
    TVTIOR HIC MVLTO NAM TVA PVPPIS ERIT.
PROSPICIS OPPOSITAM SVRGENTIA IN AEQVORA MOLEM,
    QVAE TIBI TRANQVILLOS PRAESTAT AMICA SINVS.
IPSE NEC HADRIACAS POSTHAC VEREARE PROCELLAS,
    ILLYRIASQVE HYEMES, JONIASQVE MINAS.
HVC VEL AB EOIS, VEL AB IPSIS, NAVITA, MAVRIS,
    HVC SOLIDAE MERCIS CONVEHE QVIDQVID HABES.
NAM TIBI ARAGONIA INDVLGENS ISABELLA QVIETEM,
    REGIA PROGENIES, CONFVGIVMQVE DEDIT.
QVAE POPVLIS CVM IVRA DARET DOMINATA PROPINQVIS,
    ADDIDIT HAEC TVMIDO CLAVSTRA, VIRAGO, MARI.

DE QVATVOR PROPVGNACVLIS BARI

QVAE MODO TVTA VIDES NOVA PROPVGNACVLA BELLO,
    MVRORVMQVE LOCO COMMODIORE MINAS;
QVATVOR ET VALIDIS MVNITAM TVRRIBVS ARCEM,
    QVOD MELIORE SITV PORTA DAT VRBIS ITER:
HAEC POPVLIS ISABELLA SVIS ARAGONIA FECIT
    COMMODA, ET ANTIQVIS GRANDIVS AVXIT OPVS.
REGIA PROGENIES ALFONSI NATA SECVNDI,
    MAGNANIMIQVE ANIMOS VNA IMITATA PATRIS.
FORTVNAE VARIOS FORTISSIMA PERTVLIT ICTVS,
    SERVAVITQVE SVVM SVMMA PER ORA DECVS.

Beatillo, p. 191.

In somma non è da dire a parole, di quanto amore l'amasse la cittadinanza barese : in tutte cose pendevano dal voler suo, in tutte imploravano il suo aiuto , e nel consiglio municipale, ogni dubbio che insorgesse, col senno di lei si risolveva. A lei si richiamavano dell'arcivescovo Castiglione, il quale, alla morte d'un canonico cantore, volesse con istranissima innovazione assumere egli stesso quella dignità; lasciasse il duomo minacciante ruina, senza spendervi nulla della terza parte delle entrate , com'era suo debito ; tollerasse, che i procuratori e ministri suoi estorquessero danaro da chi entrava ne'sacri Ordini [1]. A lei, perchè stessero gli ufiziali pubblici al rigore del sindacato, e perchè alle collette non si sottraessero i Milanesi. In ogni occorrenza a lei , nè a lei mancava modo di farli contenti. Non è maraviglia adunque , se la città anche nelle strettezze , in cui era , cedevale alcuna parte di sue ragioni , affinchè quella donna, meritevole di miglior fortuna, la grandezza del suo stato in qualche maniera almeno mantener potesse. Cedevale i proventi di giustizia, che si esigesse per ogni sorta di publici ufiziali , e che andavano a favore della università, la quale per questo pagava ducati trecento ogn'anno [2]; cedevale i proventi della mastrodattia [3]; e fino i Domenicani, che per privilegio degli Sforza riceveano dalla dogana dieci once l'anno , cedevanle a lei per tutta sua vita. Onde se per poco ella dalla città si allontanasse , era una mestizia grande ; una grande allegrezza il ritorno, ed uscivanle incontro ogni ragion di persone ; come fu nel 1505 , che al suo ritorno da Napoli

[1] Deliberazioni decurionali del dì 30 di marzo 1513.

[2] Cap. 5. de'Capitoli di Bona e Sigismondo , che si publicheranno appresso.

[3] Cap. 10.

una compagnia di trecento cittadini armati, duce il mastro giurato Giacomo Cappellucci, moveva insino a Barletta, e con
ogni dimostranza d'onori ed affetto nella nostra città la ricon-
duceva.

Divenuta intanto atta a marito la duchessina Bona, studiavasi la madre di allogarla in modo convenevole al regio sangue, se potesse finalmente la mala ventura risparmiare quest'unico fiato della spenta sua casa. Non aveva ella rotte le attinenze coll'imperator Massimiliano; e questi per consolare
Sigismondo re di Polonia della perduta consorte, che lo aveva
lasciato privo di prole maschile, gli propose la mano di Bona [1].
« Consenziente Sigismondo mandava suoi ambasciadori a Bari
« (così ne racconta Beatillo p. 197) a conchiudere il nego-
« zio, e con esso loro un procuratore, che la sposasse in suo
« nome. Giunsero costoro in Italia nel mese d'ottobre del 1517,
« onde avutone la Duchessa l'avviso incontanente partì da Bari
« verso Napoli, per celebrar quivi con maggior solennità il
« matrimonio della figliuola. Ma gli ambasciatori, che giun-
« sero in Bari a' 5 di novembre, tosto ch'ebbero quivi nuova
« della partenza delle Signore, ancor eglino se le posero ap-
« presso, e le giunsero a Marigliano, terra distante non più
« che otto miglia da Napoli. Qui diedero alla giovine da parte
« del lor re il titolo di regina coi superbi doni, che quella
« Maestà le mandava »........

A dì 20 di novembre la regia fidanzata entrava in Napoli,
che maravigliò del grande sfarzo di rasi, velluti, ricami, e

---

[1] Credesi, che a tal fine si adoperasse molto quel Crisostomo Colunna precettore di Bona, il quale viaggiò sedici mesi per que' luoghi, e n'ebbe da Isabella non lievi doni.

gioie. Sessanta bellissimi cavalli menati a mano con redini di
divisa bianca e nera, di questa medesima divisa ricamate le
gualdrappe, di questa le calze e i giubboni de' palafrenieri; diciotto carra con altrettante paia di casse molto ricche e dorate '; dodici paggi, sei vestiti di raso bianco e morato, ossia nero
con certe sperette ricamate in petto, e sei di damasco nero, tutti,
a cavallo di bellissimi corsieri di sua razza e ginetti spagnuoli
con selle d'acciaio e guarniti di broccato, di velluto cremisi,
morato, e rosso tutto a frange d'oro; sessant'uomini a cavallo
venuti cogli ambasciatori. A questi seguivano i gentiluomini
napolitani andatile incontro; tutto il Consiglio reale; sei gentiluomini *creati* della Duchessa ', splendidi di ricche vesti e di
cavalli; i quattro ambasciadori, di cui il primo era accompagnato dal duca d'Atri, di casa Acquaviva, il secondo da Fabrizio Colonna, il terzo dal duca di Montauto D. Ferrante d'Aragona, il quarto procedeva a man destra di Bona, che aveva a
sinistra il vicerè D. Raimondo de Cardona: ed ella stessa in
veste di tela d'oro tutta ornata a palme di vittoria. Entrarono
per la porta di mercato; e fatta orazione a nostra Donna del
Carmine, smontarono a Castel capuano.

Non men sfarzosa dell'entrata la cerimonia delle nozze il
dì 6 di dicembre in sulle ventidue ore e mezzo d'Italia. De'più

' Queste contenevano il corredo; di che Vedi Docum. n. CXVIII.
* Il tesoriero, il guardaroba maggiore Giosuè di Roggiero da Marigliano con un suo figliuolo di dodici anni vestiti di broccato con due
grossi collari d'oro, e guarnimenti e frange d'oro ai cavalli; ed in
lor compagnia due gentiluomini barlettani, i fratelli Gianvincenzo e
Riggio della Marra, vestiti di velluto carmesino e morato, e bene a
cavallo; e due altri gentiluomini, Alfonso Gualano, e Giovanni Alfonso, vestiti di broccato sopra corsieri grossissimi.

bei drappi parato il castello massime la gran sala, che aveva
scaglioni di legno intorno intorne, e sovr' essi immensa ricchezza di vasi d'argento; nel fondo il baldacchino di drappel-
loni azzurri tutto stellato d'oro con in mezzo l'arma reale di
Polonia e d'Aragona. Quivi corteggiata da immenso numero
di dame e gentiluomini sedea Bona in veste di raso turchino
veneziano seminata d'api d'oro a martello, e d'api eziandio,
e perle, ed altre gioie adorna la *berretta* azzurra, o cuffia, che
si dica: il quale abito fu valutato sette migliaia di ducati. L'ambasciadore Vescovo la dispose assistito da sei altri Vescovi del
regno. Nove ore durò il convito, cominciatosi alle due italiane, e, sciolto alle undici [1]. A' 26 dello stesso mese circa le

[1] Tutti questi particolari sono cavati dal Giornale di Giuliano Pas-
sero, p. 241, Napoli 1785. Il quale toccando del convito dice: Questo fo l'ordine del convito, che fo fatto a questa festa.

In primis pignolata in quattro con natte, et attonata jelatina.
Insalata d'herbe.
Lo bollito, et bianco magnare con mostrarda con l'ordine suo.
Li coppi di picciuni.
Lo arrusto ordinario con mirrausto, et salza de vino agro.
Le pizze sfogliate.
Lo bollito salvaggio con putaggio ungaresco, et preparata.
Li pasticci de carne.
Li pagoni con sua salza.
Le pizze fiorentine.
Lo arrusto salvaggio, et strangolapreiti.
Le pastidelle de carne.
La zuppa nauma.
Lo arrusto de fasani.
Almongiavare.
Li capuni copierti.

ventun'ora partì da Napoli per andare ad imbarcarsi a Manfredonia. Ella vestita di broccato riccio sopra riccio a disegno di tronchi con cuffia d'oro cavalcò una bianca chinea guarnita di velluto lionato a frange d'oro, accompagnata dalla madre dal vicerè, dal marchese di Pescara, e da molti nobili signori e dame.

Qui ne trae vaghezza di descrivere tutto il viaggio della regia sposa finchè giunse a Cracovia, perchè s'abbia notizia dei costumi di quel secolo; la quale descrizione, che sarebbe male allogata per avventura nella storia generale d'un reame, in quella peculiare d'una città pensiamo possa trovare entrata [1]. Trattenutasi adunque in Manfredonia per gli apparecchi, la regina Bona la sera de' 3 di febbraio, accomiatandosi dalla madre, che fidavala alle cure di Prospero Colonna, si mise in

Le pizze bianche, et appresso gelatina ingotti.
Conigli con suo sapore.
Li guanti.
Le starne con lemoncelle sane.
Li pasticci de cotogne.
Le pizze pagonazze.
Le pastitelle de zucchero.
Le tartette.
Alia tavola della signora Regina fo fontana de adure, fo misso castagne di zuccaro con lo scacchiero, le nevole, et procassa.
Levaro la prima tavola, e l'acqua a mano di buon odore.
Confietti.

[1] Le notizie sono cavate dal libro intitolato: *Operette del Partenopeo Suaria in varii tempi et per diversi subietti composte. Bari 1535, in 8.°;* e l'autore era uno del seguito; libro proffertoci dalla gentilezza del signor Camillo Ricci Minieri.

mare col suo corteggio. Lieto dapprima il navigare per vento propizio, pauroso poi tutta notte per improvvisa tempesta racquetatasi all'aprire del nuovo giorno, che loro mostrò i desiderati monti; e passata l'isola d'Agosta ed il porto S. Giorgio, fermaronsi all'isola di Lesina. Il ripreso cammino della dimane fu così rapido, che in un'ora le navi percorreano dieci miglia, attraversando mille scogli ed isole e golfi e spiagge, finchè non gittarono l'àncore nel porto detto Palermo piccolo. Tutto un dì, che fu di domenica, lietamente si passò tra 'l desinare e i sollazzi in quella terra; donde, solcato con rapidità il golfo di Venezia a vista de' castelli di Spalatro e di Trau furono presso di Zara, che con le sue artiglierie saluta la regina. Ricambiato il saluto dalle navi, e ringraziato delle cortesie il governatore, si riposa nel porto di Arbi. Di là il cammino è travagliato or da venti boreali, or da bonacce, a tal che a rimorchiar le navi escono da Fiume barche a forza di remi. Nove giorni tutti assai piovosi albergò ella in Fiume, che la festeggiò di continui saluti, gridando il viva a Massimiliano, Sforza, Aragona. Allora si riprese il viaggio per terra scortata coi cavalli del governator di Lubiana; ma le piogge, le nebbie, le nevi, le malconce vie non fan progredire che di dieci miglia al giorno. Così toccano Clana, Radicovazzo, Planina; e più aspra quindi la via per i pericoli del fiume Zaia, sicchè ad attraversar l'altro detto di Lubiana, vengono da Horchynich due barche insieme congiunte e poste ad arazzi, tappeti, guanciali. Un brigantino bene armato di targhe e lance ed archibusi in sulla metà del cammino vien a porsele a scorta, e menarla nel porto di Lubiana. Con ogni maniera d'onori la città accolse la Regina, al cui apparire tuonò dall'alto il castello, scoppiarono bombarde, sventolarono bandiere dai

monti circostanti, e tra gran ressa di popolo una bella schiera
di milizie l'accolse. Dopo i tripudii e le feste si riprese il cammino per terra, percorrendo pianure e valli da fiumi e da tor-
renti attraversate, che rendeano assai melmosa la via, fino alle
cinghie profondando talora i giumenti ; nè migliore il poggiar
verso i monti d'alta neve coperti. Stanchi rinfrancaronsi nella terricciuola di Franzch , dondè poi il cammino di aspro ed alpe-
stre entra in pianura di ville e di placidi fiumi amenissima. Il
regal Conte ed il Protonotario con gran brigata e genti d'arme
vengono regii oratori ad incontrar la Regina , ed in Celta si
fanno feste grandi. Dopo un altro giorno di disagiata via , venuti su bella pianura scorgono Marburgo , donde tra 'l fragore delle artiglierie un grosso drappello di cavalli e di fanti
cittadini esce con doni e preghiere ad offerire stanza alla regia
Sposa. Ripartivane ella il dì 9 di marzo, attraversando in vet-
tura le nevi ed i fiumi delle basse valli di Stiria , finchè giungeva a Gratz. Meglio di cento cavalli e trecento fanti vennero
ad onorarla , e come in trionfo condurla nella città con frago-
rosi saluti di bombarde. Ivi il giorno appresso ritornata dalle
rendute grazie nel tempio , trova i ricchi doni apparecchiatile
dal Re ; e dopo il pranzo le si appresta ne' regii parchi l'inaspettato diletto della caccia a cervi e daini, sulle cui orme ella
cavalca animosa , ed al Colonna è dato l'onore di presentarle
un cervo ucciso di sua saetta. La città di Pruch l'onora anch'essa di liete accoglienze; ma di là la via tutta o palustre o
guazzosa od erta ed aspra per nevi e piogge rende assai dis-
agiato il cammino: ultimo tratto di tal sorta mettendosi piede
sul territorio austriaco.

Il forte e bel castello di Neostethen dà ristoro alla Regina,
che fa ne' cocchi precedere gran parte del suo corteggio; per-

ciocchè i due giorni di cammino, che la dividono da Vienna,
ella vuol percorrere in un giorno solo. Com' ebbe raggiunto il
corteggio presso d'un pantano non lungi dalla città, dove
quattrocento uomini d'arme con diverse insegne e divise, ed
una compagnia di mille fanti aspettavanla, cavalcando il suo
generoso baio fra lieti applausi entra in Vienna, ed il marchese
di Brandeburgo con cento cavalli in rossa divisa le accresce
onoranza. Splendidamente vestita e corteggiata dalle sue donne, dopo le rendute grazie nel tempio, riceve i rappresentanti
della città, dai quali con una orazione di laude è donata d'una
coppa d'argento dorato di finissimo lavoro. Il ponte, che ri-
facevasi sul Danubio, non del tutto compiuto, benchè vi si
lavori a posta notte e dì, l'intrattiene cinque giorni; ma attraversati alla fine i tre rami di quel gran fiume, e di poi la
perigliosa maremma di Moravia per Hospee e Visolfo, giunge
ad Olmutz, la quale città re Sigismondo pe'suoi familiari aveva
apparecchiata a riceverla. Quivi (era il mercoledì della settimana maggiore) i regii ambasciadori, ch'eran due vescovi,
il conte palatino, ed un barone, preceduti da dugento cavalli
in targhe, bandiere, balestre, ed archibusi, e vestiti a drappi
d'oro con gemme, a suon di tamburi e trombe e pifferi, veniano con lor seguito in venti cocchi riccamente tapezzati in
rosso, e tirati ciascuno da sei cavalli. Giunti innanzi a lei of-
ferirono con gentili parole da parte del Re un collare ed una
collana di gioie e perle del valore di un venti migliaia di ducati.

Il martedì dopo Pasqua fu posto alla partenza, ed in bella
mostra schieraronsi innanzi al regio palazzo le milizie tedesche,
polacche, e brandeburghesi. Gli ambasciadori dell'Imperatore
e del re di Polonia, ed il marchese di Brandeburgo insieme

col Colonna la precedono. Di tre ricche carrozze, la prima tirata da otto superbi cavalli bianchi porta la Regina; la seconda
da sei perlini pezzati, e l'altra da sei storni il seguito. Così
riprendono il cammino, ed in sulla strada viene incontro a
farle riverenza la signora di Araniza corteggiata da sue donne, la quale dopo le scambievoli cortesie conduce nella città
la regia comitiva, e tratta lautamente. Di là per Izino si giunge
ad Ustravia, incontrata da gran numero di duchi, e conti, e
cavalieri, ed oratori. Partitane, altri onori poi riceve dal duca, signore dell'una e l'altra Slesia, in compagnia del figliuolo
tutto sfolgorante di gioie e monili, e seguito da molti cavalli;
ma finalmente si toccano i confini del reame di Polonia.

Allora le si fa incontro il capitano Giordano con brigata di
cavalli armati di targhe e banderuole, e la costui moglie, ed
una dama palatina con altre donne riccamente vestite le an-
nunziano d'essere state spedite dal Re a'suoi servigi. Con esse
Bona giunge a sera in Oszvianziiz, dove appresso cena viea
presentata d'una coppa d'oro dal figliuolo del signor di quel
luogo. Attraversati folti boschi, il signor del castello di Tan-
tiir con molta cittadinanza, e cavalli, e donne più cariche che
adorne di gioie, le rende omaggio; ed albergatala con tutta
festa di danze e suoni, le fa dono d'una coppa d'oro, e di
un'altra simile dona il Colonna. In una villa del territorio di
Cracovia si riposa due giorni, dove altri tre ambasciadori vengono nunzii dell'impaziente desiderio del Re, ed a costoro sopravviene il Cardinale monsignor de Aesti d'Aragona. Dopo i
colloquii e le cortesie, la Regina dà il segno della partenza.
Già d'ogni parte si gremiscono le strade di genti, tra cui come
in trionfo ella procede corteggiata dalle sue donne, e seguita
da nobile compagnia di cavalli, aggiunti dugento altri unga-

resi menati dal Cardinale, e tredici muli con ricche coltri rosse, e venti cocchi, che tutti dal manco lato si attelano. Come si fu ad un'altra villa a quattro miglia dalla metropoli, ricevuta riverenza da un altro prelato, ella discesa del cocchio, monta un superbo cavallo apparecchiatole. Sulla strada vagamente adorna a festa, e risuonante di canti e melodie, a tre uomini di fronte, i cavalli di Lituania, i primi armati d'archi e di frecce, gli altri di targhe, di banderuole e di lance, coi lor capitani di broccato vestiti e di gemme ornati, vengono ad onorarla. Seguono gli stendardi, ed intorno al più grande di essi sono tre fanciulli del duca di Masovia, fregiati a perle ed eglino ed i destrieri. Sfilano dappresso altri mille cavalli, parte con assise di saio rosso, parte cilestro, con varia armatura, seguiti da meglio di trecento uomini d'arme. Chiude il corteggio una schiera di oltre a sei mila cavalli, ed un corpo di dieci mila fanti. Con tutta questa pompa giunge Bona a Cracovia, accolta da re Sigismondo sotto un gran padiglione rosso, tra molti oratori spediti secondo il costume dai monarchi di altri Stati. I regii consorti dopo affettuosi amplessi cavalcano per la città, ch'è tutta in festa, e discendono ad orare nel Duomo, donde alle lautezze del real banchetto. Il dì 10 d'aprile fu posto al solenne rito dell'incoronazione. In mezzo a gran numero di prelati, del clero, e de'magnati il Re, cinto di corona d'oro e con la clamide sugli omeri, orna d'una corona la fronte alla Regina; indi cinge molti cavalieri, e compiuta la solennità, si disfoga la gioia in un pranzo, che dura ott'ore; e molti giorni durarono dappoi i presenti, le danze, le giostre.

Ma le trattative di questo matrimonio, che dal nostro storico son poste nel 1517, dovettero cominciare assai prima, e fors'anche assai prima conchiuse; poichè nel dì 6 di

gennaio 1515 a dimostrazione di benevolenza verso Isabella
l'università deliberò un dono di diciotto mila ducati per le
nozze di Bona: salvo se il dono non fosse deliberato per future nozze, come è probabile; perchè sembra che in quell'anno
medesimo vedovasse Sigismondo. Il quale da questo secondo
talamo ebbe finalmente lietezza d'uu figliuolo, natogli il dì 1
d'agosto del 1520: e persuaso come di dono avuto per il nostro S. Niccolò, alla cui intercessione egli ricorso era, di un
dono presentò la Basilica [1], mandato per il suo segretario Giu-

***

[1] Una statua d'argento in « molte parti dorata, d'altezza, compresa
« la base, palmi cinque e mezzo, ed è l'effigie del Santo vestita a
« modo di un Vescovo latino, col piviale in dosso, con la mitra sul
« capo, col bacolo pastorale alla destra, e con un libro che sostiene
« tre palle d'oro alla sinistra. Verso il fine del bacolo stanno attac-
« cate l'arme del re Sigismondo I, lavorate vagamente su l'argento
« con oro e smalto. Leggonsi nella base queste parole: *Deo Optimo*
« *Maximo ac Divo Nicolao Episcopo Sigismundus Rex Poloniae,*
« *Magnus Dux Lithuaniae, Russiae, Prussiaeque, et Haeres Z̄c, ex*
« *voto posuit millesimo quingentesimo vigesimo secundo.* Dentro di
« questa statua si è ritrovato a caso nel 1598, mentre i Cherici ba-
« resi, per polirla, la svitarono tutta, un foglio di carta scritta, il
« quale ivi riposto si conserva. Erano in detto foglio le seguenti pa-
« role: *Sigismundus Orthodoxus Poloniae Rex, magnus Lithuaniae*
« *Dux, Russiae, Prussiaeque Dominus, et Haeres Z̄c, anno ab hinc*
« *quarto, quod masculina careret prole, Divum Nicolaum ad Do-*
« *minum Optimum Maximum implorat intercessorem: qui Divinam*
« *voluntatem nimirum alioquin optimi Regis precipus exorabilem*
« *reddidit apparatiorem. Paulo post Bona Regina, patre, Sfortia*
« *de domo, Ioanne Galeatio, matre Isabella Alfonsi Aragonum et*
« *Napolitanorum Regis filia, inclyta stirpe nata, die prima Augusti*
« *millesimo quingentesimo vigesimo filium marem Sigismundum Au-*

sto Lodovico Decio di Vissemburgo: ed in ciò fu dalla regina imitato.

In questo mezzo, trapassato re Ferdinando di Spagna, e lasciata la corona a sua figlia Giovanna, vedova di Filippo arciduca d'Austria (che da alcuni storici è detta la terza Gio-

« *gustum appellatum genuit. Optimus Rex, quo religione in Deum,*
« *observantia in Sanctos, dominio in populos subiectos non est alius*
« *praestantior, ut simul vota sua Domino redderet, et animi perpe-*
« *tuam demonstraret constantiam, hanc statuam Deo Opt. Maximo,*
« *ac divo Nicolao dedicatam Barium misit, eamque in Templo illius*
« *perpetuo manere voluit. Posita ibi est per Iustum Ludovicum De-*
« *cium natione Germanum ex oppido Vissemburgo, quod in Helve-*
« *tiis est, oriundum, Regis illius optimi secretarium, atq. ad huius*
« *muneris functionem legatum oratorem die vigesima quinta Octo-*
« *bris, anno millesimo quingentesimo vigesimo tertio, Carolo Roma-*
« *norum imperatore regnante feliciter. Idem Iustus manu propria*
« *scripsit.*

« La Regina poi donò un bellissimo reliquiario d'argento, indorato
« nel piede dove sono l'arme della Reina, ed in una Crocetta, che
« tien di sopra, ma il vase delle Reliquie è tutto d'oro. L'altezza è
« di un palmo e mezzo, l'artificio di maraviglia, ed il valore di gran-
« dissimo prezzo, per esservi incastrate in varii luoghi sette perle
« di strana grossezza, quattro giacinti, otto zaffiri, una prasma,
« quattro smeraldi, ed una elitropia lavorata in modo, che fa una
« statua di S. Giovanni Battista ». Di questo medesimo reliquiario ci
pare che parli lo stesso Beatillo (Hist. di S. Nicolò, lib. XI, p. 946),
quando dice, che aprendosi vedeansi dall'una parte tutte le reliquie
e con esse un pezzetto del Santo Legno della Croce, una rutena
iscrizione dall'altra; la quale voltata in latino da un giovane Rute-
no, alunno del Collegio greco di Roma, venuto in Bari a'suoi giorni
a visitare il sacro Corpo di S. Nicolò, diceva in questa forma:

« Lignum vitale; lignum tabulae sepulchri Sancti Menodori; se-

vanna delle nostre reine), e madre di Carlo , che poi fu imperatore ; dalle costoro maestà vollero i Baresi farsi rifermare
i lor privilegi [1].

Vivean eglino così una vita tranquilla, quando venne ad at-
tristarli la morte della duchessa Isabella. Nella peste del 1522,
che menò strage in tutto il reame , ella era a Roma , andatavi
per visitar le Basiliche con un seguito di quattrocento donne ,

pulchri Sanctorum Ochesinii , et Eufrosini Smolenchiensium ; Sancti Eumonii Smolenchiensis Epiuatae Spirianensis ; lignum Sepulcri
Sancti Anrantii Smolenchiensie; lignum Virgae Aaron : lignum San-
ctissimi Sepulchri Sancti Archiconae; Sanctae Tanechitae; Lapis Sepulcri Santi Glesae; Incombustae Rubi; Capitis Praecursoris , et in-
certorum Reliquiae; Saucti Lazari , Sancti Troli ; Sancti Eudocimi,
Sancti Apostoli Timothei, et Andreae Cretensis ; Sanctae Marinae ;
Sancti Procopii; Lapis Sepulchri Domini; Corticis ficulneae; Diverso-
rii Christi; Sancti Arthemii ; Sancti Aresti; Sanctae Teodosiae Virginis; Simeonis Dei susceptoris; Sanctae Eutimiae; Sancti Ioannis Chri-
sostomi; Apostoli Andreae; Averthii Hieropolitani; Lapis Montis Goi-
gothae; Spiridonis mirafacientis; Lapis Montis ubi Moyses virga per-
cussit; Danielis Prophetae; Irenae; Stephani novi; Theodori Tyronis;
Sepulchri Sanctae Catarinae ; Santi Nicolai , Euthimii novi ; Lapis
Montis Sinai ; Sancti Nicetae ; Innocentium ; Elencololae ducum ;
Quirici et Iulittae ; Ignatii Deiphori ; Arethae , Sergii , et Bacchi ;
Iacobi Perfidis ; Euthimii novi ; et Apostoli Euthichii. Nel tempo
istesso tiensi , che donasse al medesimo luogo una bellissima cas-
settina d' argento dorato. di un palmo in quadro con le sue arme ,
nella quale conservano adesso i chierici alcune reliquie di quei
S. Martiri Ruffino , Macario , Giusto e Teofilo , i cui Sacri corpi
giaceno nella chiesa del Gesù di Bari ; ed un quadretto piccolo pur
d' argento dorato con molte gioie preziose » Beat. Hist. di S. Niccolò, p. 963.

[1] Dipl. dato da Cesaraugusta a' 12 d' agosto 1518. C. C.

tutte a costume di spose doviziosamente adornate , ed accolta con assai riguardi dal Pontefice. Di là si ridusse in Napoli , e quivi colta da mal d'idropisia , e travagliata per un anno e mezzo, finiva agli 11 di febbraio 1524 '. Il cadavere fu deposto nella chiesa di S. Domenico maggiore ' : e nell' estrema sua volontà lasciava pegni d'affetto a chi in vita affetto le aveva dimostrato ⁵.

Rendutasi a Bari non bugiarda onoranza di funerali, la città inviava a Cracovia lettere di condoglianza alla regina Bona , ed a re Sigismondo suo marito. I quali mostrando di assai gradirle , resero grazie degli ufizi *della fedeltà e virtù barese, promettendo da lor parte volersi condurre in guisa, da parere giusti e benigni signori.*

E poichè ella chiese loro eziandio la confermazione de' privilegi, aggiungevano : già prima , che ricevessero quelle lettere , avere spediti oratori , i quali dovevano provvedere alla fermezza ed all'ordine dello Stato, e mandar loro gli esemplari de' privilegi : veduti questi, in ogni giusta ed onesta cosa sa‑

' O piuttosto a' 22 di quel mese , come afferma il nostro notar Niccolò Maria Romanelli in un istrumento de'17 d' agosto 1524.

' Sulla tomba fu posto quest' epitafio :

HIC ISABELLA IACET CENTVM SATA SANGVINE REGVM,

QVA CVM MAESTAS ITALA PRISCA IACET.

SOL , QVI LVSTRABAT RADIIS FVLGENTIBVS ORBEM ,

OCCIDIT, INQVE ALIO NVNC AGIT ORBE DIEM.

Lombardi , Vite degli Arcivescovi baresi , parte II p. 63.

⁵ Sappiamo solo della Lucrezia Comiti, donzella barese, a cui lasciò D. 300. — ed alla Maria Pizzoli D. 1000.

rebbono approvati ed osservati inviolabilmente [1]. Di fatto a'27
di maggio di quell'anno 1524 giungeva a Bari sopra una tri-
reme veneziana il dottor di leggi Lodovigo d'Alifio, nostro concittadino e segretario delle loro Maestadi; a cui i sindaci Ray-
naldo Gironda e Mario Fanelli uscirono incontro con gran compagnia di nobili ed altri cittadini tutti armati; e lo condussero, com'era uso, nella Basilica, dove il dì seguente nel regio
nome prese la possessione del ducato [2] sebbenè la solenne cerimonia fosse stata celebrata nel seguente anno [3], per le ragioni che appresso diremo.

Il quale anno fu per tristi accidenti funestato. Il giorno 9
di giugno, che venne in giovedì, si vide andare in ruina buona
parte delle opere fatte nel castello dalla duchessa Isabella. Poichè infierendo gran temporale dopo l'un'ora di notte, vi cadde
un fulmine, che percosse la torre detta *del monaco*, in cui si
conservavano le munizioni da guerra. Appiccatosi il fuoco a
cento cantaia di polvere, lo scoppio scardinò la torre; che ri-
versata quasi della sua metà superiore fe'grandi ruine. Poche per
buona ventura le morti; lasciatevi schiacciati sotto i macigni
soli quattro del presidio, ed una donna col suo bambino tra
le braccia, che venia di fuori; ma grande la paura di tutti.

Ai flagelli della natura seguirono le male opere degli uomini, una rivoltura politica. Non noti i particolari, ma certa
per documenti [4]. Quel segretario venuto di Polonia si adoperò

.

[1] Vedi Docum. n. CXIX.

[2] Ms. della casa Cardassi.

[3] A' 24 di giugno 1525 (Dai Capitoli di Sigismondo e Bona de' 18
di giugno 1827).

[4] Vedi Docum. CXX: al capit. 3.°

a tutto potere a sedarla, mettendovi quasi la vita, e furono presi gli autori. Un Cleofasso, Francesco, e Filippo, tutti e tre di casa Fanelli, un Cola di Antonio di Paola, un Pietro Jacopo da Barletta, un Cola de Rosellis, e molti altri, di cui parte sbanditi, parte volontariamente spatriati. Quali fossero le vere cagioni, e quale intendimento avessero, ora non si sa: sebbene è assai probabile, che fosse stata opera dello Sforza, figliuolo a Lodovico il moro, e pretendente a diritto sul ducato barese: e del fatto altra notizia certa non abbiamo, che di aver eglino rotto per forza il muro della città in quel punto, che porta ancora il nome di S. Barbara. Al ritorno che fece poi il segretario in Cracovia, ebbe merito della sua fede ed opera, la disgrazia regia: sì che, quando finalmente nel 1526 la cittadinanza inviava colà due suoi oratori[1] ad implorar perdono, confermazion de' privilegi, e nuove grazie in quarantasette capi di dimande, una di queste fu il ritorno di esso Alifio in grazia della Corte; del quale dicevano aver saputo « che « è stato donato qualche travaglio contra ogni dovere del mon- « do, che quanto sia stato intensissimo et ex corde il dolore « ne ha risentito la sua grata patria in genere et in specie, « non si potria con carte e lettere concipere » e crediamo ch'ei ritornasse in istato presso le loro Maestà, perchè il diploma delle concedute grazie fu sottoscritto da lui. Ma piene di dispetto trovaron essi le Maestà; le quali risposero riserbarsi di provvedervi, quanto la decenza e la giustizia permettessero. Concedettero perdono a tutti i reati commessi fino al giorno del legale possesso, che fu a' 24 di giugno 1525, non compresi i sei notati di sopra, come autori principali (di cui igno-

[1] Crisiano Effrem, e Vito de Tatiis.

rasi quale fosse stato il destino); e di quasi tutte le altre dimande serbarono a loro arbitrio il concederle , o le negarono
affatto , prendendo tempo a provvedervi più maturamente, o
in piccola parte vi provvidero. Non registriamo qui per ordine
que' capitoli , che in molti si riscontrano cogli ottenuti da altri principi ; ma con istudio di brevità toccheremo di quelli ,
che ne mostrano i publici bisogni.

Cercavan eglino esenzione dai pagamenti fiscali per sei anni , da spendersi a riparazione delle mura e fornimenti d' artiglieria , ridotti a pessimo stato per le male pratiche di un tale
Giosuè de Rugeriis , governatore della città per più anni : e
ciò richiedersi massimamente per le continue incursioni tur-
chesche. Si concedevano soli ducati dugento, e per tre anni. Negati sino a più matura deliberazione i proventi di giustizia e
di mastrodattìa , che s' erano ceduti ad Isabella pe' suoi bi-
« sogni: la qual causa (diceva la città) cessa al presente, es-
« sendochè le loro Maestati serenissime son principi grandi e
« signori ditissimi ». Soli ducati cento per tre anni si promet-
teano a nettare il porto , per cui non poco danaro s' era speso, ed a tanto bisogno si trovava destinata appena una gabella
di un dodici once l'anno di entrata. Continuo avean chiesto
quel soccorso i nostri ; perchè speravano, che, nettato il porto, vi sarebbero entrati legni da cencinquanta botti, laddove
appena da cento ve ne potevano entrare. Negato del pari lo
spazzo di alcune case ruinose pertinenti un tempo ai della Marra , e che allora dicevansi *le case della baronessa*: sul quale
era loro intendimento murare un palazzo conveniente per il
governatore , e gli altri ufiziali della giustizia, non essendovi
altro luogo voto nella città [1].

[1] Vedi Docum. n. CXX.

Dicemmo esser nostro sospetto, che quella rivoltura fosse stata dallo Sforza eccitata; perchè costui veramente pretendeva esser suo il ducato barese, nè il padre, che n'era solo governatore, averlo potuto concedere per ragion delle doti ad Isabella. Afforzavalo ancora l'imperator Carlo V dicendo, non solamente non aver potuto Lodovico concedere ad altrui il ducato non suo, ma averlo concesso senza il necessario assenso del re di Napoli Federico, cui per vacanza ricader doveva, ed a'suoi successori. Pur v'era l'assenso o concessione, che vogliasi dire, di Federico del 10 di aprile, come già innanzi notammo; ma questa reputavasi nulla, per la prammatica di Ferdinando il Cattolico del 10 di febbraio 1805, la quale annullava tutte le concessioni fatte da Federico dopo il dì 24 di luglio 1501: e d'essere stata dopo quel tempo spedita la concessione con data precedente, chiarivasi per testimonianza di Vito Pisanelli segretario di esso re [1]. Dopo varie consultazioni e dibattimenti fu alla fine risoluto, che il castello di Bari fosse da allora dato a Carlo, come a successore legittimo nella dominazione del reame; e che la città col rimanente del ducato si assegnasse alla regina Bona per tutto il tempo di sua vita [2].

[1] Beatillo, lib. IV, p. 199.

[2] Ciò raccogliesi da un tratto del *Repertorio della provincia di Bari* citato a pag. 69 di una dottissima memoria forense scritta dal cavaliere Michele Arditi a'23 di gennaio 1805, e che ha il titolo di *Esame de' titoli, in forza de' quali ha la Ducal Casa di Monteleone spogliate del regio Demanio le università di Monteleone e di Mesiano;* ed il tratto del Repertorio è di questo tenore:

« Perchè si pretendeva, che il privilegio del re Federico in favore « d'Isabella d'Aragona fusse stato spedito con l'antedata, cioè molto « dopo della data delli 10 aprile 1500, anzi quando detto Re si era

Ecco forse perchè, invalidato il possesso preso dal segretario
Alifio nel maggio del 1524, è notato ne'capitoli principio
della signoria il dì 24 di giugno dell'anno seguente, anzi crediamo che il ducato in tutto quell'anno, fino a che non fu venuto alla conclusione suddetta, fosse stato tenuto dall'imperatore Carlo V sotto sequestro; così raccogliendosi da un bar-
lume nel 27.° capitolo delle grazie chieste dalla città a re Sigis-

« confinato in Ischia, come scacciato dalli Francesi : Per questo de
« ordine Regiae Curiae fu esaminato Vito Pisanello, il quale allora
« era Segretario di detto Re, sopra l'espeditione di detto privilegio.
« Il quale Vito esaminato de ordine Regiae Camerae Summariae su-
« per dicto privilegio dictae Concessionis dicti Ducatus Bari, Prin-
« cipatus Rossani etc. factae per dictum Regem Federicum dictae
« Isabellae, a'10 di aprile 1500, super eo videlicet, se esso testimo-
« nio sape, che detto privilegio fusse spedito nel tempo della data di
« quello, o vero dopo, et signanter dopo la presa di Capua, che fu
« il dì di S. Giacomo alli 25 di luglio 1501 : Dixit, che secondo il
« suo raccordo, havendo al presente riconosciuto detto privilegio,
« dove sta la mano di esso Testimonio, dice, che il predetto privile-
« gio fu spedito dopo la presa di Capua, e dopo il dì 25 di luglio
« dell'anno 1501. E per quello ch'esso Testimonio si ricorda : Ha-
« vendo ben considerato il detto privilegio fu spedito nella città di
« Ischia a tempo che il detto Re Federico si ridusse in detta città
« d'Ischia lasciando Napoli, et il Castello novo, per virtù della Ca-
« pitulazione fatta con Monsù d'Obegnì, et il Conte di Cajazza, Ca-
« pitanij dell'Esercito francese. Nella quale città d'Ischia il detto
« Re Federico stette per tutto il mese d'agosto, e dopo alla prima
« settimana di settembre, secondo il suo raccordo, si partì per mare
« per Francia. De causa scientiae tamquam Segretarius dicti Regis,
« per cuius manus omnia expediebantur ».

Tale notizia c'è venuta dalla gentilezza dell'egregio signor Luigi
Volpicella, che di parecchie altre ancora ne ha fornito.

mondo e Bona. L'imperatore mandò subito dopo tale stabilimento un Colamaria di Somma cavalier napolitano ad occupare il castello; e Bona in pari tempo fidò l'ufizio di viceduca sulla città e tutto lo Stato ad uno forse congiunto a costui, di nome Scipione di Somma.

Allora Bari inviava suoi messi a Granata per chiedere all'imperatore confermazione degli antichi privilegi; ed ei gliene spediva a' 10 di novembre 1526 '; ed a'27 dello stesso mese lasciava diploma di confermazione de' privilegi anche alla Basilica: che anzi poichè ne' passati tumulti del reame un tal Guido de Tolomeis da Siena erasi impadronito della terra di Grumo, ordinava egli al luogotenente generale, che imponesse ad Alfonso, figliuolo di quel Guido, di renderla incontanente '.

Quindi a poco ricominciarono i flagelli della guerra congiunti a quelli della fame e della peste, che fecero orrido quell'anno 1528. Lautrech, capitano della lega fatta contro l'imperator Carlo tra il Papa, il re di Francia, e d'Inghilterra, la Republica veneta, la fiorentina, e Francesco Sforza, era già pervenuto in Puglia. Slargatesene paurose dopo sette giorni di scaramucce e correrie le forze imperiali comandate dal principe d'Oranges, fatto da Cesare capitan generale in luogo del duca Borbone, quegli entrava in Troia, e vi adunava consiglio de' capitani pe' futuri provvedimenti. I più tenevano, che si dovesse inseguire l'Oranges, e ritorgli le mal tolte ricchezze del sacco di Roma; ma vinse l'opinione di Pietro Na-

' Datum in civitate nostra Granata die decima mensis novembris, decimae quarte ind. anno a navitate Domini MDXXVI. C. C.

' Granata die septima mensis decembris anno ec. ec. Da transunto di Francesco de Ladisio, giudice a' contratti. B.

varra, e si aggredì Melfi, che dopo due giorni di sanguinosi
assalti arrendevasi a discrezione: e quivi fecero l'ultimo sforzo
di valore le *bande nere*, lasciate già da Giovanni de Medici,
dalla cui casa fu deputato a comandarle Orazio Baglioni. Costoro raggiunsero i Francesi presso l'Ofanto, e finirono poi
con azzuffarsi con questi a mo' di nemici, nata tra loro contesa
per la partizione della preda [1]. Dopo Melfi i Francesi occuparono Venosa, Ascoli, Barletta stendendo le lor correrie fin
sotto le mura della nostra città. La torre di S. Andrea, posta
in sulla via di Modugno, fu un giorno assaltata; ma difesosi
egregiamente un nostro gentiluomo della casa Carrettoni, che
vi si trovava dentro, sopraggiunsero aiuti, e ne sgombrarono
gli assalitori [2].

Bari sino a quel punto, benchè da pensieri agitata, erasi
tenuta salda. Ma come poi Giovanni Moro, capitano dell'armata veneziana, scorrendo le coste di terra di Bari ed Otranto, ebbe già ottenute a patti Trani e Monopoli; assediava il
castel di Brindisi, dopo averne occupata la città; ed andava
facendo divisamenti su di Otranto e Polignano, città che secondo i patti della lega doveano toccare alla republica [3]; ed in
pari tempo il provveditore degli Stradiotti, Andrea Civrano,
militante pe' Veneziani ebbe rotto presso la Vetrana il vicerè
della provincia d'Otranto, il quale a gran fatica salvossi in
Gallipoli col duca di S. Pietro in Galatina; e Lecce con tutte
l'altre terre intorno s'arresero [4]: allora anch'ella ebbe a pen-

[1] Giovio, lib. XXV, p. 53.
[2] Beatillo, p. 201.
[3] Sismondi, cap. CIX, pag. 895; Muratori, anno 1528.
[4] Giannone, Cap. IV, lib. 31.

sare a'fatti suoi, ed a'16 di giugno levò bandiera di Francia [1].
Opera fu questa massimamente de' nobili, e capi fra essi Niccolò Maria Lamberti, che fu primo ad uscire della città, e servire in guerra i Francesi [2], Pietro e Rainaldo fratelli Gironda [3], e fors'anche lo stesso notar Filippucci, che con festanti parole ne registrava la memoria. Ma il nostro castello si mantenne nella fede di Spagna; della cui parte si mostrarono massimamente studiosi Vincenzo Nenna con suo figlio Giambattista, e Bartolomeo Amerusio, sindaco del ceto mezzano, che soccorse anche del proprio il presidio. Cotesto stato incerto e pericoloso durò sino al 1 di settembre del seguente anno, se a quel notaio vogliamo credere: e parrà vero, se si consideri, che sebbene l'esercito di Francia già parte mietuto dal ferro, parte dai morbi e dalla cattività fosse stato disfatto un anno prima con la presa di Aversa; tutta volta in Puglia Federico Carafa, il principe di Melfi, e il duca di Gravina assecondati dai Veneziani seguitarono per buona pezza a mantener la guerra, piuttosto che farsi mozzare il capo dall'Oranges, divenuto viceré per la morte di D. Ugo di Moncada, o comperarsi la vita con quant'oro avessero. Ma lentissima la guerra procede-

[1] Protocollo di n. Francesco Giacomo Filippucci.

[2] Attestavalo in iscritto Gabriele Baront, general commessario nelle due province: « Quanto lo magnifico Cola Maria Lamberta « della città di Baro, persona molto affezionatissima, e divota della « Maestà Cristianissima si ha dimostrato con pronto animo alli ser- « vizii di S. M. e con pericolo di sua persona appresso nui, da che « ne conferessimo in le province de terra di Baro e terra d'Otranto, « seguendo la felice vittoria da principio fin al fine da terra in terra. « Dal castello di Lecce a 14 giugno 1528 ».

[3] Istrumento di n. Niccolò Maria Romanelli.

va, perchè all'entrare del 1529 in tutti appariva desiderio di pace. Non increscerà forse, se tocchiamo brevemente di quell'ultime fazioni avvenute intorno a noi, e ce ne darà materia, e sovente anche parole il Guicciardini [1]. Tenevasi Barletta per il re di Francia; nella quale era Renzo da Ceri, e con lui il principe di Melfi, Federico Carafa, Simone Romano, Camillo Pardo, Galeazzo da Farnese, Giancurrado Orsino, e'l principe di Stigliano. Tenevasi dai Veneziani Trani, Polignano, e Monopoli, avendo in questi luoghi due mila fanti, e sei cento *cappelletti*, di cui dugento stanzianti a Monopoli; e parecchi altri luoghi eziandio in terra d'Otranto. A costoro mescolaronsi soldati di ventura, e così mantenevasi la guerra; ma guerra propriamente non era, sì bene ruberie, prede, taglie, incendii dall'una e l'altra parte, che riducevano a miserabile condizione tutto il paese. Più che di altri famose le incursioni di Simone Romano, che dicono di casa Tebaldi, scorrendo pe'luoghi circostanti co'suoi cavalli leggieri, e dugento o più fanti; e ben seppeselo Canosa. A spegnere quest'altra reliquia di guerra entrava il marchese del Vasto con quattro mila fanti spagnuoli e duemila italiani; e non tentando Barletta, città fortissima e ben fortificata, si pose del mese di marzo a campo a Monopoli. Quivi Renzo mandò subito soccorso di trecento fanti per la via di mare. Aveva Monopoli, terra allora di circuito piccolissimo, non più che trecento o trecencinquanta passi di muraglia col fosso intorno di verso la terra, il resto tutto bagnato dal mare. A rincontro della muraglia fece il marchese un bastione vicino a un tiro d'archibuso, e due altri in sul lido del mare, uno da ciascuna parte; ma questi tanto lontani che battevano il mare, e

[1] Lib. XIX, cap. 3, p. 683.

la porta di verso mare, per impedire che le galee vi mettessero soccorso o vettovaglie. Dette al principio d'aprile l'assalto, dove perdè più di cinquecento uomini, e molti guastatori, e rotti tre pezzi d'artiglieria. Al cattivo evento se ne discostò un miglio e mezzo, anche perchè l'artiglieria della terra gli danneggiava assai: onde i Veneziani usciti fuora scorsero i bastioni, ammazzando uomini, ed assicurarono il porto con un bastione fatto in sul lido a rincontro di quello degl'inimici. Di nuovo accostavasi il Vasto e prendeva a fare due cavalieri per battere per di dentro, e trincee per condursi in sui fossi e riempirli con seicento carra di fascine, ma poco dopo usciti di Monopoli dugento fanti abbruciarono il bastione. Allora egli accostatosi con una trincea al diritto della batteria, e fattane un'altra al diritto degli alloggiamenti spagnuoli, lontana dal fosso un tiro di mano, e di dietro a quella fortificato un bastione, vi piantò su l'artiglieria, e battè sessanta braccia di muro d'intorno, a quattro braccia da terra; ma inteso che la notte vi erano entrate nuove genti mandate da Renzo, ritirò l'artiglieria, e finalmente essendo la fine di maggio ne levò il campo.

Intanto seguitarono, e mentre stava il campo a Monopoli e dopo la ritirata, varie fazioni e danni in altri luoghi. Quei di Barletta faceano prede continue; ma genti tumultuose e collettizie com'erano, e senza soccorso o rinfrescamento alcuno (perchè soli i Fiorentini davano a Renzo qualche sussidio) non poteano far cose di gran momento: anzi dall'una parte il duca di Ferrara negogli di mandar per mare quattro pezzi d'artiglieria, e dall'altra già in Barletta cominciava a mancare frumento e danari. Andarono poi il principe di Melfi per mare, e Federico Carafa per terra a campo a Molfetta, terra già del principe; e quivi Federico combattendo fu ammazzato d'un sasso: onde il principe ardente d'ira sforzò violentemente la città, e tutta saccheggiolla. Simile infortunio accadeva a Simone Romano; perchè l'armata veneziana essendosi accostata a Brindisi, e poste genti in terra, con le quali era Simone, occupò la città, ma nel combattere la rocca, fu egli morto d'una artiglieria. In tal guisa spegnevansi ingloriosamente le vite, disertavansi i popoli, distruggevansi le terre.

Finalmente nella chiesa maggiore di Cambrai, il dì 5 d'agosto 1529, si pubblicava la pace tra 'l Pontefice e Cesare; ed uno de' capitoli conteneva, che il re di Francia lasciasse il più presto che potesse Barletta, e tutto quel che teneva nel reame di Napoli; e protestasse a' Veneziani, che secondo la forma dei capitoli di Cognach restituissero le città di Puglia: le quali però non furono restituite che nel gennaio del 1530[1].

Bari ritornò sotto la suprema signoria spagnuola; e la pena del disertamento fu composta in una multa di dieci mila ducati, e nel divieto alla città di più tenere il regio stendardo, il quale custodir si dovesse nel castello[2]. Ritornate le cose allo stato primiero, stettero così sino ai 24 di febbraio 1530; allorchè Carlo V era incoronato a Bologna da papa Clemente VII,

[1] Giannone, lib. XXXI, cap. 5.
[2] Forse questa somma fu conceduto pagarsi in varie rate; perciocchè nel libro di uscita del 1529, fol. 17, trovasi, che nel dì 1 di settembre Francesco Ferdinando, deputato della città, conducevasi al campo che assediava Monopoli per consegnare in conto della composizione duc. 700 a Raffaello de Rogante, pagator generale dell'esercito spagnuolo, ed altri duc. 2600 si pagavano a Francesco Moles, luogotenente di Francesco Cardonelli percettore della provincia.

e l'Italia dopo ottant'anni vedeva l'ultima incoronazione di re tra gran fasto di principi italiani e stranieri, ed infinito numero di baroni. La regina Bona inviava anch'ella in tale occasione quel nostro Giambattista Nenna, nominato pocanzi, ed un tal Dantisco (Dàntyszek) di nazione polacco a prestare a Cesare il debito omaggio. Il quale ricompensava la fedeltà di quel nostro concittadino nel difendere le ragioni di Spagna nella barese rivoltura, ornandolo dello speron d'oro, e concedendogli di poter aggiungere all'arme gentilizie il leone e l'aquila coronata [1]. Allora rinunziatosi dallo Sforza a Carlo ogni diritto che avesse potuto avere sul ducato di Bari [2], questi ne investiva la regina Bona; il che sei anni dopo faceva ancora del castello.

---

[1] *Quocirca mentis nostrae aciem et intuitum dirigentes ad merita satis grata et accepta servitia in ultima citerioris Siciliae regni Gallorum invasione per fidelem nobis Ioannem Baptistam Nennam U. I. D. Vincentii Nennae filium.....*
Parole del diploma spedito da Bologna nel 1533.

[2] Così dice Beatillo; ed è da credere. Perchè, se lo Sforza nel trattato sottoscritto a'3 di dicembre 1529 aveva dovuto comprarsi la pace con novecento mila ducati e la perdita di Pavia, non è credibile che non avesse dovuto rinunziare ad ogni pretensione sul ducato barese.

CAPO IX

DALL'ANNO 1531 AL 1558.

SOMMARIO

Carattere di Bona ; dubbii intorno al severo giudizio fatto di lei dagli storici polacchi , che pur confessano il suo secolo essere stato il secol d'oro della Polonia ;
sèguita ella a mantenere il governo di sua madre; sgrava i Palesi da giurisdizioni
feudali, soccorre ne' bisogni la città, e fa proseguire le riparazioni al porto; ma
privilegia i mercatanti forestieri a danno de' cittadini , aggiunge gravezze, com-
pera il feudo di Triggiano, facendovi contribuire la città, che se ne duole con
ischiette e gravi parole; stringe la carestia, la paura di assalti turcheschi, che
fan provvedere a rinforzar la città; si adopera la cittadinanza a migliorare la condizione delle monache di S. Chiara; Bona vedovata (1548), allontanata dai publici
affari, risolve di venirsene a Bari con gran copia di ricchezze; è accolta festevolmente per dove passa, massime a Venezia ; una schiera di nobili cittadini baresi
muove all'incontro per mare, e sono predati , ma riscattatisi riprendono il cammino sino a Venezia; giunge ella a Bari a'12 di maggio 1556; ordina regiamente
la sua corte, e dopo fatte poche opere, se ne muore (1558); Gian Lorenzo Pappacoda eredita feudi e tesori; sorgono questioni tra la Corte di Polonia e quella
di Napoli per il ducato barese, ceduto a questa per decisione arbitrale dell'imperatore Ferdinando d'Austria ; Anna Iagellona sua figliuola le innalza un monumento nella Basilica; cultura di tutto questo periodo di tempo.

Il reggimento di Bona fece sentire maggior desiderio d'Isabella, dalla quale s'ella ritraeva in molte buone parti, in

molte se ne scostava. Giovane, bella [1], colta, e piena di nobili spiriti soggiogò a prima giunta l'animo del vecchio marito, e quindi, come interviene nelle Corti, gli omaggi, le lusinghe, le adulazioni ne guastarono siffattamente l'indole, che se volessimo aggiustar fede in tutto a Bernardo Zaydler storico polacco [2], o a Carlo Forster antico segretario del gabinetto del luogotenente di quel reame [5], ce ne faremmo

---

[1] Sotto un suo ritratto in Polonia posero questo epigramma:

Implentis paribus nomen tam nobile factis
    Reginae facies haec veneranda Bonae est.
Cujus Sphortiaco patrium de stemmate germen
    Maternum Reges surgit in Hesperios.
Sed tamen eventu felicior illa Mariti
    Optata fecit quem modo prole patrem.
Augustum pariens Augusto ex semine natum
    Augusta Augusto mater ab Augurio.
Omnia conveniunt augendis optima rebus
    Surgit agro felix insita planta bono.
Vos modo jam fausta salvos cum prole parentes
    Servate et totam, Numina summa, domum.
Ut Reges populis, populi quoque regibus ipsi
    Sigsmundo II. co. H. nes sceptra tenente scient.
        P. Gundelius faciebat.

Ignoriamo il senso contenuto nelle cifre dell'ultimo verso. L'epigramma è cavato dall'opera di Sebastiano Ciampi, p. 314, volume II, intitolata: *Biblioteca critica delle antiche reciproche corrispondenze politiche, ecclesiastiche, scientifiche, ec. dell'Italia con la Russia, con la Polonia ec. ec., Firenze 1834.*

[2] Lib. III, capo 3, Firenze 1831.

[5] Paris, Firmin Didot 1840. L'Univers, ou Histoire et description de tous les peuples. Pologne.

un concetto detestabile. Costoro la dipingono donna invidiosa, intrigatrice, fastosa, voluttuosa, avida di comando e di danaro. Nelle due fazioni di Tarnowski e di Kmita, per le quali si sciolse senza nulla conchiudere la dieta da re Sigismondo convocata per provvedere ai necessari mezzi della finanza nella guerra contro i Valacchi, fanno figurar lei come personaggio principale; lei cagione di vessazioni ed ingiustizie, e quindi del disamore de' sudditi, massime della nobiltà già tanto al monarca affezionata; lei avere invilito cogli esempi i sentimenti del principe Sigismondo Augusto suo figliuolo, e frustrata la speranza del reame. Aggiungono ancora qualcosa di peggio. Perciocchè quando il principe, (ch'era già vedovo di Elisabetta d'Austria [1]),

---

[1] Ecco come Marco Guazzo descrive nella sua storia il ricevimento e le feste fatte a Cracovia per cotesta principessa:

« Per procedere ordinatamente le cose occorse di anno in anno, diremo come di quest'anno 1542, essendo contratta affinità tra il Re Ferdinando Re de'Romani, et il Re Sismondo Re di Polonia a gli 25 d'aprile partì di Vienna la Reina Anna moglie del Re Ferdinando, et esso Re con la loro figliuola la signora Elisabetta maritata nel Signor Sismondo figliuolo del sopradetto Re Sismondo, et camminarono insieme d'intorno a 24 miglia, e dopoi Ferdinando andossene nella città di Praga nella Boemia. Hor seguendo il suo camino la loro figliuola con 200 cavalli della Corte, con molti gentiluomini, fra quai gli erano il conte di Sarno e il signor D. Pietro di Corduba, pigliò la via per la Moravia, et in più giorni aggiunsero ad Olmis, ove trovarono il duca Giorgio zio del duca di Sassonia, huomo attempato, luogo tenente dell'Imperatore nell'Alemagna, et dui nipoti del detto Duca, et un parente del Duca di Brandiburg, et molti altri signori Boemi con mille cavalli coperti di bellisima maglia con testiere di ferro lucide et ben lavorate con molto belle divigie al modo loro, et il terzo giorno dopoi vi venne il Vescovo di Cracovia con

avuta contezza della morte del padre, fece incontanente pubblicare il suo segreto matrimonio con Barbara, figliuola di Radziwill
castellano di Wilna, ed i nobili, che si credevano uguali al sovrano, adontaronsi di aver a riverire una regina di non regio sangue; ne mostrano lei gelosa delle grazie e de'vezzi di Barbara,

mille e cinquecento cavalli mandato dal Re di Polonia, quai erano
tutti vestiti di bianco, con lanze e bandirole bianche, et targhe da
cavallo, et spade di gran valore con catene d'argento al collo de'cavalli, che gli pendeano sino a mezzo il petto, e si appresentò dinanti
alla carretta della Reina, della qual la coperta valea oltra sei mila
ducati, accompagnata dalla madre del conte di Sarno con sei altre
carrette di damigelle coperte di velluto di diversi colori. La corte
della Reina Anna era tutta vestita di saioni gialli e rossi a quartiero,
et nel bracciale della manica destra gli erano in ziffra un S. et un E.
che diceano Sismondo et Elisabetta. Tutti i Polacchi alloggiarono
fuori della terra et entro, et la Reina et il Vescovo, qual non il seguente giorno ma l'altro la sera, andò alla sua compagnia con ordine
che cavalcasse una giornata innanti, per non gravare tanto gli alloggiamenti, et andarono fino a quattro miglia appresso alla città di Cracovia, ad alcuni palagi fatti di legnami, molto belli grandi et ben
ornati, et ivi alloggiarono, et fu in giorno di sabato, et la domenica
ad hora di terza venne fuori di Cracovia da trenta carrette di gran
madonne molto ad ordine a far riverenza alla Reina, et insieme se
misero in camino. Don Pietro di Corduba ivi cominciò ad ordinare
le genti, da trecento Ongari antiguardia, mettendo dopoi mille cavalli
Tedeschi, et duodeci paggi con duodeci belli cavalli tutti cuoperti di
velluto carmosino, quai mandava Re Ferdinando al genero, et otto
trombetti Italiani sonando seguiano, e dopoi i signori di grado in
grado fra quali erano le carrette. Stava la strada per buona pezza
tutta coperta de panni di lana tinti in scalatto, e due bellissimi padiglioni tirati poco lontano, là dove haveano i panni principio, ai
quali padiglioni aspettava il novello sposo, et come vide la regia carretta mossesi a piedi, et ad incontrarla andossi fino là, ove era la

ed istigatrice degli spiriti bollenti della nobiltà. E di poi, quand'egli non ismosso a'lor clamori, ed alle preghiere di Pietro Boratynski, supplicante in ginocchio a nome del senato di voler

strada coperta, et ciò vedendo la Reina, smontata di carretta, insieme se abbracciarono, et insieme montarono in carretta, et così andarono fino ai padiglioni, ove il sposo montò a cavallo, qual era d'anni 22, con veste alla napolitana di velluto nero, con cento gentiluomini similmente vestiti. Andava il giovine Sismondo ragionando con il mastro di casa del Re Ferdinando, et poi la corte del Re di Polonia, et signori et gentilhuomini insino alla somma di due mila cavalli dinanti da tutti, et con tal ordine ferono l'entrata in Cracovia, et agiunti al palagio trovarono sopra la porta della Chiesa maggior, qual è contigua con il palagio, la Maestà del Re Sismondo primo, et la sua moglie la Reina Bona con molti Vescovi, signori et principi, et i trombetti di Ferdinando, che fin lì aveano sonato, tacerono dando luogo a 24 trombetti polachi, et otto piffari italiani che con soavissima melodia incominciarono a sonare. Scesa di carretta la novella Sposa Elisabetta et basciata la mano al socero et alla socera tutti andarono in chiesa col novello Sposo, ove si vi cantò una solenne messa del Spirito Santo, fra bellissimo aparato, et fornita la messa, et sposata ivi la novella sposa; a prieghi del mastro di casa di Ferdinando anche fu coronata, et ciò fatto, i due Re et Reine entrarono in casa, et per 15 giorni continoi tennero corte bandita, et ferono combatter due huomini armati con due orsi entro un steccato, dopoi seguirono torneamenti et giostre con incredibile et commune contentezza. Il re Sismondo il vecchio presentò a quelli della corte del Re Ferdinando alcune volpe negre, et cavalli et danari et altre cose, a tanto che passarono la valuta di 25 mila scudi.» Qui il Ciampi conchiude: non fu di lunga durata la felicità de'nuovi sposi; perchè la Regina Elisabetta fu presto rapita da morte non solamente con sommo dispiacere del marito e di tutto il Regno, ma quel che suol esser più raro, della Suocera la Reina Bona Sforza de' duchi di Milano, madre del Re Sismondo Augusto ec. ec.

annullare il maritaggio, rispondeva con risoluta dignità « Quel
« ch'è fatto, non può disfarsi. Credete dunque ch'io sia per
« mantener la fede verso di voi, quando voi volete ch'io la
« rompa verso la mia donna? » e vinse in fine impaurendoli
con la minaccia di voler procedere alla disamina de' titoli e diritti delle lor signorie; ed in Cracovia s'incoronava solennemente la figliuola del castellano: ne mostrano lei fra que' signori, di così fieri divenuti sì ossequiosi, non ultima a con-
gratularsi con la regia nuora, infignersi dolente dell'essere
stata sì tarda a conoscere la felicità del suo figliuolo, e nascondere sotto sorriso di benevolenza un disegno infernale. Chè dopo
sei mesi Barbara moriva, e sospettano di veleno, e ne appongono a Bona il misfatto! Ma il Forster medesimo, da cui spezialmente abbiamo tolto i colori a far tal bozzo di ritratto, non
può tacerne, com'ei dice, *il debole compenso del male fatto da
tal donna*: aver ella chiamati intorno a sè gran numero di artisti italiani, che con esso loro recarono in quel paese l'idea
ed il gusto del bello '; avere innalzato in tutte parti magnifici

---

' Perchè si abbia un'idea degli oggetti preziosi, ch'erano nella
regia di Cracovia, leggasene la relazione del Ruggiero mandato da
Papa Pio V a Sigismondo Augusto l'anno 1568:

« De gioie si diletta grandemente, et un dì secretamente me le
fece vedere, poichè non gli piace che Polacchi sappiano che v'abbia speso tanto. In Camera sua aveva una tavola grande quanto la
Camera sopra la quale erano XVI cassette di due palmi lunghe l'una,
et uno et mezzo larghe, tutte piene di gioie. Quattro de queste sono
de quelle di 200 m. scudi della madre che sono venute da Napoli.
Quattro son quelle che ha comprate Sua Maestà 200 m. scudi d'oro,
tra l'altre la spinella di Carlo V scudi 80 m. d'oro, et la medaglia sua
quanto un *Agnus Dei* grande di diamanti, da una parte l'Aquila con
l'arma di Spagna, et dall'altra due colonne con lettere *plus ultra*.

edifizi , ed ornatili di preziose gallerie ; invitati uomini d' ingegno e dottrina , a cui compensare non bastando le ricchezze di Polonia , assegnava pensioni sul ducato di Bari '; in

Molti rubini poi et smeraldi in quadro et punta; l' otto altre cassette
erano l' antiche, tra le quali in una borsetta piena di smeraldi , rubini , et diamanti carica , era la valuta di 300 m. scudi d' oro. Et in
somma io ho veduto tante gioie, che non harei pensato se ne trovasse
siffatte , et quelle di Venezia ch'ho vedute , e del Regno di N. S.
non hanno comparazione. Oltra gli argenti, che s' operano per Sua
Maestà et le Regine; nel tesoro sono XV m. libbre d' argento tutto
indorato, che non si opera. Queste pure son cose belle, de quali si
diletta Sua Maestà , come a dire fontane , orologi grandi , quanto
un'huomo con figure, organi, et altri istromenti. Il mondo con tutti
li segni celesti fatto a misura ; bacili et vasi con tutte sorti d'animali
celesti, terreni, et marini ; il resto son coppe indorate, che donano
Vescovi, Palatini, Castellani, Capitani, et altri Officiali, quando
sono creati dal Re. Mi dicono che in Polonia havvene per questo regno una maggior copia, detratte quelle cose de lavori, che ha fatte
fare il Re, ma io non l'ho vedute, benchè mi dissero che scriveriano
mi fossero mostrate. Ha il Re ultimamente 30 selle et fornimenti de
cavalli, che non si può in questo genere vedere più superba cosa ,
perchè sebbene alcuni sono d'oro et argento massiccio, questo non
è gran faccenda ad un principe, ma in essi sono sì belli minuti et
rari lavori , che chi non li vede , non lo crederà mai. Appresso a
questi erano li vestiti per 20 paggi corrispondenti con catene di 800
due ungari l'una con molte altre cose rare, che saria fastidio a nar-
rarle. Perchè in ogni arte Sua Maestà ha persone rare, come per le
gioie et intagliare messer Giovan Giacomo da Verona (Caraglio o
Caralio). Per l'artiglieria certi Francesi, un Veneziano per scoltura,
l' Ungaro unico di leùto. Il Signor Prospero Avadeno (o Anadeno o
Anaclerio) Napolitano per cavalcare , e così in tutte le arti ».

Lo stesso Ciampi, Biblioteca ec. ec. vol. II, p. 245.

' Come fu di Lodovico del Monte modanese, che per legazioni a

somma essere stato quello il secol d'oro della Polonia [1]: nè vogliamo trasandare d'aver ella anche migliorata l'agricoltura, essendo rimaso in quella regione il nome di civaie ed ortaggi d'Italia a quelli da lei fatti introdurre. Noi non abbiamo documenti, onde difendere cotesta donna dall'apposte accuse, nè onde confermarle; ma non possiamo risolverci a crederle vere in tutto, anzi le tegnamo in gran parte calunnie, che un falso amor di patria, o piuttosto di parte, rovescia sul capo di lei, e ne infama la memoria, per lavarne la nobiltà polacca. Perciocchè se gli accusatori pe'monumenti che non mentiscono, son costretti a non negarle squisito sentimento del bello, e studio del propagarlo, e liberalità grande ne'cultori e trovatori di esso; non è forse cosa assai rara, per non dire impossibile, che questo sommo pregio alberghi in animo sì deforme e sozzo? E l'arcivescovo di Leopoli o Lemberga, metropoli della Galizia austriaca, avrebbe osato egli di mentire così francamente in faccia a tutta la nazione, lodandone la magnanimità, l'assiduità, l'accorgimento, la costanza, la liberalità, l'amor del decoro, e dell'ordine pubblico? esortando a volger gli occhi alle rocche, alle castella, ai possedimenti, alle ricchezze della Polonia, tutte cose da lei istituite, cresciute, restaurate, confermate [2]? Mentire così francamente il mosco-

principi e pontefici ben condotte ebbe annuo assegnamento di due mila scudi, ed altri onori.

[1] Pagina 95.
[2] Beatillo, p. 206.

Un panegirico in lode di Bona scrisse pure in latino a Napoli nel 1538 Giovan Teseo Nardeo da Galatina, dottor di leggi, che condottosi a Polonia ella benignamente accolse, e tenne a suo segreta-

vita Stanislao Oricovio (Orgiakowski), quando al panegirico
per le terze nozze di Sigismondo Augusto con l'arciduchessa
Caterina d'Austria, somme lodi di lei v'intrecciava? ' Volgersi a lodarla ancor quella lingua maledica di Pietro Aretino, che a niuno mai perdonò? ² E la veneta Repubblica, lei

rio due anni, ritornandosene poscia per la paura della peste. Storia
di Galatina, parte III, p. 62.

' Il titolo di codesto panegirico è : *Panegyricus nuptiarum Sigis-
mundi Augusti Poloniae Regis priore correctior et quasi locupletior.
Addita est in fine Bonae Reginae luculenta laus. Cracovia Lazzarus
Andreae excudebat. 1553.*

In esso dopo il racconto delle cerimonie, delle cavalcate, del gran
pranzo, e delle giostre, descrive i mirabili arazzi intessuti a seta ed
oro della stanza da letto; i quali poichè rappresentavano gli stessissi-
mi dipinti Raffaelleschi delle logge del Vaticano, s'è creduto che sui
cartoni di Raffaello fossero quegli arazzi lavorati, che l'autore chiama
cortine. Nove se ne contavano nella stanza del regio talamo; ed altri
ancora adornavano il grande atrio ed il vestibolo, che a quella con-
giungealo, i quali rappresentavano la continuazione della storia del
popolo di Dio.

² Non ispiacerà forse, se publichiamo qui la lettera dell'Aretino
diretta a M. Alessandro Pesente da Verona, e che togliamo dalla
stessa opera del Ciampi :

« I debiti che l'huomo ha colle persone magnifiche, sono crediti,
perciocchè la generosità delle genti splendide tien' più obbligo con
quegli i quali si prevagliono della sua gentilezza, che non tengono i
soddisfatti dai benefizi ricevuti da lei; per la qual cosa non isforzarò
con lunghezza di proemio la mia gratitudine a ringraziarvi del favore
fatto costì in Cracovia al mio messo, ma dirò sinceramente che non
diffraudate punto il soprano del nome che tenete. Chi vuol informarsi
del senno e del valore del Principe guardi la bontà e la discrezione
delle sue famiglie. Com' altri trova in una Corte gentil' huomini et

più che regiamente albergando, e festeggiando al ritorno che fece in Bari, avrebbe contro la severità de'suoi costumi tanto largheggiato in onori e laudi spontanee?

virtuosi, si può molto bene lodare quello, che n'è Signore; però che dove è nobiltà et virtù, è cortesia et ragione: e dove si scorge il cortese et il ragionevole, si puote sperare ogni gratia, et ogni riputatione. Veramente in far giudizio della virtuosa prudentia della reina di Polonia basta la benignità che io, che mai non vi vidi, ho trovato in voi. Certo la Serenità sua non regge con meno ordine la casa che il regno. Ben veggo io, che l'altezza di cotanta Donna non alza alcuno che meriti di star basso, perciocchè un simile asceso in grado è come il torrente piccolo per natura, il quale ingrossato dalle piogge move con più furore, che il fiume grande per se medesimo. Non è bugia che i pari vostri costringano gli uguali a me a predicare il nome dei Re loro; il costumato, il leale, l'onesto, et l'ottimo di voi m'accende l'animo inverso gli honori di Sua Maestà. Dicono i Messeri Alessandri ai padroni che gli ascoltano: date ai sì fatti, et ai così fatti; ma gli asini dorati che salgono dalle stalle al cielo a che fine gittargli co'i tali e con i cotali? Io vi giuro per la riverenza che io ho alle illustri qualità del signor Preposto parente del Molza lume del nostro secolo, che la venuta in codeste parti di colui che fuor del mio credere pur ci venne, è stata di sua presuntione, e di ciò faravvi fede Gian Iacopo veronese a voi cordiale servidore, et a me perfetto amico; ma non mi spiace poi che la inclita Bona ha mostrato segno di caritade sopra la mia servitù, la qual cosa mi è stata cara, come la profusa carità del buon Ferdinando, la cui non nata larghezza nel far porgere il bel dono a Paolo giurò che non gli era rimaso altrettanto; è vero che vi scrissi per lui, ma ciò feci per levarmi dinanzi la importunità del disgraziato, non istimando che egli dovesse passare sì oltre, e tenendolo per fermo, non indirizzai lettere mie alla Corona di colei, che ha pur compreso la condizion del predetto. Non conobbe il magno Macedone la fanciulla nutrita di veleno mandatagli d'India per attoscarlo mercè dell'eccessiva bel-

Che se con non molta dolcezza resse da Polonia questi suoi
Stati, negli ultimi due anni di sua vita per lo contrario, quando
di presenza venne a reggerli, la si mostrò tutt'altra donna:
quasi che il suo animo prima guasto dalle adulazioni ed umori
di quella Corte e poi inasprito dal dispetto delle toltele onoranze, per l'aure miti che aveano careggiata l'innocente sua
fanciullezza, ritornasse alla naturale benignità di sentimenti.
Ma facciamoci senza più indugi a dir del suo governo, del
quale ci convien pure essere brevi per iscarsezza di documenti
e memorie.

lezza, di che ella splendeva; ma la sua Maestade ha ben conosciuto il goffo; nè gli è giovato il vestir di ricamo, nè il mascararsi
col titolo di mio nipote. Come si sia i gran maestri si compiacciono
nel compartire le proprie potestà sin coi notari, preponendo sempre
i pravi agli ottimi, et io ho voluto una volta che il mezzo della virtù
non solo introduca alla presenza del Re il mio barcaruolo, ma che
le Reine paghino trenta ongari da lui mangiati in otto dì sull'osteria,
benchè io ho sconto il tutto, perciocchè la villania della sua natural
tristitia, che dovea rubarmi, mi ha messo a sacco con la giunta di
negare la chinèa, che la vostra singolar mercè si degnò mandarmi.
Pur io che veggo non la gran volontade, ma i grandi effetti di vostra
signoria, lasciarò memoria del mio esserle tenuto nella maniera che
io sono, all'eccellente Coralio, la cui amorevolezza mi è suto cortese di due medaglie, opere dello stile suo; nell'una è la sopra hu-
mana effigie della Reina, e nell'altra la honorata immagine vostra;
onde non trapassa hora che quella non inchini, et questa non va-
gheggi, perciocchè nel disegno di tutte due appare il vivo et il vero.
Hor voi degnerete doppo raccomandare la mia affettione al magnanimo M. Andrea honor di Modena, (Giovan Andrea Valentini medico archiatro del re Sigismondo I) di salutarmi M. Gasparo Ghucci
giovane ornato di gran creanza.

D. Venetia il XVII di luglio MDXXXIX.

Bari ogni dì più correva a ruina. La peste del 1527, la fame quasi sempre compagna, i commerci pericolosi per la guerra col Turco l' avevano disertata. Non poteva neppure adempiere alle imposte fiscali, che se erano ordinariamente gravi, allora gravissime per straordinarie riscossioni, sotto nome di donativi: ed oltre a ciò non mancavano somministrazioni di vino e biscotti ai bisogni della guerra [1]. Onde l' università gravata di debiti verso i privati cittadini fu costretta a sospendere fin gli assegnamenti di sovvenzione agli Ordini regolari sulle publiche entrate: di che eglino, e massime i PP. Predicatori menavano lamento alla regina; la quale, non ignorando le misere condizioni della città, rispondeva di volerla esortare, se potesse ritrarre la sospensione, ma non potere più che tanto [2]. Così ella faceva; ed avvegnachè in Bari avesse i suoi commessarii generali, e tesorieri, e castellani, e governatori [3]; pur tuttavolta per ogni occorrenza publica era tra lei e l'università una cor-

[1] Al cenno di Francesco Duarte general provveditore dell' armata imperiale dovette Bari, fra l'altre somministrazioni, mandar due marsiliane cariche di vino, ed un grippe di biscotti a Castelnuovo in Dalmazia, espugnato per ordine di Carlo d' Andrea d'Oria, nella cui rocca era col presidio lo spagnuolo Francesco Sarmento.

[2] Vedi Docum. n. CXXI.

[3] Sino al 1536 seguitava ad essere viceduca, ossia commessario generale quel Scipione di Somma detto innanzi; perchè agli 8 di novembre imponeva da Napoli agli ufiziali del municipio di ricevere come governatore col mero e misto imperio il dottor Nardo de Grimaldi da Catanzaro, a cui la regina aveva spedito diploma da Cracovia il dì 1 di settembre. Discorsi postumi di Carlo de Lellis, Napoli 1701. Nel 1539 gli era succeduto il conte di S. Donino lucchese, tesoriere e castellano Niccolò Antonio Carcani milanese. Lombardi, Vite degli Arcivescovi p. II, p. 72.

rispondenza di lettere. Per mala ventura queste lettere, che avrebbono potuto dichiararne le vere condizioni di que'tempi, sono andate smarrite; sole restandone alcune bozze originali del 1539, e 40, gentilmente profferteci da un egregio nostro amico [1]; dalle quali caveremo la più parte delle cose, che qui si leggeranno. Vedrai, o lettore, non pur franchezza di scrivere di que'nostri antichi nelle lor bisogne, ma non del tutto biasimevole il governo di Bona; di cui spezialmente come di liberale signora lodandosi i Palesi, soggetti al barese ducato, le innalzavano un arco trionfale [2]. Mostrandosi ella abborrente dai soprusi, rifrenava la cupidità de' curiali dimentichi delle prescrizioni d'Isabella, e forniva a frumento la città nel gran caro che correva. Di che dando loro dello sconoscente per le non rendute grazie, eglino le rispondevano [3] « Non aver avuto « mai sì brutto vizio; anzi essersi mostrati con lei liberali e pro-

---

[1] Luigi Volpicella.

[2] Nel 1531 le possessioni della distrutta terriccivola di Auricarro ai Palesi donate da re Ladislao, ed usurpate dagli Sforza, ella loro restituiva con annua corrisponsione di duc. 300—; per la medesima somma cedeva il diritto esclusivo de' frantoi; per duc. 72 — quello de' mulini; per duc. 100 — la bagliva; per duc. 20 — i fossi e le spianate. (Memoria stampata in difesa dell'università contro il conte di Conversano). Che se in tal guisa ella statuivasi un'annua entrata di circa otto centinaia di ducati, era certamente un gran bene pe'cittadini di Palo crescere il lor territorio e rimaner liberi di poter costruire frantoi e mulini a lor senno, e sottrarsi a vessazioni e soprusi di riscuotitori. A memoria del qual benefizio le innalzarono presso alla torre dell'orologio un arco trionfale; a cui nel 1799 furono spezzati gli stemmi, e nel 1822 così distrutto, che solo un pilastro ne rimane al presente.

[3] Abbiamo corretta solamente l'ortografia.

« dighi. Non voler ella molte espressioni di lodi, ed averlo di-
« chiarato manifestamente : onde non avergliene detto nulla,
« ma aver dovuto vedere per le lettere già scritte il loro ani-
« mo, là dove si accenna del suo buon governo. Che se alcuna
« fiata si dolgono de' suoi ufiziali, procedere da lor male azio-
« ni : e la città debbe dolersi del mal governo, come si loda
« del buono. » Ed il mal governo, di che qui si accenna, eran
forse fra l'altre l'estorsioni del castellano sui prigioni, che uscivano del castello ', gli ordini dati dall'auditore ai maestri d'atti
di non voler accettare remission di querela senza la presenza
del capitaneo, ed il comandamento della regina medesima che
voleva nota di coloro che andassero prigioni, con indicazion del
nome, del casato, e del dì dell' entrata. « Ciò (le dicevano)
« sarebbe gran danno a' poveri, perchè andativi per minimo
« fallo, non potrebbono uscire senza suo ordine ». Onde con-

' Diceano del castellano : « il portello de'sedici carlini (cioè i se-
« dici carlini, che si pagavano allo uscir di prigione), perchè così si
« costuma, quantunque all' asserta osservanza si potria ben rispon-
« dere quel proverbio : *non quod Romae fit, sed quod fieri debet*,
« V. M. sia certa, che l' allegata prammatica (di esenzione) è in
« viridi observantia, e da noi non si dimanda salvo che giustizia ;
« perchè la usurpazione fatta per una fiata per incuria o compiacenza
« d' alcuni non dev' essere pregiudizio a tutta questa università, ed
« inducere nova legge. E dell' auditore : Ciò è zelo, dicevano, per-
« chè la regia corte non resti defraudata. Ma torna a danno de' po-
« veruomini, perchè non essendoci che il breve termine di tre giorni
« alla remissione, e non essendo così agevole aver la presenza del
« capitaneo, che si tiene ordinariamente ritirato in camera per ne-
« gozi ed altri rispetti, scorre vanamente il termine. Quindi, come
« è stato stile della corte, può il mastro d' atti pigliar la remissione,
« e sia obbligato egli andar subito al capitaneo per l'approvazione ».

chiudevano di volerle mandar deputati, che a bocca facessero a lei intendere per filo *i loro aggravii ed altre cose necessarie della città*. Proseguivano i lavori al molo nuovo cominciati già, come dicemmo, da Isabella, e poi continuati coi soccorsi di Bona; e la città con tutto studio v'attendeva, sebbene in quelle strettezze non vi potesse aggiungere più di otto centinaia di ducati l'anno: ed in quello già la spesa era montata a settemila ducati; allorchè una fiera burrasca lo scrollava in gran parte. L'ingegnere, di cui è taciuto il nome, s'era dapprima risoluto a restaurarne i guasti, ma di poi voleva proseguire i nuovi lavori; al che per consiglio d'abili maestri stranieri e cittadini forte e bene si opponeva la città. Certamente dalla regina medesima doveva essere fidata a costui la direzione dell'opera, se a lei se ne richiamavano; e doveva egli avere assai scarso e mutabile ingegno, perchè in un'altra lettera de'16 di giugno tornavano sul medesimo argomento dicendo: aver lui mutato pensiero e peggio, chè invece di rinforzare il nuovo molo, come far si doveva per non lasciarlo distruggere affatto, andava ora variamente divisando di allungare il vecchio. Le mettevano innanzi la spesa incomparabile ed incerta, lo star sicuro de' navigli, se ambi i moli si riparassero e presto. E quando la vostra serenissima Maestà (si conchiudeva) delibera entrare in nuova spesa, si abbia matura consulta, perchè non ne resti delusa. Non sappiamo, se piegasse gli orecchi a tali ragioni; certo è che si lavorava ancora nel 1548, quando a'27 di marzo la città comperava per sei scudi una colonna dalla chiesa di S. Gregorio de'Falconi, per impiantarla come centro nel molo [1].

---

[1] Deliberazione decurionale di quel dì.

Ma non era solamente la poca sicurezza del porto, che nuocesse al commercio barese; sì bene la disugual ragione, onde si trattavano i mercatanti forestieri, rimessa in uso appena spenta Isabella, e le fraudi che si operavano. Mercatavano allora in Bari Ferraresi, Fiorentini, Lucchesi, Veneziani, Milanesi. Molti privilegi a quest'ultimi nella dogana, massime per l'estrazione degli olii; onde parecchi degli altri e spezialmente la casa Tagliacchini milanese, facevansi passare per milanesi alla dogana, e per veneziani a'dazi. I Ferraresi si facevano rilasciar lettere da Venezia, com'essi erano sudditi della Repubblica, ed eran tassati per Veneziani. Molte altre case s'aiutavano con un altro trovato: farsi ascrivere tra'sudditi milanesi dal console residente nella città, e così non pure godevano delle costoro franchigie, ma nelle liti per contrattazioni, dovendosi esse giudicare dai consoli, non si poteva avere nè presta nè imparziale giustizia. Nè ciò tutto: molte case provinciali, come la del Gallo, la Gentile, la Sansone, la Bacca, originarie di Trani, Barletta, ed altri luoghi, ridottisi i lor principali a Venezia, si facevano anch'esse tenere per veneziane. La serenissima Repubblica poi, da che ardeva la guerra col Turco, aveva tolte a'Baresi ne'suoi porti le franchigie del dazio. Tali cose i nostri lamentando significavano a Bona, e chiedendo spezialmente per quest'ultima ingiustizia, che della stessa ragione si ricambiasse la Repubblica.

Non credute quelle lamentanze, non accolti i richiami, come sempre avviene sotto governo di principi lontani, fidati alle relazioni de'ministri; ed in così miserevole stato la regina imponeva una gravezza sul sale, un tarì per ogni tomolo, e gliel comportavano. Ma quando accennò d'una nuova colletta prediale, ne indignarono. Primamente incominciarono dal dirle di non aver seco i libri degli estimi delle facultà, i quali si tro-

vavano a Napoli; nè avendoli, avrebbon potuto servire, essendo
tanto antichi , che per *essere li dominii alienati e mutati, era
forza d'ogni modo farli nuovi ;* ed avere eletti coloro, che li
avessero a fare. Di poi con risentimento delle tante distinzioni
ingiuste e privilegi introdotti , si fecero a *dirle la verità senza
passione alcuna , che ogni persona giusta suo stato e condizione
abbia a sentire il peso e'l gravame che li compete.* Le intuonavano
agli orecchi le regie prammatiche , di cui eran pronti a mandar gli esemplari, prescriventi non poter la stessa cosa esser
subbietta a due gravezze: e tale sarebbe stato , gravando d'una
seconda colletta i possessori di ulivi, mentre un forte dazio era
sull'olio [1]. Le facevano considerare , che di essa colletta non
si sarebbe cavato neppure il terzo; perchè il terzo delle possessioni era passato nelle mani de'Milanesi, che godevano franchigia, e da collette escludevansi le possessioni gravate di censi , ch'eran pur molte. Finalmente non rimaner da gravarsi ,
che *i censi, le pigioni, le posture d'olii, gli animali domiti ed
indomiti:* le quali cose, se si avesse animo di gravare, doversi
far sempre secondo il tenore delle regie prammatiche ; in opposto non poter avvenire senza lor *iattura e danno e poco
onore.*

Intorno a questi medesimi tempi eransi rinnovate le contese
col conte di Noia, signore di Triggiano, per i diritti del pascolo; a rompere le quali la regina divisò di comperare quel feu-

---

[1] « Che se le ulive (dicevano) pagano un dazio tanto eccessivo di
carlini 40 per ogni soma d'olio, non pagandosene anticamente più
di uno o due, non era giusto che si sottoponessero anche a colletta;
oltre un'altra colletta gravante sui possessori di ulivi. Ma quando la
Maestà sua volesse far pagare le collette, esser ben fatto che loro
tolga il dazio sull'olio ».

do ; e come era uso di que' signori, richiese la città nostra a
contribuir del suo con l'altre terre del ducato. La pazientissima
città offerse ducati tre mila, pregandola a volerne restar contenta, chè avrebbe fatto di più, se potuto avesse. N'ebbero
rimproveri, e comandi recisi di contribuirvi almeno del doppio. A cui considerando (rispondevano) la vostra Maestà non
si trovare in necessità veruna, ma, grazie sieno a Dio nostro
signore, in grandissima opulenza e felice stato, e noi per le
eccessive spese fatte e carestie occorse trovarci debitori di più
di venti mila ducati, de'quali paghiamo forte interesse; avemmo
considerazione di non volerne tanto aggravare, e solo offerimmo
ducati tre mila per mostrar nostra affezione, sperando che quan-
d'anche noi stretti da necessità non avessimo fatta tale offerta,
*avria vostra Maestà comprato Triggiano senz'altra nostra contri-
buzione per accomodarne e benefiziarne come s'appartiene a'suoi
pari.* Ma conosciuto l'animo di vostra Maestà, abbiamo destinato contribuire in essa compra ducati cinque mila, non cu-
rando gli altri nostri affanni che di continuo abbiamo nelle fabbriche de' muri, nel provvedere dell'artiglieria, e negli ecces-
sivi pagamenti straordinarii, che di continuo ne impone la regia Corte, massime di vini e biscotti, oltre la dubitazione di
futura carestia per il mal ricolto che si fa. *Ben ne dogliamo,
che vostra Maestà per sue lettere non solamente ne exaspera alla
terra di Modugno, ma ne l'antepone per aver quelli offerti ducati due mila, senza sperar benefizio nè utilità da detta com-
pera.* Ma sia certa che noi solamente partecipiamo di più benefizio per levarne la lite, ma quello del pascolare ed acquare
è comune così a noi come a Modugno, che posta nel territorio
nostro ha comunanza d'acqua ed erba con esso noi.

Codesto parlar schietto, ma non irriverente, indignò più l'a-

nimo della regina ; la quale pungendoli con acerbità di parole
n'ebbe anche di più aperto. Le risposero: la città essere comparsa con offerta di cinque mila ducati, e ciò aver fatto con
gratissimo animo e non per contemplazione della lite col conte
di Noia. Poichè se vogliamo investigare la verità, detto accordo
risulta *in disonore e danno nostro*; chè secondo i nostri privilegi il territorio di questa città si estende sino alle muraglie
della terra di Noia, e vostra Maestà si deve ricordare che la
f. m. di sua madre fè buttar per terra certi fuochi [1], i quali il
conte in segno di giurisdizione aveva alzato, distante da Noia
un tiro di mano; ed oggi si concede a lui un territorio di circa
quattro miglia ad essa terra, e di più che venda Triggiano con
certo altro territorio. « Può considerar vostra Maestà, (prose-
« guivano) se si fa pregiudizio a' nostri privilegi, e si rimanga
« dell' onore e riputazion nostra. Questo diciamo a tale, che
« V. M. sia informata di quello non forse era. Nè manco siamo
« comparsi per emulazione di Modugno, chè questa città per
« Dio grazia, essendo abbondante d'uomini, si regola da sè
« e non da altri. Che se detta terra di Modugno sia laudata ed
« amata più di questa città dalla M. V. non causando lo di-
« fetto da noi, siamo escusati; ed è in podestà della madre
« amare più un figlio che un altro. Ma si ricordi, che in tempo
« delle invasioni del regno, mai fu implorata altra bandiera
« che quella di V. M., nè addimandato demanio, come forse
« da qualche altra università sia stato dimandato ». [2]

[1] Vuol dir case.
[2] L'acquisto di Triggiano, posseduto allora da Pierantonio d'Azzìa,
seguì l'anno appresso 1541. Così questa terra e quella di Capurso
(un tempo, come dicemmo, donata da Consalvo ad Isabella sua ma-

Per questi mali umori, avendole chiesto a prestanza, da
sopperire a'presenti bisogni, non più che otto centinaia di ducati per pochi mesi, ella si denegò, ed in pari tempo loro apponeva un'altra nota d'ingratitudine per non aver voluto nel
passaggio di alcuni suoi fanti fornirli del bisognevole. Ond'e-
glino alla prima cosa: « si faccia la sua volontà, le risponde-
« vano; che se dall'amico o parente non si può avere, se non
« quando egli vuole, tanto maggiormente da V. M. serenis-
« sima nostra padrona. Ed all'altra: non aver voluto, perchè
« essendo continui cotesti passaggi, sarebbe venuta la cosa in
« consuetudine ': al che persuadevali lo estremo bisogno per
« tenere un cumulo di debiti ascendenti alla somma di ven-
« totto mila ducati, e quest'anno essersene presi altre due mila
« e cinquecento, impiegati alla fabbrica delle muraglie, e mu-
« nizioni d'artiglieria; e sopraggiungono nuove imposizioni dai
« regii ufiziali, ed urgentissime carestie si temono. Per tante
« ragioni le piacesse restar contenta, essendo ella tanto poten-
« tissima regina, che non ha bisogno di una tal miseria ».

Queste ed altre cose, che trasandiamo, le scrivevano i due

dre, e da lei restituita poco dopo alla famiglia la Marra in forza della
pace conchiusa tra Spagna e Francia, e che Bona ricomprata aveva
nel 1535 da Giovandonato di quella medesima famiglia) vennero ad
ingrandirne la signoria. I quali due feudi, secondochè dice il dottor
Morea nella storia della peste di Noia, furono comprati per ducati
sessanta mila, compresi annui ducati ottocento venticinque di fisca-
lari sull'università di Rutigliano.

' La città era per privilegio esente dall'alloggiare genti d'arme; e
forse fu dessa, che a'30 di novembre di quell'anno 1540 fe' dichiarare a D. Pietro di Toledo, essere Bari fra le città godenti tal privilegio. Capitoli e privilegi concessi alla città di Napoli e Regno.

sindaci Cola Vincenzo Dopula, e Bernardo da Colle, una coi decurioni [1], le quali bastano a mostrarne le fiere condizioni di que' tempi. I timori della carestia presto si mutarono in fatti per il fallito ricolto delle biade. I nostri cominciarono a darsi attorno col commessario generale conte di San Donino lucchese per provvederne la città, e distribuirne ai più poveri cittadini insino alla nuova messe. Della stessa ragione scarsissimi gli olii per geli orridi e venti impetuosi, ed in tanta scarsezza vilissimo il prezzo [2]; perchè le correrie de' Turchi su questo mare condotti da quel formidabile Ariadano Barbarossa, prima pentolaio di Metelino, come dicono [3], poi corsaro, poi re d' Algieri, e poi grande ammiraglio di Solimano, avevano del tutto spento il commercio. E fresca era tuttavia la memoria delle ruine operate in Calabria, ed a Procida e Gaeta sotto gli occhi medesimi del viceré da quegli spaventevoli nemici, contro a'quali era fallita anche l'impresa del potentissimo Carlo sopra Algieri con tutta quella sua gagliardissima armata. Or per l' assalto testè dato ad Otranto con sessanta galee [4], si sentivano i nostri quasi le spade ai reni; ed intanto che il viceré Toledo era sceso a Melfi con l' esercito, e quindi a Taranto, e da Napoli era partita l' armata condotta dal Do-

---

[1] I decurioni, i cui nomi si è potuto leggere su quelle rose carte, erano fra'nobili Carolo de Russis, Gualterius Casamaxima, Alexander de Effrem, Iustinianus Doctula, Caesar Lamberta, Francesco Caractono, Paolo Carduzio; e del popolo primario Vincentio Nenna, Bartholomeus de Amoruso, Antonius de li Sabati, Sigismundus de Pizolis ec. ec.

[2] Duc. 4: 20 la soma, ch'era circa un due cantaia.

[3] Summonte, lib. VIII, p. 145.

[4] Giannone, lib. XXXII, cap. 4.

ria ; eglino si studiarono in quelle paurose necessità a murare un gagliardo cavaliere intorno alla punta di S. Scolastica, che è la parte più nel mare protesa, il quale valesse a difender la città dall'una banda verso il molo , e verso il castello dall'altra. Rinforzavansi i muri daccanto a S. Francesco, che guarda a ponente , rinforzavansi alle beccherie alla dogana, che son volti a levante. Questi provvedimenti alla difensione di mare ; perciocchè dalla via di terra era stata già la città ben munita per comandamento della regina dal suo general capitano Artuso Pappacoda. Ristaurato tutto il castello , abellito anche in varie parti, e postavi dappoi una memoria di quell'opere a grandi lettere di bronzo sotto il cornicione, che corona il cortile , e che leggesi ancora [1] ; fortificato ed ingrandito all'estremo opposto il torrione *del vento*, ed apertovi a'piedi una porta , che riusciva nel sottoposto fosso [2]. Il Toledo poi intendeva alla generale difesa del reame ; e fu circa questi tempi

---

[1] *Bona Sfortia Aragonia Regina Poloniae, magna Dux Lituaniae, Mediolani Barique, Princeps Rossani, Russiae, Prussiae, Muscoviae, Samogitiae Domina, hanc Arcem suis familiaribus instauravit, ac reformavit. Anno Domini MDLIV.* Intorno ai capitelli delle colonne , che sostengono il picciol portico d'ingresso al cortile, sono scolpite le seguenti parole :

Φ INARRVS DE CARVSIA O⧓Θ FECIT.
RELIS DE STELLIAΩO ME FECIT.

La forma de'caratteri chiaramente li manifesta cosa dell'undecimo secolo, e quindi assai più antica.

[2] Sulla porta fu scolpito in marmo : *Artusio Pappacoda Urbis praesidia tenente, ad pacis et belli usum haec condita* MDLII. Beatillo p. 207.

medesimi, ch' egli fece fabbricare di molte castella nelle città
marittime, e di molte torri su tutto il lido con certi e perpe-
tui stipendii a chi le custodisse ¹, delle quali alcune in piedi
ancora ne rimangono.

Tutta volta tra le paure di esterni pericoli, e lo smugnimento
della *peste e febbre continua,* come li chiamavano, *degli straordina-*
rii pagamenti, non ismettevano il pensiero del provvedere agl'interni bisogni. E poichè l' arcivescovo cardinal Grimani, dopo
parecchi anni d' assenza ritornava alla città in sui primi giorni di marzo del 1539, la cittadinanza, ricevutolo di liete accoglienze e di presenti, ricercollo d' alcune cose, che furono:
i canonicati ed i benefizi non aversi a concedere ad altri, che
a' Baresi; in sua assenza un vescovo per vicario, residente
nella città; i cherici non in abito e tonsura, nè serventi alla
Chiesa non dover godere di franchigia veruna; non poter eglino
alienare in stranieri roba ecclesiastica o patrimoniale; aversi
a ridurre a concordia i due Capitoli del Duomo e della Basilica; per compre e donazioni dover contribuire i preti ai pagamenti municipali; potersi rimanere le donzelle ne' monasteri
sino al venticinquesimo anno e moderarsi la dote di chi si rendesse monaca. Lo pregarono da ultimo, che intercedesse presso
la Santità del Pontefice ed il cardinal Gade, perchè l'entrate di
S. Chiara, dopo la costui morte, al monistero tornassero intere per aver modo di rialzare la chiesa caduta: ed affinchè la
faccenda più facilmente si fosse potuta conchiudere, promettevano di assegnare ad esso cardinale, durante sua vita, sul
banco di Napoli, quanto mai di quelle entrate egli cavasse.
Forte premevanli le angustie di quelle quaranta suore; e però

¹ Giannone, lib. XXXII, cap. 4.

si raccomandavano alla regina d'interporre anche l'opera sua, accennandole in breve la storia di quella chiesa; la quale prima appellavasi S. Maria degli Alemanni, ed aveva un cento ducati d'entrata, ed era grancia della commenda di S. Lionardo della Mattina, e che poi ad istanza di un tal mastro Nardo da Bari, smembratane la sola chiesa, eravisi costrutto il monastero. Anche del ritornare a concordia i due capitoli istantemente se le raccomandavano, e ciò facevano riducendole a memoria i tempi e la prudenza della duchessa Isabella.

Ma lungamente non rimaneva fra noi quel buon porporato, chè, confidatagli la legazione della Liguria, rassegnava la sede al genovese Girolamo Sauli suo cugino; e questi per altri gravi carichi non potendo risedere a Bari, secondo il desiderio della cittadinanza, fece esercitar sue veci da Girolamo Sacconi vescovo di Strongoli. Si provvedeva pure in quel torno di tempo al decoro della città; e sulla piazza del mercato ergevasi elegante edifizio da sedile ai due Ordini del civil governo, opera dell'architetto Nicolantonio Bonafede, che poi, come diremo, andò tutta in fiamme [1].

Continuò cotesta condizione di cose sempre più volgenti al peggio, sempre più paurose per esterni nemici, sempre più gravate per cura, che il governo doveva prendere di queste contrade assai aperte, massime dopo scuoperto l'accordo tra l'ambasciatore di Francia, e 'l veneziano Piero Strozzi di occupare Monopoli, con dover quivi un'armata turchesca recare i Francesi, ed un tal Jacopo medico monopolitano bandito e dimo-

---

[1] Istrumento di convenzione di notar Vito de Tatiis de' 16 di settembre 1543 tra esso architetto ed i sindaci.

rante a Venezia averne a persuadere i suoi concittadini '. Ma
se Bari in quelle dure condizioni dovè patire ingenti spese,
pur tuttavolta si rifiutò sempre sì dall' alloggiare genti d'arme, e sì dalla contribuzion delle persone contro i pirati '.

La regina Bona intanto se dall' una parte usava alquanto
di severità nel reggere il ducato, spesso di ufizi e di onori ri-
vestiva i cittadini baresi ', ed in sua Corte chiamava; e quando
nel 1548 ella vedovò di re Sigismondo, con assai dimostrazioni di benevolenza accolse i due oratori baresi, Marco Antonio
Carrettone e Jacopo de Cioffis, spediti dalla città sino in Cracovia a condolersi con lei della vedovanza '.

' Giambattista Adriani, Capit. 4. lib. 3.

' Il primo diritto non le era stato conteso mai; ed in suo privilegio
dato in Napoli a' 30 di novembre 1540 dal vicerè Pietro di Toledo
sel faceva solamente rifermare (Raccolta di Capitoli e Privilegi concessi alla città di Napoli, e Regno); del secondo si richiamò alla regia
Udienza provinciale contro Ferdinando Loffredo governatore e preside delle province di Bari ed Otranto, che nel 1544 voleva obbli-
garla; e sull'appoggio delle antiche immunità le fu renduta ragione.
Massilla, nella Rubr. *De Immunitatibus nostrae civitatis.*

' Il dottor Prospero de Raynaldi nell'ottobre del 1547 successe
all' auditore generale Bernardino Vulcano. Onorati furono grandemente in corte l'avvocato Giambattista, ed il medico Giacomo fratelli Fanelli; Camillo de Rossi adoperato nella Corte dell'imperatore
a trattare affari di Polonia, e così di altri.

' Nell' anno 1553 Bona ottenne da Carlo V la giurisdizione delle
seconde cause non pur ne'suoi feudi di Triggiano e Capurso, ma ancora
di Rutigliano, feudo della nostra Basilica; il quale privilegio confer-
matole due anni dopo da re Filippo II, ella concesse a Marco Antonio Acquaviva d' Aragona. Costui entrato in possesso turbò incontan-
nente gli ufiziali della Basilica nella cognizion civile delle *prime cau-*

Ma da quel tempo cominciata ella ad esser tenuta lontana dai pubblici affari, forte se ne rodeva in cuore non comportando di aversi a rimanere negletta spettatrice là, dove a suo talento aveva comandato. Forse dicono vero gli storici polacchi, che ad allontanarsene la incitassero di continuo i due suoi confidenti Pappacoda e Brancaccio, cui era mancata col potere della lor protettrice l'occasione di comandare anch'essi od influire nelle publiche cose. Ella manifestò risolutamente di voler ritornare al suo ducato di Bari; nè valsero a smuovernela le preghiere del re, delle quattro sue figliuole, e del senato medesimo; e finalmente con le sue ricchezze in quarant'anni cumulate, le quali oro tutte ed argenti, o altre preziosissime

se, e nelle criminali, salvo quelle di morte, amputazione di membra, ed esilio. Nella contesa entrò in mezzo la Corte, che cominciò ad oppugnare come *surrettizio* il privilegio di Bona, perchè asseriva possedere anche la giurisdizione delle prime cause; ed alla Basilica impose un termine a provare il suo diritto: il quale provato non per diploma (che si disse smarrito), ma per esercizio d'immemorabile tempo, la diè vinta alla Basilica. Questa neppure rimase queta dappoi al tempo del Pappacoda, disputandosi intorno alla voce esilio, se si dovesse intendere per esso la deportazione ovvero la relegazione: ma alla fine per decreto del S. Consiglio del dì 23 di marzo 1602 fu diffinito per esilio intendersi solo il caso, *in cui s'imponga pena di deportazione, ma negli altri casi di relegazione o esilio semplice spettare alla Chiesa e Capitolo di S. Niccolò.* (Rovito in pragm. 2, de Jurisdict.) Altre controversie di poi ebbe a sostener più tardi per la giurisdizione criminale posseduta in Sannicandro dal conte di Mola, il quale avendola fittata per un decennio ad un Francesco Grisoni, la Basilica volle essere preferita, e le fu fatta ragione per decreto del regio Collaterale Consiglio a' 2 di marzo 1643; ma finì pure con comprarsela ella da esso conte.

cose, se non caricavano ventiquattro carra tirate ciascuno da
sei cavalli (come afferma il Forster), erano certamente grandi, s'apparecchiò alla partenza. Fu quasi un trionfo il viag-
giar, ch'ella fece. Da per tutto accolta con feste, con laudi,
con entusiasmo; da per tutto riconosciuta giusta estimatrice
d'ogni bellezza d'arti o d'ingegno, e rimuneratrice liberale.
Siane argomento un fatto solo. Ospitata ella nel castel di Spilimbergo nel Frioli, la giovinetta Irene fior d'ingegno, di virtù, e di bellezza, e la costei maggior sorella Emilia di non
men mirabili pregi, figliuole ad Adriano illustre signore di
quel castello, le mostrarono l'infinito valor loro nel canto;
e la regina maravigliosamente satisfatta donò loro due catene
d'oro di molta stima. Oh Irene (non possiamo qui tenerci
dall'esclamare) orgoglio de' tuoi genitori, onore aggiunto alla
casa, delizia dello Zeno, del Tiziano e di quanti furono sommi
intelletti a quel tempo, maravigliati del tuo valore nel canto,
nel suono, nella pittura, nel ricamo, nelle lettere; maravigliati
della bellezza, della cortesia, dell'onestà, come dovevi, non
compiuto ancora il ventesimo anno, abbandonare la terra indegna di possederti! [1]

Ma ritornando al nostro subbietto, diciamo che non poca
allegrezza fu in Bari a cotal notizia, certi che i dominanti veggendo cogli occhi loro la realtà delle cose, sempre, quando
pessimi per natura non sieno, si conducono a reggerle uma-
namente. Onde si radunava l'università (21 di febbraio 1556),
ed eleggeva quattro deputati, i quali dovessero divisare tutto
il modo delle onoranze da renderle, e spendere la pecunia [2]; e

---

[1] Vita d'Irene da Spilimbergo di Pietro Giordani.
[2] I quali furono Antonio Larissa, Giovanni Tresca, Giordano Dot-

quattro altri deputati ad andarle incontro, a cui parecchi de'nostri concittadini volontariamente si vollero associare. La costoro spedizione però fu turbata in sul bel principio; perchè come si furono messi in mare sopra un vascello, assaliti da corsari epiroti, vennero presi. Accorrevano i lor congiunti al segno del riscatto levatosi dai corsari nel seno di S. Cataldo, e li riebbero a dugenquaranta sette ducati per testa: così proseguirono il viaggio insino a Venezia. Quivi furono da lei amorevolmente accolti. Il Nenna parlò in nome di tutti; e vuolsi che le sue parole fossero state così accette, ch'ella l'invitasse a ripeterle.

Spettatori furono essi delle feste, onde con tutta la sua compagnia fu ospitata la regina Bona da quei serenissimi signori; dispensato per quella occasione sola uno statuto circa il modesto vestire, e conceduto alle matrone veneziane ornarsi a lor talento per visitare e corteggiar la ricca ospite; incontrata dal senato e dalle più nobili dame, ricevuta dai due cardinali Ippolito Ferrarese e Ottone Truchisio, e sul bucintoro con molta pompa condotta nel palazzo Estense [1]; presentata d'ogni sorta

tula, ed Onorato Zizzi. Gli altri Pietro de Rossi, Scipione Casamasima, Giambattista Nenna, e Giambattista Ferdinando. La spesa portata fu di ducati 1156, per il solo ricevimento. (Deliberazioni decurionali di quel tempo).

[1] Jacobi Augusti Thuani, Historiarum sui temporis ab anno Domini 1543 usque ad annum 1607, Geneve 1626, lib. XVI, p. 488. Di questi due Cardinali dice il Ciacconio. (Vitae et res gestae Pontificium Roman.) *Otho Truchsesius germanus natione, patria Augustanus; Hippolytus Estensis, huius nominis secundus, senioris Hippolyti Cardinalis nepos, et Alphonsi Ferrariae ducis et Lucretiae Borgiae filius.*

doni, ed onorata di nuovi e variati spettacoli; encomiata pubblicamente con panegirico recitato il dì 1 di maggio dal Cieco d'Adria [1], che fu da lei rimeritato di un anello ricchissimo, e di molto oro [2]; recata alla volta di Puglia con gran corteggio sopra sette venete galee [3]. Le quali lusinghiere dimostrazioni d'onore fatte a Bona dalla poco adulatrice Republica son pure un altro argomento contro le note di mala vita appostele dagli storici polacchi.

Ella salutata da gran ressa di popolo sbarcava al nostro nuovo molo il dì 12 di maggio su per un ponte a posta costruito; e di là per una larga strada anche aperta e spianata a posta condotta al luogo, ov'è la chiesa di S. Francesco da Paola; donde il solenne ingresso nella città, e nell'apparecchiata regia del castello.

Con non minore magnificenza di sua madre ordinò a Bari sua corte, avvegnachè non siaci rimasa notizia certa di tutte le persone, a cui gli ufizi concedesse. Sappiamo di Ferrante de Opulo gentiluomo barese, che fu cavallerizzo maggiore; di Gianiacopo de Affatatis tesoriere; di un Masitino auditore; di un Giovan Paolo Pifani da Ostuni ragioniere, di Bartolomeo Minerva, che seguilla di Polonia, medico; di Francesco Pappacoda maggiordomo; di Vespasiano, e Nicola Vincenzo Dottula cugini, quegli coppiere, questi, prima consigliere di re Sigis-

---

[1] Giannone lib. XXXIII, p. 350.

[2] In lui crediamo ch'ella rimeritasse il buon volere, non i pregi dell'eloquenza, riboccando quella orazione di tutte le delizie del 600, che ora ne rendono insopportabile la lettura.

[3] Giannone citato, e Summonte lib. X, cap. 4.

mondo in Polonia, poi tesoriere surrogato al de Affatatis '; sue
donne di compagnia Camilla de Gaieta e Lucrezia Critopoli ;
damigelle Isabella Pappacoda , Camilla Rocco , Lucrezia Caldora , e Ippolita de Opulo; ed anche una Giovanna Arcamone
fu a'suoi servigi, ed una Livia: ma la somma di tutte cose era
nelle mani di Gianlorenzo Pappacoda , figliuolo a Francesco ,
suo intimo familiare a Cracovia , e qui castellano.

L'ingegno e la cortesia di Bona incontanente attrassero presso
di sè gentiluomini e dotti , che vi trovavano stanza ospitale e
liete accoglienze ; fra' quali buona pezza vi si fermò Scipione
Ammirato, giovine allora, e pria che ponesse stabile dimora
a Firenze: in somma pareano ritornati i tempi d'Isabella. Come
già si disse, il suo reggimento fu assai più liberale in questi
ultimi tempi, ma non men severo. Frenò le estorsioni de' capitanei e de'loro giurati, riducendo a tenuissimi i diritti del carcere secondo la qualità de' reati, e minacciando privazione di
ufizio ai primi, frusta ai secondi, se contravvenissero, e quat-

---

' Volpi, Storia de'Visconti par. II , p. 86, e m. s. antichi.

Anche un certo Onorato Zizzi dotto in medicina, minervinese,
ma a Bari stanziato , e sposatosi a donzella barese de' Nenna, fu assai caro a lei. L' invidia cortegianesca si studiò a farlo cader della
grazia, e giunse a tale ch'ella il fè imprigionare nel castello ; ma o
la bontà di lei , o la chiarita innocenza di lui ritornaronlo in favore.
Ecco un aneddoto : narrasi, che avendogli la regina donate alcune
case dirute per murarvi un palazzo , e richiesto egli , mentre era in
prigione del motto che volesse fare incidere sull' architrave del portone , come costumavasi a quel tempo ; rispondesse, vi ponessero :
Post tenebras spero lucem; nè fu vana la speranza. Quel palazzo fu
poi acquistato dai Ramires, indi venne a'Maffia, e quelle parole leggonsi ancora.

tr'once di multa a' cittadini , che più del prescritto si lasciassero cavar di mano '. Gli stranieri stanziati nella città per cagion di commercio sottomise alla giurisdizione de' maestrati regii e municipali. Rafforzò anche meglio il castello ; e la chiesetta, ch'è in esso , dedicò a S. Stanislao protettore della nazione polacca ; ampliò il torrione sulle mura a S. Domenico ;
riedificò dalle fondamenta l'altro a S. Scolastica; gittò con una
gemma preziosa la prima pietra del bastione , che sovrasta al
molo '. Alle publiche cisterne altre due ne aggiunse , perchè
minor disagio d'acqua si patisse '. Ridusse a peschiera il letto
del torrente di Marisabella, perchè le acque impaludando l'aere
non contaminassero; rinunziando per sempre alla vasta idea di
sua madre di aprirvi largo canale , e ridurre in isola la città.
Visitò gli altri luoghi di sua signoria , accolta con affettuosa
dimostrazione, ed a tutti una qualche memoria lasciò '. Vicino

' Vedi Docum. num. CXXII.
' Beatillo , p. 208.
' A S. Domenico l' una , alla parte postica del Duomo l' altra , la
quale ne mostra tuttora lo stemma e l' epigrafe rosa dal tempo , che
diceva : *Pauperes venite cum letitia , et sine argento bibite aquas,
quas Bona regina Poloniae preparavit.* Altre dieci cisterne publiche
ne conta Beatillo a que' tempi; due a S. Pietro, una al Duomo, quattro alla Basilica, una a S. Gregorio, una a S. Maria del Buon Consiglio, ed una a S. Rocco.
' Di tutti non sappiamo ; di Ostuni è certo. Dove il palazzo, che
vi aveva , donò al Vescovo , ed alla chiesa un gran baldacchino di
velluto. Riconoscenti i cittadini scolpirono sulla porta del ponte, poi
diroccata , questa memoria :
    Aurea Saturni redierunt saecula prima,
    Sceptra tenente manu , nomine , req. Bona.

d' Ostuni poi riedificò l'antica borgata delle Spelonche sulla via Egnazia chiamandola Villanova, ed un piccol castello ponendole a difesa '. Ma non per sola magnificenza, sì bene per i sospetti non mai cessati degli assalti turcheschi, si provvedeva a quelle fortificazioni: e la suprema cura della difesa di Bari fidava al Pappacoda; di Ostuni al nostro Roberto Casamassimi, cui chiamava persona squisita, diligente, e proporzionata a tal bisogna, ordinando in pari tempo al capitaneo delle Grottaglie, che ad ogni richiesta di lui il provvedesse di cento fanti, o quanti gli paresse di potersene allestire di più: e rispondeva alla postagli fidanza Roberto, testimoni le lettere autografe di lei, nelle quali fra 'l rigore scorgesi anche moderatezza '.

Ad immegliar poi le pessime condizioni de' mercatanti baresi, faceali trattare in dogana, quasi tutti alla stessa ragione de' Milanesi [5]; e li esentò dal pagare il diritto del fondaco, gravandone i compratori, che dalla città estraessero merci. Nelle immissioni concedeva loro l'agevolezza di dar solamente in nota alla dogana le merci, ed alla fine dell'anno pagare i diritti di piazza, bonandosi quella parte, a cui ascendeva la vendita ne' mercati d'ogni lunedì.

Dalle entrate doganali poi assegnò alla città dugento ducati da servire di stipendio al giudice: e ciò oltre alle sovvenzioni

Saggio storico della città d' Ostuni del can. Giuseppe Melles, capitolo VI: Visitatio civitatis ac diocesis Hostunen per Episcopum Joannem Carolum Bovium, anno 1558.

' Corcia, Storia delle due Sicilie, tomo III, p. 486.

' Vedi Docum. num. CXXIII.

[5] Cioè soli tre carlini a soma sugli olii, che si estraevano, e grana dodici per oncia sulle immissioni, mentre gli altri stranieri pagavano grana venti, eccetto i Veneziani grana otto.

di uso, che si davano al Duomo ed alla Basilica '; alla quale
concesse di più, che nelle due fiere i canonici riscuotessero i
diritti del peso '.

Ma di breve la regina infermava di mortal malattia, sicchè
veggendosi fuor di speranza a'17 di novembre del 1558, dettava la sua ultima volontà '. Sigismondo Fanelli, che in qualità d'ambasciadore spedito era stato dal re di Polonia a sua
madre, chiamato a suggellar due stanze della regina, andovvi; ma veggendo o temendo di non poter fare, se non
con forza per la grande potenza de'due Pappacoda, se ne
protestò come di testamento fatto in tempo, ch'ella era
fuor de'sensi e farnetica, e facile ad essi il modo di trafu-
garne i tesori tutto quel dì e la notte appresso '. Nel testamento, istituendo ella per mera pompa o rito di legge
erede generale il figliuol suo Sigismondo Augusto, dichiarava

' Ducati sette e mezzo per il cero pasquale a ciascuna delle due
maggiori chiese, ed ott'once peculiarmente alla Basilica per stipeu-
dio ai mazzieri o portieri che vogliansi dire.

' Questo diritto del peso era di 5 grana per ogni cantaio di merci,
che si vendessero; il quale le fu poi tolto dal reggente Villanova.

' Vedi Docum. num. CXXIV.

Il testamento fu dettato dal notaio Giovan Angelo de Baldis di Napoli, presenti fra gli altri i cinque medici, che la curarono: Camillo
Malleo o Martello, e Giacomo Bonaventura entrambi da Barletta,
Pirro Antonio Lanza da Aversa, Giacomo Silicio da Melfi, ed Alfonso Lucano da Molfetta.

' Riceveva quella protesta il notar Berardino de Tatiis il dì 18 in
casa il dottor Giambattista Ferdinando, e costui con Quinto Metello
Ferdinando ed altri parecchi si soscriveva testimone. Manoscritti antichi.

dover per sua morte ricadere a Filippo II, re di Spagna e di
Napoli, il ducato di Bari, le terre di Modugno e Palo, il principato di Rossano, e le terre di Ostuni, Grottaglie, e Monte-
serico. Indi lasciando alle quattro sue figliuole non lievi legati,
e alle sue donne, e ad altri [1], la maggiore liberalità fu ne'Pappacoda e ne' Brancaccio; massime in Gian Lorenzo Pappacoda, a cui donava le terre di Noia e Triggiano con tutti i diritti
e le giurisdizioni, tutti i pagamenti fiscali della terra di Rutigliano, la razza di giumente e cavalli con le stalle ed ogni altra cosa annessavi, tutte le vacche ed i giovenchi delle sue possessioni, tutti i vasi d'argento ad uso di credenza e di mensa,
e più ducati tredici mila, di cui ella erane creditrice; a Francesco Pappacoda tutto ciò ch'ei dovesse per le rendute ragioni, come maggiordomo; a Camillo Brancaccio tutte l'altre giu-

---

[1] A sua figlia Isabella annui ducati dieci mila, a Sofia, Anna, e
Caterina ducati cinquanta mila per ciascuna una volta sola; alle
sue serventi polacche un legato a talento degli esecutori testamentari; alle serventi italiane ducati mille per ciascuna; a Giovanna Arcamone barese i diritti di baiulazione della terra di Palo; ad una Livia ducati mille; all' Annunziata di Napoli ducati quattro mila; a
Francesco Jacopo Calco ducati due cento annui; a Ferdinando de
Opulo per una sola volta ducati mille; poche decine di ducati all'Arcivescovo. I quali legati in danaro ella ordinava si pagassero dalle
sue entrate della dogana di Foggia sul pascolo delle greggi nel tavo-
liere di Puglia; e queste entrate crediamo esserle state cedute dalla
Regia Corte per il suo prestito di trecento ventimila ducati, o di seicento mila scudi, come vuole il Filonico, che dice nelle sue vite
« essere stata la regina Bona indotta da Gian Lorenzo Pappacoda,
« poichè gli Spagnuoli senza danaro non avrebbero potuto por fine
« alla guerra, che fecero al pontefice Paolo IV ». Scipione Volpicella nel giornale l'Iride, Anno I, num. 5, Napoli 2 d'agosto 1856.

risdizioni e dominii da lei posseduti in Rutigliano, oltre i pagamenti fiscali; a Decio Brancaccio ducati due mila.

Alla città, di cui era creditrice in dieci migliaia di ducati,
condonava l'una metà, e de' frutti dell'altra istituiva maritaggi a benefizio delle orfane donzelle baresi[1]. Ai poveri tutto

---

[1] A'29 di giugno 1569, essendo governatore della città Velasco
Gomez, sindaci Petruccio Gizinosi, e Nicola Sabino Fanelli, fu proposto in decurionato « essere passati molti mesi, che furono deposi-
tati duc. 500 nel tesoro della Basilica, per maritare le povere orfane
secondo la volontà della regina Bona ed in osservanza degli ordini
della reverenda Fabbrica di S. Pietro in Urbe; la quale aveva provveduto, che l'università avesse a costituire un monte di pietà, ad-
dicendovi la somma di ducati 604, 1, 10 annui; cioè ducati 500
in maritaggi, ed il resto in sovvenzione de' bisognosi. La città considerando che da molti anni trovavasi già costituito un Monte di pietà,
ed una Compagnia della Madonna del buon Consiglio, dai quali isti-
tuti s'era soluto sempre e si soleva esercitare opere pie; deliberò
che ducati 500, si fossero ad esse compagnie liberati, costituen-
dole all'esecuzione del perpetuo legato, dandosi a ciascuna ducati 250, dalle entrate municipali, e ciascuna per la sua rata avesse
a convertirli pienamente ogn'anno in dote alle orfane. De' restanti
ducati 105, 1, 10, si avessero a pagare alla Compagnia del monte
ducati 80, 1, 10 per dispensarli ai quotidiani bisogni de'poveri; e
ducati 24, (il m. s. dice duc. 245 forse per errore) per vitto e vestito delle orfane, restando nel conservatorio di S. Maria del buon
Consiglio. Oltre a ciò si dettarono prescrizioni severe per l'adempi-
mento, e serbossi diritto di rivocazione nel caso di non religiosa osservanza delle compagnie. Col qual decreto non si rivoca l'altro di
duc. 20 annui, mundo durante, alle medesime orfane del buon
Consiglio del dazio della giumella. (Da transunto fatto per notar
Nicola Giuseppe de Rella a' 20 di dicembre 1745 su d'un originale
presentatogli da Gabriele Ramires, priore del S. Monte della Pietà)

il frumento, che si trovasse ne' suoi magazzini. Esecutori del testamento gli stessi due Pappacoda, e Camillo Brancaccio, e Francesco Giacomo Calco. Alle chiese preziosissimi drappi, ed un'entrata perpetua a quella di S. Ambrogio [1]. Queste me-

Cotesto transunto fu presentato dal priore di esso Monte nel 1744, quando ad istanza di zelanti cittadini s'impugnarono tutte qualità di pagamenti, che abusivamente si facevano dall'Università; ma non essendo documento autentico, non fu ritenuto.

Mancato di poi il monte della Pietà, ovvero tramutatosi in ospedale d'infermi per la generosa carità dell'ortolano nostro egregio concittadino, Scipione Grisanzio, non sappiamo se o per non aver renduta ogn'anno stretta ragione (come si doveva) de'fatti maritaggi, o per altri motivi l'Università si sottrasse a tale obbligo. Di guisa che quando nel 1837 gli Amministratori di esso spedale si fecero a richiedernela; non avendo potuto presentar copia del testamento della Regina, nè del giudicato del tribunale della Fabbrica di S Pietro, che solo secondo le leggi di quel tempo poteva approvare i pii legati, nè un documento d'aver fatti rivivere tali diritti a tenore del decreto de' 2 d'ottobre 1811; tornarono vani i loro tentativi (Deliberazione decurionale de' 13 di settembre 1837).

Vani del pari tornarono nel 1842 (Deliberazione de' 27 di maggio); ma mentre scriviamo l'attual governatore dello spedale march: De Angelis Effrem avendo trovato altri documenti in antichi registri ha già rivendicato il legato dal Comune, essendo stata con real rescritto de' 27 di dicembre 1854 diffinita la contesa a pro del Monte di Pietà.

[1] Donò alla Basilica un baldacchino di broccato d'argento con le sue arme, molti tappeti preziosi, quattro panni d'arazzo, ne' quali erano rappresentate con artifizio ammirabile tutte le sette opere della Misericordia; una veste d'altare tessuta di seta verde ed oro a riccio sopra riccio, nel cui frontale era scritto a grandi lettere d'argento: *Bona Sfortia Aragonia Regina Poloniae*; ed un'altra veste d'altare

morie Bona ne lasciava di sè; e lasciava pure a castellano di Bari quel Gian Lorenzo Pappacoda, la cui prepotenza si era manifestata, vivente la regina medesima; perciocchè ne' primi giorni del 1558 la città, non avuta ragione da lei, ebbe a far richiamo alla regia Corte per l'esorbitante diritto, che quel castellano esigeva del carcere civile e criminale, eziandio quando di galera o di morte portassero pena i prigioni: ed ordinatasi vanamente la restituzione dell'indebito esatto, a'20 di aprile se ne ripetevano gli ordini, e certo vanamente ripetuti.

A costui lo storico Zaydler appone due turpissimi sospetti, falsato il testamento, avvelenata la sua protettrice. Sembra affatto gratuito il secondo, sa Iddio la verità del primo. Certo è, che la dimestichezza da lei usata con esso, e la smodata liberalità in fraude de' figliuoli dettero credito al biasimo sui costumi della regina. Ne fremeva Sigismondo Augusto, ch'ebbe quasi a dilegio solo quel nome di erede universale. Quel prestito di tre cento ventimila ducati, o seicento mila scudi, fatto da lei al re Filippo in tempo, come sembra, della sua dimora a Bari, spesse volte chiesto non fu mai renduto; e gli Stati allo stesso monarca ritornarono per sentenza arbitrale dell'imperatore Ferdinando d'Austria, alla cui giustizia, come congiunto dell'uno e dell'altro pretendente, erasi di consenso fidata la decisione, difendendosi le ragioni dello Spagnuolo dal presidente alla regia Camera della Sommaria, Tommaso Salernitano [1].

assai più bella della prima tutta d'oro e d'argento lavorato a riccio sopra riccio con le sue arme reali: ma cotesti doni fuori del testamento.

[1] Summonte, libro V, pag. 106.

Prima del Salernitano eravi stato spedito Federico Longo, che in-

Il cadavere della Regina fu, come vollero gli esecutori testamentari, con gran pompa depositato nella sagrestia del Duomo. [1] Parecchi anni dopo l'ultima delle sue figliuole, che fu Anna Iagellona, consorte a Stefano I re di Polonia, fece con filiale pietà e regia magnificenza innalzare nella Basilica di S. Nicolò un sarcofago a sua madre, e lasciarvi una dote, onde in perpetuo sul maggiore altare della superior chiesa per l'anima di lei vi si sacrificasse l'incruento Sacrifizio. Il quale monumento compiuto nel 1593, fu il cadavere di Bona con regal pompa quivi trasferito e deposto. Chi sia stato l'artista, che lavorò quel monumento non sappiamo, ma bene spira la venustà e la semplice eleganza di quel secolo, che pure alla sua fine volgeva. Sopra un gradone, la cui fronte è tutta a mo—

fermò per via, e morì in Venezia a' 24 di ottobre 1561. Antonio Marsand assicura (Manoscritti italiani della regia Biblioteca Parigina 1835, Parigi, p. 635) che nella biblioteca del Re a Parigi ci ha un manoscritto intitolato: Esposizione delle ragioni a favore del re Cattolico sopra il possesso degli stati di Bari, di Rossano, e d'altri nel regno di Napoli pretesi dal re di Polonia, e discendenza di Francesco Sforza duca di Milano.

[1] Errano qui nelle date il Summonte l. c. ed il Beatillo p. 209. Questi che fa venir Bona nel 1555, mentre i deputati agli apparecchi del riceverla furono eletti a' 21 di febbraio dell'anno seguente, e la fa morta nel 1556, mentre il testamento e la protesta del Fanelli furono fatti nel dì 17 e 18 di novembre 1558: non falla quegli nel giorno e nel mese della morte, ma nell'anno pure, notandovi il precedente. Un'altra cosa vogliamo ancora notare del Beatillo, ed è ch'egli afferma aver Bona nella sua stanza in Bari comperati i feudi, che legò al Pappacoda; ma il lettore già sa quanto tempo prima ne facesse l'acquisto.

saico di fini marmi, che s'incurva come l'abside del presbitero, levasi un basamento marmoreo di tre palmi e mezzo, sul
quale si appoggiano quattro colonne d'ordine dorico di circa
undici palmi, che sembrano di portovenere. Queste sostengono
un attico ornato di colonnette, dove l'ordine si cangia in io-
nico. Nel centro di esso basamento è posta una base di marmo
nero, che s'allarga in sei palmi, e s'alza sino a tre ed un
quarto; alla quale dall'una e l'altra parte si appoggiano con
le schiene due figure muliebri sedenti di grandezza maggior del
naturale ed aria virile, nude tutte insino alla cintura, avvolte
il resto in un manto di molli pieghe, non sì però che nudi non
si veggano i piedi e l'una delle gambe distesa, mentre l'altra
in su si ritrae. Regia corona porta l'una, ducale l'altra, e
quella rappresenta Polonia, Bari questa; le cui arme tiene ciascuna in uno scudo con l'uno de'bracci, e l'altro mollemente
abbandona sul rialzato ginocchio. In esse altro forse non desi-
dereresti, che men simmetrico atteggiamento. Sulla base,
che dicemmo posta nel mezzo, è collocata l'urna di marmo
nero, la quale si trova nell'intercolunnio mediano; su questa
un guanciale, e sul guanciale, che dal peso cede, sta ginoc-
chioni l'effigie di Bona, senza segno di regina, ma velata ed a
mani giunte in atto di pregare. Non sapremmo, se di così at-
teggiarla si consigliasse l'artista per significare la pietà di lei,
ovvero per il luogo in cui si trovava, che è dietro l'altare.
Certo è che non ha molta espressione quel volto di donna già
d'assai inoltrata negli anni, nè mostra traccia della predicata
bellezza. Negli altri due intercolunnii di costa s'aprono due nic-
chie; e nell'una di esse rizzasi in piedi S. Stanislao vescovo e
martire, nell'altra il nostro S. Niccolò, protettori de'due Stati.
Sull'attico finalmente, che è cima al piramidale monumento,

scorgesi un gran quadro ad alto rilievo, rappresentante la resurrezione del divino Salvatore; che accenna alla resurrezione
de' morti nel dì novissimo, ed alla immortalità dello spirito:
pensiero non nuovo, e tale è nel bellissimo mausoleo innalzato
dai Cassinesi e da papa Clemente a Pietro de Medici in Montecassino. Tutto l' abside della Basilica adorno di fregi dorati, e
di pitture a fresco negli scompartimenti di essi; le quali rap-
prensentano o stemmi, o ritratti, o storie de'principi polacchi.
Queste pitture e dorature rifatte, non sono molti anni passati,
riuscirono (come per lo più suole) deformi. Sulla base di
marmo nero sottoposta all' urna leggesi a lettere ch'erano dorate, ed anche oggi se ne vedono i vestigi, l' epigrafe in questa forma:

D. O. M.

BONÆ REGINÆ POLONIÆ, SIGISMVNDI I. POLONIÆ REGIS POTEN-
TISSIMI, MAGNI DVCIS LITHVANIAE, RVSSIÆ, PRVSSIÆ, MOSCO-
VIÆ, SAMOGITLÆQVE CONIVGI DILECTISSIMÆ, DVCISSÆ BARI,
PRINCIPIQVE ROSSANI, QVÆ IOANNIS SFORTII GALEATII DVCIS
MEDIOLANENSIVM FILIA EX ISABELLA ARAGONIA ALFONSI II.
NEAPOLITANORVM REGIS SPLENDOREM GENERIS, REGIÆQVE MA-
IESTATIS DIGNITATEM SVMMIS DOTIBVS ILLVSTRAVIT, ANNA IA-
GELLONIA REGINA POLONIÆ STEPHANI I. CONIVX. PATRE, FRA-
TRE, MARITO REGIBVS, TRIBVSQVE SOROIBVS HVMATIS, MA-
TRI DESIDERATISSIMÆ PIETATIS HOC MONVMENTVM POSVIT, DO-
TEMQVE SACRIS PERPETVO FACIVNDIS ATTRIBVIT. ANNO DOM.
CIƆIƆXCIII. VIXIT ANNOS LXV. MENSES VII. DIES X.

In tutto questo periodo, dal risorgimento della città sino alla morte di Bona, ch'è di quattro secoli, primi si presentano nel novero degli autori della coltura barese, i due giureconsulti Andrea e Sparano da Bari, entrambi fiorenti nel XII secolo, e riordinatori del nostro Codice consuetudinario: ma di essi parleremo in ultimo, volendo, come già abbiamo promesso, presentàre ai lettori una esposizione di quel lor lavoro. Nella medesima scienza legale, invaghiti de' domestici esempi, entrarono dappoi molto innanzi i fratelli Giambattista e Domenico Nenna nati in su i primi anni del XVI secolo. Entrambi alunni nelle scuole della dotta Padova, entrambi poi professori chiarissimi in quella Università. E del primo massimamente già da noi nominato in questa storia, come colui, che per ingegno e cuore la regina Bona mai voleva dipartire da sè, fecero fede le erudite esposizioni e note al voluminoso antico scritto di Carlo di Tocco, creduto falsamente siciliano, e le spiegazioni delle più astruse voci longobarde: lavoro grandemente profittevole alla patria e ad altri molti luoghi del reame reggentisi allora con leggi longobarde; stampato a Venezia nel 1537, e di cui a detta del Giannone [1] « oltre i nostri, ne « fanno memoria anche gli scrittori forestieri, come il Pignoria, e quel ch'è più strano, sino i Germani, come Linde-« brogio, e Burcardo Struvio. » Ma il costui ingegno è da pregiar più grandemente, quando si consideri, che nella giovine età di vent'anni, opponendosi agli ammiratori della classica erudizione latina del 400 (in che pure era valente) scriveva un operetta intorno alla *vera Nobiltà*, intitolandola il *Nennio*, e con uno stile quando piano e fiorito, quando concitato

[1] Lib. XXVII, cap. 5.

ed affettuoso, ritrae tutto dal Boccaccio senza imitarne la con-
torta trasposizione delle parole.

Parecchi avemmo cultori di scienze sacre   eminenti sopra
gli altri un P. Bartolomeo domenicano, che fu vescovo di Bisceglie, segretario e consigliere di Carlo II angioino; un
Alessandro Archiota abate olivetano; un Paolo Candido dell'ordine de' Predicatori, versatissimi spezialmente in tutte le dottrine del S. Vescovo d'Ippona. Fra i quali avrebbe meritato
d'esser non ultimo Bernardo Bernardini canonico della Basilica, se il suo bollente intelletto non fosse stato trascinato da
false dottrine fuor della diritta via : onde esulando dette opera
poi alla poesia in terra straniera, e lasciò volgarizzato alcuni
libri dell'Eneide, ch'ebbero lode dai nostri e dagli stranieri.
Ed in fine un Antonio Chyurlia morto nella seconda metà del
secolo XVI, creato vescovo di Budua da Paolo IV, uno de'Padri intervenuti all'universale Concilio di Trento, e sottoscrit-
tosi con gli altri.

Nella medicina levò gran grido Giacomo Ferdinando, le cui
opere ammirò l'Università di Padova, che il volle ancora a
professor di filosofia, e successore ben degno di Taddeo Eden-
tulo. Onorato grandemente da re Sigismondo e da Bona (di
cui scrisse gli elogi) per l'opera, che più il fece stimato, quella
publicata in Cracovia nel 1543 intorno al governo preserva-
tivo della peste [1]. Nella pittura suonò il nome di Pietro da

---

[1] Quest'opera fu stampata nell'officina Ungheriana e dedicata a
Giovanni conte Tarnoviense. Oltre a ciò si ha notizia di una epistola
intitolata : *De felici connubio Sereniss. Hungariae Regis Joannis et
Isabellae Poloniae regis filiae ; et de laudibus utriusque Sigismundi
Poloniae Regum, ac Reginae Bonae Sfortiae ec. ec.* dedicata a Nico-

Bari, che lasciò suoi dipinti nella chiesa de' Cappuccini di Cracovia; ed ivi il sepolcrale monumento innalzarongli, su cui è
scolpito: *Petrus de Bari in arte sua nulli secundus* [1].

Ma veramente l'impulso dato allora alle lettere ed alle scienze
dalla duchessa Isabella in Bari, dove già erano istituite tipografie, recò i suoi frutti ne'tempi che seguirono; e noi non breve
materia ne avremo alla fine del terzo ed ultimo libro di questa
storia.

FINE DEL VOLUME PRIMO.

l' Antonio Carmignano castellano di Bari e tesoriere della regina
Bona — Cracovia 1539; e di un libro *de nativitatibus Jacobi Bariensis, qui dilucidarium Ptolomei quadripartitum appellatur: opus
quidem Astrologis et omnibus futura in hominum vita scire volentibus, in quo plurima directionum problemata Joannis de Monte Regio dilucidantur.* Il cui ms. serbasi nella biblioteca dell'università di
Cracovia.

[1] Opera cit. del Ciampi vol. II, p. 245.

INDICE

LIBRO PRIMO
CAPO I
Dall' anno 700 dell' era volgare all' 852.

CAPO II
Dall' anno 853 al 900.

CAPO III

Dall' anno 904 al 972.

CAPO IV

Dall' anno 973 al 1009.

CAPO V

Dall' anno 1010 al 1035.

CAPO VI

Dall' anno 1036 al 1054.

C A P O VII

Dall' anno 1055 al 1081.

C A P O VIII

Dall' anno 1082 al 1100.

CAPO IX

Dall' anno 1104 al 1135.

CAPO III

Dall' anno 1320 al 1353.

CAPO IV.

Dall' anno 1354 al 1413.

CAPO V
Dall'anno 1414 al 1435.

CAPO VI
Dall'anno 1436 al 1465

CAPO VIII
Dall' anno 1502 al 1530.

CAPO IX
Dall' anno 1531 al 1558.

CONSIGLIO GENERALE

DI PUBBLICA ISTRUZIONE

Napoli 12 dicembre 1856

Vista la dimanda del signor Raffaele Marotta, il quale ha chiesto di porre a stampa l' opera del Signor Giulio Petroni, intitolata: *Della Storia di Bari, dagli antichi tempi sino all' anno 1856.*

Visto il parere del Regio Revisore Signor D. Girolamo d'Alessandro.

Si permette che la indicata opera si stampi; ma non si pubblichi senza un secondo permesso, che non si darà, se prima lo stesso Regio Revisore non avrà attestato di aver riconosciuto nel confronto essere la impressione uniforme all'originale approvato.

Il Consultore di Stato Presidente provvisorio: *Capomazza.*
Il Segretario generale: *Giuseppe Pietrocola.*

COMMESSIONE ARCIVESCOVILE

Nihil obstat	Imprimatur
Angelus Raphael Marrazzo	*Pro Deputato*
Censor Theologus	Leopoldus Ruggiero